Conserver la Couverture

LES FIEFS 1865.
DU BOURBONNAIS

LA PALISSE

NOTES ET CROQUIS

PAR

AUBERT DE LA FAIGE ET ROGER DE LA BOUTRESSE

OUVRAGE ILLUSTRÉ DE 220 DESSINS A LA PLUME

ET SUIVI D'UNE TABLE ALPHABÉTIQUE DES NOMS PROPRES,
ET D'UNE TABLE ALPHABÉTIQUE DES NOMS DE LIEUX.

PARIS	MOULINS
E. PLON, NOURRIT et Cie	H. DUROND
IMPRIMEURS-ÉDITEURS	LIBRAIRE-ÉDITEUR
8 et 10, rue Garancière	2, rue François Péron.

1896

LES

FIEFS DU BOURBONNAIS

Les auteurs et les éditeurs déclarent réserver leurs droits de reproduction et de traduction en France et dans tous les pays étrangers, y compris la Suède et la Norvège.

Ce volume a été déposé au ministère de l'intérieur (section de la librairie) en janvier 1896.

LES FIEFS
DU BOURBONNAIS

LA PALISSE

NOTES ET CROQUIS

PAR

AUBERT DE LA FAIGE ET ROGER DE LA BOUTRESSE

OUVRAGE ILLUSTRÉ DE 220 DESSINS A LA PLUME

ET SUIVI D'UNE TABLE ALPHABÉTIQUE DES NOMS PROPRES
ET D'UNE TABLE ALPHABETIQUE DES NOMS DE LIEUX.

PARIS	MOULINS
E. PLON, NOURRIT et Cie	H. DUROND
IMPRIMEURS-ÉDITEURS	LIBRAIRE-ÉDITEUR
8 et 10, rue Garancière	2, rue François Péron

1896

En publiant les quelques notes que nous avons pu recueillir sur le passé des localités notables de nos environs, nous espérons intéresser ceux qui ont le culte des souvenirs, et aussi sauver, au profit de plus érudits que nous, bien des documents, des vestiges et des traditions qui, chaque jour, disparaissent, s'effritent et s'oublient. Mais nous ne prétendons nullement donner une histoire complète des fiefs qui se sont partagé notre territoire : ce serait, pour de simples terriens, une tâche bien lourde, et nous croyons, du reste, bien éloigné encore le moment où elle pourra être menée à bien.

Puissent nos compatriotes accueillir avec bienveillance une œuvre essentiellement bourbonnaise, et qui est bien moins nôtre que celle de tous ceux dont nous avons mis à contribution l'érudition et la complaisance : on voudra bien reconnaître que nous suivons un sentier peu frayé, et notre but sera atteint si, fournissant un canevas à des monographies complètes, nous avons pu aider quelque peu à faire revivre une époque ignorée autant que calomniée.

En passant en revue les logis d'autrefois, nous avons dû parler de ceux qui les ont construits et habités : nous ne nous étendons pourtant — et encore bien rarement — que sur l'histoire des familles éteintes ; celle des autres appartient à leurs représentants, et toute curiosité indiscrète nous a semblé un manque d'égards à la mémoire des disparus.

Qu'il nous soit permis, en terminant ce modeste ouvrage, de remercier ceux qui, de toutes façons, nous ont facilité excursions et recherches : mieux que personne, nous sommes à même de témoigner aujourd'hui que notre pays est bien toujours le « plaisant » Bourbonnais.

Bussoles, le 14 décembre 1895.

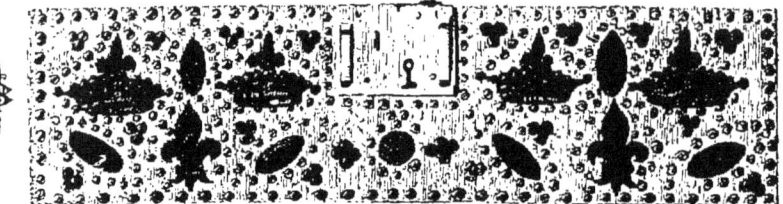

DEVANT DE COFFRET PROVENANT DE CHATELDON.

AVANT-PROPOS

Il nous semble nécessaire d'indiquer tout d'abord ce que l'on entendait par fiefs et de dire quelques mots sur leur organisation. Nous le ferons aussi brièvement que possible et sans entrer dans le détail du droit féodal ni passer en revue les différentes charges : cens, fouage, charnage, etc., qui constituaient les droits seigneuriaux et ont été conservées presque toutes, sous des noms nouveaux (1).

Le fief (*feodum*) dont le nom se trouve pour la première fois dans une charte de Charles le Gros, de 884, était un don fait par le possesseur d'une terre à une personne qui lui devait en retour certains offices et devenait, par le fait même de son acceptation, vassale du donateur qui, lui, devenait suzerain. On donnait en fief toutes sortes de choses, par exemple une rente à prendre sur telle terre, un péage, des droits de foire, un droit de pâturage, de glandée (2), etc.; mais nous ne nous occuperons, bien entendu, que des fiefs territoriaux, dont il faut sans doute chercher l'ori-

(1) Tous les vieux in-folio de droit renferment sur les fiefs de longues dissertations; mais plutôt que d'y renvoyer, nous préférons de beaucoup indiquer à nos lecteurs l'exposé succinct de la société féodale dont le regretté M. André Barban a fait précéder son Recueil d'hommages des fiefs du Forez (t. VIII du *Recueil de la Diana*).

(2) Dans un vieux titre de la paroisse d'Avrilly, il est fait mention d'un fief « sur l'eau baissant de la Loire ».

gine dans le partage fait à une époque incertaine, entre les vainqueurs, d'un territoire violemment conquis (1).

Ces fiefs, comprenant une certaine étendue de terrain, prirent pour chef l'habitation ou motte fortifiée que leur possesseur ne manqua pas de s'y construire, et cette habitation, dans la plupart des cas, dut succéder à une villa gallo-romaine, souvent élevée elle-même sur des établissements antérieurs. Bien certainement, avant l'abolition du servage, qui survint au XI° siècle, le feudataire fut non seulement propriétaire du sol, mais encore maître absolu de ceux qui le cultivaient; mais ce temps lointain nous échappe, et, au moment où nous trouvons trace de nos fiefs, nous touchons déjà à la fixation des droits et devoirs réciproques des seigneurs et de leurs sujets, presque tels qu'ils restèrent jusqu'à la fin du XVIII° siècle. Chaque fief, alors, a un état et des charges militaires déterminés, les redevances sont réglées par des contrats consentis, et dans chaque seigneurie, avec un receveur ou fermier chargé d'en percevoir les revenus, se trouve un juge châtelain, parfois assisté d'un lieutenant, pour rendre la justice; partout, autour de ce petit tribunal, nous voyons un greffier, un procureur d'office et de bas officiers, tous munis de charges vénales, et s'il arrivait très souvent que dans les mêmes mains étaient réunies les justices de plusieurs fiefs, le cas se présentait aussi où des fiefs étendus formaient plusieurs justices ou recettes (2). Le nombre des justices alla toujours diminuant.

Telle était donc l'organisation des fiefs primitifs et des arrière-fiefs, que formèrent beaucoup d'entre eux; mais bientôt, sous la double influence des idées d'indépendance et du développement de la culture, une nouvelle classe de propriétés va se former à côté d'eux et à leur détriment : ce sont les *terres censitaires* ou *censives*, dont les premières durent être celles qui, cédées incultes aux moines, devinrent entre leurs mains des centres de richesses. L'exemple des religieux ne tarda pas à gagner les paysans, et ceux-ci trouvèrent une occasion précieuse d'émancipation dans les besoins d'argent que créa pour les possesseurs de fiefs ce goût d'aventures extérieures et lointaines, auquel les croisades donnèrent un développement tel

---

(1) Nous remarquerons à ce propos que les plus anciens possesseurs de fiefs que nous rencontrons ont presque tous des noms d'origine germanique : ce sont des Herbert, des Gilbert, des Aubert, des Siegfried, des Godefroy, etc. Les prénoms de leurs femmes sont, peut-être, plus typiques encore.

(2) D'après la coutume bourbonnaise tout au moins, la justice était, d'ailleurs, indépendante du fief.

qu'à cette époque disparurent presque toutes les anciennes races nobles. La vente des fiefs offrait de grandes difficultés, et le paysan ou marchand n'en pouvait guère devenir acquéreur; on prit donc le terme moyen d'aliéner contre argent, aux vassaux, la portion de terre qu'ils cultivaient : les prélèvements de toute sorte cessaient dès lors pour l'acquéreur, et, sur les terres ainsi aliénées, le seigneur ne conservait plus que les droits de justice et aussi une légère redevance appelée cens, qui est pour la plupart d'entre elles le seul moyen de reconnaître de quel fief elles furent jadis détachées. Des fiefs entiers furent ainsi morcelés, leurs droits de justice même vendus à une seigneurie voisine et leur nom conservé seulement dans celui de quelque dîme ou droit quelconque. Il advint aussi que des seigneurs cédèrent à des laboureurs, pour être défrichées, des parties de landes stériles ou de mauvais bois devenus nombreux après de longs siècles de guerres; et le contrat généralement passé portait que les champs ainsi obtenus serviraient au seigneur, outre le cens, une rente annuelle souvent payée en nature : telle fut l'origine de la plupart des communautés. Les charges féodales, du reste, cens ou autres, n'empêchaient pas plus les propriétés d'autrefois d'être l'objet de partages, échanges, etc., que les impôts ou hypothèques n'en empêchent celles d'aujourd'hui.

Les *censitaires* furent la souche de cette bourgeoisie rurale, qui alla se développant à côté de la bourgeoisie marchande, dont, à l'exemple des rois, les grands feudataires favorisaient dans les villes l'éclosion de tout leur pouvoir : beaucoup, pour ne pas dire la plupart de ces arrière-petits-fils de serfs, parvinrent à la richesse, et de là à la noblesse par des charges de justice ou de finance; puis, rachetant alors les cens et rentes dont étaient chargés leurs domaines, les firent transformer en terres nobles. Les droits de justice, généralement immuables, distinguent pourtant des fiefs primitifs les fiefs ainsi formés, dont le chef fut toujours, pour l'impatiente satisfaction du nouvel anobli, soigneusement garni de tours, fossés, colombier, etc. Les nouvelles couches ne sont pas d'aujourd'hui.

Les hasards de la conquête et aussi les héritages de famille durent forcément beaucoup influer sur les rapports des fiefs entre eux, et leur classement définitif non plus que leurs limites ne se déterminèrent pas sans des luttes sanglantes et longues. En général pourtant, et dès le XIIIe siècle, nous les trouvons réunis en grand nombre sous l'autorité d'un seul suzerain et formant, sous cette autorité, des prévôtés plus tard groupées elles-mêmes en châtellenies. Le suzerain avait des droits bien déterminés et ressortissait à la Couronne directement ou par intermédiaires. Cette organisation des fiefs, bien simple, on le voit, en théorie, l'était, d'ailleurs, beaucoup moins en pratique : il arrivait, par exemple, qu'un suzerain devenait, pour un fief à lui appartenant, vassal d'un de ses vassaux ; d'autres fiefs aussi, dits francs-fiefs, dépendaient directement du Roi ; enfin beaucoup d'entre eux avaient les uns sur les autres des droits à l'origine desquels il est difficile sinon impossible de remonter.

Au début, les fiefs — suivant probablement les contours de pays habités par des populations que rapprochaient des affinités de mœurs et d'origine — furent groupés de façon assez rationnelle, à ce point que toutes les anciennes provinces et aussi la plupart des départements ont emprunté les limites des châtellenies ou agglomérations de fiefs. Il en est ainsi à très peu près du Bourbonnais, qui, loin d'être un territoire particulier, n'est cependant qu'une marqueterie de morceaux arrachés aux territoires voisins et réunis par la seule force et l'énergique ambition des sires de Bourbon-l'Archambault.

Bien qu'en principe le droit d'hérédité ne fût pas méconnu, le suzerain restait toutefois juge des mains dans lesquelles le fief devait tomber à la mort du feudataire, et c'est là l'origine de l'aveu : son assentiment, en outre, était nécessaire pour tout acte de vente ou de partage. Aussi arriva-t-il longtemps que les suzerains, dont la principale préoccupation était d'obtenir de leurs vassaux un concours militaire efficace, n'admirent dans leurs fiefs que des gens éprouvés, et au XVIe siècle les acquisitions de fiefs par des gens de robe ou des roturiers ne se faisaient pas encore sans difficulté. Mais peu à peu, et à mesure que grandit et se régularisa le pouvoir central, toutes ces formalités féodales devinrent simples formules d'usage ; l'aveu, déjà appelé de son nom actuel d'enregistrement, fut seul maintenu, à cause du droit élevé auquel il donnait lieu, et, en somme, sauf quelques droits honorifiques, eau bénite, robe de noces, géline ornée d'un ruban bleu, etc., il y a bien moins de différence qu'on ne le pourrait croire entre le fief de la veille de la Révolution et la propriété d'aujourd'hui.

Deux modifications, pourtant, heureuses autant que profondes, furent par la Révolution apportées dans la vie rurale : ce sont celles relatives à la régularisation du payement de l'impôt et à la suppression des justices particulières.

Les charges, d'ailleurs fort supportables, avaient en effet fini par être de telle sorte partagées entre curés, seigneur du lieu, seigneurs voisins, que dans beaucoup de cas on ne savait quand, comment et à qui payer : la dîme, en outre, devenait une gêne par l'obligation où était le cultivateur d'attendre, pour lever sa récolte, que l'agent du receveur fût lui-même venu, et souvent revenu, se rendre compte de ce qui lui était dû. C'est cela certainement qui, dans l'esprit du peuple, a laissé à la dîme cette réputation odieuse que, par la quotité qu'elle représentait, elle ne méritait sûrement pas (1).

Quant aux droits de justice, pour lesquels, dans le siècle dernier, bien des réformes avaient été proposées, et à tout cet arsenal de coutumes démodées, ils formaient un inextricable fouillis dont se peuvent seuls faire une idée ceux qui se sont aventurés dans le fatras des titres anciens.

(1) La dîme, en tout cas, avait cet avantage que nous ne connaissons plus, que l'on ne payait que quand on récoltait.

LES
FIEFS DU BOURBONNAIS

CHAPITRE PREMIER

LES MARCHES DU FOREZ

SAINT-PIERRE LAVAL ET CHATELUS.

Entre la Loire et la Bèbre s'étend une sorte de plateau granitique, dont le faîte, jalonné par le Fétré et le Puy Saint-Léon, sépare de notre province ce que l'on a appelé le Val de Bourgogne ou les Basses-Marches du Bourbonnais. C'est un rameau du massif montagneux de la Madeleine, et la dépression où se trouve l'étang de Mauvernet, qui marque l'endroit où il s'en détache, est un point absolument remarquable dans la topographie de notre pays. Là, en effet, passent les deux routes successives de Paris à Lyon et aussi le chemin de fer actuel; là encore passait le grand chemin du moyen âge dont Saint-Martin d'Estréaux (*Sanctus Martinus de strata*) a conservé le nom; et c'est là enfin que, d'après des études récentes, il convient de chercher cette fameuse voie romaine de Roanne à Varennes, qui a tant fait émettre d'hypothèses plus ou moins fondées. Le jurisconsulte Papon raconte même qu'aux portes de Saint-Martin existait, de son temps, une pierre où se voyaient encore, dans un reste d'inscription mutilée, les mots... *Iuris scripti*... et le savant forézien n'hésite pas à voir dans cette dépression la limite qui séparait les pays latins de ceux de droit coutumier : là, confinèrent plus tard les pays de grande gabelle aux pays rédimés (1), et il nous semble que ce point, aujourd'hui encore, sépare deux contrées distinctes : l'une tenant au Midi par ses constructions nues à tuiles creuses et à toits plats, par ses clôtures nombreuses et ses prés semés d'arbres; l'autre, toute différente avec ses hauts pignons couverts de tuiles plates et ses vastes champs à longs billons.

Une trouée de cette importance, sur le trajet de tout le commerce qui n'empruntait pas le fleuve de Loire, dut être occupée de tout temps et assurément se prêtait on ne peut mieux à l'établissement de postes fortifiés. « Aussi, dit M. l'abbé Reure, au début de son attachante étude sur Châ-

CHATELUS.

teaumorand et ses seigneurs, n'y eut-il guère en France de pays plus complètement féodalisé, et autour de l'antique seigneurie de Châtelus se presse une foule de petits castels ou maisons fortes destinés à se fondre dans les domaines de leurs puissants voisins. »

Nous passerons en revue celles de ces maisons fortes qui sont comprises dans le département de l'Allier, et commencerons par celle de *Châtelus*, pour l'histoire de laquelle nous ferons de fréquents emprunts au savant travail que nous venons de citer.

Un informe pan de mur, qui, du haut d'un monticule presque inaccessible, domine les bords du Barbenan et commande le pied occidental du

---

(1) Près d'un chemin, qui quitte l'ancienne route au-dessus de Gâtelières et doit marquer un tracé abandonné, se trouve un domaine du nom caractéristique de Gabelle.

col de Mauvernet, est tout ce qui reste de l'ancien château de Châtelus. Les matériaux de choix furent sans doute employés à réédifier la modeste église et à construire la maison seigneuriale voisine; le reste a servi de carrière au village, qui s'est groupé au pied des murs féodaux (1).

En même temps que celui de ses maîtres, le nom de Châtelus apparaît pour la première fois en 1196, mais rien n'indique ce qu'il était alors et si, comme son assiette le rend très vraisemblable, il avait succédé à quelque antique fortification. En revanche, quelques documents écrits nous apprennent qu'aux XIVe et XVe siècles le vieux castel était encore habité : c'est d'abord, en 1386, un compte de réparations exécutées à la forteresse de Châtelus (*in fortalicio loci Castrilucii*), puis, en 1424, le contrat de mariage passé au château de Châtelus, entre Brémond de Lévis, seigneur de la Voulte-sur-Rhône, et Agnette de Chateaumorand, union d'où sortent, outre les Lévis-Chateaumorand, les Lévis-Ventadour et les Lévis-Charlus. On trouve bien encore jusque vers 1460 quelques actes peu importants, baux, échanges... mais on peut dire que les Lévis, aussitôt devenus propriétaires de notre vieux manoir, le délaissèrent pour aller habiter Chateaumorand (2), dont ils prirent immédiatement le nom. Ses murs abandonnés tombèrent peu à peu; nulle part il n'en est plus question, et c'est à peine si le frais vallon du Barbenan dut entendre la meute bruyante de Diane de Chateaumorand, et si Honoré d'Urfé, le Céladon vieilli, y vint promener ses mélancoliques rêveries. Et pourtant, aux ruines de Châtelus, s'il s'en faut rapporter à un vieux parchemin des archives de Chateaumorand, était attaché un titre bien disputé. « Chateaumorand, lisons-nous, en effet, dans un Mémoire sur les droits seigneuriaux, a esté de temps immémorial la première baronye du Bourbonnais, ainsi qu'il est justifié par les titres qui sont dans le trézor et par les assemblées faites par les gentilshommes dudit Bourbonnais, du temps des anciens ducs. » Or, Chateaumorand ayant toujours été Forez, le titre de premier baron du Bourbonnais, s'il appartenait vraiment aux sires de Chateaumorand, ne leur pouvait venir que de leur fief de Châtelus.

(1) Une tradition fort acceptable veut que l'église occupe l'emplacement même de l'ancienne chapelle seigneuriale : quant à la maison des dîmes, on peut supposer avec beaucoup de vraisemblance que ses deux tours refaites appartenaient à la vieille construction féodale.

Châtelus ne fut pas toujours le pauvre village d'aujourd'hui : par lettres patentes du 7 janvier 1481, un marché fut établi à Châtelus le lundi de chaque semaine, et des titres de cette époque mentionnent fréquemment des bourgeois de Châtelus; au milieu du XVIe siècle même, quand le scribe de Chateaumorand avait besoin de parchemin, d'encre, de fournitures de luxe, c'est au bourg de Châtelus qu'il les allait quérir. Quelle catastrophe ignorée a rendu déserte cette riante vallée?

(2) Dès la fin du XIIIe siècle, l'importante terre de Chateaumorand figure parmi les possessions de Châtelus.

Comme, en 1525, nous voyons la seigneurie de Châtelus rachetée par Jean de Lévis-Chateaumorand, il est fort présumable que Châtelus avait été quelque temps séparé de Chateaumorand; mais cette aliénation, de peu de durée d'ailleurs, ne dut être que partielle, et, d'une façon générale, on peut dire que jusqu'à la Révolution le castel ruiné ne sortit pas de la famille dont il avait été très probablement le berceau. Le premier membre connu de cette race chevaleresque est Guichard de Châtelus, mentionné, comme nous l'avons vu, en 1196; puis vient toute une série de Châtelus que M. l'abbé Reure a pu suivre avec une précision étonnante pour cette nuageuse époque. Parmi eux sont : Eustache, dont on voit dans l'église de Saint-Pierre Laval la pierre tombale de 1287; Jean, nommé en 1353 parmi les vassaux du sire de Greffier (V. Ferrières); Hugues, un des premiers chevaliers de l'ordre de l'Espérance, et enfin le dernier, Jean de Chateaumorand, le vaillant compagnon du duc Loys II, dont il se fit plus tard le chroniqueur (1), et qui, à la fois guerrier et diplomate, est, à coup sûr, une des plus curieuses figures du XIV° siècle : de ce sire de Châtelus, on ne trouve, du reste, nulle mention dans les recueils biographiques qui donnent force détails sur le moindre alchimiste.

Jean de Chateaumorand termina sa vie aventureuse en 1438, laissant pour toute postérité cette Agnette mariée, avons-nous dit, en 1424 à Brémond de Lévis, tige des Lévis-Chateaumorand, famille qui eut dans notre fief cinq représentants mâles. Le dernier de ceux-ci, Antoine, n'eut qu'une fille, Gabrielle, qui épousa Antoine le Long de Chenillat et fut la mère de Diane de Chateaumorand, l'héroïne de l'*Astrée*, mariée en premières noces à Anne d'Urfé et en secondes à son beau-frère Honoré, le galant Céladon, dont la flamme était, d'ailleurs, parfaitement éteinte. Les deux unions de Diane restèrent stériles, et, le 20 novembre 1625, à l'occasion des fiançailles de Catherine de la Vauvre avec son neveu Jean-Claude de Lévis-Charlus, nous voyons la dame de Chateaumorand donner à ce dernier, à titre d'avancement d'hoirie, la terre de Châtelus et bien d'autres seigneuries bourbonnaises, telles que Ande, Bosvert, Bournat, etc.

Jean de Lévis-Charlus, l'année suivante, hérita de tous les biens de Diane et commença la branche des marquis de Chateaumorand, dont nous citerons seulement le plus célèbre, Charles-François (1698-1751), l'arrière-petit-fils de Jean-Claude et lieutenant général des armées du Roi. Ses titres sont curieux à énumérer : il était marquis de Chateaumorand et

---

(1) Jean est le véritable auteur de la *Chronique du bon duc Loys*, par D'ORONVILLE. Celui-ci dans sa préface dit, d'ailleurs, qu'il tenait son sujet de Jean, sire de Chastelmorant, qui « parlait plus de veoir que de ouïr ».

marquis de Valromey, baron de Châtelus, baron du Breuil, seigneur de Mauvernet, de Bosvert, du Pré du Verger, la Lière, la Rochecheffault, Ande, Dyannières, Changy, Pierrefitte-sur-Loire, Mortillon, Montourmentier et autres terres, et enfin premier baron du Bourbonnais. Nombre de ces terres, Dyannières, la Rochecheffault, le Pré du Verger (le Verger), Châtelus, le Breuil et Mauvernet, avaient été, par lettres patentes du 13 octobre 1672, réunies à celle de Chateaumorand, « qui était le principal fief ».

Charles-François n'eut pas d'enfant mâle, et sa fille aînée, Catherine-

Fontaine Saint-Pierre (à Saint-Pierre Laval).

Agnès, porta Chateaumorand et Châtelus à François-Gaston de Lévis-Mirepoix, son cousin, qui les possédait encore à la Révolution.

Émigré en 1792, M. de Mirepoix mourut à Venise en 1800 : le 23 prairial an XI (1803), le séquestre mis sur ses biens fut levé, et ses enfants furent remis en possession de l'héritage paternel; mais, comme toutes celles de leurs terres qu'avait englobées l'Allier lors de la formation des départements, Châtelus était alors passé en d'autres mains.

De Châtelus dépendait à l'origine les droits seigneuriaux en l'église de Saint-Pierre Laval, comme l'indique, du reste, la sépulture d'Eustache de Châtelus; mais ces droits furent, le 5 janvier 1652, vendus par Jean-Claude de Lévis à M. de la Tour Chalabran (V. ci-dessous); ce qui n'empêche pas l'intendant d'Argouges de les attribuer aux Chateaumorand dans sa superficielle description de la généralité de Moulins.

En même temps que Châtelus, avaient été vendues les deux terres de *Mauvernet* et *Bosvert* (*de Malo Verneto et de Bosco viridi*), seigneuries sises en face l'une de l'autre de chaque côté du ravin de Mauvernet, et que de nombreux titres, aveux, montres d'armes, etc., nous signalent dès le XIII° siècle comme possessions de la famille de Châtelus. D'après M. Barban, il est vrai, le Mauvernet des Châtelus aurait été la maison de ce nom sur la paroisse d'Urbize, et il est possible que les deux Mauvernet aient appartenu à la même famille, mais, en tout cas, les Châtelus possédaient bien notre Mauvernet (1).

D'ailleurs, ils ne gardèrent longtemps Bosvert ni Mauvernet, et le dernier Châtelus que nous trouvions mentionné comme seigneur de Bosvert est, en 1335, Aymon, auquel en 1357 a succédé, nous ne savons comment, par alliance sans doute, noble homme Renaud de Montpalein, seigneur dudit lieu (V. Montpalein). Mauvernet non plus ne tarda pas à passer en d'autres mains : la branche des Châtelus, en effet, à laquelle il avait donné son nom, s'éteignit en la personne de Jean, le turbulent bailli de Mâcon, tué à la bataille d'Azincourt (1415), et qui ne laissa qu'une fille, Françoise, dont les comptes de tutelle, conservés à Chateaumorand, donnent sur tout le pays une foule de renseignements précieux. Fiancée toute jeune à Louis de Chateaumorand, le fils unique de Jean, Françoise, en 1426, épousa en premières noces Louis de Chantemerle de la Clayette, en lui reconnaissant le fief de Dyannières (V. ce fief), et, veuve une seconde fois avant 1443, contracta une deuxième union avec Ploton de Montjournal, écuyer (2). C'est ainsi que nous trouvons aussi seigneur de Mauvernet ce Montjournal (V. Précord), qui avait déjà hérité, de la famille de Montpalein, les fiefs de Précord, Montpalein et Bosvert, et qu'après lui nous suivons à Bosvert et Mauvernet tous les Montjournal de Précord, pour arriver en 1523 à Jean de Montjournal, écuyer.

Cette année-là, et par acte du 9 juin, Jean de Montjournal échangea sa seigneurie de Mauvernet contre celle de Cindré en Bourbonnais, appartenant à dames Bonnette et Claudine de Varegny, consortes de Jean et Claude d'Esquilly, chevaliers, et avec eux domiciliées au château d'Es-

(1) Rien de plus fréquent que de voir entre les mêmes mains plusieurs fiefs du même nom. Voir à ce sujet Montjournal.

(2) Pour ce deuxième mariage de Françoise, nous sommes en désaccord avec notre savant ami l'abbé Reure, l'homme du monde qui connait le mieux les Châtelus : aussi faut-il, pour que nous osions l'avancer, que nous ayons cru le voir clairement démontré par quelques pièces en notre possession et aussi par la succession des possesseurs de Précord, Mauvernet et Montpalein. Une pièce du 26 juillet 1465 (Archives de la Côte-d'Or, B. 350. C. 7) nomme pourtant un Loys, jadis seigneur de Chantemerle, qui pourrait bien être le premier mari de Françoise de Châtelus : c'est un point que nous n'avons pu éclaircir.

quilly (1). L'acte ratifié par un autre acte du même jour, les sires d'Esquilly vendirent, moyennant neuf mille livres tournois, à Jean de Lévis, baron de Chateaumorand, leur terre de Mauvernet et tout ce qu'ils pouvaient avoir dans les justices et seigneuries du Grand Bosvert et du Petit Bosvert. Ainsi réunis à Chateaumorand, Bosvert et Mauvernet n'en furent plus séparés et figurent dans les lettres patentes du 13 octobre 1672 (V. Châtelus).

De Mauvernet dépendaient en 1387 de nombreuses censives sur Arfeuilles et Saint-Bonnet des Cars (2); mais nous ne connaissons pas d'une façon précise son emplacement, qu'il faut sans doute chercher, soit près du moulin qui a conservé le nom de Mauvernet, soit plutôt près du hameau du même nom, sis un peu plus haut sur le flanc sud de la vallée.

Quant à Bosvert, il ne se trouvait pas tout à fait à l'endroit où s'élève maintenant l'élégante habitation de M. Baleydier : celle-ci a remplacé une construction modeste datant à peine du commencement du siècle ; mais le vieux château était plus près du ruisseau, à trois cent cinquante mètres environ au sud du Bosvert actuel, et on n'en voit plus, entre une prairie et un bois, qu'une motte à peine reconnaissable et un fossé à demi comblé.

Tout près de Bosvert est le château des *Miniers*, figuré sur les vieux plans comme un vaste logis flanqué de tours et précédé d'une cour carrée, que fermaient deux ailes et une porterie. Les deux tours et une aile subsistent seules maintenant, mais les ouvertures en ont été refaites, et rien ne permet d'assigner une date précise à cette construction défigurée dont les tours effilées semblent dans le goût de la fin du XVIe siècle.

Aussi loin que nous puissions remonter — en l'an 1305 — nous trouvons aux Miniers une famille de ce nom, vassale de Chateaumorand, et dont presque tous les membres sont officiers de cette seigneurie : c'est d'abord Hugues Blain, damoiseau, seigneur des Miniers, puis Hugonin, puis Jean, qui, en 1385, est châtelain de Dyannières. En 1476, enfin, vient Antoine Blain, écuyer, capitaine de Chateaumorand et fils de Philippe Blain, seigneur des Miniers et de la Motte de Joux, en la paroisse de Bar.

Cette famille Blain, où il faut certainement voir une branche déchue de l'illustre maison des Blanc de Barrais (V. ce fief, Montaigu, la Motte de Joux, etc.), resta encore dans le pays, où nous la trouvons en 1526 représentée par un autre Antoine Blayn des Miniers ; mais, à cette époque, le

---

(1) Le château d'Esquilly, de la paroisse de Vougy (Loire), est sur la Loire, en aval de Roanne, et près du pont où passe le fleuve est la grande route de Paray-le-Monial.

(2) Terrier d'Ambierle à la bibliothèque de la Diana.

fief dont elle continuait à porter le nom ne lui appartenait plus et, dès la fin du XV° siècle, était passé à une famille Sarryat, dont le nom nous est tout à fait inconnu.

Les Sarryat ne firent que passer aux Miniers, et peu avant 1506, sans doute, vendirent la maison et seigneurie des Miniers avec dîmes sur Choly — et en même temps la Motte de Joux — à un Gaspard des Planchètes, écuyer, que nous pensons, sans en être sûrs, étranger à notre pays.

Le 21 août 1508, en effet, Gaspard des Planchettes, seigneur des Myniers, épousa à Blois Anne Burgensis, sœur de noble homme Louis Burgensis, conseiller et médecin du Roi (1), lequel constitue en dot à sa sœur une somme de deux mille six cent vingt-cinq livres tournois, et nous ne voyons guère comment un simple gentilhomme bourbonnais serait allé chercher femme au pays blaisois. Peut-être ce Gaspard des Planchettes était-il attaché à la maison de Chateaumorand.

Toujours est-il que nous le trouvons pour la dernière fois mentionné le 29 novembre 1522, et en 1565 apparaît aux Miniers une nouvelle famille en la personne de Guillaume de Guynes, écuyer, membre sans doute de cette maison de Guyn signalée en Forez dès le XIII° siècle.

A Guillaume de Guynes succédèrent Pierre, marié en 1591 à demoiselle Michelle de Gennetines, Antoine et Michel, époux d'Alix de Sommières, fille de Jacques. La fille de Michel, Catherine de Guynes, en 1642, épousa messire Gilbert de la Mousse, écuyer, seigneur de la Faye, en la paroisse de Beaune; et dix ans plus tard, le 4 mai 1652, nous voyons ce dernier acquérir de son beau-père, moyennant trente-deux mille livres tournois, sa terre et seigneurie des Miniers, consistant en maison forte, colombier, etc., et droits honorifiques dans l'église de Laval. Michel de la Mousse, fils de Gilbert et époux de Jeanne d'Oultre, fille de noble Pierre, président juge châtelain à Billy, et de demoiselle Bernard (V. la Côte), fut, après son père, seigneur des Miniers; il y eut lui-même comme successeur son fils Nicolas, cornette à la compagnie mestre de camp du régiment de Lévis-Cavalerie, marié à Catherine de Montagnac, fille de Claude. Le 28 janvier 1755, enfin, les Miniers passèrent aux Montagnac (2), plusieurs fois déjà alliés aux la Mousse, par le mariage d'Amable de Montagnac-

(1) Anne, devenue veuve, se remaria avec Jean Papon, de Crozet, lieutenant général du Roannais. — Quant à son frère Louis, ce n'est autre que le fameux médecin des rois François Ier et Henri II, fils lui-même de Jean, médecin du roi Louis XII. Louis Burgensis accompagna notamment François Ier à Madrid et contribua beaucoup à sa délivrance : sa fortune data de cet éminent service.

(2) La famille de Montagnac, originaire des Monts Dôme, se rattache par une tradition constante à saint Amable, premier curé et patron de Riom.

Chauvance avec sa cousine Marie-Gabrielle de la Mousse, fille de Nicolas et de Catherine de Montagnac. Amable fut le grand-père de l'amiral de Montagnac qui, en 1810, vendit les Miniers à M. Maridet, le père du propriétaire actuel.

Dans la cuisine des Miniers est une vieille cheminée de pierre, dont la décoration héraldique nous a fort intrigués : elle porte, en effet, un écu écartelé de vair plein et de... à trois taus posés deux et un. Or, les taus appartiennent aux Joly, et le vair plein est l'attribut des Vichy.

LES MINIERS.

Que peuvent donc faire ces armes aux Miniers ? Pour nous, nous ne connaissons qu'une seule alliance Joly-Vichy ; c'est, au XVIIᵉ siècle, celle de Joseph, seigneur du Bouchaud (V. ce fief), avec Élisabeth de Vichy, d'une famille qui, tout simplement sortie de la communauté des Vichis, près le Donjon, avait arboré sans vergogne les armes des anciens Vichy ; le Bouchaud n'est pas si loin des Miniers qu'on ne puisse supposer que notre cheminée en ait été transportée à sa place actuelle.

La Faige (1) est un assez joli château du genre Louis XIII, dont on trouve en notre pays peu de spécimens, et qui doit dater des premières années du

(1) Peu à peu a prévalu cette orthographe, d'ailleurs bien plus en rapport avec l'étymologie probable de *fagus* (hêtre) ; mais tous les vieux titres et aussi les cartes portent la Feige ou la Fège (de *Fegia*). Armes des la Faige : d'azur à la bande d'or ondée. Elles se trouvent à la Diana.

XVII° siècle : à l'entrée sont des murs fortifiés bien plus anciens. C'est le berceau d'une famille encore existante (V. sur Perigny, la Prugne et la Chapelle; Bussoles, la Font de Montaiguet, etc.) que l'on y trouve dès 1261, et dont presque tous les membres furent, comme les sires des Miniers, modestes officiers des Châtelus-Chateaumorand. Parmi eux nous citerons seulement Stevenin, en 1382 bailli de Bosvert; puis, en 1423, un Ploton de la Faige, dit parfois le Clerc de la Faige, et enfin Loys de la Faige, fils d'une demoiselle de Chitain, capitaine de Chateaumorand, mort à la Faige le 15 juin 1488. Loys est le dernier de sa race que nous voyons

LA FAIGE.

dans son fief patronymique; ce fief fut probablement, pendant son veuvage, vendu par sa femme, Magdeleine de la Prugne, et, en 1526, « le pénultième jour de febvrier », nous trouvons un acte par lequel Jean de Lévis-Chateaumorand vend à noble Antoine des Brosses, archer de la garde du Roy et capitaine de Chateaumorand, la terre et seigneurie de la Faige, sise en la paroisse de Laval. Jusqu'en 1543 figure cet Antoine des Brosses; puis, un demi-siècle après, en 1610, notre fief est aux mains de Jean le Long de Chenillat, capitaine de la compagnie des gardes de M. de Chateaumorand et très probablement parent d'Antoine, le père de Diane de Chateaumorand. Mais là se brouille quelque peu l'histoire de la Faige, et tandis qu'au testament de Diane, en 1625, figure, comme demoiselle de la Faige, une Antoinette de Montcorbier, fille de Pierre, Jean le Long de Chenillat, époux de demoiselle Marguerite de Chantelot et habitant Chaveroche, porte encore, en 1641, le titre de seigneur de la Faige et de la

Monnaye. Il semble donc que notre terre ait été alors partagée, mais elle resta aux Montcorbier, et, après Pierre, le père d'Antoinette, nous y suivons toute une série de Montcorbier, d'ailleurs fort déchus de leur ancienne fortune (1) et dont beaucoup furent employés des gabelles. C'est de la Faige que sort la branche des Montcorbier de Saint-Prix et du Breuil, et c'est un de ces derniers qui, en 1720, la vendit aux Reignier, vieille famille bourgeoise de Laval, alliée aux Donniol de Saint-Martin d'Estréaux, aux Deschamps de Faïettière et aussi aux Bletterie de Molles, alors fermiers de la Tour-Chalabran. En 1831, enfin, la Faige fut acquise des Reignier par un ancien garde du corps, M. Mulatier de la Trollière, représentant d'une très vieille famille de la Châtellenie de Bourbon.

Sur le même versant du ruisseau de Mauvernet, se trouvent encore deux localités intéressantes : ce sont *Morlot* et *la Mothe*.

A la Mothe, où la tradition place une ancienne habitation seigneuriale, un vieux colombier est tout ce qui reste des constructions féodales, et les seuls possesseurs de ce fief que nous puissions donner sont des Bonnebaud, qui ne doivent, d'ailleurs, rien avoir de commun avec la puissante maison du pays de Combrailles, alliée notamment aux Chouvigny de Blot (2). Le premier est, en 1476, Hugues, écuyer, paroissien de Saint-Pierre Laval, et le second, son fils Gilbert, époux de Jeanne de Verseilles (probablement une Josien) : Gilbert de Bonnebaut mourut en 1522, et le 7 septembre de cette année, par-devant Pierre Papon de Crozet, intervient un accord par lequel sa veuve, pour elle et ses enfants, Anne, Antoinette et Estienne, cède à François de Bonnebaud, écuyer, fils d'un premier mariage de Gilbert avec Marguerite de Villeneuve, le château de la Motte et quarante toises autour à prendre du pied du fossé (3). Le 26 septembre 1624, nous trouvons bien encore un Jean de Bonnebaud, écuyer, époux d'une demoiselle de Chambord (V. le grand Chambord), mais nous ne savons s'il s'agit là d'un seigneur de la Motte, et de ce fief nous n'avons désormais plus trace.

Quant à *Morlot*, ce fut jusqu'au XVIIe siècle la demeure de la famille de ce nom dont nous trouvons des membres officiers, juges ou châtelains de Chateaumorand dès 1435. Des Morlot, alliés aux Deschamps, figurent

---

(1) A Pierre succéda comme seigneur de la Faige un Jean de Montcorbier, époux de demoiselle Antoinette de Mauvage, le même très probablement que ce Jean de la Cour dit de Montcorbier, aussi époux d'une Mauvage, qu'à la même époque nous trouvons seigneur de Grosloup. (V. ce fief.)
(2) Le nom de Bonnabaud est fort répandu dans la basse montagne bourbonnaise.
(3) Dans cet acte est mentionné le grand chemin royal tendant de Saint-Martin d'Estréaux à la Palisse.

encore à Saint-Pierre Laval vers le milieu du siècle dernier, mais, à ce moment-là, leur ancien logis a passé, nous ne savons comment, à une branche des Montcorbier de la Faige, dont une fille, vers 1730, la porta à Claude Rivière, père de François-Charles et descendant d'un ancien lieutenant aux Basses-Marches du Bourbonnais. Enfin, Morlot vint aux Perret, vieille maison de notaires de Saint-Martin d'Estréaux, dont les représentants le possèdent encore.

LA TOUR-CHALABRAN.

Dans les registres paroissiaux de Saint-Pierre Laval est parfois mentionnée la chapelle de Morlot : cette chapelle existe toujours et a été récemment reconstruite ; elle possède une vierge en pierre assez grossière que M. Roger de Quirielle attribue au XIVe siècle.

C'est aussi, nous semble-t-il, la date qu'il convient d'assigner aux plus vieilles constructions de Morlot.

Sur le chemin de Laval à Arfeuilles, et déjà dans la montagne, est un petit fief dont toute l'importance vient de celle prise par la famille qui en porta le nom. C'est la *Tour-Chalabran,* modeste château construit en carré comme jadis les Miniers, et où ne se trouve guère à signaler, outre la tour fossoyée, qu'une curieuse fenêtre en pierre guillochée.

En 1353, un Guillaume de la Tour, damoiseau, est vassal de Jean de Châtillon, seigneur du Griffier et de la Palisse, et, comme à côté de lui figurent les Châtelus, il est fort possible qu'il s'agisse là d'un seigneur de la Tour-Chalabran ; mais ce n'est pas certain, et nous sautons d'un coup à deux cents ans plus tard, à l'acte du 19 mars 1569, par lequel demoiselle Louise de Verseilles (1), femme de puissant seigneur Philippe Treille, seigneur de Jaunay, en la paroisse de Saint-Didier en Rollat, et y demeurant, capitaine châtelain de Billy, maréchal des logis de la compagnie de monseigneur le prince Dauphin, vend, moyennant mille sept cents livres, à Charles d'Apvrillon, écuyer, seigneur de Saint-Bonnet et demeurant à la Pacaudière, paroisse de Tourzie, la terre et seigneurie de la Tour, avec membres dépendants et appartenances. Moins de trente ans après, le 8 novembre 1598, M. d'Apvrillon, alors époux de Catherine de Chaugy et seigneur de Saint-Gerand-le-Puy (V. ce fief), revendit la Tour deux mille soixante livres à maître Gilbert des Gallois, d'une famille que nous pensons originaire du pays : les Gallois ou des Gallois pullulent, en effet, entre Arfeuilles, Saint-Pierre Laval et Saint-Bonnet des Cars, et une de leurs branches au XVIIe siècle, peut-être celle même de Gilbert, occupait à Arfeuilles une situation bourgeoise considérable (2).

Gilbert le Gallois ou des Galois, qui, en 1598, ne portait aucun titre, parvint rapidement à la noblesse, et, en 1615, nous le retrouvons écuyer, aussi seigneur des Fauvres de Ville, conseiller et maître d'hôtel ordinaire du Roi, gentilhomme servant de la Royne (3), chevalier de l'ordre de Saint-Michel et capitaine des gens de pied appointés : ce fut le vrai fondateur de sa famille. Son fils, autre Gilbert, épousa le 1er mars 1628 Louise Roy, fille de Claude, seigneur de Sallones, président et lieutenant général au présidial et sénéchaussée de Bourbonnais, et en eut, en 1635, un fils Claude qui, en 1644 seulement, fut baptisé en grand apparat sous le parrainage des sire et dame de Châteaumorand. Ce Claude mourut probablement jeune, et, plus tard, nous ne trouvons que deux autres fils de Gilbert : Jean, seigneur de Chizelles et Dompierre, que nous voyons au Bouchaud

---

(1) Aux Miniers nous avons déjà trouvé une demoiselle de Verseilles : peut-être sont-ce là des descendantes de la famille des seigneurs primitifs de Verseilles (V. ce fief), peut-être aussi sont-ce des Josien.

(2) Un Gallois était commandeur de Beugnet en 1438.

(3) Ces charges, d'ailleurs purement nominales, étaient fort recherchées, et le temps était déjà passé où « l'honneur de la province se plaisait beaucoup plus à manger du pain bis chez soi et à boire de l'eau en liberté, que s'il fallait servir à boire du nectar à la table des roys ». (*Lettres de Peiresc.*)

et aux Pontères (V. ces fiefs), et Pierre, le continuateur de la branche de la Tour, qui, le 7 janvier 1659, épousa Anne le Gendre, fille de Charles, seigneur de Saint-Aubin-sur-Loire, et de Marie du Buisson de Beauregard (1). Pierre, en 1653, acquit de Marguerite Gacon, veuve de Pierre de Chantelot, la vicomté de Gléné d'Ande (V. ce fief), et mourut avant 1679, laissant à son fils Jean-Baptiste une situation considérable, qui fut encore accrue, en 1713, par l'héritage des biens immenses de son oncle Jean des Galois.

Jean-Baptiste, époux de Madeleine d'Aligre, fut successivement intendant de Poitou, de Bretagne et finalement de Provence, où le remplaça dans sa charge son fils, Charles-Jean-Baptiste, né à Paris le 11 mars 1715.

C'est ce Charles-Jean-Baptiste, intendant de Provence, premier président au parlement d'Aix, inspecteur du commerce du Levant, qui, en 1782, dut avancer personnellement une partie des frais de l'expédition de Minorque. Lors des assemblées préparatoires à celle de 1789, il reçut des communes réunies de Provence une médaille avec cette inscription :

Le Tiers État de Provence à C. J. B. des Gallois de la Tour, intendant du pays, son ami depuis plus de quarante ans.

Mais que peuvent, contre les passions soulevées, les services rendus? En 1793, Charles-Jean-Baptiste fut jeté dans les prisons du Luxembourg et ne dut son salut qu'à un artifice souvent raconté depuis : il avait été inscrit sous le nom de M. de la Tour; à l'appel de ce nom, le vieillard refusa toujours de répondre, disant qu'il se nommait M. des Galois. Il mourut à Paris, en 1802, à l'âge de quatre-vingt-sept ans, laissant pour héritiers deux fils, qu'il avait eus de Marie-Magdelaine d'Aligre, fille d'un président au parlement de Paris.

L'aîné de ces fils, Étienne-Jean-Baptiste-Louis, après avoir été longtemps vicaire général d'Autun et doyen du chapitre de Moulins (2), fut nommé évêque de cette ville à la veille de la Révolution; mais il ne put occuper ce siège, se retira quelque temps à la Tour, puis parvint à gagner l'étranger,

---

(1) Anne le Gendre était la sœur de Charles, que nous voyons devenir seigneur de la Forêt de Liernolles (V. ce fief), par son mariage avec Marie-Marguerite Vialet.

(2) « L'an mil sept cent quatre vingt quatre, portent les registres de Monétay-sur-Loire, le quinzième jour du mois de décembre, monsieur l'abbé de la Tour, vicaire général d'Autun et official de Moulins, faisant la visite des paroisses de l'archiprêtré de Pierrefitte, a été détenu ici par le mauvais temps. Il a accompagné à pied et dans la neige le Saint Sacrement que j'ai porté à différents malades et leur a fait d'abondantes aumônes. Il a célébré dans notre église les trois messes de minuit, a fait diacre à la dernière messe, il a confessé la veille et les fêtes de Noël aussi longtemps que moi. Nous avons vu avec surprise dans cet homme respectable et unique un noble sans fierté, un grand qui se fait petit avec les petits, un abbé et prieur qui semble n'avoir des biens de l'Église que pour les verser dans le sein de l'indigent et pour faire des heureux, enfin un vicaire général l'ami des curés. Heureux, mille fois heureux le diocèse qui l'aura pour évêque.

« *Signé* : Raveaud, curé de Monétay. »

où il resta jusqu'en 1814, en qualité d'aumônier des Dames de France : il mourut en 1820 archevêque de Bourges. Le second, Joseph-Jean-Baptiste, n'émigra pas et parvint à échapper à la guillotine, grâce surtout au dévouement de M. Dessert d'Andelaroche, ancien receveur des seigneuries des des Gallois, chez qui il resta longtemps caché. Il mourut à Paris, en 1803, après avoir vendu ce qui lui revenait de l'héritage paternel.

La Tour, depuis 1848, appartient à la famille Millon, de Lyon ; mais ce n'est plus qu'un débris de l'ancienne terre, qui comprenait Nérard, les Biots, la Goutte et bien d'autres domaines.

LE BOIS-DROIT.

Choly, actuellement hameau de Saint-Pierre Laval, est un ancien fief que nous trouvons depuis un temps immémorial en la possession des Châtelus-Chateaumorand, et, au commencement du XVIIe siècle, Honoré d'Urfé prend souvent le titre de seigneur de Choly. Mais, en 1653, Choly fut réuni à la Tour ; nous en trouvons plusieurs aveux rendus par les Gallois, et, à la Révolution, il leur appartenait encore.

Il ne nous reste plus à signaler, dans cette région, que le *Bois-Droit*, vieille maison sur l'ancienne route de Paris à Lyon.

Le livret des relais de poste édicté en 1521 et 1536 donne, entre la Palisse et la Pacaudière, la Tour et Saint-Martin d'Estréaux : or la Tour n'est autre chose que Droiturier, dont Nicolaï décrit, en effet, à deux reprises, la vieille tour carrée. Plus tard, on voulut sans doute économiser les relais, et Droiturier et Saint-Martin furent remplacés par le Bois-Droit, où nous trouvons la poste depuis 1586 (et probablement un peu avant) jusqu'en 1704, époque où l'on rétablit les relais primitifs.

Tout au Bois-Droit rappelle son antique destination : c'est une superbe auberge avec terrasse et auvent en bois, mais sur la porte à attique un écusson rappelle que là résidait un écuyer, tenant la poste pour le Roy. Le 4 novembre 1586, ce chevaucheur royal était Claude Maréchal ; cette famille Maréchal, qui eut aussi pendant quelque temps et avant les Dupré la poste de la Palisse, resta au Bois-Droit jusqu'au commencement de ce siècle.

Peut-être aussi faut-il voir dans le Bois-Droit le chef d'une ancienne seigneurie noyée dans celle de la Lière (paroisse de Saint-Martin d'Estréaux), à une époque que nous ne connaissons pas : en août 1524, en effet, nous voyons François Ier donner à Jeanne d'Arces, sœur de feu chevalier Blanc (des Miniers probablement), la terre de Bois-Dryng (1), confisquée sur Jean de Vitry, seigneur de la Lière, et ce pour les bons offices qu'il a reçus dudit chevalier Blain ou Blanc.

DROITURIER.

La commune de Droiturier s'étend sur le plateau quelque peu sauvage que coupait jadis et que contourne aujourd'hui la grand'route de Paris à Lyon, entre la vallée de la Besbre et la trouée de Saint-Martin d'Estréaux. Ce plateau, bien reconnaissable de loin par la silhouette caractéristique du rocher de Treyon, qui en forme le point culminant, est bordé au nord par le ruisseau de Balavan, dont pendant trois kilomètres la vallée profonde est difficilement praticable. Ce pays n'a pas toujours joui d'une bien bonne réputation : « La Val (aujourd'hui Balavan), dit Nicolaï, est un ruisseau qui coule en la vallée de Droicturier, vray lieu de brigandaige », et les exploits, plus ou moins légendaires, dont, au siècle dernier, Mandrin l'aurait rendu le témoin, n'ont pas peu contribué à perpétuer un mauvais renom absolument injustifié.

Au XVIe siècle, le prieuré de *Droiturier*, dépendant de Mauzac en Auvergne (près de Riom), consistait principalement en « une grande vieille tour carrée » dont les dimensions étaient remarquables et dont on voit

(1) A moins pourtant qu'il ne s'agisse là de la puissante seigneurie du Bois d'Oingt (actuellement département du Rhône), qui appartenait aussi au seigneur de la Lière.

encore un angle dans le jardin de la maison Bourachot, près de l'église.

Cet énorme donjon, sur un des chemins de France les plus suivis, parait bien avoir été plutôt construit pour un homme de guerre que pour de paisibles moines, et nous ne nous avançons guère en en faisant le siège de la primitive sirerie de Droiturier : son possesseur, partant pour la guerre sainte, aurait donc, comme tant d'autres chevaliers de cette époque, engagé ou donné son fief aux disciples de saint Benoît, qu'on y trouve dès lors installés. La première mention que nous en ayons est de 1169, où, dans une énumération des biens de l'abbaye, figurent le prieuré de Droiturier et son église, avec son village, ses domaines, ses étangs, ses forêts (1), et, jusqu'à la Révolution, les chambriers de l'abbaye de Mauzac ne cessèrent de porter le titre de seigneur prieur de Droiturier (2). A côté de cette seigneurie religieuse, — et de même qu'à Saint-Germain des Fossés et ailleurs, — il existait à Droiturier une seigneurie laïque ; mais l'histoire lointaine de notre village modeste aujourd'hui, mais alors si important, nous échappe tout à fait, et il nous faut aller jusqu'à Tristan de la Garde, écuyer, seigneur de Chassigny en Mâconnais, qui, en 1506, rend aveu de sa terre de Droiturier en la châtellenie de Billy. Ce Tristan de la Garde doit être de la famille brionnaise que nous trouvons aussi à Montcombroux (V. les Certaines); il était frère, sans doute, d'une Françoise de la Garde, épouse d'Antoine de Boucé, fils de Jean et de Péronnelle de l'Espinasse, qui fut tige du rameau de Pontcenat. En 1521, en effet, le fils de cet Antoine, Nicolas de Boucé, seigneur de Pontcenat, est tuteur d'un seigneur de Droiturier, qui n'est pas nommé, mais devait être un fils de Tristan de la Garde et de demoiselle Catherine de Chandieu (3). Il est à croire que ce jeune la Garde mourut de bonne heure, et Droiturier, alors, vint aux mains de son oncle et tuteur Nicolas de Boucé, époux de demoiselle Catherine de la Forest, veuve en premières noces d'Antoine de l'Espinasse, seigneur de la puissante baronnie de ce nom.

Nicolas de Boucé eut deux fils, Charles, et François qui devait être le fameux Pontcenat dont nous parlons ailleurs plus longuement (V. Pontcenat) : c'est à ce dernier qu'échut Droiturier (4), et, après sa mort, nous

---

(1) *Droyturas cum adjacente villâ, prædiis, aquis et sylvis.* Une charte de la même abbaye de 1353 nous donne une assez triste idée de la façon dont était entretenu ce membre éloigné de Droiturier : *Ædificia minantur ruinam et pro parte ceciderunt.*

(2) Parmi eux, nous citerons en 1692 Gabriel Desplats, écuyer.

(3) Catherine de Chandieu avait eu de son père, Pierre de Chandieu, dix florins de monnaye courante pour toutes choses.

(4) Sans doute est-ce à son petit domaine de Droiturier, sur le grand chemin de Forez, que se trouvait Pontcenat l'avant-veille de Cognat, le jour où il prit les devants sur l'armée huguenote, qui allait surprendre le pont de Vichy.

le trouvons, avec Pontcenat, compris dans l'apanage de sa fille cadette, Suzanne de Boucé. Le 24 octobre 1592, en présence de son oncle, Geoffroy du Maine, prieur d'Ambierle, et de son beau-frère, Antoine du Maine, capitaine châtelain de la Bastille à Paris, Suzanne de Boucé épousa Henri d'Apchon, fils de Gilbert, chevalier de l'ordre du Roi, seigneur d'Issertieux, Montrenard, Fretay et la Guillermie, demeurant audit Montrenard, paroisse de Pouilly-sous-Charlieu; c'est ainsi qu'en 1610 nous trouvons nos deux seigneuries de Pontcenat et de Droiturier comprises dans les biens qu'a apportés à son mari Marguerite d'Apchon, fille de Suzanne et épouse de Gabriel de Chabannes-Curton, lui-même fils de Jean-Charles et de Louise de Margival. Gabriel de Chabannes fut tué à Bapaume en 1636, ne laissant pas de postérité, et Droiturier alors vendu aux d'Obeilh, seigneurs de Bussoles, qui le gardèrent jusqu'en 1680 environ. Puis, en 1686, nous retrouvons Droiturier réuni à la terre de la Palisse et, à ce titre, mentionné parmi les possessions des la Guiche-Saint-Gérand; aussi ne sommes-nous pas étonnés de trouver le sautoir de cette famille sur un écusson conservé sur une croix de pierre, sise en face de l'église et bénite en 1688 par le curé Martin Nicolas. En revanche, nous ne nous expliquons guère comment sur une autre face de la croix sont sculptées les armes que portaient alors les Jacquelot de Contresol (V. ce fief), et nous nous sommes demandé vainement ce que cette vieille famille pouvait faire à Droiturier.

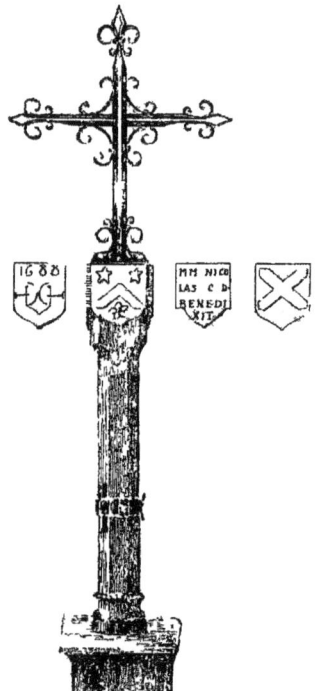

CROIX DE DROITURIER.
Armoiries des Jacquelot et des La Guiche.

Notre seigneurie, en tout cas, resta dès lors comprise dans la terre de la Palisse, et quand, en 1731, cette terre, érigée en marquisat en faveur de Brunet d'Évry, fut vendue à François-Antoine de Chabannes-Pionsat, les Chabannes récupérèrent, en même temps que le manoir de leur glorieux ancêtre, notre petite seigneurie, où avait aussi passé leur famille un siècle auparavant. Ils la gardèrent jusqu'à la Révolution (1).

(1) Les terres de la seigneurie de Droiturier étaient séparées de celles du prieuré par un très vieux chemin, qui n'est autre, selon nous, que la voie romaine de Roanne à Varennes, et dont on

L'ancienne maison seigneuriale de Droiturier, dite maison du Chambet, du nom de la famille Maillant du Chambet, qui l'occupa de 1732 jusqu'au milieu de ce siècle, appartient actuellement à M. Henri Féjard ; en 1582, elle fut bâtie sur l'emplacement du manoir qui, lui-même, avait remplacé le vieux château, devenu la propriété des moines. Nous citerons encore la maison Alcocque, qui est l'ancienne demeure des écuyers tenant la poste pour le Roy, et où, de 1704 à 1792, passèrent les Billaud des Roberts et les Noailly, venus du Roannais.

Dans les vieux titres, *Gaudinière* est généralement nommé Saint-Didier de Gaudinière, Gaudinière s'appliquant plutôt au château et Saint-Didier au village voisin : on en pourrait peut-être induire que là fut autrefois le siège d'une paroisse primitive; mais du village et du château, il reste seulement deux domaines et un moulin près d'une maison, dont quelques débris de cheminée, taillés en plein granit, révèlent seuls l'ancienne splendeur et qui, pourtant, a vu passer de bien grands noms.

Le premier seigneur de Gaudinière que nous connaissons est, dans le milieu du XVIe siècle, Jean le Brun (1), écuyer, époux de Françoise de Parrouche, qui le possède de concert avec son beau-frère, Jean de Bric, époux de Catherine le Brun. A la mort de Jean, Gaudinière échut à sa fille Claude, et celle-ci, le 11 avril 1587, le donna à son neveu Louis le Brun, fils d'Herbert, qu'en 1608 nous trouvons seigneur de Gaudinière et époux de Marguerite de Bresche, d'une famille qui, depuis le XIIIe siècle, possédait, près de Charolles, les deux seigneuries de Bresche et de Montod. Il ne semble pas douteux que ces le Brun ne soient de la famille qui possédait aussi Gaudinière sur Saint-Martin d'Estréaux, et Jean fut l'un des deux le

trouve encore des vestiges le long des bornes qui séparent la propriété Féjard de celle des Alcocque-Noailly.

La voie traversait le Balavan au vieux petit pont dit Pont de la Vieille Vallée, et de là par Sans-Chagrin, les Henris, les Minères et la Meignée gagnait l'ubier, après avoir passé la Beshie à la Motte des Noyers. Ce vieux chemin fut détourné par la Palisse à une époque que nous ne connaissons pas, mais la grande route continua à suivre son tracé des Minères à Droiturier jusqu'en 1758, que fut complètement refaite l'importante route de Paris à Lyon et construit le viaduc de la Vallée, que l'on croit généralement, mais à tort, beaucoup plus ancien.

Il arriva pourtant que ce chemin fut quelque temps détourné par Beaulieu et Gaudinière : une charrière du bois de Godinière porte encore le nom de Charrière pavée, et un terrier de 1460 fait encore passer par là le grand chemin. Ce nom de Charrière pavée et aussi l'ancienneté certaine de Saint-Didier de Gaudinière et de la chapelle de Beaulieu pourraient même fournir des arguments pour faire de ce tracé le tracé primitif ; mais que dire de positif sur des temps aussi lointains et des choses dont il ne reste rien ou si peu? Il serait pourtant on ne peut plus intéressant de déterminer le parcours exact de ces anciennes voies, artères qui portèrent en nos pays la civilisation et la foi chrétienne.

(1) Armes des le Brun : de gueules à trois chardons fleuris d'or, à courte queue et sans feuilles. — Nous donnerons les armes des possesseurs des fiefs bourbonnais, quand il nous sera possible de les connaître, mais seulement celles qui ne se trouvent pas dans les ouvrages locaux.

Brun qui furent si compromis lors de la fuite du connétable de Bourbon (1) : peut-être même — et l'alliance d'Albon est une forte présomption — faut-il voir en eux la descendance de Guichard le Brun, un des preux compagnons du bon duc Loys.

Des nombreux enfants de Louis le Brun, une jeune fille survécut, Gabrielle le Brun, née en 1610 et mariée en 1630 à messire Guillaume d'Albon (2), de l'illustre maison dauphinoise, dès longtemps possessionnée en Bourbonnais. Ce Guillaume, deuxième fils de Claude, seigneur de Chazeuil (V. ce fief), et de demoiselle Françoise de Sugny, avait été d'abord destiné à l'Église et pourvu du riche prieuré de Noailly ; mais détourné par son inclination pour Gabrielle le Brun de sa vocation forcée, il devint la tige de la branche des d'Albon, à qui échut plus tard l'aînesse de cette puissante maison. (V. Abrest.)

CHEMINÉE DE GAUDINIÈRE.

Guillaume d'Albon eut deux fils : Gilbert-Claude, l'aîné, né à Gaudinière en 1633, fut chanoine de l'Église, comte de Lyon, abbé commendataire de Mauzac et de Saint-Pierre de Bézelles en Albigeois, prieur de Royat, Segur, etc. ; mais, malgré ces nombreux titres, il habita le plus souvent avec sa mère, Gabrielle, comtesse douairière d'Albon, notre modeste gentilhommière, où il entretenait un chapelain. Elle vint après lui à son frère Jean-Claude, seigneur d'Abrest, puis portée par Anne d'Albon, la fille de Jean-Claude, à Gilbert de la Souche, elle ne sortit plus de cette dernière maison, et quand, en 1794, elle fut acquise par une branche de la famille Charles (V. la Côte), elle avait été confisquée sur M. de la Saigne Saint-Georges, émigré, fils d'Alexis et de demoiselle Marie-Magdeleine de la Souche.

Pendant les premières années du XVIIe siècle, nous trouvons à Droiturier les noms d'Antoine et Michel de Marcellanges, écuyers, seigneurs des *Féjards* : nous pensons qu'il s'agit là du village actuel des Féjards sur la grande route de Paris à Antibes, mais nous ne savons rien ni sur ces

---

(1) Voir de M. l'abbé Reure, *Esquisses sur Chateaumorand*, p. 33, et les *Exempts de Diannyère*.

(2) Armes des d'Albon : de sable à la croix d'or.

Marcellanges, ni sur la façon dont ils étaient venus dans cette région. L'un d'eux, Antoine, avait épousé une demoiselle Regnaud, du Breuil probablement.

Quant aux *Fauvres de Ville*, qu'au XVII° siècle nous trouvons mentionnés parmi les possessions des Galois (V. la Tour-Chalabran), il n'en reste que quelques débris de murs près du bois des Epalus, au bord du Balavan.

Signalons enfin, par acquit de conscience, deux anciens châteaux forts, dont la tradition seule rappelle l'existence et marque l'emplacement; ce sont :
Le *Château-Gaillard*, non loin du bois de Treyon, au sud de l'ancienne route, et le château de *Barginiat*, près du village de la Garde (vigne de M. Roussel).
Il faut reconnaître que les emplacements désignés sont des positions de premier ordre sur des chemins de tout temps très suivis : pour Barginiat, en outre, on peut arguer de ce vieux nom de la Garde, qui assez souvent tient, en effet, à des fortifications disparues, mais qui, dans l'espèce, pourrait bien tout simplement rappeler le souvenir d'un ancien poste de gabelles.

ANDELAROCHE ET BARRAIS-BUSSOLES.

Montant des bords de la Bèbre, la route de la Palisse au Donjon gagne les hauteurs du Fêtré, par les gradins successifs d'un long plateau que laissent entre eux les ruisseaux de Têche et de Balavan. Des bruyères odorantes d'où émergent des pointes rocheuses, des pentes rapides où poussent de maigres récoltes, de verts rubans de prés au fond de vallons étroits et des étangs à l'ombre de bouquets de sapins, tel est le pays qu'elle traverse; pays monotone, dont les riches habitants des plaines dédaignent le charme mélancolique.

Les communes de Barrais et d'Andelaroche s'étendent sur le plateau que suit la route, sur les vallées qui le bornent et sur les versants opposés.

Gléné d'Ande. — Parmi les compagnons du bon duc Loys de Borbon le plus souvent cités dans la chronique de d'Oronville (1363-1407), figure

Tachon de Gléniers ou Gléné, que « pour ses bonnes coustumes » on avait surnommé le bon bailli du Bourbonnais : c'est là, soit dit en passant, une renommée singulière pour un preux de cette époque.

Ce bon chevalier appartenait à une famille que nous trouvons à Gléné d'Ande, dès 1292, en la personne d'Audin de Gléné, chevalier (*miles*), et dont le manoir patronymique existe encore en partie au bord du Balavan : il ne subsiste, à vrai dire, pas grand'chose de ce qui dut être le Gléné féodal, mais, en revanche et malgré les sacrifices faits à l'établissement d'une féculerie, Gléné présente, presque complète, une de ces sveltes con-

GLÉNE D'ANDE.

structions qui, au XVe siècle, âge d'or de notre province, remplacèrent tant de sombres demeures guerrières.

Après Tachon, encore nommé en 1411, nous avons Louis de Gléné en 1443 et 1487, et, en 1490, nous arrivons à François de Gléné, écuyer, seigneur dudit lieu et de Trézuble (V. ce fief), époux de Charlotte de Mortillon, mentionné aussi à l'Assemblée de 1521.

François de Gléné ne semble pas avoir été un homme fort paisible : en 1490, en effet, il eut avec Jacques de Chateaumorand de longs démêlés assez motivés, s'il faut en croire les accusations portées par ce dernier contre son voisin : « Le sieur de Gléné, dit-il, accompaigné de plusieurs gens en armes incogneux, ses aliés et complices, a fais et commis plusieurs grans excepts, forces et violences, ports d'armes et ravissements : batus, navrés et mutilés plusieurs hommes de la justice de Châtelus à grant effuzion de sang, à grant cops d'épée, coppé une main, prins et amené grande quantité de bestes en la chatellenie de Châtelus et icelles transportées à Glénier. »

Le même François de Gléné est cité par M. le vicomte de Gaulmin dans son intéressante étude intitulée *Un émissaire du connétable de Bourbon*, et, parmi les partisans de Charles, à qui, d'ailleurs, toute sa noblesse était restée fidèle, nous trouvons le seigneur de Gléné, « l'homme, dit le messager du prince, le plus affectionné à l'affaire de Bourbon depuis son partement de France » : il reçoit l'émissaire du connétable en pleurant de joie, envoie son fils rejoindre le proscrit et promet de le suivre bientôt. François remplit-il sa promesse malgré son âge avancé? Fut-il emprisonné comme la dame de Gayette (V. ce fief) et tant d'autres? Nous ne savons; mais, peu de temps après sa confiscation en 1524, sa terre fut rendue à ses anciens possesseurs, et, le 27 novembre 1541, nous voyons Jacques de Gléné, écuyer, seigneur dudit lieu, et Louis, son frère, chevalier des ordres du Roi, vendre à Antoine de Lévis-Chateaumorand, archevêque d'Embrun, abbé commendataire de la Bénisson-Dieu, certains droits et dîmes qu'ils possèdent sur la paroisse d'Ande, et ce, moyennant sept cents livres tournois que l'acheteur leur paye incontinent avec trois cents écus d'or vieil et cinq sols tournois.

En 1546, Jacques de Gléné a encore Gléné d'Ande, qu'il laissa peu après à sa fille Péronnelle (1), mariée à Jacques du Vivier, seigneur de Servé en la paroisse de Saint-Voir. La fille de Péronnelle, Claudine du Vivier, épousa en 1587 Armand de Gerbes, seigneur de Montcombroux (V. ce fief), et, en 1617, nous retrouvons Gléné aux mains de son fils François de Gerbes, écuyer. Le 14 février de cette année, les biens de ce dernier furent saisis, et Gléné alors acquis par demoiselle Jeanne Gatier, veuve de Jean Nazarier, de son vivant seigneur de la Fayolle : le 14 février 1622, enfin, Melchior de Servajan, écuyer, seigneur de la Mothe de Sail, et, sous son autorité, demoiselle Jeanne Gatier, sa femme, tous deux demeurant à la Fayolle, paroisse de Saint-Martin d'Estréaux, vendent pour le prix de douze mille huit cent vingt-six livres tournois à Toussaint de Chantelot, écuyer, seigneur dudit lieu, le Verger, la Roche, etc., et à demoiselle Marguerite Gacon, sa femme, demeurant en la paroisse du Breuil, la maison seigneuriale de Gléné d'Ande, assise et située en la paroisse dudit lieu d'Ande, consistant en toute justice haute, moyenne et basse, etc.

Marguerite Gacon, veuve en premières noces de Jean de Lingendes, secrétaire de la chambre du Roi, appartenait vraisemblablement à la famille

---

(1) Il est à croire, du reste, que Péronnelle n'était pas la dernière représentante des Gléné, et que de cette famille sortent les Gléné que nous trouvons notamment à Buffévent, paroisse de Saint-Voir : ces Gléné et les autres, en effet, semblent avoir, à défaut de fortune, une situation prépondérante dans la noblesse du pays.

que nous trouvons aux Gaçons de Molles (V. Ussel en Crespin); quant à Toussaint, frère de François de Chantelot, époux d'Isabelle d'Albon, seigneur de la Chaise et Beaupoirier (V. ces fiefs sur le Breuil), nous parlons de sa famille à maintes reprises. Nous mentionnerons donc seulement l'érection en vicomté de la terre de Gléné obtenue par Toussaint le 12 février 1630, et aussi l'acquisition qu'il fit le 28 juillet 1637, pour huit cent soixante livres tournois, du domaine Cossonnier, à lui cédé par la famille Large, dite Cossonnier.

Marguerite Gacon, restée veuve (1), mourut le 20 septembre 1653, et, vendue cette année-là (2) à Pierre des Galois de la Tour-Chalabran (V. ce fief), notre seigneurie suivit dès lors les destinées de cette dernière terre. Acquis à la mort de Charles-J.-B. des Galois par MM. Dessert et Merle, Gléné appartient maintenant aux Biétrix de Lyon, dont le père, en 1848, s'en rendit acquéreur de M. Merle, banquier à Roanne.

Le village d'*Ande* (3) lui-même fut le siège d'une ancienne seigneurie que nous voyons en 1443 possédée par Louis des Gléniers, et qui, dans l'origine, dut dépendre de Gléné d'Ande : « De mémoire d'homme, dit en effet un registre paroissial de 1637, les honneurs seigneuriaux ont été rendus dans l'église de Saint-Pierre d'Ande aux seigneurs de Gléné, et ils ont toujours eu le droit d'être enterrés dans le caveau sous le grand autel. » — La seigneurie d'Ande vint peu après, et par alliance sans doute, aux Montjournal; puis, acquise de Jean de Montjournal le 15 décembre 1544 par Étienne de Viry, seigneur de la Forêt, et par lui presque immédiatement recédée pour treize cents livres à messire Jean de Lévis, elle fit dès lors partie de Chateaumorand. (Voir en outre, plus haut, l'acte du 27 novembre 1541.)

Une partie d'Ande formait la *Villefranche d'Ande*, citée par Nicolaï et qui semble être Butavant (V. plus loin); mais nous ne savons pas sûrement où elle était placée, et nous ne la trouvons mentionnée que deux fois : en 1419 dans les comptes de tutelle de Françoise de Châtelus, et en 1514 dans l'acte que nous venons de citer.

Nous avons aussi vainement cherché où pouvait être l'ancien fief de la

---

(1) Le tuteur des enfants de Toussaint de Chantelot fut messire Gaspard du Croc, seigneur de Saint-Polgues, baron de Brunart. (V. ce fief)

(2) Malgré cette vente, en 1676 encore, Claude de Chantelot, fils de Toussaint, portait le titre de vicomte de Gléné.

(3) Le siège primitif de la paroisse d'Andelaroche était à environ quinze cents mètres du bourg actuel, à une chapelle dite de Saint-Pierre, mentionnée par la Mure, et dont un domaine voisin a conservé le nom. Il n'en reste plus rien. Cette chapelle dépendait d'Ambierle, qui lui-même dépendait de Cluny. — Il est bien probable qu'à l'origine Saint-Pierre Laval, Saint-Pierre d'Ande et Saint-Pierre de Loddes ne formaient qu'une seule paroisse.

Roche-Chaffault, que nous croyons pourtant sur la paroisse d'Ande, et dont dépendaient en 1675 les domaines Tremblay et Juillet, sur le chemin de Saint-Martin d'Estréaux à Andelaroche (1).

C'est une seigneurie fort ancienne, et, en 1292, nous la voyons déjà faire l'objet d'une transaction entre deux membres de la famille de Châtelus; puis peut-être vint-elle en la possession des sires de Saint-Didier, et faut-il voir en elle ces terres d'Andelaroche que possède en 1313 Guillaume de Nevers (V. Saint-Didier en Donjon) : en tout cas — et ce serait pour cette dernière supposition un fort argument — la Roche-Chaffault, en 1446, appartient à Philibert de Damas, écuyer, seigneur aussi de Saint-Didier et de la Bazole, qui, par acte du 5 octobre, fait exempter ses hommes de la Roche du guet et garde en la châtellenie de Billy, moyennant un cens annuel d'un bichet de seigle par homme.

En 1452, à Philibert de Damas a succédé sa veuve, Catherine de Chaugy, qui en rend aveu pour elle et ses enfants ; puis vient sa fille Jeanne de Damas, dont le mari, Brémond de Vitri, le 11 décembre 1504, passe avec le seigneur de la Bazole, son beau-frère, une transaction au sujet de la Roche-Chaffault. A Brémond succéda son fils Louis, qui figure à l'assemblée de 1521 comme seigneur de la Roche-Chaffault et prit, avec son frère Jean, seigneur de la Lière, une part si importante à la défection du connétable (2). Ces gentilshommes, à tête chaude et vraiment venus trop tard dans le cours des mœurs féodales, montrèrent à « leur droicturier suzerain » une fidélité à toute épreuve, et furent, en mars 1524, condamnés — par contumace, heureusement — à avoir la tête tranchée. Leurs biens, en même temps, furent confisqués, leurs châteaux rasés, et c'est à cette époque sans doute qu'il convient de faire remonter la ruine de notre seigneurie.

Nous perdons dès lors la trace des deux Vitry et de leur descendance, et, le 7 décembre 1531, la Roche-Chaffault fut, en même temps que la Lière, portée par Jacqueline, leur sœur, à Pierre de Chaugy, chevalier : de ce mariage ne naquit qu'une fille, Jacqueline, qui, en 1550, épousa François d'Isserpent, seigneur de Chitain, et fut la mère de Suzanne d'Isserpent, dame de la Guiche. Nous parlons ailleurs (V. Chitain) de la descendance de Suzanne d'Isserpent. Échue en partage, le 23 avril 1669, à Marie de la Guiche, duchesse de Ventadour, la Roche-Chaffault fut par elle vendue, le

---

(1) Il y a bien sur le Breuil, non loin de la Chaise, un domaine marqué Afort et généralement dit Chaffault, corruption probable de chez Afort, lequel lui-même aura vicieusement remplacé le vrai nom d'Afort : il serait à la rigueur loisible de voir là notre ancienne seigneurie, mais nous hésitons à l'admettre, quoiqu'une construction féodale ait pu être là parfaitement située.
(2) Voir sur les Vitri de la Lière les travaux de M. l'abbé Reure. — Ils portaient d'azur au lion d'argent, armé, lampassé et couronné de gueules.

26 octobre de la même année, à son cousin Henri de Lévis-Chateaumorand, en même temps que la Lière et le Verger, puis réunie au corps de Chateaumorand par lettres patentes du 13 octobre 1672. (V. Châtelus.)

Et puisque nous en sommes aux points incertains de la commune d'Ande, citons de suite la *Chaise en Ande*, fief auquel nous ne pouvons assigner non plus aucun emplacement certain, et qui, d'ailleurs, ne se composait fort probablement que d'un terrier considérable et s'étendant jusqu'à Martinières, tout près du bourg de Barrais.

En 1521 figure par procureur, à l'assemblée des Coutumes, le seigneur de la Chaise en Ande; puis, le 10 décembre 1652, haut et puissant seigneur Claude de Chantelot, chevalier, seigneur de la Chaise et Beaupoirier, demeurant au château de la Chaise, paroisse du Breuil, vend à M. des Galois, chevalier, seigneur de la Tour-Chalabran et des Fauvres de Ville, le quart de la Chaise en Ande, moyennant deux mille livres. Sans doute aussi est-ce de la Chaise en Ande qu'il s'agit dans l'acte du 13 juin 1408, par lequel Pierre de Chantelot, seigneur de la Chièze, donne à André de Vitri, seigneur de la Lière, fils de Philippe et de Lucques de Chantelot, sa terre et chevanche dite d'Ande ou de Gléné, avec ses droits, etc.; mais là se bornent nos renseignements sur la Chaise, dont, au siècle dernier, nous voyons les droits partagés entre les Galois, les seigneurs de Bussoles et divers particuliers.

La *motte de Butavant*, à un kilomètre environ du bourg d'Ande, est le modèle le mieux conservé de motte féodale que l'on puisse trouver.

Jadis, d'après la tradition locale, elle portait un château fort, qui fut détruit par les Polacres ou *Poulards* (1), et, en fouillant quelque peu le sommet de la butte, on trouve, en effet, des pierres calcinées : une excavation arrondie marque bien l'emplacement d'une tour effondrée; enfin, l'ancien chemin d'accès est encore aussi visible qu'il est possible sur un tertre devenu depuis cinq cents ans un terrier à renards. Une autre tradition, que nous donnons pour ce qu'elle vaut, prétend qu'avant la Révolution dîmes et tailles se payaient à jour fixe sur la motte de Butavant : c'est parfaitement possible, et ce renseignement, appuyé de preuves et complété par quelques détails, serait assurément fort précieux; mais que n'a-t-on pas dit sur ces mots malsonnants de taille et de dîmes?

---

(1) Le nom de Poulards, Pouacres ou Polacres, que les vieux titres donnent aux mercenaires polonais, se rapporte dans les souvenirs populaires à tous les envahisseurs du pays, depuis les Anglais au XIVe siècle jusqu'à l'armée de Gaston d'Orléans en 1632.

Les noms féodaux mentionnent plusieurs familles ayant possédé la Motte, terre et seigneurie de Butavant : c'est d'abord, de 1300 à 1322, un Hugues du Bois ou du Bosc, auquel a succédé en 1358 un Jean du Bosc, aussi possessionné sur Fouz (V. cette paroisse) ; puis, de 1378 à 1411, elle appartient successivement à Hérard, Jean et Tachon de la Motte ; en 1500 et 1502, elle est à Jacques et Gilbert de Lorry, qui ont aussi la prévôté de Bor ; en 1509, enfin, la motte de Butavant, sise sur la paroisse d'Ande, figure sur un terrier appartenant à Anne de France à cause de sa seigneurie de Chaveroche. A partir de cette époque, Butavant suivit les destinées de

MOTTE DE BUTAVANT.

la Roche-Chaffault, qui en était sans doute voisine, et c'est ainsi qu'après l'avoir vu mentionné en 1609 dans les possessions de Jacqueline de Chaugy, douairière de Chitain, et plus tard dans celles de la duchesse de Ventadour (V. la Roche-Chaffault), nous le voyons venir aux mains des Lévis-Chateaumorand et réuni, ainsi que Bor, à leur principal fief, par lettres patentes du 13 octobre 1672.

Bien qu'il ne subsiste autour de Butavant aucune trace de village disparu, il est extrêmement probable que là devait être la Villefranche d'Ande dont parle M. Chazaud, dans ses études sur les villes franches du Bourbonnais, et que Nicolaï appelle par erreur Villefranche de Butenant : l'intendant d'Argouges dit, d'ailleurs, Villefranche de Butavant.

Nous venons de parler de la *prévôté de Bor*, propriété des Lorry en 1500 et incorporée à la terre de Chateaumorand en même temps que Butavant. Fut-ce jamais une seigneurie indépendante ? Nous n'en avons nulle trace : tout ce que nous en savons, c'est que les terres en dépendant s'étendaient le long du ruisseau d'Andan, à partir et en aval de l'étang Baguetier, et comprenaient ce que l'on appelle maintenant le hameau des Verys. Ce hameau, ainsi nommé sans doute d'une famille qui l'a possédé, semble fort ancien et présente même en quelques endroits de vieux murs, que l'on peut croire des restes de constructions féodales : c'est donc là qu'il convient de chercher l'ancien siège de Bor.

Sur Ande se trouve encore le hameau de *Diannières*, où n'est aucun débris de construction féodale et qui fut pourtant une des premières seigneuries qu'aient possédées les Châtelus aux environs de leur fief patronymique.

Elle appartint à la branche du fameux Jean de Châtelus : de 1383 à 1407, en effet, nous voyons dame de Diannières, sa propre sœur, Marquise de Châtelus, femme de Tachon Foucault de la Terrasse. Marquise mourut sans enfants, et Diannières, passé à sa nièce Françoise, fut par elle porté à Louis de Chantemerle, seigneur dudit lieu, en la paroisse de Monétay et de la Clayette (V. Mauvernet); c'est ainsi qu'en 1490 nous en trouvons seigneur Hugues de Moles (un Chantemerle sans doute); en 1523, Humbert de Chantemerle, et, en 1537, Philippe de Moles, dit de Chantemerle. Dans le courant du XVIe siècle, Diannières rentra dans la famille de ses anciens possesseurs ; dès 1600, nous le voyons mentionné parmi les possessions de Diane de Chateaumorand, et enfin, en 1672, il fut incorporé à la terre de Chateaumorand.

Comme Butavant, Bor et la Roche-Chaffault, le fief des Diannières était mouvant de la Lière.

A Diannières vivait, au XVIIe siècle, la famille de Diannières (1), à laquelle ses alliances avec les Gallois, les d'Obeilh et autres semblent pouvoir faire attribuer une certaine importance.

Changeant de région, nous gagnons la commune de Barrais (2), et là notre première visite sera pour le lieu d'où ont probablement tiré leurs noms les deux bourgs de Barrais et de Bert : c'est, à douze cents mètres

---

(1) De 1640 à 1653, un Diannières, époux de demoiselle d'Obeilh, fut fermier de Prénat-sur-Rongères. C'est sans doute l'aïeul de celui que nous retrouvons à la Font-de-Langy, et qui fut un médecin d'un certain renom.

(2) Pour tout ce qui concerne Barrais, Avrilly et Luneau, nous avons trouvé dans M. l'abbé J.-M. Flachard, curé de Barrais, le collaborateur le plus précieux.

environ à l'est de la route de la Palisse à Bert et sur le bord du ravin des Gouttes-Barres, un mamelon désigné sur le cadastre par le nom remarquable de Tureau de la Motte et généralement dit le *Vieux château de Bar*.

Il ne nous semble pas douteux que la tradition, qui place là un château féodal, ne soit parfaitement fondée. Outre que de vieux plans terriers portent en toutes lettres : « Motte où fut le vieux château de Bar », nous avons recueilli, sur ce sol à peine gratté par une méchante araire, des débris de tuiles, des morceaux de poterie ancienne et de petits blocs de béton : sur le sommet, évidemment fait de main d'homme, le moindre examen permet aussi de reconnaître la forme de la construction disparue; enfin, des témoins dignes de foi nous ont affirmé y avoir vu des restes de vieux murs, dont des fouilles mettraient peut-être à jour les fondements.

Il est, d'ailleurs, un fait incontestable, c'est qu'à l'époque de la décadence romaine, les envahisseurs, arrivant dans des contrées comme la nôtre, peu peuplées et couvertes de forêts presque impénétrables, n'avaient guère d'autre voie à suivre que les cours d'eau : ils les remontaient donc et, arrivés aux naissances des vallées, vers des plateaux cultivables, barraient, par un *castellum*, la route qui les y avait conduits (1). La motte de Bar répond absolument à ces conditions topographiques : nous pensons donc pouvoir regarder le château qu'elle portait comme remontant à une date extrêmement reculée : là fut sans doute le primitif chef féodal du pays, et ce qui fortifie encore notre opinion est la découverte récente, au lieu dit les Graves de Bert, sur le vieux chemin de Bert à Barrais, d'une sépulture mérovingienne : du guerrier, il ne restait plus qu'un peu de terre noire, mais à côté se trouvait sa longue épée avec un fer de lance (2).

Par qui ce château a-t-il été habité? Par qui et quand fut-il détruit? On ne le peut guère savoir, et nous nous bornerons à transcrire ce que disent les *Noms féodaux* d'une motte de Bar, et ce avec toute l'incertitude où nous met la confusion si facile entre les anciens noms de Bert et de Barrais.

En 1322, Guillaume Blain, damoiseau, a l'hôtel, terre et seigneurie de Bar, paroisse de Bar, et en rend aveu en même temps que de terres, paroisse de Trezail; sans doute s'agit-il là de Barrais : en 1067, en effet, c'est bien un Hugues Blanc ou Blain, vicomte de Mâcon, qui avait fait don

---

(1) Ces suppositions, assez naturelles pour qui cherche à se rendre compte des premières organisations d'un pays, deviennent, ce nous semble, saisissantes si l'on s'applique à suivre en détail la manière dont se fait de vive force l'occupation d'une colonie dont la vie sociale est encore à l'état rudimentaire.

(2) Ces objets nous ont été gracieusement remis par M. Latrasse, de Bert.

à l'abbaye de Saint-Rigaud (1), de Saint-Julien de Barrey, au diocèse d'Auvergne. Notre château, du Xe au XIVe siècle, resta donc à cette famille Blanc ou Blain, dont la fortune jusqu'au XIIIe siècle avait été considérable et que M. l'abbé Cucherat n'hésite pas à faire descendre de Boson, roi de Provence. En même temps que les Blain, pourtant, nous avons, en 1302, un Chatard de Marcenat (2), aussi possesseur de la motte et du bois de Bar; mais nous pensons que ce Marcenat est tout simplement le feudataire, qui tenait la motte de Bert (V. ce fief) pour le compte de Louis, duc de Bourbon.

Cette mention de 1322 est la seule que nous ayons de la motte de Bar, mais nous trouvons aussi quelquefois nommée une maison de Barret ou Barrey qui, en 1350, appartient à Guillaume de Verennes pour Aremburge de Barrays, sa femme; la famille de Verennes (Varennes?) dut garder cette maison de Barret, pensons-nous, et, en 1400, nous ne la trouvons pas parmi les biens des Barreys (3), seigneurs de Sorbiers, qui, cependant, possèdent encore sur notre paroisse Montremblay, Feuilletaoux et l'étang de Barret. Nous ne savons, du reste, si ce nom de maison de Barret se doit appliquer à notre vieux manoir ou à une autre construction, Villette, par exemple, que nous allons voir tout à l'heure; mais, en 1443, nous retrouvons des renseignements précis, et, cette année-là, nous avons aveu des motte, terre et seigneurie de Barrais par Louis de Lavieu (4) (*de Laviaco*), chevalier, époux de Catherine de l'Espinasse, fille d'Érard, premier du nom.

Nous verrons bientôt que, jusqu'au XVIIe siècle, les Lavieu restèrent possessionnés près de Barrais, mais, dès lors, nous ne trouvons plus parmi leurs terres la seigneurie de Barrais, réunie sans doute à la terre de la Palisse par le mariage de Jacques Ier de Chabannes avec une Lavieu et toujours mentionnée, du reste, dans l'énumération des biens des la Guiche, Brunet d'Évry et Chabannes.

De 1301 à 1346, Hugues, Hugonin, Jean et Girard de Barreys possèdent successivement *Aguillanges*, sur la commune de Barrais. C'est en vain que nous avons cherché l'emplacement de ce fief disparu : rien, sur les plans

---

(1) Abbaye bénédictine, dont il ne reste plus que des vestiges au hameau de Saint-Rigaud sur la commune de Ligny, canton de Semur en Brionnais (Saône-et-Loire). — L'abbé de Saint-Rigaud avait la nomination des curés de Barrais et de Varennes-sur-Tèche.

(2) Chatard et Marcenat sont des noms des environs de Saint-Germain des Fossés. (V. Saint-Félix et les Creuziers.)

(3) Ne pas confondre ces Barreys avec les Barrois de la famille des Barres.

(4) Il s'agit là non des Lavieu-Feugerolles, mais des Lavieu de la Roche-Molière, qui portaient d'or à la bande engrelée de sable.

ou matrices, ne ressemble de près ou de loin à Aguillanges, et nous ne savons pas non plus de motte sans nom, à qui nous puissions attribuer celui-ci.

Au fond du ravin escarpé que franchit en sortant de Barrais la vieille route de la Palisse au Donjon, et sur un étroit promontoire, qui barre le chemin, se dresse ce qui subsiste de la *Tour-Pourçain*. Un étroit sentier d'accès, une petite plate-forme tout entière occupée par la vieille tour, et de tous côtés des pentes à pic, tel est l'emplacement de cette construction féodale, qui doit sans doute à cette circonstance d'avoir été mieux conservée que beaucoup de ses voisines plus importantes. Il était impossible, en effet, de bâtir à côté d'elle une maison banale qui la puisse remplacer, et la tour elle-même, recouverte d'une charpente de hasard, est devenue une modeste locaterie.

Mais cette position rend pour nous fort douteux que là ait jamais existé un château proprement dit (1) : avant que la justice de Barrais y fût plus tard transportée (au XV° siècle, pensons-nous), la Tour-Pourçain devait donc être un simple poste fortifié, une sorte de péage établi par les sires de Bar sur la grande artère (2) qui traversait leur domaine.

Elle suivit, en tout cas, les mêmes destinées que la motte de Bar, et, après les Barreys, nous en trouvons seigneur en 1443 le même Louis de Lavieu, que nous venons de voir : elle est dite alors motte des Pousins, et c'est encore sous ce nom — qui est fort probablement son nom vrai — que Nicolaï la fait figurer en 1579 parmi les justices vassales de Chaveroche. Mais, depuis 1443, nous n'en avons que des renseignements bien espacés : c'est d'abord en juin 1530 un terrier de la Tour-Pourçain et Barrais, établi au profit de Girard de Montcorbier, écuyer, seigneur desdits lieux ; puis nous passons à 1664, où Léon Dupré, seigneur de la Meigné (V. ce fief), se qualifie écuyer, seigneur de la Tour-Pourçain. Notre fief ensuite dut, avec Barrais, passer quelque temps aux mains des la Guiche Saint-Gerand : c'est ainsi, du moins, que nous expliquons qu'en soit devenu propriétaire — et dans les circonstances que nous rapportons à Chatelperron (V. ce fief) — messire J.-B. Larchier, dont la veuve, Marie Le Clerc, en 1700, le revendit à Jean Neveu, seigneur de la Croix, époux de Michelle Rambaud. (V. Gléné de Servilly.) A Jean Neveu succédèrent son fils Louis,

---

(1) La tour Pourçain pourtant aurait pu être un château comme celui dont M. Cœffier-Demoret donne la description curieuse. (*Histoire du Bourbonnais*, t. I, p. 159.) — Le savant auteur malheureusement ne dit pas où il a pris son modèle et nous laisse un peu sceptiques.

(2) Cette route de la Palisse à Digoin a aujourd'hui perdu de son importance, mais elle était alors la ligne directe de Bourgogne en Auvergne, voie très fréquentée.

époux de Gilberte du Vergier, et, en 1722, Antoinette Neveu, fille de Louis, mariée à André Charles, tous gens dont nous parlons ailleurs.

André Charles, en 1732, vendit la Tour-Pourçain à Pierre Préveraud de l'Aubépierre, seigneur de Racquetières, en la paroisse de Monétay-sur-Loire (1), et à sa femme, Françoise Jacquelot de Chantemerle. De Pierre, la Tour passa à son fils Gilbert Joseph, capitaine au régiment de Poitou et époux de demoiselle Marie Conny de Valvron, et fut, le 7 septembre 1733, vendue par ce dernier à son beau-frère Jean-Louis Conny de Valvron, époux de Marie Préveraud de la Boutresse et aïeul du vicomte Félix de Conny.

Telle qu'elle est, la Tour-Pourçain mérite d'être visitée : d'elle dépendait le vieux domaine des *Alaisons*, habité au XVIe siècle par la famille considérable des Alezons, et qui ne fut vendu que récemment par Mgr de Conny, doyen du chapitre de Notre-Dame de Moulins, protonotaire apostolique, un des trois fils de M. Félix de Conny.

Au commencement de ce siècle a été complètement rebâtie la maison noble de la *Bruyère*, mentionnée par Nicolaï comme une de celles « non ayant justice » de la châtellenie de Chaveroche, et qui fut le berceau d'une famille noble de ce nom possessionnée sur Barrais en 1353. La Bruyère, au siècle suivant, devint la propriété des Gléniers, de Gléné d'Ande, et, en 1484, nous voyons Pierre de Gléniers, écuyer, seigneur de la Brière, vendre à Antoine Boutier, de chez Boutier, un tènement de bois sis en la paroisse de Bussoles ; à Pierre de Gléné succéda son fils Jean, époux de demoiselle Jeanne de Montcorbier ; puis, en 1631, nous trouvons comme sieur de la Bruyère un François de Gléné ; enfin, en 1651, est encore à Barrais une demoiselle Gabrielle de Gléné.

Mais alors cette demoiselle de Gléné habite le bourg et ne possède plus la Bruyère, passée, dès 1632, à maître Gilbert de la Grye, avocat en Parlement, demeurant à Ambierle et époux de demoiselle Marie de Viry (2). A Gilbert de la Grye succéda son fils Étienne, maréchal des logis de la compagnie des gardes du corps du Roi, gentilhomme de Mgr le prince de Condé, époux de Catherine Blanchet de la Chambre, et après Étienne vient Achille, son fils, gendarme de la garde du Roi. Achille de la Grye

---

(1) Racquetières est une ancienne terre des Préveraud, mais appartenait à Pierre Préveraud de l'Aubépierre du chef de sa femme : les alliances des Préveraud de l'Aubépierre et de la Boutresse avec les Jacquelot de Chantemerle se renouvellent presque à chaque génération.

(2) Marie de Viry appartenait à une excellente famille roannaise, originaire sans doute de Bourgogne et dès longtemps adonnée à la batellerie, alors si importante. — La pierre tombale de Gilbert de la Grye a été conservée dans l'église d'Ambierle.

mourut en 1719, ne laissant pas de postérité : en même temps que le petit fief patronymique des la Grye, sis au bas d'Ambierle, la Bruyère fit alors retour à ses neveux, Claude et Achille Bouquet, fils de sa sœur Florence, qui prirent le nom de Bouquet de la Grye; en 1781, le titre de seigneur de la Bruyère était encore porté par Jacques Bouquet de la Grye, avocat en Parlement, fils de Claude et aïeul des branches dites Bouquet des Pins et Bouquet de la Genèvre.

Près de la Bruyère nous signalerons, à titre de curiosités, d'abord un petit bouquet de chênes, abritant d'énormes roches où l'on s'accorde à voir un sanctuaire druidique; puis, plus loin, au sommet des bois de la Chassagne, un lieu communément appelé le Châtelet et qui fut, sans doute, un poste de signaux par le feu, comme il en existait en beaucoup d'endroits (1) : on découvre de ce point un horizon fort étendu, et des travaux y furent même commencés à un moment donné pour y établir un télégraphe Chappe.

Aux XIII° et XIV° siècles existait à Barrais une famille de la Chassaigne.

Maison dite de Villette. — Barrais, avons-nous dit, dépendait de l'abbaye de Saint-Rigaud en Bourgogne, à qui ce territoire avait été donné au XI° siècle, et un terrier de 1542 mentionne encore près de la très vieille église de Barrais, sise à trois cents mètres du bourg actuel, un prieuré dit de Saint-Julien et alors habité par le prieur Christophe de Damas (2). Ce prieuré occupait l'emplacement de la cure actuelle, sur le chemin aujourd'hui disparu de la Palisse au Donjon par la Tour-Pourçain et Melleray; en face se trouvait une maison considérable, dont le propriétaire, Robert Dessert, sortait sans doute de la communauté voisine des Desserts, et dont le vieux nom de Villette n'est plus conservé que par une ancienne garenne sise sur le versant des Gouttes-Barre.

Aux Dessert succéda, dans la possession de Villette, une famille Martin, fort ancienne à Barrais, où elle avait encore les terres voisines des Roys, des Jayots et des Nazariers, et qui prit au XVII° siècle — nous ne savons d'où — le nom de Martin de Saint-Mayeul. Le dernier de ces Martin fut Mayeul, conseiller au présidial de Moulins, dont la fille Claudine (3), en

---

(1) Ne serait-ce pas aussi un ancien poste de signaux que le curieux *turail Castel*, sis près des Gaille, en face de la jonction des routes de Bert et de Barrais, et dont la silhouette caractéristique s'aperçoit de presque tout l'arrondissement ?
(2) C'est à Christophe de Damas que l'on doit la construction du chœur gothique de Barrais, dont la clef de voûte porte encore ses armes.
(3) Claudine, devenue veuve, se remaria avec Louis Marque, officier de cavalerie, seigneur du Martray, en la paroisse de Baugy.

1659, épousa Pierre Jacquelot de Chantemerle, de Contresol (1). Tous les biens des Martin passèrent donc aux Jacquelot : c'est ainsi qu'en 1700 nous les trouvons, en même temps que Raquetières (V. la Tour-Pourçain), possédés par le fils de Pierre, Gilbert Jacquelot, ancien curé d'Huillaux, retiré à Barrais, qui non seulement fit réparer à ses frais le vieux prieuré abandonné, mais encore agrandit considérablement le vieux logis de Villette, pour y établir un refuge de filles repenties. Gilbert mourut en 1746, et ses biens furent alors partagés entre ses neveux et nièce, Barthélemy, seigneur de Contresol, Jean-Louis, seigneur de Chantemerle, Pierre-Louis, curé de Neuvy-les-Moulins, et Claudine, épouse de Pierre Préveraud de l'Aubépierre, tous enfants de Joseph Jacquelot et de demoiselle Madeleine Gravier, de Paray-le-Monial (2). Les Roys échurent à Jean-Louis, Villette et les Jayots à Barthélemy, le vieux prieuré et les Nazariers au curé Pierre-Louis, qui mit à continuer les bonnes œuvres de son oncle une telle ardeur que ses frères durent modérer son zèle, sous peine de le voir complètement ruiné.

Quelque temps avant la Révolution, l'ancien prieuré avait été acquis par M. l'abbé Fleury, curé de Barrais ; il fut sur lui confisqué et devint la cure actuelle.

Quant aux Jayots et Villette, ils furent vendus par Barthélemy aux dames carmélites de Moulins et, après une longue série de propriétaires, vinrent, il y a une quarantaine d'années, à M. de Riberolles, de Joze (Puy-de-Dôme), époux de demoiselle Bouquet de la Grye et père de madame Campionnet, de Gueugnon.

Sur Barrais est encore le petit fief de *Quirielle*, qui aux deux derniers siècles fut le véritable château seigneurial de la paroisse, moins par ses droits et son ancienneté que par la situation de ses propriétaires.

La première mention que nous en ayons est du 21 avril 1528, époque où il appartient à Pierre de James, écuyer. Cette famille de James a une

---

(1) Nous avons cru longtemps avoir trouvé là l'origine jusqu'ici peu connue du nom des Jacquelot de Villette, mais nous devons dire que M. Victor Meilheurat, le plus érudit sans doute des chercheurs de notre pays, nomme dès les premières années du XVII° siècle parmi les possessions des Jacquelot un fief disparu de Villette, qui aurait été sis sur les Bizets (paroisse de Monétay), non loin du domaine des Nicolas, paroisse de Coulanges, où était jadis l'ancienne seigneurie de Chantemerle : sauf erreur de M. Meilheurat, c'est donc sur Monétay qu'il convient de chercher l'origine du nom de la branche des Jacquelot, restée dès lors à Contresol. (V. ce fief.)

(2) En premières noces, Joseph avait épousé une demoiselle du Buisson, fille d'André, seigneur de Beauregard : Madeleine Gravier, sa seconde femme, de la famille d'où sortit le ministre de Louis XV, Gravier de Vergennes, était fille de Samuel, seigneur des Bessons, paroisse de Vitry-sur-Loire, et de demoiselle Heudelot. — Barthélemy avait épousé une demoiselle du Rocher, de Saint-Christophe en Brionnais, et habitait sur Vitry le château du Mont.

origine assez obscure, et tandis que les uns la font venir de Gannat ou même de provinces lointaines telles que le Limousin ou le Poitou, d'autres pensent que c'est une branche des Jacob, de Saint-Léon : quoi qu'il en soit, à Pierre succéda son fils François, époux de demoiselle Péronelle de Montcorbier, fille de Girard, seigneur de Montifaud (V. ce fief sur Trézelles); à François (1), Gilbert, époux de Renée de Bouletières, fille de Jean; à Gilbert, Louis, et enfin à Louis, son fils Jean.

Jean de James, en 1626, se maria dans le bas Poitou, et Quirielle, à cette occasion, passa à son cousin germain Armand de James, qui épousa demoiselle Françoise Mallet, de Paray-le-Monial, et eut deux fils, Jean et François, tous deux nommés dans la statistique nobiliaire de 1664 qu'a publiée M. Roger de Quirielle dans les *Annales bourbonnaises*. Nous y voyons qu'en 1653, Jean, seigneur de Quirielle, fut, pour s'être battu en duel, condamné à avoir la tête tranchée, et, bien qu'il ait pu se soustraire à l'exécution de ce jugement par contumace, sa terre échut à son frère François de James, dit par la même statistique « de bonne naissance, ayant de l'acquit et quinze cents livres de rente ». François de James ne quitta guère son château de Quirielle, et son nom est peut-être celui que l'on trouve le plus souvent sur les registres de Barrais, de Trézelles et de Montcombroux.

François de James, en 1664, avait épousé Catherine de Chol, de la maison voisine des Choux, et, en 1694, se remaria avec demoiselle Gabrielle de Champropin de Chambort, fille de Claude et d'Anne Pailhoux ; mais, de ses deux mariages, il n'eut pas d'enfants, et, vers 1705, il prit avec lui à Quirielle sa nièce, Jeanne de James, fille d'Armand, seigneur des Forges en Poitou, qu'il maria, le 15 janvier 1709, à Gaspard de Chantelot, fils de Pierre-Louis, seigneur des Duriers en la paroisse de Saint-Pourçain-sur-Besbre. Jeanne et son mari furent les héritiers universels de François de James, qui mourut le 19 septembre 1713, à l'âge de quatre-vingt-deux ans, et, le 8 mars 1730, vendirent Quirielle à Louis Simon, de Montaiguet, époux de demoiselle Jeanne Bardet de Saint-Julien.

Le nouveau seigneur de Quirielle appartenait à une ancienne famille des Basses-Marches (V. la Feuillouse de Montcombroux, les Martels, etc.), munie de charges de justice dès 1581 et qui portait déjà le nom de Quirielle de celui d'une terre qu'elle possédait sur Loddes, depuis le milieu du

---

(1) Outre Gilbert, François de James eut deux autres fils : l'un, Henri, capitaine châtelain de Chaveroche, fut le père de Jacques, d'où sortirent les de James de Montcombroux; l'autre, Louis, eut une terre dite le Terron ou le Théron, sise nous ne savons où, et dont la recherche donnerait peut-être l'origine des de James.

XVII° siècle (V. Montaiguet). Louis Simon de Quirielle eut deux enfants : Pierre, qui épousa demoiselle Marie-Marthe Dusaray, et Marie, mariée à M. Conny de la Faye ; mais Pierre étant mort jeune (1), sa mère, alors fort âgée, revendit, en 1779, Quirielle de Barrais à M. de Viry, du Coude : les descendants de Pierre sont, depuis lors, rentrés en sa possession et ont aujourd'hui encore les deux terres de Quirielle.

Celle qui nous occupe est une modeste gentilhommière assez mal conservée et où rien, du reste, ne semble remonter à une époque vraiment ancienne, à ce point que nous croirions volontiers tours et porteries élevées au fur et à mesure de l'accroissement de la fortune des James : une seule salle bien abandonnée montre encore une cheminée et un plafond décoré dans le goût du XVII° siècle.

Quirielle n'avait pas justice.

Non loin de la vieille demeure que nous venons de voir et sur les pentes qui tombent sur la vallée de la Bèbre, est la locaterie de *Chateauvert*, communément appelée le Crot, nom qui dans le langage populaire a, comme on le sait, la signification de vieilles ruines (2). Comme, en outre, plusieurs vieillards du hameau voisin de la Tuilerie nous ont affirmé y avoir vu jadis de vieux restes de murs, nous n'hésitons pas à y voir l'emplacement d'un château fort disparu, mais du nom et de l'histoire de ce château nous n'avons nulle notion.

Ce lieu vit de très anciens établissements, et, en 1875, MM. Albert de Bure et Baillod, de Pierrefitte, y ont trouvé une magnifique hache en serpentine.

A Barrais fut réunie, en 1833, l'ancienne petite paroisse de Bussoles, tout entière comprise dans la vallée que forme, entre des bruyères et des bois de sapins, le ruisseau de la Têche. Aux deux extrémités de la vallée sont Bussoles et Montjournal, jadis forteresses ennemies, disent les gens d'alentour, qui montrent à l'appui de leurs racontars deux sommets voisins dits, en effet, Rocs de la Querelle : de ces luttes, d'ailleurs fort probables, il ne reste malheureusement nul vestige certain, et il faudrait, en tout cas,

---

(1) Au moment de la Révolution, Jean-Baptiste Simon de Quirielle, le fils de Pierre, était trésorier de France à Moulins.

(2) Nous ne voudrions pas nous lancer dans la science ardue autant qu'élastique des étymologies, mais, vraiment, nous ne pouvons nous empêcher de rapprocher de ce nom de Chateauvert, que nous trouvons plusieurs fois donné à des emplacements presque certains d'anciennes maisons fortes, les mots *castrum versum*, château détruit. Notre Châteauvert, en tout cas, non plus que ses homonymes, n'a rien de commun avec un verdoyant entourage, qui pourrait justifier l'étymologie peut-être plus simple de *castrum viridum*, château vert.

les faire remonter à une date antérieure à celle de l'arrivée des paisibles d'Obeilh.

Le petit « chasteau de *Bussoles* en la justice de Vichy », dont Nicolaï parle à cinq reprises différentes, est actuellement en voie de restauration. Une assez jolie tour carrée, qui flanquait autrefois l'entrée, atteste seule l'ancien cachet seigneurial de ce castel déchu, et c'est à peine si une fâcheuse réparation de 1810 a laissé subsister à Bussoles quelques détails qui semblent de la fin du XIV° siècle.

De cette époque aussi date la première mention que nous ayons de

BUSSOLES.

ARMOIRIES
des Gallois de la Tour
et de Chavagnac.

Bussoles ; c'est l'aveu qu'en rend au sire de la Palisse, le 19 juin 1375, noble Jean-Albert, prévôt de la Gagère, aveu que nous donnons sous toutes réserves, la pièce où nous l'avons trouvé nous inspirant peu de confiance. Puis arrive à Bussoles la famille bourgeoise des d'Obeilh, que nous y allons suivre pendant près de trois siècles.

En 1393, Guillaume d'Obeilh, le premier de cette famille dont nous trouvions le nom, est simplement dit paroissien de Bussoles ; mais immédiatement après lui, prend le titre de seigneur de Bussoles son fils Charles d'Obeilh, dont nous verrons la pierre tombale dans la chapelle de Bussoles (V. plus bas) ; puis viennent successivement Pierre d'Obeilh, qui, le 4 mars 1455, rachète la justice de sa terre à Jean d'Orvalet, écuyer ; Jean, lieutenant de Chaveroche, un des rédacteurs des premières coutumes du Bourbonnais en 1494 ; en 1507, autre Pierre, qui construisit le chœur de l'église de Bussoles (V. plus loin) (1) ; en 1521, honorable homme François

(1) En 1505, François de Montjournal, écuyer, seigneur dudit lieu, a la justice de Bussoles sans en avoir le fief, et ce nous semble un exemple du cas, dont nous parlons dans notre Avant-propos,

d'Obeilh, licencié ès lois, qui représente le maréchal de Chabannes à l'assemblée de Moulins ; et enfin autre Jean, époux de Madeleine Treille.

Jean d'Obeilh eut deux fils, Archambaud et Louis, dont nous possédons l'acte de partage, daté du 31 juillet 1559 ; par ce partage, Bussoles échut au second fils, Louis, époux de Renée de Mars (1), et, après la mort de Louis, en 1614, passa à son fils Antoine, marié à demoiselle Louise de Baudinot, qui racheta les droits de sa sœur, épouse de noble Emmanuel du Saulzay de la Chapelle. Antoine mourut le 8 janvier 1663, et eut pour successeur son fils Jean (2), noté en 1664 par M. de Pommereu, intendant du Bourbonnais, comme ayant quelques services et quatre mille livres de rente. Jean d'Obeilh enfin, le 11 février 1654, épousa dame Catherine des

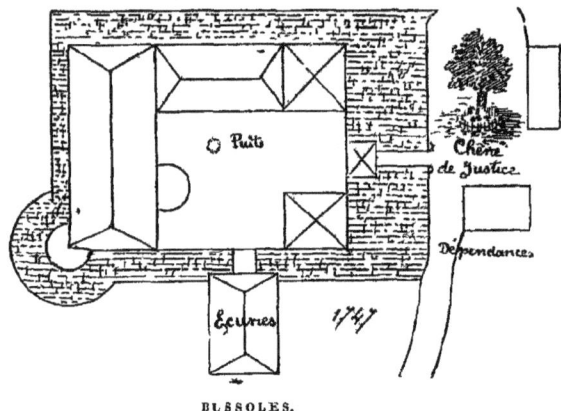

BUSSOLES.
(Plan de l'ancien château.)

Gallois de la Tour et n'en eut qu'un fils, Jean-Jacques, qui fut le dernier des d'Obeilh et mourut, jeune encore, évêque d'Orange et abbé comte de Saint-Jean de Montfort, au diocèse de Saint-Malo.

Bussoles alors revint à sa sœur Henriette, épouse de Jean-Baptiste de Provers, seigneur de Rosières et la Motte-Vesset (V. ces fiefs) ; mais il fut

---

où les d'Obeilh étant de simples bourgeois n'avaient pu encore, et malgré l'acte du 4 mars 1455, obtenir le droit de justice, rattaché au fief voisin de Montjournal : ils ne l'obtinrent probablement que lors de l'achat de Montjournal.

(1) Renée de Mars, fille du seigneur de Baleyne, était protestante, mais avait promis en épousant Louis d'Obeilh de se convertir à la religion catholique : elle n'en fit rien ; aussi, le 25 février 1606, voyons-nous le pieux seigneur de Bussoles retirer à sa femme toutes les donations qu'il lui a faites pour leur mariage. « Elle n'assiste pas, dit l'acte, au service divin en fervente et bonne catholique, malgré les prières et remontrances du seigneur son mari, et elle vit licencieusement selon la religion prétendue réformée, de quoi ledit seigneur a reçu beaucoup de déplaisir et ce qui lui est de grande conséquence, à cause de ses enfants. »

(2) Avant la mort de son père, Jean d'Obeilh porta le titre de seigneur de Charnay, du nom du terroir de Puy-Charnay, sis non loin du domaine des Bourbes et qui depuis longtemps appartenait aux d'Obeilh. (V. les Bourbes.)

racheté par la veuve de Jean, et celle-ci, ayant perdu sa fille, le légua à sa nièce et filleule, Catherine des Gallois, mariée à Antoine-Henri de Chavagnac, écuyer. Les époux Chavagnac habitèrent, depuis 1683 environ, le château de Bussoles, où Catherine mourut le 3 février 1704, après avoir perdu tout jeune un fils unique et laissant Bussoles à ses héritiers naturels. Notre terre fut alors partagée en trois parties : l'une, équivalant à un quart, attribuée à dame Marie-Gabrielle de la Ronzière (1), épouse de Gaspard-Amable de Cappony, seigneur de la Font-Saint-Mageran, et le reste, formant deux parties égales, départi entre Jean des Gallois, seigneur de Chizelles et Dompierre, et Jean-Baptiste des Gallois, conseiller au Parlement. Le 28 juin 1706, les des Gallois rachetèrent, moyennant trois mille livres, la part de madame de Cappony : notre terre restée entière à Jean fit après sa mort partie des biens immenses de son neveu Jean-Baptiste et, plus tard, de ceux de Charles-Jean-Baptiste, fils de ce dernier (V. la Tour-Chalabran), qui la possédait encore lors de la Révolution.

L'ancien intendant de Provence, avons-nous dit, mourut à Paris en 1803, à l'âge de quatre-vingt-deux ans, et Bussoles fut alors acquis par un de ses parents, Pierre de la Faige des Claynes, d'une famille originaire de Saint-Pierre Laval et fixée alors à Montaiguet. Pierre de la Faige, époux de Reine Préveraud de l'Aubépierre, fut maire de la Palisse sous la Restauration, et laissa en 1831 sa terre à son fils Gilbert-Eugène, grand-père du propriétaire actuel (2).

BUSSOLES.
(Façade de l'est)

Non loin de Bussoles était, récemment encore, le modeste sanctuaire qui en fut longtemps l'église paroissiale. Le chœur seul en a pu être conservé et restauré, mais il présente trois notables détails :

C'est d'abord une inscription découverte sous le badigeon et où on lit :

---

(1) Fille d'Edmond, seigneur de Biozat, et de Madeleine des Gallois.
(2) Fermiers de Bussoles au siècle dernier : en 1704, Jean Bletterie, seigneur des Vignes et époux de Marguerite de la Geneste (en même temps fermier de la Tour-Chalabran); en 1707, François Boirot, seigneur des Tixiers de Périgny, époux de Jeanne Bilhaud, de Droiturier; en 1715, Blaise Deguet; en 1744, Jacques Berger; en 1750, Nicolas Faure; en 1764, Louis Guyot, époux de Jeanne Berger, fille de Jacques, et qui prit à la mort de son beau-père le nom de Guyot-Berger.

« Révérend père en Dieu, frère Jacques d'Amboise, évêque de Clermont et abbé de Clugny, a dédié cette église de Bussoles et consacré quatre autels en la présence de noble homme Pierre Dobeil, écuyer, le unzième jour du mois d'optobre, l'an mil cinq cent et sept. »

Puis les restes d'une litre qui entourait autrefois l'église entière et sur lesquels se voient encore les armes des Chavagnac et des Gallois : c'est certainement la litre mortuaire de Catherine des Gallois, épouse de Chavagnac, morte en 1704; mais le sautoir des Gallois se trouve surmonté de trois étoiles d'or, qui ne figurent pas d'ordinaire dans les armes de cette famille.

Enfin vient la pierre tombale de Charles d'Obeilh, que M. Roger de Quirielle a reproduite dans la *Revue bourbonnaise* de 1885 et qu'il accuse formellement les d'Obeilh d'avoir fabriquée au XVIIe siècle, pour vieillir leur noblesse récente. On connaît la compétence de notre collègue, et le « *nobilis vir* » de l'épitaphe nous paraît bien, en effet, un peu usurpé par un d'Obeilh de 1452. Il n'en est pas moins vrai que, de longue date, cette vieille famille bourgeoise de la Palisse possédait Bussoles et aussi les droits seigneuriaux de l'église, où leurs armes se voient sculptées en plusieurs endroits.

Dans les bois, en face et un peu à l'ouest de Bussoles, de l'autre côté de la Têche, est une motte fossoyée, presque analogue à celle qui, dans les Bois Diots, est désignée sous le nom de Château-Morand. (V. sur la Palisse.)

Montjournal. — Perronne de Montjournal, que M. l'abbé Cucherat cite, en 1150, parmi les religieuses de Marcigny, sortait-elle du vieux manoir de la paroisse de Barrais ? Nous ne savons, mais c'est assez probable, et d'autant plus que les Montjournal eurent, jusqu'au XVIIe siècle, des représentants au couvent de Marcigny. En outre, tout fait croire que notre vieux château fut bien le berceau de la famille du même nom dont nous allons trouver plusieurs branches possessionnées entre la Loire et l'Allier : nous citerons seulement la tradition constante, qui attribue à un Montjournal repentant la fondation de la chapelle de Beaulieu, certainement antérieure au XIIIe siècle.

Le premier Montjournal que nous connaissions sûrement est Jean, que les *Noms féodaux* nous donnent comme seigneur dudit lieu de 1375 à 1411, et, tandis que nous suivons sans efforts la descendance des Montjournal de Cindré et de Précord (V. ces fiefs), deux noms seulement nous permettent de ne point perdre de vue le rameau resté au fief patronymique : ce sont ceux de Pierre qui, le 7 mars 1461, rachète de noble homme Jacques de Rollat la justice de son fief, et de François qui, en 1505, possède la justice de Bussoles.

A Montjournal passa ensuite une famille dont le nom reparaît dans l'histoire de plusieurs de nos fiefs (V. le Lonzat, la Boutresse, etc.) : le 12 novembre 1558, en effet, le seigneur de Montjournal est Anne de Terrières, écuyer; puis, après une lacune d'un demi-siècle, en 1612, Louis d'Obeilh, jusqu'à cette date dit seulement seigneur de Bussoles, prend tout à coup le titre de seigneur de Bussoles et Montjournal, après acquisition de cette dernière terre, qui, alors réunie à Bussoles, comme elle l'est encore aujourd'hui, suivit les mêmes destinées.

C'est à Montjournal, le 10 octobre 1569 et en présence de noble Gilbert Jamin, seigneur de Vétillède (?), et de demoiselle Jeanne de Montcorbier, qu'eut lieu le mariage de Pierre Dulignier (V. Montifaud) avec demoiselle de Chappuys. Faut-il voir en noble Jamin un seigneur de Montjournal? C'est possible. Quant à Pierre Dulignier et aux Chappuys, l'un devait remplir quelque office à Montjournal, les autres étaient fixés à la maison des Bouthiers (1).

Nous ne pouvons quitter Montjournal sans relever une erreur toujours commise, qui consiste à y faire passer une famille de conseillers au présidial de Moulins, les Vernoy de Montjournal, qui, non contents d'ajouter à leur nom celui des vieux Montjournal, avaient, en outre, écartelé leurs pacifiques armes parlantes du lion de cette race guerrière. Les Vernoy signaient : seigneurs de Montjournal et de Saulcet, et, comme Beauvais, une autre de leurs terres, leur Montjournal, en effet, était sis sur la paroisse de Saulcet, où le mentionne la *Générale Description* de Nicolaï.

Cette dernière terre de Montjournal, du reste, avait appartenu à la famille sortie du manoir de la paroisse de Bussoles, et cette circonstance nous amène à faire ici une observation, que nous pourrions répéter ailleurs :

En 1407, Pierre de Montjournal, chevalier, chambellan du duc de Bourbon, épousa Jeanne Le Long de Chenillat ; or, le château de Montjournal, où en 1506 nous trouvons encore les descendants de Pierre, touche la terre de Chenillat. Ne se pourrait-il donc faire que ce Montjournal ait été le chef d'un tènement détaché de Chenillat à l'occasion de ce mariage? chef construit par Pierre, qui lui aurait donné le nom de son

---

(1) Peut-être ces Chappuys sont-ils une branche de ceux de la Prugne et, dans ce cas, leur alliance avec les Dulignier serait certainement un argument sérieux pour l'opinion que nous avons émise ailleurs que cette dernière famille pourrait bien avoir une origine montagnarde.

château natal, ou bien existant déjà et débaptisé par l'usage, qui aurait substitué à un ancien nom celui des habitants. Les deux choses se faisaient couramment — et embrouillent fort l'histoire des fiefs — et c'est à des cas analogues que nous devons sans doute de trouver les Chantelot possesseurs des deux Beaupoirier, les Le Brun possesseurs des deux Godinière, les Champropin des deux Chambord et tant d'autres.

Quelque ruiné que soit Montjournal, on peut assez facilement en reconstituer le plan primitif: c'était un étroit château carré flanqué de tours aux

MONTJOURNAL.

angles, et séparé par un fossé du petit plateau qui en formait le seul accès : sur ce plateau, en dehors des murs, étaient les dépendances. Il semble, d'après quelques détails, qu'au XVIᵉ siècle Montjournal ait été encore habité; mais les d'Obeilh, sans doute, ne préférèrent jamais à leur maison de Bussoles son site quelque peu sauvage, et le vieux château, abandonné aux ravages du temps, vit certainement sa ruine hâtée par la construction des domaines voisins.

Entouré d'eau de tous côtés, Montjournal devait être une forteresse inexpugnable, et, comme tous les nids d'aigle dont le sombre aspect peut frapper l'imagination populaire, il fait le sujet de nombreuses légendes : de celles-ci, la plus persistante est naturellement celle du trésor enfoui, mais le trésor de Montjournal a ceci de merveilleux qu'il contient un jeu de quilles en or. Aussi les chercheurs ne manquent-ils pas : à deux d'entre eux, il y a quelque temps, le propriétaire eut la faiblesse d'accorder la permission de faire des fouilles, et un travail acharné de quatre mois n'eut d'autre résultat — est-il besoin de le dire ? — que de compromettre tout à fait la solidité des tours éventrées et branlantes.

LODDES, LE NAX ET MONTAIGUET.

Au delà des plateaux de Barrais et d'Andelaroche, la route de Bourgogne gagne les sommets que masquent les sapins du Gendarme et le signal du Fêtré. C'est la commune de Loddes, dont le modeste et inabordable chef-lieu, pittoresquement situé à mi-côte, au-dessus des sources de l'Ouzance et de la Loddes, ne contient de remarquable qu'un pavillon délabré, marquant, paraît-il, l'emplacement de la vieille cure.

Puis la route incline brusquement au nord pour gagner le Donjon, et, en continuant à marcher vers l'est, on ne tarde pas à rencontrer des falaises dont les marches rapides, séparant brusquement le pays plat du pays montagneux, forment la limite entre Bourbonnais et Forez : sur deux éperons de ces falaises, et dominant au loin le val de Loire, sont les deux localités qui portent les noms caractéristiques de Le Nax et de Montaiguet.

Le château du *Coude*, sis presque au point culminant de la route actuelle, est le seul fief proprement dit de cette région ; encore n'avait-il pas justice et n'a-t-il d'intéressant qu'un parc merveilleusement planté. Il fut, en effet, reconstruit entièrement au début de notre siècle, et il nous faut aller dans les dépendances pour trouver, à côté de deux modestes tours, une grange à dîmes fort importante.

Les premiers possesseurs du Coude que nous ayons sont les Lorry, famille bourbonnaise que nous trouverons aussi sur Rongères : c'est d'abord, en 1461, Jacques de Lorry, aussi seigneur de Presles (?), mort au Coude en 1519 et mentionné en 1496 parmi les témoins de l'acte de fondation du chapitre de Montaiguet ; puis, après Jacques, son fils Gilbert (1).

(1) En 1598 est signalé comme habitant le Coude un Grégoire du Branchet, écuyer, seigneur de la Brosse (?) et du Bost (?), dans lequel il convient peut-être de voir un seigneur du Coude entre les Lorry et les Servajan.

Un demi-siècle plus tard, aux Lorry ont succédé les Servajan, originaires, croyons-nous, du Brionnais ; en 1604, Antoine de Servajan, écuyer, seigneur du Coude et époux de Gilberte de James, afferme, pour dix-neuf cent quatre-vingts livres, la seigneurie de Mesples, sise paroisse de Saint-Martin d'Estréaux et dépendant de l'abbaye de Bénisson-Dieu ; puis, en 1624, notre terre a été, par Jacqueline de Servajan, fille d'Antoine, portée à Philibert d'Obeilh, fils de Louis, seigneur de Bussoles.

Le 14 juillet 1652, Jacqueline d'Obeilh, fille de Philibert, épousa Pierre de Viry, fils de Charles, et demeurant alors aux Échelettes (V. sur Montoldre) ; mais elle mourut sans enfants l'année suivante, et Pierre de Viry, alors, alla demeurer aux Advizarts, paroisse de Longeprée (actuellement sur Mercy), avec une tante de sa femme, Louise de Servajan, qui lui légua, outre la moitié de ses biens, tous les droits qu'elle avait encore sur le Coude. Le 24 novembre 1654, Pierre de Viry épousa Marie de Berthet, fille de Louis, seigneur du Teillat (V. ce fief), et en eut Claude Bernard, qui fut seigneur du Coude de 1687 à 1744 : Claude Bernard avait épousé demoiselle Marie de Fradel et en eut Paul, qui lui succéda de 1744 à 1747 ; puis vient Jean-Marien, fils de Paul et de Marie-Françoise Hautier de Villemontée, dame de Poifou, encore seigneur du Coude en 1792.

Au début de la Révolution, le comte de Viry afficha hautement des sentiments très libéraux et tint même à protester publiquement contre certaines résolutions de la noblesse. Il fut le premier président du district du Donjon ; mais vint 1793, et, dès lors, qu'importait le civisme de bon aloi ! Il fallait des victimes : arrêté en septembre sur la dénonciation du citoyen Verd, ancien commis aux gabelles, M. de Viry fut dirigé sur Lyon et guillotiné le 31 décembre 1793.

C'est à ce dernier seigneur du Coude que l'on doit les plantations qui, autour du château, tranchent heureusement avec l'aspect dénudé des plateaux voisins. Après lui, le Coude ne fut pas vendu, mais revint à ses neveux, les Challier de Pérignat (1), d'une famille auvergnate aujourd'hui éteinte, de qui l'acheta, en 1811, M. Antoine Godin, fils de François et de demoiselle Joly de la Vernelle, ancien armateur et commissaire du gouvernement en Angleterre pour l'échange des prisonniers. L'héritière universelle de M. Godin fut la femme de M. Achille Duchon, capitaine de chasseurs à cheval, et c'est de ce dernier qu'acheta le Coude, en 1822, M. Le Lorgne d'Ideville, qui, sauf une courte interruption, fut député de la

---

(1) Marie-Antoinette de Viry, la sœur de Jean-Marien, avait épousé Gabriel Challier de Pérignat, fils de Pierre, seigneur de Pérignat, Outraille (?), Bellerippe, etc. — Pérignat est du canton de Billom (Puy-de-Dôme) ; Bellerippe, un peu plus bas, au bord de l'Allier.

Palisse de 1837 à 1848 ; M. Hippolyte Méplain, enfin, s'est rendu acquéreur de cette importante terre depuis quelques années.

Non loin du Coude se trouve le village du *Fêtré*, qui n'en fut séparé qu'en 1822. « Sur les confins des cantons du Donjon et de Jaligny, dit M. Victor Meilheurat, dans son intéressante notice de 1866, il est une montagne nommée le Fêtré, c'est-à-dire en patois faite, qui, au XVII° siècle, était couverte de bois, surtout sur son versant nord, qui présentait une vaste forêt de hêtres. Le 4 septembre 1674, Pierre de Viry, seigneur du Coude et des Thénins, donna à intrage à perpétuité à Jean Séguin, Damien Potignat et Toussaint Gomard, tous fendeurs de bois de la paroisse de Loddes, un bois naguère dégradé, appelé vulgairement le Fêtré, de la contenance de cent bichettées de terre (quarante hectares environ), pour une rente annuelle et perpétuelle de trente livres. Les preneurs étaient tenus de construire, sur les lieux désignés, chacun une maison avec des bois équarris et enduite à chaux et à sable, couverte en paille ou bardeaux, et d'y faire leur demeure. »

Telle serait l'origine du petit hameau du Fêtré, dont le centre est formé par une maison construite, dit-on, et habitée par Jean-Marien de Viry. Peut-être faut-il voir dans le Fêtré une seigneurie disparue, ou, tout au moins, un ancien petit fief : en 1609, en effet, Antoine de Viry est dit seigneur du Fêtré, et, du reste, une vieille maison en pierres, dite maison Potignat, porte encore la date de 1604.

Au-dessus du Fêtré est un sommet remarquable, qui a servi de point géodésique et de poste pour le télégraphe Chappe.

Les *Thénins* sont un simple domaine, où rien n'indique, que nous sachions, une importance passée : dom Béthencourt, cependant, attribue aux de Viry les fiefs et seigneuries du Coude et des Thénins.

Quant à *Montremblay*, c'était bien un véritable fief, qui, avec Aguillanges et Feuilletard (V. ces fiefs), figure de 1301 à 1346 parmi les possessions des sires de Barrais. Cette ancienne maison seigneuriale, que Nicolaï cite encore parmi celles non ayant justice de la châtellenie de Chaveroche et qui fut réunie au Coude au plus tard au XVII° siècle, n'est autre que le domaine actuel de la Loge, nommé encore dans Cassini la Loge Montremblay.

Du Coude aussi dépendait, à la Révolution, le fief de la *Fayette*, qui, en

1431, ressortissait des Ormais et était possédé par une famille de la Fayette, que nous y trouvons encore au XVIIe siècle. En 1725, et peu avant sa réunion au Coude, la Fayette, toujours dite fief et seigneurie, appartenait à Pierre Boyer, curé de Lurcy-sur-Loire, qui en avait hérité de son frère Barthélemy, seigneur en partie du Bouchaud. (V. ce fief.) La Fayette comprenait le tènement de Bosdebut.

Les domaines des *Rays* et des *Taureaux* ressortissaient jadis des Ormais comme le fief de la Fayette; tout contre les Rays existe encore une motte fossoyée qui pourrait faire soupçonner en cet endroit l'existence d'une ancienne seigneurie : aux Taureaux était déjà en 1612 cette famille Boyer, dont nous venons de parler.

Lustière, la Bourbe et *Rondepierre* sont trois communautés de la paroisse de Loddes, dont les deux dernières surtout ont laissé de nombreux représentants.

Lustiere était fort important, et autour du domaine se trouvent en quantité des restes d'habitation : ce domaine lui-même, ancienne maison chef de communauté sans doute, est un curieux spécimen d'architecture où, entre de larges moulures du XIVe siècle et d'élégantes fenêtres à accolades du XVe siècle, s'ouvrent de vastes baies à meneaux de style Renaissance.

Les la Bourbe ou mieux de la Bourbe émigrèrent en 1677 sur Barrais, les Bourbis et le village Choux, où on les retrouve encore.

On peut croire que *le Nax* eut jadis une existence indépendante, mais nous n'en connaissons rien, et, dès le milieu du XIIIe siècle, notre village est déjà membre de la seigneurie, plus tard baronnie, de Chatelperron : la paroisse de le Nax formait alors deux prévôtés dont l'une siégeait à *Vinzelles* et l'autre à le Nax même, dans la maison sise au bas du bourg et qui occupe fort probablement l'emplacement du château primitif : cette maison vient de la famille Aubery.

Au XVIIe siècle, la terre de Chatelperron (V. ce fief) fut démembrée, et Vinzelles devint alors une dépendance de Bornat, sur Saint-Léger des Bruyères, tandis que le Nax, acquis du comte de Saint-Gerand par Jean des Gallois et par lui réuni aux Pontères (V. ce fief), suivit dès lors la fortune de cette dernière terre. — A Jean des Gallois succédèrent d'abord son neveu Jean-Baptiste, l'intendant de Poitou, puis le fils de ce dernier, Charles-Jean-Baptiste, intendant de Provence. (V. la Tour-Chalabran.)

Quelques maisons de le Nax méritent mention : en premier lieu, celle dite de la Grande Cour et occupée aujourd'hui par les Sœurs, qui vient de la famille Perroy de Saint-Germain l'Espinasse et est l'ancienne maison Bourachot de l'Écluse (1) : cette famille Bourachot, alliée aux Simon, aux Jacquelot, aux Préveraud, aux Briaudet de Saint-Forgeux l'Espinasse, fournit à toute la région de nombreux officiers de justice, et son vieux logis était orné de tours et d'un colombier qu'obtint la permission d'élever, en 1639, Jean Bourachot, procureur d'office de le Nax et de la Vallée.

Puis la maison Gacon, anciennement Préveraud, qui fut jadis la demeure des Bourachot des Bouérots et passa par contrat du 12 juin 1731 à Jean Tixier, bourgeois, neveu de Jean Tixier de Bois-Robert, bourgeois de Chatel-Montagne et époux de demoiselle Éléonore Bourachot des Bouérots (2).

Enfin la cure actuelle, qui était en 1792 une dépendance du chapitre de Montaiguet.

Sur la commune de le Nax, nous ne voyons guère à citer que les *Bouérots*, fort ancienne possession des Bourachot dont nous venons de parler et qui ont été récemment reconstruits par M. Dessert. — Vers 1745, dame Anne Bourachot porta, par mariage, les Bouérots à Gaspard Préveraud, seigneur des Plantais; par contrat reçu Méplain, notaire au Donjon, les Bouérots, le 19 février 1770, changèrent de mains une seconde fois pour venir en celles de François de Finance de Clairbois, fils de François-Marie et époux d'Hélène-Marie Préveraud des Plantais, fille de Gaspard.

François de Finance est l'ancêtre des de Finance existant encore à Paray et à Floret; jusqu'à ces derniers temps, d'ailleurs, les Bouérots restèrent aux Finance de Paray : Marie de Finance, en outre, une des filles de François, épousa Philippe Griffet et fut la mère d'un chasseur resté célèbre dans les fastes de la vénerie bourbonnaise, M. Gustave Griffet, mort à la Motte-Vesset il y a une dizaine d'années.

« *Montaiguet*, dit Nicolaï, est une petite ville, dont le haut est de Bourbonnais, y compris l'église collégiale de Saint-Marc : quant au bas de la ville, accompagné d'un fort château à quatre tours rondes bien crénelées et bien fossoyées à fossés pleins d'eau et un pont-levis, il est de Forez et membre de l'abbaye de la Bénisson-Dieu. » La limite ainsi tracée par le

---

(1) En 1696, un Bourachot de le Nax accusa les armes suivantes : d'azur au chevron, accompagné en chef de deux étoiles et en pointe d'un croissant, le tout d'or.
(2) De cette alliance Tixier-Bourachot naquirent deux filles, qui épousèrent, l'une, M. Perret de chez Morlot sur Saint-Pierre Laval ; l'autre, M. Bayon de Beaulon.

géographe du Roy passe dans la basse-cour du château de Montaiguet, laisse à l'ouest la porte de ville et suit la route de le Nax.

Avec sa porte gothique, reste de fortifications disparues, ses vieilles maisons compactes, la toiture aiguë de sa collégiale et son château d'aspect militaire, Montaiguet, de prime abord, semble bien plutôt une ancienne ville forte qu'une paisible agglomération villageoise groupée sous la paternelle juridiction de moines. C'est pourtant ce qu'il fut toujours, ou tout au moins depuis le XII° siècle, époque à laquelle ce pays fut donné à la Bénisson-Dieu par Artaud Blanc, vicomte de Mâcon, et Guy II, comte de Forez, qui y possédait un fort château. La Bénisson-Dieu, abbaye cistercienne fondée en 1138 aux bords déserts de la Tessonne par saint Bernard, avait encore Montaiguet à la Révolution, et l'histoire de notre localité, en conséquence, ne nous concerne pour ainsi dire pas.

Nous renverrons donc au travail que M. Roger de Quirielle a publié dans le *Roannais illustré* de mars 1891, complétant ainsi les amusants articles qu'il avait donnés dans nos publications bourbonnaises ; mais cependant nous résumerons un fait qui, bien que moins extraordinaire qu'il peut sembler à première vue, jette néanmoins un jour curieux sur les mœurs de l'époque : c'est l'histoire d'un pourceau, d'ailleurs coupable, condamné, après toutes formalités de droit, à être haut et court pendu en 1330.

Un jour donc arriva à la maison de justice de Montaiguet une femme de chez Chiers, nommé la Gâte, justiciable des religieux et logée sur leur territoire. « J'avais laissé chez moi, dit-elle toute désolée, mes deux garçons, dont l'un au berceau, seuls avec un porc : et le porc a tué mon petit enfant et lui a mangé la figure, malgré les efforts de l'aîné. » Ce qu'entendant, les officiers vont saisir le porc et l'incarcèrent, en attendant qu'il soit informé sur le maléfice. Immédiatement Guillaume de Vernoille, juge pour l'abbé, s'adjoignant Gaufride de la Grange, notaire royal, nobles Hugon de Barrais et Hugon du Bosc, plus le sergent Alastayre, les constitue en tribunal et les saisit de cette grave affaire : l'affaire se poursuivit en forme, avec enquêtes, auditions de témoins, etc.; et finalement le porc, jugé digne de mort, fut condamné « à être traîné, pendu, occis à l'endroit ordinaire des exécutions ». Alors, tant par la voix du crieur que par les trois cornes du moulin, il est à tous fait à savoir de se réunir pour voir rendre justice; en même temps on cherche un roussin et aussi un bourreau de bonne volonté; enfin, au jour dit, le roussin, portant le bourreau et traînant le condamné, gagne la terre dite la Pinatelle, sur la route du Donjon à Crozet : là le porc, hissé sur un « arbre chêgne », fut suspendu la tête en bas et publiquement occis.

La peine pourtant ne fut pas complètement appliquée, et, pendant la nuit, des malfaiteurs enlevèrent le cadavre, lui épargnant ainsi la honte de l'exposition; mais le but de cette exécution, qui était de montrer que les religieux avaient droit de haute justice, fut parfaitement atteint, si l'on en juge par l'impatiente colère des officiers du comte de Forez.

Le vieux château de Montaiguet, — d'ailleurs qualifié *grangia,* — dont Guy de Forez avait gratifié les Cisterciens, a complètement disparu; il fut, dans les dernières années du XVe siècle, remplacé par une élégante con-

MONTAIGUET.

struction due aux libéralités de Pierre de la Fin, abbé de la Bénisson-Dieu (1), et qui est un fort joli spécimen des dernières années de l'architecture gothique. Dans les *Notes sur Montaiguet,* on trouve de ce manoir des détails et une description fort complète, à laquelle nous renvoyons, nous contentant de dire qu'il se compose d'une construction carrée, flanquée de quatre tours d'inégale grosseur et auxquelles un encorbellement continu donne un assez imposant aspect. Cette charmante habitation, d'où la vue s'étend sur toute la plaine des Basses-Marches, est la pro-

---

(1) Dans un livre de M. DE JOLIMONT, intitulé : *l'Allier pittoresque,* et paru en 1852, il est dit qu'on trouve à Montaiguet les débris d'un vieux château. On n'est pas plus consciencieux.

priété de M. Debord, qui la tient du chef de demoiselle Préveraud, sa femme.

Outre la maison des Cossonnier, actuellement maison Auguste Méplain, nous citerons encore à Montaiguet l'hospitalière demeure de M. Roger de Quirielle. C'est l'ancien logis des Bardet de Saint-Julien, et c'est là que naquit en 1591 le fameux jurisconsulte bourbonnais, mort à Moulins en 1685. Il laissait un fils, Jean-Marie, et deux filles mariées, l'une à Thomas, seigneur de la Varoux en la paroisse de Saint-Plaisir, et l'autre, Jeanne, à Louis Simon de Quirielle; mais le fils n'eut pas d'enfants, et, par acte du 11 mai 1726, nous le voyons — alors qualifié bourgeois de Montaiguet — céder par donation irrévocable à maître Louis Simon, du Donjon, son beau-frère, et à demoiselle Jeanne Bardet, sa sœur, la maison que possèdent encore ses arrière-petits-neveux.

La *Font*, qui faisait autrefois partie de la paroisse de Sail en Forez, est une construction considérable, mais légère, et dont l'entrée seule a quelque caractère.

Dès le XIV° siècle, cette gentilhommière était occupée par une famille noble de la Font, qui fournit force chanoines au chapitre de Montaiguet et dont un membre au XVII° siècle vendit son fief aux Servajan. (V. le Coude.) L'un de ces Servajan, Melchior, époux de demoiselle Gâtier et que nous trouvons aussi à Gléné d'Ande, l'abandonna, par suite de partages de famille, aux Nazarier, enfants du premier lit de sa femme; enfin, en 1723, nous le voyons, par demoiselle Gabrielle Nazarier de la Fayolle, porté à Henry de la Faige, écuyer, seigneur des Claynes en la paroisse d'Arçon (actuellement Changy) et de Montermas en la paroisse de Perreux.

C'est un arrière-petit-fils de Gabrielle qui, après son achat de Bussoles (V. ce fief) en 1803, vendit la Font en détail, et la terre, depuis lors, ne fut pas reconstituée.

En 1793, se passa à la Font un fait qui témoigne des extrémités où peuvent pousser les passions politiques : le seigneur du lieu, François-Éléonore de la Faige, ancien capitaine de Normandie-Cavalerie et chevalier

COLLÉGIALE DE MONTAIGUET.
(Armoiries des de la Fin)

de Saint-Louis, avait alors quatre-vingt-un ans et ne pouvait quitter son lit, où le retenaient, outre l'âge, d'anciennes blessures reçues à Minden : on eut bien le triste courage d'emprisonner sa femme presque septuagénaire et aussi ses trois enfants, et l'infortuné vieillard mourut seul, livré aux mains charitables, mais inhabiles, d'un sabotier voisin.

L'ancienne seigneurie de la Font avait sans doute été partagée au temps des Servajan : non loin de la maison dont nous venons de parler se trouve, en effet, une autre maison dite aussi de la Font, et où nous trouvons jusqu'en 1760 d'autres Servajan, seigneurs de la Gauthière en la paroisse de Saint-Martin d'Estréaux.

CHAPITRE DEUXIÈME

LA MONTAGNE ET LES BORDS DE L'ALLIER

ARFEUILLES ET CHATEL-MONTAGNE.

Avec celles de Saint-Nicolas et de la Chabanne, les communes d'Arfeuilles et de Chatel-Montagne couvrent le versant occidental des montagnes de la Madeleine, qui, suivant la rive droite de la Bêbre, viennent tomber à Saint-Martin d'Estréaux et auxquelles les habitants de la côte donnent le joli nom de Montagnes du Soir. Chateaubriand compare au sommet du Liban la ligne harmonieuse qu'elles forment au-dessus de la plaine roannaise, mais la ressemblance se borne là, et rien n'est plus éloigné de l'aspect des infertiles paysages d'Orient que la riante vallée du Barbenan et le riche quartier de Pingus. Tout ce coin de pays, d'un pittoresque abordable, abonde en sites charmants, dont beaucoup ont tenté le pinceau d'Harpignies.

Sous le souffle d'un chauvinisme un peu trop ardent, M. Noelas, le savant docteur roannais, originaire d'*Arfeuilles*, a voulu faire de son bourg natal l'*Ariolica* de la table de Peutinger : ce sont là questions ardues que nous n'abordons pas ; toutefois, on nous permettra d'observer que, passées au crible, les raisons de M. Noelas se réduisent à une seule, qui paraîtra peut-être insuffisante, à savoir qu'Arfeuilles commence par un A.

Quoi qu'il en soit, si un *castrum* romain a été l'origine de notre localité, son emplacement ne peut avoir été autre qu'une sorte de croupe qui vient former derrière l'église une esplanade d'où l'on domine le bourg et la vallée : là, d'ailleurs, est encore un vaste bâtiment, dit le Château, que l'on sait très certainement avoir été le grenier des sires de Montmorillon et qui est sans doute la maison seigneuriale dont parle Nicolaï. Les rares détails d'architecture, il est vrai, n'en remontent pas au delà du commencement du XVII° siècle; mais, outre que ses gros murs, bâtis à caissons, sont de construction extrêmement ancienne, le long rectangle qui sert de jardin aux habitants de ce logis ruiné est bordé de murs rasés, de cinq pieds d'épaisseur, doublés de fossés encore visibles : on peut donc croire qu'il a succédé à un château fortifié.

De ce dernier quelle fut la destinée? Nous ne savons guère. Il y avait autrefois à Arfeuilles, dit la tradition, de belliqueux seigneurs toujours en lutte contre ceux de Montmorillon, et, bien souvent, les gorges voisines retentirent du bruit des armes et des cris de guerre, tandis qu'aux tourelles veillaient, anxieuses, les châtelaines au corsage d'hermine : dans une de ces rencontres survenue au Rez Biron, le sire d'Arfeuilles succomba; celui de Montmorillon, ayant pris le château de son ennemi, en fit un chenil et réduisit à l'état de roture la famille vaincue, actuellement représentée, ajoute-t-on, par les Barret, maison fort ancienne et des mieux posées dans le pays.

Tel est le récit populaire, d'ailleurs parfaitement vraisemblable (1). Quant à citer des documents à l'appui, ce nous semble bien difficile : aussi loin, en effet, que nous remontions, et jusqu'à messire Joseph Moulin Brunet d'Evry, en 1792, nous trouvons Arfeuilles simple dépendance de Montmorillon et n'ayant rien gardé de son existence propre, pas même une justice particulière; c'était simplement la résidence d'un receveur qui y percevait pour le compte des sires de Montmorillon des redevances, paraît-il, fort importantes.

Dans les *Noms féodaux* figurent, de 1454 à 1506, un Robert de Vichy, écuyer, dit le Camus, et un Vassal de Vichy, aussi écuyer, qui ont la moitié du village, château fort et dépendances d'Arfeuilles : ces deux représentants de la famille chevaleresque des Vichy ne pouvaient être, pensons-nous, que des lieutenants, ou plutôt des alliés des Balzac, à cette époque seigneurs de Montmorillon. (V. plus loin.)

Des nombreuses vieilles maisons d'Arfeuilles nous citerons seulement, dans le bourg même, l'établissement actuel des Frères, jadis logis, sinon berceau, de cette famille Martin que nous trouvons à maint endroit, et dont les représentants sont nombreux dans l'arrondissement (V. Nizerolles,

---

(1) De 1260 à 1295, un Hugues Darfoglia figure parmi les vassaux du comte de Forez : faut-il y voir un seigneur d'Arfeuilles? C'est probable

Saint-Félix, etc.); puis, à quelque distance, le *château Carré*, propriété de M. Barret, qui a perdu récemment le pavillon et l'échauguette qui lui donnaient un certain air féodal, et ne dut jamais être qu'une maison de notaires, en même temps receveurs ou châtelains des seigneuries du voisinage.

A l'est d'Arfeuilles et à l'extrême limite du Forez se trouve ce que l'on appelle le quartier de *Pingus*, s'étendant dans la riche vallée du ruisseau Morel, et formant un terroir assez fertile et peuplé pour que l'on ait voulu voir dans son nom un dérivé de *pinguis*, gras.

Ce coin de pays était un fief particulier que possédait déjà, en 1317, la branche des Châtelus de Mauvernet (V. ce fief), et qui eut, par conséquent, pour seigneur le fameux Jean de Châtelus, bailli de Mâcon, puis de Saint-Pierre le Moutier. Le fougueux chevalier fut tué à Azincourt, laissant pour seule héritière, comme nous le disons ailleurs, une fille Françoise, qui devint la femme de Louis de Chantemerle, chevalier, seigneur dudit lieu en la paroisse de Monétay-sur-Loire, et de la Clayette en Charolais.

Le 17 décembre 1426, par acte passé au château de la Clayette et moyennant quatre cents écus de bon or et de juste poids, dont soixante-quatre font le marc d'or, Françoise et son mari vendirent au chapitre de Montbrison la rente noble du Pingus avec justice haute, moyenne et basse et des droits sur les Vaujolles du village de Mauvernet; dès lors, et jusqu'à la Révolution, ledit chapitre garda le Pingus; mais en 1672, à propos de certains droits de justice rattachés à ce fief, survinrent des démêlés entre les chanoines et le marquis de Chateaumorand qui avait, paraît-il, usurpé sur eux, et c'est à cette occasion que fut délégué dans notre montagne Bernardin de la Mure, maître de chœur à la collégiale de Montbrison (1).

Au XV° siècle déjà, — et les termes du marché de 1426 ne laissent à cela aucun doute, — il n'existait pas de château à Pingus. Y en avait-il eu jamais? Nous ne saurions le dire. Ce qu'il y a de sûr, c'est qu'au siècle dernier la justice du Pingus se rendait au village Fayet, dans une maison sise à l'entrée du bourg et qui semble avoir eu jadis une certaine importance : c'est donc là qu'il conviendra de chercher les traces de l'ancien chef de cette région, si jamais des travaux ultérieurs font découvrir l'existence d'un manoir de Pingus.

---

(1) Le procureur d'office du Pingus était alors un Clesle de Crozet, d'une famille de notaires, que l'on trouve à Crozet de toute ancienneté et qui est actuellement représentée par les des Gayets.

Le *Verger* (autrement dit, le pré du Verger). — « Il y a, dit Nicolaï, vers le Verger, dans la montagne, un siège particulier, lequel, par succession de temps, a été usurpé par les seigneurs voisins justiciers. » Ce siège de justice existait encore à la veille de la Révolution, et la justice y était rendue par une famille Duvergier que nous y voyons dès 1688 et dont les descendants ont reçu des paysans le sobriquet de juges : ces Duvergier étaient de bien modestes châtelains, et pourtant leur maison justiciable sise au milieu du village Verger (maison Goutaudier) mérite d'être visitée, non tant peut-être pour ses pittoresques détails que pour les vieux murs fort

MAISON DU VERGER.

épais qui l'entourent au sud et semblent bien avoir appartenu à une ancienne maison forte.

Cette ancienne maison forte du Verger, en 1335, appartenait avec ses terres, droits et dépendances à trois frères : Guichard, Guillaume et Jocerand de Châtelus, après lesquels nous suivons, jusqu'en 1363, Eustache, Jean et Guichard de Châtelus. Le fief du Verger, au XVe siècle, passa par alliance à la maison de Chaugy, et, en 1531, nous y trouvons Pierre de Chaugy qui, cette année-là, épousa Jacqueline de Vitry la Lière. (V. la Roche-Chaffault.) Pierre devint l'aïeul de Suzanne d'Isserpent, dame de la Guiche (V. Chitain), et c'est ainsi qu'après avoir, avec Chitain et la Lière, fait partie des biens de Godefroy de la Guiche, fils de Claude et de Suzanne d'Isserpent, tué en duel en 1627, le Verger fut, en 1669, vendu à Henri de Lévis-Chateaumorand par sa cousine, Marie de la Guiche, duchesse de Ventadour.

Réuni à la terre de Chateaumorand par lettres patentes du 13 octobre 1672, notre siège de justice, dont dépendaient, outre la majeure partie d'Arfeuilles, de vastes terres sur Saint-Bonnet des Cars et Saint-Pierre Laval, en faisait encore partie en 1792.

Au delà du Verger commence la haute montagne bourbonnaise, dont la première assise est un long plateau que suit la route dite de la Croix du Sud (1). C'est le *territoire des Biez*, ainsi nommé d'une chapelle de Saint-Jacques des Biez, appartenant avec la justice environnante au couvent de Marcigny et relevant de son prieuré de Saint-Nicolas (V. Saint-Nicolas des Biez). Là confinaient les seigneuries de Châtelus, de Montmorillon, et plusieurs petits fiefs relevant du comté de Forez; aussi dans Huillard-Bréholles, dans les *Noms féodaux*, dans le *Recueil d'hommages* de M. A. Barban, est-il souvent question d'actes par lesquels ces seigneurs vendent ou échangent des droits d'autant plus difficiles à déterminer qu'il s'agit presque toujours de bois dont il n'est plus trace et de territoires dont les noms ont disparu.

Entre les Biez, Châtel-Montagne et Arfeuilles est une vaste combe triangulaire que dessinent sur deux faces les routes de Châtel et d'Arfeuilles à Roanne, et dont le troisième côté sera suivi par le chemin en construction entre Arfeuilles et Châtel-Montagne. Un contrefort coupe en deux cette combe et sépare les affluents du Barbenan des ruisseaux qui courent directement à la Bèbre : sur cette croupe, dans une position militaire de premier ordre et sur un très ancien chemin qui, du col de Mauvernet, pénètre droit dans la montagne et gagne Saint-Nicolas des Biez, se trouve le vieux château ruiné de *Montmorillon*. Les débris en sont encore imposants; mais leur importance malheureusement va décroissant sans cesse, exposés qu'ils sont à des actes de vandalisme que le propriétaire ne parvient pas toujours à empêcher; ainsi ont disparu les armes sculptées au-dessus de la porte que disent y avoir vues les auteurs de l'*Ancien Bourbonnais*, et les brèches, que les montagnards attribuent à l'*aurisse* (orage), s'élargissent chaque jour.

Le colossal donjon de Montmorillon est encore cependant debout : sa base est un carré de seize mètres de côté, et il a cinq étages. Nous signale-

---

(1) Croix du Sud est une corruption de Croix du Seu. Seu signifie sommet en patois bourbonnais.

rons notamment la salle basse, dont l'état de conservation est parfait et dont les élégantes nervures se réunissent pour former une clef de voûte sculptée aux armes des Balzac : d'azur à trois flanchis d'or au chef d'or chargé de trois flanchis d'azur. Ce détail et aussi les moulures, qui entourent les rares ouvertures intactes, permettent d'attribuer la réfection, sinon la construction de Montmorillon, à Geoffroy de Balzac, qui passe, d'ailleurs, pour avoir été un grand bâtisseur et refit aussi, outre les Bouchaines (V. ce fief), son château de Chatillon d'Azergues (actuellement département du Rhône) où se voit encore sa pierre tombale.

Autour de ce donjon sont un reste d'enceinte et des tours que M. le comte de Soultrait croit du XIII° siècle, et à côté une chapelle beaucoup plus récente et convertie en domaine, où est conservée une cloche qui, d'après les cultivateurs du voisinage, justifierait tout à fait sa légende : « *A fulguribus et tempestate libera nos, Domine,* 1743. »

Nous sommes en plein pays de légendes, et les lecteurs de la *Revue bourbonnaise* ont certainement lu, sous la signature de M. Francis Pérot, l'histoire de la pauvre Jolquette, la pastoure aux blanches mains ; nous ne reviendrons donc pas sur ces contes naïfs dans lesquels sont toujours éparses, du reste, des bribes de vérité : ainsi, bien que le sire de Perthus, enseveli vivant sous la grosse pierre devant la chapelle, par la colère de sa légitime épouse, soit mort de vieillesse dans son château d'Arcy, il n'en subsiste pas moins qu'un des Valadoux habita la montagne et probablement n'en dédaignait pas les fleurs.

Le premier seigneur de Montmorillon dont le nom nous soit connu est Guillaume de Montmorillon, qui vivait en 1256 et appartenait à la même famille que les sires de Châtel-Montagne. (V. plus loin.) Après Guillaume, nous trouvons, en 1270, Hugues de Montmorillon et, en 1311, Guillaume ; puis, en 1375, la maison forte de Montmorillon appartient à Jean de Chauvigny de Blot, époux de demoiselle Catherine de Bressolles, fille de Regnauld de Bressolles. Sur cette transmission des Montmorillon aux Chauvigny nous n'avons, à vrai dire, rien de bien certain, mais il nous paraît extrêmement probable que Catherine devait être la fille de demoiselle Blanche de Montmorillon, dame de Bressolles et héritière de notre fief, que nous trouvons mentionnée dans plusieurs actes de la même époque.

Catherine devint veuve en 1393 et avait encore Montmorillon en 1399 ; puis, après elle, nous y trouvons son fils Jean de Chauvigny, époux de Delphine de Bonnabaud, et après celui-ci son fils Martin de Chauvigny, époux de Philiberte de la Palice, qui, vers 1450, vendit le château de

MONTMORILLON.

Montmorillon à Roffec de Balzac d'Entraigues, sénéchal d'Agenois, fils d'Agnès de Chabannes et neveu, par conséquent, de Chabannes-Dammartin.

Le seigneur de Montmorillon joua, pendant la guerre du Bien public, un rôle considérable et eut, en 1465, la mission de conduire à Montluçon la duchesse de Bourbon, sœur du roi Louis XI : il avait épousé Jeanne d'Albon et eut pour successeur d'abord son fils aîné, Roffec II, mort sans postérité en 1489, puis Geoffroy (1), le second de ses fils, premier valet de chambre du roi Charles VIII, qui mourut le 4 janvier 1509, léguant tous ses biens à sa femme, Claude le Viste (2), fille de Jean, seigneur d'Arcy, en face Avrilly sur la Loire, président en la Cour des aides de Paris, et de demoiselle Geneviève de Nanterre, fille de Mathieu, président au Parlement.

MONTMORILLON.
Clef de la voûte de la salle basse.

Claude le Viste, en secondes noces, épousa Jean de Chabannes-Vandenesse, surnommé le *Petit Lion;* mais celui-ci, en avril 1524, fut tué devant Pavie en même temps que son illustre frère, le maréchal de la Palisse, et ses biens passèrent au fils de ce dernier, Charles de Chabannes, qui n'eut pas, lui non plus, de postérité et fut tué devant Metz en 1552; vint alors entre les Balzac, les Chabannes et les héritiers de Claude le Viste un procès qui se termina en faveur de ces derniers, et, finalement, Montmorillon fut attribué à une cousine de Claude le Viste, demoiselle Jeanne le Viste, fille du seigneur d'Arcy et veuve de Jean Robertet (3).

Jean Robertet appartenait à une fort ancienne famille de la bourgeoisie de Montbrison depuis longtemps déjà parvenue aux hautes charges : il eut, entre autres enfants, Florimond Robertet, qui fut secrétaire d'État et a laissé la réputation d'un des meilleurs diplomates de son temps. Florimond

---

(1) Bien des renseignements sur Montmorillon nous ont été fournis par M. l'abbé Flachard, qui, en 1889, a déjà publié sur ce fief un intéressant travail.

(2) La famille des le Viste, à l'origine maîtres cordiers à Lyon, portait de gueules à la bande d'azur chargée de trois croissants d'argent. Dès le XIVe siècle, on trouve à Lyon des le Viste revêtus de charges considérables et habitant l'hôtel sur l'emplacement duquel est maintenant la petite place le Viste, tout contre Bellecour : les le Viste, d'ailleurs, possédaient aussi à Lyon le petit fief et jardin de Bellecour, qui a donné son nom à la place actuelle et fut, par acte du 1er août 1592, cédé à Antoine de la Seigne, marchand à Roanne, par Marie Robertet, qui avait reçu du donataire de nombreux et bons offices.

(3) Les Robertet portaient d'azur à la bande d'or chargée d'un demi-vol de sable et accompagnée de trois étoiles d'or.

fut, après la mort de sa mère, seigneur de Montmorillon et, mourant sans enfants, le légua à sa sœur, Marie Robertet, épouse de M. André de Guillard (1), conseiller du Roi en son Conseil d'État et demeurant ordinairement en son château d'Arcy.

Outre André, les Guillard, descendants d'anciens notaires du Mans, donnèrent à Montmorillon quatre seigneurs : Louis, époux de Marie Raguier ; Philippe, fils de Louis ; autre Louis, frère puiné de Philippe, et enfin Paul, fils du second Louis.

Philippe de Guillard, époux de demoiselle Louise de Mailly, appartient à la légende, et les ouvrages romantiques sont pleins des atrocités dont il aurait rendu témoin son sauvage manoir de Montmorillon. L'émouvant tableau qu'ils en tracent est, comme de juste, le simple produit d'imaginations maladives ; mais pourtant là, comme dans tous les contes, est un fonds de vérité : décrété, en effet, d'accusation en 1616 et poursuivi — non pour avoir martyrisé ses vassaux — mais comme faux monnayeur, Philippe, après avoir soutenu dans son castel de Montmorillon un siège contre les troupes royales, parvint à s'échapper et à gagner en cachette le château d'Arcy. Découvert et arrêté, le fougueux seigneur fut conduit à Bourges, mais il put encore s'échapper et parvint à gagner la Belgique, pendant que les juges de Richelieu le condamnaient à mort par contumace. On se rattrapa sur le château de Montmorillon, qui fut complètement démantelé.

Ainsi dévastée, notre terre passa à Louis de Guillard, frère de Philippe, et de Louis à son fils Paul, et fut, par ce dernier, laissée à Antoine de Valadoux (2), sire de Perthus, colonel du régiment de Mgr le duc du Maine, époux de Madeleine Mahaut, fille du président Mathurin, et le héros de la légende de la brune Jolquette.

Paul de Valadoux, fils d'Antoine, né à Montmorillon en 1670, succéda à son père en 1707 ; nous arrivons ainsi à l'acte du 2 novembre 1718 passé par-devant Biot et Perreul, notaires royaux à la Palisse, et par lequel Paul de Valadoux, chevalier, marquis d'Arcy, et Jacques de Valadoux, son fils, capitaine au régiment du Maine, vendent, moyennant quarante-cinq mille livres (3), à messire Gilles Brunet d'Évry, seigneur de la Palisse, Droiturier, Saint-Prix, Châtel-Montagne, Nizerolles, etc., leur terre et

---

(1) André de Guillard était fils de Charles, président au parlement de Paris, qui, improuvant la vénalité des charges, quitta la sienne pour se retirer près du Mans, son pays d'origine. Armes des Guillard : de gueules à deux bourdons de pèlerin d'argent posés en chevron et accompagnés de trois monts de même.
(2) Valadoux : d'azur au lion d'or accompagné de trois molettes d'argent.
(3) Le prix payé aux Valadoux fut par eux engagé dans la banque Law et naturellement perdu.

seigneurie de Montmorillon et Saint-Clément, laquelle a pour chef un vieux château ruiné de la paroisse d'Arfeuilles, auquel est attachée justice haute, moyenne et basse. A cet acte assistent comme témoins M" François Bilhaud, châtelain de Montmorillon et Saint-Clément, et Louis-Hugues Piozet de la Houssaye, bailli de la baronnie de Châtel-Montagne.

En 1826, les descendants de M. Brunet d'Évry avaient encore Montmorillon.

Sur Arfeuilles est encore le très vieux *domaine des Martels*, d'où tira son nom une branche des Bardonnet (V. maison Bardonnet à Châtel-Montagne), et dont le dernier seigneur fut Jean-Baptiste-Victor Bardonnet des Martels, volontaire aux hussards noirs, petit-fils de Claude, seigneur de Gondailly, et fils de Jean, qui fut guillotiné à Moulins le 13 novembre 1793.

Les Bardonnet, au siècle dernier, avaient acquis les Martels des Manissy de Chappes, et ceux-ci les tenaient, ainsi que le domaine voisin de Treille, d'une alliance de l'un d'eux (V. Chappes) avec Marie Duvergier du Garet, de la vieille famille montagnarde qui a encore sur Arfeuilles de nombreux représentants et sort vraisemblablement du village de ce nom.

Avant de venir aux Duvergier, les Martels appartenaient à une famille Simon de la Feuillouse du Donjon, que nous pensons être la même que les Simon de Quirielle et qui portait le nom d'un domaine de la paroisse de Montcombroux : ces Simon habitaient les Martels, et c'est là qu'en 1666 eut lieu le mariage de Christophe de Mars, seigneur de Beaumont (V. ce fief), avec Jacqueline Simon des Martels, sœur de Pierre, seigneur de la Feuillouse (V. ce fief sur Montcombroux), et de Pierrette Simon des Martels, femme de Barthélemy Cimetière de la Bazolle : Jacqueline porta aux Mars les domaines de la Saulzaie, la Feuillerouse et Bonnefont, sis sur Bost et Saint-Étienne de Vicq; mais, en 1684, lors du partage qui eut lieu entre elle, Pierrette et Pierre, les Martels échurent à Pierre, qui les vendit aux Duvergier.

En même temps que les Martels, les Duvergier vendirent aux Bardonnet le domaine des *Layats*, dont en 1700 était seigneur Jacques Becoux, procureur d'office à Arfeuilles et membre d'une famille qui a laissé son nom à un moulin fameux de la montagne.

Et à propos encore de cette famille Duvergier, nous citerons les deux domaines du *Garet* et des *Joberts*, dont prirent le nom deux de ses branches : celle du Garet fournit à Châtel de nombreux officiers et eut des alliances brillantes, parmi lesquelles nous citerons les Viry et les Fradel.

La commune de *Châtel-Montagne* s'étend sur les deux versants d'un contrefort aride qui, laissant au sud la combe de Montmorillon, la sépare du pays boisé de la haute vallée de la Bèbre ; nulle part, dans notre pays, les pentes ne sont plus abruptes. Ce contrefort, dans toute sa longueur, est suivi par la route de Cusset à Roanne, qui en gagne péniblement le sommet par de longs lacets et a conservé à notre petit bourg un peu de cette importance que lui avait valu autrefois, mais que lui eût certainement enlevée aujourd'hui, la difficulté de ses abords.

Nous n'ignorons certes pas avec quelle réserve il convient d'adopter les emplacements de *castrum* romain, et nous savons bien que les légions n'auraient pu fournir les effectifs nécessaires à la moitié des postes que leur donnent à garder les archéologues : Châtel, pourtant, étant la position maîtresse de la montagne, il nous semble fort admissible que notre vieux *Castrum in Montanis* ait été le siège d'une garnison romaine, peut-être établie dans un *oppidum* gaulois et chargée d'assurer la sécurité de la grande voie militaire du Rhône à l'Océan qui — quel que soit son tracé — passait certainement non loin du massif du Montoncel.

Dès le XIe siècle, en tout cas, Châtel-Montagne était le siège d'une importante baronnie ; au XIIIe, nous y trouvons une famille chevaleresque qui avait aussi Montmorillon (V. plus haut) et à laquelle, sur ce simple nom de Montmorillon, on n'a pas manqué d'attribuer une origine poitevine, que l'on serait sans doute aussi embarrassé de prouver que de combattre. C'est de la pure fantaisie, et, hypothèse pour hypothèse, nous préférerions encore celle qu'a émise M. le vicomte Révérend du Mesnil, dans un travail quelque peu vertigineux, et d'après lequel les Châtel-Montagne, les Châtel-Perron, les Châtel en Boucé et bien d'autres seraient des rameaux de la famille charolaise des Centarben (*de Sancto Albino*) (1).

(1) Voici un court aperçu de la filiation des Centarben, publiée dans le *Bulletin de la Société d'émulation de* 1893 par l'érudit bien connu.

Les Centarben, originaires du lieu dit Bois-de-Croux, près Saint-Albin, hameau de la paroisse de Vareilles (Saône-et-Loire), sont connus depuis Robert qui vivait en 910 et contre-balançait en Brionnais la puissance des Semur. Guillaume Ier (1033), arrière-petit-fils de Robert, eut plusieurs enfants, dont nous retiendrons seulement Hugues, tige, paraît-il, de tous les Châtel ou Centarben du Bourbonnais, et qui fut seigneur de Châtelperron.

La branche des seigneurs de Châtelperron fut continuée par Heldin, petit-fils de Hugues, et un frère d'Heldin, Heldrad, forma une autre branche, d'où sortirent à leur tour les rameaux de Châtel en Boucé et de Châtel-Montagne.

Celui des Châtel en Boucé aurait eu pour tige Pierre de Châtel, petit-fils d'Heldrad, qui en 1220 rend aveu de ses terres de Boucé au comte de Nevers : quant à celui de Châtel-Montagne, il remonterait justement à cet Étienne de Châtel-Montagne, le premier que nous donnent les titres et qui serait, comme Pierre, petit-fils d'Heldrad et fils de Guillaume, seigneur des Certaines sur Montcombroux.

Il est assez curieux, comme coïncidence avec le travail de M. du Mesnil, de remarquer que M. le docteur Noelas fait des Châtelperron d'anciens seigneurs de Châtel-Montagne.

Toujours est-il qu'en 1215, nous trouvons à la cour de Bourbon-Dampierre un Étienne de Châtel-Montagne qui, cette même année, rend aveu de sa baronnie de Châtel et fit, avec ses deux fils Dalmas et Pierre, la campagne d'Auvergne. Jusque vers la fin du XIVe siècle, les *Noms féodaux* nous donnent ensuite des sires de Châtel-Montagne, alliés aux Rollat, aux Chauvigny, etc.; mais, à partir d'Érard, que d'Oronville nomme en 1370 parmi les compagnons du duc Louis, leur série est interrompue et notre fief passe dans les mains de divers possesseurs, entre lesquels nous ne voyons pas de liens. C'est d'abord, en 1391, Ythier Raibe, aussi seigneur de Saint-Gerand le Puy (V. ce fief); puis, à partir de 1427, les Montaigu-Listenois, dont nous parlons au Breuil et à Montgilbert; en 1461, Châtel est encore le douaire de Marguerite de Beaujeu, veuve de Louis de Montaigu-Listenois; mais, en 1468, il a passé à Vassanet (?) de Rollat, chevalier; enfin, en 1488, la terre et seigneurie du Châtel de Montaigne est indivise entre demoiselle Marguerite de la Garde, veuve de Guillaume de Montvert, et demoiselle Marie de la Garde, sœur de Marguerite, veuve d'Hugues de Montvert, frère de Guillaume.

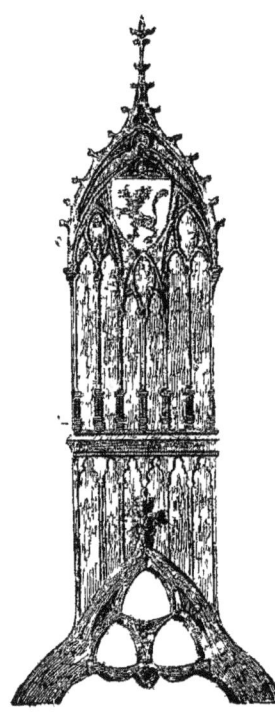

ÉGLISE DE CHATEL-MONTAGNE.
Stalles aux armes des de Rollat

Nous ne savons quelle est cette famille de la Garde, mais nous pensons que les demoiselles de la Garde possédaient Châtel de leur chef ; les Montvert sont, d'ailleurs, des Marchois.

Quoi qu'il en soit, notre fief, après la mort des demoiselles de la Garde, échut à leur fille ou nièce, Antoinette de Montvert, qui le porta à Pierre d'Urfé, chevalier de l'ordre de Saint-Michel, aussi seigneur de Saint-Gerand le Puy. Pierre d'Urfé ne garda pas Châtel et, en 1502, année de la reconstruction de Saint-Gerand, le vendit à Nicolas Popillon, écuyer, seigneur du Riau, fils de ce Charles Popillon qui, d'orfèvre moulinois, devint successivement argentier de la duchesse-Anne et président de la Chambre des comptes de Moulins. En 1521, Nicolas Popillon parut à l'Assemblée des Coutumes avec le titre de baron de Châtel-Montagne, et en 1590 ce titre est encore porté par un de ses descendants, Antoine Popillon ; mais, après celui-ci, est une lacune jusqu'en 1644, que rend aveu de Châtel-Montagne haut et puissant messire Edme de la Châtre (1), comte de Nancey, colonel des gardes suisses, époux de haute et puissante dame Anne-Françoise de Cugnat-Dampierre.

Parmi les alliances qui ont pu amener dans notre montagne l'illustre maison berrichonne des la Châtre, nous ne voyons guère que celle de Claude de la Châtre avec Anne Robertet, de la famille qui avait Montmorillon (V. plus haut); mais nous ne possédons là-dessus aucun titre et ne voudrions pas émettre une opinion sur une simple supposition.

Edme de la Châtre, baron de Châtel-Montagne, fut tué en 1645 à la bataille de Nordlingen, et en 1661 sa fille, Louise-Antoinette-Thérèse de la Châtre, porta en dot notre baronnie à Louis de Crevant, quatrième du nom, marquis d'Humières, premier baron de Touraine, maréchal de France et sénéchal du Bourbonnais. Le marquis d'Humières mourut le 30 août 1694; le 27 octobre 1713, sa veuve, demeurant à Paris dans l'enceinte intérieure des Carmélites de la rue Saint-Jacques, vendit, moyennant cent soixante mille livres, sa baronnie de Châtel-Montagne, s'étendant sur Châtel, Nizerolles et Arfeuilles, à Paul-Étienne Brunet de Rancy, écuyer, seigneur d'Évry-les-Châteaux (2), conseiller du Roi, demeurant rue Culture-Sainte-Catherine.

Le fils de Paul-Étienne, Gilles Brunet d'Évry, compta Châtel-Montagne parmi les membres de son éphémère marquisat de la Palisse (V. ce fief), et eut pour successeurs d'abord son fils Joseph-Moulin Brunet, marquis d'Évry, puis son petit-fils, Antoine-Louis-Gilles, dont les descendants possédaient encore en 1826 les débris, maintenant morcelés, de ce qui fut une des terres les plus importantes du Bourbonnais.

Du beau et fort château de Châtel-Montagne, dont parle Nicolaï, il n'existe plus, à un kilomètre environ du bourg, que des ruines informes, où il ne reste guère debout qu'une tour de flanquement peu importante. Ces ruines forment une vaste enceinte irrégulière, qui embrasse exactement le sommet d'un étroit plateau d'où on domine le cours de la Bèbre et la rive opposée, et, en suivant le pied des anciens murs, on reconnaît encore la trace de sept autres tours d'angle. A l'intérieur devait être une esplanade qui, actuellement, est plantée en vigne, et sur la partie la plus élevée, entre deux tours un peu plus grosses que les autres et précédées de pentes à pic tout à fait inabordables, se distingue encore l'emplacement de l'ancien corps de logis, dont il reste seulement un mur garni de consoles.

(1) Armes des la Châtre : de gueules à la croix ancrée de vair.
(2) Actuellement canton de Brie-Comte-Robert, en Seine-et-Marne.

Nous ne savons à quelle époque remonte la destruction totale de notre château : il faut certainement en attribuer une large part à la fureur de démolition de ces cent dernières années; mais il était déjà en fort mauvais état quand, vers 1720, le voulut venir habiter messire Gilles Brunet d'Évry. Sauf, en effet, la maréchale d'Humières, les grands seigneurs du XVII° siècle avaient fort délaissé leur inabordable Châtel, et tout y était tombé dans le plus complet délabrement : les conduites d'eau, notamment, avaient crevé et tout gâté autour d'elles, si bien que le nouveau

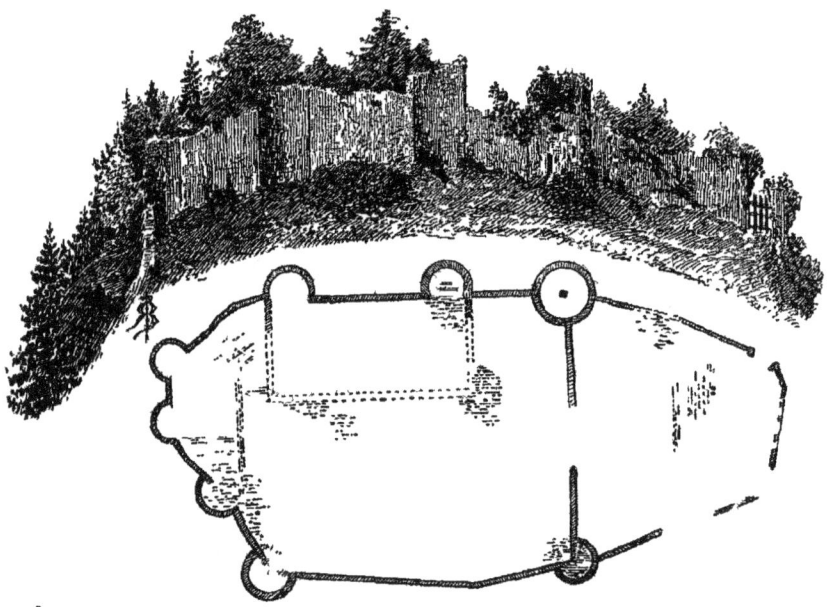

CHATEL-MONTAGNE. — Plan et ruines du château.

marquis, renonçant à rendre le château habitable, fit sa maison seigneuriale d'une construction occupée maintenant par les Frères, et qui a le tort de masquer l'église, dont elle est beaucoup trop rapprochée.

Cette église de Châtel-Montagne, superbe édifice roman du XII° siècle, est le bijou de la montagne bourbonnaise et a été dernièrement restaurée par la Commission des monuments nationaux; mais il n'entre pas dans notre cadre de la décrire, et nous nous bornerons à citer sur la place, au milieu du bourg, une curieuse maison gothique qui était une dépendance du prieuré auvergnat de Laveine, sis sur l'Allier, en face du pont de Crevant.

Quelques autres vieux logis de Châtel sont encore à signaler : c'est d'abord à gauche, dans la rue qui va à l'église, la maison d'une famille Faure, encore existante, et mentionnée à Châtel dès les premières années du XVe siècle.

Puis la maison des Tixier de Bois-Robert, dont nous parlons à Ferrières et au Bouchaud, et qui avaient pris le nom d'un domaine de Bois-Robert, sis un peu au nord de l'église ; en face de cette maison Tixier est celle de la famille, encore représentée, des Dulac : en 1661, maître Philippe Dulac était fermier de la seigneurie de Châtel-Montagne.

CHATEL-MONTAGNE. — Maison du XVe siècle.

Enfin, l'ancienne maison Bardonnet : cette famille Bardonnet, originaire de Saint-Nicolas des Biefs, compta longtemps dans la bonne bourgeoisie de Châtel et vit sa haute fortune commencée par un de ses membres, commissaire des guerres sous Louis XIV, et dont le fils Claude fut seigneur de Gondailly (V. ce fief) ; la maison Bardonnet est reconnaissable par une jolie tourelle en cul-de-lampe.

La bourgeoisie de Châtel au XVIIe siècle comptait encore deux familles, sur lesquelles nous sommes loin d'être fixés ; ce sont les Saint-Maurice et les Sarrazin, seigneurs de Bonnefont : les Saint-Maurice étaient alliés aux Allemand, aux Fougerolles, aux Chervier de Fort-Rion ; quant aux Sarrazin, peut-être sont-ils d'origine auvergnate et de cette famille riomoise de

Sarrazin, seigneurs de Bonnefond, en la paroisse de Miremont, qui figure sur l'*Armorial général,* et portait d'argent à la bande de gueules chargée de trois coquilles d'or.

Un peu plus haut que Châtel et sur la route dite des Allemands (1) est le *village Chargueraud*, encore entouré d'une enceinte de grosses pierres, qui peut avoir été une fortification primitive. Ce village était jadis habité par une population complètement séparée de celles des environs et dont la principale industrie était le faux-saunage : on veut absolument que ces anciens Charguerauds, aujourd'hui dispersés, aient été les descendants d'une colonie sarrazine, et le type noir et trapu qu'ils avaient, paraît-il, semble jusqu'à un certain point confirmer cette tradition, d'ailleurs fort acceptable. (V. la Guillermie.)

Plus haut encore, sur le vieux chemin de Saint-Nicolas et sous le mot Châtel de la carte d'état-major, se trouvent les débris fort intéressants du *château de Villefort,* dont a seul conservé le nom un domaine sis à quatre cents mètres plus au sud, et qui, au siècle dernier, fut possédé par les Bardonnet et les Martin du Gard.

C'est une motte féodale énorme, plus facile à dessiner qu'à décrire et dont le diamètre, y compris les défenses extérieures, dépasse cent vingt mètres : elle est encore presque intacte. Récemment, un brave paysan de la contrée, à force d'entendre dire que les seigneurs du temps passé ne servaient guère qu'à rançonner le pauvre monde, s'imagina que ceux d'un si grand château devaient avoir enfoui des trésors considérables : il entreprit donc des fouilles, où il dépensa jusqu'à son dernier sou (quatre mille francs, paraît-il), et ne mit au jour que d'insignifiantes ferrailles, dont une paire de pincettes.

Peut-être est-ce là le fief d'origine de ce Jean de Villefort, damoiseau, qu'au XIVe siècle nous trouvons à Noailly (V. ce fief), et qui semble originaire de la montagne : Robert de Grézolles, en effet, gendre de ce Jean de Villefort, rend aveu de terres qu'il possède dans la montagne bourbonnaise, et c'est dans la montagne aussi que sont possessionnés les Rechain, seigneurs de Noailly après Robert de Grézolles.

Le *domaine Charnand,* où il ne reste absolument rien de typique, est lui aussi, à coup sûr, une ancienne seigneurie et peut-être le manoir de ce

---

(1) A rapprocher de ce nom bizarre celui de chemin des Soldats donné au vieux chemin qui, de Châtel, gagne la Croix Mathieu par le domaine Mérin.

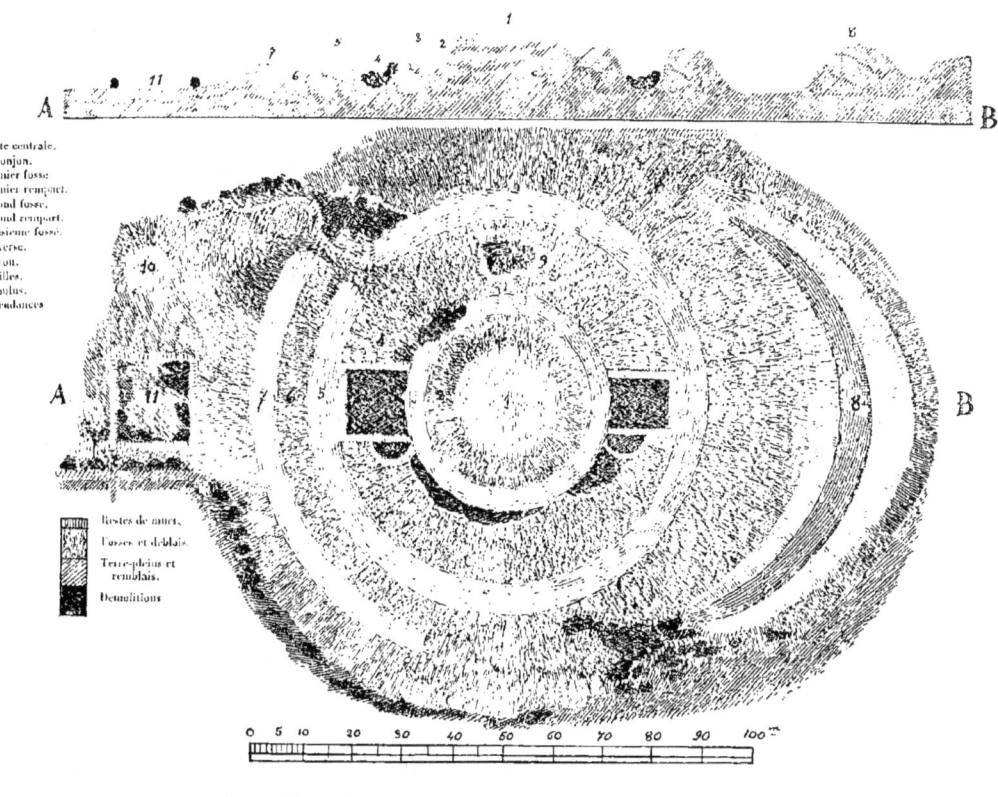

PLAN ET COUPE DE LA MOTTE DE VILLEFORT.

Girard de Charnand, dès 1290 seigneur de Chamarande, près de Saint-Germain-l'Espinasse : la famille de Charnand, en tout cas, est mentionnée sur Châtel-Montagne pendant tout le XIVe siècle : en 1408, nous y trouvons encore Louis de Charnand, damoiseau, fils de Jeanne de Chantelot et héritier de son oncle Pierre, seigneur de la Chaise (V. ce fief sur le Breuil). Puis vient une lacune après laquelle, en 1522, le seigneur de Charnand est noble homme Antoine du Bassinet, et, en 1593, un Henri le Tillier, aussi seigneur des Bouchaines sur Saint-Clément.

Peut-être est-ce à ce seigneur de Charnand que s'attache la légende que nous rapportons à Saint-Clément et qui tendrait à prouver, au milieu de toutes ses exagérations, qu'un au moins des possesseurs de Charnand laissa dans le pays une réputation douteuse.

Charnand appartient actuellement à la famille Tardy, originaire du Morvan et fixée à Châtel par une union avec les Faure.

Le *Bassinet,* enfin, vieux domaine construit sur des fondations plus anciennes, semble avoir eu jadis une certaine importance et fut le berceau d'une famille noble dont nous venons de voir à Charnand un représentant. En 1626, nous avons encore un Michel Bernard du Bassinet, écuyer, puis nous perdons la trace de cette famille, et son ancien fief, après avoir longtemps appartenu aux Bardonnet, fut par eux, en 1721, vendu à M. d'Évry.

SAINT-CLÉMENT, LA CHABANNE, LA PRUGNE ET SAINT-NICOLAS DES BIEZ.

Depuis le moulin de Saint-Priest-la-Prugne, où se réunissent les trois ruisseaux qui la forment, jusqu'aux riantes prairies de Saint-Clément, la Bèbre n'est qu'un torrent écumeux, bondissant de cascade en cascade et perçant son étroite vallée au milieu de massifs granitiques, qui viennent former sur son cours autant de défilés. Entre les hauteurs des Bois-Bizin et celles de l'Assise, on dirait presque une suite de chaussées successivement rompues, formant autant de combes, dans le fond desquelles les eaux ont déposé une couche de terre cultivable. Les nouvelles routes tracées le long de la vallée en contournent les contreforts, traversant ici de hauts sapins, plus loin de maigres taillis, longeant ailleurs des prés verdoyants ou dominant des précipices profonds et offrant à chaque tournant un point de vue nouveau. Dans cette variété de paysages, ne se voient plus, comme aux environs d'Arfeuilles, des domaines épars et des maisons isolées blotties dans les replis du terrain, mais bien de grosses agglomérations qui donnent au pays une physionomie à part, plus forézienne déjà que bourbonnaise.

Presque tous ces villages possédaient une chapelle particulière, et dans beaucoup d'entre eux on veut voir le siège de paroisses primitives : nous ne le pensons pas, et, dès l'origine, nous ne trouvons dans cette région que trois paroisses : Saint-Clément, la Prugne et Saint-Nicolas des Biez, au détriment desquelles fut formée, en 1849, la commune de la Chabanne.

La commune de Saint-Nicolas, peu abordable jusqu'à ces derniers temps, occupe une sorte de haute vallée pour ainsi dire suspendue entre Bourbonnais et Forez, à près de trois cents mètres au-dessus du pays environnant : les sources y abondent et s'épandent en de nombreux ruisseaux, qui se réunissent dans les cours d'eau du Coïmbre et du Barbenan. C'est au-dessus de cette vallée que se trouve la Pierre Charbonnière, ancien sanctuaire druidique, à ce que l'on prétend, et d'où se déroule certainement le plus beau panorama de la montagne après celui de Montoncelle.

La maison de *Saint-Clément* (Saint-Clément de Montagne, comme disent les vieux titres) occupait jadis l'emplacement utilisé maintenant comme champ de foire, sous le magnifique ormeau qui ombrage la nouvelle maison d'école; mais il n'en reste absolument rien, et c'est à peine si l'on se souvient y avoir vu, il y a quelques années, des fossés aujourd'hui à peine reconnaissables.

Saint-Clément était, d'ailleurs, une seigneurie relativement peu considérable, estimée, en 1624, sept mille deux cents livres seulement, en face de Montmorillon, estimé vingt-trois mille livres, et qui, en outre, dut être complètement abandonnée au XVIIIe siècle pour le château des Bouchaines (V. plus loin).

Aussi loin que nous remontions, nous ne trouvons pas à la seigneurie de Saint-Clément d'existence propre, et, dès 1311, elle était une simple dépendance de Montmorillon, dont elle fut seulement séparée en 1739, pour former la dot de Suzanne Brunet d'Évry, fille de Gilles, lors de son mariage avec Annet-Nicolas-Robert Decazes, trésorier général des postes. Nous renvoyons donc à l'histoire de Montmorillon pour la suite des sires de Saint-Clément, dont un seul laissa dans notre modeste fief trace de son passage : c'est Geoffroy de Balzac, premier valet de chambre du roi Charles VIII, qui, en 1484, obtint du Roi la création d'une foire annuelle à tenir « sous les murs de sa maison forte de Saint-Clément des Montagnes ».

L'histoire de Saint-Clément, on le voit, ne concorde guère avec la tradition que conservent les montagnards sur un certain château de la Salle (*cella*, maison), dont l'emplacement du manoir détruit a conservé le nom. A une époque indécise, dit-elle, Saint-Clément appartenait à un seigneur appelé le sire de Charnand, cruel, grand rançonneur des manants des environs, écumeur de grands chemins et, en outre, faux monnayeur : un jour enfin, il mit le comble aux colères qu'il avait soulevées en tuant d'une flèche le chef de la communauté des Bonnières, qui avait essayé de lui résister. Aidée par les seigneurs du voisinage, la population se porta au château de la Salle et finit par s'emparer du sire de Charnand dans une tour où il s'était réfugié. Cette tour, ajoute-t-on, était absolument sans accès et portée sur quatre piliers de pierre, dont, en souvenir de ce triomphe, il fut fait don à l'église de Saint-Clément : ce sont les quatre piliers que l'on voit encore dans le chœur. Que veut dire ce récit, au milieu de toutes ses incohérences? S'agit-il là de Philippe de Guillard? s'agit-il de ce le Tillier, seigneur en même temps de Charnand et des Bouchaines? ou bien y faut-il voir l'histoire de la destruction du château de Charnand sur Châtel-Montagne? Nous ne savons, mais répéterons encore ce que nous avons dit : Dans toute légende, il y a un fond de vérité.

Il y avait à Saint-Clément plusieurs maisons bourgeoises, parmi lesquelles celle des Deshommes et celle des Reignier : celle-ci est devenue au commencement du siècle la maison Ruet, par suite du mariage d'un Ruet avec une demoiselle Reignier ; elle était sise à Pennard sur la rive gauche de la Bèbre ; quant à la maison Deshommes, c'est celle qu'habite actuellement, au bourg de Saint-Clément, M. Ruet La Motte. Les Deshommes sont des aborigènes de Saint-Clément, où ils furent de tout temps receveurs de châtellenies ou notaires : les Reignier, qui alternèrent avec eux, depuis environ 1700, et d'où sortirent les Reignier de Ferrières, de Molles, de Cusset, etc., ont leur origine à Saint-Pierre Laval.

A deux kilomètres environ de Saint-Clément, en remontant la rive gauche de la Bèbre, on arrive aux ruines du *château des Bouchesnes*, construction longue et étroite, flanquée de deux tours et qui semble bien présenter les caractères de la première moitié du XVI⁰ siècle. De cette époque sont, d'ailleurs, les rares détails conservés dans la tour éventrée et les pans de murs croulants qu'entourent encore des fossés pleins d'eau. A quelque distance et sur une sorte de terrasse dominant la rivière sont aussi les restes d'une maison de plaisance, construite au siècle dernier pour remplacer le vieux château, et dont subsistent quelques intéressants débris, notamment une cheminée qui orne maintenant l'ancien auditoire de Saint-Clément. Cette maison des Bouchesnes fut, assure-t-on, à diverses reprises la demeure, sinon le refuge, de Jean-Jacques Rousseau; nous n'avons pu malheureusement contrôler cette tradition, et tout ce que nous pouvons dire, c'est qu'il existe des lettres du néfaste philosophe adressées à M. d'Évry.

LES BOUCHAINES.

En 1362, Guillaume de Vernet, écuyer, avoue tenir de toute ancienneté par lui ou par ses ascendants le fief des Bouchesnes, en la paroisse de Saint-Clément; puis, en 1386, notre fief a passé aux Montmorillon, qui le gardèrent vraisemblablement tout le XV° siècle. A partir de Jean, en effet, qui en est seigneur en 1386, nous y trouvons, en 1455, ses descendants, Louis et Joseph de Montmorillon, les mêmes que nous verrons engagés dans un procès au sujet de Verseilles (V. ce fief), et, en 1449, Joseph et Nicolas de Montmorillon; mais, en 1511, les *Bouchesnes* ont changé de mains et appartiennent à un Jean de Columières (*sic*), après lequel viennent, en 1521, Jean de Coulonges (le même sans doute que Jean de Columières), qualifié seigneur des Bouchaines, à l'Assemblée des coutumes et, en 1593, Albert le Tillier, aussi seigneur de Charnand (V. ce fief et

Saint-Clément) ; en 1631, enfin, apparaît dans notre fief la famille moulinoise des Roy, seigneurs de Salonnes, en la paroisse de Gouise, et attirés dans notre montagne par l'acquisition de la Presle (V. ce fief) : c'est d'abord Pierre Roy, écuyer, gentilhomme ordinaire de la compagnie du Roy; puis, successivement, Senétaire Jean, époux de Marie Oyselier, lieutenant général enquêteur en la sénéchaussée de Moulins, Gilbert, aussi lieutenant général, époux de Françoise Coratte, Claude et enfin autre Gilbert qui, en 1687, possède les Bouchesnes sous la tutelle de son beau-frère, Étienne de Baugy, écuyer, seigneur de Rochefort, trésorier de France à Moulins et époux de demoiselle Louise Roy. Gilbert fut plus tard cornette au régiment de Chaslus et, en 1706, devint seigneur de Panloup, paroisse d'Iseure, par son mariage avec demoiselle Élisabeth Maquin ; il abandonna dès lors les Bouchesnes et, en 1720, les vendit à M. Brunet d'Évry, marquis de la Palisse, seigneur de Châtel-Montagne, Saint-Clément et autres terres. Jusqu'à la Révolution, du reste, la famille Roy continua à s'appeler Roy des Bouchesnes ; mais notre terre ne sortit plus de la famille d'Évry, à qui l'acheta pour la démembrer, au commencement de ce siècle, M. de Villaines, banquier à Roanne.

Nous ne savons vraiment pourquoi, dans son étude sur Montmorillon, M. l'abbé Flachard a fait des Bouchesnes une dépendance de Montmorillon, simple maison de luxe construite, au bord de l'eau, par Geoffroy de Balzac (Nicolaï, procès-verbal de l'assemblée de 1521); tout démontre, au contraire, que les Bouchesnes furent toujours une seigneurie à part, où, du reste, ne passèrent jamais les Balzac, les Guillard, ni les Valadoux, tous seigneurs de Montmorillon et de Saint-Clément; aussi pensons-nous que le savant curé a été induit en erreur par le nom de Montmorillon qu'il a trouvé aux Bouchesnes au XVe siècle, et aussi par la réunion au XVIIIe siècle des trois terres de Montmorillon, Saint-Clément et les Bouchesnes, aux mains des Brunet d'Évry. En revanche, nous admettrons volontiers avec lui que le nom des Bouchesnes ait pu leur venir de la quadruple rangée de beaux arbres qui leur servait d'avenue à travers la riante prairie qui s'étend jusqu'au delà de Saint-Clément.

Champalard est une terre dépendant du domaine Vignaud, — vers la dernière lettre du mot Noireterre de la carte d'état-major, — et où ont été trouvés des débris gallo-romains intéressants.

Quant aux *Robins*, où la tradition place un ancien château, et qui, en effet, sont dits dans certains actes, et encore en 1723, fief et seigneurie des Robins, il est impossible d'y découvrir le moindre vestige de leur importance ancienne ; au XVIIe siècle, les Robins appartenaient à une branche des du Vergier ; puis ils passèrent à des Thévenet, laboureurs, et, en 1748, furent par eux vendus à M. du Bourg, seigneur de Brunart (V. ci-dessous).

A mille deux cents mètres environ à l'ouest du Cocu, sur le vieux chemin pavé de Ferrières à Saint-Clément (sous la lettre é du mot Bois Coupé), en un lieu dit les Prés Charmés, on trouve des ruines confuses, à demi cachées sous les airelles ou le muguet et disjointes par les arbres qui y ont poussé leurs racines. C'est le *château Charmette*, dont l'ensemble, à vrai dire, rappelle bien plutôt un ancien village qu'un ancien château.

Une tradition constante, du reste, veut qu'à une époque récente, les habitants du village de Château-Charmette, molestés par le sire du Mayet, aient été fonder, sur les terres de celui de Saint-Clément, le hameau de la Maison-Neuve ; d'autre part, un établissement féodal aurait été sur la vieille voie de Ferrières à Saint-Clément parfaitement situé, et il nous a semblé reconnaître en un certain endroit les restes non douteux d'un mur d'enceinte fort épais aboutissant, vers l'angle nord-est, à une construction assez vaste paraissant flanquée de tours : en tout cas, village, château ou encore monastère, comme le croit M. l'abbé Bletterie, curé de la Prugne, nous n'avons du château Charmette jamais trouvé mention (1).

Au-dessous du château Charmette est le village Coppet, où une maison, dite maison Gaillardon, porte une croix gravée qui passe pour avoir limité les quatre seigneuries de Saint-Clément, Brunard, le Mayet et Ferrières.

De là, passant la Bèbre et gravissant les pentes abruptes qui portent la Chabanne, nous arrivons à l'ancien siège de la puissante *baronnie de Brunart* ; il faut, d'ailleurs, se douter que là était un établissement féodal, et un examen minutieux permet seul de remarquer, dans une maison appartenant à M. Chambonnière, quelques moulures oubliées du XVe siècle, une piscine réservée dans l'épaisseur d'une muraille comme nous en verrons une à la Guillermie, et enfin, sur la face nord, un vieux pan de mur.

Brunart pourtant était une seigneurie importante, annexe jadis de la paroisse de Saint-Nicolas et qui comprenait, outre le village de Brunart, le moulin de Voire, la Chabanne, Chambonnières, Chaudagne, Guillot, Girardières, Bonnefont, Boudin, Carton, Martin et Martin-Rivière.

(1) Au château Charmette subsista jusqu'à la Révolution une chapelle dédiée à saint Désir (*Sanctus Desiderius*).

Dès 1315, Brunart appartient à Guillaume d'Augerolles de Saint-Polgues (1), de la puissante famille forézienne dont le Laboureur (2) donne la généalogie, depuis lui souvent reproduite : nous ne répéterons pas, à notre tour, la suite des sires d'Augerolles, barons de Brunart, et nous passons de suite au dernier d'entre eux, Jean, fils d'Antoine et de demoiselle Anne de Chevrières de Saint-Chamond.

L'an 1584, donc, Jean d'Augerolles, récemment marié à Adrienne de Feugères, habitait avec son père le château de la Roche-Molière, sis près de Saint-Étienne et voisin de celui de Saint-Priest, demeure de leur cousin Aymard, marquis de Saint-Priest, le même qui venait d'acquérir dans les guerres de religion une certaine réputation en Forez. A pro-

BRUNARD.
Piscine et grange à dîmes

pos de la terre de la Roche-Molière, déjà, de nombreux dissentiments s'étaient élevés entre les d'Augerolles et les Saint-Priest; mais ils venaient de dégénérer en brouille violente par suite de la nomination d'Antoine d'Augerolles au poste de chef des milices du Roannais, poste qu'ambitionnait le marquis de Saint-Priest et qui lui revenait en effet.

Or, le 31 mars au soir, il advint que, chassant sur leurs terres, les seigneurs ennemis se trouvèrent inopinément face à face dans la forêt de Saint-Genest-Lerpt sur la route de Roche-la-Molière à Saint-Genest, au lieu dit de la Rochette, proche la pierre Jacquemart. Aymard de Saint-Priest était d'un naturel emporté et violent; à la vue de son rival, il ne se

(1) Armes des d'Augerolles : d'argent à la bande dentelée de sable, au chef cousu de gueules au lion naissant d'argent.
(2) *Mazures de l'Ile-Barbe.*

put contenir et, tirant un pistolet, le déchargea sur Antoine d'Augerolles qu'il blessa mortellement, tandis qu'à côté Jean d'Augerolles tombait aussi sous la balle de Jean de la Feuillouse, bâtard du marquis de Saint-Priest. Le coup fait, les meurtriers s'enfuirent, pendant qu'Antoine et Jean d'Augerolles, transportés à la Roche-Molière, y mouraient dans la nuit, après avoir testé tous deux en faveur de leur fille et sœur, Catherine d'Augerolles, épouse de Guillaume de Saint-Pulgent, écuyer, seigneur de la Goutte.

C'est ainsi que Brunart, passé aux Saint-Pulgent, fut, le 16 septembre 1597, porté par Isabeau de Saint-Pulgent, fille de Guillaume, à messire Gaspard du Croc, d'une famille déjà ancienne, qui à son nom patronymique de Bedoc avait récemment ajouté celui du Croc, d'une terre qu'elle possédait dans la baronnie de Thiers (1). Gaspard eut trois fils : Antoine, reçu chevalier de Malte le 30 mars 1623 ; autre Gaspard et Charles, qui tous deux successivement furent barons de Brunart.

Gaspard du Croc, le 27 septembre 1636, avait épousé Claude de Montjournal, dame de la Motte-Mourgon et Beaurevoir (V. ces fiefs), fille de François, seigneur du Verger, paroisse de Floret, et du Deffand, paroisse de Garnat, et de dame Hilaire de Troussebois ; mais il mourut sans enfants et laissa Brunart à son frère Charles, marié le 8 juin 1650 à demoiselle Françoise de la Richardie de Besse, fille de René.

A Charles succéda son fils Jean-Claude, et enfin, avec toutes les terres foréziennes des du Croc, nous trouvons Brunart compris dans la colossale fortune de demoiselle Mathieuse du Croc, fille unique de Jean-Claude et de demoiselle Françoise de Bernay du Coudray, dame de la Motte Saint-Romain.

Mathieuse du Croc, le 17 juin 1714, épousa, à Roanne, haut et puissant seigneur, messire Emmanuel-Gaspard du Bourg, chevalier, marquis de Bosas, baron de la Roue, etc., qui, par ce riche mariage, devint aussi comte de Saint-Polgues et baron de Brunart. Le fils d'Emmanuel Gaspard, Just-Henri du Bourg, lui succéda comme baron de Brunart, puis le 23 novembre 1767 donna notre seigneurie en dot à sa fille Marie-Anne, mariée à messire Joseph de Monteynard, marquis de Montfrein, qui fut le dernier baron de Brunart. Just-Henri du Bourg périt sur l'échafaud révolutionnaire, et sa veuve, Henriette-Françoise de la Roche-Aymon, dame de la Bourboule, se retira à Murat le Quaire (Puy-de-Dôme), où elle mourut en 1796.

A quelque distance à l'ouest de Brunart, nous nous arrêterons encore sur un promontoire (point 665) dit le Haut du Noyer ou mieux le Rez-

---

(1) Les du Croc portaient d'or à deux fasces de sinople.

Muré, et qui pourrait bien avoir été l'emplacement primitif de la baronnie de Brunart : sur ce sommet est une motte ceinte de fossés, dont le parement de pierres est encore visible en quelques parties de l'escarpe.

La *Chabanne*. — En 1521, Jean de Coulonges, seigneur des Bouchesnes, est dit aussi seigneur de Chabannes, ce qui pourrait faire croire qu'à cette époque le village de la Chabanne dépendait des Bouchesnes. Nous pensons pourtant qu'il s'agit là plutôt d'un autre Chabannes, de celui de Châtel-Montagne, par exemple. Dès 1564, en effet, la Chabanne était réunie à Brunart, et les dîmes se percevaient dans une grange sise à l'entrée du village, en venant de la Prugne : ce curieux bâtiment, toujours dit la Dîmerie, est la propriété de M. Presles; il est remarquable par sa charpente, qui déborde des murs pour venir prendre appui sur des contreforts extérieurs.

Au hameau de *la Presle*, ancienne communauté dissoute et partagée en 1678, existe une maison curieuse ornée encore de ses ouvertures du XVe siècle : c'est la maison Lallias, portée récemment par alliance à la famille Renoux. Peut-être ne fut-ce pas le chef d'une seigneurie proprement dite; mais là se percevaient des droits qui, au XVe siècle, appartenaient à Jeanne de Chauvigny, dame de Saint-Germain des Fossés.

La première mention que nous ayons de la Presle nous est donnée par un acte de vente du 10 août 1463, acte auquel nous avons recours dans l'histoire de maints de nos fiefs (V. Saint-Germain des Fossés, la Guillermie, etc.), et par lequel, avec plusieurs de ses voisins, la Presle fut, par les héritiers de la dame de Chauvigny, vendue au duc de Bourbonnais. Ce dernier ne garda aucune de ses acquisitions et, en 1494, revendit la Presle, le Fretay et la Guillermie à Guichard d'Albon, père de Jean et aïeul de Jacques, maréchal de Saint-André, que nous voyons lui succéder dans la possession de notre fief.

Jacques d'Albon de Saint-André fut tué à la bataille de Dreux, le 19 décembre 1562, et peu après la Presle fut comprise dans le don inutile que fit au peu scrupuleux prince de Condé l'indigne veuve du maréchal. (V. pour détails, la Guillermie.) Dès lors et pendant une trentaine d'années, nous perdons la trace de notre modeste terre de montagne, mais en 1600 nous la retrouvons aux mains de la famille Roy dont, après l'acquisition des Bouchesnes, les cadets furent toujours dits Roy de la Presle.

La Presle ne fut plus séparée des Bouchesnes et, au commencement de ce siècle, appartenait encore à M. Brunet d'Évry.

La justice du quartier des *Ramillards,* hameau de la Chabanne, voisin de la Presle, appartenait à l'abbesse de Cusset. (V. la Prugne.)

Enfin, nous ne pouvons quitter la Chabanne sans dire un mot des souvenirs de la Révolution, qui sont encore dans cette région extrêmement vivaces : ce coin de pays, alors perdu, fut, en effet, à cette époque, le refuge d'un nombre considérable de prêtres réfractaires, et, parmi les maisons qui leur furent hospitalières, on cite notamment celles des Chambonnières à Brunart, des Lallias à la Presle et des Presles à Chaudagne : les deux premières sont celles dont nous avons parlé, la troisième est fort reconnaissable par ses contreforts et ses larges auvents de bois.

A l'entrée de la Chabanne est une vieille croix vermoulue, qui tomberait certainement en poussière sans les planches qui l'emboîtent et la soutiennent : c'est le débris pieusement conservé d'une croix à grand'peine arrachée, en 1793, au bûcher révolutionnaire.

La très vieille paroisse de *la Prugne en Auvergne* semble avoir eu pour origine un prieuré, jadis dépendance du couvent de Cusset et dont, au temps de Nicolaï, il ne restait déjà plus que le souvenir : de ce prieuré, sans doute, provient la curieuse cloche de 1474, encore possédée par l'église paroissiale et marquée aux armes des Beaujeu.

Cette possession de la Prugne par les abbesses de Cusset remonte probablement à l'origine du monastère : dès l'acte de 1320, où une de ces abbesses, Isabelle de Saint-Germain, conclut avec Guy, comte de Forez, certains arrangements au sujet des dîmes de Saint-Priest le Chenu (actuellement Saint-Priest la Prugne), il est spécifié qu' « elles soulent avoir les droits seigneuriaux de la Prugne de si grande ancienneté qu'il n'est mémoire du contraire ».

Une partie de la Prugne, confinant au Forez (la Bonnière, la Bletterie, etc.), forma cependant, paraît-il, une seigneurie à part, qui n'aurait été réunie à l'abbaye de Cusset qu'au commencement du XVIIe siècle, par l'apport que lui en firent Diane et Thérèse de *Linars,* toutes deux religieuses dans ce monastère et sœurs d'une troisième demoiselle de Linars par le mariage de laquelle quelques droits seigneuriaux du pays auraient passé aux d'Apchon-Saint-André. — Nous rapportons cette intéressante tradition telle que nous l'avons recueillie, mais nous n'avons pu l'appuyer d'aucun document, sauf peut-être d'une pièce que nous avons entre les mains et qui prouve qu'en 1787 le seigneur de Saint-André d'Apchon (actuellement département de la Loire) percevait encore des cens sur une terre appelée la Goutte, sise près de la Bonnière sur le ruisseau de Sappey et appartenant alors comme aujourd'hui à la famille Goutty.

A cela, nous ajouterons qu'une Diane de Linars figure en 1643 comme coadjutrice de l'abbesse de Cusset et devint plus tard abbesse elle-même, et que, dans le pré où confluent les ruisseaux de Sappey et de Linars, vers une petite passerelle, près de la Bonnière, on montre encore, à l'emplacement présumé du vieux château de Linars, un terrain certainement remué de main d'homme et où peut bien avoir été, en effet, une motte féodale.

LA PRUGNE.
Armoiries des Chappuis.

Parmi les noms des receveurs de l'abbaye de Cusset, nous relèverons, de 1658 à 1678, celui de Gilbert Ratignier; en 1680, celui de Gilbert Burnolles (1), notaire royal, seigneur de Gravières, paroisse de la Chapelle, époux de demoiselle Cathelin des Paputs; puis de 1697 à 1725 celui de Gilbert Chappuy (2), et enfin d'un Descombes, époux de demoiselle de Fougerolles, qui joua lors de la Révolution un rôle assez peu recommandable.

L'existence du *château du Chatelard* est autrement certaine que celle de Linars, et pourtant il n'en subsiste guère de traces encore visibles : tout au plus quelques murs rasés autour d'une excavation, d'où l'on a sans doute extrait des matériaux, et, à cinquante mètres plus bas, les débris d'une tour ronde reliés au reste par des vestiges de maçonnerie. Ces ruines insignifiantes occupent, il est vrai, une situation admirable sur un mamelon qui domine Charrier (sous le mot Mine de la carte d'état-major), et d'où l'on commande non seulement le col de Saint-Priest la Prugne, une des portes du Bourbonnais, mais encore la vallée où débouche la route du Forez par la Madeleine.

Aussi est-ce un rôle d'interdiction, de fort d'arrêt, pour ainsi dire, qu'assigne au Chatelard une pièce, dont nous devons à M. l'abbé Bletterie l'intéressante communication, et qui forme pour nous toute l'histoire de ce vieux château.

Cette pièce, datée d'Exmes (probablement Huismes), près de Chinon, et du mois de mai 1473, est une lettre du roi Louis XI, dans laquelle il est

---

(1) Ce Gilbert Burnolles était fils d'autre Gilbert et de demoiselle Claudine du Bost, sœur de Barthélemy du Bost, seigneur de Trémolin : Barthélemy du Bost, procureur fiscal de Saint-Just en Chevalet, avait, lui, épousé Diane de la Grye, de la paroisse d'Ambierle, fille d'Étienne et de Catherine Blanchet de la Chambre. (V. la Bruyère de Barrais.)

(2) Le vieux logis des Chappuy, sis en face de la mairie actuelle, possède encore une cheminée de bois, où se voient leurs armes, d'azur à une palme d'or accompagnée en chef de deux étoiles et en pointe de deux croissants de même. La maison Descombes allait depuis l'auberge Charrier jusqu'à la maison Ojardias.

d'abord exposé que les religieuses de Cusset « avaient d'ancienneté au lieu de la Prugne une place et maison forte vulgairement appelée le Chastellard, en laquelle elles et leurs subjects souloient en temps de guerre et hostilités, et quand ladite place était en état, faire retraict et refuge d'eux et de leurs biens. Mais, ajoute-t-on, au moyen des guerres et divisions et autrement, le Chastellart est venu en ruyne et désolation, tellement qu'il n'y apparaît fors les carales (sic) des murs et foussez seulement » Les religieuses demandent donc à ce qu'il leur soit permis de procéder à la réédification d'un château qui est nécessaire « pour la tuytion et garde de leurs biens et sujets », et que, pour les aider à ces dépenses, on leur accorde, même avant qu'elles soient faites, le droit de garde, qu'elles ont de tout temps possédé.

Le Roi accorda aux religieuses tout ce qu'elles demandaient, ayant soin d'ajouter qu'il les laissait libres de choisir pour reconstruire leur chastellard tel emplacement qui leur semblera avantageux et convenable; mais elles ne paraissent point avoir profité de la permission qu'elles avaient sollicitée.

Sur la Prugne était encore le *château de Fontbelle*, dont on voit des restes indubitables à la jonction de deux chemins sur le versant ouest du mamelon coté 936 (au-dessus de la lettre s du mot Bouzarets). En 1467, nous trouvons bien une transaction entre Jacques de Fontbelle et le seigneur de Ferrières, mais ce nom de Fontbelle, encore porté par des cultivateurs des environs, nous semble bien plutôt appartenir à un chef de communauté qu'à un possesseur de fief, et, dès ce moment, Fontbelle devait être une simple dépendance de Ferrières : c'est, d'ailleurs, ce qu'il resta jusqu'à la Révolution, et, au siècle dernier, nous voyons de nombreux actes passés entre les communautés voisines, celle des Roches notamment, et les seigneurs de Ferrières pour les bois, bruyères et terres vagues de Fontbelle.

Au point de vue des recherches locales, les environs de Fontbelle sont particulièrement intéressants, et à Fontbelle même, sur la montagne des Agaux (1) aux Demandiers, on trouve des traces non douteuses d'habitations préhistoriques et de fortifications primitives : cela rentre assurément dans une branche d'études particulière, et nous nous bornerons à faire observer que l'hypothèse d'un établissement considérable en ce point est parfaitement acceptable : là fut longtemps, en effet, la limite entre les trois pays de Forez, d'Auvergne et de Bourbonnais, et les noms typiques

---

(1) A remarquer ce nom des Agaux, que nous retrouvons à Beaupuy, au-dessus de Varennes-sur-Allier, sur un plateau aussi fort anciennement occupé.

de la Grand'Borne et de Roc des Gabelous sont encore portés par deux massifs pierreux au-dessus de la Prugne.

Et puisque nous faisons une excursion en dehors du cadre que nous nous sommes fixé, nous citerons encore la vieille voie qui de Saint-Priest la Prugne gagne la hauteur des Agaux et de là se continue par les sommets dans la direction de Cusset sous le nom bizarre de *chemin de la Ligue* (1). Au milieu des bois Bizin, ce chemin passe à une source, dite Font-Catholique, et de ces deux noms réunis on pourrait déduire avec assez de vraisemblance qu'après la défaite des huguenots au bas de Cervières (V. Pontcenat), et pendant leur retraite sur le Forez, ce fut par ce chemin de montagne que l'armée catholique gagna Vichy et les plaines de Cognat.

Il nous semble très probable aussi que cette ancienne voie devait se prolonger du côté de la Loire et passer non loin de l'antique *chapelle de la Madeleine*, au gué de la Chaux (la chaussée?), où l'on trouve des débris d'armes et de ferraille dans un champ nommé Champ du Massacre : nous doutons fort, au contraire, de l'existence d'un château disparu de *Chevriers* au point coté 1084.

Mais, pour tout cela, nous renvoyons aux ouvrages de M. le curé Bletterie et aussi à ceux que M. le docteur Noelas a spécialement consacrés à cette pittoresque région, et dont le style facile fait pardonner la part vraiment trop grande faite à la pure imagination.

Saint-Nicolas des Biez ne nous donnera pas l'occasion de rentrer dans nos études de fiefs et seigneuries : l'existence d'un vrai château fort sur la Pierre à Châtel est, en effet, bien problématique; nous pensons plutôt que cette merveilleuse position tire simplement son nom des pierres taillées ou polies et des débris de toutes sortes qui en indiquent la fort ancienne occupation (2).

Le seul endroit où il pourrait y avoir eu peut-être un établissement féodal est *Fayau*, vieux moulin que possédaient au XIV° siècle les Bernuçon (V. Moulin Canivet), et dont on a récemment découvert la curieuse prise d'eau et la vieille chaussée.

La vallée de Saint-Nicolas, au XI° siècle, appartenait à Dalmas, sire de

---

(1) Nous retrouverons à Ferrières cet antique chemin.
(2) Tout endroit, dans la montagne, où l'on recueille des témoignages d'habitation préhistorique, gauloise, gallo-romaine ou du moyen âge, est un château ou châtelard (*castellum*); dans la plaine, c'est un crot.

Châtel-Montagne, et fut par lui, en 1066, laissée à sa veuve Adélaïde de Semur, sœur très probablement de saint Hugues, abbé de Cluny. Adélaïde alla finir ses jours au couvent de Marcigny, qui dépendait de Cluny, et légua en mourant tous ses biens, dont Saint-Nicolas, au monastère où elle s'était retirée : depuis lors, et jusqu'à la Révolution, nous voyons l'abbesse de Marcigny jouir de la nomination à la cure de Saint-Nicolas, en partager la justice avec les sires de Montmorillon et posséder aussi des droits seigneuriaux sur tous les territoires s'étendant jusqu'au ruisseau de Framoux, qui séparait ses possessions de celles de l'abbaye de Cusset.

Selon l'habitude d'alors, le couvent de Marcigny affirma ses droits sur le territoire légué par Adélaïde de Semur, en y érigeant un prieuré sous le vocable de Saint-Nicolas des Trois Fontaines (*ad tres fontes*) en l'honneur du saint archevêque de Mire (1), dont les reliques avaient été récemment amenées à Bari, dans le royaume de Naples, et dont le culte se propageait alors rapidement sous l'impulsion des moines de Cluny (2).

Telle est l'origine de Saint-Nicolas des Biez; mais alors l'église ni l'agglomération ne se trouvaient à leur emplacement actuel : là était seulement — tout contre l'école des garçons — un petit oratoire connu sous le nom de Chapelle du Vacher. Le bourg, alors important et dont les restes sont encore très visibles, était construit un peu plus haut sur le plateau où Cassini marque une chapelle et la carte d'état-major une croix, qu'on y voit encore. Il y a, du reste, moins de cent ans que Saint-Nicolas s'est déplacé, tant à la suite de la disparition de l'industrie verrière que pour se soustraire quelque peu à la violence des vents.

Verrerie de Saint-Nicolas. — Nous venons de voir que Saint-Nicolas a porté le nom de Saint-Nicolas des Viers, et nous ne savons vraiment quel sens pourrait avoir cette ancienne appellation, si l'on n'en veut faire Saint-Nicolas des Verres ou des Verriers : sur notre paroisse, en effet, et à l'extrême limite du Forez, non loin du hameau qui a conservé le nom de la Verrerie, existait, de temps immémorial, une verrerie dont deux ou trois buttes de terre marquent encore l'emplacement, au bord d'un ruisseau que longeait la vieille route de Forez.

Vers le milieu du XVII⁰ siècle, Saint-Nicolas semble avoir été le centre

(1) Mire est une ancienne ville de Lycie actuellement ruinée.
(2) Le nom de Saint-Nicolas des Trois Fontaines se trouve pour la première fois dans une bulle d'Urbain II, donnée à Saint-Flour, le 7 décembre 1095. Quant au nom actuel, il peut venir soit des nombreux ruisseaux ou biefs qui arrosent la vallée, — étymologie dont nous doutons fort, — soit bien plutôt de la défiguration du mot Saint-Nicolas de Viers, sous lequel la paroisse de Saint-Nicolas se trouve désignée dans les pouillés du diocèse de Clermont dès la fin du XV⁰ siècle.

d'une industrie très prospère : c'était le moment où, attirés par le pouvoir royal et à demi ruinés par les guerres continuelles et surtout par l'invasion des troupes de Bernard de Saxe-Weimar, les gentilshommes verriers de Lorraine et de Franche-Comté se répandaient en France, fondant des établissements provisoires dans les vastes tènements de bois qui leur fournissaient le combustible, et les abandonnant quand ce dernier venait à leur faire défaut.

C'est ainsi que tout à coup, vers 1660, apparaissent au fond de la montagne bourbonnaise les noms des Jacobs, des de Bigot, des Robichon, des Cartier, des Lebreton, des de Finance, etc., tous étrangers à notre pays et parmi lesquels nous suivrons les derniers, qui seuls ont laissé une descendance en Bourbonnais.

Le maître verrier de Saint-Nicolas en 1662, Adam de Finance, écuyer, sortait d'une famille de gentilshommes lorrains mentionnée à Vauxvillers (Haute-Saône) dès 1418 et depuis longtemps adonnée à l'industrie du verre.

En 1492, en effet, nous trouvons déjà noble homme Gérard de Finance exploitant, au centre de l'immense forêt de Darney, la verrerie de Brisécuelle, et c'est dans cette même forêt que vécurent tous ses descendants, alliés aux de Thierry, aux d'Hennezel, aux Jacobs, aux de Bigot, comme eux gentilshommes verriers des environs de Darney. Outre Brisécuelle, les deux principaux établissements des Finance furent la Neuve Verrière, près de Charmois, et, tout à fait en plein bois, Antigny, où naquit, en 1621, Adam de Finance, fils de Jacques et d'Esther de Jacobs, et neveu de Thierry de Finance, seigneur de Clairbois.

Thierry de Finance est le premier de sa race dont nous ayons connaissance en Bourbonnais; encore, avant de venir y faire souche, était-il quelque temps resté en Nivernais, dans les bois de la Chartreuse d'Apponay, entre Rémilly et Fours, associé avec un autre Lorrain, Philippe d'Hennezel; c'est là que vint le rejoindre son neveu Adam, qui, après un court séjour auprès de lui, émigra à Saint-Nicolas, après avoir épousé Jeanne d'Hennezel, fille de l'associé de son oncle.

Nous ne suivrons pas la descendance d'Adam, que nous retrouverons notamment à la verrerie de Saint-Léon, et dont un membre ne quitta Saint-Nicolas qu'en 1783, pour aller former une nouvelle branche en Dauphiné : quant aux enfants de Thierry, ils ne tardèrent pas à rejoindre en Bourbonnais leurs cousins; nous les trouvons aussi à Saint-Léon, puis à la verrerie de Thionne. (V. en outre les Bouérots, les Toquins, etc.)

Parmi les autres maîtres verriers de Saint-Nicolas, nous citerons : François de Jacobs, écuyer, seigneur de la Chaussée (1), époux de demoiselle Jeanne de Magnaux, et dont le fils fut curé de Saint-Rirand ; puis noble François de Bigot, d'une famille existant encore en Franche-Comté, et enfin Hector Passinges, né à Roanne en 1738, qui donna à Saint-Nicolas une impulsion remarquable.

La verrerie de Saint-Nicolas, malheureusement, fut, comme tant d'autres établissements industriels, ruinée par la Révolution : elle ne se releva jamais ; il n'en reste plus que le souvenir et aussi, çà et là, dans quelques maisons du pays, de rares échantillons qui font vraiment honneur au cachet artistique de sa fabrication, et dont le plus intéressant est la jolie buire qu'a exposée à Roanne, en 1890, M. Édouard Jeannez. Cette pièce, comme presque tout ce qui a été conservé des produits de Saint-Nicolas, appartient au genre dit verre de Venise qu'avait introduit Passinges dans cet établissement.

A la Verrerie finit le Bourbonnais ; nous reviendrons donc sur nos pas, après avoir un instant admiré le magnifique panorama que borne au loin la ligne bleue des monts du Beaujolais et au milieu duquel, sur la tache blanche que forme Roanne, se détache la silhouette des ruines du château de Saint-Polgues.

En regagnant la Bèbre, nous traversons le gros hameau des *Bardonnets*, qui possédait une chapelle et qui fut le berceau de la notable famille que nous trouvons à maint endroit : les *Bardonnets* ont encore dans leur paroisse d'origine de nombreux représentants, et, dès la fin du XVIe siècle, leur nom figure parmi ceux des receveurs, officiers et châtelains des dames de Marcigny.

LE MAYET DE MONTAGNE ET NIZEROLLES.

Au centre même du pays accidenté que nous parcourons, le Mayet et Nizerolles occupent un plateau long et étroit, qui d'un côté tombe à pic sur la Bèbre, et de l'autre se découpe en une foule de petits ravins, d'où sortent les sources du Jolan. Sur ce plateau se dresse isolé le rez pierreux de Courtine, et, au sommet de ce dernier, le fameux rocher si souvent décrit et discuté dans les ouvrages qui s'occupent des souvenirs celtiques.

(1) Ce nom de la Chaussée fut pris par les Jacobs, d'un étang maintenant disparu de la paroisse de Saint-Rirand.

Aux controverses auxquelles il a donné lieu, nous nous garderons de prendre part et constaterons seulement, en passant, que cet énorme bloc de granit porte des traces certaines de la main de l'homme, entre autres une croix profondément gravée, qui semblerait fournir une nouvelle preuve de l'habitude qu'avaient les premiers chrétiens de purifier par le signe sacré les monuments témoins de l'idolâtrie de leurs pères.

Au pied du roc, du côté de l'orient, coule une source vive ; en face, une avenue bordée de grosses pierres traverse des amas de rochers, d'où émergent des arbres séculaires, et si les scènes druidiques, avec leurs sanglants mystères et leurs réunions de guerriers sauvages, n'ont pas été de toutes pièces imaginées par des esprits trop féconds, elles n'ont certainement pu se dérouler dans un cadre mieux fait pour elles.

Le *Mayet de Montagne*. — Dominant le cours de la Bèbre et tête des vallées qui vont tomber sur Cusset, le plateau du Mayet est bien le véritable nœud des communications de la montagne et fut sans doute à ce titre occupé de tous temps. D'ailleurs, le vieux nom de *mansio* (maison de poste gallo-romaine), sous lequel est désigné le Mayet, indique que notre bourg est une ancienne agglomération et semble aussi marquer en cette région le passage d'une voie antique.

Aussi bien ce poste, tout indiqué pour un établissement féodal, était-il gardé par un château fort que, dès 1339, nous trouvons réuni à la puissante baronnie de Montgilbert. Comme il n'en fut jamais séparé et que nous donnons sur Ferrières la suite des sires de Montgilbert, nous ferons seulement ressortir ici cette particularité curieuse que, réuni au Bourbonnais environ quatre cents ans après les premières acquisitions des sires de Bourbon, le Mayet ne fait guère partie de notre province que depuis trois siècles à peine. Il convient donc de décharger Nicolaï du reproche qu'on lui a fait d'avoir oublié le Mayet, lequel ne devait que vingt-deux ans plus tard être incorporé au pays dont il faisait la *Générale Description*.

En 1567, en effet, au moment où écrivait le géographe du Roy, notre bourg était compris dans l'ancien comté d'Auvergne, fief immédiat de la couronne depuis 1213, et dont nous n'avons pas à raconter ici les nombreuses vicissitudes. Enfin réuni au domaine de la Couronne en 1533, par le mariage de Henri II avec Catherine de Médicis, la dernière héritière du comté d'Auvergne, ce riche territoire en fit partie jusqu'à la mort de Catherine, en 1589 ; mais alors il en fut séparé et légué par celle-ci à son petit-fils, Charles de Valois-Angoulême, fils de Charles IX et de Marie Touchet. Henri IV ratifia ce don, mais il prit soin de détacher du comté d'Auvergne la baronnie du Mayet et de la réunir à la province du Bourbonnais, dans laquelle elle formait une enclave.

Cette situation bizarre du Mayet avait été en 1480 la cause d'un interminable procès entre Jean de Vienne-Listenois, baron de Montgilbert et du Mayet, et le duc de Bourbon, qui prétendait avoir sur notre terre des droits seigneuriaux.

Le château du Mayet, abandonné de bonne heure sans doute pour Montgilbert, ne dut pas avoir une destinée bien brillante : le soin, pourtant, qu'avaient mis à le conserver les comtes d'Auvergne, lui semble attribuer une importance militaire considérable, et de cette importance témoigne l'ancienne chapelle seigneuriale, qui est en train de disparaître après avoir été longtemps église paroissiale du bourg. L'ancien château occupait tout le massif de constructions que forment actuellement la gendarmerie, la justice de paix et les maisons Driffort, Lotiron et Jacquet. Devant cette dernière se voyaient encore, il y a une trentaine d'années, des débris de très vieux murs; mais, actuellement, plus rien ne subsiste de la vieille forteresse, et la présence au Mayet d'une ancienne maison seigneuriale n'est plus attestée que par quelques jolis détails dans la partie occupée par M. Driffort, et qui fut, à l'époque de la ruine de Montgilbert (V. ce fief), réparée par M. d'Eissat-Duprat et, dit-on, de ses propres mains (1).

La *Roche* est un château absolument neuf, que laisse à gauche, sur un léger monticule, le très vieux chemin du Mayet à Montgilbert par Berthuel. Y eut-il là jadis une maison forte? C'est possible, mais il n'en est plus trace, et le 22 novembre 1730, déjà, en l'absence probablement de toute maison seigneuriale, nous voyons le marquis de Saulx-Tavannes, acquéreur de la Roche, en prendre possession sous l'ormeau, où se rend la justice.

La fréquence du nom de la Roche n'est pas sans obscurcir les débuts de l'histoire de notre fief : il nous semble pourtant fort admissible qu'il ait été la maison patronymique de la famille de la Roche (2), que nous voyons en 1488 se fondre dans celle des Chantelot et qui possédait aussi sur le Breuil le château de Beaupoirier. (V. ce fief.) Le 9 août 1587, Gilbert de Chantelot, écuyer, seigneur de la Roche, en la paroisse du

---

(1) M. le comte du Prat, qui possédait à la Révolution toute la montagne, sauf Ferrières, a laissé dans le pays le souvenir d'un ouvrier émérite, et une des plaisanteries favorites des montagnards est de dire : « qu'il savait tout faire, sauf qu'il ne pouvait réussir que des sabots du même pied ».

(2) Au XVIIᵉ siècle, une famille de la Roche habitait aux Laurents, hameau de la Prugne, un vieux logis bien modeste, mais auquel des ouvertures à accolade donnent un certain cachet.

Mayet de Montagne, épousa Anne Dumont, veuve de René Duverdier, seigneur de Niherne ; puis, le 16 octobre 1616, à Cusset, par acte reçu Mᵉ Revangier, notaire, Toussaint de Chantelot et Marguerite Gacon, sa femme, les mêmes qui achetèrent Gléné d'Ande, se rendent acquéreurs de la Roche, que possède alors Mᵉ Jean Regnaud, de Cusset.

Le 17 novembre 1730, enfin, la Roche fut, par les descendants de Toussaint, vendue au marquis de Saulx-Tavannes et par lui réunie à la baronnie de Montgilbert, dont elle ne fut plus séparée.

M. Delacour, le propriétaire actuel de la Roche, l'a héritée de sa mère, qui était une Brunet la Tour : les Brunet, huissiers au Mayet, occupaient le vieux logis des Doct, sis tout contre la cure actuelle et qu'avait acquis, peu avant la Révolution, un Brunet, marchand et receveur au Mayet.

Les *Bertucats*, devenus un hameau considérable, étaient un simple domaine, d'où sort la famille Martinet qui fournit au XVIIᵉ siècle des officiers de justice à nombre de seigneuries environnantes, et qui plus tard émigra à la Chapelle, où nous la retrouverons (1).

Fumoux, avant la Révolution, appartenait aux Bénédictins de Châtel, qui avaient aussi un établissement au Mayet et auxquels on doit le vaste étang que longe la route à la sortie du bourg.

Le *Moulin Canivet*, enfin, vieux bâtiment pittoresquement situé dans un étranglement de la Bèbre, offre encore les détails caractéristiques d'une construction jadis soignée. Avant de devenir le moulin seigneurial du Mayet, cet établissement, qui fut autrefois un des centres de meunerie importants de la montagne, appartint au XIVᵉ siècle à la famille Bernuçon, qui possédait aussi le moulin Fayau de Saint-Nicolas des Biez et que nous reverrons en Forte-Terre.

Nizerolles, dont la curieuse église romane possède, entre autres détails, un arc triomphal en anse de panier, ne semble pas avoir été une seigneurie particulière. En 1215 déjà, elle était une simple dépendance de Châtel-Montagne, par suite du don qu'en avait fait à Étienne de Châtel-Montagne Archambaud VI, sire de Bourbon, et nous voyons dans un aveu rendu en mars 1216 que Nizerolles valait alors cinquante livres de rente.

Les droits seigneuriaux de Nizerolles furent, par la suite, vendus, partagés, échangés, et, au moment de la Révolution, nous les trouvons répartis

---

(1) Une branche des Martinet s'appela longtemps Martinet des Bertucats ; une autre avait pris le nom des Birats, hameau de Châtel-Montagne.

entre plusieurs seigneurs du voisinage, le sire de Châtel restant, d'ailleurs, toujours haut justicier.

Il se pourrait cependant qu'un établissement féodal ait jadis existé aux *Mits*, gros domaine construit sur un admirable emplacement de château fort, et il serait même possible de voir dans la famille chevaleresque des Mits, que nous rencontrons en divers endroits, les anciens seigneurs de Nizerolles, qu'aurait dépossédés le sire de Bourbon lors de ses guerres contre le comte d'Auvergne et dont les biens auraient alors passé aux Châtel. Quoi qu'il en soit, les Mits perdirent dès lors toute importance et tout caractère de terre noble, et, avant de les voir morcelés au siècle dernier par la famille Martin, du Lion (V. ci-après), c'est à l'état de simple domaine que nous les trouvons, au XV° siècle, dans les possessions des Doyat de Cusset et, au XVI°, dans les dépendances de la communauté de Vigirières.

Deux maisons de Nizerolles nous semblent encore mériter d'être citées : c'est d'abord le *Lion*, qui n'a ni cachet ni histoire, mais tire un certain renom de Gauthier la Berthière qui, en 1793, en était propriétaire et fut un des plus enragés terroristes du district de Cusset.

Du Lion sort, croyons-nous, sans en être absolument sûrs, la famille Martin, dont nous venons de parler aux Mits et que nous retrouvons sur Molles, Saint-Félix, Saint-Christophe, Seuillet, etc., et enfin à Arfeuilles, où ses membres sont qualifiés bourgeois en 1774 (1).

Puis *la Croix*, qui appartient toujours aux Tixier de Bois-Robert et fut, en 1700, érigée en fief en faveur de l'un d'eux, Jean, capitaine des châtellenie, baronnie et seigneurie de Châtel-Montagne, Arfeuilles et Montmorillon.

(1) Peut-être bien aussi est-ce de ce domaine que sortent les du Lyon, seigneurs de Chassingre au pied du rez de Sol, qui habitèrent Châteldon les deux derniers siècles et parvinrent à la noblesse sous Louis XIV. Leurs intérêts, en effet, et aussi leurs alliances avec les la Ville, les Renaud de la Bâtisse, semblent les rattacher à la montagne bourbonnaise, et il nous paraît difficile de nous rallier à l'opinion de M. de Soultrait, qui en fait les mêmes que les du Lyon de Montluçon. D'ailleurs, les armes accusées en 1696 par M. du Lyon, chanoine à Notre-Dame de Cusset, diffèrent totalement de celles des du Lyon de Montluçon qui portent d'azur au lion d'or. Le dernier du Lyon mourut à Arfeuilles il y a une quarantaine d'années, et les du Lyon de Rochefort — famille de madame la baronne de Rochetaillée — sont actuellement les seuls représentants de cette ancienne maison.

FERRIÈRES, L'AVOINE ET LA GUILLERMIE (1).

Botanistes, géologues, simples touristes, il est peu de voyageurs qui ne se soient extasiés sur la ravissante vallée que domine le Montoncelle et n'aient décrit par le menu ses sites pittoresques. Nous n'essayerons donc pas, après tant d'autres, de suivre le capricieux Sichon, qui tantôt roule des eaux calmes dans de vertes prairies, tantôt s'enfonce sous les bois touffus, tantôt encore bat de ses eaux jaillissantes les murs de granit, où il creuse ses fameux *gours saillans*.

De ces derniers, le plus connu se trouve à deux kilomètres en amont de Ferrières et à l'endroit même où la rivière traverse la curieuse crête rocheuse de Pierre-Encise, véritable digue naturelle jetée perpendiculairement à son cours et qui aurait été jadis utilisée.

Le nom de Ferrières, en effet, viendrait d'une colonie d'ouvriers forgerons qui, en cet endroit, auraient construit barrage, fonderie et forge pour traiter le minerai de fer qu'ils tiraient des environs d'Isserpent. C'est une pure hypothèse, mais elle nous paraît fort admissible, appuyée qu'elle est par une tradition constante et aussi par la présence indéniable d'une vieille muraille, qui prolonge la Pierre-Encise jusqu'aux bords même du Sichon. A une époque indécise, mais en tout cas fort lointaine, il se serait donc produit à Ferrières, et dans le but d'utiliser les bois qui couvraient alors le pays, une tentative analogue à celle que les premières années de ce siècle ont vu ébaucher à Tronçais. De là serait sortie une agglomération ouvrière, noyau d'un gros bourg, où s'établit plus tard une bourgeoisie riche, et qui devint le chef d'une paroisse si étendue qu'elle en a pu former trois.

Ferrières, aujourd'hui, n'est plus en aucune façon un centre ouvrier, et la seule industrie qu'on y puisse citer est l'exploitation d'une couche de calcaire métamorphique, lentement déposée entre la Pierre-Encise et le défilé du Moulin-Piat, et dans une faille de laquelle les eaux ont fouillé

(1) Pour cette partie si intéressante et encore si mal connue de la montagne, les aides ne nous ont pas manqué, et nous tenons à remercier tout spécialement M. le vicomte Le Jeans, qui a mis à notre disposition les notes nombreuses par lui recueillies; M. l'abbé Cognet, de la Guillermie, à qui nous devons des renseignements très précis, et aussi M. l'abbé Bletterie, curé de la Prugne, qui a bien voulu nous servir de guide. M. l'abbé Pérot, curé de Ferrières, a eu l'obligeance de nous fournir aussi quelques notes, qui lui sont parvenues après sa publication de *Ferrières à vol d'oiseau*, et enfin, ici comme en bien d'autres endroits, nous avons bénéficié du savoir et de la parfaite complaisance de notre ami le baron de Barghon de Fort-Rion.

l'intéressante Grotte des Fées : ce mauvais marbre bleu turquin, inutilisable dans les arts, constitue une excellente pierre à chaux.

Le *château de Ferrières*, propriété de M. le vicomte Le Jeans, est une fort belle habitation moderne qui, dit-on, occupe l'emplacement de la basse-cour de l'ancien château et dont la tour d'entrée seule, avec ses

FERRIÈRES.

fenêtres moulurées et sa tourelle en poivrière, a conservé son cachet d'autrefois. Quant au manoir, où nous allons voir passer tant de noms illustres, il était situé entre le bourg et le château actuel, aux bords mêmes du Sichon, qui concourait probablement à sa défense.

Le premier seigneur de Ferrières que nous connaissions est, en 1249, un Gaucher de Châtillon, sur lequel nous n'avons que des renseignements bien vagues, mais dont certains indices semblent faire le Gaucher de Châtillon qui fut connétable de France et époux de Jeanne de Boulogne, comtesse de Clermont et d'Aumale.

Le connétable de Châtillon, il est vrai, était de l'illustre race des Châtillon sur Marne, et ce n'est pas sans un certain étonnement que nous trouverions au fond de notre montagne bourbonnaise le chef d'une des plus importantes familles du nord de la France. Il convient pourtant de remarquer qu'il était utile à la politique des rois de France de dépouiller de leurs terres les seigneurs montagnards rebelles, pour en faire don à des chevaliers d'oultre-Loire chargés de veiller sur ces pays, encore mal soumis. Il faut se rappeler aussi que l'on était alors au lendemain de la croisade des Albigeois, cette dernière lutte du Midi contre l'invasion germanique du Nord, et ajouter, comme dernière et meilleure raison, que les Châtillon sur Marne étaient alliés aux premiers sires de Bourbon.

Que Gaucher de Châtillon fût de la grande maison champenoise ou de celle plus modeste de Châtillon en Bazois, que nous voyons à Jaligny, nous ne savons quels furent ses successeurs immédiats à Ferrières et nous passons à 1353, époque à laquelle notre fief appartient à Jean de Châtillon, aussi baron de Griffier, époux de Marguerite de l'Espinasse, dame de la Palisse. (V. ce fief.) Avec la Palisse et le Griffier, Ferrières forma le patrimoine de leur fille, Jeanne de Châtillon, qui, en 1384, épousa Gauthier de Passac, et, veuve, se remaria à Louis de Culant, amiral de France.

Toujours avec le Griffier, qui, d'ailleurs, n'en fut plus séparé, nous voyons ensuite Ferrières changer deux fois de mains et former successivement la dot de Jeanne de Passac, fille de Gauthier, épouse d'Étienne de Nerry, puis de Jeanne de Nerry, fille de ce dernier, mariée en 1437 à Louis de Beaufort-Canillac. A la mort de Louis, Ferrières (1) échut à Jacques, son

---

(1) Pour rendre plus facile la compréhension des arrangements dont Ferrières fut l'objet, nous donnons ici un court extrait de la généalogie de la maison auvergnate des Beaufort :

Louis de Beaufort-Canillac épousa Jeanne de Nerry, d'où

Jacques, seigneur de Ferrières, mort sans postérité.	Anne, mariée le 9 novembre 1460 à Godefroi DE LA TOUR D'AUVERGNE, d'où	Isabeau, mariée à son cousin BEAUFORT-MONTBOISSIER, d'où	Quatre fils morts sans postérité.
	François II de la Tour d'Auvergne, marié à sa nièce, Anne de Boulogne : devient seigneur de Ferrières en 1525.	Une fille mariée à son cousin FRANÇOIS DE LA TOUR DE BOULOGNE.	Jacques de Beaufort-Montboissier, qui fut héritier de son oncle Jean de Beaufort-Canillac.
	François III de la Tour d'Auvergne, aïeul du grand Turenne.	Anne de Boulogne, dame de Ferrières, mariée à son oncle François II de la Tour.	Suzanne de Boulogne, mariée à Claude de Chalençon de Rochebaron.

fils ainé, et celui-ci, n'ayant pas eu d'enfants de son union avec Isabelle de Créquy, fit, en 1524, son neveu Jacques de Beaufort-Montboissier héritier de tous ses biens : mais, en 1525, intervint un accord de famille par lequel Ferrières et le Griffier devinrent la propriété de François II de la Tour, seigneur de Turenne, qui avait épousé sa nièce Anne de la Tour d'Auvergne de Boulogne et se trouvait être par sa mère, Anne de Beaufort-Canillac, le petit-fils de Louis de Beaufort, l'époux de Jeanne de Nerry ; Suzanne de Boulogne, pourtant, la belle-sœur de François II de la Tour, eut en partage des droits seigneuriaux sur une partie de Ferrières, et son époux, Claude de Chalençon de Rochebaron, que nous retrouverons à Chappes (V. plus bas), ne les céda à son neveu François III de la Tour qu'en 1548 et par acte de vente du 7 novembre.

Borne du domaine de l'Olhère

C'est au château de Ferrières que naquit, le 25 janvier 1526, François III de la Tour d'Auvergne, qui devait être le grand-père du grand Turenne ; mais notre seigneurie bourbonnaise, malheureusement pour son illustration, ne resta pas dans la branche masculine des vicomtes de Turenne et passa aux la Marck, par le mariage d'Antoinette de la Tour, fille de François III et de Madeleine de Montmorency, avec Robert de la Marck de Bouillon (1). De ce mariage naquit Catherine de la Marck, qui porta notre château à Pierre de Fléard, baron de Pressins ; enfin, le 7 juillet 1635, nous voyons Ferrières arriver aux Manissy par le mariage de Claude, conseiller au présidial de Grenoble, avec Virginie de Fléard, fille de Pierre.

Les Manissy, d'origine savoyarde, possédèrent pendant près d'un siècle le château de Ferrières, qui fut leur résidence habituelle ; nous citerons deux d'entre eux, tous deux nommés François : l'un, fils de Claude, époux de Justine de Brissac et premier président en la chambre des finances de Savoie ; l'autre, époux de demoiselle de Matharel.

(1) Au passage des la Marck à Ferrières se rattache un monument curieux et le seul de son espèce que nous ayons rencontré : c'est une borne à leurs armes récemment découverte par M. Le Jeans entre Ferrières et Montgilbert, à onze cents mètres du domaine de l'Olhère et sur un très vieux chemin de crête qui n'est autre que la voie antique de Saint-Priest-la-Prugne (autrefois Saint-Priest-le-Chenu) à Cusset, par la montagne, et porte le nom de chemin de la Ligue. (V. la Prugne.) Sur une face se trouvent grossièrement sculptées les armes des la Tour de Boulogne, qui, sur la face opposée, sont écartelées de celles des la Marck.

Mais, en 1720, surviennent les profonds revirements de fortune occasionnés par le système de Law, et, en l'espace d'un an, Ferrières change quatre fois de mains : vendu, en effet, par François de Manissy, le 3 février 1720, à Joseph Pâris du Vernet et par ce dernier à Charles de la Motte, bourgeois de Paris, le 10 mars de la même année, il fut réclamé à titre de retrait lignager par Bonnet de Manissy, seigneur de Chappes et tuteur de Paul de Manissy, fils de François et de demoiselle de Matharel : remis en possession de Ferrières et du Griffier par sentence du 25 mai, Bonnet de Manissy, au nom de son pupille, les céda le 23 juin, moyennant quatre cent quatre-vingt mille livres, à M. de Fayn de Rochepierre, aussi seigneur de Châteldon et domicilié à Paris, rue d'Antin (1).

En 1723, recommencent les vicissitudes de notre fief, qui, vendu le 3 avril à M. Pierre Lauvergne, écuyer, trésorier de France à Caen, est, le 30 du même mois, recédé à messire Jean le Franc de Brumpré (2), époux de demoiselle Catherine le Texier. Puis, le 10 décembre 1728, Ferrières, Griffier et Châteldon furent acquis par M. André Hébert, époux d'Anne de Chamboran de la Clavière, introducteur des ambassadeurs, qui, d'ailleurs, n'habita pas Ferrières, mais bien Châteldon. Fils d'un bourgeois de Paris, M. Hébert était de bonne heure parti pour les Grandes Indes et avait gagné une fortune immense en se faisant le premier importateur en France des produits artistiques de l'Extrême-Orient et notamment des cloisonnés de Chine; mais l'administration de ses biens fonciers lui fut moins profitable, et, par ses démolitions, reconstructions, essais infructueux de cultures nouvelles, ce grand seigneur improvisé fit si bien, qu'à bout de ressources, il dut, le 7 octobre 1756, revendre le comté de Ferrières et la baronnie de Châteldon à messire Jean-Claude Douet, écuyer, fermier général, demeurant à Paris, rue Neuve des Petits-Champs. (V. Vichy.)

Ce dernier seigneur de Ferrières, bien qu'âgé de soixante-treize ans, et malgré son extrême générosité, fut guillotiné à Paris le 25 floréal an II de la Liberté, le même jour que Marie Bataille de France, sa femme, convaincue comme lui d'avoir pris part à l' « affreuse » conspiration du département du Cher.

Le *Griffier* (de Griffayo). — Plusieurs fois, dans l'histoire de Ferrières, nous venons de rencontrer le Griffier, dont le nom bizarre, appliqué à une

---

(1) Les de Fayn de Rochepierre, originaires du diocèse de Viviers, portaient d'azur à la tour d'argent maçonnée et crénelée de sable, soutenue de deux lions d'or armés et lampassés de gueules, au chef d'or chargé de trois coquilles d'azur.

(2) Pour ce seigneur et les suivants, voir nos *Notes sur Châteldon*, publiées dans les *Annales bourbonnaises*, en décembre 1891.

terre voisine des frontières d'Aquitaine, rappelle involontairement celui d'un chef visigoth, Waifre ou Guaiffre.

Cette seigneurie fut certainement une des plus anciennes de la montagne, et, à en juger par son titre de baronnie, jadis apanage des fiefs primitifs, plutôt militaires que territoriaux, elle dut en être aussi une des plus importantes. Possédé, comme Ferrières, aux XIII° et XIV° siècles, par Hugues, Hugonin et Jean de Châtillon, l'époux de la dame de la Palisse (V. ci-dessus), le Griffier, durant cinq siècles, n'en fut jamais séparé, et en 1794 figure encore dans les terres confisquées sur Jean-Claude Douet, comte de Ferrières, baron de Griffier, etc.

La baronnie de Griffier comprenait la majeure partie de la commune actuelle de Lavoine : quant à l'emplacement du vieux château, il nous a été impossible de le déterminer, et le seul document qui puisse nous éclairer sur ce point est un acte de saisie dressé contre Jean-Claude Douet, le 17 mai 1757, et dans lequel il est dit : « Avons item saisi, la place audevant du moulin de Griffier, *comme chef-lieu du fief et baronnie de Griffier.* » Il n'existe, à vrai dire, au vieux moulin de Griffier, ni dans les environs rapprochés, aucun vestige de construction militaire, mais, sans parler du nom par lui conservé, le passage de l'acte précité constitue en sa faveur une présomption sérieuse ; et si contre cet emplacement on voulait arguer de la proximité du Saint-Vincent, qui le commande, en effet, de très près, il n'en resterait pas moins plus admissible encore que l'emplacement jusqu'ici proposé et accepté, à savoir une partie du sommet même du Saint-Vincent.

Peut-on se figurer deux seigneurs féodaux se partageant le même nid d'aigle, et y vivant indépendants l'un de l'autre sans se pouvoir ni l'un ni l'autre déloger? En outre, cette opinion n'est guère soutenable, car nous voyons, à la Révolution, le Saint-Vincent appartenir non pas au seigneur de Ferrières, baron de Griffier, mais bien au sire de Montgilbert, vicomte de Pierremont.

Doyat et Coutière, deux hameaux d'Arrones, dépendaient jadis de la baronnie de Griffier.

Dans l'histoire de Ferrières apparaît aussi, comme nous l'avons vu, le nom du *château de Chappes,* dont les tours effilées se profilent à mi-chemin entre le Mayet et Ferrières, au-dessus de la cime vacillante des bois de hêtres.

Ce château fut-il le chef d'une seigneurie primitive, ou faut-il, au contraire, assigner à son indépendance la même date qu'à sa construction, c'est-à-dire le milieu du XVᵉ siècle ? Nous l'ignorons (1), et ne pouvons faire remonter son histoire au delà de Pierre et Philippe de Terrières, écuyers, qui, en 1455, payent pour leur terre de Chappes vingt-cinq livres de cens annuel : faut-il donc y voir une simple censive de Ferrières?

Quelque temps après, en 1496, un Philibert de Terrières leur a succédé comme seigneur de Chappes; mais pas plus à Chappes qu'ailleurs nous n'avons pu découvrir de pièce nous donnant un renseignement quelconque sur ces Terrières, que nous rencontrons dans d'autres fiefs (V. notamment la Boutresse) et que ne mentionnent ni Béthencourt, ni les armoriaux qu'il nous a été loisible de consulter. Nous ne savons donc s'il faut en faire des Bourguignons ou des Bourbonnais d'origine, et nous ignorons également comment, en 1549, notre fief se trouve indivis entre Anne de Terrières, écuyer, avocat en parlement, et messire Claude de Chalençon de Rochebaron (2), le même qui, par son mariage avec Suzanne de Boulogne, était devenu beau-frère de François II de la Tour d'Auvergne et avait possédé quelque temps des droits seigneuriaux sur Ferrières. (V. ce fief.)

CHAPPES.
Armoiries de la porte d'entrée.

Peut-être, pour l'histoire de Chappes comme pour celle des Terrières, pourrait-on tirer quelques éclaircissements des écussons conservés à Chappes; mais nous n'avons pu les attribuer, et nous nous contentons de les reproduire (3).

Le 9 novembre 1549, et par suite d'une vente de justice, Anne de Terrières acquit la part de son copropriétaire; puis, pendant plus d'un siècle, nous perdons la trace de notre seigneurie, pour la retrouver, en 1659, aux mains de la dame Antoinette Arnoux de Saint-Simon, veuve de Jacques de

---

(1) Eustache de Chappes, damoiseau, vassal de Jean de Griffier, seigneur de la Palisse, en 1353, n'a rien de commun avec notre fief montagnard ; il devait appartenir à une noble famille bourbonnaise originaire de la rive gauche de l'Allier, et il relevait de la Palisse comme seigneur de la Motte Vesset, paroisse de Treteau. (V. ce fief.)

(2) Louis de Chalençon, aïeul de Claude, issu d'une famille connue dès 1243, prit le nom et les armes de Rochebaron après avoir épousé en 1450 Antoinette de Rochebaron, héritière d'une ancienne maison chevaleresque. Chalençon et Rochebaron sont des seigneuries de la Haute-Loire et de l'arrondissement d'Yssingeaux, le premier dans la commune de Saint-André de Chalençon, le second dans celle de Bas. Louis de Chalençon écartela son écu : de gueules à trois têtes de lion d'or, des armes des Rochebaron : de gueules au chef échiqueté d'argent et d'azur.

(3) Un de ces écussons, portant trois faces ondées et dont les émaux sont méconnaissables, se trouve aussi plusieurs fois répété tant à l'intérieur qu'à l'extérieur de l'église de Ferrières. Parmi les familles des environs, dont l'extension fut considérable, nous trouvons bien celle des la Roche-Tournoël, sires de Tournoël, près Riom, qui portaient : de gueules à trois fasces ondées d'argent; mais comment expliquer la venue au fond de notre vallée de cette famille limousine, établie en Auvergne par alliance? Il est intéressant pourtant de rapprocher de cette similitude d'armoiries le second écusson qui semble porter le gonfanon d'Auvergne.

CHAPPES.

Chandieu, chevalier, de son vivant seigneur de Chappes, et demeurant alors en son château de Poulle en Charolais (actuellement dans le département du Rhône). Chappes, après elle, passa à son fils, Charles de Chandieu, qui, mourant sans postérité, le laissa à son neveu, Paul de Loriol (1), fils de René, comte de Digoine, et de demoiselle Livie de Chandieu, lequel prit dès lors le nom de Paul de Loriol de Chandieu.

Le 5 avril 1705, Paul de Loriol de Chandieu épousa, au bourg de Saint-Clément, demoiselle Éléonore de Saulx-Tavannes, fille de Jean et de demoiselle Anne de Bourbon-Busset; puis, devenu veuf, et comme tuteur de sa fille Marie-Anne, il vendit, en 1720, sa terre de Chappes à messire Bonnet de Manissy, époux de demoiselle Marie Duvergier du Garet.

Nous avons déjà rencontré à Ferrières cette famille de Manissy, dont on trouve, dès le XV° siècle, des membres revêtus de hautes charges de magistrature, et qu'avait attirée en Bourbonnais l'alliance de l'un d'eux, Claude, avec une Fléard de Pressins, descendant elle aussi d'une maison dauphinoise. Comme conséquence de cette résidence des Manissy à Ferrières, un neveu de Claude, Alexandre de Manissy, y vint, le 13 mai 1673, épouser la belle Antoinette Boffety, fille d'Antoine et de demoiselle Claudine Faure, et c'est de ce mariage que naquit Bonnet, l'acquéreur de Chappes.

Quant à Marie Duvergier du Garet, elle était fille de Gilbert, seigneur des Martels, de Treille et de Cardot, et d'une demoiselle de Fradel (2).

Bonnet de Manissy eut pour successeurs, d'abord son fils François-Claude, puis son petit-fils Paul, époux de Louise-Thècle Tubœuf, et qui se rendit célèbre dans la région par ses désordres (3). Saisi sur lui en 1770, Chappes fut alors vendu à messire Nicolas de Saulx-Tavannes, dont le gendre et le petit-fils, Jean-Baptiste et Jean-Louis d'Eissat-Duprat (V. Montgilbert), furent les derniers seigneurs de Chappes.

Depuis lors, nous trouvons dans notre château les Sicaud de la Ramas, les Sauret, d'Auvergne, les Rollat, les Degeorges alliés aux Rollat, et enfin M. de la Codre, d'Aigueperse, époux de demoiselle Degeorges.

Rien de plus coquet que les abords de Chappes avec leurs vertes prairies d'où jaillissent les sources du ruisseau de Prison, la belle pièce d'eau qui borde l'avenue et les arbres séculaires qui forment comme des taches

---

(1) Les Loriol sont d'origine bressane et portaient : d'azur à la tour d'argent et son avant-mur de même.

(2) Les armes des Duvergier se trouvent plusieurs fois répétées dans le vieil hôtel qu'ils possédaient à Châteldon et qui est actuellement la mairie. Ce sont des armoiries parlantes qui portent : d'argent à trois pommiers de sinople sur terrasse de même.

(3) Renée de Manissy, la sœur de Paul, épousa en premières noces Louis de Berthet du Teillat (V. Sanssat), et en 1764 se remaria avec Georges-Antoine des Ecures, seigneur de Pontbillard.

sombres sur les taillis d'alentour; mais, en arrivant au pied du château, on est frappé de suite par l'aspect sévère qu'a conservé ce petit manoir du XV⁰ siècle, entouré de ses fossés pleins d'eau et de ses murailles aveugles, à peine percées de meurtrières. Cette impression persiste, d'ailleurs, si l'on pénètre dans l'étroit préau que domine la tour d'escalier : ce n'est plus le sombre repaire féodal, suspendu comme une menace sur le pays d'alentour, mais c'est encore la maison forte jalousement gardée.

En 1778, les sires de Chappes portaient le titre de barons de *Basseroche*, du nom d'une seigneurie ancienne, de bonne heure absorbée par sa voisine. Cassini indique près de Chappes un domaine de Basseroche, évidemment reste ou siège de la seigneurie de ce nom; mais, actuellement, tout se borne à des débris de tuiles et poteries antiques, épars dans des champs qui ont à peine conservé leur dénomination particulière.

Aux seigneurs de Chappes ou à ceux de Basseroche doit être attribuée la fondation de la vicairie voisine de *Puyravel*, dont on trouve mention dès la plus lointaine époque où nous puissions remonter.

A la source de la Prison, nous venons de voir une de nos plus intéressantes gentilhommières; en descendant la vallée de ce torrent ou plutôt le profond ravin qu'il creuse chaque année, nous allons trouver la construction militaire la plus importante de cette région : le *château de Montgilbert*, dont M. le comte de Soultrait a donné la description en 1855.

« Ce monument, du très beau XIII⁰ siècle, dit-il, est un carré anglé de quatre tours rondes : le milieu de chaque côté est, en outre, renforcé par une tour carrée, et deux demi-tours protègent la porte. Une forte enceinte, flanquée de tours, défend le château du côté où la pente douce du monticule, sur lequel il est assis, aurait pu permettre aux assaillants de s'en approcher facilement ; l'autre partie du monticule, plus abrupte, est moins fortifiée. C'est de ce côté qu'une rampe monte à l'entrée du château, qui était elle-même défendue par des ouvrages avancés. » M. de Soultrait signale ensuite à Montgilbert, comme détail curieux, les tuyaux en terre cuite qui parcourent en divers endroits les murs du château, dans le sens de leur longueur (1).

A ces lignes de l'éminent archéologue, nous ajouterons seulement com-

___
(1) Dans plusieurs de nos manoirs, nous retrouvons de ces tuyaux, conduites d'eau suivant les uns, tuyaux acoustiques suivant les autres, peut-être aussi simples cheminées d'aération, et nous ne savons vraiment de quel côté nous ranger. De prime abord, en effet, la deuxième hypothèse nous semble de toutes la plus plausible; mais, d'autre part, et au château de Précord notamment, il est certain que ces tuyaux ont le fond usé, poli par le passage d'un corps quelconque : dans cette question, comme dans bien d'autres, tout le monde a peut-être raison.

bien nous avons été surpris du peu d'épaisseur des murs de ce redoutable nid féodal : l'enceinte, envahie par le lierre, subsistera sans doute longtemps encore, mais le donjon lui-même semble menacé d'une ruine prochaine, et c'est vraiment regrettable. Du sentier qui gagne Chevalrigon, Montgilbert, en effet, est particulièrement imposant, et, devant l'esprit le moins rêveur, tout un monde disparu revit tout à coup dans ce cadre

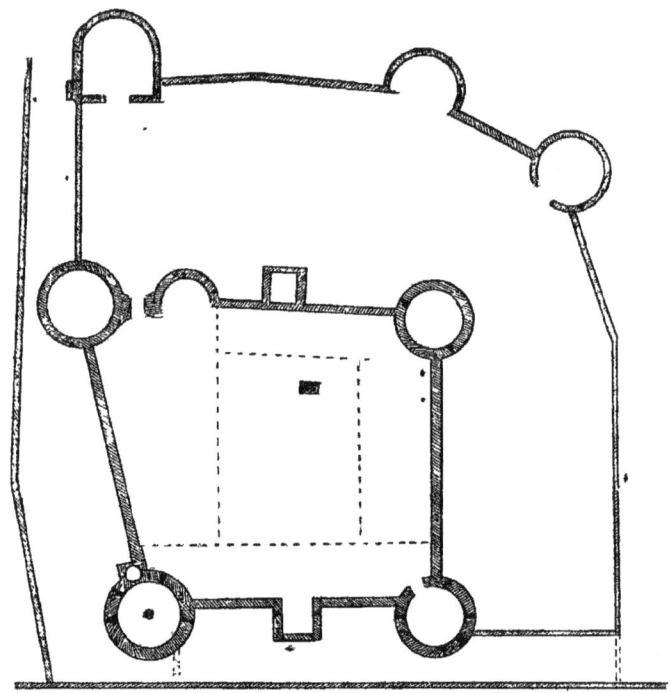

Plan du château de Montgilbert au 1/1000ᵉ.

mélancolique formé de maigres bois et de bruyères arides. Mais c'est en vain que, sur la foi du romantique Touchard-Lafosse, nous avons cherché dans nos ruines les fameuses oubliettes, témoins de tant d'horreurs, et nous avons une fois de plus éprouvé la même déception que Viollet-le-Duc, qui, dans ses minutieuses explorations des châteaux de France, n'a trouvé, dit-il, que deux exemples, dont un incertain, de cette toute moderne et fantaisiste invention.

Personne, que nous sachions, n'a jamais avancé que Montgilbert ait pu autrefois appartenir aux Templiers : or il se trouve justement que cette assertion, controuvée en tant d'autres endroits, où elle est cependant admise, serait ici très défendable. En 1334, en effet, en même temps que de beaucoup d'autres terres, Gilles II Aycelin de Montaigu, époux de Mascaronne de la Tour, rend aveu de ses seigneuries de Montgilbert et du Mayet de Montagne, et, comme le père de Gilles II avait été l'héritier universel de son oncle, le fameux archevêque de Rouen et de Narbonne (1), on pourrait vraisemblablement croire que ces deux terres avaient été comprises dans la part des dépouilles des Templiers qui ne manqua sans doute pas d'échoir à celui de leurs juges qui s'était fait le plus docile instrument de Philippe le Bel.

C'est, d'ailleurs, une simple supposition, qui, si elle est jusqu'à un certain point étayée par l'importance même de Montgilbert, semble, d'autre part,

SIGNATURE DE VILLANDRADO.

contredite dans un passage du procès que nous citons plus bas, et d'où l'on pourrait conclure que les Montaigu ont acheté Montgilbert.

On trouvera plus loin (V. le Breuil) la liste des Montaigu-Listenois et des de Vienne qui furent sires, à la fois, du Breuil et de Montgilbert jusqu'au XVIe siècle ; nous ne les nommerons donc pas ici : il convient, néanmoins, d'intercaler parmi eux le Castillan Rodrigue de Villandrado, comte de Ribadeo, qui, cinq ans durant, occupa notre castel au détriment de son légitime possesseur, Philippe de Vienne, fils de Jean et d'Isabelle de Montaigu-Listenois.

Dans le contrat de mariage du célèbre aventurier espagnol avec la sœur illégitime de Charles Ier, duc de Bourbon, figurait, en effet, une clause par laquelle, au cas où le château d'Ussel, qui lui était donné en dot, ne serait pas suffisamment logeable, le duc serait tenu de lui en fournir un autre de « même force et dignité ». Armé de cet acte et ayant, en outre, avancé à son beau-frère une somme de six mille écus d'or, Rodrigue, en 1434, réclama à la fois au duc de Bourbon une habitation et une garantie.

(1) Gilles Aycelin de Montaigu, archevêque de Narbonne, est enterré à Billom en Auvergne.

Charles Ier lui procura économiquement l'une et l'autre en lui cédant purement et simplement tous droits sur Châteldon et Montgilbert. Peut-être par égard pour son seigneur suzerain, ou plutôt par peur du redoutable chef de bandes, Philippe de Vienne ne protesta pas, et il se réfugia dans ses terres du Breuil, jusqu'à ce que Rodrigue, ayant enfin lassé la patience royale, ait été forcé de repasser en Castille, où il devint plus tard le connétable du roi Jean II. Philippe rentra alors (1439) en possession de son patrimoine, et suivant, depuis lors, la même destinée que le Breuil, Montgilbert, en 1537, se trouve comme lui compris dans les possessions de Jean de la Baume-Montrevel, époux de Françoise de Vienne, (V. le Breuil.)

Avant de passer aux derniers seigneurs de Montgilbert, il nous faut analyser un procès dont les pièces abondent en détails intéressants et qui, intenté vers 1400 à Louis, seigneur de Listenois et Montgilbert, par les manants et habitants des terres de Pierremont, Soule, Chevalrigon et Montgilbert, ne fut terminé qu'en 1460 sous Philippe de Vienne, son petit-fils.

Nous y voyons d'abord que lesdits manants prétendent être de toute antiquité des hommes libres, simples et pacifiques, vivant de la culture de leurs terres ; en second lieu, que les prédécesseurs du seigneur défendeur ne jouissaient d'aucun droit de corvée, quand ils acquirent leurs seigneuries du sire de Saint-Gerand (V. Pyramont) et du seigneur de la Motte dit du Vernet (*de Motâ dicto de Vernetó*), et qu'enfin les corvées ne furent établies que plus tard, quand Gilles Aycelin, lieutenant pour le Roi en Auvergne et en Bourbonnais, dut entretenir dans le pays un nombre considérable de gens d'armes (*gentium armorum*), au temps des grandes guerres.

Nous y noterons en passant que les habitants de Chevalrigon et Montgilbert doivent faire moudre au moulin d'Aiguillon, et ceux de la justice de Pierremont à celui de la Pommerie — ce qui est une preuve de plus qu'il n'y avait rien de commun entre Pyramont et le Griffier. Enfin, on ne saurait trop remarquer avec quelle courtoisie respectueuse les demandeurs exposent leurs revendications à leur seigneur, qui n'a certainement « voulonté ni couraige de fouler et opprimer ses manants, et est un très noble seigneur de grande fame et renommée, de grande loyauté et preud'homie ».

Pour régler cet interminable différend, Charles VIII commit Jean Henry, archidiacre d'Évreux, conseiller au Parlement de Paris, qui, parti de cette ville le 13 juin 1460, arriva le 22 du même mois en la ville de Ferrières, près Montgilbert, où il prit gîte en l'hôtel d'un des demandeurs, Jean Gloutier (1), dit Chatard. Le 2 juillet suivant, paraît enfin

---

(1) Nom disparu du pays, où se retrouvent au contraire les noms des autres demandeurs, les Cartailler, Tournavie, Mazelier, Bargoin, etc.

l'arrêt définitif, longue transaction relative aux corvées, droits d'intrage, amendes, etc., et dans laquelle il est, entre autres choses, stipulé que les habitants ne peuvent chasser que sur leurs héritages et sous le devoir de remettre au seigneur, s'ils tuent bête noire (sanglier), la tête et les quatre pieds ; s'ils tuent bête rouge (cerf, chevreuil, daim, etc.), l'épaule droite.

Le 16 décembre 1546, Françoise de la Baume-Montrevel, fille de Jean

MONTGILBERT.

Détail d'une meurtrière.

et de Françoise de Vienne, porta en dot Montgilbert à Gaspard de Saulx-Tavannes, qui fut l'un des premiers hommes de guerre de son temps et devint maréchal de France, amiral des mers du Levant et gouverneur de Provence (1). A Gaspard succéda son fils Guillaume, et à celui-ci son fils Jean, qu'il avait eu à quatre-vingts ans passés, au dire de Le Laboureur, de son second mariage avec demoiselle Jeanne-Baptiste de Pontailler.

Jean de Saulx-Tavannes fut la tige des barons de Montgilbert et du Mayet ; il eut de sa cousine, Françoise de Pontailler, un fils, autre Jean, qui semble avoir habité surtout le château de Montet, sur la paroisse de Serbannes, et épousa, le 10 février 1672, demoiselle Anne de Bourbon-

(1) Parmi les faits et gestes de Gaspard de Saulx-Tavannes, qui fut l'âme de la Ligue en Bourgogne, nous citerons, comme intéressant nos environs rapprochés, la prise et la ruine totale de la ville et baronnie de l'Espinasse, dont il reste seulement près Saint-Germain l'Espinasse un superbe donjon.

Busset, fille de Jean-Louis et de dame Hélène de la Queuille de Fleurat. Enfin, vient Nicolas, fils de Jean, époux d'Antoinette du Saix, et qui, en 1739, maria sa fille, Marie-Anne-Horace de Saulx-Tavannes, à Jean-Baptiste des Bravards d'Eyssat, comte Duprat.

Jean-Baptiste d'Eyssat-Duprat habita ordinairement Bongheat, en Auvergne, et c'est là que naquirent ses deux fils, Jean-Louis le 9 juillet 1744, et le 9 avril 1746 Étienne-Marie.

Dans ces deux enfants finit la descendance masculine du peu scrupuleux chancelier du Prat, et l'aîné, Jean-Louis, fut le dernier baron de Montgilbert.

Nous parlons, au Mayet, des habitudes bizarres qui ont perpétué son souvenir dans toute la montagne, et si nous y revenons ici, c'est qu'à elles seules doit être attribuée la complète destruction de notre château, resté debout, par hasard, après le règne de Richelieu.

Le sauvage gentilhomme, en effet, n'aimait que son vieux Montgilbert perdu au fond des bois et professait pour toute distraction mondaine le mépris le plus profond. Navrée de ces dispositions, qui ruinaient ses espé-

Écartelé : Mariou-d'Arbouse, Saulx-Tavannes.

rances maternelles, la comtesse douairière imagina un moyen radical : pendant une courte absence de son fils, elle fit, dit-on, enlever toutes les chevilles de la toiture de l'infortuné castel (1). Celui-ci, naturellement, ne tarda pas à devenir tout à fait inhabitable; mais l'ambitieuse Marie de Saulx-Tavannes n'en atteignit pas davantage son but, car l'entêté Jean-Louis se retira au château abandonné du Mayet, qu'il répara de ses propres mains, et où il habitait encore au moment de la Révolution ; il fut même le premier maire du Mayet et resta en fonction jusqu'en mai 1792.

Dès 1459, figurent parmi les possessions des barons de Montgilbert les droits seigneuriaux de *Soule* et de *Chevalrigon*.

Nous ne nous occuperons pas de Soule, tout petit hameau de la commune de Lachaux (Puy-de-Dôme), sis au pied même de la curieuse arête granitique à laquelle il a donné le nom de Rez de Sol (Soule).

Quant à Chevalrigon, maintenant réuni à Ferrières, c'était jadis une paroisse dont la chapelle, encore existante, fut, jusqu'en 1792, desservie par des religieux qui avaient, à la *Moussière*, un modeste établissement

---

(1) C'est dans ce fait, bien certainement, qu'il convient de voir l'origine de la légende d'après laquelle une châtelaine de Montmorillon en aurait fait crouler les toitures sur son infidèle époux.

dont il reste, près de la route du Moulin-Pyat, quelques pans de murs connus sous le nom de murs Rossignols. A Chevalrigon également, est le vieux logis des Mure, seigneurs du Bos de Croux, sur la paroisse d'Arrones, et dont un possesseur se laissa malheureusement entraîner beaucoup trop loin par les passions révolutionnaires.

De Montgilbert dépendait encore, comme nous l'avons vu, le château fort de *Pyramont* ou *Pierremont*, bâti sur la masse granitique du Saint-Vincent, formidable position qui, de ses deux cent cinquante pieds de haut, domine superbement la vallée du Sichon.

Le sommet du Saint-Vincent a-t-il été occupé avant l'ère féodale, et la construction carrée dont nous donnons le plan, et qui se réduit à un donjon entouré d'une enceinte, couvre-t-elle quelques substructions celtes ou gallo-romaines ? C'est une question actuellement non résolue. Mais, quoi qu'il en soit, ce donjon, dont les dimensions restreintes (six mètres de côté) s'expliquent aisément par l'exiguïté de la cime du Saint-Vincent et sa situation inaccessible, paraît appartenir au mode de construction du XIe siècle. A une époque postérieure, cette antique fortification fut reliée, par des murailles épousant les capricieux contours du rocher, à une sorte de promontoire inférieur sur lequel étaient établis les logis et dépendances.

L'hypothèse qui place à la fois au Saint-Vincent les châteaux de Pyramont et du Griffier n'a évidemment pas d'autre origine que la présence simultanée sur ce rocher de ces deux constructions, reliées seulement par un sentier ardu, que longent des murs éventrés : le moindre examen pourtant démontre, ce nous semble, qu'il n'y eut là qu'un seul et même château, dominé par une haute tour, et dont la partie habitable se trouvait à l'endroit même où des mains pieuses ont récemment élevé un sanctuaire à la Vierge.

Le château de Pierremont dut disparaître de bonne heure. Au XVe siècle, en effet, et dans les pièces relatives au procès dont nous parlons plus haut (V. Montgilbert), il est parlé du temps passé « où souloit avoir à Pierremont chastel et place forte », et c'est sur ses ruines qu'au XVIe siècle fut élevée la chapelle qui donna son nom au rocher de Saint-Vincent, sous l'invocation et en souvenir de Vincent Ferrier, le célèbre prédicateur espagnol, dont on s'accorde à reconnaître le passage au Saint-Vincent et aussi aux Acarins. Autour des murs rasés de l'ancien sanctuaire de Saint-Vincent se distinguent encore d'anciens débris, amas confus de pierres moussues que les arbres disjoignent chaque jour : c'est tout ce qui reste de Pyramont (1), dont le nom n'est plus conservé que par un rocher détaché du Saint-Vincent.

Depuis Gilles Ier Aycelin de Montaigu (2), qui avait sans doute trouvé, en 1314, ce redoutable château fort dans la succession de son oncle, jusqu'à Jean-Louis du Prat, en 1792, tous les sires de Montgilbert portèrent le titre de vicomte de Pyramont, et l'histoire particulière de notre fief se borne à quelques actes du XIIIe siècle, qui témoignent de son antique importance.

En janvier 1224, Archambaud VI de Bourbon donna à Archambaud de

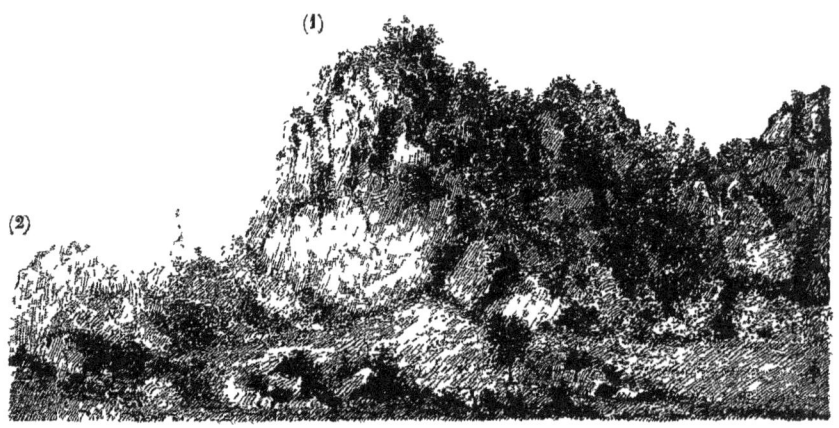

(1) Rocher Saint-Vincent et ruines du château de Pyramont.
(2) Rocher de Pyramont.

Saint-Giran le Puy, en augmentation de fief, le château et châtellenie de Pyramont, « pour les tenir, comme son homme lige, aux mêmes conditions que les terres déjà par lui tenues » : or, à ce moment-là, ce sire de Saint-Giran (V. Saint-Gerand le Puy) était le véritable lieutenant du sire de Bourbon et gardait pour lui, sur le chemin du Forez, les clefs du pays qui devait être plus tard le Bourbonnais. Pyramont resta longtemps dans la famille de Saint-Gerand et, en 1268, fut donné en gage par Guillaume de Saint-Gerand le Puy à Agnès de Bourbon, à qui il doit une somme de mille livres viennois; en 1300 enfin, figurent encore parmi les possessions

---

(1) On n'a pas manqué naturellement de rapprocher ce nom de Pyramont du grec πῦρ, feu, et de faire du Saint-Vincent un poste de signaux romain : cette ancienne destination est parfaitement admissible, même sans recourir à aucune étymologie.

(2) A propos de la longue possession de Pyramont par les Montgilbert, nous ferons remarquer que dans l'excellente version de Nicolaï par M. Vayssière, on doit, page 106, tome I, lire : Chevalrigon, Pyramont et Soule — et non Prémontrolle — dans la justice de Montgilbert.

des Saint-Gerand quelques droits sur Chevalrigon qui doivent ressortir de Pyramont.

En face du Saint-Vincent et de l'autre côté du Sichon, s'étend une combe boisée, agréablement décrite dans l'*Ancien Bourbonnais*, par M. Bâtissier : c'est maintenant la commune de *Lavoine*, dont le modeste chef-lieu, en 1750, n'était encore qu'un domaine possédé par les deux frères Pierre et Nicolas Bletterie, marchands à Ferrières.

Lavoine était compris jadis dans la baronnie du Griffier, et n'a par conséquent pas d'histoire; mais c'est sur son territoire que se trouvent les fameux Pions, tribu de 150 à 200 individus, à laquelle on a voulu attribuer nous ne savons quelles mœurs et quelle origine étranges. Pour nous, les Pions sont tout simplement des fils de Gaulois qui, plus que d'autres et à cause de leur isolement, ont conservé quelques traits du physique et du caractère de nos communs ancêtres : taille élancée, yeux bleus, hospitalité large, franchise un peu vantarde et bruyante, tendances superstitieuses, tout chez eux rappelle le Gaulois tel qu'il ressort de nos souvenirs classiques, et jusqu'à leur serment usuel : « Que la charpente du ciel me tombe sur la tête. » Les mariages consanguins, par malheur, sont parmi eux beaucoup trop fréquents, et d'ici peu de temps, c'est à craindre, il ne restera plus des Pions que le souvenir et quelques contes à dormir debout.

Les Pions tirent leur principale célébrité d'une révolte qui eut lieu en 1756, et dont voici le récit exact :

Les droits seigneuriaux de chez Pion, à cette époque, dépendaient de M. de Barthelat, seigneur de la Guillermie (V. plus loin) : or il advint qu'un huissier de Ferrières, agissant pour ledit seigneur, fut reçu à coups de mailloche par une femme de Béchemore, chez laquelle il allait faire une saisie mobilière. Il s'en alla, mais, quelques jours après, revint avec plusieurs sergents de la maréchaussée pour quérir la délinquante : celle-ci ne put échapper, mais elle trouva le moyen de faire prévenir ses parents et amis de chez Pion; aussi, quand les sergents arrivèrent entre la Guillermie et Ferrières, à l'entrée du bois Mauchamp, une troupe d'hommes se rua sur eux et délivra la prisonnière, en laissant sur place un sergent mort et trois autres ne valant guère mieux. Le seigneur ne pouvait capituler devant cette audacieuse révolte et réclama du renfort à un régiment qui se trouvait alors à Roanne et où servait justement son fils, le chevalier d'Arpheuillette (1). Un détachement, conduit par cet officier, vint cerner

(1) La terre d'Arpheuillette, des Barthelat, est une petite seigneurie de la paroisse de Saint-Haon-le-Vieux.

les Pions pendant la nuit, s'empara des coupables et les emmena à Ferrières, d'où, sous bonne escorte, ils furent transférés à Moulins. Tout cela donna lieu, comme on le pense bien, à de nombreuses complaintes, et l'une d'elles, qui se chante encore chez Pion, nous fait connaître la triste fin de l'aventure :

> Sur la place d'Allier
> Huit pauvres particuliers
> Montèrent sur l'échafat (échafaud).
> C'est Berthelat, notre seigneur,
> Qui nous a fait tout ce malheur.
> Monsieur de la Ramas
> N'en aurait pas tant fa (fait).

Au-dessus de l'Avoine, le sommet du *Montoncelle* émerge des Bois-Noirs, dont les arbres moussus sont à la fois l'ornement et la richesse du pays : là, chaque pierre, chaque fontaine, chaque ravin a ses fées et ses légendes. De ces dernières, la plus répandue peut-être est celle qui fait construire par les fées, en une seule nuit, l'aqueduc qui conduisait jadis aux Estivaux (*æstivalis villa*) les eaux de la Credogne, et dont il reste des parties entièrement conservées. On comprend, en effet, que ce travail gallo-romain ait frappé l'imagination des montagnards; ce que l'on comprend moins, c'est qu'on puisse lire dans un livre savant que cet aqueduc devait conduire à Thiers et peut-être plus loin (!) les eaux de la font de Credogne : franchement, nous aimerions mieux croire aux fées.

Une partie des Bois-Noirs fut, entre divers acquéreurs et les sires de Montgilbert, l'objet d'un procès qui, commencé en 1683, prit fin seulement en 1808 par ordre d'Étienne du Prat, frère puîné et héritier de Jean-Louis.

Une ancienne verrerie se trouvait près de la pierre de Jô, non loin de l'endroit où l'on veut qu'ait existé un château de Beauregard, dont quelques amas de pierres marqueraient l'emplacement.

Pas plus que Lavoine, la *Guillermie* n'était au siècle dernier une agglomération, et, lors de sa confiscation sur le comte Jean-Louis du Prat, il ne s'y trouvait que les deux ménages Métayer et Fayet. Peu à peu, et à mesure que l'on défricha le cirque humide où le Terrasson prend sa source, les habitants affluèrent dans le hameau, fort bien situé, d'ailleurs, sur le vieux chemin de Thiers, et quand, en 1860, la Guillermie fut érigée en paroisse, elle comptait déjà dix-huit feux.

La seigneurie de la Guillermie, au XVe siècle, appartenait à Jeanne de

Chauvigny, dame de Saint-Germain des Fossés, épouse de Philippe de Bourbon, et dans l'acte du 10 août 1463, auquel nous avons maintes fois recours (V. Saint-Germain des Fossés, Montpeyroux), nous la voyons figurer parmi les terres que cèdent ses héritiers au duc de Bourbon, moyennant trois mille livres tournois. Le duc de Bourbon semble n'avoir gardé aucune de ses acquisitions, et la Guillermie, avec les deux autres seigneuries montagnardes de Fretay et de la Presle (V. ces fiefs), fut par lui cédée en 1494 à Guichard d'Albon, celui-là même qui jeta les fondements de la grandeur de la branche dite de Saint-André.

A Guichard d'Albon succéda son fils Jean, que nous trouvons à l'assemblée de 1521, et à Jean, son fils Jacques, le fameux maréchal de Saint-André, en qui finit la fortune de cette puissante famille. De Jeanne de Lustrac, marquise de Fronsac, Jacques d'Albon n'eut, en effet, qu'une fille, Catherine, qui était encore en bas âge quand il fut tué, le 19 décembre 1562, à la bataille de Dreux. Or, sa veuve, amoureuse folle du prince de Condé, non contente de lui immoler sa fille qu'elle laissa mourir faute de soins, lui abandonna tout ce qu'elle put prendre sur la succession des d'Albon. C'était certes faire choix d'un mauvais moyen pour en arriver à ses fins : le prince, peu délicat, accepta sans vergogne tout ce que la mère dénaturée voulut bien lui donner, et, cela fait, la laissa en se moquant d'elle, « comme il était bien juste », ajoute le Laboureur.

La Guillermie, pourtant, comme le Fretay, put échapper à ce pillage du patrimoine des d'Albon, et, en 1592, nous trouvons encore notre petit fief aux mains de Gilbert d'Apchon, seigneur de Montrenard, en la paroisse de Pouilly-sous-Charlieu, qui le tient de sa femme Marguerite d'Albon, sœur du maréchal de Saint-André.

Cette année-là (V. Droiturier), Henri d'Apchon, le fils de Gilbert, épousa demoiselle Suzanne de Boucé; mais, à partir de cette époque, nous ne savons plus rien des destinées de la Guillermie, dont, en 1617 seulement, nous retrouvons un seigneur : messire François-Gaspard de Codières, baron de Cournon, qui obtient de Louis XIII des lettres de provision, pour dresser un nouveau terrier de la Guillermie.

Comment était arrivé à la Guillermie ce Gaspard de Codières, dont le nom n'appartient certainement pas à notre région ? Comment un demi-siècle plus tard cette seigneurie appartient-elle aux la Ramas, famille qui possédait en même temps, au delà de l'Allier, le Leyrit et son fief patronymique de la Ramas, paroisse de Vesse ? Nous avouons n'en rien savoir. Peut-être faut-il chercher dans la parenté approximative des la Ramas avec les Bourbon-Busset (V. Usseau) la cause de leur arrivée dans la montagne; mais, en l'absence de données certaines, nous nous bornerons à nommer les trois la Ramas qui, à notre connaissance, ont possédé la Guillermie et y ont résidé. Ce sont : en 1671, Claude de la Ramas, époux de Catherine de la Place; puis, en 1689, Antoine, époux d'Élisabeth Renaud, mort en 1716, et enfin Louis, dont la fille Jeanne porta la Guillermie, en même temps que la Ramas, à messire Claude-Éléonore de Reclesne, écuyer. Celui-ci ne garda ni l'une ni l'autre de ces seigneuries, et, en 1720, nous trouvons comme seigneur de la Ramas, pour son propre compte, et de la Guillermie, du chef de sa femme Dorothée Gardin, Geoffroy Sicaud, receveur aux traites foraines de Vichy, et fils ou petit-fils d'une demoiselle Renaud de Cusset (1).

Geoffroy Sicaud fut le père de Charles, qui fut seigneur de Mariol et qui vendit notre fief à messire Claude-Marie de Barthelat (2), seigneur d'Arpheuillette en Forez, le même dont il a été question à propos de la révolte des Pions. Contrairement à l'opinion admise, M. de Barthelat conserva parfaitement la Guillermie après sa fâcheuse aventure, et en 1776 il en est encore possesseur, mais habite généralement la petite ville de Renaison.

Enfin, entre 1776 et 1778, à une date que nous n'avons pu préciser davantage, Jean-Louis, comte du Prat, se rendit acquéreur de la Guillermie, et c'est là que vint l'arrêter un courageux patriote du Mayet, sur la dénonciation d'un des habitants de l'endroit.

Le patriote eut pour récompense une seigneurie que ses descendants possèdent encore, et le dénonciateur reçut comme prix du sang la maison d'habitation de la Guillermie, construction bien modeste, qui cependant avait été la demeure habituelle des la Ramas et des Barthelat; en face, subsiste une grange dite grange des quartes, et le nom de Basse-Cour, conservé par le vieux logis seigneurial, indique, à n'en pas douter, qu'il dut jadis remplacer une ancienne maison forte dont, à l'extrémité du promontoire qui porte l'église, on voit encore des débris de murs. Grange et logis sont évidemment construits avec des matériaux déjà utilisés dans des bâtiments antérieurs, et de ces constructions disparues provient, sans doute, la curiosité archéologique que M. de Quirielle a récemment signalée aux lecteurs des *Annales bourbonnaises*.

(1) Sans pouvoir suivre le mode précis de transmission de la Guillermie, nous noterons pourtant l'alliance commune des Renaud avec les Sicaud et avec les la Ramas, et aussi un lien de parenté probable entre ces derniers et les Gardin : en 1699, en effet, Jean de la Ramas, fils d'Antoine, est tenu sur les fonts baptismaux par Gilbert Gardin, avocat en parlement à Cusset, et demoiselle Jeanne de Pons, fille de Claude, seigneur du Grippet.

(2) Barthelat : d'azur au lion léopardé d'or.

— C'est, au-dessus d'une étroite fenêtre à croisillon, une sculpture grossière, que nous reproduisons aussi exactement que possible, mais que nous ne nous chargeons pas d'expliquer. Nous serions tentés d'y voir une simple allusion à l'abolition par la loi de grâce, figurée par la croix, des sacrifices en usage dans l'Ancien Testament et représentés sur le granit par leurs éléments indispensables : le sacrificateur, la victime — âne ou bouc — et le bûcher. Quant à dire si c'est là un souvenir du culte idolâtrique de l'âne, dans le genre de celui que l'on dit avoir été découvert dans les environs du Mont-Dore, nous laisserons à de plus érudits ou à de plus audacieux que nous le soin de décider.

En 1657, est mentionné le séjour prolongé à la Guillermie d'une compagnie de gens de pied, et on peut aussi bien rapprocher ce fait du caractère turbulent des Pions que voir dans cette compagnie une simple brigade de gabelles ou bien un parti détaché, en ces temps troublés, sur le grand chemin de Thiers en Bourbonnais.

FENÊTRE A LA GUILLERMIE.

Du *château de Bonaventure*, sis en face de la Guillermie sur les pentes du Chachois, il ne reste absolument rien, et une ancienne citerne, mise à jour dans la cour du domaine, marque seule l'emplacement d'une construction féodale que Cassini signale comme déjà ruinée.

En 1688, Claude de la Ramas, seigneur de la Guillermie, l'était aussi de Bonaventure ; mais vendu par les la Ramas en même temps sans doute que la Guillermie, Bonaventure, en 1724, appartenait à Claude Bertucat, époux de demoiselle Claudine de Bergeron (V. Grouges) et père d'autre Claude (1), dont la veuve, le 16 avril 1778, le céda à messire Jean-Louis du Prat, déjà seigneur de la Guillermie.

Au hameau de *chez Fumoux* se trouve une maison à ouvertures moulurées où habitait un notaire probablement peu occupé. — Peut-être est-ce la maison d'origine de l'innombrable famille des Saint-André, dont la tradition fait des bâtards d'Albon et qui possédait, — toujours d'après la tradition, — un château dans le voisinage.

(1) Un autre fils de Claude et de Claudine de Bergeron, Nicolas Bertucat, docteur en médecine, épousa à Chassenard, en 1727, demoiselle Marie Gay.

Entre autres membres distingués de la famille de Saint-André, nous citerons : en 1630, Jacques, prévôt des bandes françaises et armées de M. le Prince; en 1651, Antoine, seigneur de la Croix, dit le Petit Cadet, capitaine châtelain de Ferrières; et en 1706, Étienne, capitaine châtelain de la Palisse.

Les Saint-André ont dans la montagne de nombreux représentants, et à leur hameau d'origine même s'en trouvent encore quelques-uns : quant à la branche émigrée à la Palisse, dont a conservé le nom un domaine de Billezois et qui s'allia aux familles bourgeoises des Archambaud, Fallaix, Pénin, etc., elle se fondit dans cette dernière, dont plusieurs membres s'appelèrent Pénin-Saint-André.

Il ne nous reste plus à signaler sur la Guillermie qu'une large pierre plate, qu'on laisse à droite sur le chemin de la Guillermie à Bêchemore, à 1,350 mètres environ de la jonction de ce chemin avec la route nouvelle de Lavoine, et sur laquelle est profondément gravée une croix connue sous le nom de *Croix des Quatre Seigneurs :* c'était, dit-on, le point d'intersection entre les seigneuries des Étivaux (Puy-de-Dôme), de Ferrières, de Bonaventure et de la Guillermie, et elle a toutes les allures d'une limite féodale, avec ses quatre bras qui visent les sommets voisins du Chachois, du Montoncelle, du Rez-Binon et du Roc des Chiers.

CROIX DES QUATRE SEIGNEURS.

Mais nous ne pouvons quitter la haute vallée du Terrasson sans parler de l'hypothèse qui attribue à ses habitants une origine sarrasine. (V. à ce propos les Charguerauds.) Pour la soutenir, on se base sur une tradition jadis fort répandue, sur certains noms bizarres tels que Boffety, Bêchemore et bien d'autres, et aussi sur l'appellation d'un très vieux chemin, connu de temps immémorial sous le nom de chemin de Maures et qui, de la Guillermie, gagne Montgilbert par le Roc des Chiers, Becouze, Chambrias, les Mortes, Chevalrigon et chez Recot.

En redescendant de la Guillermie sur Ferrières, nous signalerons encore deux petits fiefs, non qu'il y reste quelque témoin intéressant de leur passé, mais l'un d'eux, *la Corre* (1), fut, le 20 mars 1691, et dans des circonstances bien compromettantes, donné par Jean de Saulx-Tavannes à Françoise de Sirmond, fille d'Étienne, seigneur des Girards, et d'Antoinette Chamboyt : Françoise le porta à la branche des Fougerolles, que représente actuellement la famille Péturet, de Saint-Étienne de Vicq.

Quant au *Pleydit,* c'est bien une ancienne seigneurie, où nous trouvons, dès le XVe siècle, la famille Bachelier, et que possédait, en 1613, noble demoiselle Françoise de Chaslat (V. Mariol), veuve de feu noble Aymé et mère de Claude Bachelier. — Claude Bachelier vendit probablement le Pleydit aux Colin, et depuis lors nous voyons s'y succéder des membres de cette famille jusqu'au mariage, en 1716, d'Anne Colin, fille de Claude, bailli de Ferrières, avec Jean de Fougerolles, lieutenant au régiment de Beauffremont.

Le 9 septembre 1743, Claudine de Fougerolles, fille de Jean, porta à son tour le Pleydit à maître François Bracon de Rochefort, son cousin, conducteur des chemins du Roi, originaire d'Aigueperse et demeurant alors en la paroisse de Thuret en Auvergne, au domaine Chassenet. Le 10 décembre 1770, enfin, par le mariage de demoiselle Jeanne Bracon de Rochefort, fille de François, avec Emmanuel Gilbert de Berthet, fils du seigneur de Bardinières (V. Périgny), le Pleydit changea une dernière fois de mains avant la Révolution, pendant laquelle M. de Berthet, son propriétaire, ne joua pas un rôle des plus édifiants.

La famille Cognet sort du Pleydit.

Maisons de Ferrières. — Nous venons de parler des Fougerolles : le premier membre de cette famille que nous connaissions est, en 1613, un conseiller du Roy en la sénéchaussée de Moulins, après lequel il est fait mention de nombreux Fougerolles, tous officiers de justice dans la montagne bourbonnaise (2).

Il est peu de familles notables de cette région qui ne touchent à cette riche maison, et parmi ses alliances nous citerons les Colin, les Sirmond, les Martinet des Birats, les Saint-Quentin, d'Arrones, les Ducher, de Châteldon, et les Forissier, de Ris. Les Fougerolles formèrent d'innombrables branches, entre autres celle de la Corre, qui fournit à l'armée de nombreux officiers et habitait, à Ferrières, un vieux logis remarquable par son toit plat et son aspect méridional ; puis celle dite des Bernard, d'un domaine

---

(1) La Corre, en patois, signifie la Noisetière. — Chier a, comme Crot ou Car, une signification de ruines.

(2) En 1629, noble Nicolas de Fougerolles, avocat en parlement, habite Billy.

qu'elle possédait sur Busset, et qui habitait la maison dite maison Carton.

D'autres Fougerolles, seigneurs des Vignaux, paroisse de la Chapelle, habitaient la maison Dufresne.

Une autre vieille maison de Ferrières, c'est celle des Colin (actuellement maison Magnaud), dont la façade est d'ailleurs intéressante. Dès 1474 bourgeois de Ferrières, les Colin prirent, en 1669, le nom de Colin de Belleroche, sous lequel nous les trouvons répandus, depuis lors, dans toute la montagne et au XVIII° siècle fermiers d'Isserpent, Baleyne, Cerezat, etc. Sans entrer dans le détail de leurs multiples ramifications, nous relèverons seulement dans leurs alliances les noms des la Faige, de Saint-Pierre Laval, des Pinot, de Saint-Christophe, des Barthomivat, de Châteldon, et des Badier de Verseilles.

Les Colin possédaient, sur le Mayet, le domaine des Guerriers, et une de leurs branches forma, de l'autre côté de l'Allier, les Colin de Gévaudan, seigneurs de la Poivrière.

Des Sirmond de Ferrières, nous savons seulement qu'ils sortaient de la basse Auvergne et de la même souche que le fameux Jésuite (1). Parmi eux nous nommerons : Amable (un Riomois vraisemblablement), époux d'Anne Bertucat, notaire royal et lieutenant en la châtellenie de Ferrières en 1658; son fils François qui lui succéda en 1670 et mourut l'année suivante, et, de 1680 à 1713, Étienne, seigneur des Girauds, époux d'une demoiselle Chamboyt, fille de Gaspard, seigneur des Recots.

Les Sirmond finirent comme notaires à la Prugne.

Les Guret de Maisonneuve ne se contentèrent pas des modestes charges de justice de leur pays ou des fermes du voisinage : en 1669, Claude, écuyer, époux de demoiselle Marie du Lac, de Châtel-Montagne, est un des cent-gardes en charge de Son Altesse, frère unique du Roi; en 1717, autre Claude est officier de Mgr le Régent; sous Louis XVI, enfin, Pierre est à Auxonne le camarade de Bonaparte, lieutenant comme lui au corps royal d'artillerie.

Les Tixier de Bois-Robert semblent originaires des bords de la Loire (V. le Bouchaud) et furent appelés à Ferrières, au milieu du siècle dernier, par une charge de receveur des traites foraines. Avant cette époque, cependant, nous trouvons plusieurs d'entre eux revêtus de charges de

---

(1) L'opinion locale n'hésite pas à faire de Ferrières le berceau des Sirmond : nous ne la pensons pas fondée, et, comme elle ne repose sur aucun document, nous nous garderons de disputer à la ville de Riom un honneur qu'elle s'est toujours attribué : à Riom, d'ailleurs, naquirent sûrement les deux illustres Sirmond.

En 1556, honorable Jean de Sirmond, licencié ès loix, est présent à Thiers au contrat passé entre dame Anne de Sacconay et son frère, François de Séneret du Chaussin.

justice à Châtel-Montagne et même de dignités plus importantes : entre autres, nous citerons Gilbert, valet de chambre et secrétaire ordinaire du roi Louis XIII; Jean, lieutenant au bailliage de Châtel-Montagne; Claude, son fils, de 1651 à 1664 chef des fourriers de Sa Majesté, mort à Châtel en 1683, et enfin Jean, époux de demoiselle Chamboyt, qui servit de 1690 à 1702 dans la compagnie de Duras des gardes du corps du Roi et fit en cette qualité la campagne des Flandres.

La maison des Tixier, anciennement Chamboyt, est occupée par leur descendante, madame veuve Lamy, née Marie Tixier, et héritière de leurs biens.

Enfin viennent les Bertucat (1), jadis seigneurs des Fradins, qu'ils vendirent, en 1687, à M. de Manissy de Ferrières, et que tout porte à croire originaires de notre montagne et sans doute des Bertucat du Mayet.

Claude Bertucat, accenseur de la baronnie de Montgilbert en 1611, est le premier d'entre eux que nous connaissions : il eut un fils, Pierre, qui épousa à Billy une Quesson du Thérin, fut procureur d'office à Ferrières et eut pour fils Claude, conseiller du Roi au grenier à sel de Vichy. Ce Claude que nous retrouvons à Grouges, époux de demoiselle Claudine de Bergeron, semble avoir quitté le pays : il eut deux enfants, Marie Bertucat, époux de Jean-Marie Préveraud (V. Beaurepaire), et Claude, dont la veuve, en 1778, vendit, comme nous l'avons vu plus haut, le château de Bonaventure à M. le comte du Prat.

ARRONES, LA CHAPELLE ET MOLLES.

Arrones, la Chapelle et Molles occupent les plateaux quelque peu arides qui se développent entre le Sichon et le Jolan, et forment entre ces deux vallées profondes de nombreuses ondulations, sur le flanc desquelles apparaît le terrain de transition.

Ce terrain, analogue à celui qui borde la vallée du Terrasson, est formé d'un grès schisteux qui affecte tout à fait le grain et l'apparence de l'ardoise; bouleversé malheureusement par des soulèvements postérieurs de basalte et de porphyre rouge, il est absolument fendu en tous sens et ne donne que des plaques de dimensions trop restreintes pour pouvoir être

---

(1) Bertucat : d'azur à un chevron d'argent accompagné de trois trèfles d'or.

utilisées pratiquement. Aussi les essais faits à l'Ardoisière et ailleurs, au siècle dernier, par les Desbret de Cusset, sont-ils restés infructueux, et la seule industrie du pays est celle qu'a dernièrement mise en train M. Driffort, du Mayet, en ouvrant au-dessous de la Chapelle l'exploitation de kaolin des Jonchères : le produit obtenu, d'ailleurs assez impur, est utilisé dans la papeterie.

Comme tous ses voisins, et un des derniers pourtant, ce coin de pays montueux a perdu sa physionomie sauvage : maintenant des domaines neufs, entourés de terres qui s'améliorent chaque année, ont presque partout remplacé les landes buissonneuses où les *belinières* gardaient leurs troupeaux, en chantant des refrains naïfs que l'on n'entend plus.

Le très ancien village d'*Arrones*, sis à l'endroit même où, sortant de ses gorges, le Sichon commence à laisser place sur ses bords à quelques étroites prairies, a pour origine un prieuré qui était à l'est du bourg, dans le champ dit Plan Saint-Léger. Au XVIe siècle, les bâtiments de ce monastère avaient déjà disparu, et il n'en reste plus que l'église à trois nefs, dont on remarque le portail et l'élégant campanile; elle était, avant la Révolution, le siège d'un doyenné rattaché à la mense abbatiale de Cluny.

La seigneurie d'Arrones ne se composa donc jamais que de droits qui, le 14 juin 1351, furent cédés par le duc Pierre de Bourbon à Dalmas de Vichy, sire de Busset. Ces droits, depuis lors, restèrent compris dans la seigneurie de Busset et, en janvier 1672 seulement, par le mariage d'Anne de Bourbon-Busset, fille de Jean-Louis, avec Jean II de Saulx-Tavannes, baron de Montgilbert, passèrent dans cette baronnie, dont ils ne furent plus séparés.

Les redevances se touchaient à Arrones, dans une maison située au bord du Sichon et qui a conservé le nom un peu prétentieux de château : elle ne dut pourtant jamais en avoir le moindre caractère, et, si elle fut jadis une construction importante, le cachet architectural manqua toujours à ses ouvertures en bois et à ses portes basses; c'est actuellement la propriété de M. Rongères.

Dès 1634, et avec le titre de châtelains d'Arrones, nous trouvons dans cette maison des membres d'une famille de Saint-Quentin, qui semble confiner à la noblesse et dont la situation sociale est assez indécise, bien qu'à diverses reprises ils aient voulu se rattacher aux Saint-Quentin d'Auvergne.

C'est d'abord François, époux d'Anne Thimbault, fille d'un notaire de Busset : Jean, époux de Marie Cartailler; autre François, et en 1735

Élie, frère de François; puis viennent : un Saint-Quentin, officier de marine au régiment de Saint-Domingue; Gilles, époux d'Antoinette de Fougerolles ; enfin François Gaspard, seigneur de Moltière en la paroisse de Molles, et greffier en chef au bureau des finances de Riom, qui, pour se faire plus tard pardonner sa grasse sinécure, fut un des plus lâches révolutionnaires du pays et maria sa fille au trop fameux Givois.

Parmi les alliances masculines des Saint-Quentin, nous citerons au XVII° siècle les Deschamps ; puis en 1748 Jean Dusaray, écuyer, conseiller du Roi, prévôt de la connétablie de France à Cusset et seigneur de Viermeux; en 1765, Rose de Beauvais, aussi conseiller du Roi et son procureur en la châtellenie de Cusset; enfin, vers la même époque, M. Dumas, de Busset, conseiller du Roi et président au grenier à sel de Vichy.

Après les Saint-Quentin, le château d'Arrones fut quelque temps habité par la famille Cornil (1), originaire du Vernet.

Outre le domaine de *Maisonneuve*, d'où tiraient leur nom les Garet de Ferrières, nous ne voyons guère à citer sur Arrones que les *Paputs* et les *Jayards* : ces derniers, possédés au XVII° siècle par une famille des Chezeaux, appartinrent plus tard aux Martinant de Préneuf. (V. la Chapelle.) Quant aux Paputs, berceau probable de la famille de ce nom, nous y trouvons dès 1671 les Cathelin, en la personne de noble Augustin, bailli de Montgilbert : cette famille Cathelin, alliée aux Reignier, aux Pinot, aux Ratignier de la Prugne, aux Martin du Gard, fournit de nombreux officiers de justice.

En 1693, Louis de la Plasse, sergent au bailliage de Busset, habitait sur Arrones le *village de Faure*, où Cassini marque, en effet, une habitation bourgeoise.

Pas plus qu'Arrones, la *Chapelle* n'a une origine féodale, et le modeste bourg, dont aucune construction ne semble vraiment ancienne, a dû se former peu à peu, autour de la très vieille chapelle romane qui lui a donné son nom. Primitivement de dimensions très restreintes, ce sanctuaire fut, au XI° siècle, élevé par les abbesses de Cusset, dans les vastes forêts qui couvraient alors ces pentes maintenant dénudées ; elles y entretenaient un chapelain et conservèrent toujours, outre les droits seigneuriaux de la Chapelle, la nomination à la cure de la paroisse, qui fut érigée seulement en 1666, en faveur de Benoît Ponthenier, prêtre de Cusset.

(1) C'est la famille du docteur Victor Cornil, actuellement sénateur de l'Allier et professeur à la Faculté de médecine de Paris.

Deux maisons de la Chapelle méritent d'être citées : c'est d'abord l'ancienne maison Ponthenier, que possède depuis le milieu du siècle dernier une branche de cette famille Martinet dont, à Montgilbert, Billy, etc., nous trouvons de nombreux membres revêtus de charges de justice, et qui semble sortie des environs de Saint-Clément ou, plus probablement encore, des Bertucat : le premier Martinet à nous connu est, en 1646, Claude, lieutenant au bailliage du Mayet (1).

Puis la maison Martinant, bâtie, à la fin du XVIIe siècle, par un membre de cette famille, fils d'un laboureur de Nizerolles et receveur des dames de Cusset pour leur terre et seigneurie de la Chapelle. Les Martinant s'élevèrent rapidement : parmi eux, nous trouvons Gilbert, lieutenant criminel de robe courte à Cusset, époux de Claudine Dusaray; Jacques, son fils, exempt de la connétablie et maréchaussée de France, marié à Benoite Ponthenier; et Pierre, lieutenant général au bailliage de Cusset.

Les Martinant s'allièrent aux Martin d'Arfeuilles et aux Martinet; après avoir pris successivement le nom de Fayolle (2), terre du domaine de l'Avare, et celui du domaine du Garet, sis près des Pouthiers, ils choisirent enfin, vers 1749, et gardèrent le nom de Préneuf, d'un terroir maintenant compris dans le domaine Charasse.

Le vieux logis des Martinant de Préneuf forme maintenant la maison Roche et l'auberge Baudonnat : le dernier qui l'occupa se mêla bien trop activement à la Révolution et maria sa fille à son compère Gauthier la Berthière du Lion. (V. Nizerolles.)

Le *village Pouthier* passe pour avoir possédé jadis un vieux château, dont, à vrai dire, nous n'avons trouvé mention dans aucun acte ni aucun ouvrage. A l'extrémité du hameau, pourtant, on montre un jardin carré entouré de murs rasés (n° 178 du cadastre) qui semble bien, en effet, avoir été l'emplacement d'une maison forte, et qui, remarque importante, dépendait de Montpeyroux : peut-être faut-il placer là un de ces fiefs disparus dont nous ne pouvons fixer l'emplacement.

Les *Palissards* et la *Faye*. — Des Palissards nous savons peu de chose, mais la présence, en ce lieu, d'un ancien château fort n'est pas douteuse,

---

(1) Il y eut jadis une construction importante et soignée dans le jardin de la maison Martinet, où l'on a récemment découvert des jambages en pierre de Bourgogne, décorés de sculptures Renaissance. Nous ne voyons guère ce qu'elle put être, sinon une habitation de plaisance des dames de Cusset, ou encore la maison du chapelain.

(2) Dans la terre de Fayolle et au domaine Cognet, on trouve des restes certains d'habitations antiques.

et l'emplacement de la forteresse féodale est encore visible dans une terre voisine de la locatairie Barnichon.

On y a déterré une ancienne margelle et quelques pierres taillées : c'est tout ce qui reste de l'ancienne construction qui fut sans doute démolie, à une époque difficile à déterminer, pour élever le domaine actuel des Palissards.

Il se pourrait aussi que cette motte ait été le siège de l'ancienne maison, terre et seigneurie de la Faye dont rend aveu, en 1300, Pierre de la Faye, damoiseau, paroissien de Molles, et dont un domaine voisin a conservé le nom, et qu'alors le château des Palissards se soit trouvé au domaine lui-même.

Tout contre les Palissards se trouve, d'ailleurs, une antique chapelle aux murs épais dans laquelle, le 9 septembre 1750, fut célébré le mariage de Guillaume du Floquet, seigneur de Doyat (V. Cusset), lieutenant général au bailliage de Cusset, avec Anne de la Faye, fille du seigneur des Palissards.

Qu'était cette demoiselle de la Faye? Une de Vicq sans doute : avant d'acheter les Échelettes, en effet, Gilbert de Vicq, époux de Marguerite Baugy, signait Gilbert de Vicq de la Faye; mais nous ignorons si ce domaine de la Faye lui appartenait de son chef ou de celui de sa femme, fille elle-même d'une Demissier, de Cusset.

Peut-être aussi faut-il placer une ancienne seigneurie aux *Debost* et au *Croizat;* mais les archives que nous avons pu fouiller sont muettes, et les seuls seigneurs des Debost et du Croizat que nous puissions nommer sont, en 1628 : Marc-Antoine de Bard (1), époux de demoiselle Aimée des Chastres; puis Gilles, Jacques, Gilbert et enfin Jacques de Bard, encore mentionné en 1718; tous membres d'une famille que nous trouvons aussi à Pousillières, de Saint-Christophe, et aux Grands Vaulx, de Mariol.

Les de Bard habitaient certainement aux Debost, et, tout autour du domaine, on trouve çà et là des débris de murs rasés au niveau du sol et des caves comblées qui témoignent d'importantes constructions disparues. C'est de là que provient aussi l'élégant chapiteau roman que nous reproduisons et qui fut découvert, presque à fleur de terre, à 250 mètres des Debost.

---

(1) La famille de Bard, sortie, d'après l'Armorial de 1702, de Vissac en Auvergne, portait : de gueules semé d'étoiles d'argent et un croissant de même en cœur. — Isabeau, la fille d'Antoine, épousa le 26 novembre 1650 François du Croc, seigneur de Neuville et des Blanchons. Neuville et les Blanchons sont dans le canton de Billom (Puy-de-Dôme), ce dernier fief sur la commune de Bost.

D'où sort-il, et faut-il y voir le dernier vestige d'un important sanctuaire qui aurait jadis existé aux Debost? Nous ne le croyons pas, et il est beaucoup plus probable, selon nous, que ce curieux morceau d'architecture, transporté aux Debost pour être utilisé d'une façon quelconque, aura été enlevé de l'église de la Chapelle, au XVIIe siècle, à l'époque où l'on coupa de chaque côté deux travées, pour ajouter à la construction primitive les deux chapelles encore existantes.

CHAPITEAU TROUVÉ A LA CHAPELLE.

Dès l'origine et jusqu'à la veille de la Révolution, le nom de *Molles* se trouve invariablement lié à celui de Montpeyroux; aussi, bien qu'en 1314 Jocerand du Vernet, seigneur de Saint-Gerand le Puy, s'intitule seigneur de Molles, nous doutons fort que notre bourg ait jamais été le siège d'une seigneurie particulière.

Tout au plus le nom de château, donné à la maison qu'a remplacée la mairie actuelle, pourrait-il faire admettre qu'il y eut là une maison de justice ou une grange à dîmes. En tout cas, renvoyant ci-dessous pour le peu que nous savons de son histoire (V. Montpeyroux), nous nous bornerons à mentionner rapidement les quelques habitations bourgeoises au passé desquelles se rattache celui des notables familles du pays.

C'est d'abord la maison Étienne, qui, au commencement du XVIIIe siècle, devint la maison Mailly, par le mariage d'un membre de cette dernière famille demeurant à Cusset avec une demoiselle Étienne : un Étienne, en 1697, épousa une Forissier de Ris, devint notaire en cette localité et y fonda une branche, plus tard fixée et encore représentée, croyons-nous, à Vichy.

Des Étienne, nous citerons seulement, en 1700 : Claude, président du grenier à sel de Vichy, et, parmi leurs possessions : les domaines de la Fayette, Blanchirières et les Brigauds.

Près de l'église est la vieille maison où se succédèrent comme notaires les Quesson du Thérin, les Gontier et les Burnolle : le premier Gontier, notaire à Molles, appartenait à une famille originaire du Pin et à une branche fixée à Billy par une alliance avec les Gadin. (V. Saint-Lyens.)

Puis vient la maison Bletterie, actuellement la cure : les Bletterie, originaires d'Isseroure, comptèrent de nombreux féodistes et possédaient, sur

Molles, le domaine des Gravoins, venu par alliance des Étienne, et celui des Vignes. Un Bletterie, qui fut successivement fermier de la Tour Chalabran et de Bussoles, était un Bletterie des Vignes : la branche des Bletterie des Gravoins remplit de nombreuses charges nobles et était alliée aux de Bard, de Croizat, etc.

Enfin, la maison Péturet, dont les anciens possesseurs, dits sieurs de la Fond, sont, paraît-il, originaires du Languedoc (1) : beaucoup de Péturet furent revêtus de charges, et parmi eux Claude, receveur de Busset en 1678, et en 1700, Jean, lieutenant au bailliage de Busset.

Citons encore la vieille famille bourgeoise des Naud, seigneurs de la Bourgeat, paroisse de la Chapelle, et une branche des Reignier, de Saint-Pierre Laval, dont descendent sans doute les Reignier de la Brosse, de Cusset.

Le domaine des Forges appartenait aux Cordeliers de Châteldon.

Les *Vignes*, dont nous venons de parler à propos des Bletterie, ne durent jamais être autre chose qu'un domaine, mais un de leurs possesseurs nous semble digne de mémoire : c'est, en 1455, Jean de la Borderie, bourgeois de Cusset, qui avança, pour la rançon du duc Charles de Bourbon, la somme fabuleuse pour l'époque de douze mille écus d'or; en 1477, nous trouvons encore seigneur des Vignes Henri de la Borderie, fils de ce Jacques Cœur cussétois, et, depuis lors, nous perdons la trace de ses biens et de sa famille.

Du vieux *château fort de Montpeyroux* il subsiste des ruines assez modestes, mais qui font encore un pittoresque effet au sommet du cône basaltique, d'où elles dominent le Sichon.

L'ancien manoir se composait de deux ailes flanquées de tours et reliées par un bâtiment, qui fut utilisé plus tard comme grange à dîmes et doit certainement à cela d'avoir été conservé. Des ailes, il ne reste que des pans de murs et aussi, à l'extrémité de l'une d'elles, une tour intéressante : nous y avons remarqué quelques détails qui prouvent qu'au XVIe siècle Montpeyroux était encore habité, et nous signalerons la forme des meurtrières, affectant celle du globe terrestre surmonté de la croix.

C'est encore dans l'acte du 10 août 1463 (V. la Guillermie, Saint-Germain des Fossés, etc.) que nous trouvons notre premier renseignement sur Molles et Montpeyroux. Dans les terres, en effet, que cèdent au duc de

---

(1) En 1573, pourtant, nous trouvons à Creuzier-le-Vieux honorable homme Pierre Péturet; en 1690, un Péturet de Busset reçut comme armes : d'argent à une rose de gueules.

Bourbon les héritiers de Jeanne de Chauvigny, femme de Philippe de Bourbon (1), figurent la terre de Molles-les-Vichy et la terre avec la maison de Montpeyroux. Comme nous le remarquons ailleurs, le duc de Bourbon ne garda aucune des terres acquises en cette occasion, et, peu d'années après, le seigneur de Molles est Jean, sire de Chaussin, dont les ascendants possédaient en 1352 déjà la dîme de Molles. Réunis depuis lors au Chaussin (V. ce fief), Molles et Montpeyroux suivirent les destinées de ce fief, et nous y voyons successivement passer tous les seigneurs cités plus loin. A mentionner ici seulement : Balthazar de Séneret, chevalier, qui, en mars 1553, échange à l'abbesse de Cusset les bois du

MONTPEYROUX.

Détail d'une meurtrière.

Chaussin contre des terres voisines de l'Orme Bergougnon, et aussi, pour donner la liste entière des possessions bourbonnaises des Talaru, en 1739 : haut et puissant seigneur messire Louis de Talaru, chevalier, marquis de Chalmazel, comte de Chamarande, seigneur de Molles, Montpeyroux, le Pavillon, Quinssat, le Chaussin, Montarbois et autres places, chevalier de l'ordre royal et militaire de Saint-Louis, brigadier des armées du Roi, gouverneur des villes et châteaux de Phalsbourg et Sarrebourg, conseiller d'État et premier maître d'hôtel de la Reine.

Au XVIIe siècle, la mouvance des seigneuries de Molles et de Montpeyroux fit partie de l'éphémère marquisat fondé par le maréchal d'Effiat.

Comme nous venons de le voir, les Talaru, en 1739, possédaient aussi le *Pavillon,* seigneurie mentionnée par Nicolaï : le Pavillon leur venait de l'acquisition qu'en avait faite, en 1679, Hugues de Talaru, de Claude de la

---

(1) Ce n'est pas de notre fief, mais bien d'un château sis en Bourgogne, sur la paroisse de Grury, non loin de Bourbon-Lancy (Saône-et-Loire), que tire son nom la branche des Bourbon-Montpeyroux; mais n'est-ce pas une coïncidence curieuse que de trouver aussi dans notre Montpeyroux ce Philippe de Bourbon, sur lequel nous n'avons, d'ailleurs, aucun renseignement ?

Ramas, seigneur de Beaucouteau, et Claude lui-même tenait le Pavillon de son père, César de la Ramas. Mais comment le possédait ce César de la Ramas ? C'est là que la question se complique : César, en effet, était fils d'autre Claude et de demoiselle Antoinette de Bourbon-Busset, fille née hors mariage de César de Bourbon-Busset ; or, justement, nous trouvons le Pavillon dans les biens qu'apporte en dot, l'an 1588, à ce César de Bourbon Louise de Montmorillon, fille de Saladin et d'Anne de l'Hôpital Saint-Mesmin. Venant de la succession de leur mère, le Pavillon aurait dû passer aux enfants légitimes de César ; mais il n'est pas impossible que celui-ci ait disposé en faveur de sa fille naturelle d'un fief aussi peu important que le Pavillon. Le Pavillon est maintenant un domaine ordinaire, et sa superbe position seule y peut faire soupçonner l'existence d'une ancienne seigneurie détruite : dans le seul dénombrement, d'ailleurs, que nous en possédions et qui date de 1679, il n'est au Pavillon nullement fait mention de motte, fossés ni tours, mais simplement d'un bâtiment couvert en tuiles creuses.

Le *Gard* et les *Boudets*, au siècle dernier, ont donné leur nom à deux branches de la famille Martin, d'Arfeuilles, dont un membre, Bonnet Martin, avait été, en 1680, fermier de la seigneurie de Molles.

Le Gard fut, en 1739, acquis par Pierre Martin, aussi fermier de Molles ; quant aux Boudets, qui ont encore une certaine physionomie, on y trouve, au XVI° siècle, les Pinot, de Saint-Christophe, puis, vers 1700, les Cathelin et, en 1726, Gaspard Colin, qui les vendit aux Martin en 1752.

Bien qu'étrangères — ou à peu près — à notre sujet, nous ne pouvons passer sous silence les fouilles encore incomplètes qu'à entreprises M. Auguste Bletterie, en différents endroits de la commune de Molles :

A la Couronne, d'abord, où ont été découvertes des ruines gallo-romaines et mérovingiennes décrites par M. Bertrand dans le tome XVI du *Bulletin* de la Société d'émulation de l'Allier ;

Puis dans le bois des Bouchères, où l'on a trouvé en quantité des débris d'armes de toutes sortes.

Au plan Château, enfin, ont été mises au jour deux enceintes circulaires qui justifient assez le nom caractéristique porté par cet endroit de date immémoriale, et semblent avoir fait partie d'un très ancien ouvrage de défense. Des traces d'incendie se remarquent dans la seconde enceinte, et M. Bletterie, dans les débris calcinés, a pu recueillir un bracelet doré et gravé, une pince à épiler en bronze et de nombreux témoignages d'une vaste habitation et d'une civilisation déjà avancée.

De quels événements, de quelles destructions notre pays a-t-il été le théâtre à cette époque reculée? Et le voile qui nous les cache ne se lèvera sans doute jamais!

BUSSET.

Au delà du Sichon, le terrain se relève en masses porphyriques pour former, au-dessus de la vallée de l'Allier, les hautes falaises que couronne si bien la silhouette féodale du château dont nous allons esquisser les souvenirs. C'est la commune de Busset, succession de plateaux pierreux, séparés les uns des autres par des ravins profonds, dont les flancs impraticables ont seuls conservé quelques restes des anciennes forêts. Entre deux de ces ravins se dresse l'énorme masse du *château de Busset*.

Nulle part assurément mieux qu'ici nous ne pourrions nous arrêter longtemps, et aucun de nos fiefs ne serait plus digne d'une monographie minutieuse : son étude détaillée, malheureusement, dépasserait les limites de notre cadre, et, en outre, guides et photographies n'ont-ils pas dès longtemps popularisé, parmi les Bourbonnais et les baigneurs de Vichy, les principaux aspects de la noble demeure qu'ouvre à tous la complaisance de son propriétaire? Nous nous contenterons donc de la parcourir rapidement.

Le château de Busset se compose de deux corps de logis se coupant à angle droit, et occupant de midi et d'orient les deux côtés d'une vaste cour fermée, à l'ouest, par une large douve et, au nord, par une porte flanquée de tours et fossoyée. A gauche de l'entrée est la partie la plus ancienne : c'est là qu'était jadis la chapelle, là que se trouve encore l'énorme tour qui fut, sans doute, le donjon ; là, enfin, les sombres étages de caves qui ont tant exercé les imaginations romantiques. Nous y signalerons les vastes cuisines, de jolies baies du XVe siècle et aussi de curieuses ouvertures à cintre surbaissé, récemment dégagées du revêtement grossier qui les avait jusqu'à présent cachées.

La jonction des deux corps de logis est masquée du côté de la cour par une élégante tour d'escalier, et à l'extérieur par une tour ronde qui, très probablement, dut terminer le Busset primitif et flanque actuellement la seconde aile du château. Celle-ci, qui fait face à l'entrée, date évidemment du XVᵉ siècle, époque où l'on perça dans le vieux manoir les ouvertures dont nous avons parlé et où fut élevée aussi la ravissante tour, dite tour de Riom, qui figure dans toute reproduction de Busset : c'est le plus joli spécimen, que nous sachions, de ce mélange de « robustesse » et de grâce, qui est la caractéristique du XVᵉ siècle, et le parfait état de conservation de son hourd la rend particulièrement intéressante.

Les détails de Busset sont dignes de l'ensemble, mais nous ne saurions songer à décrire les mille souvenirs de famille ou objets d'art qui en

Busset. — Vue générale.

emplissent les salles et galeries : notons cependant deux pierres armoriées et une sculpture du XIIIᵉ siècle représentant un tournoi.

Une tradition constante, appuyée par la merveilleuse situation de Busset et par ses dimensions colossales, veut que notre château ait été primitivement une commanderie de Templiers et le chef des terres que le fameux Ordre possédait dans la montagne bourbonnaise. (V. environs de Ferrières.) Nous pensons cependant que le centre, en cette région, de la puissance des Templiers dut être plutôt aux Murs du Temple (V. plus bas) qu'à Busset même ; dès la fin du XIIᵉ siècle, d'ailleurs, c'est-à-dire à l'époque florissante des chevaliers du Temple, est sire de Busset un Guillaume de Vichy, de la maison dont nous parlons quelque peu à son fief patronymique. (V. Vichy.)

Nous y disons notamment comment les sires et ducs de Bourbon, jaloux des Vichy, s'appliquèrent en conscience à les amoindrir et comment ils furent en cela singulièrement aidés par les partages maladroits de leurs rivaux. C'est ainsi qu'en 1344 nous voyons tous les biens des Vichy partagés entre trois frères ennemis, et le duc Pierre Ier profiter de cette circonstance pour obtenir de Jean, l'un des trois frères, Vichy d'abord, puis la maison des Roches et la moitié de la forêt de la Vauvre, dépendant de Busset. Busset pourtant, bien que réduit, resta aux mains de Damas de Vichy, frère de Jean, et, après Damas, à son fils Guillaume, qui fut un des vaillants compagnons du duc Louis II.

Guillaume de Vichy ne laissa qu'une fille, Maragde ou Esmeralde (1), qui, en 1387, porta Busset à un gentilhomme auvergnat, Morinot de Tourzel, déjà seigneur d'Allègre et de Chaumèles (Chomelix le Bas) (2) : à Morinot de Tourzel succéda son fils Yves, qui fut tué en 1442, à Tartas (3), en combattant contre l'Anglais « très vertueusement », et à Yves, son fils Bertrand, époux de demoiselle Jeanne de Lévis-Cousan.

(1) Dans l'église de la Chaise-Dieu est un mausolée représentant une femme couchée et dont la légende a fait le tombeau de la reine Edwige d'Angleterre, morte à la Chaise-Dieu, où elle serait venue demander à saint Robert la guérison de la lèpre, dont elle était atteinte ; or le coussin sur lequel repose la tête de la statue est semé de petits écussons de vair plein, armes de la maison de Vichy ; il ne nous semble donc pas douteux que ce tombeau ne soit celui d'Esmeralde de Vichy, femme de Morinot de Tourzel.

(2) Allègre est un chef-lieu de canton de la Haute-Loire, et Chomelix le Bas une commune du canton de Craponne, même département.

Quant à Tourzel, c'est une ancienne paroisse maintenant réunie à Ronzières, près d'Issoire, et où l'on trouve dès 1121 la famille chevaleresque d'où était issu Morinot, fils d'Assailly et de Marquise d'Espinchal. Morinot de Tourzel fut échanson du duc de Berry et resta toujours en grande faveur auprès de ce prince, auquel il dut de porter à un haut degré la fortune de sa maison. C'est ainsi qu'en avril 1385 le duc lui céda tous ses droits sur les terres d'Allègre, Chomelix, Saint-Just, etc., récemment confisquées sur Bertrand de Sennetterre, droits que Morinot compléta peu après en acquérant d'Ythier Raibe, époux de la dernière descendante des premiers d'Allègre, tout ce que cette dernière pouvait avoir à prétendre sur les seigneuries de sa famille. Morinot fut un grand batailleur, et son nom se retrouve en Allemagne, en Lombardie et ailleurs ; il testa en 1418 et fut enterré dans la chapelle qu'il avait fondée dans la cathédrale de Notre-Dame de Clermont.

Les descendants de Morinot de Tourzel, d'abord barons, puis, en 1577, marquis d'Allègre, remplirent tous de grandes charges et furent titrés barons de Saint-Just, comtes de Flagheac, barons de Meilhan et de Viverols, comtes de Champeix, Saint-Girgues et Beauvoir, marquis de Blainville, comtes d'Oisery, Mézy, Couchy, le Havre, Arques, vicomtes de Beaumont le Roger, comtes de Joigny, barons de Vitteaux, seigneurs de Précy, etc.

Cette maison s'éteignit en 1733, en la personne d'Yves de Tourzel, marquis d'Allègre, époux de demoiselle de Garand de Caminade, qui mourut ne laissant que quatre filles, dont trois mariées. L'aînée avait épousé le marquis de Barbézieux, fils du fameux Louvois ; la seconde, le comte de Ruppelmonde, et la troisième, le maréchal de Maillebois : cette dernière seule eut postérité en la personne d'une fille Marguerite-Henriette, qui épousa Louis du Bouchet de Sourches et dont les descendants furent faits sous Louis XVI ducs de Tourzel. Les ducs de Tourzel eux-mêmes durèrent juste une génération : la fameuse gouvernante des enfants de Louis XVI en effet n'eut que trois filles, la duchesse des Cars, la duchesse de Lorges et enfin Anne-Hélène Aldegonde de Sourches de Tourzel, qui épousa en 1830 le comte d'Hunolstein et dont le fils, époux de demoiselle de Montmorency-Luxembourg, est actuellement seul à représenter cette illustre race dans son pays d'origine : il habite ordinairement près d'Issoire le château de Saint-Girgues.

Morinot de Tourzel portait de gueules à une tour ouverte d'argent, ajourée, maçonnée et crénelée de sable, armes auxquelles ses descendants ajoutèrent six fleurs de lis posées en pal, trois de chaque côté, en souvenir sans doute des anciens d'Allègre, qui portaient de gueules semé de France.

(3) Tartas est un chef-lieu de canton du département des Landes.

Le 1ᵉʳ janvier 1498, enfin, le château de Busset entra dans les biens de la famille des possesseurs actuels, par le mariage de Marguerite de Tourzel d'Alègre, fille de Bertrand, avec Pierre de Bourbon, fils aîné de Louis et de Catherine d'Egmont, appelé quelquefois le « bâtard de Liège » et tige des comtes de Bourbon-Busset. Sur ces derniers, nous nous arrêterons quelque peu : on ne saurait, en effet, trop protester, ce nous semble, contre l'erreur invétérée qui fait contester à ces descendants directs de nos anciens ducs une légitimité qui n'est pourtant pas douteuse. « N'en pouvant faire des cadets, dit madame la marquise du Prat, l'histoire complaisante et soumise a fait des Bourbon-Busset des bâtards, grande origine, suivant le préjugé vulgaire, lorsqu'elle vient d'une faute princière, mais pourtant ombre réelle et, dès lors, outrage, lorsque cette origine est une calomnie. »

BUSSET.
Pierre aux armes des de Tourzel

Or donc, Louis de Bourbon, le père du nouveau sire de Busset, cinquième fils du duc Charles Iᵉʳ et d'Agnès de Bourgogne, avait été, en 1455, et alors âgé de dix-huit ans, pourvu du riche évêché de Liége ; mais, élevé à la cour de son oncle le duc de Bourgogne, et peut-être poussé par lui à résister aux volontés royales, le jeune prince était déjà peu disposé à prendre les ordres, lorsqu'en 1463 il vit aux noces de sa sœur (1) Catherine d'Egmont, fille d'Arnould, duc de Gueldres. Il s'en éprit, et, offrant de résilier son évêché, auquel ne l'attachait, d'ailleurs, aucun ordre sacré, il demanda la main de Catherine à son père, qui l'accueillit favorablement ; mais le mariage d'un prince du sang devait, selon la coutume de France, être soumis à la sanction royale ; or, le roi de France était alors Louis XI, et l'on pense s'il devait voir avec faveur une union patronnée par son bon cousin de Bourgogne et qui le menaçait, en outre, d'une nouvelle série de grands vassaux. Il refusa l'autorisation demandée : Louis de Bourbon, néanmoins, parvint à persuader au duc de Gueldres que le Roi n'irait pas jusqu'à résister devant le fait accompli, et le mariage fut célébré à Gueldres en 1464, avec toutes les cérémonies requises. C'était mal connaître le souple, mais inflexible Louis XI : loin de céder, il interdit au prince rebelle l'accès du royaume, refusa sa sanction de plus belle, et toute sa tortueuse politique tendit dès lors à rendre intenable la situation de Louis. Les circonstances ne le servirent que trop bien : Arnould de Gueldres, en effet, mourut sur ces entrefaites, laissant son duché à son fils

---

(1) Catherine de Bourbon, la sœur de Louis, épousa son cousin, Adolphe d'Egmont, fils d'Arnould et de Marie de Bourgogne, frère de Catherine d'Egmont.

Adolphe, prince soupçonneux, cupide et aussi circonvenu par Louis XI. Banni de France, traqué dans son pays d'adoption par Adolphe, qui était pourtant son cousin et deux fois son beau-frère, Louis de Bourbon, « homme faible, disent les chroniques, et de joyeulx vivre », ne vit bientôt plus de ressources possibles que dans le riche bénéfice dont les intrigues royales avaient arrêté la résiliation. Au lieu donc de mettre « la lance en cuisse et de prendre la campagne », il commit l'impardonnable faute que souhaitait le roi de France et, en décembre 1466, prit possession du siège qu'il ne devait plus quitter.

Louis de Bourbon n'est autre que cet évêque de Liège assassiné en 1482 par Guillaume de la Marck, le sanglier des Ardennes, et, parmi les Bourbonnais qui ont lu dans Walter Scott l'émouvant récit de sa mort, combien ignorent qu'il s'agit là d'un de leurs compatriotes et de l'aïeul des Bourbon-Busset !

De son mariage avec Catherine d'Egmont, Louis laissait trois fils, dont la tutelle revenait de droit à leur oncle Pierre, duc de Bourbon, le très obéissant époux d'Anne de Beaujeu, « la meilleure tête qui fût en France ». Pierre, l'aîné des trois Bourbon, vint donc habiter la cour de Moulins ; mais, contre la légitime attente de sa mère, il ne put jamais obtenir de l'astucieuse fille de Louis XI, ni la reconnaissance du mariage de son père, ni même la part lui revenant des biens de sa famille, et ce, malgré un procès, que continua après lui son fils Philippe.

En 1518, il est vrai, intervint bien un arrêt royal, par lequel les enfants de Louis de Bourbon porteraient les armes de la maison de Bourbon et seraient à l'avenir reconnus comme « vrais et légitimes enfants, nés de loyal mariage » ; mais si, en conséquence, le titre de « Cousins du Roi » fut acquis désormais aux Bourbon-Busset, l'injustice première ne fut jamais complètement réparée, et il pesa toujours sur les membres de cette famille la clause insérée dans l'arrêt de 1518 : « Qu'ils ne seraient jamais admis aux partages à venir dans la maison de Bourbon. »

Cette clause, en effet, leur crée une situation mal définie, et pourtant, qu'on le veuille ou non, la légitimité découle bien du sang transmis en loyal mariage, et non de telle ou telle convention. Assurément la raison d'État peut, jusqu'à un certain point, expliquer les agissements du roi Louis XI, qui, en reconnaissant Pierre de Bourbon, eût peut-être compromis la grande œuvre de son règne ; mais l'attitude de sa fille semble moins excusable, quand on songe que la frustration de l'héritage des enfants de Louis de Bourbon devait profiter à sa propre fille, Suzanne, la future épouse du connétable. Et qu'advint-il de cette immense fortune fondée par elle ? Elle servit seulement à exciter les convoitises de François Ier, fut la cause véritable de la triste épopée de son malheureux possesseur, et, à ce sujet, on peut certes répéter justement le dicton banal : « Bien mal acquis est de petit profit. »

Pierre de Bourbon fit à Busset souche d'une nombreuse famille, dont nous ne prétendons pas donner la filiation : nous suivrons seulement la

Busset. — Vue de la cour d'honneur.

liste des aînés, barons, puis comtes de Busset, et, après Pierre, nous y trouvons successivement :

Philippe, tué à la bataille de Saint-Quentin, le 10 août 1557, marié en 1530 à Louise Borgia, duchesse de Valentinois, fille de César et de Charlotte d'Albret ;

Claude Ier (1531-1588), dit comte en 1578, époux de Marguerite de la Rochefoucault ;

César (1565-1631), qui épousa en premières noces Marguerite de Pontac et en deuxièmes noces Louise de Montmorillon, fille unique de Saladin (V. notamment Creuzier le Vieux) ;

Claude II, né à Busset le 30 avril 1589 et mort en 1641, sans avoir eu d'enfants de Louise de La Fayette ;

Jean-Louis (1597-1667), frère de Claude II, époux d'Hélène de la Queuille de Fleurat;

Louis Ier, marié le 15 janvier 1672 à Magdeleine de Bermondet et tué cinq ans après devant Fribourg, dans la nuit du 10 au 11 novembre 1677, à l'âge de vingt-neuf ans;

Louis II (1672-1724), qui, en 1719, épousa Marie-Anne de Gouffier;

François-Louis-Antoine, lieutenant général des armées du Roi, mort le 16 janvier 1793, après avoir épousé en premières noces Magdeleine-Louise-Jeanne de Clermont-Tonnerre, et en deuxièmes Jeanne de Guignes de Moreton, fille de Claude, comte de Chabrillant, dont il n'eut pas de postérité;

BUSSET.
Pierre aux armes des Bourbon-Busset et Borgia.

Louis-François-Joseph, né en 1749, marié en 1778 à Boynes, près Fontainebleau, à Louise-Élisabeth Bourgeois de Boynes, maréchal des camps et armées du Roi, mort à Busset le 3 février 1829;

François-Louis-Joseph, lieutenant général, pair de France, époux de demoiselle Charlotte-Sabine de Gontaut-Biron;

Charles-Ferdinand, qui n'eut que des filles (1) de son mariage avec Marie-Louise de l'Épine;

Et enfin le neveu du précédent, Robert, comte de Bourbon-Busset, fils de Gaspard et de Céline du Prat, veuf de demoiselle de Nédonchel et remarié à la fille du duc d'Ursel, ancien ministre des affaires étrangères de Belgique.

Sans les intrigues d'Anne de France, en somme, la couronne, à la mort de Henri III, au lieu d'échoir aux Bourbons-Vendôme, représentés par Henri de Navarre, serait revenue à César de Bourbon-Busset, chef de la branche aînée des Bourbons (2). Les Bourbons-Busset, pourtant, supportant dignement une injustice séculaire, « ont, dit la marquise du Prat, gardé une fidélité constante à ceux dont ils auraient dû la recevoir », et n'ont jamais eu d'autre ambition que de se dire les loyaux serviteurs de la France et de ses rois.

---

(1) Françoise-Eulalie-Marie-Madeleine, mariée à Busset, le 15 octobre 1866, à Alain de Charette de la Contrie, capitaine aux zouaves pontificaux; Marguerite-Marie-Charlotte-Joséphine, mariée à Sainte-Clotilde, le 27 décembre 1871, à Henri-Marie-Guillaume, vicomte de Chabrol-Tournoël, alors député à l'Assemblée nationale; Joséphine-Marie-Suzanne, mariée à M. du Pré de Saint-Maur; et Isabelle-Marie-Alexandrine, morte célibataire.

(2) Et, à ce propos, serait-il téméraire de penser que le voyage du Béarnais à Busset, voyage certain, mais dont aucun titre n'a été conservé, — et qui semble avoir été fait précipitamment et dans le plus grand secret, — eut justement pour but de sonder les intentions de César de Bourbon-Busset, écarté, à la vérité, de la succession au trône par le traité de 1518, mais auquel sa qualité de prince catholique donnait, à coup sûr, des chances de succès?

Il arriva tout naturellement que la seigneurie de Busset engloba de bonne heure les modestes fiefs des environs, et ceux que nous allons nommer ne furent jamais, depuis le XVI° siècle au moins, que des dépendances de leur puissant voisin.

Parmi eux, cependant, la petite seigneurie de *Grandval*, sise aux portes mêmes de Busset, semble avoir conservé une existence propre et, au XVII° siècle encore, possédait une justice particulière et des officiers châtelains dont les derniers furent les Dupuy, bourgeois de Busset.

Le premier aveu que nous connaissions de Grandval est, en 1446, celui rendu par un Jean de Louhase ou Louaise, qui tient notre fief de Philiberte de Sazeriet, son épouse, et sur lequel nous n'avons nul autre renseignement. Puis arrive à Grandval une branche des Josien de Verseilles. (V. ce fief.)

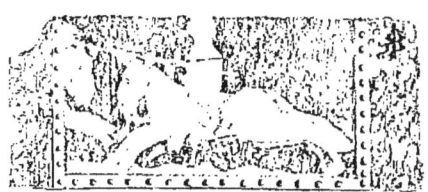

BUSSET. — Pierre sculptée (XII° siècle).

Nous avons eu en main une généalogie des Josien, d'après laquelle cette famille remonterait jusqu'à un certain Pierre, déjà seigneur de Grandval en 1081, et compterait parmi ses alliances : les l'Espinasse, Vitry, Amanzé, le Long, Montjournal, etc. C'est fort possible, mais nous garderons quelque défiance et, jusqu'à meilleures preuves, nous nous arrêterons au premier Josien mentionné d'une façon certaine et qui est, en 1565, Claude, époux de demoiselle Michelle de Pierrepont. A Claude succéda son fils Louis de Josien, écuyer, et à ce dernier sa fille Louise de Josien, qui épousa un François de Saint-Martin, écuyer, dont M. de Soultrait fait, peut-être bien à tort, un membre d'une famille de Saint-Martin montluçonnaise : divers indices nous feraient plutôt croire François de Saint-Martin originaire de Vichy et peut-être issu de la famille des environs de Saint-Gerand, mais plus probablement d'une souche bourgeoise.

Suivant un usage fréquent à cette époque, les Josien conservèrent le nom de Grandval, sous lequel nous les trouvons longtemps après mentionnés en différents endroits et qu'ils donnèrent, d'ailleurs, à une terre qu'ils possédaient sur Saint-Menoux. Mais Grandval resta depuis lors aux Saint-Martin, et, après François, nous y trouvons successivement son fils Claude, époux d'Anne du Carlier, et Jacques, fils de Claude, qui avait épousé demoiselle Antoinette Forissier, fille de Jacques, praticien à Ris.

Jacques de Saint-Martin vendit probablement Grandval, et, en 1686, le mémoire de l'intendant d'Argouges nous donne un nouveau propriétaire de Grandval en la personne d'un Dapchier, membre d'une vieille famille bourgeoise, dont le nom se retrouve dans deux communautés anciennes de la paroisse de Busset (1). Mais les Dapchier ne purent sans doute acheter que la terre, et, en 1724, haute et puissante dame Marie de Gouffier, veuve de Louis de Bourbon, comtesse douairière de Busset, rend aveu des droits seigneuriaux et de la justice de Grandval, à elle revenus, soit par achat, soit par le fait même de la chute du fief en roture.

Grandval est actuellement un domaine vulgaire que M. de Bourbon acquit, au milieu du siècle seulement, de la famille Cornil, de Gerbes, sur la paroisse de Saint-Remy en Rollat.

Citons aussi le domaine du *Marand*, où l'on trouve longtemps des Doradour, écuyers, fort bien alliés, et qui sont peut-être une branche des Doradour d'Auvergne.

Quant aux *Roches* et à la *Vauvre*, ce sont bien deux anciens fiefs, mais au XIVe siècle déjà, époque où nous les rencontrons, ils sont réunis à Busset et réduits à l'état de simples domaines, qu'échange à ce titre, en 1344, Jean de Vichy au duc Pierre Ier de Bourbon. Des Roches, depuis lors, nous ne trouvons plus mention, et la seule que nous ayons de la Vauvre est l'aveu qu'en font, en 1444, Stourgon de Vaure (probablement de la Vauvre), Alips Bompare, sa femme, et Alix Bompare, veuve de Jean de Méalet, écuyer, tous héritiers de Marguerite de Vichy, dame de Chas.

Au siècle dernier, le nom de la Vauvre était porté par une notable famille de procureurs, receveurs et châtelains de Busset; nous ne trouvons pas celui des Roches, mais, en revanche, les la Roche abondent, et c'est de Busset que sort la famille la Roche-Dumas, qui habita quelque temps la Palisse.

Au-dessus des Roches, vers le point 500 (sapins des Merciers), tout contre la nouvelle route de Lachaux, est une pierre à bassins, que nous signalons à l'admiration des fervents des souvenirs druidiques.

En continuant à suivre la crête et à une lieue environ au sud de Busset, nous arrivons au siège de l'ancienne baronnie de *Piégut* ou *Puyagu*, dont tous les sires de Busset portèrent le titre, depuis Guillaume de Vichy, en 1301, jusqu'à la Révolution.

Puyagu ne dut jamais être une construction seigneuriale bien impor-

---

(1) En 1710, Gilbert Dapchier, seigneur des Torrenches, sur la paroisse de Ris, était l'époux de demoiselle de Josien.

tante, mais simplement une sorte de poste fortifié, en avant des Murs du Temple, sur le seul et montueux chemin qui, entre Ris et Saint-Yorre, permette d'aborder le plateau. M: l'abbé Matussières, curé de Limons, avait en 1840 visité Puyagu et a laissé des notes d'après lesquelles il se composait d'un donjon carré à quatre étages, accosté d'une tour ronde contenant un escalier à vis; au pied étaient la chapelle et la citerne, et tout autour une enceinte flanquée de quatre grosses tours.

A la fin du XVIe siècle, Puyagu, encore défendable, avait pu résister à un siège dirigé par les huguenots, qui ravageaient la vallée de l'Allier; mais, en 1633, il fut, comme tant d'autres châteaux, ouvert et démantelé par Richelieu, précurseur involontaire des héros de 1793, et, du vieux nid d'aigle, il ne reste plus que des débris amoncelés sur le mamelon conique qui lui avait jadis donné son nom. (Puyagu, *podium acutum*.)

Puyagu passe non sans raison, ce nous semble, pour avoir été un château des Templiers : il dut, avec les Murs du Temple, former la part des dépouilles du célèbre Ordre dévolues aux Vichy de Busset.

De l'ancienne commanderie dont dépendait Puyagu et qui fut détruite en même temps que lui il reste moins encore : le nom même en a disparu, et le souvenir n'en est plus gardé que par le nom typique de *Murs du Temple*, que porte un village voisin, construit de ses débris.

A peine si l'on y peut distinguer maintenant deux petites tours d'entrée, les fossés sud et est et aussi la chapelle, où se trouvait un joli chapiteau roman, par nous transporté au château de Châteldon; mais cette ruine complète est toute récente, et en 1860 se devinait encore, paraît-il, l'ancienne importance de cette commanderie, qui pourtant, depuis sa confiscation et son entrée dans la maison de Vichy, fut toujours une simple dépendance de la baronnie de Puyagu et du fief souverain de Busset.

Les Murs du Temple touchent littéralement à la limite de Ris, qui est du Puy-de-Dôme; nous ne ferons donc que nommer les arrière-fiefs, maintenant compris dans ce dernier département, mais qui autrefois formaient la baronnie de Puyagu.

Ce sont Puy-Grimaud, les Torrenches, Gagnol et l'ancien prieuré de Bancherel ; puis on arrivait au petit château de Fort-Rion, successivement possédé par les familles Bachelier (V. le Pleydit), de Cherviers Ducher et de Barghon, et où commençait la baronnie de Châteldon, membre de la châtellenie de Billy en Bourbonnais.

SAINT-YORRE ET MARIOL.

Des hauteurs de Busset, entre elles et le cours sinueux de l'Allier, on découvre une plaine étroite, dont les prés-vergers, les champs morcelés et les longues files d'arbres rappellent de fort près la Limagne voisine. Et c'était, en effet, terre d'Auvergne avant l'acte d'août 1372, où, régularisant les empiétements successifs de ses prédécesseurs, le duc de Bourbon, Jean Ier, se fit céder par Jean, duc de Berry et d'Auvergne, les fiefs, ressorts et suzerainetés de Mariol, Saint-Yorre, etc., jusques et y compris Vichy (V. ce fief), à l'exception des châteaux de Puyagu, Abrest et Busset.

Là s'étendent les communes de Mariol et de *Saint-Yorre*.

Sur cette dernière, qui a vu si bizarrement défigurer son vieux nom de Saint-Thierry (*sanctus Theodoricus*), nous ne connaissons rien qui entre dans notre cadre : cette fort ancienne paroisse eut pour origine non pas un établissement féodal, mais un prieuré de femmes, dépendant de l'abbaye de Cusset et dont la source, dite de Notre-Dame de Saint-Yorre, occupe à très peu près l'emplacement. Le prieuré de Saint-Yorre, en 1739, existait encore, mais il fut, cette année-là, complètement détruit par une crue de l'Allier qui passait alors bien plus près de la Poivrière (1) : il ne fut plus relevé, et dès lors il n'y eut plus à Saint-Yorre qu'un receveur percevant des droits, au nom de la dame abbesse de Cusset.

Quelques autres droits seigneuriaux sur Saint-Yorre ressortissaient au XIIIe siècle à Busset, et, après avoir successivement appartenu aux Vichy, aux Bourbon-Busset, aux sires du Chaussin, appartenaient, en 1792, à M. Douet de Vichy.

Nous ne ferons que nommer les *Fiats* et les *Jarrots* : les premiers, actuellement en démolition, devinrent, après la ruine du prieuré, le chef des possessions de l'abbaye de Cusset sur Saint-Yorre ; les seconds, sis sur la grande route, appartinrent longtemps à la famille Choisy, qui fournit à Vichy de nombreux officiers de justice.

(1) Ce brusque changement de lit de la rivière en 1739 était une occasion de procès dont ne manquèrent pas de profiter les officiers de justice des seigneuries voisines, et les différends engagés alors étaient encore loin d'être terminés à la Révolution.

Quant à *Mariol*, auquel des monnaies et débris antiques trouvés surtout à Calleville font généralement attribuer une origine romaine, c'est une ancienne et importante baronnie que, dès la fin du XIIe siècle, nous voyons former l'apanage d'une maison chevaleresque qui en avait pris le nom.

Les Mariol, que nous retrouverons en maint autre endroit, figurent sur tous les armoriaux du pays, qui tous ont copié les armoiries à eux attribuées par Guillaume Revel : or, dans le riche cabinet de M. le baron de Barghon de Fort-Rion figure une pièce curieuse provenant des

MARIOL.

papiers des Breuls et qu'il a bien voulu mettre à notre disposition : c'est une étroite bande de parchemin, sur lequel, en écriture cursive du temps, est écrit : « Je, Oudin de Mariole, ai eu pour moi et pour mes compaygnons, de Mestre Guil. Chaintre de Milli et Geoffroy Geg... quinze livres et diz solz comptant sur mes gaiges dehus en cest dernier host de Flandres. Donné à Paris, jeudi, douzième jour d'octobre l'an MCCC et deux. » Et au-dessous pend un cachet de poix qui porte : de... à trois fers de javelot et un lambel à trois pendants en chef. — Ne sommes-nous pas quelque peu fondés à croire que ce sont là les armes des premiers Mariol?

Rien n'est moins sûr, d'ailleurs, que de faire de cette famille les modestes gentilshommes que nous voyons plus tard à Saint-Martin et aux Creuziers (V. ces fiefs) : la pièce que nous venons de citer, en effet, et qui se rattache à la campagne où, par la fameuse journée de Mons en Puelle, Philippe le Bel arracha à Guy, comte de Flandre, la moitié de ses États, semble faire un puissant personnage de ce sire de Mariol, chef d'un parti de gens de guerre levés à ses frais.

Quoi qu'il en soit, nous n'avons aucun renseignement sur la façon dont la baronnie de Mariol changea de mains, et nous passons sans transition à l'année 1612, où nous en trouvons un nouveau seigneur, en la personne de messire François de Chabannes-Blanchefort (1), époux d'Hélène de Daillon, fille de Guy et de demoiselle Jacqueline Motier de la Fayette.

Peut-être serait-il permis de faire une supposition qui expliquerait l'arrivée à Mariol de François de Chabannes. François, en effet, arrière-petit-fils de Gilbert de Chabannes-Curton, fils lui-même de Jacques Ier, sire de la Palisse, avait eu pour père Joachim de Chabannes, époux de Charlotte de Vienne : or à cette époque les de Vienne possédaient la puissante baronnie voisine de Châteldon, et de ce rapprochement on pourrait sans doute induire que Mariol vint aux Chabannes par cette Charlotte de Vienne; mais, nous le répétons, c'est une pure hypothèse à laquelle madame la comtesse Alfred de Chabannes préfère celle qui ferait porter Mariol à François de Chabannes par Hélène de Daillon, sa femme (contrat passé à Boislamy le 6 octobre 1602). — C'est un petit point de l'histoire des Chabannes que n'a pu élucider le travail si consciencieux de M. le comte Henri de Chabannes sur son illustre maison.

A François de Chabannes-Blanchefort succéda son fils, autre François (1630), qui épousa successivement Anne Douet ou de Dauvet (2) et Marie de Cluys, dont il eut, entre autres enfants : Anselme, marié, le 7 juillet 1647, à Gabrielle de Lestranges. Anselme eut quatre fils, dont nous retiendrons seulement Annet-Marie qui, le premier, prit en 1669 le titre de comte de Mariol : le 16 février 1681, Annet-Marie épousa Henriette de Coiffier, fille de Jean, seigneur de Demoret, procureur du Roy en la généralité de Moulins, et de Marie Maréchal, fille de Claude, médecin à Cusset, et de Marie Allemand. De ce mariage naquirent sept enfants, dont six moururent célibataires ou sans postérité, si bien qu'à la mort du dernier d'entre eux, Geoffroy Aimé, marquis de Mariol, tué à Dettingen le 27 juin 1743,

---

(1) Ce nom d'une branche des Chabannes-Curton lui venait du mariage, en 1498, de Jean de Chabannes, l'aïeul de François, avec Françoise de Blanchefort, dame de Bois-Lamy, paroisse du Moutier-Malcarré, dans la Marche (actuellement canton de Bonnat, Creuse).

(2) Dom Béthencourt écrit Douet, orthographe que portent aussi des titres entre nos mains; madame la comtesse Alfred de Chabannes écrit Anne de Dauvet et croit la femme de François de la maison des Dauvet de Rieux.

Henriette de Chabannes, sa sœur aînée, née à Mariol le 18 novembre 1681, resta seule héritière de la branche des Chabannes-Mariol.

Henriette de Chabannes-Blanchefort, le 1ᵉʳ avril 1719, avait épousé François Feydeau, chevalier, seigneur de Marcellanges en la paroisse de Saint-Léon, capitaine au régiment de Louvigny, et en avait eu, outre un fils, une fille, Marguerite Feydeau, mariée, en 1746, à Claude-Robert d'Hugon, chevalier, seigneur de la Rochette : mais le fils d'Henriette fut

ANCIENNE ÉGLISE DE MARIOL.

tué à Fontenoy, et, Marguerite étant morte à la même époque, presque en même temps que son père (1751), Henriette de Chabannes entretint dès lors avec son gendre des rapports si tendus qu'elle dut prendre un parti que l'on peut sans exagération qualifier d'extrême. En 1764, en effet, et alors âgée de quatre-vingt-deux ans, elle se remaria avec Pierre-Auguste Valette de Bosredon, chevalier, ex-capitaine au régiment Mestre de camp général-Dragons.

M. d'Hugon, tuteur des deux enfants que lui avait laissés Marguerite, fut naturellement peu satisfait; mais sa fureur ne connut plus de bornes quand, le 12 septembre 1765, survint une vente de Mariol consentie à

M. Sicaud de la Motte par les époux Bosredon, moyennant cent soixante-trois mille livres, dont quatre-vingt-trois mille payées comptant, meubles compris. De suite, il intenta à sa belle-mère un procès, dans lequel il insinue que le seigneur Valette, abusant du grand âge de sa femme, la fait agir à son profit contre les intérêts de ses petits-enfants et a fait vendre Mariol pour s'en approprier le prix. « Qu'attendre de raisonnable, ajoute-t-il, d'une femme assez folle pour se remarier à quatre-vingt-deux ans? »

Les assertions de M. d'Hugon semblaient, à coup sûr, fondées : il n'en perdit pas moins son procès, et le Parlement se rendit aux raisons des procureurs adverses, qui, excipant de la haute réputation de M. de Bosredon et des siens, font observer que le mariage n'est pas toujours le résultat de l'attraction que peuvent exercer des appas futiles et, d'ailleurs, périssables, mais qu'une sage amitié et l'inclination mutuelle de deux cœurs faits pour se comprendre expliquent suffisamment une union dont, seuls, des esprits légers et sensuels ne voient pas le côté touchant.

M. Charles Sicaud de la Motte (V. la Guillermie) resta donc paisible possesseur de Mariol et le possédait encore à la Révolution : issu d'une famille bourgeoise de Vichy, ce dernier seigneur de Mariol, fils de Geoffroy, receveur au grenier à sel de cette ville, avait épousé — un peu tard — une Veyny d'Arbouse de Villemont, dont il eut trois fils. Mariol, à sa mort, passa à l'aîné de ceux-ci, dit Sicaud de Saint-Priest-Bramefant, et fut, en 1851, vendu en détail par les enfants de ce dernier. Acquis alors avec la majeure partie des terres par M. de Barghon des Grangeons, le château de Mariol appartient actuellement à son petit-fils, M. Joseph Ruet de la Motte, de la même famille que le député à la Législative, dont nous parlons au Souchet d'Isserpent (V. plus loin).

Le château de Mariol, édifice du XVIe siècle avec quelques parties conservées du XVe siècle, se compose d'un corps de logis retouché au siècle dernier et flanqué aux angles de deux pavillons carrés, et sur la face sud d'une élégante tour d'escalier Renaissance. De l'ancien château féodal il ne reste rien, mais il n'est pas douteux que son emplacement soit celui du manoir actuel; sur la moitié du pourtour, en effet, se développe un large fossé, où le Darot entretient une eau continuellement claire, et, en outre, une aile, récemment détruite, reliait au château de Mariol la vieille chapelle qui fut l'église paroissiale du bourg, depuis un temps immémorial. Cette chapelle, réparée il y a environ un demi-siècle, existe encore; mais, abandonnée pour une autre plus récente, elle est dans un état de délabrement tel qu'il nous a paru grand temps de la dessiner.

Non loin de Mariol est le domaine des *Odins,* ancien fief, paraît-il, dont il est curieux de rapprocher le nom de celui du sire de Mariol en 1302 : les Odins furent successivement possédés par les familles Lamy et Mandon, et n'ont absolument rien de typique.

Tout à la sortie du bourg, sur les bords ombreux du Darot, se trouvent encore les deux fiefs des *Breuls* et des *Chapelles,* tous deux acquis par les Barghon, en 1623, d'une famille de Chaslut, que nous pensons être celle des environs de Ferrières. (V. le Pleydit.)

Une partie des Chapelles, à cette époque, appartenait aux le Groing de la Romagère; cet ancien fief, aujourd'hui, appartient à M. Gonnard des Echaux (famille du Mayet de Montagne); mais tout ancien cachet en a disparu sous des réparations successives. Des Chapelles provient une curieuse girouette Louis XIV, conservée au château de Fort-Rion.

Quant aux Breuls, restés propriété des Barghon, les bâtiments en sont absolument neufs. Comme, en 1301, nous les trouvons mentionnés en même temps que Puyagu dans les possessions de messire Guillaume de Vichy, chevalier, il est assez probable qu'il dut y avoir dans cette fraîche vallée un établissement des Templiers de Puyagu et des Murs du Temple, qui forma avec ces deux châteaux l'apanage des Vichy; la grande fortune de cette dernière famille, d'ailleurs, semble bien avoir eu pour origine les confiscations exercées sur les Templiers.

Une dernière seigneurie était celle des *Grands-Vaulx,* dont les mouvances, jadis, s'étendaient jusqu'à Saint-Yorre, et dont il reste, sur un promontoire qui domine la rivière d'Allier, de vieux murs très épais et une tour tronquée sur lesquels s'est greffé le domaine neuf de madame Lallemand, de Mariol.

On attribue aux Templiers la possession primitive des Grands-Vaulx, et, bien que les preuves certaines fassent défaut, on peut croire, en effet, que le fameux Ordre, si riche dans ces parages, devait posséder sur la rivière un château lui fournissant un passage entre les Murs du Temple et Maumont : or, les Grands-Vaulx sont placés juste entre ces deux points.

Au XVe siècle, nous trouvons aux Grands-Vaulx les Beaulieu, seigneurs de Boisdinet (au bord de l'Allier, au-dessous de Mons); puis viennent les Chaslut (1), et en 1612 les Grands-Vaulx sont encore habités par demoiselle Charlotte de Chaslut, consorte de noble Olivier de Bard, seigneur du

---

(1) Ces Chaslut sont sans doute de la famille auvergnate qui portait : d'azur à trois étoiles d'or.

Feyt et de la Motte, paroisse de Saint-Jean d'Heurs. Mais sans doute furent-ils démembrés peu après, et depuis lors les Grands-Vaulx, dépouillés de leurs droits seigneuriaux, semblent être devenus un simple domaine que, peu avant la Révolution, vendirent à M. Sicaud de la Motte, seigneur de Mariol, les Canque, alliés aux Colin de Ferrières.

Citons enfin les *Loyards*, qui ne furent jamais qu'un simple domaine longtemps possédé par les Rabourg, bourgeois de Ris. — Au milieu du XVIIIe siècle, Jacques Rabourg parvint à la noblesse par une charge de commissaire des guerres et maria sa fille Françoise à Antoine de Grimaud de Panloup, dont le fils, Jacques Grimaud, fut, en 1789, chargé d'organiser l'assemblée préparatoire des États généraux, en sa qualité de lieutenant général de la sénéchaussée de Moulins.

La dernière Rabourg fut la mère de M. Camille Thaves, maire de Ris.

ABREST ET LE VERNET

Au-dessus de Saint-Yorre, dans l'anse que forme la crête granitique de Busset avant d'aller par les Justices, Viermeux et les Acarins se perdre dans le pays accidenté de Saint-Étienne de Vicq, commence l'énorme dépôt argilo-calcaire qui forme ce que l'on appelle en Bourbonnais la forte terre, et va s'épanouir dans la plaine du Valançon. A ce dépôt appartiennent les gradins successifs qui descendent des hauteurs couvertes de sapins jusqu'au bord même de l'Allier, et qu'occupent les riches communes d'Abrest et du Vernet.

Peu de sites bourbonnais ont été autant admirés et chantés en vers ou en prose : récemment encore, M. Émile Montaigut rappelait aux lecteurs de la *Revue des Deux Mondes* les louanges que Fléchier et tant d'autres après lui ont prodiguées au panorama du pont de Vichy, et c'est en effet un fort attrayant spectacle quand, au delà de la tranquille rivière, les penchants couverts de vignes, et dorés par le soleil d'un beau soir d'automne, se détachent sur les montagnes au profil tourmenté ; toutefois, des Bourbonnais moins convaincus que nous pourraient peut-être sourire de l'admiration un peu trop enthousiaste de l'élégant écrivain.

Sur les premières pentes et dominant le bassin de Saint-Yorre, s'élève le *château du Chaussin*, imposant encore malgré son extrême misère, et dont on aperçoit au loin le lourd donjon.

Dès 1330 (1), cette importante seigneurie était possédée par une famille chevaleresque du Chaussin, dont le nom patronymique était Aubert, et qui semble appartenir à la même souche que les Aubert d'Ussel, également possessionnés à Charroux, Ussel et Monestier dès le début du XIII° siècle (2). Entre leurs armoiries et celles des Aubert d'Ussel, l'analogie est frappante : tandis que les uns, en effet, portent d'azur à une bande d'or accompagnée de deux étoiles de même, à la bordure de vair, les autres ont d'azur à la bande d'argent à six étoiles de gueules mises en orle.

Les *Noms féodaux* et les Archives de l'Allier nous donnent plusieurs de ces Aubert du Chaussin : c'est en 1300 Rodolphe, en 1387 Jean, puis, en 1436, Henri qui, par lettres royaulx datées de Riom, 1438, obtint l'autorisation de bâtir un fort chastel sur sa motte du Chaussin. En 1463, vient Hector ou Astorg, époux de Jeanne des Ormes, fille de Louis, qui posséda notre fief indivisément avec son frère Henri, époux de Marie d'Aubrinay ; en 1488, enfin, nous trouvons Jean, fils d'Hector et époux de Catherine de Doyat, qui mourut en 1506,

Le Chaussin. — Porte d'entrée.

et dont le fils Bertrand, époux de Péronnelle de Bonnay et mort sans postérité en 1520, fut le dernier des Aubert du Chaussin.

Notre fief fut, en 1522, porté par sa veuve à messire Balthazar de Séneret, capitaine pour le Roy en sa ville de Moulins, à condition qu'il prendrait désormais le nom et les armes des anciens sires du Chaussin. Ce nouveau seigneur, frère de Gaspard, seigneur de la Bâtisse, sortait d'une famille originaire du Gévaudan et fixée à la Bâtisse, paroisse de Saint-Allyre ès Montagnes (actuellement commune de Puy-Guillaume, Puy-de-

---

(1) A cette époque, les sires du Chaussin possédaient déjà des dîmes considérables sur Arfeuilles.
(2) De Charroux sortit au XVII° siècle une modeste famille bourgeoise d'Aubert, qui s'éleva un peu par des charges de judicature ; de Charroux sortent aussi des Aubert, négociants à Gannat ; enfin, à Ussel, Monestier et aux environs, le nom d'Aubert est encore porté par quantité de cultivateurs : là est donc certainement le berceau de tous les Aubert de la région répandus depuis lors un peu partout.

Dôme), depuis le milieu du XVe siècle, époque à laquelle Guy de Séneret, — aïeul de Balthazar, sans doute, — et seigneur de Saint-Amaury, avait épousé demoiselle Marie de la Bâtisse, seule héritière de sa maison (1).

De son mariage avec Péronnelle de Bonnay, Balthazar de Séneret n'eut qu'une fille, Anna de Séneret du Chaussin, qui épousa M. de Sacconay et dans le contrat de laquelle il était stipulé qu'en cas où Balthazar, son père, se remarierait, le Chaussin lui reviendrait par préciput; or, Péronnelle de Bonnay étant morte, Balthazar de Séneret se remaria avec une demoiselle Claude de Thélis, et en eut un fils François, au nom de qui et par contrat passé à Thiers en 1556 il racheta à sa fille Anna, dame de Sacconay, sa terre et seigneurie du Chaussin.

C'est donc François de Séneret, chevalier des ordres du Roy, qu'après la mort de son père Balthazar nous trouvons seigneur du Chaussin, Molles, Montpeyroux et autres terres. François se maria deux fois : la première fois avec demoiselle Anne d'Augiraud, dame de Boisrigaud et de Nozerolles, et la seconde avec demoiselle Madeleine de la Fin; nous le suivons jusqu'en 1573, qu'il fut assassiné par François de Bonnay, seigneur de Vaumas, Antoine le Long, seigneur des Fougis, et René de Marcellanges, seigneur du Chambonnet.

Quel était le motif de ce meurtre? Peut-être quelque discussion au sujet de la succession de Péronnelle de Bonnay, ou simplement quelqu'une de ces querelles si fréquentes à la fin de ce XVIe siècle si tourmenté ; nous ne savons, mais, malgré les énergiques poursuites de sa veuve, Madeleine de la Fin, les trois meurtriers furent seulement condamnés aux frais et dépens.

François de Séneret ne laissait pour héritière de ses biens qu'une fille, Diane, qui eut pour tuteurs Jacques de la Fin et Claude de Buffevent, seigneur dudit lieu, et épousa, le 28 juillet 1573, messire Claude du Saix, écuyer, seigneur de Rivoire, Noailly, Billezois et Falconnières, page en la chambre de Sa Majesté le roy de Pologne (le futur Henri III), fils de messire Antoine-François de Saix et de dame Claudine de la Fin.

Le nouveau seigneur du Chaussin habita ordinairement son château de Noailly, paroisse de Magnet, et nous renvoyons à l'histoire de ce fief pour sa famille et aussi les mésaventures qui lui advinrent du fait des guerres de religion. Il fut capitaine de vingt hommes d'armes, gouverneur pour le Roy en sa ville de Thiers, et ne laissa que deux filles, dont l'aînée, Jeanne du Saix, eut le Chaussin et, le 27 novembre 1614, épousa messire Chris-

---

(1) En 1588, la branche des Séneret de la Bâtisse était encore représentée par Henri de Séneret, époux de Charlotte de Chaslut, qui cette année-là fait don à son domestique du domaine Canon de Mariol.

tophe de Talaru (1), baron de Chalmazel et d'Escotay, fils unique de Claude et de dame Péronnelle de Calard.

De cette union, Christophe eut seulement une fille, Jeanne, qui elle-même n'eut pas d'enfants de son mariage avec Joachim, marquis de Coligny et d'Andelot, baron de Vierzon : aussi, le 11 septembre 1665, en son hôtel de la rue de la Poulaillerie, à Lyon, la voyons-nous, par acte de donation pure et simple, investir de tous ses biens son frère Hugues, vicomte de Chalmazel, major d'un régiment de cavalerie et fils du second mariage de Christophe de Talaru avec demoiselle Claudine de Mâlain. Hugues devint ainsi seigneur du Chaussin, Molles et Montpeyroux, que

LE CHAUSSIN.

ses descendants gardèrent jusqu'à la Révolution avec bien d'autres terres voisines.

Des nombreux actes où ils figurent, nous citerons celui du 9 février 1694, par lequel Edme-François de Talaru de Chalmazel, chantre et chanoine, comte de Lyon, Hector de Talaru de Chalmazel, chantre à Saint-Pierre de Mâcon, et Claude-Gabriel de Talaru de Chalmazel, chevalier, brigadier des armées du Roi et lieutenant-colonel au régiment de Picardie, donnent à messire Hubert de Talaru de Chalmazel, chevalier, marquis dudit lieu, capitaine au régiment des carabiniers du Roi, le quart à chacun d'eux revenant des seigneuries du Chaussin, Molles, Montpeyroux, le Pavillon et Chas, pour qu'il puisse ainsi mieux soutenir l'éclat et la grandeur de leur maison. A Hubert succéda Louis, brigadier des armées du Roi, premier maître d'hôtel de la Royne et père de César-Marie, qui lui succéda en cette

(1) Les Talaru que l'on trouve dès le XII⁰ siècle aux environs de Chaponost, en Beaujolais (actuellement département du Rhône), portaient : parti d'or et d'azur à la cotice de gueules.

dernière charge, devint maréchal de camp et fut, le 4 thermidor an II et à l'âge de soixante-dix ans, guillotiné à Paris comme ex-marquis et cordon rouge (1). Non seulement ses terres, mais encore son château, furent alors partagés entre une infinité de petits propriétaires.

Le Chaussin, construit, comme nous l'avons vu, en 1438, se composait d'un corps de logis et de deux ailes, dont l'une, celle du sud, renfermait la chapelle et un donjon de douze mètres de diamètre : le tout, avec quelques bâtiments conservés du XIVe siècle, formait un carré flanqué de tours de près de cinquante mètres de côté et entouré de fossés pleins d'eau larges de vingt-cinq mètres : ces derniers existent encore, ainsi que quelques parties des terrasses qui entouraient le château au sud et à l'ouest ; mais dans quel état de délabrement est tout le reste ! En 1794, en effet, le Chaussin fut vendu à sept acquéreurs, qui, naturellement, se hâtèrent de venir s'installer dans les galeries peintes et les salles aux riches lambris où ils pensaient se trouver aussi bien que les seigneurs, si longtemps jalousés. Ils s'y trouvèrent, au contraire, fort mal, et, l'un après l'autre, se décidèrent presque tous à aller, en face, se construire des habitations plus conformes à leurs goûts ; mais, pour ce faire et aussi pour ne pas perdre le fruit de leur semblant d'acquisition, ils arrachèrent au vieux manoir tous les matériaux qu'ils purent utiliser. Peu de choses ont échappé à ce déménagement bizarre, dans lequel une tour, notamment, a complètement disparu : nous signalerons pourtant une porte d'entrée mutilée du XVe siècle, quelques détails d'escalier, des ouvertures à montants finement sculptés, et enfin, faisant face à l'ancien pont-levis, les débris d'une galerie Renaissance.

Heureusement, l'aile sud, la plus intéressante à coup sûr, semble devoir échapper à la destruction ; M. Rambert, de Vichy, l'a dernièrement acquise, et déjà nous avons eu le plaisir de constater le bon effet des réparations dues à son initiative.

Beaucoup plus modeste que le Chaussin, la gentilhommière de *Quinssat*, sise à mi-côte dans la vallée d'un petit affluent de l'Allier, est un simple pavillon accosté d'une tour d'escalier et auquel a été ajouté postérieurement un bâtiment d'exploitation. Outre deux fenêtres à l'italienne, la seule partie intéressante en est la tour de style Renaissance, où s'ouvre la porte d'entrée, que surmonte l'inscription : CITRA INVIDIAM.

Ce petit château, dont en 1354 Oudin et Dalmas de Vichy se disputaient la mouvance (V. Vichy), fut à l'origine (1243) la propriété d'une famille

---

(1) Dans les récents Mémoires de M. de Viel-Castel, on trouve d'intéressants détails sur le dernier représentant des Talaru et son encombrante moitié.

de Quinssat, qui fournit une abbesse au monastère de Cusset et s'allia sans doute aux Boucé, entre les mains de qui nous le retrouvons au XV° siècle. En 1445, en effet, et à propos de son mariage avec Péronnelle de Lespinasse, Jean de Boucé (V. Boucé), fils de Guillaume, reçut en dot la terre de Quinssat, située sur les paroisses d'Abret et du Vernet.

A la mort de Jean, Quinssat fut compris dans l'apanage de l'aîné de ses cinq enfants, François de Boucé, chevalier, sire dudit lieu, et fut par lui, le 2 avril 1495, vendu à haut et puissant seigneur messire Guichard d'Albon Saint-André, époux de Catherine de Talaru (V. Cérezat, Fretay, la Guillermie, etc.). Depuis lors, nous trouvons seigneurs ou dames de Quinssat : Jean d'Albon, fils de Guichard; Marguerite, fille de Jean et épouse d'Artaud d'Apchon, et, après elle, tous les d'Apchon, mentionnés aussi à Cérezat jusqu'à Jacques d'Apchon, fils de Claude, qui, en 1645, vendit notre terre à Gilbert Allemand, lieutenant général à Cusset, époux d'Antoinette Ogier.

L'acquéreur de Quinssat appartenait à la plus ancienne bourgeoisie de Cusset et depuis longtemps était, dans le pays, quelque chose comme l'intendant général des puissants seigneurs de Cérezat : il eut pour successeur son fils Claude Alle-

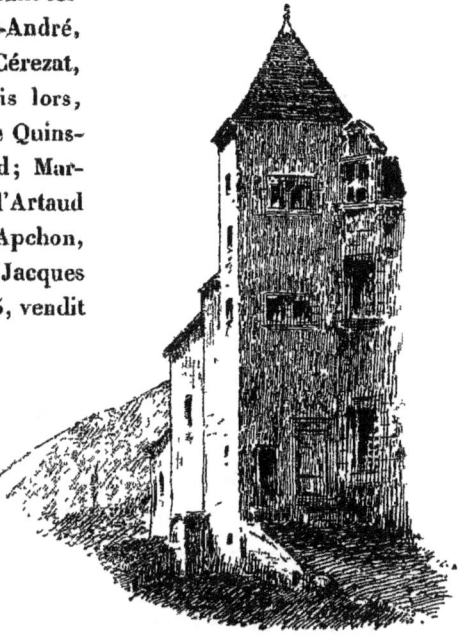

QUINSSAT.

mand qui, en 1655, est encore dit seigneur de Quinssat; mais peu de temps après, en 1662, notre fief, sans doute revendu, a changé de mains et appartient à Jean de la Richardie de Besse, écuyer, aussi seigneur du Vernet. A Jean succéda son fils François, époux d'Antoinette Alamargot, qui, le 10 mars 1694, céda à son fils aîné, Antoine-Gaston, la totalité de ses biens, à la condition de payer quatre mille livres à chacun de ses trois frères, Jacques, Christophe et Joseph. Quinssat fit naturellement partie de cette donation et resta en la possession d'Antoine-Gaston jusqu'en 1717, que s'en rendit acquéreur messire Louis de Talaru, marquis de Chalmazel, seigneur du Chaussin, brigadier des armées du Roi, gouverneur de Phalsbourg et Sarrebourg, sur le fils de qui il fut confisqué en 1792 (V. le Chaussin).

Le *château d'Abret* fut jadis le chef d'une des plus anciennes et puissantes seigneuries bourbonnaises, et les hésitations qui se produisirent, lors des délimitations entre les deux provinces d'Auvergne et de Bourbonnais, montrent quelle était alors l'importance de cette maison forte, qui commande, en effet, les bords de l'Allier et ferme, entre la rive droite et les hauteurs voisines, l'étroit défilé qu'utilise la grande route actuelle. Ces hésitations durèrent plusieurs années; mais, refusé une première fois, en 1372, par Jean, duc de Berry et d'Auvergne, Abrest fut enfin par lui cédé et ainsi définitivement réuni au Bourbonnais, en 1377.

En 1208, déjà, Bouchard de Vichy, le premier connu de sa race (V. Vichy), possédait Abret, vraie clef de son domaine, et pendant plus de deux siècles nous voyons s'y succéder des membres de cette famille chevaleresque, pour aboutir enfin, en 1411, à Aliénore de Vichy, veuve du sire de Vendat, qui vivait à Abret avec sa petite-fille et unique héritière, Alips de Vendat, fille de Guillaume et de dame Philippe de Veauce.

Les immenses possessions d'Alips, à cheval sur l'Auvergne et le Bourbonnais, étaient bien faites assurément pour tenter l'ambition d'un grand seigneur; mais la jeune fille, en outre, avait inspiré à Agne de la **Tour d'Olliergues** un amour des mieux partagés et violent au point de ne reculer devant rien, comme il appert du récit que nous tirons d'un long travail de M. Chazaud.

Or donc, une fois déjà, le sire de la Tour avait sollicité la main d'Alips et essuyé un refus de la part d'Aliénore, quand, en septembre 1411, il advint que, passant par le grand chemin d'Abrest à Saint-Pourçain, le chambellan éconduit, accompagné de quelques gentilshommes armés, rencontra les dames de Vendat et, avec elles, « plusieurs écuiers et damoiselles ». S'approchant respectueusement d'Aliénore, Agne de la Tour lui renouvela sa demande, et, sur son refus, dit l'acte de rémission dont nous parlerons tout à l'heure, « il parla à Alips de Vendat, en lui demandant si elle le voulayt bien pour mary, laquelle respondy que oyl, et lors furent fiancés de mains de prestre, comme il est accoustumé de faire en tel cas ». Le cas est au moins bizarre, et on ne le peut, ce nous semble, expliquer que d'une façon : c'est que, la rencontre n'étant nullement imprévue, l'amoureux chevalier avait eu soin de se faire accompagner par un prêtre, qui, procédant séance tenante aux fiançailles, donna en pleine grand'route sa bénédiction aux jeunes gens. La grand'mère furieuse n'en courut pas moins s'enfermer avec sa pupille récalcitrante en son chastel de Saint-Georges qu'elle mit de suite en état de défense : la précaution était bonne; deux jours après, en effet, avec une bande de chevaliers armés, la Tour d'Olliergues se présenta sous les murs dudit chastel, disant qu'il venait chercher « sa femme fiancée ». Mandée au pont-levis, Aliénore oppose un refus plus énergique que jamais, et, les gens de la châtelaine résistant aux sommations réitérées de l'impatient seigneur, « il fist tant, raconte l'acte assez sommairement, avec les chevaliers armés susdits, que la force en fust à eulx et entrèrent dedans le chastel et prindrent Alips de sa bonne voulonté et consentement et l'emmenèrent avec sa damoiselle au chastel

ABREST.

de Mozun (Mauzun, près Billom), et illecque il l'épousa et furent faictes les solempnitez que la sainte Église a accoustumé de faire en mariage ». Dès lors, il était assez difficile à Aliénore d'aller contre le fait accompli, surtout après les lettres de rémission qu'obtint le ravisseur, le 3 janvier 1413 : elle se résigna donc, et, le 6 février 1413, nous la voyons, « en faveur et contemplation du mariage de sa petite-fille Alips », lui constituer en propre ses terres d'Abrest, Saint-Georges et Chastel-Panier.

Le bonheur des jeunes époux devait être, d'ailleurs, bien court : mandé par Charles VI à Paris, en janvier 1414, le sire d'Olliergues fut, l'année suivante et le vendredi avant la Toussaint (bataille d'Azincourt), « par armes abattu et tombé par terre, et moru ensemble plusieurs autres nobles et gentils gens ».

Alips (1), qu'il laissait enceinte, ne tarda pas à accoucher d'une fille, Antoinette, qui, veuve en 1445 de Jacques Aubert du Montel de Gelat, se remaria en 1451 avec Jacques de Bourbon-Carency, seigneur d'Aubigny (2). A Jacques succéda son fils, Charles de Bourbon, qui mourut en 1503 à son château d'Abrest, laissant de Catherine d'Alègre, son épouse, trois enfants : Bertrand, tué à Marignan ; Jean, mort sans postérité, et enfin Isabeau, qui porta notre seigneurie à haut et puissant seigneur messire François des Cars de la Vauguyon, maréchal et sénéchal du Bourbonnais. Isabeau fut la mère de Jean des Cars, prince de Carency, comte de la Vauguyon, qui succéda à son père dans ses dignités comme dans ses biens et, par acte du 19 août 1588, laissa Abrest à Anne de Clermont, sa femme, contre un retour de quatre cents écus de rente, à prendre sur le douaire à elle attribué par contrat de mariage.

Diane des Cars, fille unique de Jean, épousa en premières noces Charles, comte de Maure en Bretagne (3), et en secondes Louis de Stuart, comte de Saint-Mesgrin, et c'est entre les mains d'une fille de ce second lit, Marguerite de Stuart-Saint-Mesgrin, qu'en 1601 nous retrouvons la seigneurie d'Abret.

Marguerite de Saint-Mesgrin épousa Henri d'Apchon, fils d'Artaud et de demoiselle Marguerite d'Albon, neveu par conséquent du maréchal de Saint-André et frère d'Antoine, seigneur de Quinssat; après Henri, viennent son fils Jacques d'Apchon, puis le fils de Jacques, Gabriel, seigneur de Tournoël, époux d'Alix d'Enteroche; enfin, en 1666, nous trouvons Abret partagé par moitié entre les deux filles de Gabriel, Jeanne-Simone d'Apchon, épouse de Hugues-Joseph de la Tour Saint-Vidal, seigneur de Rochefort d'Ailly, et dame Claudine d'Apchon, femme de Jean-Claude d'Albon, fils du seigneur de Gandinières (V. Droiturier) et devenu, par l'entrée de son frère dans les Ordres, chef de la branche aînée des d'Albon.

A Jean-Claude succéda son frère Balthazar, signalé en 1686 comme habitant Abrest, et à Balthazar, son fils François, encore seigneur d'Abret en 1706; mais, peu après, notre terre est passée à Alexandre de la Souche, membre d'une famille originaire des environs de Doyet-la-Presle et époux d'une demoiselle Anne d'Albon, qui doit être une fille ou une sœur de

---

(1) Alips se remaria avec Henri de Langheac, comte de Cusset : ce titre qu'il portait d'ordinaire devait à coup sûr fortement déplaire aux bourgeois turbulents de la ville voisine; il ne les concernait pourtant en aucune façon. Le Cusset ou Cussay des Langheac, en effet, est dans le département actuel de la Haute-Loire. Alips et son mari, et après eux tous les des Cars, habitèrent ordinairement, aux Célestins de Vichy, un logis qui sans doute doit être celui qu'y avait bâti le duc Louis II.
(2) Carency et Aubigny sont deux localités de l'Artois, à trois lieues environ d'Arras.
(3) Maure, chef-lieu de canton de l'arrondissement de Redon (Ille-et-Vilaine)

François. Après Alexandre vint son fils Gilbert de la Souche; après celui-ci, sa fille Marie-Madeleine, et quand, en 1792, fut confisqué Abrest, il appartenait, comme Gaudinières, à M. de la Saigne Saint-Georges, fils de feu Sylvain Alexis, baron de Saint-Georges, et de demoiselle Marie-Madeleine de la Souche.

La seigneurie d'Abret comprenait le droit de tenir un bac sur l'Allier.

Le château d'Abret, dont est actuellement propriétaire M. Bonnard, banquier à Vichy, est une gracieuse construction malheureusement mal coiffée, et dont la vue s'étend au loin sur les hauteurs de la rive opposée et la forêt de Randan. Sous des restaurations maladroites du commencement du siècle, les détails anciens intéressants ont presque tous disparu, et nous citerons seulement une fenêtre du XVIIe siècle encore élégante malgré l'usure de ses pierres. Mais de l'antique importance de ce vieux manoir, en partie ruiné, sont encore témoins des vestiges de fossés, et aussi la tour isolée, qui semble un colombier et n'est autre chose qu'une des anciennes tours d'angle; elle mesure dix mètres de diamètre.

Le *Vernet*. — Comme l'indique Cassini, la route de Cusset à Thiers, au siècle dernier, passait à quelques centaines de mètres à l'ouest de l'humble village du Vernet groupé autour de sa vieille église et de son château féodal; mais, depuis lors, les maisons se sont une à une rapprochées de la route. Quand l'agglomération y fut suffisante, on y construisit une église, et le vieux château resta seul sur le penchant des côtes dénudées, d'où il domine le paysage mélancolique des Grivats.

L'ancien Vernet était un bâtiment carré flanqué de tours, comme notre pays en présente maints exemples; mais il fut par la suite tellement remanié, augmenté ou défiguré, qu'on a vraiment peine à en reconnaître autre chose que les deux tours de l'ancienne façade nord, encore à peu près conservées : un examen minutieux, pourtant, permet de suivre dans la cour intérieure les anciennes constructions, dont il reste des pans de murs et aussi le soubassement des deux tours de la façade sud. A la place de ces deux tours et de l'aile qui les reliait, fut construit, au XVIe siècle, l'énorme pavillon qui forme le château actuel du Vernet et qu'égaye une échauguette plusieurs fois refaite; le seul détail ancien, peut-être, est le portail des dépendances, qui semble du XVe siècle.

Au-dessous du château et à l'angle sud-est, une terrasse indique l'emplacement de l'ancien cimetière, contre lequel est encore la vieille église, aujourd'hui convertie en grange.

Dès le XIIe siècle, le Vernet fut occupé par une puissante famille de ce nom, dont les membres étaient viguiers en titre de l'abbaye de Cusset et dont le premier, à nous connu, est, en 1167, Guillaume du Vernet, *miles* : à partir de lui et jusqu'à Jean du Vernet, chevalier, en 1464, nous suivons presque sans interruption ces sires du Vernet, dont plusieurs figurent aussi à Saint-Gerand le Puy (V. ce fief); mais à partir de ce moment-là et pendant près de deux siècles (1), nous perdons de vue les destinées de leur fief d'origine. C'est seulement en 1644 que nous le retrouvons, et alors il appartient à Jean de la Richardie de Besse, écuyer, époux de demoiselle Louise de Blanzat, et aussi seigneur de Chéry, en la paroisse de Chaméane (actuellement commune du Vernet-la-Varenne, Puy-de-Dôme).

LE VERNET.

Nous ignorons tout à fait comment et par suite de quelle alliance arriva dans notre fief cette branche d'une famille auvergnate; mais sans doute parviendrait-on à savoir quels furent au Vernet les prédécesseurs immédiats des la Richardie, en cherchant l'attribution des armoiries, d'ailleurs quelque peu incertaines, que porte, dans la cuisine actuelle du château, une cheminée souvent décrite et dont il manque malheureusement une cariatide. Au-dessous de ces armes, qui ne sont pas celles des la Richardie et semblent aussi, d'après l'*Armorial,* n'appartenir à aucune famille bourbonnaise, se lisent la date 1573 et une légende : *Quo fata trahunt?* qui peut être, soit une devise, soit une inscription dans le goût du temps (2).

(1) En 1538 pourtant, un Pierre du Vernet, chevalier, seigneur dudit lieu, figure au compte de tutelle des enfants d'Odin le Groing, seigneur de la Poivrière, et, en 1551, nous voyons encore nommée une Gabrielle du Vernet, mariée à François le Groing, un de ses enfants. Or, comme vers la même époque nous trouvons une alliance le Groing la Richardie, on pourrait peut-être ainsi expliquer le passage du Vernet aux la Richardie; mais nous n'avons là-dessus rien de précis, et, d'ailleurs, est-ce bien aux Vernet de notre Vernet que furent alliés les Groing?

(2) Trois familles, à notre connaissance, portent les glands deux et un, que l'on distingue sur la plaque de cheminée : les du Lyon, seigneurs de Chassingre (V. le Lion), les Vauvrille et les

A Jean de la Richardie succéda son fils François, que nous trouvons encore en 1694 (V. Quinssat); puis viennent Antoine-Gaston et, après lui, Christophe, mentionné comme seigneur du Vernet dès 1739. Christophe de la Richardie mourut en 1771, laissant comme héritier son neveu Joseph-Louis du Saulnier, écuyer, seigneur du Montet, qui ne garda pas le Vernet et, en août 1772, le vendit au marquis de Talaru, du Chaussin; mais le retrait lignager fut alors réclamé par un cousin de Joseph-Louis, Gabriel-

LE VERNET.
Cheminée du XVIe siècle

Raymond du Saulnier, seigneur de Chambarret, qui avait épousé Charlotte du Saulnier, sœur de Joseph-Louis, et le Vernet lui fut attribué par acte du 17 février 1773.

Gabriel-Raymond du Saulnier, lieutenant au régiment de Beauvaisis, fut le dernier seigneur du Vernet : lors de la Révolution, retiré du service, il habitait paisiblement Bansat en Auvergne (canton de Sauxillanges, Puy-de-Dôme), et personne en son pays ne songeait à sévir contre lui, mais Givois veillait : dénoncé par le district de Cusset, le malheureux fut arrêté; transféré d'Issoire à Clermont, de là à Paris, finalement il fut condamné à mort par le tribunal révolutionnaire et exécuté le 28 floréal an II.

L'héritier de M. du Saulnier fut son gendre, Alexandre de Crespat (1),

Gaulmin; mais ces deux dernières, pensons-nous, ont dû rester sur la rive gauche de l'Allier, et les du Lyon seuls ont pu passer au Vernet, qui nous semble pourtant un fief bien considérable pour l'importance de leur fortune.

(1) D'où le nom de château de Crespat resté au Vernet.

dont la fille épousa Louis-Auguste-Joseph de Bourmont, comte de Ghaisnes, fils du général à qui la prise d'Alger n'a pu faire pardonner la journée du 15 juin 1815. Depuis 1852, enfin, le Vernet est occupé par des religieuses de la Sainte-Famille, de Lyon.

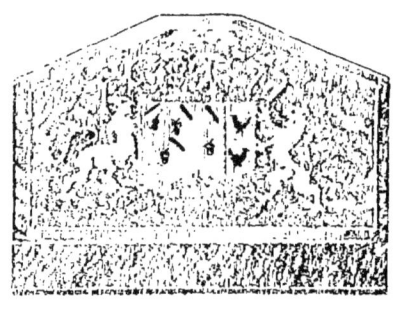

LE VERNET.
Contre-cœur de la cheminée du XVIᵉ siècle.

Les habitants du Vernet passent pour être fort conservateurs des anciennes coutumes joyeuses : c'est ainsi qu'au milieu de ce siècle, à ce qu'on nous a dit, ils célébraient encore, le jour de Noël, la fête de la lutte à la Soule, dite aussi « la boule de Chalandas », sorte de partie engagée entre les célibataires et les jeunes mariés du village et qui était déjà en usage au temps des guerres contre l'Anglais.

VICHY ET CUSSET.

Passé Abret et le Vernet, commencent les jardins fleuris, les vide-bouteilles et les cultures maraîchères qui annoncent l'approche de la ville, et peu à peu nous descendons dans la faille profonde qu'ont creusée dans le massif argilo-calcaire les vallées réunies du Jolan et du Sichon. Là s'étend chaque jour l'opulent *Vichy*, dont les eaux font au loin connaître le nom du pays bourbonnais, mais où nous nous arrêterons le moins possible. Quel débris du passé, en effet, recueillir au milieu des villas somptueuses et des routes bruyantes, et quel souvenir d'antan évoquer dans ce brouhaha? Là le modernisme est maître souverain : des orchestres, — excellents, d'ailleurs, — ont remplacé la musette qui charmait tant madame de Sévigné, et les femmes y nomment Dieu sait de quels noms ce que leurs grand'mères appelaient leurs vapeurs.

Aussi la coquette cité a-t-elle dès longtemps balayé les témoins de ses modestes commencements, et dans ses avenues, ses jardins et ses parcs fleuris, on reconnaît mal la gardienne des tristes grèves de l'Allier, la sombre châtellenie du XVIᵉ siècle « enceinte de vieilles murailles et tours, assise en très belle et forte assiette, tant à cause qu'elle est édifiée en plaine sur vifs rochers hors de mine que pour n'être commandée d'aucune montaigne ».

A quelques pas du Casino pourtant et dans un dédale de rues tortueuses, jusqu'ici à peu près respectées, s'élève une tour ronde décorée d'une horloge : c'est tout ce qui reste du château féodal, qui, au temps de Nicolaï, était déjà tout ruiné, « sauf une vieille tour quarrée (?) ».

TOUR DE VICHY.

« Si haut que l'on remonte dans le passé, dit M. Vayssière, on trouve à Vichy une maison chevaleresque de ce nom dont l'action s'étendait sur toute la partie méridionale des arrondissements de Gannat et de la Palisse, et qui marche de pair avec celle de Bourbon, ayant avec elle ceci de commun que toutes deux avaient planté leur tente, devenue rapidement une forteresse, au milieu des débris de la civilisation romaine, dans des bains que leurs eaux bienfaisantes avaient rendus célèbres. »

La destinée de ces deux maisons fut bien différente : tandis que les Bourbons s'élèvent peu à peu, arrondissent sans cesse leur territoire et s'appliquent soigneusement à garder dans leur propre famille les postes avantageux qu'ils parviennent à occuper, les Vichy, au contraire, s'affaiblissent par des échanges maladroits, donnent en dot à leurs filles des lambeaux même de leurs biens patronymiques, et enfin, déracinés de leur lieu d'origine, vont mener ailleurs des fortunes diverses (1) : nous les retrouverons à maintes reprises.

Le premier Vichy connu est Bouchard, qui vivait en 1208, et plus d'un siècle après Vichy et ses appartenances (V. Busset, etc.) sont encore intacts aux mains de deux de ses descendants, Audin et Chatard de Vichy, séparés l'un de l'autre par la grande cour du château; mais peu après se place le principal amoindrissement des Vichy.

Le 2 septembre 1344, en effet, le duc Pierre II obtint de Jean de Vichy l'échange du chastel fort de Vichy, tel qu'il lui venait de son père Raoul, contre la ville et châtellenie de Janzat (près Gannat, au bord de la Sioule). Peu après, à la vérité, survinrent des difficultés soulevées par Damas de Vichy, sire de Busset, qui prétend avoir des droits sur Vichy; mais le différend se termina par la cession à Damas de cent livres de rente sur les paroisses de Mariol, Saint-Yorre, Abrest et Arrones, et la cession de Vichy aux Bourbons est constatée par un acte du mois d'avril 1372, acte par lequel le seigneur suzerain, Jean, duc de Berri et d'Auvergne, en retour du serment de le servir contre tous, sauf le Roy et ses enfants, cède à Louis II de Bourbon et à ses hoirs le prévôtage de Vichy avec la maison forte ayant appartenu à Audin de Vichy.

En 1374, Louis de Bourbon compléta sa nouvelle possession en acquérant, pour deux mille francs d'or, la part du château qu'avait apportée à Oudin, seigneur de Vendat, Mahaut de Vichy, fille d'Audin, son épouse, et, la même année, Guiot Morel lui céda, pour quatre cents francs d'or, la tour et les maisons qu'il tenait à Vichy du chef de sa femme, Marguerite de Vichy. Dès lors, le château, qui commandait un important passage de l'Allier, fut bien définitivement acquis aux Bourbons, et, pour consacrer sa possession, Louis II, en 1403, s'y fit construire un « bel et bon hôtel pour sa demourance ».

« En outre, dit la chronique, considérant que l'homme saige, qui se garnit d'armures célestes contre ses ennemis invisibles, se doit garnir de forteresses contre ses ennemis visibles, le bon duc fit parer sa ville de Vichy de forts remparts. »

---

(1) La branche encore existante des Vichy-Champrond a pour auteur Robert de Vichy, qui, en 1371, vint épouser en Charollais Marguerite de Champrond : de cette maison est la fameuse madame du Deffand, Marie de Vichy-Champrond, fille de Gaspard, capitaine des gendarmes du Berry

Nous ne pouvons passer sous silence la curieuse histoire que tout le monde a copiée dans l'*Ancien Bourbonnais*, sans l'appuyer par rien, à savoir qu'aux environs du XIV⁰ ou du XV⁰ siècle, on ne précise pas davantage, le roi de France aurait confisqué Vichy et ses dépendances sur un certain Guillaume de Vichy, avec promesse de les rendre à ses hoirs au bout de deux cents ans : cette clause, ajoute-t-on négligemment, ne fut pas exécutée. Il est possible que ce récit repose sur une confiscation quelconque exercée sur un Vichy, mais nous le soupçonnons fort d'avoir été de toutes pièces édifié par les romantiques auteurs d'une œuvre, d'ailleurs, si remarquable à tant d'égards.

Depuis 1372, gouverné au nom des ducs de Bourbon par un capitaine-châtelain, et fort mal entretenu, Vichy n'a pas d'histoire en tant que fief, et de son passé comme ville nous dirons seulement quelques mots relatant plutôt des ruines que des événements heureux.

C'est d'abord en 1440, pendant la guerre de la Praguerie, la prise de Vichy par le roi Charles VII ; puis vient, en 1567 (V. Pontcenat), le passage des bandes huguenotes de Borniquet et Mouvans, qui saccagèrent non seulement le château, mais encore le couvent des Célestins, fondé en 1400 par le duc Louis, « ce qui fut, dit Nicolaï, très grande perte et dommage sans aulcun proufit ».

En mars 1576, nouvelle invasion et nouvelles ruines accumulées par l'armée protestante de Jean Casimir, le fils de l'Électeur Palatin, dont, pendant plus d'un mois, les dix-huit mille reitres et lansquenets ravagèrent les rives de l'Allier, « de manière à ce qu'on n'y voyait plus un poulet à dix lieues à la ronde (1) ».

Le 14 octobre 1590, enfin, Vichy, enlevé par les troupes du marquis

---

(1) Il s'agit là de l'armée envoyée par l'Électeur Palatin au secours des protestants français, soulevés après la Saint-Barthélemy. Cette armée, dont on eut tant de peine à se débarrasser plus tard, même à prix d'argent, descendit de Nancy à Dijon, Beaune, Chagny, passa la Loire à Marcigny le 10 mars et, par Céron et la Palisse, gagna Vichy, où elle arriva probablement vers le 15.

« En ce pays-là et jusques à plus de neuf ou dix lieues à la ronde, dit un vieux grimoire, les rittstres (reitres), selon leur mauvaise coutume et sans faire que bien peu de différence entre leurs amis et leurs ennemis, firent de merveilleux dégats et ravages. Entre autres choses, j'entendis qu'ils avaient forcé le château d'un gentilhomme, lequel était non seulement fort attaché à notre parti, mais encore, ayant quitté toutes ses commodités, avait été des premiers trouver Monsieur, frère du Roy — (ce frère du Roy est le duc d'Alençon, le seul des enfants de Catherine de Médicis qui ne régna pas) — après qu'il se fut retiré de la cour. Et néantmoins, les coffres, bagues, joyaulx, meubles, argent et vaisselle d'argent, qui estoyent en sa maison, jusqu'à la valeur d'entour 80,000 livres — comme bruyt estoyt — furent pillés, voire, disait-on, les damoiselles, qui furent trouvées au logis, outragées et leurs chaperons de velours et coeffures ostées de dessus leurs têtes, dont beaucoup de gens de bien portoyent un merveilleux regret. »

Nous racontons à Noailly d'autres méfaits de la même troupe.

En quittant Vichy, ces bandes allemandes traversèrent l'Allier pour gagner Paris par la grande route, qui passait alors par Montmarault, Bourges, Orléans ; mais bientôt elles la quittèrent pour se rabattre sur Moulins et Gien, d'où elles reprirent le chemin du pays rhénan

d'Urphé, reçut de ses mains une garnison royale, qui ne valait sans doute guère mieux que les rebelles, à en juger par les nombreuses enquêtes auxquelles donnèrent lieu ses méfaits.

Après tant de vicissitudes, il ne restait pas grand'chose des tours, pourtaux et murailles élevés par le duc Loys, et la ville se vidait peu à peu comme n'offrant plus à ses habitants une sécurité suffisante : aussi, la paix revenue, le 12 septembre 1599, l'assemblée des Vichissois confie-t-elle la réfection de leur enceinte à maistre Léonard Desclôtures, « masson du pays de Lymosin ».

Le 2 janvier 1630, Vichy fut acheté aux Conti, possesseurs du Bourbonnais, par Antoine Coiffier, le futur maréchal d'Effiat, et par lui incorporé dans son marquisat d'Effiat, et, en 1698, Boulainvilliers le signale encore parmi les possessions des Effiat ; mais peu après, croyons-nous, et très probablement au moment de la débâcle du fameux Law, qui était devenu marquis d'Effiat pendant sa courte prospérité, Vichy changea de mains et passa dans celles de messire Gabriel Douet (V. Saint-Germain des Fossés), qui s'intitule bourgeois de Vichy et conseiller du Roi en sa cour du parlement de Paris.

Gabriel Douet eut deux enfants, Louise et Claude Gabriel ; ce dernier, en 1737, hérita de Vichy, et c'est son fils Jean-Claude Douet, aussi seigneur de Ferrières, qui, au mois de mars 1789, assista à l'assemblée préparatoire des États généraux, comme seigneur de Vichy et Châteldon.

Jean-Claude Douet fut guillotiné, à Paris, le 25 floréal an II.

Tout a été dit sur la vogue de Vichy pendant les deux siècles que nous venons de parcourir si rapidement, sur les séjours qu'y fit madame de Sévigné, et sur la cure barbare malgré laquelle elle guérit. Nous ne pouvons, d'ailleurs, ici rien reproduire des lettres charmantes de la marquise, et nous passons à regret sur la colique de madame de Brissac comme aussi sur ce brave docteur « préoccupé de rien », qui nous fait tout l'effet d'un sot.

La tour de l'horloge, avons-nous dit, est le seul reste du vieux château ; ajoutons que l'église Saint-Blaise a la prétention, probablement très fondée, d'être l'ancienne chapelle seigneuriale, et que la maison dite le Château-Franc, et possédée depuis 1588 par les Gravier du Monceau (1), est sans doute l'ancien auditoire : entre autres débris intéressants, on y a découvert un dessus de cheminée décoré aux armes des Bourbons.

(1) Des renseignements que M. Gravier du Monceau a bien voulu nous faire parvenir, il appert que sa famille est bien de la même souche que les Gravier de Vergennes et sort des environs de Paray-le-Monial. Les Gravier, dont presque tous les membres furent revêtus à Vichy de charges

Vichy renferme plusieurs hôtels : l'hôtel Bardon, au numéro 1 de la rue Porte de France ; celui de Luzenne (1), 30, rue d'Allier ; celui des Sicaud, occupé par M. Charles Gravier, etc.; mais nous ne ferons qu'une seule halte et choisirons pour cela le pavillon qui a conservé le nom de la souriante marquise dont nous venons de rappeler le souvenir.

C'est là, en effet, qu'elle descendit à deux reprises différentes, et c'était alors l'hôtel des Vicq de Pontgibaud, famille d'officiers de justice qui, comme nous l'apprennent maints passages du *Mercure galant,* avait, au XVIIe siècle, le privilège de loger tout ce que Vichy recevait d'hôtes de distinction.

Dès le XVIe siècle, nous trouvons à Vichy, et qualifiés écuyers, des membres de cette famille de Vicq de Pontgibaud (2), et, en 1372, d'autre part, un P. de Pontgibaud, damoiseau, figure parmi les vassaux qu'emmène le duc Louis contre le duc de Bourgogne. Aussi, malgré leurs lettres d'anoblissement du mois de mars 1708, — et le cas est fréquent, — ne serions-nous pas étonnés que les Vicq de Pontgibaud ne soient une branche de l'ancienne race féodale de Saint-Étienne de Vicq, dont nous perdons subitement la trace vers la fin du XIVe siècle (V. Saint-Étienne de Vicq) : c'est, d'ailleurs, une simple hypothèse.

A divers endroits, et notamment aux Échelettes (V. ce fief), nous rencontrons ces de Vicq de Pontgibaud, alliés aux Doyat, aux Falcon, aux la Chaise et à toute la bourgeoisie distinguée de Cusset ; aussi rappellerons-nous seulement ici que c'est dans leur maison que s'éteignit celle des Guillouet d'Orvilliers, vieille famille de magistrats de Moulins sortie des environs de Bourbon-l'Archambault et qui, à la fin du siècle dernier, fournit à notre province une de ses gloires les plus pures et les plus oubliées (3).

L'hôtel de Vicq, à vingt mètres duquel coulait l'Allier, au siècle dernier, n'était séparé de la rivière que par une modeste auberge, dite de la Croix

---

nobles, y vinrent en 1503 par le mariage de Pierre, fils de Daniel, avec une Dalbost, d'une vieille famille bourgeoise, représentée dans plusieurs de nos fiefs : ce mariage avait évidemment pour auteur, ajouterons-nous, un oncle de Pierre, Antoine Gravier, membre du chapitre de Saint-Michel, fondé en 1498, au château de Vichy, par le duc Pierre II. Le Monceau était un petit fief de Creuzier-le-Vieux.

(1) Famille de robe, possessionnée sur la rive gauche de l'Allier et notamment à Hauterive.

(2) Nous ignorons d'où vient ce nom de Pontgibaud, pris sans doute d'un petit fief possédé par les de Vicq, mais qui n'a rien de commun, pensons-nous, avec le Pontgibaud d'Auvergne, — à moins que ce nom de Pontgibaud d'Auvergne n'indique tout simplement le pays d'origine des de Vicq.

(3) L.-M.-F. Guillouet, comte d'Orvilliers, fils de Gilbert, gouverneur de Cayenne, naquit à Moulins en 1728 : il franchit rapidement les grades de l'armée de mer ; mais, arrivé à celui de vice-amiral, il vit en 1778 sa carrière brisée au combat d'Ouessant, où il se mit en désaccord avec le duc de Chartres, le futur Égalité, qui, placé sous ses ordres, ne les avait pas exécutés. (V. Contresol.)

blanche, et tenue par une famille Tonneau : c'est là qu'était descendue la marquise de Sévigné avant de recevoir l'hospitalité des de Vicq.

Tout à côté une masure, dite le Corps de garde, avait remplacé une ancienne vicairie, dite de Saint-Michel, elle-même élevée sur l'emplacement de la chapelle de Saint-Nicolas, construite en 1375, à l'extrémité du pont de Vichy, par Guillaume du Haulme, chevalier, seigneur dudit lieu, et Marguerite de Rochedragon, sa femme. (V. *Noms féodaux*.)

Tout près de Vichy, entre le Sichon et le Jolan, est la ville de *Cusset* (1), vieille cité auvergnate qui, à ce titre, ne devrait pas trouver place dans nos notes. Mais pouvions-nous omettre la plus intéressante localité de notre arrondissement?

La commune de Cusset, une des plus étendues de la région, embrasse tout le cirque de hauteurs granitiques entre les bois de Busset et Saint-Étienne de Vicq; autrefois boisées, ces hauteurs devaient faire à la ville fermée et noire une magnifique ceinture; mais aujourd'hui leurs penchants dénudés font un assez triste cadre à son ombreuse et riante vallée (2).

Dans l'origine, Cusset était un simple fief des évêques de Nevers : en 882, nous le trouvons mentionné dans les possessions d'Eumène, un de ces évêques; un des successeurs d'Eumène, au Xe siècle, inféoda Cusset à un certain vicomte Nordumnus, sur lequel nous ne savons pas grand'chose, et au XIe siècle, enfin, nous trouvons, toujours par un évêque de Nevers, nouvelle inféodation de Cusset à Archambaud VI, sire de Bourbon, qui en rend aveu en 1100.

Comment s'évanouirent et la suzeraineté des évêques de Nevers et les droits féodaux des sires de Bourbon-l'Archambault? Nous l'ignorons. Peut-être la bourgeoisie était-elle assez forte déjà pour exiger des franchises et les obtenir, et ce qui nous le ferait croire, c'est un acte de 1175 par lequel Louis le Jeune accepte Cusset comme terre de la couronne et promet de ne le sous-inféoder jamais. Il semble bien, en effet, que ce soit là un de ces actes, fréquents à cette époque, qui témoignent de la sollicitude apportée par la royauté à rallier et grouper autour d'elle tout ce qui désirait échapper

(1) M. Paul Duchon, avocat à Cusset, a recueilli pour l'histoire de sa ville natale bien des matériaux, qu'il a mis à notre disposition avec la plus parfaite obligeance. Nous souhaitons vivement les lui voir mettre en œuvre, et nul mieux que lui ne le saurait faire.

(2) Nous ne voulons ni sortir de notre cadre, ni nous occuper des souvenirs gallo-romains que les travaux occasionnés par la recherche de sources thermales ont mis à jour par milliers, dans la basse vallée du Sichon : nous relaterons seulement le vieux pavement qui indique une voie ancienne entre Vichy et Cusset par la Font-Rambert, les découvertes faites au Rez de Pradines et au Rez de Châtelus (sur Creuzier-le-Vieux), et enfin le petit *castrum* si bien conservé des Malavaux, qui a, d'ailleurs, inspiré plus de sots racontars que d'intéressantes observations.

à la puissance féodale. Toujours est-il que l'histoire de Cusset en tant que fief se termine là, et dès lors elle se confond avec celle du monastère de Filles de Saint-Benoît fondé dans son domaine par Eumène, évêque-comte de Nevers, comme nous l'apprend une charte de Charles le Gros, datée du 16 des calendes de septembre, en l'an 886.

Érigé en abbaye vers la fin du XII° siècle, ce monastère était encore florissant au moment de la Révolution, et parmi les dames abbesses nous en relevons plusieurs dont les noms intéressent le pays que nous étudions.

C'est d'abord : Alasia du Vernet, qui, en 1204, présida à la rédaction des coutumes de Cusset; puis, toujours pendant le XIII° siècle, Béatrix de Vichy, Ebrarde de Quinssat, Luce de Vichy, Alise de la Palice, Alix du Breuil, Alazie de Vichy, fille de Raoul; viennent ensuite en 1320 Isabeau de Saint-Germain, en 1400 Alise de la Fayette, Marguerite d'Isserpent en 1407, Petronille de Lévis Chateaumorand en 1537, en 1586 Jacqueline le Long de Chenillat; enfin, au XVIII° siècle, Diane de la Guiche.

Sauf certains droits royaux cédés à Philippe-Auguste en 1184, l'abbesse était jadis dame de Cusset et en avait la justice comme celle d'une seigneurie ordinaire; mais dès le XV° siècle, il fut établi à Cusset trois prévôtés, l'une dans l'intérieur des murs, partagée entre l'abbesse et le Roy; une prévôté foraine au Roy et une autre prévôté dite des exemptions d'Auvergne, commune au Roy et à l'abbaye.

A la même époque fut établi à Cusset un lieutenant général du bailli de Saint-Pierre le Moutier; mais cette charge ayant été transportée à Montferrand en 1466, Cusset ne fut plus jusqu'à la Révolution qu'un bailliage ordinaire, dont les délégués, en 1789, durent aller se réunir à Saint-Pierre le Moutier.

Il ne saurait, bien entendu, être question ici d'exposer même sommairement l'histoire de la ville de Cusset, de ses déchirements intérieurs, et de rappeler son rôle pendant les guerres des XV° et XVI° siècles. Ce travail sera fait bientôt, sans doute, et nul n'est plus digne d'être entrepris : ayant, en effet, une vie tout à fait à part au milieu du paisible Bourbonnais, Cusset est un des plus frappants exemples de ces villes bourgeoises, intelligentes et remuantes où naquirent et se développèrent, de siècle en siècle, les idées d'indépendance qui nous ont menés tout droit à la dictature anonyme. O généreux enthousiasme de nos pères!

Nous rapporterons pourtant le fait saillant de l'histoire de Cusset, à savoir la soumission qu'y vint faire à Charles VII, en juillet 1440, le futur Louis XI, et qui termina la guerre de la Praguerie. On connaît la réponse du Roy à son fils vaincu, qui lui voulait imposer certaines conditions :

« Loys, lui dit-il, les portes vous sont ouvertes; et si elles ne vous sont assez grandes, je vous ferai bien abattre seize ou vingt toises de murs pour passer où bon vous semblera; vous êtes mon fils, mais, au plaisir de Dieu, nous trouverons assez aucuns de notre sang, qui nous aideront mieux à entretenir notre honneur et seigneurie que l'avez fait jusqu'ici. » Et, de

CUSSET.
Tom Louis XI. — Armoiries des de Doyat

fait, qui eût pu prévoir alors que ce fils irrespectueux et rebelle serait le vrai fondateur de l'autorité royale et porterait si haut « l'honneur et seigneurie » du trône qu'il avait attaqué?

Louis ne garda pas rancune à la ville qui avait été témoin de son humiliation, et, pour tenir en respect le puissant duc de Bourbon et d'Auvergne, la fit enceindre de fortes et hautes murailles, épaisses de douze pieds, et dont Nicolaï nous a laissé une description enthousiaste : de cette enceinte, outre quelques vestiges épars, il ne subsiste qu'une tour récemment restaurée pour servir de prison. C'était la tour Notre-Dame, « une des plus belles et mieux bâties qui se voyent et au-dedans propre à loger un roy ou un prince ».

Nous citerons aussi, d'après Nicolaï, un épisode des disputes constantes des Cussétois avec leurs voisins de Vichy. « Au milieu de la ville de Vichy, dit-il, souloit d'ancienneté avoir une belle et grande fontaine de fort bonne eau, pour l'usage et commodité des habitants, la source de laquelle venant d'un quart de lieue loin. Mais, en l'an 1566, les habitants de Cusset, pour quelque colère et querelle d'ancienne haine et envie qui est de longtemps enracinée entre ces deux villes, ruynèrent ladicte fontaine, rompirent les conduyts et la rendirent tellement inutile qu'elle a despuis perdu son cours au grand préjudice et intérest des habitants. » — Les choses actuellement n'iraient peut-être pas tout à fait jusque-là.

Enfin, il nous faut bien dire un mot des luttes séculaires soutenues par les bourgeois entêtés contre les abbesses de Cusset : nous en choisirons un épisode de la veille de la Révolution.

Or donc, en 1774, la lutte la plus ardente avait éclaté entre l'abbesse et la Ville, alors représentée par son maire Coinchon de la Font et son lieutenant Claude Dusaray de Vignolles : ceux-ci, en effet, étaient parvenus l'année précédente à faire supprimer le droit de leyde, et, encouragés par ce succès, ils prétendaient forcer la dame abbesse, et ce sans indemnité, à démolir la porte de la Mère, qui était en fort mauvais état et constituait pour les passants et les gens stationnant au marché un danger constant. Madame de Tana, l'abbesse, ayant pour procureur et conseil Pierre-Jacques Forestier, le futur conventionnel, reconnaissait le bien fondé de cette demande; mais elle réclamait une indemnité et, en outre, voulait qu'avant toute démolition, il fût procédé par les soins de la Ville à l'établissement d'un mur pour fermer la brèche que la porte de la Mère, en disparaissant, laisserait dans l'enclos de l'abbaye. La Ville réussit encore cette fois : par jugement du 2 septembre 1774, l'abbesse fut déboutée de ses oppositions, et, à la grande joie du peuple assemblé, on procéda de suite à la démolition de la porte de la Mère.

Il eût été, à coup sûr, pénible pour l'abbesse de rester sous le coup de ces deux défaites, et une revanche était inévitable : aussi, dès le marché suivant, envoya-t-elle au Carreau ses agents réclamer le droit de leyde. Les habitants résistent, chaque marché amène de nouvelles batailles, et le 22 avril 1775, le sang coule dans les rues de Cusset : il est nécessaire de se pourvoir à nouveau en justice. Le maire de Cusset, alors, part pour

Paris, réussit à intéresser à sa cause le fameux Pierre Poivre (1), gouverneur des Indes françaises, et il fait si bien que, par arrêt du 9 mai 1775, le bon roi Louis XVI ordonne que la leyde, désormais abolie, sera rachetée par toutes les collectes de Cusset et de l'élection de Gannat.

A ce moment, il advint que Madeleine Chabrol, épouse de Coinchon de la Font, lui donna un fils : les Cussétois enthousiastes décidèrent que leur ville, représentée par madame Honorée Rougane, femme de Dusaray de Vignolles, serait la marraine de l'enfant de celui qu'ils appelaient le Libérateur, et que le parrain serait Pierre Poivre ; en conséquence, le 9 juillet, eut lieu, au milieu de la cité en fête, le baptême de Pierre Cusset Coinchon de la Fond, et, durant de longs jours, des acclamations accueillirent dans les rues les échevins et les officiers de l'hôtel de ville, tandis que Forestier, à qui on s'accordait unanimement à attribuer les mesures vexatoires de madame de Tana, n'osait, non plus que ses partisans, se montrer dans la rue, de crainte d'être vilipendé.

Nous n'exposerons pas la suite des démêlés des Cussétois avec l'abbaye ; mais si nous nous transportons à moins de vingt ans plus tard, c'est encore du côté du manche que nous trouvons Forestier : il est procureur syndic, conventionnel, tout-puissant, et, pendant ce temps, Coinchon de la Fond et Dusaray de Vignolles, les anciens défenseurs de la cause populaire, sont emprisonnés et n'échappent que par hasard à l'échafaud. Pauvres honnêtes gens !

Cusset, avons-nous dit, est une cité intéressante, et rien n'est plus curieux que de trouver, aux portes de Vichy, ses rues tortueuses et sombres, où les détails anciens abondent et dont bien des maisons méritent d'être visitées (2). Nous ne pouvons songer à les décrire ; nous nous bornerons à citer, outre l'abbaye, la *commanderie de Saint-Antoine*, qui forme maintenant le n° 36 du faubourg du même nom, et où l'on peut voir encore une tour d'escalier surmontée d'un auvent en bois, le tout d'un assez pittoresque effet : ce modeste établissement, membre de la commanderie de Frugières, près Brioude (Haute-Loire), possédait seulement, en 1792, un jardin et quatre œuvres de vigne.

Quant aux bâtiments de l'abbaye, ils ont été bien gâtés par leurs affectations multiples, hôtel de ville, halles, tribunal, théâtre, etc. La place sur laquelle ils donnent présente, entre autres vieux logis, deux maisons à

---

(1) Nous ignorons quel lien rattachait Pierre Poivre au Bourbonnais, mais, en 1649, un Claude Poivre, bourgeois de Varennes et époux de Marie Bardon, était fermier de Gayette, et, en 1680, demoiselle Antoinette Poivre, femme de Henri Gadin, seigneur des Bonnets, paroisse de Varennes, habite le château de Saint-Gerand de Vaux.

(2) La plus curieuse est assurément l'ancien hôtel Corrier, actuellement Pouillien.

pignon du XVᵉ siècle, dont l'une, celle de gauche, la plus rapprochée du tribunal, passe — sans preuves — pour avoir été le logis du roi Charles VII.

Vichy étant siège d'une châtellenie et Cusset possédant trois justices distinctes, on peut penser si, dans ces deux villes, il dut y avoir des familles de robe, et aux environs des domaines par elles ornés de tours et érigés en fiefs en leur faveur. C'est à peine si ces localités rentrent dans notre étude, et si nous les parcourons rapidement, c'est moins pour faire leur histoire que pour tracer de l'ancienne société cussétoise un tableau rapide.

Dans bien peu d'entre elles, d'ailleurs, nous trouverons à relater quoi que ce soit d'intéressant : qui en a vu une les a vues toutes, et ce sont, en général, de simples maisons de plaisance, de style auvergnat, datant pour la plupart du XVIIᵉ siècle et plus ou moins reconstruites depuis. Parfois, un pavillon accolé au corps de logis principal et toujours

COMMANDERIE DE SAINT-ANTOINE.

l'inévitable colombier témoignent des charges nobles remplies par les anciens propriétaires, mais aucune ne mérite le nom de château, à l'exception toutefois de Genat, Champagnat et la Motte Bonvin, qui sont bien d'anciens établissements féodaux, et que nous allons examiner tout d'abord.

Comme Noailly, Verseilles et tant d'autres, Genat est un château du XVᵉ siècle, flanqué de deux tours d'angle et d'une tour d'escalier : des réparations successives ont enlevé à Genat tout ce qu'il pouvait présenter de remarquable comme détails d'architecture ; mais, d'autre part, quand il remplaça le château féodal des Genach, on respecta beaucoup plus qu'ailleurs ce qui subsistait encore du vieux manoir : au siècle dernier, celui-ci existait encore, en effet, assez complètement pour que Cassini le fasse figurer à côté du Genat actuel, et c'est à ces constructions primitives qu'appartiennent sans doute les murs qui bordent la cour intérieure et les deux tours isolées.

Genat fut le berceau d'une famille de ce nom, et en 1167 nous voyons noble homme Odin de Genach signer à l'acte par lequel Archambaud de Saint-Julien met Périgny (V. ce fief) sous le patronage de l'abbesse de Cusset. Les *Noms féodaux* nous donnent bien encore, au XIV° siècle, des Genat possessionnés aux environs de Langy et paroissiens de Saint-Étienne du Bas; mais au commencement du siècle suivant, par vente ou plutôt par alliance, leur fief d'origine a passé aux Toulon.

En 1415, Pierre de Thoulon (1) rend aveu de son hôtel, maison forte et seigneurie de Genat; en 1444, son fils Louis, chambellan du duc de Bourbon, renouvelle cet aveu, et en 1506 nous trouvons encore sei-

GENAT.

gneur de Genat un Pierre de Toulon (2), écuyer, époux de demoiselle Antoinette de Marsac.

Pierre de Toulon n'eut qu'une fille, Jeanne, qui fit passer Genat à une nouvelle famille, en épousant Pierre de la Roche, écuyer, seigneur de la Motte-Mourgon, paroisse de Magnet. (V. ce fief.) A Pierre de la Roche succéda son fils Jean, époux d'Antoinette de la Barge; à celui-ci son fils Claude, encore mentionné en 1590; mais après Claude, nous perdons la trace de notre fief, qu'un demi-siècle plus tard nous retrouvons aux mains de Claude de Doyat, descendant du fameux bailli (V. Doyat). — Claude de Doyat mourut en 1660, laissant d'Anne Maréchal, sa femme,

---

(1) En 1431, ce Pierre de Thoulon, chargé des affaires du duc de Bourbon, vendit la Palisse à Jacques Ier de Chabannes.

(2) L'article de Béthencourt sur Jeanne de Toulon, veuve d'Ythier d'Aubigny, peut induire en erreur : dans cet article, en effet, le Genzat dont il est question est Janzat sur la Sioule, fief des d'Aubigny; dans les articles voisins, au contraire, il faut lire Genat pour Genzat.

trois filles, Jeanne, Catherine et Anne : Genat, alors, passa à cette dernière, mariée à un Camard de la Corne. La fille unique d'Anne, Jeanne Camard de la Corne, épousa François du Floquet, capitaine d'infanterie, et c'est ainsi que, vers 1700, nous trouvons seigneur de Genat ce François du Floquet, membre d'une famille originaire d'Usson en Auvergne et depuis lui devenue cussétoise (1).

François du Floquet mourut en 1706, et en 1724 notre fief appartient encore à sa fille Rosalie, épouse de Joseph Couderc, seigneur de Baratte; mais, de 1724 à 1775, nouvelle lacune, et, à cette date-là, Genat est indivis entre quatre frères : Joseph, Pierre-Gabriel, Jean-Casimir et Annibal du Serre du Rival, tous quatre fils de Balthazar, ancien capitaine au régiment de Béarn.

Les du Serre du Rival, sortis des environs de Gap, étaient venus en Bourbonnais, vers 1740, en la personne de Balthazar, époux de demoiselle Louise Mallet de Vendègre et petit-fils d'une demoiselle Claire d'Ossandon, issue elle-même de la maison qui possédait alors la Bâtisse, sur la paroisse de Saint-Allyre ès Montagnes (V. le Chaussin). Un Guillaume d'Ossandon (2), en effet, frère de Claire, avait, en 1688, laissé la Bâtisse à son frère Henri, époux de demoiselle Madeleine de Planque ; mais, en 1701, Henri mourut sans enfants, et la Bâtisse échut à son neveu, Jacques de Pierres d'Oursier, fils de Claire d'Ossandon; ce Jacques de Pierres, non plus, n'eut pas postérité, et en 1740, enfin, la Bâtisse vint à Balthazar du Serre du Rival, fils d'une demoiselle de Pierres d'Oursier.

A la mort de Balthazar, survenue vers 1770, sa veuve vendit la Bâtisse, acquit Genat et Pralon, et vint, avec un de ses fils, demeurer à Cusset, au faubourg du Pont de la Mère, où elle mourut en 1779. De ses quatre fils, l'un, Joseph, demeurait en Andalousie, deux étaient officiers aux régiments

---

(1) Voici un extrait généalogique qui indique quels rapports existaient alors entre plusieurs familles des plus considérables du pays :

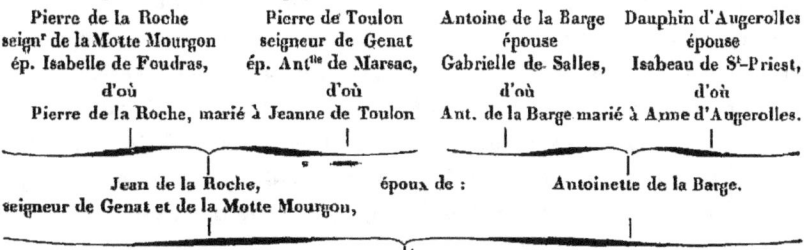

(2) Les d'Ossandon, anoblis en 1596, portaient d'or au chevron d'azur accompagné de trois hirondelles de sable.

d'Agenois et de Médoc : ce fut la cause, sans doute, pour laquelle ils ne gardèrent pas Genat et le mirent en vente en 1781. L'acquéreur fut Jean-Claude Bardon, fils d'un seigneur du Méage, époux d'Henriette de Berthet, sa cousine, et qui fut le dernier seigneur de Genat.

En l'an VI, Genat vint aux Revanger par le mariage de l'un d'eux, Jean, né à Bordeaux, fils de Claude et de Marie Dussieux, avec Dorothée de Bardon, fille de Jean-Claude, et c'est de ce mariage que descendent les Revanger actuels; mais nous ne suivrons pas les transactions nombreuses dont, depuis lors, Genat fut l'objet.

Plusieurs des seigneurs de Genat, que nous venons de nommer, portèrent le titre de seigneur de la *Motte-Pralon* : Pralon est un petit domaine et moulin, sis tout près de Genat, au bord du Jolan, et cette dénomination de la Motte-Pralon pourrait faire croire à l'existence en cet endroit d'une seigneurie primitive.

Champagnat, propriété actuelle de M. Forestier de Périgny, est une maison forte du XIV° siècle, qui serait presque intacte si une des deux tours d'angle n'avait été malencontreusement démolie. Beaucoup plus petit que la Motte-Vesset, il a avec elle une analogie frappante, et, bien mieux qu'elle, avec son entrée fortifiée, ses fossés à peine comblés, il offre le modèle de ces gentilhommières d'autrefois, dont les peu fortunés possesseurs ne sacrifièrent guère — et pour cause — aux goûts de luxe et de confort qu'amenèrent les siècles suivants.

Ces possesseurs, malheureusement, nous les connaissons fort peu, et c'est une simple hypothèse que nous émettrons, en disant que Champagnat fut, à l'origine, le fief patronymique d'une famille de ce nom, dont les descendants, toujours qualifiés nobles, occupaient à Cusset de bien modestes charges au début et encore au milieu du siècle dernier.

Le premier seigneur de Champagnat, mentionné d'une façon certaine, est, au commencement du XVI° siècle, un Jacques de Saint-Iryer (1), écuyer, époux de demoiselle Antoinette Gabard, et dont la fille, Catherine, mariée en 1543 à Jacques de Ménessier, écuyer, seigneur du Verger, en la paroisse de Gouise, hérita par la suite de tous les biens des Gabard (V. les Échelettes). A Jacques succéda Jean de Saint-Irier, époux de Delphine des Écures, et à Jean sa fille Catherine qui, en 1576, épousa Jean de Viry, seigneur de la Forêt de Liernolles; mais, après cette date, est une lacune

---

(1) Les renseignements sur les Saint-Irier nous manquent absolument, et une seule présomption sur leur origine nous peut venir d'un procès qu'eut à soutenir Catherine de Saint-Irier contre un certain René du Plessis, gentilhomme poitevin.

de plus d'un demi-siècle, et en 1655 seulement nous avons un nouveau seigneur de Champagnat en la personne de Pierre Guérin, frère du seigneur de Chermont (V. ce fief) et époux de demoiselle Diane Allemand, fille du seigneur de Quinssat.

Pierre Guérin laissa un fils, Claude, qui mourut à Paris en 1706, après avoir, par testament du 23 mai 1705, donné tous ses biens à l'hôpital de Cusset. Ne voulant ni ne pouvant, d'ailleurs, se charger d'administrer les biens immenses du généreux donateur, les administrateurs de l'hôpital de Cusset en convertirent en rentes la majeure partie; mais on était alors en plein système de Law, les rentes furent remboursées en papier-monnaie, et

CHAMPAGNAT.

on devine les conséquences de cette déplorable opération. L'hôpital fut mis à deux doigts de sa ruine, et c'est alors que Champagnat fut vendu à messire Joseph de la Chaise, seigneur d'Usseau (V. ce fief), sur la paroisse de Creuzier le Vieux.

Jacques de la Chaise, après le mariage de sa fille Marie avec Jean-Louis de Pons (1), habita généralement Champagnat, et ses héritiers l'aliénèrent seulement pendant ce siècle-ci.

Sise au bord même du Sichon et dans le dernier étranglement de sa vallée, la *Motte-Bonvin* interceptait totalement la seule voie de pénétration dans la montagne et dut, par conséquent, constituer jadis un poste fort

---

(1) L'hôtel de Pons à Cusset forme actuellement, sur le cours Tracy, le pensionnat Saint-Joseph et la maison Aupetit-Durand : c'est là que, sous la Révolution, Gaspard Martin du Gard, ex-membre du directoire du district, fonda la première imprimerie cussétoise.

important. Comme nous l'allons voir par la fonction de ses possesseurs, cette importance, du reste, ne tarda pas à disparaître ; mais la Motte elle-même est loin d'avoir perdu son ancien caractère, et, bien que refait, semble-t-il, au début du XVIIe siècle, notre petit château, flanqué de deux pavillons massifs et entouré de fossés pleins d'eau, rappelle encore ce qu'il fut autrefois.

Les premiers possesseurs de cet ancien fief furent probablement des la Motte, dont portent mention plusieurs vieux titres concernant l'abbaye, mais qu'il est difficile de suivre, étant donnée la fréquence de ce nom de la Motte. En 1415 encore, le seigneur de la Motte est un Péronnet de la Motte, mais ce Péronnet est notaire, et nous voilà, certes, bien loin du rôle militaire par nous attribué à notre vieux manoir, que nous allons voir dorénavant habité par des notaires cussétois.

A cette époque, en effet, y arrivent les Bonvin, venus des environs de Randan, qui, pendant plus d'un siècle, fournirent à Cusset des gardes-notes jurés et laissèrent leur nom à notre fief comme témoignage de leur long séjour. Puis, en 1558, apparaît à la Motte une nouvelle famille de notaires, dont la fortune devait suivre une marche rapidement ascendante : ce sont les Badier, que nous retrouverons à Verseilles (V. ce fief) et qui sortent, croyons-nous, de Riom.

Le premier Badier, seigneur de la Motte-Bonvin, est Gilbert, époux d'Antoinette de Cherviers, de Fort-Rion ; puis viennent son fils Amable (1), aussi notaire ; Antoine, époux de Marie Bachelier, élu au gouvernement de Cusset en 1617, et enfin Philibert Badier, qui, par son mariage avec Marie Cornil, devint seigneur de Verseilles. Nous voyons ailleurs la branche des Badier de Verseilles ; quant à Jacques, le fils aîné de Philibert, il resta à la Motte-Bonvin, où, en 1680, nous trouvons encore son fils Antoine ; mais vingt ans environ plus tard, et par suite d'acquêt, sans doute, la Motte-Bonvin appartient à Claude Guérin de Champagnat, et c'est ainsi qu'avec bien d'autres terres nous la voyons, en 1706, devenir la propriété de l'hôpital de Cusset. (V. Champagnat.)

Nous avons vu plus haut les mésaventures de l'hôpital : heureusement pour lui, la Motte-Bonvin fut affectée par les administrateurs à la garantie des fondations stipulées dans le testament du donateur, et c'est en 1858 seulement que notre ancien fief fut aliéné moyennant trente-cinq mille francs.

En face de la Motte-Bonvin et grimpant droit à travers les vignes, est

---

(1) Un autre fils de Gilbert émigra en Provence, où il fit souche de Badier, encore représentés aujourd'hui

un sentier pierreux, qui n'est autre que le chemin primitif de Molles et que l'on appelle « le chemin du condamné ». C'était, dit la tradition, le trajet ordinaire des criminels destinés à la potence. Par là, ils gagnaient le roc du Reposeau (1), où l'usage était de leur offrir un repas appelé « le dernier morceau »; puis le lugubre cortège, à travers le plateau désert, se dirigeait vers le gibet qui, non loin de là, dressait sa silhouette au-dessus de la ville et des coteaux d'alentour. Le nom de la hauteur elle-même, dite des Justices (point 479), a conservé le souvenir du Montfaucon cussétois, dont l'emplacement exact est encore marqué près du point culminant par deux ou trois pierres grossièrement taillées.

Nous signalerons, en passant, le domaine de Pierres, d'où sortent, sans doute, les notaires de ce nom mentionnés à Cusset au XV° siècle; puis, à environ mille cinq cents mètres plus loin, nous arrivons au domaine du *Teillot*, vieille maison bourgeoise, qui n'offre absolument rien de remarquable et doit être une fort ancienne possession des Dusaray : en 1696, en effet, cette vieille famille cussétoise accusa des armes dont la pièce principale est un tilleul (teillot, en patois du pays), et nous serions fort tentés de placer dans cette région, sinon précisément au Teillot, son lieu d'origine jusqu'ici discuté (2).

Notre domaine, d'ailleurs, n'a jamais passé en des mains étrangères, et madame la baronne d'Anchald, née Bérard de Chazelles, qui le possède actuellement, le tient de sa mère, née de Combes, petite-fille elle-même d'un Dusaray.

De la terre du Teillot dépendait le domaine voisin des *Bardets*, qui en fut détaché au siècle dernier par le mariage d'une demoiselle Dusaray avec un Rougane des Barodines, gendarme de la garde du Roy.

Peu de temps avant la Révolution, M. Rougane des Barodines vint se fixer aux Bardets : c'était un voltairien convaincu, comme en comptait beaucoup la classe éclairée de cette époque, et il entretenait des rapports plus que tendus avec les curés du voisinage, qu'il traitait couramment de sots charlatans : ni ces sentiments, pourtant à la mode du jour, ni son républicanisme sincère ne lui purent faire pardonner sa double qualité de riche et de noble, et le 5 germinal an II, en même temps que Rougane de

---

(1) Un domaine voisin a conservé le nom de Reposeau, mais le rocher lui-même a récemment disparu.
(2) Vers 1680, une branche des Dusaray fournit à plusieurs localités du canton d'Escurolles des officiers de justice; aussi a-t-on voulu chercher dans cette région l'origine de cette famille. Nous ne sommes pas de cet avis, contre lequel pourtant nous n'avons aucune raison absolument convaincante

Vichy et son cousin Rougane de Belesbat, Barodines (1) portait sa tête sur l'échafaud.

La maison bourgeoise des Bardets a, en majeure partie, disparu, et il n'en reste guère, encastrée dans un pignon, que la pierre armoriée que nous reproduisons : les armes qu'elle porte n'appartiennent ni aux Dusaray, ni aux de Combes, ni aux de Chazelles, et nous ne savons à qui les attribuer.

LES BARDETS.
Pierre sculptée aux armes des de Bollat?

Au-dessus des Bardets, et sur un mamelon qui dut jadis servir de point de repère dans ce pays récemment encore couvert de bois, s'élève la modeste *chapelle de la Madeleine*, fort ancien sanctuaire construit, sans doute, par les religieuses de Cusset à la limite de leur juridiction avec celle des seigneurs de Montpeyroux : elle dépend maintenant du Teillot et tombera malheureusement en ruine, faute d'urgentes réparations.

En sortant de Cusset par l'ancienne route de Vichy, on traverse le faubourg dit de *Doyat* : là, en effet, dans une maison modeste, naquit, en 1440, d'une vieille famille de bourgeois de Cusset, le fameux bailli de Montferrand, Jean de Doyat, devenu, par la faveur de Louis XI, gouverneur du haut et bas pays d'Auvergne.

Dans tout pays moins insoucieux que le nôtre, on garderait pieusement le souvenir de « ce petit Borbonichon fûté » qui, deux siècles plus tard, aurait été sans doute un grand ministre ; mais, au XVe siècle, il était imprudent d'entrevoir l'avenir, et, quand mourut le Roy qui avait deviné son génie, Doyat expia cruellement son éphémère triomphe. Échelé, puis publiquement fouetté à Cusset, sur la place de l'Épinglier (aujourd'hui du Pont de la Mère), et à Montferrand, sur la Rodade, il fut banni du royaume, après avoir subi le supplice infamant des oreilles coupées, pendant que le peuple, dont il avait rêvé l'émancipation, chantait à cœur joie :

> Plus y a, quiconque entreprend
> Tant de parole que de faict
> Contre l'Ostel (2), mal lui en prend,
> Et à la fin en est deffaict.

---

(1) Les terres des Rougane, Barodines, Belesbat, Chanteloup, se trouvent aux environs d'Aigueperse.
(2) Maison de Bourbon. Doyat avait été, en effet, un adversaire implacable — et souvent injuste — des ducs de Bourbon, et sa disgrâce fut surtout une suite de leur colère.

On en a bien vu qui l'on faict
A qui il n'en a pas bien pris :
L'entreprinse ores leur déplaist,
Plus n'y torneront pour le prix.

La vie tourmentée de Doyat — comme toutes celles qu'emplissent les luttes politiques — n'est exempte ni de passions ni de faiblesses; mais toute faute doit s'effacer devant le dernier acte de sa vie, qui n'est pas d'une âme vulgaire. En 1493, en effet, alors que ruiné, méprisé, il promenait de ville en ville le spectacle de son infortune, il sut oublier ses propres rancunes et trouva encore le moyen de préparer le passage des Alpes aux armées de Charles VIII.

Un si héroïque patriotisme ne resta pas sans récompense : le bailli aux oreilles coupées, à vrai dire, refusa de rentrer en France et mourut à Naples en 1495; mais son fils Pierre, anobli par Charles VIII, fut ramené à Cusset et reçut une indemnité suffisante pour reconstruire, au lieu même où elle se trouvait, la maison paternelle rasée en 1485 (1).

Ce sont les descendants de Pierre qu'au XVIIe siècle nous trouvons à Genat, et nous voyons dans l'histoire de ce fief comment s'éteignit la race des Doyat : tous leurs biens par la suite vinrent aux du Floquet, et c'est seulement dans la première moitié de ce siècle qu'un de ces derniers vendit la grange et les vieux murs qui, seuls, rappelaient encore le souvenir de son aïeul.

Après Doyat, nous laissons à droite la vieille maison de *Presles,* dans le nom de laquelle on veut absolument voir le souvenir d'un ancien combat (*prælium*) (2). On ne spécifie pas, d'ailleurs, s'il s'agit là d'une lutte des Arvernes contre les légions de César, d'un épisode des guerres de Cent ans ou de religion, ou bien encore d'une simple dispute entre Cussétois et Vichyssois; on peut donc penser ce que l'on veut, et nous profiterons de cette latitude pour rappeler qu'avant de s'emparer du pont de Vichy, Pontcenat dut repousser un parti catholique qui occupait la rive droite de l'Allier; or ne peut-on croire que cet engagement fut justement livré

---

(1) Après la condamnation de Doyat, son château avait été, suivant l'usage du temps, livré à la multitude, et la charrue avait retourné l'emplacement qu'il occupait. On a voulu voir dans le nom du moulin voisin d'Arsin (*ardere*, brûler) le souvenir de cette exécution, et ce serait fort admissible, si une charte de 1393 ne mentionnait déjà les prés et le moulin d'Arsin.

(2) Il y a en Bourbonnais quatorze Presles, sans compter la quantité de lieux ainsi nommés, que nous ignorons : or, s'il est presque certain qu'on s'est battu à peu près partout, il l'est moins qu'on en ait partout gardé le souvenir, et il serait plus prudent de chercher tout simplement l'étymologie de Presles ou Bresle dans le nom d'une plante qui pousse dans les endroits humides.

à Presles, sur ce coteau traversé par la vieille route de Cusset, et qui, appuyée d'un côté aux pentes abruptes du Vernet, de l'autre aux prairies marécageuses du Sichon, forme bien, en avant de Vichy, une vraie tête de pont?

Presles, en 1678, appartenait à Pierre Guérin de Champagnat, de qui elle vint, en 1686, à Jacques Renaud, gentilhomme ordinaire de la maison du Roi, lieutenant général de la ville de Cusset. De ce dernier, elle passa aux Bidon, et, après Simon Bidon, marchand et capitaine de bourgeoisie de la ville de Cusset, nous y trouvons son fils Christophe, officier porte-caban du Roi, époux de demoiselle Madeleine Reignier, qui, devenue veuve, fonda à Presles, en 1744, la chapelle qui y existe toujours. Louise Bidon, la fille de Christophe, porta notre terre aux Giraud, et c'est à Presles qu'habitait à la Révolution Robert-Antoine Giraud, docteur en médecine, intendant des eaux de Vichy, médecin du Roi à Trianon, qui, sur la dénonciation de l'incorruptible Givois, fut arrêté le 17 ventôse an II et guillotiné à Paris le 29 prairial, comme convaincu d'avoir voulu, par des menées ténébreuses, rétablir le despotisme en France.

Le nom des *Garets* fut, au XVIIe siècle, pris par une famille de la Chaise, que nous croyons sortie des environs de Gannat et qui, en tout cas, fournissait en 1590 des officiers de justice à cette ville.

Le premier de ces de la Chaise que nous connaissions à Cusset est, en 1663, Antoine, lieutenant de robe courte et époux de demoiselle Revangier, qui mourut en 1668, laissant les Garets à son fils Joseph, marié à demoiselle Marie de Badier. Joseph de la Chaise des Garets fut le père de Jacques, que nous retrouvons à Ussel en Crépin (V. ce fief), et dont la fille porta notre domaine aux de Pons.

Mais, outre ces la Chaise des Garets venus des environs de Riom et de Gannat, il y avait encore à Cusset une vieille famille de la Chaise qui eut presque la spécialité de fournir au bailliage des gardes du scel, et dont le premier connu, *Petrus de Cathedra*, est en 1301 déjà muni de cette charge. En 1661, Antoine de la Chaise, descendant direct de ce Pierre et aussi garde du scel, est seigneur des *Millières*, où nous suivons sa postérité jusqu'à la Révolution.

Des la Chaise possédaient encore le domaine voisin des *Graves*, sis au bord du Jolan; mais nous ne savons si ceux-là se rattachent à la vieille souche cussétoise ou s'ils sont une branche des la Chaise des Garets. Par leurs alliances, leur situation sociale, les parrains de leurs enfants, ils semblent bien être de Cusset; mais, d'autre part, l'un d'eux, en 1696, accuse des armoiries extrêmement compliquées, où figure notamment une sirène tenant un trèfle de chaque main : or, les trèfles sont la pièce héraldique des la Chaise des Garets.

En tout cas, si nos la Chaise sont les mêmes que ceux des Millières, c'était une famille peu unie : en 1666, en effet, Antoine de la Chaise, seigneur des Millières, intente une poursuite contre Jean de la Chaise, écuyer, seigneur des Graves, lieutenant particulier au bailliage de Cusset, qui, en pleine rue, l'a assailli à coups de canne.

Le dernier des la Chaise des Graves fut Jean, greffier du bailliage (1), dont, le 17 septembre 1717, la veuve Antoinette Mizon laissa notre petit fief à l'hôpital de Cusset, qui le possède toujours.

Avant de rentrer à Cusset, nous citerons encore dans ces parages les deux terres des *Bartins* et de *Champcourt*.

Les premiers, convertis par M. Georges Durin, ancien maire de Vichy, en une élégante habitation, furent, de 1683 à 1700, la propriété de Simon-Gilbert Gardin, président juge des dépôts de Cusset et de Ris, puis de son fils Jean-Joseph, lieutenant général au bailliage de Cusset : ils appartinrent plus tard aux Bardon de Genat.

Quant à Champcourt, il vient, ainsi que Vignolles (V. plus bas), de la famille Guyonnet, la plus ancienne peut-être de Cusset, et dont on trouve des membres qualifiés bourgeois dès le commencement du XIVe siècle. En 1703, Gilbert Guyonnet (2), receveur-contrôleur des contributions du bailliage, est encore seigneur de Champcourt : depuis lors, une demoiselle Guyonnet le porta aux Allemand; ces derniers s'éteignirent dans les deux familles Dusaray et Chapus du Bost, et madame Tessier de Rauschemberg, née Loizel d'Oranges, qui possède actuellement Champcourt, est la petite-fille de la dernière des Chapus du Bost.

De Champcourt, en laissant à droite l'ancienne chapelle abbatiale de Notre-Dame des Prés, nous rentrons à Cusset par le quartier Beaudesson, dont le nom nous rappelle encore celui d'une ancienne famille bourgeoise, qui fournit notamment des huissiers au bailliage; puis, regagnant la mon-

---

(1) Dans la nuit du 2 février 1705, Jean de la Chaise des Graves fut assassiné à Cusset dans la rue du Port, par des malfaiteurs restés inconnus : on ne manqua pas — et sans preuve d'ailleurs — de voir dans Antoine de la Chaise des Millière l'instigateur, sinon l'auteur de ce meurtre, et jusqu'à sa mort la veuve de Jean poursuivit contre lui une instance qui n'aboutit pas.

(2) A la même époque, un Pierre Guyonnet, lieutenant criminel de robe courte au bailliage de Cusset, est seigneur de Champfollet, paroisse de Paray-sur-Briailles.

tagne, tout au haut du faubourg Saint-Antoine, nous trouvons la locatairie de *Venize,* ancien petit fief possédé en 1676 par François Renaud (1), fils de Charles et de demoiselle Bernard de Chassignolles (V. plus bas), frère par conséquent de Jacques, seigneur des Chaulx, major de la ville de Perpignan, et de Charles, gendarme de la garde du Roi, seigneur de Galetière, non loin des Chaulx.

Pour débrouiller l'incroyable écheveau des Renaud ou Regnaud que nous trouvons dans nos environs, il nous faudrait entreprendre un travail généalogique qui n'entre ni dans notre cadre, ni dans nos intentions. Il semble pourtant que, sans parler de ceux du Breuil, on les puisse diviser en deux familles, — dont la souche peut être d'ailleurs commune, — ceux dont nous venons de parler, qui seraient les mêmes que ceux de Chandian, puis une famille d'ancienne bourgeoisie cussétoise mentionnée dès le XV' siècle.

François Renaud, écuyer, seigneur de Venize, marié à une demoiselle Hugon de Givry, servit avec distinction et obtint, en 1698, des lettres de noblesse ; il eut pour successeur son fils Louis, et c'est un neveu de ce dernier, Jacques Renaud, fils de Pierre, qui, fixé aux environs de Moulins par suite de différentes acquisitions (2), y devint la tige des Renaud de Boisrenaud, famille bien connue en Bourbonnais (3).

Un peu plus loin sont les *Morats,* qui, malgré le peu d'importance que leur assigne la carte de Cassini, semblent bien avoir été un des rares anciens fiefs de cette région. Le premier seigneur des Morats que nous

(1) D'après une généalogie assez incertaine (V. plus bas), Venize aurait été en même temps que les Granjons, paroisse de la Chapelle, porté en 1606 à l'aïeul de François par Anne Allemand, fille de Gilbert, écuyer.

(2) De ces acquêts les plus importants sont : Embourg, paroisse de Souvigny, Lépaud, sur Saint-Menoux, les Vesvres de Bourbon-l'Archambault, tous achetés en 1744 de M. Brunet d'Evry, baron de Châtel-Montagne.
Un peu plus tard, la veuve de Jacques Renaud de Boisrenaud, Marie-Rose-Josèphe Cardon, acquit de M. de Noailles et de demoiselle d'Arpajon, sa femme, l'importante terre de Sagonne, sise dans le canton actuel de Sancoins, département du Cher.

(3) Nous avons eu dernièrement communication d'une intéressante et consciencieuse généalogie des Renaud de Boisrenaud : elle renferme bien des renseignements utiles, mais ne concorde pas toujours avec des actes par nous consultés et demande certainement à être retouchée.
C'est ainsi que les Renaud de Boisrenaud, descendants d'une famille milanaise fixée en Dauphiné en 1523, par le mariage de Francesco Regnaldi avec Anne de Brosse, seraient venus se fixer un peu plus tard en Bourbonnais, par le mariage de François, petit-fils de Francesco, avec une demoiselle Félicie Faure, originaire sans doute de notre montagne (V. Châtel-Montagne), et fille d'un président à la cour des aides de Montferrand.
Or ceci est erroné au moins comme date et comme prénoms : passant, en effet, dernièrement dans l'église Saint-Paul, de Lyon, nous avons lu sur une pierre tombale une épitaphe ainsi conçue : « Ci gît noble homme Guillaume Regnaud, bourgeois de Lyon, et dame Marguerite Faure, son épouse, lesquels sont décédés : ledit Regnauld, le 10 avril 1511, et ladite Faure, le 5 mars 1514. » Il s'agit là de nos Renaud, et le doute est d'autant moins possible qu'à côté sont les armes depuis lors portées par les Renaud de Chandian et les Renaud de Boisrenaud.

connaissions est, en 1645, Jean Tourcet, écuyer; puis viennent son fils Pierre, en 1700 autre Jean Tourcet, époux de demoiselle Guyonnet, et enfin Gilbert, dont une fille, par son mariage avec un du Floquet, fit passer les Morats à cette dernière famille, qui les possédait il y a encore peu de temps.

Sis sur un point culminant de difficile abord et encore exhaussé par une motte artificielle, *Viermeux* doit être assurément un point de fort ancienne occupation, et nous nous rangeons volontiers à l'opinion des érudits cussétois qui en font une station gallo-romaine et tirent son nom de *Villa Hermosa* (1). M. Paul Duchon, du reste, possède de curieux spécimens des découvertes que l'on y a récemment faites.

Au XVIIe siècle, Viermeux dépendait du Vernet quand Simon Bidon, seigneur de Presles, en fit l'acquisition de messire Gaston de la Richardie : une fille de Simon, Anne Bidon, le porta à Claude du Saray, avocat au bailliage, et en 1753 le seigneur de Viermeux est encore leur fils Jean du Saray, écuyer, capitaine d'infanterie, prévôt de la connétablie et maréchaussée de France; mais celui-ci ne garda pas notre fief, et, peu de temps après, cette terre appartient à Gilles Brunet, marquis d'Evry, dont la conduite quelque peu inconsidérée fut, en 1777, la cause déterminante à Cusset de la défaite du parti Coinchon-Dusaray.

Des Brunet d'Evry, enfin, Viermeux vint à la famille auvergnate de Rouzat, qui le garda jusqu'à ces dernières années.

Depuis fort longtemps aussi, nous trouvons à Cusset une famille Philippon, dont nous citerons Pierre, en 1710, notaire et capitaine de la milice bourgeoise. Les Philippon étaient seigneurs du *Gravier*, bâtiment modeste, mais non dénué de caractère, et flanqué d'une petite tour carrée.

La *Fond* ou *Chassignoles*. — L'importante terre de la Fond, qui prit plus tard le nom de la chapelle voisine de Chassignoles, fut le berceau d'une ancienne famille de la bourgeoisie de Cusset, dont était un garde-scel de 1391, *Petrus de Fonte, burgensis Cuciaci*.

Au commencement du XVIIe siècle, la Fond, dite depuis lors Chassignoles, appartenait à une famille Bernard, dont, vers 1650, l'héritière était demoiselle Madeleine Bernard, mariée en premières noces à Charles

---

(1) Pour nous cependant Viermeux veut dire simplement vieux murs.

Renaud, lieutenant général, seigneur de Venize, et en deuxièmes à Nicolas Revangier, juge en la sénéchaussée de Bourbonnais et membre d'une famille qui, au XIV° siècle déjà, fournissait à Vichy des notaires.

Les Renaud et Revangier, enfants de ces deux unions, durent se partager Chassignoles; mais enfin, à la suite d'un long procès, notre terre resta aux Revangier, et, après le mari de demoiselle Bernard, nous en trouvons seigneur son fils, autre Nicolas Revangier, marié le 25 janvier 1692 avec Jeanne Maréchal, fille de Claude, seigneur de Champblanc (V. ce fief) et de Bompré.

Nicolas Revangier fut, comme son père, conseiller au présidial et, en 1715, obtint des lettres de noblesse, où il est rappelé qu'avant de revêtir la robe il avait servi comme gendarme du Roi et donné en cette qualité, à Nerwinde, des preuves de sa valeur (1).

Il eut comme successeur son fils Nicolas-Joseph, époux d'Henriette Héron, fille de Lambert, trésorier de France à Moulins, et, jusqu'en 1760, nous trouvons à Chassignoles des Revangier; mais, à cette date et par vente, sans doute, il passa aux de Chouvigny, et, en 1792, le seigneur de Chassignoles était haut et puissant seigneur messire Pierre de Chouvigny, comte de Blot, lieutenant-colonel au régiment de Beauvaisis, époux de demoiselle Louise-Marie-Gabrielle de Guillebon : le colonel de Chouvigny figure sur la liste des émigrés, et Chassignoles fut vendu nationalement le 9 pluviôse an II.

Les ouvertures refaites de Chassignoles permettent difficilement d'assigner une date à cette ancienne maison, qui, avec ses murs épais, ses lourds pavillons carrés et ses salles voûtées, fut sûrement jadis un véritable château. De cette importance la seule trace actuelle est un portail de style auvergnat du XVII° siècle, que nous citerons en même temps qu'un puits en pierre de Volvic décoré aux armes des de Chouvigny (2).

La chapelle de Chassignoles fut, en 1694, élevée par messire Nicolas Revangier, seigneur de Chassignoles, conseiller du Roi au présidial de Moulins, en remplacement d'une ancienne église dépendant de l'abbaye de Cusset, et, le 25 août de la même année, bénite par Mgr Bochart de Saron, évêque de Clermont. Elle existe encore en assez bon état pour qu'on puisse lui appliquer la description qu'en donne une pièce de 1698; mais elle n'offre rien de remarquable que sa forme, « faite, dit ce docu-

(1) Dans le même acte, il est mentionné que, des deux fils de Nicolas, l'un a eu un bras emporté devant Manheim, et que l'autre sert aux mousquetaires du Roy.
(2) Les Revangier portent aussi un lion, mais ils ne l'auraient sans doute pas surmonté d'une couronne de marquis; aussi pensons-nous qu'il faut plutôt voir dans ce petit monument héraldique un souvenir des de Chouvigny.

ment, en façon de tour, couverte en tuiles plates, ayant dix-huit pieds de largeur et autant de longueur ».

Nous avons dit à propos de Champcourt comment *Vignolles* vint des Guyonnet aux Allemand : vers 1750, pendant qu'une des deux dernières descendantes de cette famille Allemand, Marie-Thérèse, portait Champ-

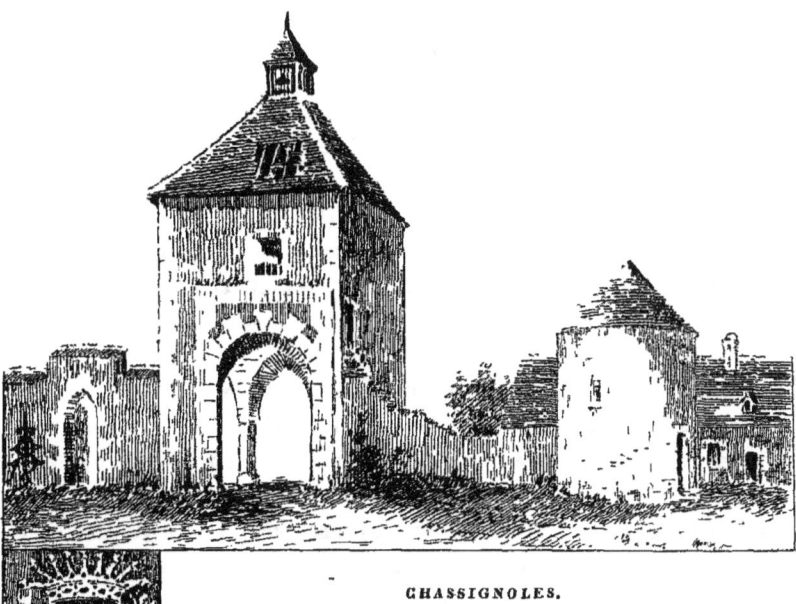

CHASSIGNOLES.

ARMOIRIES
des de Chouvigny.

court à François-Hubert Chapus du Bost, intendant des eaux de Vichy, sa sœur, Marie-Madeleine, épousa Claude-Gilbert Dusaray, avocat au bailliage de Cusset, et lui porta Vignolles, qui appartient aujourd'hui encore à ses enfants.

Il ne nous appartient pas de donner ici le tableau de la famille encore existante des du Saray; rappelons seulement que depuis Laurent, le premier d'entre eux que nous connaissions et que nous trouvons en 1627 dans la petite terre de la Saulzat, sur Saint-Étienne de Vicq, nous rencontrons maintes fois les du Saray, possesseurs de plusieurs de nos fiefs et alliés à nombre de maisons distinguées du pays (V. le Teillot).

Au-dessus des verdoyants coteaux de Vignolles et de la Font, le terrain se relève en pentes dénudées pour aller former le plateau des Acarins, dont le nom, souvent mêlé aux légendes du pays, se rattacherait aussi, paraît-il, au souvenir de saint Vincent Ferrier.

Sur un éperon de ce plateau, admirablement situé pour avoir porté un sanctuaire druidique, les religieuses de Cusset, à une époque indéterminée, élevèrent une chapelle dite de l'*Aubépierre* (1), à laquelle fut attaché un titulaire qui, plus tard, obtint le titre de curé.

L'ancienne cure de l'Aubépierre existe encore et forme un logis Louis XIII de fort bon aspect, qui appartient aujourd'hui à M. Desbrets, de Cusset.

Quant à la chapelle, beaucoup plus importante que ses similaires de Chassignoles, la Madeleine, etc., elle existe encore, mais à l'état de pied-à-terre belvédère. Il est assez naturel que M. James Combes, le propriétaire actuel, se soit laissé séduire par le merveilleux panorama qui se déroule jusqu'aux monts Dômes; mais, dans sa transformation, l'antique édifice a perdu tout ce qu'il pouvait présenter d'intéressant, et nous ne voyons à y citer qu'une fenêtre évasée, présentant tous les caractères du XIIe siècle.

Au bas de l'Aubépierre est la curieuse maison de *Chavanon*, ancienne construction Renaissance, qu'à partir du XVIe siècle on trouve parmi les possessions de l'abbaye de Cusset. Tout y a été malheureusement gâté avec le plus incroyable mauvais goût ; pourtant, par les dimensions et l'ornementation artistique des rares ouvertures conservées, et, mieux encore, par la splendide cheminée transportée au musée de Roanne, on peut encore se rendre compte du luxe avec lequel avait été construit Chavanon, destiné autrefois à servir de maison de campagne et peut-être de maison de convalescence aux religieuses de Cusset (2).

A la Révolution, le domaine de Chavanon fut adjugé quinze mille livres.

Tout proche de Chavanon, enfin, est *la Ronze*, qui ne dut jamais être qu'un domaine et dont nous connaissons seulement deux possesseurs, à savoir : en 1763, Léon de France, écuyer, époux d'Anne Bunel, et, en 1776, son fils Louis, aussi écuyer, brigadier des gendarmes et époux de demoiselle du Saray, fille de Louis, notaire, et de demoiselle Marie-Anne Cornet des Arpayats.

(1) Ce nom de l'Aubépierre (*alba petra*, pierre blanche) vient des affleurements de quartz qui, à trois cents mètres environ au nord de la chapelle, forment le point coté 438.
(2) Chavanon peut fort bien être l'ancienne demeure des Albépierre ou Petit d'Albépierre, famille de la grosse bourgeoisie de Cusset au XIVe siècle ; mais ceci est de notre part une simple supposition.

LES CREUZIERS ET SAINT-GERMAIN DES FOSSÉS.

Avant d'étudier le versant septentrional de la montagne bourbonnaise et les pentes confuses où se termine le soulèvement granitique de Montoncelle, il nous faut revenir sur nos pas et parcourir la suite du massif calcaire dont nous avons parlé, et qui, profondément érodé en certains endroits, forme une sorte de digue entre le val d'Allier et le bassin où s'étend la plaine de Billezois.

Jusqu'à l'éperon de Saint-Germain des Fossés, ces côtes sont couvertes de riches vignobles au milieu desquels, et de loin en loin, se groupent de gros villages auvergnats aux murs non crépis, aux toits plats, couverts à tuiles creuses, qui, au début du XIII° siècle, furent séparés de la province dont ils ont conservé tous les caractères.

Il faut suivre la carte de Cassini pour voir quelles bizarres découpures formaient autrefois les limites d'Auvergne et de Bourbonnais dans ce fortuné coin de terre que chacun désirait garder. La partie dépendant de l'Auvergne ressortissait au bailliage de Cusset.

Les nombreuses trouvailles faites à *Creuzier-le-Vieux*, son nom lui-même et aussi sa merveilleuse situation font bien de cette antique forteresse la capitale féodale du pays; mais du vieux château fort il subsiste peu de chose, et Creuzier-le-Vieux se compose, actuellement, d'une élégante construction de la fin du XV° siècle, appliquée contre la nef d'une église fort ancienne, mais refaite. Devant la façade, du côté nord, se développent les fossés et le rempart de la forteresse primitive, dont il reste encore debout une moitié de tour, avec des détails intéressants du XIV° siècle.

De 1301 à 1377, les *Noms féodaux* donnent six Uffain ou Uffan, chevaliers, seigneurs de Creuzier-le-Vieux, et cela contrarie quelque peu la tradition, généralement admise, que Creuzier-le-Vieux est un ancien couvent de Templiers; cette tradition, d'ailleurs, n'a jamais été appuyée sur autre chose que la réunion sur la même motte d'une église et d'un château fort. Or cette réunion était non pas l'exception, mais la règle dans les constructions féodales, et nous la retrouvons pour ainsi dire partout, à Montcombroux, Servilly, Varennes-sur-Allier, le Breuil, Mariol, etc. Mais c'est si commode d'avoir dans ces fameux Templiers réponse à tout!

Creuzier-le-Vieux, en 1380, fut porté par Regnaude Uffaine à Archambaud Meschin, dit Beaudequin, damoiseau, aussi seigneur de la Motte-Vesset sur Treteau et sorti des environs de Saint-Léon (V. Rezols); en 1407, le nom d'Archambaud Meschin se trouve encore dans un acte par lequel il autorise le duc de Bourbon à prendre, pour une fois seulement, aide et fouage sur ses terres; mais, en 1411, il a eu pour successeur son fils Pierre, puis, en 1452, et par suite de nous ne savons quelles circonstances, le seigneur de Creuzier-le-Vieux est Louis de Montmorillon, écuyer, membre de cette famille que nous voyons vers la même époque abandonner ses fiefs de la montagne. Après Louis de Montmorillon

CREUZIER-LE-VIEUX.

vinrent Joseph, puis Hippolyte, qui revendiqua la possession de Verseilles (V. ce fief), et enfin Saladin de Montmorillon, époux d'Anne de l'Hôpital-Saint-Mesme, dont la fille, Louise, le 21 juin 1588, épousa César de Bourbon-Busset.

Creuzier-le-Vieux, dès lors, ne sortit plus de cette dernière famille, et si, au XVIII° siècle, les Douet de Saint-Germain des Fossés se crurent, par leurs acquisitions de droits seigneuriaux, autorisés à prendre le titre de seigneurs de Creuzier-le-Vieux, le château n'en resta pas moins aux descendants de César et fut vendu, il y a seulement une quarantaine d'années, par Charles-Ferdinand, comte de Bourbon-Busset.

Sous le nom assez mal choisi de château du Lauzet, emprunté à un terroir voisin, le château de Creuzier-le-Vieux est devenu à juste titre une des promenades favorites des environs de Vichy; le propriétaire y a réuni un certain nombre d'objets dont plusieurs sont vraiment intéressants ; quelques-uns même sembleraient établir d'une façon certaine l'origine gallo-romaine de Creuzier-le-Vieux.

Rien n'est plus probable, du reste, que cette origine, et il faut bien que Creuzier-le-Vieux soit fort ancien, puisque, dès le début du XIII° siècle, il est déjà fait mention de *Creuzier-le-Neuf*.

Ce dernier fief, aussi siège d'une paroisse, se trouve à une demi-lieue de son aîné et eut à peu près les mêmes destinées que lui. Mentionné, en effet, de 1301 à 1443, dans les possessions de la famille de Mariol et,

CREUZIER-LE-NEUF.

en 1452, dans celles de Jean Bréchart, écuyer, il passa ensuite aux Murat, et fut, le 16 juin 1565, acquis de François de Murat par François-Saladin de Montmorillon, dont la fille Louise le porta aux Bourbon-Busset, en même temps que Creuzier-le-Vieux (V. plus haut).

Au moment de la Révolution, les droits seigneuriaux de Creuzier-le-Neuf, depuis longtemps séparés de la seigneurie, appartenaient au seigneur de Chermont (V. ce fief) en majeure partie ; le reste, composé de quelques redevances, dépendait d'Ussel en Crespin.

Avec sa tourelle d'angle et sa longue façade aveugle, le château de Creuzier-le-Neuf fait encore un certain effet quand il se détache sur la sombre verdure des vignes ; mais de près c'est assez peu de chose, et ce vieux logis du XV° siècle, composé de deux ailes flanquées de tours, ne présente guère de notable qu'une fenêtre de style bâtard sur la cour intérieure, et dans les caves des meurtrières bien conservées

Le village *Bonnot* était un siège particulier de justice.

Nous ne nous arrêterons pas sur les nombreuses collectes, d'ailleurs assez difficiles à délimiter, que Nicolaï nomme sur les Creuziers ; mais nous distinguerons celle de *Crespin*, qui nous semble avoir été autrefois une seigneurie particulière, et dont la justice était partagée entre les châtellenies de Vichy et de Billy. A Vichy ressortissait la partie dite d'Usseau ou Ussel en Crespin ; le reste, dit terre de Saint-Germain en Crespin, dépendait de Billy.

Saint-Germain en Crespin fut, en 1300, porté en dot à Bertrand de Saint-Germain des Fossés, par la veuve de Michel de Saint-Germain, veuve dont nous n'avons pu savoir le nom patronymique.

Quant à Ussel en Crespin, il resta, jusqu'en 1521, en la possession d'une famille de Chastel ou de Chastot, que nous y trouvons mentionnée dès le XIII° siècle, et dont nous citerons deux membres : Pierre, qui, en 1385, acheta la Couldre de Jean de Châtelus, et Antoine, le dernier, fils d'une demoiselle Claude de Chabannes.

Antoine céda sans doute au seigneur de Cérezat la moitié de sa seigneurie d'Ussel, et, en 1512, nous trouvons le reste de notre terre entre les mains de Gilbert de Palladuc (1), époux de Françoise de Chastel ; mais, le 2 janvier 1542, Françoise de Chastel, devenue veuve, vendit moyennant vingt-huit écus d'or au coin du soleil, à Jean d'Albon, seigneur de Cérezat et de la moitié d'Ussel en Crespin, ce qui lui appartenait encore de ladite seigneurie d'Ussel en Crespin.

A partir de cette époque, Usseau suivit la destinée de Cérezat (V. ci-dessous), et c'est ainsi qu'en 1717 nous le trouvons dans les biens mis en vente par le comte de Chabannes-Pionsat, époux de Philiberte d'Apchon. L'acquéreur d'Usseau fut Joseph de la Chaise, seigneur des Garets (V. ce fief), époux de demoiselle Marie Badier de Verseilles : Usseau devait être alors une seigneurie assez importante, puisque nous voyons la Chaise payer dès lors 350 livres de redevance pour sa nouvelle terre. A Joseph succéda Jacques, major aux volontaires bretons, époux de Gasparde de Téraule ; enfin, en 1760, Marie de la Chaise, fille de Jacques, porta Usseau à Jean-Louis de Pons, capitaine au régiment de Flandre, et c'est Vital-Auguste de Pons, fils de Jean-Louis et ancien cadet au Royal-Croate cavalerie, qui vendit notre terre après la Révolution.

La famille des derniers seigneurs d'Usseau mérite de nous arrêter quelque peu.

(1) Le château de Palladuc se trouve dans la montagne au-dessus de Thiers, dans la paroisse de Saint-Victor.

Quintien de Pons, en effet, seigneur du Grippet, trisaïeul de Jean-Louis de Pons, avait épousé Antoinette de Bourbon, fille née hors mariage de César de Bourbon-Busset, et en eut un fils, César (1), qui épousa Antoinette Gacon, d'une vieille famille de notaires de Cusset que l'on trouve dès l'origine sur Molles, au village Gacon, et alors parvenue à une haute fortune. C'est depuis ce mariage que nous trouvons des de Pons, dits du Fourneau (terre sise de l'autre côté de l'Allier), aux environs de Cusset, où plusieurs remplirent de hautes dignités; mais l'origine première des de Pons était dauphinoise, et le premier de cette maison venu en Bourbonnais est, croyons-nous, Pierre, le père de Quintien, qui eut le Grippet, paroisse de Serbannes, par son alliance avec une demoiselle de Reynaud, et fut capitaine châtelain du château de Nonette. Les de Pons eurent une postérité nombreuse encore représentée, et de laquelle nous citerons seulement Mgr de Pons, évêque de Moulins de 1822 à 1849, né à Riom dans l'hôtel que sa famille habitait rue Delille.

La branche sortie d'Antoinette de Bourbon eut d'autres rejetons que les de Pons : devenue veuve, la fille de César se remaria avec Claude de la Ramas et en eut, outre deux fils, dont nous parlons ailleurs (V. la Guillermie, le Pavillon, etc.), une fille, qui fut mariée à Henri de James, seigneur de Montcombroux. (V. ce fief.)

Dans ces parages se trouvait sans doute le fief de *Marcenat*, dont aucun lieudit n'a même conservé le nom. Nous n'en avons, d'ailleurs, qu'une seule mention, à savoir l'acte du 10 octobre 1402 par lequel François de Marcenat, damoiseau, et Marie de Chambon, sa femme, le donnent à un Étienne Vital, fils de Pierre. Cette donation ne dut pas avoir d'effet, et, en 1405, nous voyons le même François donner en viager à Girard d'Acbert, seigneur de Noailly (V. ce fief), sa maison de Marcenat, sise paroisse de Creuzier-le-Vieil, avec terres, prés, cens, dîmes, etc.

Cérezat, dont le nom s'écrit indifféremment Selzat, Sarzat..., ne doit pas être, selon nous, une fort ancienne seigneurie.

Nulle part, en effet, avant les premières années du XVI° siècle, nous ne trouvons mention de Cérezat, et il ne nous paraît vraiment guère possible qu'on ait ainsi passé sous silence cet énorme château, autour duquel des fossés, larges de quinze mètres et récemment encore pleins d'eau vive, dessinent un carré de cent mètres de côté : ces dimensions elles-mêmes, du reste,

---

(1) Ce prénom de César, porté aussi par l'aîné des la Ramas, était, en souvenir des Borgia, devenu usuel chez les Bourbon-Busset.

ne semblent-elles pas indiquer que ce n'était pas là une forteresse féodale ? On en trouve peu d'aussi étendues, et Cérezat nous a bien plutôt l'air d'une de ces somptueuses habitations entourées de terrasses donnant sur l'eau, comme on en construisit beaucoup après les guerres d'Italie. Il est remarquable, d'ailleurs, que Nicolaï, dont le travail fut sans doute fait sur de vieux terriers, ne parle pas de Cérezat, et on peut penser que notre château fut, dans les dernières années du XV° siècle, édifié par Guichard d'Albon-Saint-André, le vrai fondateur de la grandeur de sa maison, et qui

CÉREZAT.

devait, du chef de sa mère, Jeanne de la Palisse de Chazeuil (V. ce fief), posséder des terres dans cette région.

Guichard d'Albon, en tout cas, est le premier seigneur de Cérezat que nous connaissions, et ce qui nous confirmerait dans l'opinion qu'il en fut le créateur, ce sont les nombreux achats que nous lui voyons faire de terres environnantes, dont quelques-unes touchent aux fossés même du château : de ces acquisitions, nous citerons celle du dimanche avant Pâques de l'an 1489, faite sur Jacques de la Tour, écuyer, seigneur dudit lieu, époux de dame Jeanne de Mariol.

La veuve de Guichard, Catherine de Talaru (1), et son fils Jean conti-

---

(1) Avant son mariage avec Guichard d'Albon, Catherine de Talaru avait été l'épouse de Jean II de la Roche, seigneur de Tournoël, qui l'avait laissée veuve à vingt ans : or la solitude n'était pas le fait de la belle châtelaine, et le vieux nid féodal de Tournoël n'avait pas tardé à devenir un lieu de plaisance et un rendez-vous d'histrions et de musiciens. Cela était fort du goût de la brillante jeunesse des environs de Riom, mais pas du tout de celui de son beau-frère Antoine,

nuèrent ces achats, et quand Cérezat vint aux mains de Jacques d'Albon, fils de Jean, c'était une terre des plus considérables. Jacques d'Albon, plus connu sous le nom de maréchal de Saint-André, fut tué, en 1562, à la bataille de Dreux, et, comme il ne laissait pas d'enfants (V. la Guillermie, Fretay, etc.), sa terre, faisant retour à sa sœur Marguerite, mariée à Artaud, baron d'Apchon et seigneur de Montrond, resta comprise environ un siècle et demi dans les biens de cette famille (1).

Des d'Apchon de Cérezat, tous revêtus de hautes charges, nous ne citerons que Jean, époux de Jeanne de Saint-Paul, fils d'Antoine et petit-fils de Marguerite, qui fut, en 1614, député de la noblesse du Bourbonnais et, de 1602 à 1617, gouverneur de la ville de Cusset, avec laquelle il eut de nombreux démêlés (2). Le dernier d'entre eux fut Claude, époux de Marie-Françoise de Blich de Veauce, et dont la fille Philiberte porta, en 1708, le titre de marquis d'Apchon avec la terre de Cérezat à messire Gilbert-Gaspard de Chabannes-Pionsat, frère de l'acquéreur de la Palisse. (V. ce fief.)

En 1715, en même temps que la Motte Vaulieux aux Laurent de Marnat, Ussel en Crespin et Paslières à d'autres (V. ces fiefs), G.-G. de Chabannes vendit Cérezat à Claude-Joseph Ameil, époux d'Anne Menu, bourgeois de Creuzier et entrepreneur des chemins du Roi, qui, en 1722, le revendit, à son tour, à Jacques de Badier de Verseilles, lieutenant général et commandeur de Saint-Louis.

Confisqué sur les Badier en 1793 et vendu nationalement par parcelles, Cérezat fut détruit de fond en comble, et c'est à peine si, dans les masures enchevêtrées qui occupent son emplacement et celui de ses superbes jardins, on peut reconnaître quelques pierres portant encore des moulures mutilées : le seul détail conservé est la porte Louis XIII, que nous reproduisons.

Sur le vieux chemin de Cusset à Cérezat, et à cinq cents mètres de ce dernier, un domaine porte le nom typique de la Guette.

De Cérezat dépendaient, en 1700, les deux petites seigneuries voisines,

---

protonotaire apostolique, qui obtint contre elle à Montferrand une sentence accablante où elle est traitée de Mélusine, Circé, diabolique sorcière, etc. Elle n'en fut que médiocrement touchée, et, retirée à Tarare pendant son second veuvage, nous la voyons rester fidèle au genre de consolations qui n'avait pas trouvé grâce devant l'austère juridiction auvergnate.

Le 22 janvier 1510, à Tournoël, elle maria Charlotte de la Roche, sa fille du premier lit, avec son beau-fils Jean d'Albon, fils de Guichard et d'Anne de Semneterre, gouverneur du Lyonnais, Bourbonnais, Beaujolais, Marche et Combrailles.

(1) D'Apchon porte d'or semé de fleurs de lys d'azur.
(2) A Jean succéda en 1617 dans ses possessions et son commandement son fils Claude, époux de Catherine de Saint-Aubin, lequel mourut en 1633 : c'est Jacques d'Apchon, le fils de Claude, qui vendit Quinssat en 1645. (V. ce fief.)

de *Grandmont* et des *Combes,* qui furent toutes deux comprises dans la vente de M. de Chabannes à Claude-Joseph Ameil.

Mais elles ne furent ni l'une ni l'autre vendues aux Badier en même temps que Cérezat : les Combes le furent en 1737, et c'est seulement le 2 janvier 1770 que le fils de Jacques, Félicien-Eugène-Hippolyte Badier de Verseilles, seigneur dudit lieu, de Cérezat, Seuillet, Creuzier-le-Neuf, Creuzier-le-Vieux, etc., capitaine aux grenadiers de Flandre, put acheter Grandmont des héritiers d'Anne Menu, par le ministère de son procureur, Gilbert Coinchon de la Fond.

Dans ce dernier acte, Grandmont figure comme possédant une chapelle particulière, et il se peut faire qu'il soit un ancien établissement religieux, peut-être le prieuré que nous voyons possédé par un Gabard des Échelettes. (V. ce fief.)

Au milieu d'un vaste parc, sur une butte qui semble fermer la vallée du Mourgon, se trouve l'énorme château de *Chermont,* dont on aperçoit au loin la banale façade et qui dut, au XVIIe siècle, remplacer le vieux manoir dont nous allons esquisser le passé. Rien malheureusement n'y a été conservé qui nous puisse faciliter cette tâche, et, pour trouver quelque modeste témoin du temps jadis, il nous a fallu aller découvrir dans les dépendances une porterie, d'ailleurs bien insignifiante.

La première mention que nous ayons de Chermont est du 27 mai 1552, où nous trouvons qualifié seigneur de Chermont Claude du Sauzay (1), écuyer, époux de Jeanne Morel et père de Noël, qu'en 1573 nous voyons époux de demoiselle Catherine Corniller et, lui aussi, seigneur de Chermont. En 1587, nous trouvons encore Chermont aux mains de Gaspard du Saulzay, fils de Noël, et, en 1607, dans celles de Claude, sans doute fils de Gaspard; mais, le 26 novembre 1622, Chermont passe à la vieille famille cussétoise des Guérin, par le mariage de noble Jean Guérin, contrôleur général des ventes en la généralité de Rouen, fils d'honorable Jean, bourgeois de Cusset, avec demoiselle Antoinette du Sauzay.

Les Guérin se succédèrent à Chermont jusqu'à une époque voisine de la Révolution, et parmi eux nous relèverons : en 1672 Claude, écuyer, époux de Marie Faverot, conseiller du Roi, président-trésorier de France en la généralité de Moulins; François en 1712, autre Claude en 1737, Antoine et enfin Jean-Baptiste, capitaine au régiment de Navarre.

---

(1) Les du Saulzay (V. Rax, la Chapelle de Périgny, etc.) semblent être une famille de très ancienne bourgeoisie de Saint-Germain des Fossés, où, en 1578, nous trouvons noble homme Gaspard du Saulzay, contrôleur ordinaire des guerres. Sans doute sortent-ils du domaine voisin du Sauzet.

Le 23 juin 1785, assisté de demoiselle Marie Griffet de la Baume, sa femme, et de sa mère, dame Catherine Petitjean de la Fond, veuve d'Antoine Guérin (1), et moyennant le prix de 193,000 francs, Jean-Baptiste Guérin vendit à messire Gilbert-François-Louis-Anne, marquis de Durfort (2), et à son épouse Claire-Josèphe Guyon de Frémont, demeurant à Paris en leur hôtel de la rue Cassette, sa terre de Chermont, y compris les dîmes de Creuzier-le-Vieil, dîmes jadis acquises des Constancin, de Cusset, et dont, le 9 juin 1554, s'était rendu acquéreur Michel Constancin de Gabriel de Vasser (?), écuyer, seigneur dudit lieu.

M. de Durfort, dernier seigneur de Chermont, fut guillotiné à Paris le 2 thermidor an II, à la suite de l'affaire dite de la Conspiration des prisons, et le propriétaire actuel de notre terre, d'ailleurs bien réduite, est son petit-fils, M. le prince de Lucinge-Faucigny.

Non loin de Chermont est le domaine *Pouant*, actuellement propriété des Cornillon, et dont nous trouvons pour la première fois mention, le 7 avril 1587, qu'il est adjugé à Gaspard Saulzay, écuyer, seigneur de Chermont, conseiller du Roy au siège présidial de Moulins.

Pouant, avant cette adjudication, était un membre dépendant de la puissante abbaye de la Bénissons-Dieu, et l'abbé commendataire de cette abbaye, Pierre d'Épinac, archevêque de Lyon, n'avait pu s'en dessaisir et le mettre en adjudication qu'en vertu de la bulle papale du 27 juin 1586, par laquelle autorisation avait été donnée au clergé de France d'aliéner son temporel, pour se mettre à même de combattre les hérétiques : il s'agit là de la formation de la Ligue.

Pouant resta compris dans la terre de Chermont de 1587 jusqu'en 1717, époque à laquelle il en fut détaché par Claude Guérin et vendu à Pierre Vigier, bourgeois de Cusset.

Citons aussi le village de *chez Claustre*, berceau probable de la famille de ce nom, qui, au XV° siècle, occupait une place considérable dans la bourgeoisie vichyssoise et fournit plus tard des officiers à plusieurs seigneuries et notamment à celle du Breuil, où un de ses membres avait été attiré par une alliance avec les Regnaud. (V. le Breuil.)

Nous ne savons quel lien peut rattacher ces Claustre à la famille noble de Claustre, que Béthencourt cite à Arfeuilles de 1300 à 1392.

Saint-Germain des Fossés, jadis bonne ville d'Auvergne, fut le siège d'une

---

(1) La Fond des Petitjean se trouve sur Gipcy, ainsi que Landonnières, un autre de leurs fiefs.
(2) Armes des Durfort : d'azur à la bande d'or.

très importante seigneurie, dont nous trouvons, dès 1165, mention dans une bulle d'Alexandre III. Dans cette bulle, le Pape déclare qu'il place sous la protection spéciale du Saint-Siège toutes les possessions de l'abbaye de Mauzac, près Riom, et, dans l'énumération qu'il en fait, il nomme l'église de Saint-Germain, la chapelle du château et les terres tenues en fief par le seigneur du lieu. Il existait donc déjà à Saint-Germain une construction féodale, en même temps qu'un prieuré, et la justice s'y trouvait partagée entre le seigneur et le prieur : l'un et l'autre, d'ailleurs, étaient vassaux de l'abbé de Mauzac, et une charte de 1211 dit expressément que ce dernier est « le seigneur du seigneur du château ».

Ces seigneurs du château portaient le nom de leur fief, et, après Michol de Saint-Germain, mentionné en 1211, nous trouvons en 1300 Chatard et Bertrand; puis en 1357 un autre Michol, époux de Béatrix de Varegny, et en 1365 jusqu'à 1411 un troisième Michol, qui fut le père d'Artaud de Saint-Germain.

Nous allons tout à l'heure retrouver les descendants de ces premiers sires de Saint-Germain des Fossés, mais nous ignorons comment ils quittèrent leur fief paternel, que, dès lors, nous trouvons compris dans les immenses possessions des Chauvigny (1) et jusqu'à Jeanne de Chauvigny, épouse de Philippe de Bourbon, souvent désignée sous le titre de dame de Saint-Germain des Fossés.

A diverses reprises, nous citons l'acte du 10 août 1463, par lequel Philibert Girard, Louis, Jeanne et Alix de Barnault, tous héritiers de Jeanne de Chauvigny, vendirent leurs droits au duc de Bourbonnais; mais, pas plus que la Guillermie, Molles, etc. (V. ces fiefs), ce dernier ne conserva Saint-Germain des Fossés, qu'en 1478 il échangea à Bertrand de Murol, chevalier.

Portée, en 1482, à Guy d'Aubière par Delphine de Murol, fille de Bertrand, notre terre forma plus tard la dot de sa fille Anne d'Aubière, mariée à Antoine Motier de la Fayette; enfin, vendu, en 1521, par Jean de la Fayette, fils d'Antoine et d'Anne d'Aubière, à Jean d'Albon Saint-André, déjà seigneur de Cérezat et du Fretay, Saint-Germain des Fossés passa entre les mains du maréchal de Saint-André, fils de Jean, et devint, en 1562, la propriété de sa sœur, Marguerite d'Albon, épouse d'Artaud IV, baron d'Apchon.

C'est la première fois que nous trouvons le nom de d'Apchon parmi les possesseurs de Saint-Germain des Fossés; mais là se place une coïncidence

---

(1) Les Chauvigny étaient alliés aux Saint-Germain et possédèrent sans doute notre fief par suite de cette alliance. Leur nom s'écrit indifféremment Chauvigay ou Chouvigny.

curieuse — et curieuse au point que nous ne l'aurions certes pas admise si elle ne se trouvait tout au long exposée et prouvée par titres (??) dans le *Palais de l'Honneur* et les *Cahiers* de d'Hozier.

Ces d'Apchon n'étaient, paraît-il, qu'une branche féminine de la puissante famille forézienne des d'Apchon, que l'on trouve à Saint-Germain Laval dès 1250 : ils ne portaient le nom de d'Apchon que depuis l'extinction de la branche masculine, mais leur nom véritable était Saint-Germain des Fossés, et Artaud d'Apchon, l'époux de Marguerite d'Albon, descendait en ligne droite d'autre Artaud, fils de Michel de Saint-Germain des Fossés et de Louise d'Apchon, elle-même fille de Louis le Comptour, sire d'Apchon. C'est, d'ailleurs, en se réclamant de cette origine que les d'Apchon obtinrent successivement les titres de comte, puis de marquis de Saint-Germain, et ces titres furent bien attachés, non à leur vieux Saint-Germain Laval, mais à notre fief bourbonnais.

Malgré cela, les d'Apchon ne le gardèrent pas longtemps : à peine y restèrent-ils un siècle, et encore cette possession fut-elle interrompue presque immédiatement après leur arrivée : dès 1573, en effet, Saint-Germain des Fossés fut par Artaud et Marguerite donné en dot à leur fille Louise d'Apchon, mariée à un Dauphinois, Humbert de Clermont, seigneur de Chatte. Cet Humbert de Clermont, du reste, ne laissa dans notre fief aucune trace de son passage; après lui, nous y retrouvons les d'Apchon, aussi seigneurs de Cérezat, parmi lesquels nous nommerons : Jean, Claude, Jacques et Louis d'Apchon, époux de Madeleine Gadin.

Louis fut le dernier des d'Apchon de Saint-Germain; cependant, il est possible que son fils Philippe ait encore possédé notre terre quelque temps; mais, dès 1674, nous en trouvons un nouveau seigneur en la personne de messire Gaspard de Foudras de Contenson (1), chevalier, comte de Sousternon, époux de Claude-Marie d'Andelot. (V. Billy.) Gaspard de Foudras (2) fut, en 1687, enterré dans la chapelle du château et eut pour successeur son fils François, chanoine, comte de Lyon, qui, en 1715, vendit Saint-Germain à Antoine Crozat, marquis de Mouy et de Saint-Farjaux (3), baron de la Fauche-Vraincourt, etc., secrétaire du Roy et lieutenant général de ses ordres.

(1) Peut-être les Foudras vinrent-ils à Saint-Germain par suite d'acquêt, mais il est possible aussi que notre terre ait été un bien propre de la femme de Gaspard : il y eut, en effet, des alliances certaines entre les d'Andelot et les d'Apchon, mais nous ne les avons pu suivre en détail. Armes des Foudras : d'azur à trois fasces d'argent.

(2) En 1688, la fille de Gaspard, Antoinette de Foudras, épousa Claude de Coubladoux, seigneur de Briailles.

(3) Localités du département actuel de Seine-et-Marne : Mouy dans la Brie, Saint-Fargeau en Gâtinais. Vraincourt est dans la Haute-Marne, sur la Marne, au nord de Chaumont en Bassigny.

Messire Crozat ne garda pas longtemps son acquisition et, en 1717, la céda à Gabriel Douet, écuyer, déjà seigneur de Charmeil et de Vichy, et époux de dame Marie Meunier (1). A Gabriel Douet succéda, en 1731, son fils aîné Louis, époux de Marie-Anne Gaudé : celui-ci donna Saint-Germain en dot à sa fille Catherine, épouse de François-Marie de Mascrany (2), comte de Château-Chinon, et en 1780, enfin, notre fief changea une dernière fois de mains en servant à doter Adélaïde-Louise de Mascrany, fille de François-Marie et épouse de Jacques, marquis de Clermont-Mont-Saint-Jean, colonel au régiment des chasseurs de Champagne.

SAINT-GERMAIN DES FOSSÉS.

Ce dernier seigneur de Saint-Germain fut député sous la Restauration et revint mourir à Charmeil en 1827, après s'être acquis un certain renom par le talent de parole avec lequel il se fit à la Chambre un des plus ardents défenseurs de la monarchie.

(1) C'est un Douet qui, au XVᵉ siècle, reçut à Cusset le contrat de mariage de Rodrigue de Villandrado, et, malgré l'observation peu chrétienne d'un curé de Vendat, nous ne voyons pas pourquoi Gabriel Douet, dont les ancêtres étaient dès le début du XVIIᵉ siècle possessionnés à Cusset, ne sortirait pas de cette vieille souche bourgeoise.
Claude Gabriel, autre fils de Gabriel et frère de Louis, eut Vichy en partage et fut le père de Jean Claude, l'acquéreur de Ferrières et de Châteldon.
(2) La famille de Mascrany, originaire du canton des Grisons, occupa longtemps à Lyon une place importante dans l'industrie de la soie, et son hôtel, actuellement converti en établissement religieux, se voit encore au bas de Fourvières, au point où aboutissent la montée des Anges et le chemin du restaurant Gay.
Les Mascrany de France portaient : de gueules à trois fasces vivrées d'argent, au chef cousu d'azur à l'aigle d'argent adextrée d'une clef et sénestrée d'un casque de même, chargé en abîme d'un écu d'azur à la fleur de lys d'or.

Peu de terres, on le voit, ont eu autant de vicissitudes que Saint-Germain des Fossés, et la longue énumération de ses possesseurs suffirait à expliquer l'état de délabrement où il se trouve actuellement, si un acte de 1772 ne nous donnait, en outre, la preuve palpable du vandalisme avec lequel fut traitée notre antique forteresse, et ne venait confirmer la tradition, qui fait détruire Saint-Germain au profit de Charmeil : par cet acte du 31 janvier, en effet, Louis Douet vend ce qui reste des tours et « monuments féodaux » de la seigneurie de Saint-Germain des Fossés, dont il a précédemment extrait des pierres de taille et les divers matériaux qui lui étaient nécessaires pour la réparation de son château de Charmeil.

Fragment d'un modèle de contre-cœur aux armes des Brunet d'Evry.

La seule partie conservée du vieux château de Saint-Germain forme, au point le plus élevé du bourg, la terrasse de la gendarmerie actuelle, et c'est, comme le montre notre dessin, bien peu de chose : deux tours rasées, réunies par une courtine basse; quelques pans de murs çà et là, puis dans la rue des débris d'ornementation à l'italienne : voilà tout ce qui reste d'une seigneurie qui, par l'importance de ses premiers possesseurs et la force de sa situation (1), dut être une des plus puissantes du pays et fut, à ce titre, gardée par le duc d'Auvergne lors des empiétements des sires de Bourbon l'Archambauld. Dans ces pauvres ruines pourtant, un détail mérite d'être noté, à savoir les belles meurtrières ogivales, dont notre pays présente peu d'exemples.

De ces meurtrières quelques-unes aussi se retrouvent dans les murs de l'ancienne chapelle seigneuriale qui, seule demeurée intacte au milieu du château détruit, témoigne encore, par son heureuse ornementation et malgré son extrême dénuement, de l'ancienne splendeur de Saint-Germain des Fossés.

Quant au prieuré, il occupait les bâtiments groupés autour de l'église paroissiale et était un des plus importants, des mieux dotés et des plus noblement recrutés de la province : il en reste de vastes constructions intéressantes, mais surtout l'église, tout à fait remarquable et célèbre par sa Vierge miraculeuse.

Parmi les familles bourgeoises de Saint-Germain, nous signalerons les Faucompré, notaires, les Dugué et les Charles, dont nous parlerons ailleurs (V. Créchy, la Côte, etc.), et aussi une branche des Maréchal, dont plusieurs remplirent, depuis le XIV⁣ᵉ siècle, des charges nobles, et dont un,

---

(1) Saint-Germain était un passage de l'Allier, et le droit d'y tenir un bac fut de tout temps un des droits dépendant de la seigneurie.

Claude, seigneur des Épigeards, était, en 1603, bourgeois de Cusset. (V., pour les Maréchal, Champblanc.)

Le hameau de *Bourzat* est, sans doute, la maison, terre et seigneurie de Bourzat, que cite Nicolaï dans la châtellenie de Billy; mais nous ne savons absolument rien de son histoire, et c'est à peine si nous trouvons à y signaler un vieux logis qu'occupait, au siècle dernier, une famille bourgeoise de Geneste ou Genestais.

BOST, SAINT-ÉTIENNE DE VICQ ET SAINT-CHRISTOPHE.

Le long des coteaux de Creuzier est une légère dépression que suit la route de Saint-Germain à Cusset; puis commence un pays extrêmement accidenté, où des vallons ombreux et fertiles entrecoupent des côtes presque inabordables. C'est la commune de Bost, dont le modeste chef-lieu, siège d'une fort ancienne paroisse et jadis ville franche, possède des sarcophages et des débris gallo-romains intéressants (1).

Le *castellum* de cette région, disent les érudits, était *Beaumont*, et, à défaut de trouvailles, la situation de cette localité rend leur assertion fort admissible ; mais, si la motte féodale a primitivement occupé le coteau d'où l'on découvre tout le pays de Cusset à la Palisse, elle descendit de bonne heure chercher, dans la vallée de Baleyne, des terres plus fertiles et l'eau, ce moyen de défense tant prisé jadis et aujourd'hui encore un des plus efficaces.

Beaumont, depuis lors, ne fut qu'une simple dépendance de Baleyne, et nous ne le voyons figurer dans aucun recueil de fiefs; mais, à partir de 1550 environ, son nom fut pris par une branche cadette de la famille des de Mars (V. Baleyne) qui, seule, subsistait encore au commencement de ce siècle.

Le premier Mars de Beaumont fut Jacques, époux d'Isabeau de la Valette (2); puis viennent Charles, époux de demoiselle Besse de la

---

(1) Autour des Herdaillons sont aussi des souterrains et de nombreux témoignages d'habitations anciennes : le domaine des Herdaillons, ancienne terre des du Saraÿ, appartient actuellement à la famille Pouillen.

(2) Isabeau de la Valette était d'Usson, et c'est là que naquit son fils Charles, qui eut pour marraine la belle Marguerite de Valois, fille de France et reine de Navarre,

> Margot, qui plus qu'autre femme
> Portait gravé dans son âme
> Le commandement divin
> De l'amour pour le prochain.

Richardie ; Christophe, lieutenant au régiment d'Effiat, marié en 1645 à Louise de Fradel d'Isserpent ; Claude, époux de Jacqueline Simon des Martels (V. ce fief), et enfin Antoine, que nous retrouvons à Isserpent. La branche aînée des de Mars, restée à Baleyne, s'étant éteinte du temps de Claude, celui-ci vint habiter Baleyne, et c'est son petit-fils François, fils d'Antoine et de demoiselle Marie Jolly, qui fut la tige des Mars, que nous trouvons à Baleyne au moment de la Révolution.

Rien ne reste de l'ancien Beaumont, remplacé au commencement de ce siècle par une habitation que fit élever M. Xavier Aragonnès d'Orcet, époux

BEAUMONT.

d'une demoiselle de Miramon et, par elle, héritier de la famille de Mars (V. Isserpent) : la construction de M. le comte d'Orcet a elle-même disparu pour faire place à un fort élégant château moderne construit par M. Vianne, architecte, pour M. Collas de Châtelperron, qui, après s'être rendu acquéreur de cette belle terre, la donna en dot à sa fille, mariée récemment à M. le comte d'Aubignac de Ribains.

Baleyne, venons-nous de dire, dut, à une époque lointaine, remplacer l'ancien château fort de Beaumont et fut sans doute construit par la famille de Mars, originaire d'une seigneurie disparue de la paroisse de Saint-Gerand le Puy. (V. Mars.)

La possession de Beaumont et Baleyne par les de Mars paraît, en effet, extrêmement ancienne, et peut-être faut-il voir déjà un seigneur de

Baleyne dans Guichard de Mars, qui en 1298 achète de Guichard de Beaujeu des cens et droits de justice sur les bords du Mourgon.

Ceci, néanmoins, n'est pas certain, et le premier Mars de Baleyne dont nous ayons mention expresse est, le 10 décembre 1414, Jean de Mars, damoiseau, époux de demoiselle Isabelle d'Isserpent : à Jean succéda Pierre, époux de Catherine de la Roche et aussi seigneur de Châteauroux. (V. ce fief.) Pierre eut deux fils : Louis, à qui il laissa Châteauroux, et Gilbert, qui fut gouverneur de Bourg en Bresse et eut en partage notre fief de Baleyne ; après Gilbert, nous trouvons encore à Baleyne François, époux de demoiselle Marie de Terrières de Piffons, puis Albert en 1627, et

BALEYNE.

enfin René, après lequel Baleyne fit retour aux Mars de Beaumont. (V. plus haut.)

Nous relèverons ici la légère erreur qu'a certainement commise M. Bletterie en citant, parmi les seigneurs de Baleyne, un G. de Pierrepont en 1521 : le Baleyne des Pierrepont, famille que nous rencontrons à Puyfol, le Verger, etc. (V. ces fiefs), se trouve sur la commune de Villeneuve les Moulins et est devenu célèbre par les plantations de madame Adanson.

Le château de Baleyne, qui forme un carré de trente-cinq mètres de côté, occupe une motte entourée de fossés larges de vingt mètres, qu'une source toujours vive entretient continuellement pleins d'eau. Il se composait autrefois de deux pavillons flanqués de tours et reliés par des bâtiments, où s'ouvrait la porte d'entrée. L'un d'eux a complètement disparu, sauf à l'angle sud-ouest quelques vieux pans de murs qui marquent peut-être l'emplacement de l'ancien donjon ; le second a été remanié en entier, et la porte d'entrée seule, avec son énorme verrou, sa salle de veilleurs et les traces de l'ancien pont-levis, conserve encore à cette vieille maison forte son caractère d'autrefois.

Une tradition très admissible veut que, venant de Varennes, le Dauphin, qui devait être Louis XI, ait couché au château de Baleyne la veille de son entrevue avec son père Charles VII (juillet 1440).

Il est possible que le domaine voisin de *Palières* ait été, lui aussi, le siège d'une ancienne seigneurie; mais, à l'époque où nous le trouvons pour la première fois nommé, c'est-à-dire à la fin du XVIIe siècle, il était déjà bien déchu de son importance problématique, et c'était alors une simple dépendance de Cérezat, possédée, par conséquent, par Gaspard de Chabannes et Philiberte d'Apchon, son épouse. (V. Cérezat.)

Vendu, en 1713, à François-Antoine Aubery, procureur du Roi en la sénéchaussée de Bourbonnais, et par ce dernier à M. Laurent de Marnat (V. ce fief et Billezois), il appartenait encore, au moment de la Révolution, au petit-fils de ce dernier.

Le 16 juin 1490, Jean de Chitain, écuyer, seigneur de Saint-Étienne du Bas, époux de Fabienne de Levault, et Hugues de Levault, son beau-frère, seigneur du Chambon, se partagent une seigneurie de la Ronze, sise en la paroisse de Bost.

Sans doute s'agit-il là du domaine de la *Ronze*, sis sur les limites de Saint-Christophe et de Saint-Étienne de Vicq, et du *Chambon*, que Cassini marque au bord du Mourgon entre Saint-Étienne de Vicq et le village Vignaud.

Saint-Étienne de Vicq est une modeste, mais ancienne localité, qui, comme Bost, sa voisine, fut certainement un établissement gallo-romain et à laquelle sa position, aussi bien que son nom de Vicq, *vicus*, semble devoir faire attribuer une antique importance, dont il ne reste, d'ailleurs, ni trace ni souvenir.

Un peu partout se découvrent chaque jour des poteries, des sépultures en briques, des excavations, témoignages certains d'anciennes occupations, et il ne paraît pas douteux que les populations primitives n'aient affectionné les vallées boisées du haut Mourgon, dont le riant aspect contraste agréablement avec les plateaux dénudés des Acarins et les plaines arides de Billezois.

Le village actuel de Saint-Étienne de Vicq s'élève sur l'emplacement d'un château fort, dont la génération qui s'éteint a encore vu de vieux pans de murs et dont subsiste seulement, comme au Breuil et ailleurs, une motte aux contours incertains : comme au Breuil aussi la chapelle seigneuriale est devenue l'église de la paroisse, après un agrandissement que marque dans une partie de la nef l'absence de modillons anciens. Cette chapelle semble dater du XIe siècle ; elle mérite d'être visitée, à cause de ses jolis chapiteaux — un peu risqués — et aussi de l'aspect original que lui donne la tour tenant lieu de clocher, et qui est évidemment un reste de l'ancien château.

Le château de Vicq fut sans doute détruit pendant les guerres contre l'Anglais, et les deux seules mentions que nous en ayons sont, en 1322, l'aveu qu'en rend un membre de la famille chevaleresque de Vicq et, en 1362, le renouvellement de cet aveu par Rodolphe de Vic, damoiseau, vassal du seigneur du Vernet. En 1472, nous trouvons encore mention de Jean de Vic, chevalier, seigneur dudit lieu ; mais, depuis lors, nous ne savons ce que devinrent les de Vicq, et nous accorderions volontiers créance aux prétentions qu'émirent constamment de se rattacher à eux les Vicq de Pontgibaud, dont nous parlons à Vichy. (V. ce fief.)

Avant de passer à la partie montagneuse de la paroisse de Saint-Étienne, nous nous arrêterons à deux localités de la plaine :

A *Château-Vert* d'abord, modeste chaumière, dont nous signalerons seulement le nom, qui souvent indique une ancienne construction fortifiée (*castrum versum*) : en marquant là en grosses lettres un important château, la carte d'état-major laisse à nos descendants un renseignement qui ne manquera pas de les étonner.

Château-Vert, au XVIIIe siècle, était un des nombreux domaines des Hervier, et il leur appartient encore.

En second lieu, à *Bord*, domaine dont les constructions sont fort insignifiantes et qui, à s'en rapporter à un dénombrement fait en 1300 par Bernard de Murat, chevalier, sire de Saint-Marcel, était cependant le siège d'une seigneurie importante, s'étendant sur les paroisses de Vicq, Billezois et Magnet.

Est-ce là la maison de Bord, qui a donné son nom à une branche des de Fradel? C'est probable : les Fradel, en effet, durent s'y venir fixer à leur sortie de Saint-Allyre de Valence (V. ce fief); en 1615, Antoine de Fradel, écuyer, est seigneur de Bord, et ce titre, en 1677, est encore porté par Claude de Fradel, écuyer, demeurant en la paroisse de Vic. Ce Claude est l'aïeul direct des Fradel qui existent encore en Bourbonnais, mais il fut le dernier de sa race qualifié seigneur de Bord : porté par sa fille Louise de

Fradel aux Duvergier des Martels, ce fief passa ensuite aux Manissy de Chappes (V. ce fief), par le mariage de l'un d'eux avec la fille de Louise de Fradel, puis fut, par les Manissy, vendu aux des Brets (1), marchands de Vichy, qui le possédaient encore en 1728.

Acquis vers cette époque par les Troussebois, Bord fut dès lors réuni à leurs seigneuries de Beaurevoir et de la Motte Mourgon. (V. ces fiefs.)

Sur les pentes qui, de Saint-Étienne, gagnent les derniers plateaux de la montagne, nous trouvons la maison des *Émeries*, propriété actuelle de M. Péturet.

Le nom des Émeries est celui de « Dimeries » défiguré, et là se trouvaient autrefois, sans doute, le châtelet et les granges où se percevaient les droits des seigneurs de Vicq ou d'ailleurs : dès 1633, pourtant, les Émeries ne furent qu'un simple domaine possédé, à cette époque, par noble Jean Doyat, de Cusset, et plus tard par son fils Claude, époux de Catherine Maréchal.

Les Émeries, depuis le XVIIe siècle, changèrent souvent de possesseurs, mais aucun des actes que nous avons consultés ne permet de leur attribuer un caractère féodal quelconque.

Enfin, à la tête de la vallée qui tombe à Saint-Étienne sur le Mourgon, sur un mamelon entouré de ravins, s'élève le *château de Verseilles*.

« Verseilles, dit M. le docteur Noélas, est un ancien poste romain sur la voie antique de Roanne à Vichy par Arfeuilles, le Breuil, etc., et c'était le *domicilium* de la famille des Josien, dont l'origine se perd dans la nuit des temps et qui se rattache aux anciens rois arvernes. »

Il se peut, en effet, que la grosse foire de la Bruyère témoigne, comme à Treteau, du passage en cette région d'un ancien grand chemin (2); mais en cherchant ce qui est perdu dans la nuit des temps, on risque fort de s'y égarer aussi, et, sans vouloir contester à notre gentilhommière bourbonnaise son antique noblesse, nous constaterons que — comme de bien d'autres — il n'en existe aucune preuve certaine.

Nous commencerons donc à la date respectable déjà de 1411, époque à laquelle il est fait pour la première fois mention de Verseilles. Dans la liste des vassaux d'Aliénore de Vichy, dame d'Abret, figure un Jean de Verseilles, seigneur de la Ramas, qui doit être de la famille des

---

(1) L'innombrable famille des des Brets ou Desbrets est, paraît-il, d'origine irlandaise (?).
(2) Il paraît pourtant que la grosse foire du pays se serait primitivement tenue au Fretay (V. ce fief), et n'aurait été transportée à la Bruyère qu'au XVIIe siècle.

possesseurs primitifs de notre fief, et après lui seulement, nous voyons apparaître les Josien, alors en train de disputer Verseilles à la puissante famille de Montmorillon, qui s'en est emparée en 1452. Dès le 11 janvier 1468, les deux frères Hugues et Jean de Josien, ce dernier archidiacre de Sancerre, obtiennent en la chambre des comptes de Moulins une sentence contre Joseph et Hippolyte de Montmorillon ; mais, malgré des arrêts répétés et toujours en leur faveur (1), ce n'est qu'en 1490 que les Josien sont mis définitivement en possession de leur seigneurie de Verseilles par lettres royaulx datées de Gannat le 25 février. — Peut-être les pièces de ce procès fourniraient-elles quelque argument en faveur de l'assertion jusqu'ici tout à fait gratuite du docteur Noélas ; mais ces pièces, nous ne les connaissons pas, et, jusqu'à nouvel ordre, nous avons tout lieu de supposer que les Josien descendent de Durand Josien, bourgeois de Cusset en 1397. (V. Grandval.)

Après Pierre Josien, en faveur de qui fut rendu l'arrêt de 1490, nous trouvons en 1537 comme seigneur de Verseilles François Josien ; puis, en 1578, Verseilles appartient à Pierre du Vernet, écuyer, époux de Madeleine de Josien, sans doute fille de François. Pierre du Vernet et sa femme sont encore nommés en 1592 ; mais, peu après, Verseilles a été légué à demoiselle Claude de Badoit (?), qui le donna à son tour ou peut-être le vendit à une demoiselle Popillon, du Ryau, d'une famille qui possédait alors Châtel-Montagne. Le 7 septembre 1601, enfin, Jean de Bigny, écuyer, seigneur de Guiny, vendit Verseilles à François Cornil, époux de demoiselle Jeanne de Marigny. — Ce nouveau seigneur de Verseilles appartenait à une vieille famille bourgeoise dont, en 1456 déjà, nous trouvons Guillaume, notaire à Cusset ; il passa le temps de sa possession à Verseilles à régler des procès engagés depuis le temps des Josien, et laissa trois enfants, Jean, Paul et Marie, mariée, en 1630, à Philibert Badier, seigneur de la Motte Bonvin. C'est à cette dernière qu'échut Verseilles, où nous trouvons après elle son fils Gilbert, époux de Marguerite de la Ville (2).

A Gilbert Badier succéda autre Gilbert, époux de Marguerite Semyn, et à celui-ci son fils Jacques, qui fut le vrai fondateur de la fortune de sa maison. Devenu, en effet, en 1709 mestre de camp de housards par la démission en sa faveur de son frère Pierre, Jacques de Badier ne tarda pas

---

(1) Voir Huillard-Bréholles. Dès 1482, d'ailleurs, Pierre de Josien prit le titre de seigneur de Verseilles.

(2) Marguerite était fille d'honorable Jacques, de la paroisse de Paslières, et de demoiselle Claude Collin : les de la Ville sont une ancienne famille de notaires de Châteldon, et de leur chef viennent les droits que les Badier gardèrent jusqu'à la Révolution sur plusieurs maisons de ce bourg. En 1682, Claude de Pons, seigneur du Grippet, épousa Catherine de la Ville.

à s'illustrer à la tête de son régiment, conquit le grade de brigadier des armées du Roy et devint un fort grand seigneur en épousant au château du Plessier, en Picardie (1), demoiselle Marguerite Hortense du Plessier.

Les archives de l'Allier possèdent sur ce seigneur de Verseilles assez de pièces pour en écrire une biographie intéressante : à vrai dire, il habita surtout Paris ou la Picardie; mais loin d'oublier le Bourbonnais, il ne songea, comme le témoignent ses acquêts de Cérezat, Chazeuil, etc. (V. ces fiefs), qu'à y augmenter les possessions de sa famille, et, en 1725, il obtint l'érection en marquisat de sa terre de Verseilles, alors considéra-

VERSEILLES.

blement accrue par des achats successifs sur les Mars de Baleyne, les Talaru du Chaussin et les la Richardie. — Cette terre, au moment de la Révolution, appartenait encore au petit-fils de Jacques, Alexandre-Marie-Henri de Badier, officier de hussards. (V. Chazeuil.)

Comme Noailly, qu'il découvre dans le lointain, Verseilles est un château de la fin du XVe siècle, composé d'un pavillon rectangulaire présentant sur une face deux tours d'angle, et au milieu de l'autre façade une tour d'escalier dans laquelle ouvre la porte d'entrée. Verseilles est, d'ailleurs, beaucoup moins soigné que Noailly, et, avec quelques fenêtres, cette porte à pendentifs est bien, croyons-nous, le seul détail qui mérite d'être cité dans ce manoir un peu trop abandonné.

(1) Le Plessier-le-Roy est à deux lieues environ au nord-est de Marquéglise, dans le canton de Lassigny. Marquéglise est à quatre lieues au nord de Compiègne.

Tout contre Verseilles commence la commune de Saint-Christophe, territoire fort étendu que partagent en deux parties bien distinctes les bords pittoresques et ombragés du ruisseau de Mourgon le Mort : sur ce ruisseau, en effet, tombent brusquement les dernières assises de la montagne, et sur sa rive droite, en face de ces hauteurs, d'où l'on domine de cent mètres la plaine de Billezois, on ne trouve plus que les ondulations légères d'un sol siliceux.

Dans la partie haute de Saint-Christophe, nous trouvons d'abord les *Revirauds,* ancienne communauté des Sayets, où nous citerons seulement la maison Gayot, ancienne demeure d'une branche des Martin du Gard fixée dans le pays par une alliance avec les Gacon de Molles.

Puis les *Chaulx,* dont la situation justifie absolument l'étymologie vraie ou fausse que l'on en donne, à savoir *calmus* ou *calamus,* endroit nu sur les montagnes. Devant la maison qui porte ce vieux nom, s'étend le plateau découvert et accidenté sur lequel se déroule la route de Cusset à Roanne, par Châtel-Montagne; au nord, se laisse voir la combe profonde d'Isserpent, et au midi la vue s'arrête sur la crête ondulée des montagnes, que domine le roc Saint-Vincent.

Les Chaulx ne se trouvent pas mentionnés par Nicolaï parmi les fiefs bourbonnais; aussi pensons-nous que c'était un simple domaine, et d'autant plus que nulle part nous n'avons trouvé trace de droits en dépendant.

En 1552, le seigneur des Chaulx est noble Bernard Pynot, capitaine des gens de pied; puis en 1600 nous y trouvons un Nicolas Pinot, dont la fille Alix, le 1ᵉʳ mars 1615, épousa Gaspard Colin, lieutenant général en la châtellenie de Ferrières; mais, à partir de ce moment-là, les Chaulx, où se voient d'ailleurs encore deux modestes maisons bourgeoises, semblent avoir été partagés pour former deux terres distinctes.

C'est bien d'eux, en effet, qu'il est question quand, en 1654, Charles Renaud, lieutenant général à Cusset et époux de demoiselle Bernard de Chassignoles (V. ce fief et Venize), et, en 1717, son fils Jacques, major de la ville de Perpignan, s'intitulent seigneurs des Chaulx; mais nous ne savons comment et par suite de quelle alliance leur était échue notre terre : la portion, du reste, possédée par les Renaud ne garda pas longtemps le nom des Chaulx, mais prit d'un domaine voisin celui de Prénat, et c'est le titre de seigneur de Prénat qu'en 1737 et 1772 nous voyons porté par deux Gilbert de Genestoux (1), écuyers, le premier époux et le second fils de

---

(1) De la famille que nous trouvons aussi aux Aragons.

demoiselle Marguerite Renaud de Venize, fille de François et de demoiselle Bernard.

Les Chaulx proprement dits, cependant, avaient été par Antoinette Colin, la fille de Gaspard et d'Alix Pinot, portés à messire Antoine du

CHEMINÉE DES CHAULX.

Sauzay, seigneur de la Chapelle de Perigny (V. ce fief et autres), et par ce dernier vendus à Louis de Bourbon, comte de Busset, et Marie-Anne de Gouffier, son épouse; ils firent, dès lors, partie intégrante de la terre de Busset et, en 1788 seulement, furent acquis par Claude Bouquet, officier aux grenadiers royaux, né à Ambierle en 1757, fils du seigneur de Chazeuil et époux de demoiselle Grunel de Montgaland, de Saint-Symphorien de Lay.

C'est ce Claude Bouquet qui devint plus tard maire de Cusset, après avoir été sous la Terreur longtemps détenu à Lyon ; ses descendants possèdent toujours les Chaulx, ainsi que le Prénat, aussi acquis par Claude presque en même temps que les Chaulx.

Au domaine des Chaulx se trouve encore une ancienne cheminée bourbonnaise, sise au milieu de la pièce et portée par quatre piliers, comme nous n'en connaissons plus que deux spécimens, celui-ci et un autre au domaine des Rocs, près du Fretay.

De là nous gagnons le petit bourg de *Saint-Christophe*, dont les cinq ou six maisons se groupent dans un élargissement de la vallée du Mourgon, autour d'un vénérable campanile qu'humilie une église récente. Nous y nommerons la maison d'une famille Mallet, alliée aux Bouquet et dont nous parlons à Chitain (1).

Y eut-il jamais là un établissement féodal? Le titre de seigneur de Saint-Christophe que prend en 1506 et 1521 Jean d'Albon, chambellan de la duchesse Anne, tendrait, à la vérité, à le faire croire; mais nous ne le pensons pas et estimons qu'il est plutôt là question de droits seigneuriaux qu'avait sur notre paroisse Jean d'Albon, soit par acquêt, soit comme seigneur de la terre voisine de Fretay.

La vraie maison seigneuriale de Saint-Christophe, en effet, celle qui donnait à ses possesseurs le titre de patrons de l'église, c'était *Pousillières*, ancien fief sis à peu près sur l'emplacement actuel du domaine des Bois, et dont une terre seule a conservé le nom.

Après avoir appartenu aux Favier, dont l'un, Philippe, figure à l'assemblée de 1521, Pousillières, passé nous ne savons comment aux Mars de Beaumont, fut, vers la fin du XVIIe siècle, porté par Jeanne de Mars, fille de Christophe et de demoiselle Louise de Fradel, à Jacques-Gilbert de Bard, écuyer, seigneur de Croizat (V. ce fief). Gilbert de Bard mourut en 1699 et eut pour successeur son fils Jacques, époux de demoiselle Françoise de Téraule, qui, le 10 mars 1718, engagea sa seigneurie de Pousillières et le domaine Vignaud en dépendant, pour assurer le payement des 75 livres de rente que donnait sa mère, par testament, aux religieuses urbanistes de Châteldon.

Jacques de Bard vivait encore en 1760, mais à partir de cette date nous ne trouvons plus de Pousillières que des droits seigneuriaux, plus tard acquis par les Badier de Verseilles des de Vaux de Bellefaye.

---

(1) Une partie des possessions des Bouquet dans cette région vient des Mallet.

Cette seigneurie de *Bellefaye*, — dite aussi de Choubillon, nom conservé par un domaine voisin, — faisait, sans doute, autrefois partie des immenses domaines des Isserpent, et le premier seigneur que nous en ayons est, en 1300, Hugues Mit (V. les Mit), damoiseau, époux et « maître des droits » de Catherine d'Isserpent. En 1350, à Hugues a succédé Jean Mit, et, en 1377, un Mit, qui possède des droits sur la paroisse de Bost, doit être encore un seigneur de Bellefaye; mais ensuite et pendant un assez long temps, nous perdons la trace de notre fief, qu'au XVI° siècle nous retrouvons aux mains de cette famille de Mars, qui vraiment posséda à un moment donné tout ce coin de pays.

En 1633, et moyennant six mille deux cent soixante-huit livres, Albert de Mars vendit bien sa terre de Choubillon à Jean de Bournat, écuyer, seigneur de Vinzelles; mais il s'agit là probablement d'une partie seulement de Bellefaye, — peut-être elle-même ancienne seigneurie indépendante; portée, en effet, par demoiselle Marie de Mars, fille d'Albert, seigneur de Baleyne, à Antoine de Rodde, écuyer, seigneur d'Origny, la terre de Bellefaye, en 1658, appartenait à la fille de ce dernier, Annonciade de Rodde.

Annonciade de Rodde se maria deux fois, en premières noces avec Guy-François de Chitain, écuyer, seigneur de la Prugne de Périgny (V. ce fief), dont elle eut Mathieu et François de Chitain, et la seconde fois avec Charles-Philibert de Vaux, écuyer, seigneur de Tizon. C'est au fils de ce second lit, Antoine de Vaux, écuyer, gendarme des gardes du corps et époux de Claudine Marchand, que Bellefaye échut en 1712; mais Antoine ne vécut pas longtemps, et, en 1729, nous trouvons notre fief possédé par sa toute jeune fille, Marie de Vaux, qui, plus tard, épousa messire Guillaume Malard de Sermaize, de Paray-le-Monial. Bellefaye, affermé alors à Roch Geneste, rapportait deux mille livres de rente.

Le 15 mai 1791, Marie de Vaux, veuve Malard de Sermaize, vendit Bellefaye quarante-huit mille livres et six cents livres d'épingles à Pierre-Jacques Forestier, homme de loi, procureur syndic du district de Cusset (1), représenté par François Givois, son neveu; l'acquéreur et son représentant ne devaient pas tarder, du reste, à acquérir aussi, l'un comme conventionnel, l'autre comme successeur de son oncle à Cusset, une assez triste notoriété.

---

(1) Forestier, le même dont nous parlons à Cusset, était issu d'une ancienne famille de fermiers et praticiens de Servilly. Ce fut incontestablement un homme de valeur, mais de bien petit caractère. Au temps où il était l'homme lige des abbesses de Cusset, il avait adopté de pompeuses armoiries : de gueules à trois brindilles d'or, timbré d'une couronne de comte!

C'est à Bellefaye que se retira Forestier en 1796 ; il la vendit plus tard en viager à François Givois, au moment de son départ pour Genève, où il mourut en 1823, et notre terre appartient actuellement à son arrière-petit-neveu, M. Auguste Bletterie.

Bellefaye se compose actuellement d'un pavillon accosté d'une tour, mais qui ne semble pas ancien.

Non loin de Saint-Christophe, nous citerons encore l'ancien *moulin Rozier*, emporté en 1861 et actuellement converti en domaine : il dut avoir autrefois une existence indépendante, car en 1375 nous voyons Jean de Blot-Chouvigny et Catherine de Bressoles, sa femme, seigneur et dame de Montmorillon (V. ce fief), rendre aveu de leur hôtel, terre et seigneurie de Rosières, paroisse de Saint-Christophe.

Rozier ne tarda pas à devenir le moulin seigneurial de Chitain, et, jusqu'en 1792, nous le voyons passer aux mains des divers possesseurs de cette importante seigneurie : il appartient aujourd'hui à la famille du Saray.

La partie plane de la commune de Saint-Christophe dépendait presque tout entière du *château de Chitain*, réduit maintenant à une motte, dont nous emprunterons à M. Auguste Bletterie la très exacte description :

« Le château de Chitain, dit-il, couronnait le sommet d'une colline basse, d'où la vue se porte agréablement sur les coteaux voisins. Le fossé d'enceinte, encore visible, mesure cent mètres de longueur environ sur huit de largeur et deux de profondeur ; une source servait à l'entretenir plein d'eau pour compléter la défense. A l'aspect du levant, un pont-levis mettait le château en communication avec les chemins tendant d'Isserpent à Billezois et de Saint-Christophe à la Motte Mourgon ; les deux culées existent intactes avec une largeur de deux mètres cinquante ; elles sont séparées de quatre mètres l'une de l'autre, le fer ni la mine n'ont pu les détruire. Dans les murs modernes des domaines voisins, on remarque des pierres taillées ; leur style roman peut les faire attribuer aux primitives constructions. »

De ce manoir sort sans doute la famille du même nom, famille que nous trouvons à maint endroit (V. Saint-Étienne du Bas, la Prugne, etc.) et toujours signalée dans les rapports officiels comme de très ancienne noblesse ; mais le seul Chitain, seigneur de Chitain, que nous connaissions, est, en 1290, Hugues de Chitain, après lequel, dès 1305, nous trouvons des membres de la puissante famille des Serpens ou d'Isserpens. (V. ce fief.)

Depuis Jean d'Isserpent, époux d'Isabelle de Champropin, qui vivait en 1347, jusqu'à François, dont nous parlerons tout à l'heure, nous suivons sans interruption des Isserpent, sires de Chitain, mais nous citerons seulement deux d'entre eux : Philippe, d'abord, le fils de Jean, qui fut un des vaillants chevaliers de son temps, et, en 1368, eut l'honneur de porter la parole pour complimenter, au nom de sa noblesse, le duc Louis, à son retour d'Angleterre (V. *Chronique du bon duc Loys*) ; puis, après Joseph et Louis, Jean d'Isserpent, dont la courtoisie devait être le moindre défaut, et qui, le 16 décembre 1488, vit tous ses biens confisqués, pour avoir tenu contre Anne de France des propos malséants.

La confiscation dura peu, et, en 1525, lors de l'achat d'Avrilly, nous voyons sire de Chitain le propre petit-fils de Jean, Antoine d'Isserpent, fils de Gilbert, grand maréchal des logis de la maison du Roi, et d'Anne de Coligny-Saligny. Antoine épousa Jeanne de Lorris et en eut un fils, François, qui épousa Jacqueline de Chaugy, fille de Pierre et de Jacqueline de Vitry. (V. la Roche-Chaffault.)

François d'Isserpent (1) n'eut qu'une fille, Suzanne, qui, le 3 avril 1566, fut mariée à Claude de la Guiche, le frère de Philibert, grand maître de l'artillerie de France, que nous voyons à la Palisse et Montaigu-le-Blain.

Suzanne d'Isserpent fut la mère de Godefroy de la Guiche, qui, d'après la *Chronique de Louis XIII*, fut l'un des braves du temps de Henri IV et est souvent dit le chevalier de Chitain. Godefroy de Chitain fut tué en duel par le marquis de Chateaumorand, et un livre de raison, trouvé dans la paroisse de Bert, nous donne l'impression que causa dans le pays ce fâcheux événement : « L'an 1627, dit le bon bourgeois Blaise Goyard, seigneur des Bonnets, et le jour de Saint-Bonnet, au mois de janvier, M. de Chytaing fut tué par M. de Charlus (Lévis-Charlus), seigneur de Châteaumorand, et ce fut un grand dommage. »

Le 15 août 1626, Godefroy avait épousé Antoinette d'Albon, fille de Pierre, marquis de Saint-Forgeux ; mais il n'en eut pas d'enfants, et Chitain, à sa mort, passa à son frère, Jean-François (2), dit le maréchal de Saint-Géran, aussi seigneur de la Palisse (V. ce fief), Jaligny, la Lière, etc., celui-là même dont M. l'abbé Reure a récemment raconté les étranges exploits. Après Jean-François, le seigneur de Chitain fut sans doute Claude-

---

(1) A partir de François, et jusqu'à la duchesse de Ventadour, tous les sires de Chitain possédèrent aussi le petit fief de la Lière, paroisse de Saint-Martin d'Estréaux : de là sans doute le nom de tènement de la Lière que porte une terre sise entre la motte de la Maron (V. plus bas) et le village des Sablons.

(2) Marguerite de la Guiche, sœur de Godefroy, avait épousé, le 20 août 1587, Philibert d'Isserpent de Gondras ; Jeanne, autre fille de Suzanne, Claude d'Augerolles, seigneur de Commières

Maximilien de la Guiche; mais à partir de ce moment-là, et à cause surtout du fameux procès de légitimation de Bernard de la Guiche, il est assez difficile de suivre la succession des sires de Chitain; ce n'est qu'après le partage de famille du 29 avril 1669 que nous trouvons notre fief spécialement mentionné dans les possessions d'une fille du second lit de Jean-François, Marie de la Guiche, épouse de Charles de Lévis, duc de Ventadour, pair de France, gouverneur du Limousin, celle-là même qui avait été une des principales ennemies de Bernard et de sa mère et, paraît-il, le véritable auteur de son enlèvement. Chitain, après elle, vint à sa fille, Marguerite-Félice de Lévis-Ventadour, mariée le 15 avril 1668 à Jacques-Henri de Durfort, duc de Duras, et qui fut la mère de Jean, duc de Duras, brigadier des armées du Roi.

En 1717, c'est entre les mains de ce dernier que nous trouvons notre fief, mais dans quel état ! Abandonnée depuis les derniers Isserpent à des fermiers, parmi lesquels nous nommerons les Quesson du Thérin, les Mallet, les Martin du Gard, la demeure des preux chevaliers du XIV° siècle est devenue le logis d'un tonnelier qui y exploite, pour les vignerons des Creuziers, les châtaigniers dont le pays était alors couvert.

M. de Duras ne garda pas Chitain, et, en 1728, nous en voyons possesseur dame Anne-Louise Robert, une parente sans doute du fameux Alexis (V. la Motte-Morgon et la Forest), épouse de Louis du Pré, chevalier, conseiller du Roi au Parlement de Paris, seigneur de la Grange-Bléneau. Depuis lors nous perdons la trace des transactions dont Chitain fut l'objet : en 1761 seulement nous le trouvons aux mains de Jacqueline de Lastic, veuve de Louis-Gilbert de la Queuille, marquis de Châteaugay (V. Noailly), alors remariée à M. de Montmorin-Saint-Hérem, et c'est encore des la Queuille que l'acquirent, en 1790, les Plantade de Rabanon, famille qui joua à Saint-Christophe un certain rôle et tire son nom d'un domaine des environs de Saint-Gerand le Puy. (V. Rabanon.)

Chitain, actuellement, appartient à madame Blanchot, née Desbrets.

De Chitain dépendait autrefois un vaste tènement, maintenant morcelé, mais toujours compris dans la commune de Saint-Christophe et qui forme une longue pointe — presque une enclave — dans les communes voisines ; ce territoire a toutes les apparences d'une ancienne seigneurie, jadis réunie à Chitain; en outre, à trois cents mètres environ au sud-est de la Maron, à la tête d'un ravin qui descend au ruisseau des Arnefaux, la carte d'état-major marque un petit étang sur les bords duquel est une motte féodale admirablement conservée et encore entourée d'un canal plein d'eau. De cette seigneurie probable, nous ne connaissons ni l'histoire ni même le nom.

Ce pays, avant 1673, était absolument couvert de bois ; il ne fut, d'ailleurs, que tout récemment défriché. Le Bois-Plan était encore, il y a cent cinquante ans, un village de scieurs de long, et Sartinant une pauvre agglomération de sabotiers dont les curés de Saint-Christophe et de Saint-Prix se partageaient — ou se disputaient — les misérables redevances.

Citons enfin deux domaines de Saint-Christophe :
En premier lieu, *Vignaud*, dont nous avons parlé comme d'une simple dépendance de Pousillières, et pourtant qualifié fief dans les aveux qu'en rendent, en 1728, François Berthelot, bourgeois de Saint-Étienne de Vicq, et, en 1733, Simon Bertucat, bourgeois de Cusset.

Puis *Neuville*, sis tout à l'extrémité de la paroisse de Saint-Christophe. Vers 1650, Neuville forma la dot de Laurence de Fradel, fille de Pierre, seigneur d'Isserpent, et mariée à Pierre de Barthelat, gentilhomme forézien ; un demi-siècle après, nous voyons Louis Bletterie, bourgeois de Molles, rendre aveu de ce domaine par lui qualifié fief et seigneurie, et enfin nous trouvons Neuville aux mains des Bardonnet.

Une dime de ces parages s'appelait le dimage de Neuville.

ISSERPENT ET LE BREUIL.

La commune d'Isserpent (1) occupe un vaste bassin séparé des terrains granitiques par un affleurement de roche le plus souvent friable et qui semble appartenir au vieux grès rouge : là s'épanchèrent les eaux qui formèrent, entre la montagne et le terrain calcaire, la plaine de Billezois ; le fond de ce bassin, en effet, est comblé de terrains d'alluvion, où le sable et les cailloux roulés alternent avec des bancs d'argile d'origine vaseuse.

Presque au centre de cette région et dans une situation autrefois peu accessible, était le *château d'Isserpens* ou plus exactement des Serpens, dont le rôle fut dans notre histoire locale fort important, mais sur les origines duquel nous sommes peu fixés.

Le château d'Isserpent fut, paraît-il, détruit pendant les guerres de reli-

(1) M. le vicomte d'Aurelle de Montmorin Saint-Hérem a fait, en divers points de cette région, des fouilles on ne peut plus intéressantes au point de vue géologique et qui, en outre, lui ont donné de nombreux débris, que nous signalerons aux amateurs d'études préhistoriques.

gion (1), et on n'en restaura depuis qu'une ancienne chapelle qui, dernièrement encore, était l'église paroissiale; mais là comme ailleurs, hélas! on vient de sacrifier à la mode du jour, qui consiste à remplacer de vieilles églises menaçant ruine — mais qu'il faut démolir à coups de mine — par des constructions banales dont il ne restera plus rien dans cent ans; et actuellement, du vieux castel féodal il subsiste seulement une motte énorme qu'entoure, sur un tiers environ de son pourtour, un fossé large de dix mètres.

Cette motte, en 1708 déjà, était, d'après de vieux titres, vide de toute construction, et, en y reconstruisant l'église, on a traversé plusieurs couches de matériaux carbonisés, qui viennent à l'appui de la tradition que nous avons rapportée. En outre, si c'est à la fin du XVIe siècle qu'il convient de fixer la destruction d'Isserpent, c'est aussi des premières années du XVIIe siècle que semble dater l'ancienne maison seigneuriale, occupée actuellement par la famille Pouillen.

Sans doute Isserpent est-il le berceau de l'illustre famille chevaleresque de ce nom (2) que nous trouvons à Chitain, Avrilly et ailleurs, et dont un membre fut prieur de Souvigny; mais jamais nous ne le voyons mentionné dans ses possessions, et, dès 1222, c'est un Dalmas de Casteller qui rend hommage à Archambaud X, sire de Bourbon, de l'hôtel et motte d'Issarpans.

Depuis lors, Isserpent appartint longtemps à la puissante maison de Beaujeu, mais nous n'en avons plus mention que dans quelques actes (V. Huillard-Bréholles, nos 910, 911, 1754, 1755) ayant trait au transport de sa mouvance, et en 1359 seulement nous arrivons à Jean de Chitain (3), chevalier, seigneur d'Isserpent. Puis, après ce dernier, nouvelle lacune jusqu'en 1521, époque à laquelle nôtre château appartient à Guillaume de Rollat, chevalier, dont la fille Gabrielle le porta à noble Pierre de Martinières, dit de Chabannes, fils de demoiselle Françoise d'Ambly et d'Antoine de Chabannes, frère du maréchal (V. Gléné de Servilly), qui devint évêque du Puy.

Nous n'avons pu suivre non plus la descendance de ce Pierre de Marti-

---

(1) Une tradition assez respectable, mais non prouvée par titre, fait détruire tous les châteaux de la contrée par le trop fameux baron des Adrets, qui n'aurait épargné que Chateauroux, propriété de la famille protestante des de Mars.

(2) L'histoire des Isserpent, la diffusion de leurs nombreuses branches et l'émigration de l'une d'elles au bord de la Loire, émigration coïncidant avec celle de plusieurs autres familles et, d'autre part, avec l'arrivée des Beaujeu, serait un sujet des plus tentants à étudier : ce qui, à notre connaissance, en a été dit jusqu'ici est de l'imagination pure.

(3) Quelques érudits ont voulu faire des Chitain une branche des Isserpent ; c'est fort possible. Voir à ce sujet leurs successions à Avrilly, Chitain, etc.

nières ; mais, en 1615, son héritière était demoiselle Marie de Chabannes(1), mariée à messire Pierre de Fradel, écuyer, seigneur de Pierrefitte et d'Isserpent. De ce mariage naquirent trois enfants : Louise, mariée en 1645 à Claude de Mars, seigneur de Beaumont (V. ce fief); Laurence, épouse de Pierre de Barthelat (V. Neuville), et Claude, époux de Michelle de Charlottier, qui fut, après Pierre, seigneur d'Isserpent. Claude de Fradel n'eut pas d'enfants et, par acte de 1680, assura la succession de son fief à son petit-neveu Antoine de Mars, fils de Claude et de Jacqueline Simon des Martels, petit-fils par conséquent de Louise de Fradel, et capitaine de dragons : il mourut le 14 mars 1692, à l'âge de soixante-douze ans, et après Antoine, son successeur, nous trouvons Isserpent partagé entre les trois enfants de ce dernier : Joseph, qui prit le titre de seigneur d'Isserpent; François, tige, comme nous l'avons dit, des Mars de Baleyne (V. ce fief), et Marie, épouse de messire André de Gironde, comte de Buron (2), lieutenant général au gouvernement de l'Ile-de-France.

Joseph de Mars est encore signalé en 1747 comme habitant Isserpent; mais finalement, comme Baleyne, Beaumont et toutes les possessions des de Mars, notre terre vint en la possession de son arrière-petite-nièce, Marguerite de Chabannes-Curton, fille de Charles et de Louise de Gironde de Buron, petite-fille d'André, et mariée en 1776 à Louis-Alexandre de Cassagne de Miramon de Beaufort, issu d'une illustre race du Quercy (3). Le fief d'Isserpent passa de Marguerite à son fils Gaspard (4), et de Gaspard à Athénaïs de Miramon, vicomtesse d'Orcet et mère du général d'Orcet, qui a épousé dernièrement une demoiselle Richard de Soultrait.

Nous ne prétendons pas donner ici un aperçu général de la famille d'Isserpent, mais nous voulons nous arrêter sur un de ses membres, de la branche charolaise des Gondras, qui nous semble une curieuse figure du moyen âge : Pierre d'Isserpent, abbé de Mauzac, en Auvergne.

Mauzac, en 1095, avait été placé sous la suzeraineté de l'abbaye de Cluny, et pendant le XIIe siècle, grâce à l'habileté de saint Hugues et de Pierre le Vénérable, ce joug, d'ailleurs des plus légers, avait été supporté sans impatience; mais il ne se pouvait faire qu'une si ancienne communauté subît sans amertume la situation de vassale, et, à diverses reprises

(1) Le tombeau de Marie de Chabannes se voyait avant la Révolution dans l'église d'Isserpent.
(2) Paroisse d'Yronde, canton de Vic-le-Comte (Puy-de-Dôme). Les ruines de Buron sont encore fort imposantes.
(3) Dans la branche aînée des Miramon, qui depuis lors écartela ses armes du lion des Chabannes, se sont ainsi réunis la branche des Chabannes-Curton et le rameau accidentel issu d'Antoine de Chabannes.
(4) C'est sous le toit de Gaspard de Miramon, alors préfet d'Indre-et-Loire, que Napoléon Ier passa sa dernière nuit sur la terre de France.

déjà, la tentation de s'affranchir avait hanté l'esprit des moines de Mauzac quand, en 1252, Pierre d'Isserpent, ancien prieur de Volvic, fut promu à la dignité abbatiale de leur couvent.

Le nouvel abbé était un homme d'un esprit entreprenant, d'un caractère ambitieux, d'une énergie à toute épreuve : il mit dans son parti la plupart de ses moines, et, quand il fut sûr de leur appui, il déclara solennellement que l'abbaye entendait être désormais affranchie de toute juridiction étrangère. Aussitôt averti de cette audacieuse détermination, l'abbé Yves de Vergy accourut en Auvergne avec une escorte de quatre prieurs et de seize cavaliers : il arriva par une nuit neigeuse sous les murs de Mauzac, mais il trouva les portes fermées, le pont-levis dressé, le monastère prêt à soutenir un siège, et, malgré ses sommations réitérées, Pierre d'Isserpent, à la tête de ses moines transformés en hommes d'armes, refusa résolument de le recevoir. Le pauvre abbé vint demander asile à la ville de Riom et, dans son indignation, excommunia le moine rebelle et tous ceux qui le suivraient.

Les foudres de l'Église furent longtemps impuissantes à anéantir la résistance d'Isserpent, qui, peu soucieux de l'excommunication, se tint pendant six ans en état de révolte ouverte, enrichissant le trésor de son église et réparant son abbaye, qui jamais peut-être ne fut aussi prospère. Mais la division finit par se mettre parmi les religieux, dont quelques-uns, sur les incitations du moine Bertrand, qui avait pris le titre d'abbé, se rangèrent dans le parti de Cluny. Vivement attaqué au dehors, combattu au dedans, Isserpent tenta de se créer un appui : il s'adressa en 1268 à Albert de la Molette, abbé de la Chaise-Dieu, et lui offrit de recevoir Mauzac sous la juridiction de son abbaye ; mais celui-ci refusa ce périlleux honneur, et le Pape, sur les plaintes réitérées de Cluny, lança l'anathème contre le couvent révolté.

Pierre d'Isserpent se soumit enfin, mais il était trop tard : il fut destitué de toutes ses dignités et relégué au fond des montagnes, dans le petit prieuré de Saint-Ours, ou il finit ses jours dans la pénitence (1).

L'ancienne terre d'Isserpent fut, vers 1860, démembrée par les deux enfants de Victorine-Athénaïs de Miramon : un des principaux acquéreurs fut un M. Robert, de la famille dont nous parlons à Périgny, et qui fit plus tard construire les Veyles.

Parmi les nombreux domaines qui la composaient alors, nous citerons

(1) Voir l'*Histoire de l'Église d'Auvergne*, par le comte DE RESSIE.

Bost plan, où M. le comte Thiollière a fait récemment élever un élégant chalet, et *Bouletières*, ainsi nommé sans doute du nom de l'époux de Laurence de Mars (V. Châteauroux) et construit, au XVII° siècle, au milieu de défrichements nouveaux.

Sur ce territoire nous trouvons aussi deux mottes à signaler : l'une, tout contre le domaine, qui porte le nom typique de la Grand'Borne, est une motte ronde de trente mètres environ de diamètre; l'autre, sise à trois cents mètres environ au nord du domaine Talon, dans une terre dite du Canal, est tout à fait semblable à celle des Monnets de Treteau (V. ce fief) et, comme aux Monnets aussi, flanquée de la chaussée qui retenait l'eau dans les fossés.

La motte du domaine Talon, bien qu'on n'y ait trouvé aucun débris caractéristique, semble bien d'origine féodale; quant à celle de la Grand'-Borne, peut-être y faut-il voir simplement l'ancien emplacement d'une pierre fichée, dont le nom seul aurait conservé le souvenir.

Enfin, près d'Isserpent, citons encore le *Souchet*, qui, lui, ne dépendait pas d'Isserpent, mais était une communauté particulière dont la maison chef a été réparée par M. Michel.

Au XVI° siècle, le Souchet s'appelait le village Dosches, du nom de la vieille famille qui l'habitait et qui y fut remplacée par les Ruet. Les Ruet fournirent à Isserpent plusieurs notaires, et d'eux aussi descend le notaire de la Palisse qui fut député à la Législative et s'y montra royaliste déterminé : le député Ruet est le grand-oncle maternel de M. Michel (1), le propriétaire actuel du Souchet.

Nous trouvons à Mariol (V. ce fief) d'autres représentants des Ruet.

Parmi les anciennes possessions des Isserpent figure *Châteauroux* dans les montagnes (*castrum Radulphi in montanis*), fief dont nous savons peu de chose.

Des aveux qu'en rend, en 1307 et 1322, Henri d'Isserpent, chevalier, nous passons, en effet, sans transition à 1468, où est seigneur de Châteauroux Pierre de Mars, écuyer, fils de Jean, seigneur de Baleyne (V. ce fief). Une branche des Mars resta depuis lors à Châteauroux, et nous l'y suivons depuis Pierre jusqu'à Laurence de Mars, épouse d'Antoine de Bouletières en 1627.

---

(1) La famille Michel, originaire des environs de Saint-Lô, ne fournit à Moulins pas moins de quatorze générations de médecins : de préférence à celles que donne l'Armorial, les Michel ont conservé les armes que fit enregistrer à Moulins, le 16 avril 1697, Claude, un de leurs ascendants, et qui portent : d'azur au chevron d'or, à trois têtes de lion arrachées de même, lampassées de gueules.

Restée veuve en 1629, Laurence de Mars vécut jusqu'après 1663, date à laquelle elle est encore mentionnée comme dame de Châteauroux; mais peu après, et par suite de nous ne savons quelles circonstances (1), nous trouvons à Châteauroux de nouveaux possesseurs en la personne de François Consul, bourgeois de la ville de Riom. En 1689, Thérèse et Françoise Consul, filles de Guillaume et de demoiselle Hélène Chomeil de Montjou,

CHATEAUROUX.

rendent aveu de leur terre de Châteauroux; mais, moins de deux ans après, elles le vendirent à leur beau-frère, Antoine Brunet, époux d'Hélène Consul, conseiller en la cour des Aydes de Clermont-Ferrand, qui semble n'avoir pas pu leur payer le prix d'acquisition et avec lequel elles sont encore en procès vingt ans après, en 1709.

Châteauroux fut alors acquis, au moins en partie, par Joseph Cimetière de la Bazolle de Beaupoirier, que nous en trouvons seigneur en 1713. En 1736 et 1747, il est vrai, les Mars d'Isserpent se disent bien encore sei-

---

(1) Laurence de Mars laissa pourtant des enfants, et outre sa fille Jeanne, dont nous parlons à Fretay, nous trouvons mention dans divers actes de deux de ses fils, Antoine et Jean de Bouletières : nous n'avons pu suivre leurs destinées.

gneurs en partie de Châteauroux, mais les Cimetière durent acquérir d'eux ce qu'ils en possédaient, et c'est intégralement sans doute qu'en 1772 Châteauroux fut, par demoiselle Marie-Françoise Cimetière, fille de Henri-Guillaume et de demoiselle Claudine de Chantelot de la Chaise (V. ce fief), porté à messire Antoine d'Aurelle des Cornets, chevalier, ancien enseigne des vaisseaux du Roi. C'est un des descendants directs d'Antoine, M. le général d'Aurelle de Paladines, qui, dernièrement, vendit Châteauroux à M. Thiollière, le possesseur actuel.

Châteauroux (1) est un étroit corps de logis flanqué diagonalement de deux culs-de-lampe et de deux tours dont une contient l'escalier : les ouvertures sont du XVIe siècle, et le château ne semble pas antérieur à cette époque. Cette élégante construction, autour de laquelle ne se voit aucun reste de fossé, et dont plusieurs parties furent refaites au siècle dernier, remplaça très probablement un vieux château féodal, dont on voit encore la motte à deux cents mètres environ à l'ouest, en descendant le ruisseau qui passe en bas de Châteauroux.

Non loin de Châteauroux et sur les terres du domaine des Rocs, se trouvait le siège de l'importante baronnie de *Frétay* (2), qui fut, paraît-il, détruit en même temps et dans les mêmes conditions qu'Isserpent : il n'en reste plus rien, et l'emplacement seul en est marqué, sur le flanc d'un ravin pierreux, par les excavations d'où l'on a extrait les matériaux des fondations.

En 1664, Frétay était encore une collecte assez importante, et la vieille chapelle dédiée à sainte Anne ne fut démolie qu'en 1793 : c'est de cette chapelle que proviennent une jolie peinture sur bois de Notre-Dame Auxiliatrice, qui appartient aujourd'hui au musée d'Ambert, et aussi la cloche que M. le vicomte d'Aurelle a récemment donnée aux religieuses d'Isserpent, et qui porte en relief : « Laurence de Mars, 1648. » Les fouilles ont révélé à Frétay de nombreuses traces d'incendie, et dans les fondations on a découvert, employées comme simples moellons, une grande quantité de pierres sculptées : ces pierres, sans doute, proviennent d'un ancien château, et celui-ci pouvait être placé un peu plus haut, dans la vigne du domaine des Rocs, en un endroit où l'on trouve de nombreux débris.

(1) Châteauroux depuis le XVIIe siècle fut une demeure de fermiers, et, après les Bletterie, nous y trouvons, en 1730, Blaise Martin des Mits, époux de demoiselle Marguerite-Françoise Piozet de la Houssaye, fille du bailli de Châtel-Montagne et Montgilbert. A Blaise succéda Pierre Martin du Gard, époux de demoiselle Catherine Biot, fille d'un procureur de Châtel-Montagne. Ces Martin portaient d'... au chevron de... accompagné de trois quintefeuilles.

(2) Le Fretay n'a d'ailleurs rien de commun avec la famille de Fretté, qui portait d'hermine au sautoir de gueules : ceci dit pour éviter une confusion parfois commise et récemment encore, dans une brochure sur l'histoire locale.

La baronnie de Fretay, au XIIIe siècle, appartenait aux sires de Saint-Germain des Fossés, qui en rendent aveu jusqu'en 1411, et parmi lesquels nous ne citerons que Chatard de Saint-Germain, fondateur présumé des importantes foires depuis lors transportées à la Bruyère de Saint-Christophe.

Le 27 février 1358, en effet, Chatard se pourvut devant le duc de Bourbonnais, à l'effet d'obtenir l'autorisation d'établir en sa ville de Fretay deux foires par an, pour les fêtes de saint Marc l'Évangéliste et de sainte Luce, vierge (25 avril et 13 décembre); c'était pendant l'absence du duc Louis II : le bailli du Bourbonnais, Pierre Galebreux, prescrivit une enquête, et, vu le rapport favorable d'Hugues de Moles, châtelain de Billy, les deux foires demandées furent établies à Fretay, par lettres du 1er août de la même année.

A l'extinction de la descendance masculine des Saint-Germain (V. Saint-Germain des Fossés), leurs biens passèrent à leurs alliés, les Chauvigny, et c'est ainsi qu'en 1463 nous trouvons Fretay compris dans les biens que vendent au duc de Bourbon les héritiers de Jeanne de Chauvigny, fille de Jean, en son vivant femme de Philippe de Bourbon. Fretay, depuis lors, suivit les mêmes destinées que Saint-Germain des Fossés, mais en 1494 il fut vendu à Guichard d'Albon Saint-André, père de Jean et aïeul du fameux maréchal de Saint-André. (V. Cérezat, la Guillermie, etc.)

On sait ce qu'il advint de la fortune du maréchal, tombée après sa mort aux mains de son indigne veuve : Fretay cependant échappa à cette dilapidation, et, laissé à la sœur de Jacques, Marguerite d'Albon, épouse d'Artaud d'Apchon (V. Saint-Germain des Fossés), il appartenait encore, en 1598, à Henri d'Apchon, fils de Gilbert, marié à Suzanne de Boucé, fille du fameux capitaine Pontcenat. (V. Pontcenat et Droiturier.)

Peu après cette époque et au même moment que fut vendu Pontcenat, les Mars se rendirent acquéreurs de Fretay; notre terre, dès lors, suivit la fortune de Châteauroux. En 1661, pourtant, nous trouvons bien une donation de Fretay faite par Jeanne de Bouletières, fille d'Antoine et de Laurence de Mars, à François Hardy, écuyer, seigneur des Loges, — son mari probablement; — mais Fretay fut sans doute racheté par un des seigneurs de Châteauroux qui succédèrent aux Mars, et il figure dans les biens passés aux d'Aurelle par le mariage de 1772. (V. Châteauroux.) Il appartient actuellement à un descendant direct d'Antoine, M. le vicomte d'Aurelle de Montmorin Saint-Hérem, de Chandian.

Le domaine des Rocs, de construction soignée et fort ancienne, possède une cheminée semblable à celle des Chaulx, mais placée en angle.

Dès 1568, nous trouvons à *Chandian* (1) noble Guichard Regnaud, fils de Michel; puis en 1587 aveu en est rendu par un Richard (2) Regnaud, lequel stipule que son fief possède haute, moyenne et basse justice. En 1609, même aveu est renouvelé par Charles Regnaud, fils de Richard; après Charles, viennent Jean, époux d'Adrienne de Chantelot; Blaise (3), époux de Philiberte Dosche, d'une famille de chirurgiens, que nous trouvons au Souchet (V. le Souchet), et enfin leur fils Gabriel, encore mentionné comme seigneur de Chandian dans la statistique de 1664, où il est signalé comme ayant servi et possédant mille livres de rente (4).

Passé après Gabriel à des Maréchal, anciens fermiers d'Isserpent, et qui doivent bien être les mêmes que ceux de Cusset, Saint-Gerand... (V., pour les Maréchal, Champblanc), Chandian fut, en 1669, vendu par un Maréchal à Claude de Fradel, seigneur d'Isserpent, et Michelle de Charlottier, sa femme, qui en donnèrent pour la première fois dénombrement, le 27 juin 1673.

Nous avons vu plus haut la donation faite par Claude, à Antoine de Mars, de sa seigneurie d'Isserpent : sans doute s'était-il dessaisi antérieurement de sa terre de Chandian, mais à cette première donation participèrent aussi les frères et la sœur d'Antoine; c'est ainsi que, le 28 août 1677, nous voyons aveu de Chandian rendu par Michelle, Claude, Antoine et Joseph de Mars. Chandian, depuis cet aveu, resta aux de Mars jusqu'en 1735, époque où s'en rendit acquéreur, sauf les droits seigneuriaux et moyennant neuf mille cinq cents livres, Claude Gaillard, laboureur.

Ce nouvel acquéreur était fort mal dans ses affaires, et Chandian, saisi sur lui, fut, le 31 décembre 1764, vendu à M. Claude Mailly, notaire à Cusset, pour trois mille six cents livres et les frais : ce dernier pensait avoir acquis une terre libre de toute redevance, et, quand le seigneur d'Isserpent réclama la mouvance de Chandian, il entama contre lui un long procès,

---

(1) M. Auguste Bletterie propose de voir dans Chandian l'ancien fief de Château-Renaud souvent mentionné dans les titres locaux et qui aurait ainsi été nommé de la longue possession des Regnaud : nous nous rangerions volontiers à cette opinion.

(2) En 1592, Gabrielle Regnaud, fille de Richard, seigneur de Chandian, épousa François de Charlottier, homme d'armes de la compagnie de M. de Cousan, demeurant au bourg du Mayet de Montagne.

(3) En 1591 Charles, et en 1660 Blaise Regnaud, seigneurs de Chandian, demeurent au bourg et paroisse du Breuil, et nous sommes bien tentés de croire que les Regnaud du Breuil et ceux de Chandian ne sont qu'une seule et même famille : cela simplifierait fort, en tout cas, une généalogie qui en a grand besoin.

(4) De Chandian dépendait alors le domaine voisin des Bêches, dont est dit seigneur, de 1629 à 1640, Guichard Regnaud, écuyer, gendarme de la compagnie de M. le Prince, un frère sans doute de Blaise. En 1592, en outre, un Claude Reignaud signe au contrat de Gabrielle, fille du seigneur de Chandian, comme seigneur des Barthelats, vieux domaine de la paroisse de Saint-Christophe, d'où sortent peut-être les Barthelat, dont nous parlons à Isserpent et à la Guillermie.

pour établir que Chandian était bien franc-fief ; mais il le perdit, fut débouté de sa demande et dut, jusqu'à la Révolution, payer aux de Mars un sol et une géline de cens, — cette odieuse géline, tant reprochée à l'ancien régime !

Le 12 octobre 1810, enfin, et moyennant 11,850 francs, Pierre Mailly, alors domicilié à Ris, département du Puy-de-Dôme, vendit Chandian à MM. Casimir et Antoine d'Aurelle, demeurant à Châteauroux, commune d'Isserpent, père et oncle du propriétaire actuel.

Il est assez difficile de préciser l'endroit où se trouvait l'ancien château de Chandian : nous pensons qu'il occupait l'emplacement de la vieille maison devenue un domaine depuis la construction de la villa de M. d'Aurelle ; mais peut-être faut-il le chercher un peu plus à l'ouest, dans la direction de Châteauroux et au bord d'un bois, où l'on a trouvé des débris, des conduites rompues, une auge et, chose plus intéressante encore, trois assiettes en étain portant des armoiries presque effacées, où l'on peut lire : de ... à deux étoiles en chef et un croissant en pointe.

Tout à l'est de la commune d'Isserpent, le long de la Bèbre, nous retrouvons les bords du bassin de grès ferrugineux, qui forme en cet endroit des affleurements dont la couleur rouge sang a donné lieu à bien des légendes. C'est la longue crête de *Terre-Rouge*, sur laquelle, avant de récentes recherches métallurgiques, se voyaient encore les restes d'un ancien fief : ce fief de Terre-Rouge, en 1517, appartenait à Bertrand Aubert du Chaussin (V. ce fief), mais il semble avoir été plus tard réuni à Chitain, et, comme dans ce fief, nous voyons s'y succéder la duchesse de Ventadour, les Duras et dame Anne-Louise Robert, épouse de Louis du Pré.

Depuis quelque temps déjà, les Romains occupaient les Gaules, quand il advint qu'un de leurs généraux, plus hardi que les autres, entreprit de traverser les hautes vallées qui formaient, entre la Loire et l'Allier, un massif encore inexploré. Longtemps errèrent les légions dans les solitudes du Douanan, avant d'arriver à une gaie petite rivière bondissant au fond d'un ravin, et les soldats fatigués se précipitaient déjà vers la fraîcheur des eaux quand se fit entendre la voix sévère du chef : *Bibere non*, disait-elle, et les légionnaires navrés continuèrent à marcher vers l'ouest. Mais, après une heure de fatigue au travers des bois épais et des escarpements rocheux, voilà que devant la colonne harassée se présente un cours d'eau plus considérable que le premier, cours d'eau dont les flots clairs et murmurants appellent les lèvres altérées. Le général va-t-il une seconde fois imposer à ses troupes le supplice de Tantale? Non! — *Bibere*, dit-il, — ce Romain parlait déjà nègre, — et tous de se rafraîchir dans la combe verdoyante où est maintenant Pont-Clavel. Telle est l'étymologie des noms du Barbenan (*bibere non*) et de la Bèbre (*bibere*), et c'est de ce moment que fut tracée par Arfeuilles, Pont-Clavel et la Bruyère la voie qui, jusqu'alors, suivait tout vulgairement la plaine. Voilà pourtant ce que content les livres sérieux, vieux d'à peine quarante ans!

Il n'en est pas moins vrai que le gué du *Pont-Clavel*, sis sur le chemin direct d'Arfeuilles à Cusset, par la Bruyère, fut de tous les temps le rendez-vous des vieilles *rues* de la montagne et un point capital du cours de la Bèbre. Aussi était-ce pour un établissement féodal un emplacement tout indiqué, et, dès 1333, nous voyons Hugues de Grézoles, damoiseau, paroissien de Châtel-Montagne, faire hommage au comte de Forez de sa terre de Pont-Clavel. Plus tard, nous retrouvons ces Grésoles au fief de Nouilly (V. ce fief); mais alors il n'est plus question de notre modeste seigneurie, qui, entre ses deux puissants voisins du Breuil et de Châtel, dut de bonne heure disparaître, et dont les droits de péage furent supprimés longtemps avant la Révolution.

A la même époque, sans doute, fut abandonné l'ancien château, et son emplacement est, par suite, assez difficile à déterminer. Nous le placerions volontiers au village du Crot, dont le nom et la situation sont également typiques; mais la tradition constante veut que le vieux manoir ait été juste au-dessus du moulin actuel, à l'endroit où la carte d'état-major porte la lettre *n* du mot Pont-Clavel, et sur un sommet ardu, qui a conservé le nom de Rez-des-Cars (1). En effet, sur ce promontoire, qui domine merveilleusement la rivière, nous avons recueilli quelques débris insignifiants, mais des plus probants, d'habitation ancienne, et tout à côté, nous avons vu de vieux murs que des fouilles avides autant qu'inutiles n'ont pas encore fait disparaître totalement.

D'antiques constructions se trouvaient aussi chez Néglot.

De l'autre côté de la Bèbre sont quelques localités à signaler:
Ce sont d'abord *Monnot* et *Bois-Gaillard* (actuellement les Gaillards), sis, le premier non loin de la gare d'Arfeuilles, le second sur la route du Breuil à Arfeuilles, où il forme de nombreuses locatairies : nous ne pensons pas que ce soient d'anciens fiefs, mais, depuis 1640, nous en voyons seigneurs des

---

(1) *Car* ou *chier* presque toujours indique d'anciens lieux fortifiés : telle est, entre bien d'autres exemples, l'étymologie de Saint-Bonnet des Cars.

Cormier ou Cormière (1), écuyers, dont le dernier, Joseph, fils d'Augustin et de demoiselle Adrienne Regnaud, et époux de demoiselle Claudine de Montcorbier, maria, en 1741, sa fille Hélène à M. Gilbert Rigollet, chirurgien de Saint-Martin d'Estréaux.

Puis *Afort,* dont nous parlons à la Roche-Chaffault. (V. ce fief.)

Et enfin le très vieux et important fief de *la Chaise,* dont, dès le XIVᵉ siècle, sont seigneurs des membres de cette famille de Chantelot, sans doute originaire de Treteau, et que nous trouvons dans tout le pays environnant. (V. Quirielle, Beaupoirier de Saint-Félix, etc.)

En 1380, Henri Chantelot, seigneur de la Chaise, était un des officiers attachés aux Montaigu-Listenois, seigneurs du Breuil et de Montgilbert, avant de devenir, en 1394, châtelain de Billy. (V. ce fief.) La branche des Chantelot, établie à la Chaise, fournit au chapitre noble de Lyon trois chanoines : Jean en 1579, Guichard en 1595 et Michel en 1706, et cela nous vaut la conservation, aux Archives du Rhône, de leur généalogie à peu près complète : on n'y trouve malheureusement aucun renseignement sur l'origine même de leur maison.

LA CHAISE.
Pierre aux armes des de Chantelot.

Un de ces Chantelot de la Chaise mérite une mention particulière : c'est Gilbert, maître d'hôtel de Charles, cardinal de Bourbon, et qui, en 1488, épousa Isabelle, fille naturelle de ce dernier : plus tard il devint, comme son père et un ou deux de ses ascendants, châtelain de Billy ; mais avant cela il joua à Lyon un rôle assez curieux, et sa physionomie originale devrait tenter un érudit bourbonnais.

Le dernier Chantelot de la Chaise, Claude, chevalier, fils de Gilbert et de Gabrielle de Villaines, épousa en 1712 Marie Cimetière, fille de Barthélemy, seigneur de la Bazolle, et de défunte Pierrette Simon, et n'en eut qu'une fille, Claudine, qui, le 7 juillet 1744, après dispense du Pape, fut mariée à son cousin Guillaume-Henri Cimetière de la Bazolle, seigneur de Beaupoirier (V. plus loin). Le 22 mars 1778, Antoinette Cimetière, fruit de cette union, épousa messire Gaspard Picard du Chambon, écuyer, gendarme de la garde ordinaire du Roi, fils de Jean, seigneur de Putay (2),

---

(1) En 1696, un de Cormier, écuyer, membre sans doute de cette famille venue nous ne savons d'où, portait : de gueules au chevron d'or accompagné de trois trèfles de même.

(2) Le joli petit château de Putay, sis au bord de la Loire sur la commune de Diou, appartient toujours à la famille Picard.

mestre de camp de cavalerie, et de demoiselle Charlotte de Salonnier de Chaligny (1) : passée par suite de ce mariage aux Picard du Chambon, la Chaise, aujourd'hui encore, appartient à madame Picard du Chambon, belle-mère de M. le comte Ignace de Sampigny.

La Chaise actuelle n'est qu'une dépendance de l'ancien château féodal et ne dut être convertie en habitation qu'à la destruction de celui-ci, c'est-à-dire vers le milieu ou la fin du XVIII° siècle, époque où furent utilisés les matériaux du vieux manoir pour construire Beaupoirier (V. plus loin). Il en subsiste seulement, dans la cour du domaine actuel et sous une motte importante, de vastes caves voûtées, et le seul débris intéressant que nous ayons pu recueillir est un écusson mutilé où se distingue encore à peu près le lion des Chantclot.

De la Chaise nous montons au Breuil, en signalant sur notre route l'emplacement de la vieille *chapelle de Saint-Michel*, encore marquée sur Cassini, emplacement qu'indique une sépulture établie par les Caquet, ancienne famille bourgeoise du Breuil.

Le vieux château du *Breuil* couronnait une motte artificielle, qui porte maintenant l'église paroissiale et sur laquelle, notamment près de la maison qui touche le cimetière, se reconnaissent des vestiges de murailles : tout autour et jusqu'à la nouvelle cure se distinguent, en outre, à divers endroits, les restes des talus et des anciens fossés.

L'église du Breuil était la chapelle seigneuriale et montre encore en quelques endroits des traces de peintures murales cachées sous un badigeon déjà ancien. C'est tout ce qui reste du château proprement dit, disparu à une époque et dans des circonstances que nous ignorons; mais un peu plus loin se trouve un bâtiment en ruine connu sous le nom d'Ancienne Cure et qui, après avoir servi de prison et d'école communale, est maintenant une pauvre locatairie. Ce doit être une ancienne dépendance du château ou plutôt les débris d'un établissement religieux; c'est de là que provient la jolie fenêtre romane que nous reproduisons et que nous n'hésiterions pas à attribuer au XII° siècle (2).

Dominant le défilé de la Bèbre et fermant la principale, sinon l'unique route de la montagne, placé en outre dans une situation très forte, le

---

(1) Fille de Guillaume, écuyer, conseiller du Roi et son auditeur en la chambre des comptes de Dôle : à ce mariage assiste, comme cousin du futur, Jacques Heulhard, écuyer, conseiller du Roi, greffier en chef du bureau des finances de Moulins.
(2) Cette fenêtre a été transportée au château de Précord.

Breuil dut être un des postes féodaux les plus importants du pays. De ses premiers seigneurs il nous reste de fréquentes mentions dans des aveux anciens et aussi un fort curieux monument : c'est, dans l'église du Breuil, une pierre tombale, qui a été reproduite dans l'*Art en province* et dans les *Annales bourbonnaises* en 1889, et autour de laquelle se lit une inscription latine que l'on peut ainsi traduire :

« Ici repose noble dame Hœlis de Brolio (du Breuil), autrefois épouse d'Aycelin, chevalier, seigneur de Montaigu : elle mourut le jour du sabbat (le samedi) après la fête de la Nativité de la bienheureuse Vierge Marie, l'an du Seigneur MCCC. Que son âme repose en paix. »

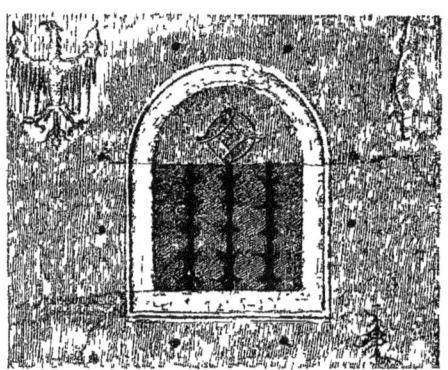

LE BREUIL.
Fenêtre romane — Armoiries des de Vienne.

Cette sépulture est d'autant plus intéressante qu'elle nous apprend comment arriva dans notre pays cette famille des Aycelin de Montaigu, sortie d'un château des environs de Billom en Auvergne, et dont on a voulu faire une branche des Montaigu le Blain (V. ce fief), avec lesquels elle n'a rien de commun : les Aycelin de Montaigu, on le voit, ne portaient pas encore au XIII° siècle ce nom de Listenois, dont nous avons vainement cherché l'origine (1).

C'est à Alix du Breuil que la tradition locale attribue la donation fort ancienne, en tout cas, du vaste territoire des Brosses, qu'elle aurait abandonné aux manants du Breuil en toute propriété et qui, en 1792, formait un bien communal que l'on partagea à raison de six coupées (2) par habitant.

Après elle, le Breuil vint à son fils Gilles Ier Aycelin (V. Montgilbert), qui épousa Blanche de Saligny, et par la succession de son oncle, le fameux archevêque de Rouen et de Narbonne, qui prit tant de part au procès des Templiers, devint un des plus puissants seigneurs de France : c'est à lui qu'en février 1309 Philippe le Bel accorda des lettres portant que ses châ-

(1) Voir pour ce nom de Listenois, que nous trouvons seulement depuis le fils de Bernard, nos notes sur Châteldon (*Annales bourbonnaises*, 1891). Le seul Listenois que nous connaissions est un lieu dit près de Gannat, qui n'était pas même un fief.

(2) La coupée des environs de la Palisse est de 6 ares 38 centiares.

teaux de Châteldon et du Breuil, par lui tenus en fief du sire de Bourbon et « assis ès frontières du royaume vers Lyon », ne pourraient être vendus et transportés en l'avenir qu'en mains souveraines.

Gilles Ier mourut en 1325, laissant ses vastes domaines à son fils Gilles II Aycelin, marié à Mascaronne de la Tour, fille de Bernard III et de Béatrix de Rodez : fait prisonnier à Poitiers avec le roi Jean, Gilles II dut payer une rançon de 942 moutons d'or, et, peu après son retour de captivité, mourut en Gascogne, pendant la campagne de 1359 contre Charles le Mauvais.

Le fils de Gilles II, Bernard Aycelin, dit le Griffon de Montagu, fut l'un des compagnons du duc Louis le plus souvent cité : il épousa Isabeau de Bourbon-Clacy, fille de Guy, et n'en eut qu'un fils, Louis, qui lui succéda en 1373.

Louis Aycelin fut le dernier de sa maison (1) et le premier aussi qui porta le nom de Montaigu-Listenois, passé depuis lors aux de Vienne et de ceux-ci aux Beauffremont (V. plus loin) : il prit part à la croisade en Barbarie, fut, de 1421 à 1427, gouverneur du Nivernais, et, de Marguerite de Beaujeu, ne laissa qu'une fille, Isabelle, mariée en premières noces à Jean de Vienne, petit-fils de l'illustre amiral de France, et en secondes à Charles de Mello, seigneur de Saint-Bris. (V. le Donjon.)

Les deux maris d'Isabelle de Montaigu-Listenois furent successivement seigneurs du Breuil; puis viennent Louis de Vienne-Listenois (1430-1459), son fils Philippe, époux de Péronnelle de Chazeron (1460-1487); Jean (1487-1499), qui fut chambellan du roi François Ier (1499-1537).

De Bénigne de Granson, sa femme, François de Vienne eut trois filles et un fils; mais ce dernier, en 1537, mourut de la peste devant Turin, et son père ne put survivre à sa douleur. Le Breuil, après lui, fit quelque temps partie du lot de sa fille Anne, mariée à Louis de La Fayette, puis fut attribué à l'aînée, Françoise (2), qui le porta successivement à Jacques d'Amboise, sire de Bussy, et à Jean de la Baume, comte de Montrevel. La

---

(1) Louis Aycelin dut aliéner aux Châtelus Châteaumorand une partie de sa terre du Breuil, — la forêt des Epalus, probablement, — car voici ce que porte un livre de comptes de Châteaumorand :

« Pour cher de bœuf prinse à Sail chez Jehan Oulhard le dimanche XXII juin 1410, pour la dépense de ceulx de l'ostel du Bastard, messire Jehan Myart et de Beausseron, de Lurcy, qui venirent ledit dimanche au giste à Chastelmourant pour fére lendemain le paiement à Mons. de Lystenois de la terre du Bruelh :   XI sols tournois.

« *Item*, pour 2 poussins prins pour le souper des dessus dietz :   X deniers tournois.
« *Item*, pour pin blanc pour les dessus dietz :   V deniers tournois. »

(2) La troisième fille de François de Vienne épousa en 1527 Claude de Beauffremont, baron de Scey-sur-Saône, et pendant les XVIIe et XVIIIe siècles les Beauffremont de Franche-Comté portaient toujours le titre de Listenois, sans doute pour se distinguer des autres branches.

terre du Breuil resta dès lors aux la Baume et fut, le 27 octobre 1625, portée aux sires de Chateaumorand par le mariage de Catherine de la Baume Saint-Amour, arrière-petite-fille de Françoise de Vienne, avec Jean Claude de Lévis, marquis de Chateaumorand, baron de Châtelus. (V. ce fief. — Lettres patentes du 13 octobre 1672.)

A Jean-Claude de Lévis succéda Henri-Louis, à celui-ci Philippe-Elzéar, et à ce dernier Charles-François, lieutenant général des armées du Roi, mort en 1751. Marie-Odette de Lévis, enfin, une des filles de Charles-François, épousa, le 4 février 1760, Achille-Joseph-Robert de Lignerac, duc de Caylus, grand d'Espagne de première classe, mestre de camp de cavalerie, grand bailli d'épée, lieutenant général pour le Roi au haut pays d'Auvergne, et lui porta le Breuil, qui échut après elle à son fils aîné Joseph-Louis, duc de Caylus, lequel en était encore seigneur lors de la Révolution.

Que de noms illustres attachés à notre pauvre château montagnard! et ne faut-il pas dans leur éclat même chercher la cause de sa ruine et de son abandon prématuré?

Dès la possession des de Vienne, en effet, le vieux château féodal du Breuil dut être abandonné, et la justice depuis lors fut rendue dans une maison flanquée de pavillons, sise au milieu du bourg et à qui est restée la dénomination de vieux château.

C'est la *maison des Regnaud*, à côté de laquelle se trouvait aussi une énorme grange, dite grange des dîmes, et que l'on a récemment démolie : cette maison était pourvue de tours, dont il reste la moitié d'une, et, entre autres détails intéressants, nous signalerons une porte Renaissance maintenant condamnée et des armoiries à demi effacées, où l'on peut voir encore l'aigle éployée des de Vienne.

A partir du commencement du XVIIe siècle, nous trouvons dans cette maison une famille Regnaud, descendant probablement d'un Blaise Regnaud, marchand au Breuil en 1412, et dont les membres ont, d'ailleurs, avec ceux de Monétay et d'Augerolles des rapports tellement fréquents (V. registres paroissiaux du Breuil) que nous les pensons de même souche. Depuis Charles Renaud, en 1607, nous suivons tous ces Renaud jusqu'à Pierre-François (1), fermier de la seigneurie du Breuil en 1704 et époux

---

(1) Pierre-François eut une fille, Louise, qui, en 1728, épousa maître François-Xavier Seuillet, médecin à la Palisse, fils de Jacques, médecin du Grand Mongol, empereur des Indes orientales (?), et de demoiselle Marie Dupré : Louise Renaud fut la mère d'Antoine Seuillet, que nous trouvons à la Palisse, seigneur de Rosières. (V. ce fief.)

Le Breuil. — Maison Regnaud.

de demoiselle Marie de Vichy, fille de Thomas, seigneur de Blénières. (V. ce fief.)

A Pierre-François succéda son fils Antoine, et à celui-ci des Colin, venus de Ferrières (V. maison Colin) et alliés aux Montcorbier et aux Fauvre de Châtel-Montagne.

Le dernier Colin, fermier du Breuil, laissa six filles : de l'une descendent les Lhéritier; d'une seconde, les Martinet de la Chapelle, qui eurent, outre la maison du Breuil, le domaine Morlot et vendirent l'une à M. Coratte, l'autre à M. le docteur Laborde; une troisième, enfin, épousa M. Tellier, officier de gendarmerie, dont le petit-fils possédait Magnant il y a encore peu d'années.

LE BREUIL. — Auge en granit.

En 1300, Hugues de Putey, chevalier, rend aveu de l'hôtel, terre et seigneurie de *Beaupoirier*, sis paroisse du Breuil, châtellenie de Billy; mais, dès 1342, ce fief a passé à une famille de la Roche, que nous trouvons aussi à la Motte-Mourgon et qui semble être toute différente des de la Roche de la montagne (V. Beaupoirier de Saint-Félix) : cette année 1342, en effet, nous en trouvons aveu rendu, au nom de sa femme Jeanne de ****, par Pierre de Nipp (*sic*, pour de Rupe, de la Roche), et c'est ce même Pierre, aussi seigneur de la Motte-Mourgon, qui en 1378 figure encore dans divers actes relatifs au fief de Beaupoirier, sis paroisse du Breuil.

Resté aux de la Roche jusqu'à la fin du XVe siècle, Beaupoirier, à cette époque, passa aux Chantelot par le mariage de Gilbert, seigneur de la Chaise, avec Jeanne de la Roche-Beaupoirier, fille de Pierre et de Jeanne de Molins, et jusqu'en 1677 nous trouvons à Beaupoirier des Chantelot; mais, à ce moment-là, il changea de mains, et le 23 juin 1677 s'en qualifie seigneur et y demeurant Jean des Galois, chevalier, le même que nous trouvons aux Pontères (V. ce fief) et ailleurs. Jean des Galois n'y resta pas longtemps et le 27 juillet 1683, devant Desplaces, notaire royal, le revendit à Barthélemy Cimetière de la Bazole (V. ce fief), bailli du Donjon. En 1690, il semble y avoir une interruption dans la succession des Cimetière, et nous trouvons seigneur de Beaupoirier un Robert d'Albost, qui y est venu nous ne savons comment; mais, en 1706, les Cimetière ont recouvré leur fief, et Beaupoirier appartient à Joseph Cimetière de la Bazole, écuyer, conseiller du Roi, trésorier de France en la généralité de Moulins, et époux de Jeanne de Trèche (1). Nous venons de voir à la Chaise (V. ce fief) le mariage de Guillaume-Henri Cimetière, fils de Joseph, avec demoiselle de Chantelot, et celui d'Antoinette Cimetière, fille de Guillaume-Henri, avec M. Picard du Chambon (2); passé à cette dernière famille en même temps que la Chaise, Beaupoirier appartient aujourd'hui à madame la vicomtesse de Pélacot, née Picard du Chambon de Beaupoirier.

Les vieux titres portent indifféremment justice de Beaupoirier ou justice de Béquaines, probablement du nom de l'endroit où elle se rendait :

BEAUPOIRIER.

Béquaines est un ancien hameau réuni maintenant au village du Breuil; quant à Beaupoirier, il n'y reste pas grand'chose de l'ancien château (V. Beaupoirier de Saint-Félix), à peine quelques vieux murs du côté de l'est, et le Beaupoirier actuel est une maison, dans le goût du siècle dernier (V. la Chaise), à laquelle on vient d'ajouter des pavillons de fort bon effet.

(1) Fille de Guillaume, maire perpétuel de la ville de Paray-le-Monial, et de demoiselle Anne Bouillet.
(2) Madeleine Cimetière, autre fille de Guillaume-Henri, épousa Claude Bouquet de Chazeuil. (V. ce fief et la Bazole.)

CHAPITRE TROISIÈME

LA PLAINE ET LA FORTE TERRE

LA PALISSE (1) ET SAINT-PRIX.

Après avoir formé à sa sortie des montagnes le profond défilé que domine le Breuil, la Bèbre débouche dans une vallée à fond plat, dont les bords, très praticables sur la rive gauche, forment sur la rive droite une falaise à pic, que coupent seuls deux ou trois ruisselets. Cette vallée est un point topographique remarquable où, passant la Bèbre, on évite à la fois les montagnes et le pays aux pentes abruptes qui la borde au nord. Elle correspond, d'ailleurs, au col de Saint-Martin d'Estréaux et dut être, de tout

---

(1) Doit-on écrire la Palisse ou la Police? Sur les vieux titres, la Palisse est dit *Palicia*, dérivé — sinon pluriel — du mot de basse latinité *palicium*, tiré lui-même de *palus*, pieu, et qui servait à désigner les ouvrages fermés par des barrières en pieux, fortifications habituelles des X° et XI° siècles : la première orthographe a donc bien été la Palice, et c'est celle que porte notamment un parchemin de 1274, que nous avons entre les mains. Mais comme le mot palissade, qui vient de *paliciata*, diminutif de *palicium*, ne s'écrit pas paliçade, nous ne voyons vraiment pas pourquoi on écrirait la Palice ; du reste, c'est par deux s que s'écrit aussi le nom du port de la Rochelle, la Pallisse, dont les deux *l* viennent du vieux mot français *pallis*, mais qui a eu la même origine que le nom de notre ville.

Il est à remarquer quelle analogie frappante présentent les armoiries municipales — de gueules à cinq vergettes d'argent rangées en pal — avec celles que portait en 1213 Guillaume de la Palice, d'... à trois pals de... et une fasce de... (V. *Bulletin de la Société d'émulation*, t. XI, p 228.) Les bourgeois de la Palisse ont-ils, au milieu des vicissitudes du château, conservé les armes de leurs premiers seigneurs, ou bien est-ce par hasard qu'en prenant au XV° siècle — comme tant d'autres bourgs — des armes parlantes, ils ont justement repris un blason oublié ? Nous l'ignorons, mais, jointe au vieux nom de Palicia, cette palissade, que portaient ses premiers maîtres, indique d'une façon certaine quelle fut l'origine de notre cité.

Quant aux armes, d'argent à trois lionceaux d'azur, que l'on s'accorde à donner aux la Palisse anciens, elles appartiennent, sans doute, aux branches que nous trouvons au Châtelard et à la Motte des Noyers — il ne faut pas oublier qu'au XII° siècle nous sommes à l'apparition des armoiries — et, en effet, elles ont été prises (V. l'*Armorial*) sur des pièces intéressant l'une ou l'autre de ces branches.

temps, le passage du grand chemin entre Loire et Allier : on s'en rend parfaitement compte avec une carte bien faite et mieux encore en regardant la rive droite de la Bèbre, des hauteurs de Saint-Félix ou des collines qui courent entre Servilly et Périgny.

Ainsi s'explique la constante importance de cette partie du cours de la Bèbre : une ville antique (*Lipidiacus*, Lubié) s'étendait jadis paisiblement au fond de la vallée, où elle avait sans doute succédé à des établissements antérieurs ; plus tard, de fiers barons occupèrent et fortifièrent les quelques points où la rive droite présentait des déclivités favorables au passage, — le Châtelard, la Motte des Noyers, la Palisse, — et se constituèrent ainsi les maîtres de la grande voie qui s'appelle maintenant Paris à Antibes par le Bourbonnais ; mieux encore que ceux de Châtelus, puisqu'on ne les

La Palisse. — Frise de la tour d'escalier.

pouvait tourner, ces gardiens de notre rivière étaient les vrais portiers de la province ; aussi, dès l'origine, les voit-on occuper à la cour des sires de Bourbon la place afférente aux possesseurs d'un poste essentiel.

L'histoire de *la Palisse* et de ses seigneurs remplirait aisément un respectable volume, et on n'attend certainement pas que nous l'entreprenions ici ; nous nous bornerons donc à une nomenclature forcément aride et renverrons les curieux à quelques ouvrages qu'ils nous seront reconnaissants de leur avoir indiqués : c'est d'abord les quelques notes recueillies en 1867 par madame la comtesse Alfred de Chabannes, puis en 1887 la notice publiée par M. Roger de Quirielle, et enfin le remarquable travail du comte Henri de Chabannes, où, avec pièces à l'appui, se trouve exposée, le plus complètement possible, l'histoire d'une famille qui compte certainement parmi les plus fécondes en illustrations militaires.

A un moment donné, avons-nous dit déjà, nous trouvons le Châtelard, la Motte des Noyers et la hauteur que couronne aujourd'hui la ville jadis close de la Palisse aux mains d'une seule famille, dont les deux branches du Châtelard et de la Motte survécurent longtemps à celle de la Palisse proprement dite ; mais, de l'époque où se fit cette occupation féodale et des circonstances qui l'accompagnèrent, nous ne savons absolument rien, et nous rencontrons pour la première fois le nom de la Palisse dans une charte de 1165 (V. Droiturier), où, dans l'énumération des biens de Mauzac en Auvergne, figurent l'église de Saint-Prix et la chapelle de la Palisse (*ecclesia sancti Prejecti et capella de Paliciâ*).

Des habitants de la vallée étaient donc déjà venus chercher à l'ombre de la forteresse primitive la protection de ses maîtres, mais de ces derniers nous ne trouvons pas encore mention, et en 1213 seulement est nommé un Guillaume de la Palisse (1), vassal et commensal ordinaire du sire de Bourbon.

Après Guillaume viennent Roger de la Palisse, qui, en 1245, signa la charte d'affranchissement des habitants de Charroux, puis un autre Guillaume et enfin les deux fils de ce dernier, Pierre et Aymon de la Palisse, qui, « en optobre 1274 », achetèrent pour trente livres tournois de rente la part d'héritage de leur frère Jehan, « moigne de l'eaurdre de Cligni (2) ».

Pierre, chevalier, fut le dernier des anciens la Palice ; il mourut sans enfants, en 1293, laissant son château à Isabelle de Ternant, sa veuve, qui, en secondes noces, épousa Philippe de Maleval ; en 1300, ce dernier est dit seigneur de la Palice ; mais après lui est une lacune d'environ un demi-siècle, jusqu'à Jean de Châtillon, chevalier, seigneur du Griffier (V. ce fief) et époux de Marguerite de l'Espinasse, fille de Philibert, seigneur de la Clayette, et de Constance de la Tour. Jean de Châtillon est seigneur de la Palisse en 1353 et 1358 ; mais, veuve avant 1364, Marguerite de l'Espinasse, en 1375, se remaria avec Jean de Mello.

Notre fief, qui venait des Châtillon, n'en resta pas moins à Jeanne de Châtillon, sa fille du premier lit, qui, elle aussi, se maria deux fois, tant la guerre moissonnait sans trêve les vaillants sires de la Palisse ; son premier mari fut Gaucher de Passac (3), chambellan de Charles VII ; son second, Louis de Culant, amiral de France, qui, en 1418, obtint des lettres portant autorisation de faire dresser un terrier de sa seigneurie de la Palisse.

---

(1) Nous ne prétendons pas, assurément, assigner aux la Palice une origine certaine, mais, d'après quelques articles de Béthencourt, il semble qu'on les pourrait faire venir du bas Charolais et d'une seigneurie des Noyers, sise sur la paroisse de Saint-Christophe en Brionnais, et dont ils portaient le nom. Ce nom primitif des Noyers, une branche le donna à une motte par elle élevée près du passage de Lubié, tandis que d'autres des Noyers construisaient la Palisse et en prenaient le nom.

(2) Aux sires de la Palice ou au moins à leur famille, il convient de rattacher Pierre de la Palice, prieur de Souvigny et l'un de ceux qui enrichirent le plus ce monastère.

(3) Passac est un château de la paroisse de Saint-Victor, aux environs de Montluçon

C'est Jeanne de Châtillon qui, en 1427, vendit la Palisse à Jean Ier, duc de Bourbon, mais celui-ci ne garda pas son acquisition. Fidèle à la politique de sa famille et désireux d'attirer dans son domaine un militaire de renom, il la revendit bientôt après à Jacques Ier de Chabannes, grand-maître de France, l'héroïque compagnon d'armes de la Pucelle, sous les murs d'Orléans.

Le contrat de vente, consenti moyennant sept mille écus d'or, fut passé le 18 mars 1431 par messire Pierre de Tholon, chevalier, seigneur de Genat (V. ce fief), chancelier du Bourbonnais.

LA PALISSE. — Vue générale.

Jacques Ier de Chabannes mourut le 20 octobre 1453 ; il eut pour successeur son fils Geoffroy, auquel succéda Jacques II, maréchal de France, tué à Pavie, le 24 février 1524.

C'est à regret, assurément, que nous passons aussi rapidement sur les glorieux seigneurs qui ont à la fois immortalisé leur nom et celui de leur château ; mais il nous faut bien dire un mot sur la niaiserie dont fut victime la mémoire de Jacques II.

Les funérailles du « plus grant homme de guerre qui fust en France » eurent lieu en grande pompe, le 9 avril 1524, en son château de la Palisse, et à cette occasion furent sans doute composées bien des complaintes. L'une d'elles, peut-être quelque peu naïve, bien longtemps après tomba sous les yeux du poète (?) dijonnais la Monnoye, qui, tout académicien qu'il était, en tira une parodie juste assez spirituelle pour être rapidement devenue populaire, et où la rime marche d'accord avec la raison :

> Monsieur de la Palisse est mort,
> Est mort de maladie.

Le fils unique de Jacques II, Charles de Chabannes, fut tué devant Metz, en 1553, ne laissant de Catherine de la Rochefoucault, sa femme, qu'une fille, Éléonore, qui épousa en premières noces (10 avril 1564) Just de Tournon, et, en 1571, se remaria avec Philibert de la Guiche (1) Saint-Geran, grand maître de l'artillerie de France.

De son premier mariage, Éléonore de Chabannes eut une fille, Anne de Tournon, qu'elle maria avec un neveu de son second mari, Jean-François de la Guiche, maréchal de France, gouverneur du Bourbonnais, et c'est ce dernier qu'en 1595, et encore en 1632, nous voyons seigneur de la Palisse (2).

A Jean-François succéda son fils, Claude-Maximilien, époux de Suzanne de Longaunay (3) et fondateur de l'hôpital de la Palisse, où sont conservés son cœur et celui de sa femme; puis vient Bernard de la Guiche, leur fils et le héros du procès que donnent tous les *Recueils de causes célèbres*.

De ce procès nous n'avons pas à raconter ici les péripéties : nous nous bornerons à dire que, enlevé à sa naissance et retrouvé plus tard par sa mère, Bernard ne vit son état fixé qu'après des débats qui durèrent huit ans; mais nous ne résistons pas à la tentation de citer le portrait que Saint-Simon fait de lui et aussi de sa femme, Françoise de Warrignies, fille d'un gouverneur de Caen, sur laquelle il revient, en maint autre endroit, d'une façon tout à fait compromettante.

« M. de Saint-Geran, dit-il, était gros, court et entassé, avec de gros yeux et de gros traits qui ne promettaient rien moins que l'esprit qu'il avait... Sa femme, charmante d'esprit et de corps, l'avait été pour d'autres que pour lui : leur union était moindre que médiocre; M. de Seignelay entre autres l'avait fort aimée. Elle avait toujours été recherchée dans ce

---

(1) La famille de la Guiche, devenue presque bourbonnaise, a pour berceau le château de ce nom, paroisse de Champvent en Charolais, où on la trouve dès le XIIIe siècle.

(2) Jean-François était fils de Claude, frère de Philibert, et de Suzanne d'Isserpent. (V. Chitain.) Tallemant des Réaux lui consacre une bonne part de médisances, qui, heureusement pour sa mémoire, sont quelque peu controuvées ; d'après les récents travaux de l'abbé Reure, pourtant, il semble bien avoir été un personnage de valeur, mais peu scrupuleux.

(3) Suzanne de Longaunay, fille d'un sénéchal de Normandie, était issue d'un premier mariage de Suzanne aux Épaules, qui, en 1618, se remaria avec Jean-François de la Guiche, et, peu après, maria sa fille avec le fils du premier lit de son mari. — Voir à propos de Suzanne de Longaunay une curieuse épitaphe dans la chapelle de l'hôpital de la Palisse.

qui l'était le plus à la cour et dame du palais de la Reine, recherchée elle-même dans tout ce qu'elle avait et mangeait avec un goût exquis et la délicatesse et la propreté la plus poussée... Sa viduité ne l'affligea guère : elle ne sortait point de la cour et n'avait pas d'autre demeure ; c'était en tout une femme d'excellente compagnie et extrêmement aimable, et qui fourmillait d'amis et d'amies. »

De ces amies était madame de Sévigné, qui, en septembre 1677, vint voir à la Palisse celle qu'elle appelait « la bonne Saint-Gerand ».

Une des ennemies les plus acharnées de Bernard de la Guiche, au moment de son procès, et une des plus intéressées à sa disparition, avait certainement été sa tante, la duchesse de Ventadour ; c'est à sa petite-fille pourtant, Geneviève de Lévis, épouse d'Hercule Mériadec, prince de Rohan-Soubise (1), que revinrent plus tard les biens si ardemment convoités. Bernard, en effet, ne laissa qu'une fille, Suzanne-Madeleine de la Guiche, qui, en 1713, se fit religieuse, léguant « le plus chrétiennement du monde » son immense fortune à son arrière-cousine. Le prince de Rohan, du reste, ne garda pas la Palisse et, en 1715, le vendit à messire Gilles Brunet d'Évry, intendant des finances en la généralité de Moulins.

La Palisse valait alors neuf mille livres de revenu.

Le nouveau seigneur de la Palisse, fils d'Étienne, dont nous avons vu l'arrivée à Châtel-Montagne (V. ce fief), appartenait à une famille sortie, paraît-il, de Beaune en Bourgogne ; il porta à son faîte la fortune de sa maison et, en 1724, obtint l'érection en marquisat de ses possessions bourbonnaises avec la Palisse comme chef ; mais ce moment de prospérité dura peu, et, en 1731, nous le voyons, de concert avec Françoise Bignon, sa femme, fille d'un conseiller d'État à Paris, vendre son marquisat éphémère à François-Antoine de Chabannes-Pionsat, lieutenant général, gouverneur de Verdun et chef de la branche de Curton, sortie de Gilbert, fils de Jacques Ier de Chabannes, seigneur de la Palisse.

Par cette transaction, notre château revint donc à la famille qui avait sur lui jeté le plus d'éclat ; il n'en sortit plus et, aujourd'hui encore, appartient au chef de la branche aînée de cette illustre maison.

Il faut visiter, dit M. Jolimont, dans un livre surtout pittoresque par quelques appréciations de ce genre, « les ruines de l'ancien château des sires de la Palisse » : nous allons donc rapidement les parcourir.

Le vieux nid féodal, construit sans doute à la place du *palicium* des premiers seigneurs, fut élevé sur un promontoire dominant de douze

---

(1) Il ne faut pas confondre l'époux de Geneviève de Lévis avec Hercule Mériadec de Rohan-Guéménée, seigneur de Montaigu-le-Blain.

mètres environ la rivière de Bèbre, et en face d'un point de passage que marquaient alors des îlots, dont un seul subsiste aujourd'hui. Sauf quelques vieux pans de murs, il ne nous en reste que des constructions du XIII° siècle, formant, comme presque tous les manoirs de cette époque, un carré flanqué de quatre tours rondes, dont trois existent encore. Un mur d'enceinte

La Palisse. — La chapelle.

englobait la ville primitive, et il en subsiste des traces dans les maisons de la vieille rue Notre-Dame et jusqu'à la ruelle Billaudit. Une barbacane, en outre, s'avançait jusqu'au bord de l'eau, terminée en cet endroit par un mur épais percé d'archères et d'une porte étroite, que l'on peut voir encore dans les caves creusées sous la place sise à l'extrémité du pont. Au sud du château, enfin, parallèlement à la rivière, était un espace où ne se trouvent traces d'aucune substruction : c'était une sorte d'esplanade, au delà de laquelle on arrivait à la chapelle, tête d'un système de fortifications qui s'étendait jusque vers les écuries actuelles du château. A ce système fut appuyée, en 1470, la chapelle de style ogival construite par Geoffroy de Chabannes, et qui se trouve ainsi flanquée d'une tour et couronnée d'un chemin de ronde crénelé.

Tel était le chastel qu'acquit, le 18 mars 1430, noble homme messire Jacques de Chabannes, chevalier ; il subit, depuis lors, trois transformations principales.

La première comprend les constructions de Geoffroy, c'est-à-dire l'aile nord du château et la chapelle.

Au XV⁰ siècle, en effet, on commença à se lasser des habitations ne prenant aucun jour extérieur et aérées seulement par une étroite cour carrée, et c'est bien à cette époque qu'il faut rapporter la construction de l'aile où se trouvaient les appartements d'apparat et qui, partant de l'angle de la tour maintenant disparue du nord-est, suivait le grand chemin d'alors, actuellement rue Notre-Dame. De cette aile, il ne subsiste plus qu'un mur portant une rangée de corbeaux et des caves; mais c'est dans cette partie du château que logea le connétable et que se joua, devant l'espion du Roi, la triste comédie souvent racontée.

D'autre part, en partant pour la campagne de Guyenne où il devait être mortellement blessé, Jacques Iᵉʳ avait fondé six prébendes de chanoines dans sa chapelle de la Palisse, alors église paroissiale, sous le vocable de saint Léger. Sa veuve et son fils respectèrent ses volontés (1), mais cette chapelle antique était alors bien modeste, et quand, en 1470, Geoffroy fit élever à ses parents le superbe mausolée de marbre blanc dont on peut encore admirer la majeure partie, il fallut la rendre digne des générosités paternelles et du monument qu'elle allait renfermer : il la fit donc complètement reconstruire.

A côté de celui de Jacques Iᵉʳ, Marie de Melun fit élever à Jacques II, son époux, un mausolée aussi de marbre blanc, où elle était représentée à genoux et en habits de deuil près du guerrier agenouillé et revêtu de son armure; mais, en 1793, une bande de braves patriotes marseillais mit en pièces les deux tombeaux jusqu'alors respectés par le civisme insuffisant des habitants de la Palisse, et de celui de Jacques II, outre des bas-reliefs que le hasard a transportés à Avignon, il ne reste que les genoux du maréchal et le tronc absolument fruste de Marie de Melun. Lors de cet exploit, disparurent aussi les verrières et les retables, et, comme témoins de sa splendeur passée, la chapelle de la Palisse n'offre plus que les élé-

---

(1) L'acte de fondation par Geoffroy et sa mère fut passé à la Palisse, le 27 octobre 1461, et a été reproduit page 442 du tome VIII du *Bulletin de la Société d'émulation*.

La Palisse. — Vue de la cour d'honneur.

gantes nervures de ses voûtes et de délicats meneaux du style flamboyant.

Les tombeaux de Jacques Ier et Jacques II de Chabannes ont été, d'après de vieux plans, reproduits dans l'*Ancien Bourbonnais*.

La seconde transformation date du commencement du XVIe siècle et nous amène presque au château actuel : elle est due au maréchal et à Marie de Melun, sa femme, qui rattachèrent la chapelle au reste du château en élevant au-dessus de la ville cette jolie façade à revêtement de briques de couleur. Pour donner place à une aile sans doute de même style, on abattit une des vieilles tours et la partie construite par Geoffroy, le long du grand chemin ; mais l'aile projetée, où devaient être la salle d'armes, les salons d'honneur, etc., ne fut jamais construite, et la veuve du maréchal se borna à masquer par un pavillon bâtard l'éventrement de la vieille forteresse féodale. A cette époque aussi, la chapelle, jusqu'alors paroissiale, fut complètement enfermée dans le château.

Sous Jean-François de la Guiche, enfin, disparut ce qui pouvait subsister encore des anciens travaux de défense : devant l'aile du XVIe siècle, d'élégantes arcades, détruites depuis, remplacèrent les murs fortifiés, et sur l'emplacement des dépendances, rejetées où elles sont aujourd'hui, on traça un parc à la française, superbement décoré de fontaines de marbre, dans le goût italien. Ce parc, au commencement du siècle, fut complètement saccagé, et à cette époque fut transportée à la poste aux chevaux, pour y servir d'abreuvoir, la vasque d'une de ces fontaines. Dans cet ovale allongé, orné de mufles et de godrons, le candide Taylor, traversant la Palisse, devina tout de suite un chef-d'œuvre du XVIe siècle, une de ces merveilles qu'enfanta la Renaissance, enfin le tombeau même du maréchal ! Il alla conter son indignation à l'impétueux Alexandre Dumas, et, à l'occasion de cette douloureuse découverte, les infortunés Palissards reçurent de main de maître une volée de bois vert parfaitement imméritée.

Au château de la Palisse, après la Révolution, furent installés les autorités civiles, le tribunal et la gendarmerie. Rien n'arrêta le zèle des architectes de l'administration, et tout disparut sous la brosse de ces badigeonneurs émérites : les hautes boiseries durent laisser passer les tuyaux des poêles, et, sur un plafond qui ne déparerait pas Chambord, on voit encore le plâtre des cloisons de séparation. Ces traces de vandalisme, heureusement, disparaissent chaque jour, grâce à une restauration judicieuse, et quand, après avoir franchi une porterie récemment construite, on découvre la façade intérieure du château avec sa charmante tour d'escalier et ses fenêtres décorées de balcons, on reconnaît mal la construction dont, en 1815, M. Coeffier-Demoret traçait un si triste tableau.

Grâce à sa situation sur un grand chemin de France et à la haute fortune de ses seigneurs, la Palisse vit bien des hôtes illustres (1) : nous n'en retiendrons qu'un seul, le fier et mélancolique Bourbon, si bien nommé par son heureux rival le prince Malendurant. C'est de ce château, en effet, que partit pour l'exil l'infortuné Charles de Bourbon, le héros de Marignan, l'idole des gens de guerre qui l'appelaient le Grand Capitaine, et à qui, pour être la gloire la plus pure de ce XVIe siècle si fécond en héros, il ne manqua que le courage de sacrifier aux charmes surannés de Louise de Savoie.

LA PALISSE.
Pierre aux armes des de Chabannes

Peu de villes ont autant que la Palisse perdu leur physionomie d'autrefois, et dès 1759 l'aspect de ville fermée de ce « nostable passage » dut commencer à disparaître par l'ouverture du grand chemin de Lyon, qui suivait auparavant la rue Notre-Dame : à cette époque fut démolie la poterne du bout du pont, ainsi que l'auditoire dont les caves subsistent encore sous la place actuelle de l'Industrie, et un vieux logis qui occupait ce que l'on appelle aujourd'hui la demi-lune, contre la maison Chatelard : ce vieux logis appartenait alors aux Josse de la Béche et venait de la famille d'Obeilh (V. Bussoles) : les Merle (V. Fontaines) l'avaient aussi habité.

La maison Drevet est l'ancien hôtel des Dupré, tanneurs, puis chevaucheurs du Roy (V. la Meigné et autres fiefs) ; il avait jadis appartenu à des Guénier, en 1541, chevaucheurs du Roy à la Palisse. Un peu plus haut, dans la maison Manigaud, qu'occupèrent les Petitot, les Guyot-Berger et les de la Faige, était la Maison-Dieu primitive, qui fut plus tard transportée dans l'Ile, et devint l'hôpital actuel, après le legs considérable à elle fait, le 26 septembre 1656, par Claude-Maximilien de la Guiche (2). En face de cet ancien Hôtel-Dieu, dans le jardin de M. Berger-Lavenat, sont encore quelques vestiges de l'ancienne église de Notre-Dame, contre laquelle était un cimetière ; puis, plus haut, nous arrivons à une belle maison du XVe siècle, ancienne hostellerie du Puits de l'Image, qui, au siècle dernier, appartenait

---

(1) Le samedi 8 mars 1371, le duc de Bourgogne Philippe le Hardi gista au chastel de la Palisse.

(2) De cette pérégrination de l'hôpital dans l'ile Saint-Jean, nous trouvons trace dans un acte de baptême du 22 février 1616 : « L'enfant de Pierre Châtelier, y est-il dit, fut baptisé par le curé de Saint-Prix dans la chapelle de l'hôpital au bout du pont à cause des glaces, qui sont pour lors. » Dans l'angle des deux bras de la rivière sont encore des substructions, qui doivent provenir de l'ancienne Maison-Dieu.

à la famille Seuillet (1), à qui elle venait de son alliance avec les Mouton (V. Rosières) (2).

Nous redescendons et, en tournant le coin de la rue, nous trouvons la maison du notaire Perreul (actuellement Pompée), dont a été conservé le joli pignon ; puis, un peu plus bas, à droite, un lourd balcon de bois nous indique l'hôtel de la vieille famille bourgeoise des Penain : là était, paraît-il, l'ancienne poste (3) qui, au commencement de ce siècle seulement, fut, par la famille Faure, transportée dans le quartier bas, en face de l'hôtel de l'Écu de France.

Sur la place de l'Industrie étaient les Halles, démolies en 1849 pour le passage de la nouvelle route de Roanne, qui fit disparaître aussi un quartier assez confus, où se trouvaient les rues Saint-Christophe et de la Planche-Furetain, celle-ci occupée par des tanneries autrefois réputées.

De l'autre côté du pont, nous ne voyons à citer que l'ancienne maison Esmonnot, en face des Postes et Télégraphes, à côté de laquelle est la seule boutique ancienne de la Palisse et où demeura, paraît-il, M. de la Poix de Fréminville, le fameux juriconsulte du siècle dernier.

Des murs de la ville il subsistait dernièrement encore une porte, dite de la Voûte, au sommet de la rue Notre-Dame ; mais elle a récemment disparu, et il ne reste plus de l'ancienne enceinte qu'une tour et quelques vieux murs dans l'angle formé par la ruelle Billaudit et la rue de la Prairie : vers le Redan ou demi-lune était la porte Jarrot, nom conservé par les prés du bord de l'eau.

Nommons enfin les hostelleries notables de la Palisse : outre celle du Puits de l'Image ou de l'Image Saint-Pierre, étaient, dans le quartier bas, l'Écu de France, tenu en 1700 par les Prost et plus tard par les Chatelier ; l'Écu d'Orléans, sur la place du Puits de l'Image ; celle du Chapeau rouge, à la famille Bardet, contre la porte de la Voûte, dans la maison actuelle des Sœurs, anciennement Virotte, et enfin un autre hôtel aussi tenu par les Chatelier, tout contre le pont de la Gièse, sur le chemin de la Motte aux Morts, qui était alors la grand'route de la montagne.

A quelle époque la Palisse devint-il un passage suivi ? Nous l'ignorons, mais ce n'est pas là qu'était le passage primitif, et les traces de la voie

---

(1) Les Seuillet ne tenaient pas leur hôtellerie, mais habitaient au-dessous du pont, au terroir des Graviers, une maison entourée d'un vaste jardin où s'est depuis bâti tout le pâté de maisons entre les deux bras de la rivière au nord de la grande route.

(2) Les Mouton sont une des plus anciennes familles de la Palisse, où dès le XVe siècle ils portaient le titre de bourgeois : le dernier que nous connaissons est en 1681 Louis, époux de Claudine des Boyaux, de Coulombières.

(3) Les états de taille de 1686 portent comme exempts le maître de poste et l'horlogeur.

ancienne se peuvent suivre le long d'un chemin qui, par la Meignée, vient traverser la rivière en face de l'ancien *Lipidiacus*, au pied de l'antique *Motte des Noyers*, encore visible dans les prés appartenant à M. Guéret, près d'une grange dite grange de la Motte.

Nous avons dit précédemment comment, à notre sens, avait été donné à cette ancienne motte le nom de des Noyers : en 1300 et 1314, en tout cas, Geoffroy des Noyers, damoiseau, rend en même temps aveu pour sa motte, paroisse de Lubier, et pour sa terre et seigneurie des Noyers, sise près de Semur en Brionnais. Viennent ensuite comme seigneurs de la Motte : Imbert de la Palice en 1342, puis, de 1394 à 1411, Hugues, époux de Catherine du Colombier, et enfin, en 1426, Louis de la Palice. Après Louis, la Motte des Noyers passa par alliance à une famille de Togues, originaire de Langy, et de ces Togues nous avons vu en 1447 Jean, puis en 1505 Charles : c'est ce Charles de Togues qui, dans l'histoire du connétable, joua un rôle si actif et accompagna jusqu'au siège de Rome son « droicturier suzerain ». (V. Togues sur Langy.)

Il va sans dire que ses biens furent confisqués, et parmi eux les terre, seigneurie et château de la Motte des Noyers, comprenant la quarte partie de la paroisse de Lubié. Cette terre et justice fut alors donnée aux de Saint-Aubin, parents des Togues, puis de ceux-ci passa, vers 1600, à Jean de Tintry, gentilhomme autunois, qui, en 1612, la vendit à Jean-François de la Guiche, seigneur de la Palisse, sauf quelques terres détachées, qui furent aliénées par parcelles.

Le 27 août 1690, enfin, pour se libérer des legs stipulés par son père, Claude-Maximilien Bernard de la Guiche fit don aux dames religieuses de l'hôpital de la Palisse de son domaine et seigneurie de la Motte, consistant en maison, château, etc., et l'hôpital garda la Motte jusqu'après la Révolution (1).

Dans le don de Bernard, naturellement, il n'est pas question du vieux château de la Motte, rasé en même temps que Togues, mais bien d'une maison seigneuriale flanquée d'une chapelle et qui occupait l'emplacement actuel du moulin Marin.

En face de la Motte des Noyers est l'ancienne paroisse de *Lubié*, où, il y a soixante ans à peine, étaient encore l'église et le cimetière de la Palisse, et où se voit une maison intéressante; en 1300, figure parmi les vassaux de la Palisse un Johannin de Lubié, damoiseau.

(1) C'est par erreur certainement que M. Coeffier-Demoret dit que les Maréchal possédèrent la Motte des Noyers : la cause de cette erreur est que la famille Maréchal possédait la Motte des Noix, sur la paroisse de Cressanges.

A Lubié aussi, en 1298, nous trouvons une famille de la Chal ou de la Chaux, dont, en 1399 et 1411, un membre, Jean, damoiseau, rend aveu de sa terre des *Borbes;* en 1430, sa veuve, Marguerite de la Lière, fait abandon de ses biens à son fils, Pierre des Borbes, écuyer, paroissien de Lubié, et en 1455 est encore nommée Jaquette de Guénégaud, veuve de ce Pierre des Borbes.

Mais à partir de cette date nous ne voyons plus le nom de cette famille des Borbes, et nous ne trouvons plus dans son fief patronymique que des seigneurs entre lesquels nous ne voyons guère de lien de succession : ce sont, en 1519, René de Mars, écuyer (V. Baleyne), puis, en 1580, Jean de Thélis, seigneur de la Mignance, en la paroisse de Molinet, et des Bourbes, époux de Louise de Montdousset; cette année-là, il a de longues contestations avec un de ses voisins, Archambaud d'Obeïlh, lieutenant civil et criminel à Moulins, possesseur du terroir de Puy-Charnay.

Le 4 juillet 1580, ce même Archambaud d'Obeïlh se rendit adjudicataire de la terre et seigneurie des Bourbes, composée de maison, motte et fossés avec caves au-dessous, portail fort et colombier, etc., le tout sis sur le grand chemin de la Palisse à Montaigu-le-Blin et le chemin de Lubier à Saint-Gerand-le-Puy, et la seule mention que nous ayons, depuis lors, des Bourbes est de 1623, où en est seigneur François Chatelier, écuyer, receveur des consignations du duché de Bourbonnais.

La maison des Bourbes, dont il est question dans tous ces actes, est actuellement un simple domaine; mais nous ne doutons pas que ce n'ait été autrefois un poste fortifié important, sur le chemin qui fut jadis la grande route de Roanne à Varennes : parmi les châteaux forts, en effet, qui furent repris aux Anglais, en 1366, lors du retour du duc Louis, nous trouvons mentionné entre Puyfol et Saint-Gerand-le-Puy un lieu dit les Borbes, qui ne peut guère être autre chose que notre seigneurie déchue.

Tout contre les Bourbes est *Rosières,* dont nous prendrons seulement l'histoire en 1617, renvoyant au Couldray (V. ce fief) pour tout ce qui précède cette date.

En 1617, donc, le vieux moulin de Rosières, détaché de la seigneurie du Couldray, formait un fief particulier possédé par Michel de Prouvers, écuyer, capitaine de cent hommes de pied dans le régiment de M. de Chitain (Godefroy de la Guiche). Les Prouvers ne restèrent pas à Rosières, et, le 18 août 1631, par acte reçu Antoine Mouton, notaire, Michel l'échangea à Jean-François de la Guiche, seigneur de la Palisse, contre le fief de la Motte-Vesset (V. ce fief), sis paroisse de Treteau. Voilà donc Rosières perdant de nouveau son existence indépendante et noyé dans la seigneurie de la Palisse. Il y resta compris un demi-siècle et jusqu'au contrat passé entre Bernard de la Guiche et Catherine Mouton, veuve de Léon Dupré, demeurant aux Quillets (V. ce fief), paroisse de Floré, contrat par lequel ladite dame prend à sa charge la créance de dix mille livres due par ledit Bernard à maître Antoine Philippe, seigneur de Lestre, secrétaire de Mgr le duc d'Orléans, et reçoit en retour en toute seigneurie le fief de Rosières, mouvant de la Palisse.

Mais dans quel état se trouve alors Rosières ! ce n'est plus qu'une mauvaise maison couverte à tuiles, avec une établerie presque ruinée et un petit logis de métayers en torchis : tous les soins ont été réservés pour le moulin, construit en pans de bois et affermé à Pierre Dereure cent quarante livres tournois.

Dans le partage de 1711 (V. la Meignée) entre les enfants Dupré, Rosières échut à Marie, et c'est ainsi que vers 1750 nous le trouvons indivis entre les le Brun et les Seuillet ; le 1er mars 1762, enfin, maître Antoine Seuillet, seigneur de Saint-Jacques et de Merlin (1), fils de maître François-Xavier et de demoiselle Louise Renaud, du Breuil, acheta la part de ses frères et cousins germains.

Antoine Seuillet possédait encore Rosières à la Révolution, et, depuis lors, notre domaine passa aux mains de divers propriétaires, entre lesquels nous remarquerons seulement M. Martin des Boudets, arrière-grand-père du possesseur actuel, M. Georges Turlin, qui s'en est rendu dernièrement acquéreur.

Repassant la Bèbre, nous trouvons d'abord les *Bergers,* qui n'eurent jamais qualité de fief, mais dont nous donnerons l'acte de naissance, à cause des aperçus qu'il donne sur la physionomie de notre riche vallée au XVIIe siècle.

Le 4 septembre 1608, les sire et dame de Précord (V. ce fief) vendirent, pour huit cent vingt livres, à Bonnet et Blaise Bergier, paroissiens de Lubié, des terres dites « tènement du bord, avec les laisses d'eau y comprises, terres couvertes de brousses et d'arbres non portant fruits », et en outre un bâtiment ruiné provenant de l'héritage des Meillard.

La famille des acquéreurs, depuis 1428, habitait le lieudit des Bergers, et les trois domaines que formèrent les terres acquises en 1608 appartiennent aujourd'hui encore aux descendants de ceux qui les ont transformés.

(1) En 1642, les Seuillet possédaient déjà Merlin, qui leur venait des Meillard : ces derniers avaient Merlin en 1572.

Sur les pentes qui dominent les Bergers, les anciennes communautés des Cantats et des Forjats nous rappellent le nom de familles notariales du pays; puis nous arrivons aux terres de *Montpalein,* où quelques débris de poteries marquent seuls l'emplacement d'un ancien château.

De ce château, en 1278, était seigneur Guillaume de la Rabe, de la même famille peut-être que Guillaume Rabia, qui figure, en 1096, à la cour d'Archambaud V, dit le Pieux; puis, pendant tout le XIV® siècle, nous voyons s'y succéder plusieurs Montpalein, damoiseaux et vassaux de la Palisse : ce sont en 1300 Aymon, puis Jean en 1322, Hugues en 1342, et en 1357 Renaud, que nous trouvons aussi à Bosvert (V. ce fief) : devenus par la suite seigneurs de Précord, les Montpalein joignirent à cette importante seigneurie leur modeste fief patronymique, qui en fut séparé à une époque que nous ne connaissons pas.

Depuis lors, nous ne retrouvons plus Montpalein qu'à la fin du XVII° siècle, époque où il appartient à une branche de l'innombrable famille Fauvre, qui prit le nom de Fauvre de Montpalein : les Virotte furent les héritiers des Fauvre, et aujourd'hui les terres de Montpalein, dépendant du domaine Cantat, appartiennent aux Faure-Berger, petits-fils d'une demoiselle Virotte.

La côte sablonneuse que contourne le chemin des Brossards au Chêne-du-Loup a gardé le nom de justice de Montpalein.

Dans le haut de la commune de la Palisse, nous ne trouvons pas de constructions intéressantes, mais seulement dans les bois Diots, sur les limites de Bussoles et couronnant un mamelon d'où l'on commande l'ancien chemin de Bert, une motte entourée de fossés et dont la fouille a fait découvrir des moellons : elle est connue dans le pays sous le nom de *Château-Morand*. Sur elle nous ne savons rien.

Une tradition locale place encore un ancien château dans les *terres dites du Puy,* au bord du ruisseau de Goutte-Barlette, sous les lettres *ro* du mot les Bruyères Brossard de la carte d'état-major, et à l'endroit où un coup d'eau, en 1878, aurait mis à découvert des moellons et de vieilles ferrailles.

Est-ce là l'ancienne maison du Puy que, de 1300 à 1322, nous voyons possédée par les Blain de Barrais? (V. la Motte de Bar.) L'emplacement convient on ne peut mieux à la construction d'un château fort, et ce nom de terres du Puy, joint à la tradition, donne un certain poids à cette hypothèse. Nous n'avons pu toutefois trouver aucune pièce probante, et, aussi loin que nous remontions, nous voyons ce terroir faire partie du *domaine de Chol*, actuellement les Choux, berceau de la famille noble mentionnée sur Lubier depuis le XIVe siècle et dont le nom primitif *de Calce*, de Chaux, est devenu successivement par corruption de la Chaux, de la Chol, de Chol et enfin Choux. (V. les Bourbes.)

En redescendant vers la Palisse, nous rencontrons le domaine de *la Meignée*, ancien fief d'une certaine importance, et dont nous avons presque complète la liste des possesseurs.

En 1301, nous voyons mentionné Antoine de la Maingné, damoiseau; en 1342, Simonin de la Meignée, aussi damoiseau, et, en 1425, Liénard de la Meignée, écuyer, époux de demoiselle Marguerite de Paregny. En 1544, un Guillaume de la Miniée, *alias* Jarrot, rend aveu « d'un grand tènement jouxte le domaine des Coquets, propriété des Desvernois, le vieux chemin du Donjon, — qui passait alors aux Coquets, — entre eux deux, tènement où sont les bâtisses du domaine de la Meignée »; mais il n'est plus qualifié d'écuyer, et nous doutons fort qu'il soit de la famille des premiers possesseurs. Puis, environ un siècle plus tard, en 1654, nous arrivons à Léon Dupré (1), écuyer, seigneur de la Meignée et des Quillets, gentilhomme ordinaire du Roi, époux de Catherine Mouton et fils de Jean Dupré, chevaucheur du Roi à la Palisse.

Aux Quillets (V. ce fief), nous parlons avec plus de détails de ce Léon Dupré. Sa veuve lui survécut longtemps et mourut en janvier 1711, laissant deux fils et quatre filles : Bernard, l'aîné des Dupré, fut prêtre et chapelain de l'hôpital de la Palisse; Louis, le second, un des cent chevau-légers de la garde du Roy, mourut jeune sans postérité, et tous les biens des Dupré échurent ainsi aux enfants des quatre filles, ou plutôt de deux d'entre elles, Madeleine et Marie. Les deux autres, Jeanne et Claudine, avaient épousé, en effet, la première, M. Claude Josse, dont la descendance n'apparaît pas dans les partages; la seconde, Louis Marque, seigneur de Tours en la paroisse d'Anzy-le-Duc, puis Antoine de la Salle, écuyer, capitaine au régiment d'Anjou, demeurant à Marcigny, et n'avait pas eu d'enfants de ces deux mariages (2).

---

(1) En 1630, Imbert Dupré et Jehan Dupré rendent aveu au seigneur de la Motte-des-Noyers et concurremment avec un sieur Prost, maître du logis de l'Écu de France, de tènements par eux possédés le long du chemin de Lubier à Droiturier; il est bien probable qu'il s'agit là du domaine de la Meignée, mais ce dernier n'est pas nommé.

(2) En 1744, les Papon, le Brun, Seuillet héritèrent de leur tante Claudine des biens sis sur les paroisses de Saint-Didier en Brionnais et de Sarrye. Ils les vendirent à Emmanuel Mathieu, marchand à Oyé et membre de la famille qui créa à peu près la race charolaise.

Marie se maria aussi deux fois : en premier lieu avec Jacques Seuillet(1), de la Palisse, seigneur de Saint-Jacques, et médecin ordinaire du Grand Mogol, empereur des Indes orientales, — ce qui est plutôt extraordinaire, — et en secondes noces avec Antoine le Brun, praticien à la Palisse : nous avons vu ses enfants à Rosières et les allons retrouver au Buisson.

Quant à Madeleine, qui avait épousé Toussaint Papon, seigneur des Places près Floret, portemanteau de madame la Dauphine, elle devint de son chef, par achat de part et aussi par legs de son frère, dame de la Meignée et des Quillets. La Meignée, après elle, devint l'apanage de son second fils, Philippe, père d'autre François Papon, qui fut notaire au Donjon et aïeul de Philippe, procureur à Moulins, puis au Donjon. En se retirant au Donjon peu avant la Révolution, Philippe Papon vendit aux Chabannes la Palice la Meignée et les Ronfaux, qui, confisqués sur eux et vendus nationalement, leur furent rendus avec un désintéressement bien rare par la famille David, que représentent actuellement les Tain, de Précord.

A propos de la Meignée, nous signalerons une particularité d'ailleurs assez commune, mais qui montre bien à quel point étaient enchevêtrés les fiefs : au commencement du XVII° siècle, la Meignée relevait de Puydigon, près Montaigu-le-Blain.

Outre la Meignée et Rosières, que nous venons de voir, et les Quillets, dont nous parlons à Trézelles, les héritiers Dupré possédaient encore les Ronfaux, les Charpins et le *Buisson*, gros domaine sis sur le vieux chemin de Bert.

Avec les Charpins, le Buisson forma la part des le Brun, et c'est là qu'habitèrent, après Antoine, époux de Marie Dupré, Jean-Baptiste le Brun, époux de Claudine de Vichy, seigneur de Blénières (V. ce fief), et enfin leur fils, autre Jean-Baptiste le Brun, qui alla plus tard se fixer à Paris.

Saint-Prix et les Toquins. — Les registres paroissiaux de Saint-Prix signalent, au XVII° siècle, la présence sur cette paroisse de plusieurs familles distinguées dont nous voudrions pouvoir signaler les logis : nous n'avons pu malheureusement les déterminer tous, et, si nous connaissons parfaitement les anciennes maisons des du Grenier, des de Reure, des Arnefot, nous ignorons où demeuraient les Montcorbier et les Regnaud, qui cependant figurent parmi les paroissiens de Saint-Prix.

Le premier de ces Regnaud est François, fils d'autre François, du Donjon, et frère de Claude, lieutenant général des Basses-Marches (V. Augerolles),

---

(1) Jacques Seuillet était parent de sa femme : il était, en effet, fils de Jean Seuillet, époux d'Anne Mouton, tante de Catherine.

qui, en 1662, vint se fixer sur Saint-Prix, par son mariage avec une demoiselle Hélène Dupré, fille de Jean, et, par conséquent, sœur de Léon, seigneur de la Meignée (V. ce fief) : sa famille se perpétua sur Saint-Prix l'espace d'un demi-siècle, puis disparut tout à coup.

Quant aux Montcorbier, seigneurs de Pierrefitte, sans doute sortis de la Faige (V. ce fief), nous en connaissons sur Saint-Prix trois générations : ce sont, en 1640, Pierre, époux de Marguerite de Josien, sœur de Claude, seigneur de Grandval (V. ce fief); puis leur fils Claude, marié à demoiselle Louise de la Vauvre, et enfin les deux filles de Claude, Jeanne-Claudine,

LES TOQUINS.

mariée, le 7 février 1695, à Joseph de Cormières, seigneur de Bois-Gaillard (V. ce fief), et Magdelaine, qui épousa Michel du Grenier.

La seule maison qui, sur Saint-Prix, ait conservé quelque cachet d'ancienneté, est celle des *Toquins*; encore est-ce tout simplement un vieux logis bas et sombre, que distingue seulement des domaines voisins une tour, dont il est fort difficile de déterminer la date.

Des Toquins sort une famille du même nom, dont, à la fin du XVe siècle, nous trouvons des membres exerçant à la Palisse des offices de notaires ou de receveurs seigneuriaux; peu à peu les Toquin parvinrent à la noblesse, et, après plusieurs générations qualifiées maitres, honorables, etc., nous arrivons, en 1721, à Michel Toquin, écuyer, seigneur dudit lieu et en partie de la Motte des Noyers, à cause probablement des terres détachées en 1612. (V. ce fief.)

Michel Toquin est le dernier de sa famille que nous connaissions, mais il y avait eu au moins une interruption dans la longue possession par les Toquin de leur fief patronymique : en 1634, en effet, nous trouvons seigneur des Toquins un Claude Péruton, notaire à la Palisse.

Après Michel, existe une lacune jusqu'à l'acte du 1ᵉʳ juin 1767, où nous voyons notre fief cédé à messire Antoine de Finance de Rouzols, demeurant alors à Cindré (V. Manson), par les nombreux enfants de Nicolas Bletterie et de Gilberte Guyot.

Antoine de Finance de Rouzols, petit-fils de Jacques de Finance de Clerbois et de demoiselle de Fradel du Lonzat (V. ce fief), était frère de François, que nous voyons aux Bouérots, et fils de François-Marie et de demoiselle Vilhardin de Montigny. Deux ans avant son acquisition, il avait épousé Anne Parchot de Villemouze, et c'est aux Toquins qu'il vint se fixer : c'est là aussi qu'il mourut, laissant une fille unique, Marie, épouse d'Antoine Donniol, seigneur des Girauds, qui devint la grand'mère de M. Germain Degeorges (1), dont la veuve possède actuellement les Toquins.

Probablement siège d'un ancien château, peut-être même, d'après son nom, ancien poste romain sur un des passages fréquentés de la rivière de Bèbre, le *Châtelard*, depuis 1300, figure dans les possessions d'une des branches de la Palice, d'où sortit celle qui posséda aussi Chazeuil (V. ce fief) et dont était membre Hugues de la Palice, maréchal du Bourbonnais en 1332.

Des la Palice, le Châtelard passa par alliance à la famille forézienne des Resbe, dont nous avons, en 1345, Falconnet, et, en 1347, son fils Ythier, époux de Marguerite de Saint-Giran (V. Saint-Gerand, Perigny, le Couldray). Ythier Resbe le laissa à sa veuve, qui, en 1358, le porta à Jean de Bigny, chevalier; puis nous en perdons complètement la trace : sans doute suivit-il le sort du Couldray et fut-il, après sa confiscation sur les Raybe, réuni à la seigneurie de la Palisse.

Au XVIᵉ siècle, Nicolaï cite parmi les sièges particuliers de la châtellenie de Billy « celui du Châtelard, en la paroisse de Saint-Prix, en laquelle il n'y a en justice que quinze ou seize hommes », et, en 1686, l'intendant d'Argouges mentionne encore le Châtelard sous le nom de terre de messire Iteresbe (Ythier Resbe).

Dans divers actes, et sur les registres paroissiaux notamment, nous voyons les d'Albon, de Gaudinières (V. ce fief), se dire seigneurs de Gau-

---

(1) Cette famille Degeorges, que nous trouvons aussi à Chappes et à Floret, n'est pas originaire de notre pays, où son arrivée est récente : elle sort des environs de Pionsat, où on la trouve munie de charges de judicature depuis le commencement du XVIIᵉ siècle.

dinières et des Foucauds. S'agit-il là des *Foucauds* de Saint-Prix ? Nous le pensons sans en être sûrs ; mais s'il y eut jamais là une habitation seigneuriale, il n'en reste rien ni aux deux domaines, ni au moulin construit vers 1830.

Vers 1685, les Foucaulds vinrent, nous ne savons comment, à une famille de conseillers de Moulins, alliée à plusieurs familles de la Palisse, les Beraud, seigneurs de Venoux (1), en la paroisse de Bessay-le-Fromental, et c'est un de ces Beraud, Pierre, qui, le 14 août 1725, les vendit en même temps que les Jeanrais à Claude-Edme de la Poix de Fréminville. (V. les Grands-Villards.)

Il nous faut encore signaler sur Saint-Prix le lieu dit officiellement la *Motte aux Morts*, mais plus généralement la Tuaille. Quel souvenir rappellent ces dénominations caractéristiques ? Celui, sans doute, d'un cimetière gallo-romain, autour duquel il se sera créé une légende ; peut-être aussi celui d'une bataille quelconque ; mais plus on cherche à pénétrer dans le passé, et plus on voit à quel point on l'ignore.

Avec les Durets et un domaine disparu de Poissible, la Motte aux Morts formait la propriété d'une famille Chastelier, de la Palisse, et fut en 1642 vendue à Antoine Rosay, fermier de la seigneurie de la Palisse, par noble Anthoine Colin, conseiller du Roy, lieutenant particulier en la châtellenie de Chantelle, et dame Suzanne Chastelier, sa femme. L'année suivante, se rendit acquéreur de nos trois terres Suzanne d'Aussy, venue de Normandie comme dame de compagnie de madame de Longaunay-la-Guiche, et épouse de maître Eymé de Lavaud, fils de Claude, intendant des affaires de M. de Saint-Gerand. Anne de Lavaud, leur fille, épousa Jean Duchon (2), le même, croyons-nous, qui fut fermier de Gléné, et c'est le petit-fils de Jean, Pierre Duchon, époux de demoiselle Geneviève Saulnier et huissier à Neuilly-le-Réal, qui, au siècle dernier, vendit la Motte aux Morts aux seigneurs de la Palisse.

Enfin nous terminerons par la *chapelle de Beaulieu*, vieux sanctuaire auquel on ne peut guère assigner de date certaine et qui, refait en 1703, fut consacré par Henri-Oswald de la Tour-d'Auvergne, coadjuteur de Cluny : c'était le siège d'une ancienne vicairie, et c'est encore un lieu de pèlerinage très fréquenté.

(1) Près de Venoux, tout contre la limite du département de l'Allier, sont des restes de travaux de castramétation gallo-romains fort remarquables.
(2) Famille encore représentée à Cusset et à la Jarousse près Montaigu-le-Blain.

Au XV° siècle, le grand chemin passait par Beaulieu et la « charrière pavée » des bois de Gaudinières, et il se pourrait bien que notre chapelle marquât une station sur cette vieille voie. (V. Droiturier.)

PÉRIGNY ET BILLEZOIS.

A l'ouest de la Palisse s'étend une vaste plaine sableuse qui, de la Bèbre à l'Allier, sépare la montagne de la forte terre, et que limitent à peu près les ruisseaux de Mourgon et du Redan ; laissant pour un autre chapitre les territoires qu'occupent Magnet et Seuillet, nous ne décrirons ici que les communes de Périgny et Billezois, plat et maigre pays que Cassini indique comme encore couvert de bois au siècle dernier. De ces bois, il ne subsiste plus que des bouquets épars ; le reste a disparu pour faire place à des récoltes clairsemées, que coupent de loin en loin des étangs bordés de joncs, et dont la monotonie est seulement rompue par d'énormes châtaigniers, plus rares de jour en jour.

Toutefois, près du bourg de *Périgny*, que nous rencontrons tout d'abord, le terrain est plus riche et le sol calcaire reparait dans le fond de vallons fertiles, que dessinent de longues lignes d'arbres.

La motte de Périgny existe encore, mais des haies fleuries ont remplacé la vieille enceinte, et à la place de l'ancien château féodal est une maison bourgeoise (maison Lhuilier), qui fut longtemps la demeure des notaires, fermiers de la seigneurie de Périgny. L'ancienne église de Périgny, comme en bien d'autres endroits, survécut longtemps au château et se trouvait entre le cimetière et la maison Lhuilier : elle fut démolie en 1835, et les matériaux employés à la construction de l'église actuelle ; il en reste seulement quelques fûts de colonnes et deux ou trois chapiteaux frustes dont la forme peu évasée semble se rapporter au XIII° siècle.

En 1167, un Archambaud de Saint-Julien (nom primitif de Saint-Gerand, sans doute) met sa terre de Périgny et sa chapelle sous le patronage des dames abbesses de Cusset; en 1216, nous voyons encore seigneur de Périgny, Archambaud de Saint-Gerand, le même qui, en 1241, en présence d'Aymeric, abbé de Mauzac, et de Hugues de Châtillon, seigneur de Jaligny, promet à Archambaud XI, sire de Bourbon, de lui rendre « à grande et petite force » ses châteaux de Saint-Gerand, Perremont, Périgny et Châtel-Odon. Puis nous n'avons plus mention de Périgny jusqu'en 1322, qu'en est seigneur un Étienne Ducis, damoiseau, paroissien du Breuil, dont la famille nous est totalement inconnue et dans lequel, sans cette mention de paroissien du Breuil, nous aurions été tentés de voir un de Cis, du Forez ou du Brionnais (1).

Après lui, en tout cas, c'est à des Foréziens que passa Périgny, et dès 1331 nous y trouvons Falconnet Raybe (2), aussi seigneur du Châtelard, sur Saint-Prix, et père d'Ythier, qui fut seigneur de Saint-Gerand le Puy (V. ces fiefs).

Dès lors, il n'est plus question de notre seigneurie : appartenant aux mêmes possesseurs que le Couldray (V. ci-dessous), elle se confondit peut-être avec lui; le château disparut, sans doute, comme tant d'autres, pendant la guerre de Cent ans, et de Périgny il ne resta plus que des droits souvent partagés, vendus, acquis par les gentilshommes voisins et que possédait, au XVIII° siècle, M. du Buysson de Douzon. (V. Montaigu-le-Blain.)

« Périgny, dit Nicolaï, est petite paroisse sur le grand chemin de Paris à Lyon, laquelle consiste en dix-huit feux. » Et, en effet, avant une rectification de 1757-59, la grande route, dont on voit encore des traces, passait au pied même de la motte de Périgny, tout contre la fontaine Saint-Pierre (V. Rongères).

Le Couldray et Rouzières. — A quelques mètres au nord du domaine des Obus et au point culminant de la forte ondulation que franchit la grande route, entre Périgny et la Garenne, se distingue une motte ronde de trente mètres environ de diamètre : c'est l'ancien château du Couldray, dont le nom a été conservé par plusieurs terres et étangs de la région, et auquel ses dépendances, limitées d'une façon générale par le grand chemin de Lubier à Varennes, donnent toutes les allures d'un fief primitif.

Comme Périgny, le Couldray était, au XIII° siècle, tenu par les sires de Saint-Gerand, et, en 1324, l'un d'eux, Josserand du Vernet, signe même seigneur du Couldray; cette même année 1324, Jocerand du Vernet mourut, et nous voyons se partager ses nombreuses terres ses deux filles Marguerite et Hélise.

(1) Il y a toutefois deux paroisses du Breuil en Bourgogne, l'une en Beaujolais, près de Bois d'Oingt; l'autre dans l'ancien bailliage bourguignon de Mont-Cenis.
(2) D'après la Mure, la puissante famille forézienne des Raybe serait une branche des d'Urfé et remonterait à Guy, frère cadet d'Arnould et fils d'Arnolphe, seigneur d'Urfé, qui vivait en 1250 : Arnolphe eut Urfé et Guy Saint-Marcel d'Urfé. Guy doit avoir été l'aïeul de Falconnet.

Saint-Gerand et le Couldray échurent à Marguerite, et c'est ainsi que nous trouvons successivement possesseurs de notre fief ses deux maris, Ythier Reybe et Jean de Bigny, que nous voyons aussi au Châtelard. A Jean de Bigny succéda autre Ythier Reybe, que nous avons tout lieu de croire fils du premier mariage de Marguerite, fille de Jocerand, et qui, en 1383, assoit une rente de vingt livres sur sa terre du Couldray, en payement de partie de l'amende qu'il doit au duc de Bourbon ; après Ythier Reybe vint son fils Jean, et sans doute est-ce bien encore de tout ou partie du Couldray que parle Nicolaï, quand, en 1569, il cite « la terre de Jean Resbe, au quartier du Coudrais, en la paroisse de Périgny ».

Mais l'amende dont nous venons de parler dut être le prélude d'une confiscation semblable à celle dont Saint-Gerand (V. ce fief) avait été l'objet sur les mêmes propriétaires, car, peu après, nous trouvons le Couldray en la possession du duc Louis II et compris dans les largesses par lui faites au couvent de Saint-Gilbert, de la paroisse de Saint-Didier en Rollat.

Pendant la guerre de Cent ans, l'antique manoir du Couldray avait probablement disparu, et, non loin de son emplacement, près d'une source, au lieu de Rouzières, les moines firent construire un prieuré mentionné dans un terrier du 23 octobre 1411 ; de cette ancienne construction, il reste, sur le chemin de Périgny à Servilly, deux mottes accolées, d'où les constructions n'ont été enlevées que récemment.

Comment, de l'abbaye de Saint-Gilbert, le Couldray passa-t-il au chapitre de Notre-Dame de Moulins ? Nous ne savons ; mais ce sont les chanoines de la collégiale qu'en 1509 nous trouvons possesseurs de nombreux droits relevant de leur terre et seigneurie du Couldray, et par eux accensés à Pierre de Gléné, bourgeois de Lubier, pour une partie, et pour l'autre à un Chossand ou de Chossant (?). Pierre de Gléné eut pour successeur son gendre Jean de Prouvers (1), époux de Péronnelle de Gléné ; c'est à ce dernier que, le 17 mai 1556, par acte reçu Toquin, notaire à la Palisse, et « moyennant quarante écus une fois payés en bons testons de France », les chanoines abandonnèrent, en toute seigneurie, un tènement correspondant à très peu près au domaine actuel de Rosières (V. ce fief sur la Palisse), et où était installé un des deux moulins seigneuriaux, le second étant le Moulin Neuf ou Moulin Brely.

(1) En 1614, une Magdelaine de Provers était la femme de Lionel-Dugué, procureur d'office à la Palisse, et en 1619 demoiselle Benoite de Provers était l'épouse de maître Pierre Bergeron, frère d'Antoine, seigneur de Grouges. (V. ce fief.) La famille de Provers doit être originaire de la Palisse, où jusqu'au XVIIIe siècle on trouve des personnes de son nom dans toutes les conditions, tailleurs d'habits, cabaretiers, etc.

La terre abandonnée par les chanoines resta, bien entendu, chargée de cens et devoirs; mais, dès ce moment, Jean de Provers n'en signa pas moins seigneur en partie de Rouzières. Entre 1556 et 1572, les chanoines se dessaisirent de presque toutes leurs terres, et plusieurs actes semblables à celui de Jean de Provers furent, par-devant Pératon, notaire à la Palisse, passés en faveur de Jean Meilhard et Péronnelle de Chossant, sa femme, pour le domaine actuel de Lubier, de Jean Bourguignon, pour le domaine des Bourguignons, des Arviers, pour diverses terres, des Fallaix, etc.; mais la majeure partie de l'ancienne seigneurie du Couldray, nommée Rouzières depuis la construction des moines, n'en vint pas moins aux enfants de Jean de Provers, et c'est entre ses deux petits-fils, Louis et Michel, que nous la trouvons partagée en 1618. Michel a la partie correspondant à peu près aux domaines actuels de Perrot et de Rosières, de la Palisse; Louis, l'aîné, possède ce qui est maintenant la terre de Rouzières, autour de Périgny, et c'est lui sans doute qui, non loin du prieuré construit par les abbés de Saint-Gilbert, et tout proche de Périgny, fit élever pour sa demeure le vieux logis que remplaça depuis la construction de M. Chocheprat. Michel resta dans la modeste maison qu'habitait déjà Jean de Provers en 1556, et dont les métayers de Rosières, de la Palisse, trouvent parfois des débris au bord de l'étang; quant au prieuré abandonné, il devint le logis de fermiers qui, jusqu'à la Révolution, touchèrent sur tous les alentours, des Quillets à la Chapelle, les redevances dues aux révérends chanoines et doyens de Notre-Dame de Moulins : parmi ces fermiers figurent, au XVIIIe siècle, un Lefebvre, deux Dupéron et un Forestier, du Coude.

Nous voyons à la Palisse ce que devint la part de Michel (V. Rosières), qui sortit presque immédiatement de la famille de Provers; la part de Louis, au contraire, resta environ un siècle dans sa descendance, et nous y voyons successivement passer, en 1650, son fils Pierre, dit seigneur de Rouzières et de Couldray, puis François de Provers, lieutenant au régiment d'Entraigues, Jacques, et enfin Jean, encore nommé en 1717. A ce moment, l'ancien fief est bien démembré, et son émiettement commencé en 1650, par le partage entre Pierre de Provers et sa sœur Marguerite, épouse de François Dumesnil, brigadier des gardes de Mgr d'Humières, gouverneur du Bourbonnais (1), a continué de telle façon que nous perdons la trace de notre seigneurie pendant quelque temps.

(1) C'est François Dumesnil qui vendit aux Dupré des Quillets (V. ce fief) le domaine Sarrazin.

En 1750, enfin, nous en retrouvons le chef possédé par les Fouet, de Vichy, ascendants des Chocheprat (1), les propriétaires actuels; mais les droits seigneuriaux sont alors passés, en majeure partie, aux mains des Charles de Gléné (V. ce fief), dont une branche prit le nom de Charles du Coudray : ce sont ces Charles du Coudray qui, émigrés à Droiturier, y acquirent Gaudinières au moment de la Révolution.

Tout près de là, nous citerons encore le *domaine Tixier*, qui fut longtemps la propriété d'une famille Bouérot, de Saint-Gerand le Puy (2). Un

COMMANDERIE DE REDAN.

de ces Bouérot, fermier de Bussoles (V. ce fief), fut l'aïeul d'un directeur des postes de Clermont-Ferrand, qui n'échappa qu'à grand'peine à la guillotine dans l'affaire Rollet d'Avaux; une autre branche des Bouérot, établie à Cusset et surtout composée de médecins, portait le nom de Bouérot du Préau — qui rappelle involontairement celui du grincheux classique : elle est actuellement représentée par M. le docteur Victor Cornil.

(1) Les Chocheprat sont une des plus anciennes familles bourgeoises de Gannat; quant aux Fouet, que l'on trouve à Vichy de toute antiquité, ils fournirent, outre de nombreux officiers de justice, deux médecins particulièrement distingués : leur hôtel, sis tout près de Saint-Blaise, est actuellement la maison des Ursulines.

(2) La modeste famille Bouérot ou Boirot, issue d'anciens maîtres d'hôtel du logis Saint-Pierre à Saint-Gerand, portait des armes assez prétentieuses que l'on peut lire : de sable au lion d'or issant d'une couronne de même.

Puis nous allons tout au pied du coteau qui porte le château de Saint-Gerand le Puy, et nous trouvons l'ancienne *commanderie de Redan*, dont on a toujours fait, sans preuve, mais avec bien des probabilités, un ancien domaine des sires de Saint-Gerand, qu'aurait porté aux chevaliers de Saint-Jean de Jérusalem un cadet de cette famille.

On trouve Redan mentionné dès le milieu du XIII° siècle; mais, pour l'histoire de cet établissement religieux, nous renverrons aux articles publiés par M. Vayssière dans ses *Archives du Bourbonnais*, en octobre et novembre 1890 : le savant archiviste, d'ailleurs, a dû se contenter d'une courte énumération de ses commandeurs et des droits dont ils jouissaient; dès l'origine, en effet, rattaché à la commanderie de la Racherie, paroisse de Contigny, Redan n'eut jamais d'existence propre.

Saint-Antoine de Cusset était membre dépendant de Redan.

Redan fut, le 23 mars 1793, vendu moyennant quarante mille cinq cents livres, et dans l'estimation qui en fut faite à cette occasion figure, « outre une maison de maître flanquée de deux tours rondes, une chapelle toute voûtée et couverte moitié à tuiles plates et moitié à tuiles creuses : le chœur est séparé de la chapelle par une menuiserie en bois et orné d'un mauvais autel fort ancien et en mauvais état : au-dessus de la chapelle est un mur servant de campagnier, où il y a une vieille cloche pesant quatre-vingts livres ».

La chapelle a complètement disparu, et de la maison de maître il ne reste que des caves énormes et les deux tours rondes, qui semblent dater de la fin du XV° siècle : placées tout en dehors des bâtiments, avec l'intérieur desquels elles ne communiquaient que par des portes à assommoir, et garnies de meurtrières, ces tours, de quatre mètres de diamètre, n'étaient pas de simples ornements, mais bien de vrais appareils de flanquement; elles indiquent que Redan fut autre chose qu'un modeste manoir.

Dans la cour de Redan se voit encore la moitié d'une pierre tombale, où sont tracés une épée et un écu de la forme du XIII° siècle.

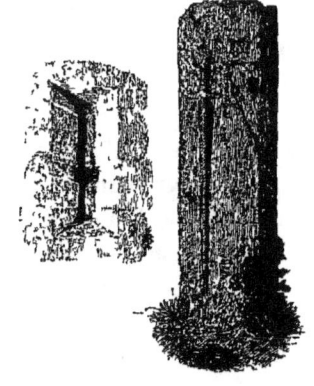

REDAN
Meurtrière et pierre tombale.

Bardinières, autrement dit Château-Brûlé, est un domaine sis entre la gare et le bourg de Saint-Gerand le Puy, et où il ne reste absolument rien autre chose que les débris d'une maison bourgeoise.

Ce ne fut, d'ailleurs, jamais un fief, mais une simple censive tenue en 1580 par des de la Brosse, dont plusieurs furent notaires à Trézelles et autres lieux voisins, et, au commencement du XVIII° siècle, par Antoine de Vauthier, écuyer, époux de demoiselle Marie Gadin de Saint-Lyens. Une fille de cet Antoine, Anne de Vauthier, épousa, en 1736, Antoine de Berthet, fils d'un seigneur du Teillat, et fut la mère de Gilbert-Emmanuel de Berthet, né en 1739, brigadier de la maréchaussée à Cusset.

Nous trouvons aussi à Ferrières ce Gilbert-Emmanuel de Berthet de Bardinières, époux de demoiselle Bracon de Rochefort : sa fille, Antoinette, en 1785, porta Bardinières à J.-B. Maréchal, de Saint-Gerand le Puy ; la fille d'Antoinette le porta à son tour à un M. Bedin, de Roanne, et il appartient aujourd'hui à son arrière-petite-fille, madame Louise Bedin, épouse de M. Anatole Dulignier.

Le fief de la *Chapelle*, auquel son nom même semble assigner une origine fort ancienne, fut le berceau d'une famille du même nom, que nous remontons jusqu'en 1483. Cette année-là, Geoffroy de la Chapelle, fils de Jean, fait aveu à Geoffroy de Chabannes, seigneur de la Palisse, d'un cens de six livres tournois par lui dû pour son domaine de la Chapelle, paroisse de Périgny ; en 1520, un Jean de la Chapelle est capitaine-châtelain de Saint-Germain des Fossés, et enfin, en 1528, une Jeanne de la Chapelle, fille de Gilbert, damoiseau, vend à Marc de Fradel, écuyer, seigneur de Jarrie (V. Saint-Allyre de Valence), des droits qu'elle possède sur Saint-Félix et Magnet. Mais c'est la dernière mention que nous ayons de la Chapelle ; en 1538, en effet, un Godelet (?), paroissien de Saint-Félix, rend aveu de son fief de la Chapelle, et, en 1605, nous trouvons la Chapelle possédée et habitée par ce Claude de Champblanc que nous rencontrons aussi dans son fief patronymique. (V. Champblanc.)

Un peu plus tard, en 1619, notre fief a encore changé de mains et appartient à François d'Apvrillon, écuyer, petit-fils de Pierre, seigneur de Saint-Gerand le Puy. Outre une fille, Jacqueline, mariée à Gaspard de la Faige, seigneur des Claynes en la paroisse d'Arçon et neveu de Jacques, seigneur de la Prugne (V. ci-dessous), François eut un fils Joseph, encore seigneur de Chapelle en 1627 ; mais peu après, en 1634, vient un nouveau possesseur en la personne d'Antoine du Saulzay, écuyer, gendarme de la compagnie du Roy (1).

---

(1) Antoine du Saulzay eut de Marie du Buysson trois enfants : Gilbert-Emmanuel, aïeul des du Saulzay qui restèrent en Bourbonnais ; Marie, qui, en 1675, épousa Nicolas Alamargot ; Dominique, marié en Lyonnais à dame Marie de Jarnosse, dame de Saint-Nizier-sous-Char-

Nous renvoyons à Rax (V. ce fief) pour la suite des du Saulzet, qui se succédèrent à la Chapelle jusque dans la seconde moitié du siècle dernier : le dernier fut Gilbert-Emmanuel, qui d'Élisabeth de la Geneste eut deux filles, Laurence et Marie-Antoinette. Marie-Antoinette, le 8 septembre 1766, épousa Gaspard-Claude de Fradel, ancien capitaine au régiment Lyonnais, demeurant à Montaigu en Combrailles, fils de Blaise et de demoiselle de la Grange (1), et Laurence fut la femme de Nicolas de Chacaton, président-trésorier de France en la généralité de Riom, originaire de Saint-Priest en Murat, dont les descendants possèdent encore aujourd'hui la Chapelle.

LA CHAPELLE DE PÉRIGNY.

Autour du château actuel se distinguent les fossés qui en faisaient jadis une maison forte; en outre, les deux tours semblent anciennes, mais le corps de logis a été de telle façon remanié qu'on ne saurait lui assigner une date certaine.

Une motte entourée de fossés, sur laquelle est construit le domaine dit de la Prugne d'en bas, est tout ce qui reste de l'ancien fief de *la Prugne* dont dépendaient jadis les Villards, les Brosses et toute la partie sud de la paroisse de Périgny. (V. les Grands Villards.)

Les premiers seigneurs de la Prugne que nous connaissions sont des

lieu. Ce dernier fit souche, et parmi ses descendants nous citerons particulièrement Charles, vicomte d'Arnas, bailli d'épée du Beaujolais en 1741, et autre Charles, lieutenant général et grand-croix, de Saint-Louis en 1778.

(1) A ce mariage, la mère du futur se fit représenter par messire Gabriel de Laval, écuyer, demeurant à Riom, paroisse de Saint-Amable.

membres d'une famille de ce nom, dont l'héritière, au XV° siècle, fut une fille, nommée Madeleine : vers 1460, Madeleine de la Prugne porta la Prugne à Loys de la Faige (1), seigneur des Claynes (V. la Faige), et ses descendants gardèrent notre fief pendant plus d'un siècle et demi. En 1592, en effet, le seigneur de la Prugne est Jean de la Faige des Claynes, auquel en 1608 a succédé son fils Jacques, écuyer (2), époux de demoiselle de Chitain.

Jacques vivait encore en 1621 et semble avoir laissé, en mourant, son fief de la Prugne à la famille de sa femme : peut-être aussi ses héritiers échangèrent-ils la Prugne aux Chitain, contre des terres que ces derniers possédaient aux bords de la Loire. Toujours est-il qu'à partir de Jacques nous trouvons notre terre aux mains de cette famille de Chitain, sur laquelle nous avons, à maintes reprises, l'occasion de revenir. (V. Chitain, Saint-Étienne du Bas, etc.)

Le premier Chitain que nous voyons à la Prugne est, en 1660, Gaspard François, époux d'Annonciade de Rodde (V. Bellefaye); puis vient son fils Pierre, écuyer, capitaine au régiment de Champagne, époux de demoiselle de Poilvilain. Marie de Chitain, la fille de Pierre, porta, en 1692, la Prugne à Guillaume Rouer, seigneur de Puy-Rouher en la paroisse de Bressoles, conseiller du Roy au présidial de Moulins; Angélique Rouher, fille de Guillaume, en 1725, la porta à son tour à Jean Gédéon de Genestoux, écuyer, seigneur des Époisses, capitaine de grenadiers au régiment de Chartres; à Jean Gédéon succéda son fils Jean-Antoine, et enfin à celui-ci Jean-Baptiste de Genestoux, époux d'Éléonore de Granville, qui figure encore comme seigneur de la Prugne à l'Assemblée de la noblesse en 1789.

Tout près de la Prugne est le vieux domaine de la *Bresle*, qui ne fut jamais une seigneurie proprement dite, et a pourtant conservé un certain cachet avec des restes de fossés encore visibles, des fenêtres à moulures soignées et quelques vantaux vermoulus de l'époque de Henri II.

En 1507, nous trouvons mentionné sur Périgny un Benoit de la Bresle, dont la fille Peronnelle porta, en 1531, le lieu dit de la Bresle à Pierre de Saint-Martin, écuyer, de la famille qui possédait le petit fief voisin de Saint-Gerand. (V. Saint-Martin.)

---

(1) La famille de la Faige, sortie du fief que nous avons vu sur Saint-Pierre Laval, aux confins entre Bourbonnais et Forez, avait en partie émigré aux environs de Roanne par suite de diverses alliances et était venue dans notre région à la suite des d'Urfé, auxquels ses membres restèrent longtemps attachés en qualité d'écuyers ou de capitaines des gardes. (V. Saint-Gerand-le-Puy.)

(2) Dans les Archives de M. de Fréminville (V. les Grands Villards), ce Jacques des Claynes est désigné sous le nom mal lu de Jacques Destains, écuyer, seigneur de la Prugne en la paroisse de Périgny.

Après Pierre est une longue lacune jusqu'en 1634, époque où le seigneur de la Bresle est un Jean de Chermartin, écuyer, fils sans doute de Nicolas qu'en 1604 nous voyons receveur de la seigneurie de Baleine, paroisse de Bost (1). A Jean succédèrent, en 1653, Charles; en 1672, Antoine, époux de Charlotte Châtelier, et, de 1698 à 1711, Michel de Chermartin, époux d'Anne de Carouge. Mais, en 1714, ce Michel de Chermartin, mariant sa fille Anne à Michel Foron, des Andrauds de Billezois, est signalé comme habitant déjà les Boutonnats, en la paroisse de Lubier (actuellement de Servilly) (2); il est donc probable que, dès cette époque, il avait vendu la Bresle, dont rend aveu en 1722 Samuel-Augustin de la Salle, héritier de Jacqueline Rivat, sa mère.

Samuel-Augustin de la Salle appartenait à une vieille famille de fermiers du pays; il mourut vers 1750, laissant deux filles : Angélique, femme de M. Paul Perreul, notaire royal et apostolique (?) à la Palisse, et Jeanne Marthe, qui, en 1742, épousa Gilbert Robert, bourgeois de Charbonnières les Vieilles, et neveu de messire Robert, alors curé de Périgny (3). A sa mort, les seigneurs de Saint-Gerand se rendirent acquéreurs de son fief, et la Bresle appartient aujourd'hui à un de leurs descendants, M. de Breuvant, époux de demoiselle de Longevialle et demeurant au château d'Ouges, près Dijon.

Au sud de la Bresle commence un plateau sableux, qui tombe doucement sur le Mourgon et que sépare de la vallée du Redan une légère crête boisée : ce plateau, aujourd'hui peu fertile et peu peuplé, semble avoir porté jadis d'importantes constructions. Tandis, en effet, que d'anciens terriers y mentionnent de nombreuses maisons, dont le nom même a disparu, des caves et des souterrains y ont été découverts à maint endroit et n'ont pas peu contribué à entretenir la tradition vivace qu'une grande ville s'étendit autrefois sur les bords du Rif-Péchallan, petit ruisseau qui descend des Vicaires et tombe dans le Mourgon, en face du très vieux moulin de la Chaise.

Cette tradition est d'autant plus intéressante que nous la retrouvons encore non loin de là dans les environs de Magnet; mais, sur elle, les vieux

---

(1) Vers 1600, des Chermartin habitaient, près de Riom, le petit village de la Moutade; mais, nous ne savons ce qu'ils peuvent avoir de commun avec ceux de la Bresle.
(2) En 1726, un Charles de Chermartin, écuyer, — sans doute fils de Michel, — habitait au bourg de Cindré une maison qui a gardé le nom de la Bresle.
(3) Cette famille Robert est encore représentée dans le pays par le frère du Robert qui construisit, près d'Isserpent, les Veyles.

titres sont naturellement muets, et, de l'antique importance de ce coin de pays, il reste seulement deux mottes situées, l'une à cinq cents mètres environ à l'ouest des *Petites-Brosses*, et l'autre tout près des *Grands-Villards*, sur le Péchallan, au point coté 305 sur la carte d'état-major.

Sur aucune des deux, d'ailleurs, ne se voit trace de construction féodale, et nous penserions même que la dernière n'en dut jamais porter, si des terriers du XV° siècle ne la désignaient sous le nom de Motte des Granges : à ce moment-là, elle faisait limite entre les seigneurs de Billezois, la Palisse et Saint-Gerand-le-Puy.

Quant à la motte des Petites-Brosses, avec ses fossés pleins d'eau et ses cent pieds de diamètre, — mesure à peu près constante des mottes fortifiées, — elle semble bien être une motte féodale, et c'est là, sans doute, l'emplacement de la maison de la Motte des Broces, en la paroisse de Paregny, dont rend aveu, avec les fossés d'icelle, Jean des Broces, viguier de Saint-Gerand, en 1301 : ce Jean des Broces, spécifié non noble, ne doit, du reste, rien avoir de commun avec le Guy des Broces, chevalier, que nous trouvons à Saint-Allyre de Valence.

Les Petites-Brosses et les Grands-Villards sont d'anciennes dépendances de la Prugne et furent, par Jean de la Faige des Claynes, vendus, en 1597, à des membres de la communauté des Vicaires. Avec les domaines voisins de Guinchoux, les Nautes, les Grandes-Brosses, etc., ces terres, un peu plus tard, vinrent aux mains des seigneurs de Saint-Gerand-le-Puy, et, adjugées à Claude de Jas par le partage du 24 juin 1654, furent par lui, le 23 octobre 1683, cédées à son neveu Balthazar-Gabriel de Jas, fils de Jean, seigneur de Saint-Geran-le-Puy, et de Jacqueline Meilhard. C'est aux Grands-Villards qu'en 1685 eut lieu le mariage de Balthazar-Gabriel de Jas, seigneur de Villards, avec demoiselle Anne de Benoît, fille d'Étienne, seigneur de la Gardette, et bourgeois de Vichy.

A la Révolution, les Petites-Brosses figurent encore parmi les terres des Girard de Saint-Gerand; mais, dès 1730, les Grands-Villars en avaient été séparés et vendus par Claude de Jas, fils de Charles, à Nicolas Revangier de Bompré (1), époux de Madeleine de Courten, et frère de Nicolas-Joseph de Revangier, que nous trouvons à Champblanc. (V. ce fief.) En 1767, enfin, les Grands-Villards furent cédés à M. Jean-Baptiste de la Poix de Fréminville (2), lieutenant civil et criminel de la Palisse, qui les habita souvent et,

---

(1) Nicolas était fils d'autre Nicolas, seigneur de Chassignoles, et de Jeanne Maréchal de Bompré. Son fils Jean-Marie devint seigneur de la Ramas, paroisse de Vesse, par son mariage avec Marie-Anne Sicault; mais en 1783 son petit-fils Geoffroy-Nicolas, capitaine de chasseurs au régiment de Foix, portait encore le nom de Revangier de Villars.

(2) Les la Poix de Fréminville sont d'origine bourguignonne et remontent à Raoul de la Poix,

en 1782, acquit aussi les Grandes-Brosses de Joseph de la Geneste, lieutenant général de Billy, époux de demoiselle Bouérot, et fils d'autre Joseph et de demoiselle Sébastienne de Jas. C'est des Grands-Villards que proviennent les intéressants débris d'archives de féodiste que possède actuellement la mairie de Saint-Gerand-le-Puy.

Il y a un an, on voyait encore aux Grands-Villards une curieuse construction en pans de bois; mais un incendie l'a récemment détruite, et on n'y peut guère citer qu'une jolie fenêtre Louis XII, qui semble avoir été apportée d'ailleurs.

Les *Vicaires* doivent être une fort ancienne agglomération, et le bassin qu'ils occupent, où sourdent les seules fontaines que l'on trouve entre le Redan et le Mourgon, dut toujours être une station habitée, au milieu des vastes forêts qui couvraient tout le pays d'alentour. C'est, d'ailleurs, un rendez-vous de vieux chemins.

Dès 1669, on trouve aux Vicaires la famille Hervier, que nous nommons à diverses reprises, et qui possédait aussi près de Périgny les Trois-Rigoles.

Quant à *Falconnières*, ancienne communauté de la famille Falcon, qui fournit à Cusset plusieurs notaires, c'était le siège d'une justice particulière, que nous trouvons encore mentionnée en 1777 : on en peut induire qu'à l'origine Falconnières fut un fief, et cela paraît d'autant plus probable que, près du village actuel, se distingue une motte rasée; de son passé nous n'avons trouvé aucune trace.

Nous aurions été fort tentés de faire de Falconnières l'introuvable fief de Taconay (V. la Motte Mourgon); mais, en 1737, tandis que le sire de la

---

sire de Fréminville, porte-bannière de Hugues III, duc de Bourgogne, qui fut tué en 1191 au siège de Saint-Jean d'Acre.

Cette famille vint en Bourbonnais en la personne d'Edme, né à Verdun sur le Doubs en 1680, de messire Edme Louis, lieutenant général des armées du Roy, capitaine de la ville de Verdun, et de demoiselle Claudine Anché. Le 15 janvier 1725, Edme, alors notaire à Marcigny, fut par M. Brunet d'Evry nommé lieutenant de la justice du marquisat de la Palisse, et le 25 mars 1733 pourvu de l'office de bailli de la Palisse par François-Antoine de Chabannes; il est auteur d'ouvrages de droit qui le mirent au rang des jurisconsultes estimés de son époque, et il mourut à Lyon en 1773, âgé par conséquent de quatre-vingt-treize ans. Son fils, François-Louis-Robert, fut lieutenant général de la châtellenie de Chaveroche, et son petit-fils Jean-Baptiste lieutenant de la Palisse : Jean-Baptiste en 1785 résilia sa charge en faveur de son fils Christophe et alla habiter Lyon.

Le nom de Jean-Baptiste-Claude de la Poix de Fréminville, demeurant à la Croix-Rousse, figure en 1794 parmi les condamnés à mort du tribunal du Rhône dont les biens furent confisqués; à cette époque, en effet, fut vendue la majeure partie de ses terres bourbonnaises, et le reste fut mis en vente en 1820 par ses héritiers.

Parmi les alliances bourbonnaises des Fréminville, nous citerons les Bardonnet de la Toulle, les Griffet de la Baume et les Renaud, qui ont pris depuis lors le nom de Renaud de Fréminville : les Fréminville portent d'azur au chevron d'argent, accompagné de trois coquilles d'or, au chef d'or chargé de trois bandes de gueules.

Motte Mourgon est encore seigneur de Taconay, Falconnières était une dépendance de Noailly, auquel il était déjà réuni au XVIe siècle.

En même temps que les Vicaires et bien d'autres terres voisines, les Hervier, en 1734, possédaient la terre voisine de *la Villette,* que Nicolaï mentionne parmi les maisons nobles de Billezois, et dont il reste une motte fort effacée que nous avons longtemps vainement cherchée.

On la distingue pourtant quelque peu encore sur la route même de la Palisse à Cusset qui en a coupé l'angle sud-est, vers le point 315 et à l'angle d'un pré sis juste en face du hameau de la Villette : sa forme carrée et ses trente-cinq mètres de côté seraient déjà de son ancien caractère un indice sérieux ; mais, de plus, on nous a assuré y avoir vu de vieux murs, il y a moins de cinquante ans ; enfin, en défonçant le jardin d'une petite locatairie qui empiète sur elle au nord-est, on a mis à jour un pavement de briques fort épaisses.

Sans doute est-ce là le fief patronymique de la famille de Villette, souvent nommée dans les vieux terriers, et dont le seul membre que nous connaissions d'une façon précise est, en 1516, Guillaume de Villette, écuyer. Ces de Villette disparurent probablement — comme tant d'autres — lors du départ du Connétable, et, en 1693, nous trouvons de leurs anciennes terres un aveu collectif rendu par Jean Grand, époux d'Antoinette Hervier, Jean Bignon (1), fils de Ligier et de Jeanne Cousturier, et Antoine Réveray.

La seconde maison noble mentionnée par Nicolaï, sur Billezois, est *Beaurevoir,* dont, d'après d'anciens plans, il restait au siècle dernier une grosse et vieille tour, dans l'angle entre le Péchallan et le Mourgon. Malgré cette indication, nous n'en avons pu trouver trace, et le point 291, admirablement situé pour porter un château fort, et où se sont d'abord dirigées nos recherches, ne présente que des débris relativement récents : peut-être Beaurevoir était-il tout contre le Péchallan, à l'endroit où le traverse la route de Seuillet.

Comme la Motte Mourgon (V. ce fief), Beaurevoir, au XVIe siècle, appartenait aux de la Roche, et en 1505 en est seigneur Antoine de la Roche, écuyer, frère de Pierre, seigneur de la Motte Mourgon ; mais il est fort

---

(1) Le 31 octobre 1705, à dix heures du soir, les gens de la Villette entendirent un coup de feu à cent trente pas environ de leurs maisons : on accourut, et contre une haie, non loin du grand chemin de Cusset, on trouva étendu roide Jean Bignon, propriétaire en partie du lieu de la Villette.

probable que cette possession par les la Roche est bien antérieure à cette date et remonte à l'époque où nous trouvons cette famille dans le pays, c'est-à-dire en 1378.

Réuni, en tout cas, à la Motte Mourgon, en 1567, entre les mains de Claude de la Roche, écuyer, Beaurevoir n'en fut plus séparé et fut, en même temps qu'elle, confisqué, en 1793, sur Jean-Jacques, comte de Troussebois.

Une terre autrement importante, à en juger par ses possesseurs, était celle de *Billezois* : au mois de février 1234, en effet, nous la voyons, par Hugues de Châtillon, seigneur de Jaligny (V. ce fief), donnée en douaire à sa femme Isabelle, fille de Guillaume de Mello, en remplacement de quarante livrées de terres qu'il avait promises et qu'il a vendues à Archambaud VI de Bourbon, moyennant quatre cent cinquante livres, en monnaie de Souvigny (Huillard-Bréholles).

A partir de cette date se succèdent à Billezois plusieurs possesseurs entre lesquels nous ne voyons pas de liens, mais tous hauts et puissants seigneurs : c'est, en 1300, Jean de Châtelus-Chateaumorand, fils de Guichard et d'Isabeau de Bressoles ; en 1353, Girard de Semur (1), chevalier, et, en 1367, son fils Gauvain. En 1432, les Semur ont encore Billezois ; puis vient, en 1488 et en 1506, Jean d'Amanzé, écuyer, probablement comme héritier de Philiberte de Semur, sa mère ; peu après, en 1517, il a passé aux seigneurs du Chaussin (V. ce fief), qui semblent l'avoir gardé fort longtemps ; en 1686 et 1710, Billezois est partie intégrante de la terre de la Palisse ; enfin, en 1761, nous le trouvons possédé par les seigneurs de Noailly (V. ce fief), qui le conservèrent jusqu'à la Révolution.

A Billezois, il ne reste rien du vieux château, mais seulement la motte, qui, récemment encore, portait l'ancienne église aujourd'hui disparue. Non loin de son emplacement se trouve la cure, ancien logis des Than, notaires royaux ; aux Than succédèrent les Terret de la Palisse, et c'est à un membre de cette dernière famille, maître sculpteur à la Palisse, en 1722, que l'on doit sans doute les deux belles cheminées en pierre que l'on est tout surpris de rencontrer dans cette maison fort ordinaire.

Tout proche de Billezois, entre le village et la voie ferrée, est un bâtiment en briques peu important, mais flanqué de deux tours, et auquel

---

(1) D'après les preuves du chapitre noble de Lyon, les Semur portaient bandé de gueules et d'argent de six pièces.

quelques rares détails peuvent faire attribuer, comme date de construction, les premières années du XVII° siècle (1).

C'est le *Ponsut*, dont est seigneur, en 1669, noble Charles Devaux, conseiller du Roi et lieutenant en la sénéchaussée de Moulins, époux de demoiselle Suzanne Belin ou Blain : le Ponsut, très probablement, venait de cette dernière, car, restée veuve avec enfants (2) et remariée à Gabriel Laurent, elle n'en est pas moins qualifiée, en 1678, dame du Ponsut.

Le second mari de Suzanne était d'une famille fixée depuis longtemps à Seuillet, mais venue peut-être de Bourgogne; à la mort de sa femme, en 1709, le Ponsut échut à son fils, autre Gabriel Laurent, frère de Michel, que nous trouvons à la Roche Marnat et à la Motte Vaulieux (V. ces fiefs). Gabriel avait épousé Thérèse Nazarier de la Fayolle, fille de Jean-François, châtelain de la Palisse, et d'Anne Rivière de Morlot (V. ce fief) : il eut comme successeur, vers 1740, son fils François, époux de Jeanne de la Geneste, fille de Sébastien. François Laurent ne semble guère avoir habité le Ponsut, dont fut longtemps fermier, à cette époque, Louis Ponthenier, de Cusset, époux de Catherine Bertucat. Enfin, peu de temps avant la Révolution, une demoiselle Laurent porta le Ponsut à M. Hervier, de Château-Vert, paroisse de Saint-Étienne-de-Vicq, arrière-grand-oncle de M. Desfemmes, le propriétaire actuel.

Le Ponsut est le dernier fief de Billezois, mais nous nous arrêterons encore à deux ou trois localités intéressantes :

A *Gonges*, d'abord, ancien domaine de la famille de Rodde (V. Bellefaye), plus tard réuni à la terre de Noailly;

Puis aux *Girauds*, où, dès 1640, se trouvent les Tizon, les Marillat, les Parent, etc. : l'héritière des Parent épousa un M. Beraud, de Saint-Remy en Rollat, et fut la mère de MM. Alexandre et Amédée Beraud ;

Et enfin aux *Andrauds*, où étaient, à la même époque, les Rémuson, qui y sont toujours, les Foron, dont la propriété est maintenant celle de M. Beraud, et les Dachard, dont la maison, devenue plus tard celle des Maillant, est encore décorée d'une de ces tours ridicules par lesquelles aimaient tant à affirmer leur nouvelle dignité les petits robins de noblesse récente et, d'ailleurs, personnelle : celle-ci dut être élevée, au siècle der-

---

(1) Ce bien modeste manoir dut remplacer un château féodal dont la motte se distingue encore près du chemin de fer.

(2) Marie et Claudia, les deux filles de Charles Devaux et de Suzanne Belin, épousèrent, la première, Gilbert Hervier, du domaine Vicaire ; la seconde, Jean-Joseph de Montperoux (?), écuyer, seigneur dudit lieu, habitant la paroisse de Seuillet.

nier, par Odile Maillant du Chambet, châtelain de Chitain, ou par son frère Sébastien.

Les Maillant du Chambet finirent à Droiturier.

SERVILLY.

Avant l'établissement, vers 1860, de la route dite de la Croix du Méplier (1), le chemin de la Forte-Terre était un mauvais sentier, serpentant à travers les prairies à sous-sol de marne et les pentes argileuses, et dont peut donner idée la vieille rue Marchat entre Servilly et Bouletières.

Ce coin de pays tourmenté est l'ancienne paroisse de Servilly, à laquelle fut réuni, lors de la formation des communes, le *château de Gléné*, qui dépendait jadis de Lubier.

Avec ses deux grosses tours du XIVe siècle et malgré des retouches fâcheuses, Gléné est assurément un des plus jolis spécimens, en notre pays, des gracieuses constructions qui remplacèrent les vieux nids féodaux; mais peu de détails intéressants ont survécu au remaniement qui, au XVIIIe siècle, fit disparaître les anciennes ouvertures pour les remplacer par de larges baies du plus déplorable effet, et nous aurons tout cité en signalant une svelte tourelle, une salle basse fort élégante et, au sommet de la tour du sud, une salle de guet bien conservée.

Dès 1343, époque où Gléné se trouve mentionné pour la première fois, nous voyons s'y succéder des membres d'une famille de Villars sortie du fief de ce nom de la paroisse de Floret (V. Villars), et au commencement du XVIe siècle c'est encore un Villars, Jean, époux de Jacqueline Jarrie et père d'Antoine, qui est seigneur de Gléné. Le nom de Gléné resta à une branche de Villars (V. Villars), mais Jean fut le dernier membre de sa famille possesseur de notre fief, et c'est lui qui, vers 1525, vendit la terre et seigneurie de Gléné et Servilly à Antoine de Chabannes, frère du maréchal Jacques II, évêque du Puy (2) et prieur commendataire du Moustier de Jaligny.

(1) Méplier est le nom du néflier en patois bourbonnais, comme griottier celui du cerisier, aleutier celui du sorbier, argeuillard ou griouse celui du houx, virabost celui du chèvrefeuille... et tant d'autres.
(2) Antoine de Chabannes fut évêque du Puy de 1514 à 1535.

Or, ce n'était pas pour lui qu'Antoine de Chabannes faisait cette acquisition : le 30 avril 1531, en effet, nous le voyons l'abandonner avec quelques autres terres à noble Pierre de Martinières, fils de demoiselle Françoise d'Ambly et déjà seigneur d'Isserpent, du chef de demoiselle de Rollat, sa femme (V. Isserpent) : dans cet acte de donation, le même Antoine de Chabannes permet audit Pierre de prendre les armes de sa maison, mais en les distinguant des autres Chabannes par une étoile et une main adornée d'un manipule — ce qui est vraiment bizarre !

GLÉNÉ.

Le bon évêque ne peut, semble-t-il, indiquer d'une façon plus claire qu'il s'agit là de la réparation d'une erreur de jeunesse, et le fait est que, malgré l'appellation expresse de Pierre de Martinières, le scribe de la Palisse, rangeant plus tard cette pièce dans ses archives, n'hésita pas à inscrire au verso : « Donation de messire Antoine de Chabannes à Pierre de Chabannes. »

Pierre de Martinières de Chabannes, du reste, ne garda pas Gléné et le 30 avril 1548 le céda, moyennant cinq cents écus au soleil d'or, à Charles de Chabannes, le neveu direct de l'évêque : ainsi réuni à la seigneurie de la Palisse, Gléné suivit pendant plus d'un demi-siècle ses destinées tourmentées, mais il semblerait que, durant la majeure partie de ce temps-là, les sires de la Palisse eussent sous-inféodé notre fief à ses anciens possesseurs.

C'est ainsi qu'en 1636 on trouve une vague désignation de MM. de Villars, seigneurs de Gléné; puis, en 1677, un Claude-Bernard de Villars, souvent parrain à Servilly; enfin, en 1682, François de Villars, écuyer, seigneur de Gléné et de la Brosse Raquin en la paroisse de Tortezais, aide de camp des armées du Roi, capitaine au régiment d'Anjou, et époux de dame Marguerite de Viry (1), fille de Charles, seigneur des Échelettes (V. ce fief), et de demoiselle Dinet de Saint-Romain, qui, pendant son veuvage, résida au château de la Palisse jusqu'en 1694.

A cette époque, Marguerite de Viry portait encore le titre de dame de Gléné, mais ce titre nous paraît quelque peu usurpé : dès 1683, en effet, et par suite des circonstances que nous relatons au chapitre concernant Châtelperron (V. ce fief), Gléné, comme bien d'autres terres des la Guiche Saint-Gérand, était sorti de leurs mains et venu en celles de J.-B. Larchier, conseiller en la cour des Aydes. M. Larchier mourut en 1691, et en 1700 sa veuve, Marie le Clerc, revendit Gléné à son fermier Jean Nepveu, seigneur de la Croix (V. la Tour-Pourçain), et Michelle Rambaud, son épouse. C'est ainsi qu'en 1720 nous retrouvons notre terre possédée par Antoinette Neveu, petite-fille de Jean, fille de Louis et de demoiselle Gilberte Duvergier, mariée à André-Charles, seigneur de Martillière, sur Marcenat, fils de Gilbert, seigneur de la Côte (V. ce fief), et de demoiselle Reignier.

GLÉNÉ
Armoiries des Rollet d'Avaux.

Antoinette mourut le 13 avril 1747, et son mari en 1754, après des affaires si peu brillantes que leurs cinq fils, François, Paul, Antoine, Louis et Joseph (2), durent mettre en vente l'héritage paternel. L'acquéreur de Gléné fut messire Jean-Nicole de Morigny, conseiller du Roi, président trésorier de France à Moulins, qui le possédait encore en 1753; en 1778, enfin, le seigneur de Gléné est Jacques-Amable Rollet d'Avaux, fils de demoiselle Vilhardin de Belleau (V. ce fief) (3), premier président au présidial de Riom.

La terre de Gléné appartient actuellement à M. Denis Maridet, doyen des maires du Bourbonnais.

Jean de Villars, en 1343, est dit seigneur de Gléné, *la Jarrie, Terrenoire*

(1) En 1693, Marguerite de Viry fut, avec M. de Fradel, du Lonzat (V. ce fief), comme parrain, marraine d'une cloche à Saint-Prix-sur-Bèbre.
(2) Le curateur de ces cinq enfants fut Geoffroy Charles, seigneur de Bardonnières. (V. ce fief.) Joseph est l'ancêtre des Charles actuels de Servilly. (V. la Roque.)
(3) Il est à croire que Gléné venait des Vilhardin : dès 1691, en effet, nous trouvons dans le pays cette famille, qui fournit même à notre fief deux capitaines châtelains.

et *Hélion :* peut-être les deux domaines de la Jarrie et de Terrenoire, sis, l'un tout à côté de Gléné, l'autre tout à l'extrémité de la commune, du côté de Tessonnières, sont-ils d'anciennes seigneuries.

Quant à Hélion, nous ne savons vraiment ce que ce peut être, à moins d'y voir, ce qui est bien improbable, le château de Lionne de Sorbiers. (V. ce fief.)

Nous citerons encore, entre Gléné et la Bèbre, le domaine des *Boutonnats,* où habitèrent quelque temps les Chermartin. (V. la Bresle.)

Non loin de Gléné, la route de Dompierre traverse le gros hameau de *la Brosse,* où ne subsiste aucune trace de construction ancienne : c'est pourtant un ancien fief, et il faut certainement y voir cet hôtel de la Broce, paroisse de Sulli (*sic*) en la châtellenie de Billy, dont rend aveu en 1378 Jean Chastenoys, damoiseau, qui, à la même époque, possède près de Trézelles la maison de la Grange. (V. ce fief.)

Au commencement du XVII° siècle, les Dalbost, seigneurs de Puyfol (V. ce fief), possédèrent quelque temps la Brosse; puis elle passa aux Dupré, des Quillets, et, le 9 novembre 1667, nous voyons Léon Dupré, fils de Jean, acquérir de Jean-François Gadin, seigneur de la Prugne de Servilly (V. plus bas), d'anciens droits seigneuriaux, ayant formé jadis la directe de la Brosse et s'étendant jusque sur les terres des Quillets. (V. ce fief.)

Enfin, toujours sur les terres de Gléné, près du domaine des Pérards, la route de Montaigu coupe une vieille motte pleine de débris de toute nature, et dont les fossés ne sont pas près d'être comblés, malgré le passage répété de la charrue.

C'est l'ancien hôtel fort de *Servilly,* tenu en fief, en 1217, de l'évêque de Clermont par les comtes de Nevers (V. Trézelles), et dont, au siècle suivant, rendent aveu plusieurs membres de la famille d'Isserpent, à savoir : Henri, de 1307 à 1327; puis Philibert, en 1380; et, en 1386, Henri, fils de Philibert.

A partir de cette date, nous perdons trace de l'histoire de Servilly, et au moment où Antoine de Chabannes acquit Gléné de Jean de Villars (V. plus haut), les droits seigneuriaux de Servilly faisaient déjà partie de cette dernière terre, dont, jusqu'à M. Rollet d'Avaux, ils ne furent plus séparés.

Il est donc fort probable que Servilly avait disparu pendant la guerre de Cent ans, et que sur la vieille motte était restée seulement l'église primitive, indiquée, d'ailleurs, sur Cassini, et dont, au commencement du siècle, on voyait encore des murs entourés de fossés pleins d'eau et larges de huit pieds (V. les Guérinots). Cette église, jusqu'aux premières années du dix-septième siècle, fut le siège de la paroisse; mais, à cette époque, celle-ci fut déplacée et transportée de l'autre côté du vaste étang Saint-Georges, à l'endroit où s'élève maintenant le modeste bourg de Servilly.

C'est en 1636 que pour la première fois nous trouvons mentionné le nouveau sanctuaire, et la translation alors devait être encore toute récente : « L'ancienne église, dit en effet le curé Charles Habert dans un procès-verbal de la visite pastorale de Mgr Joachim d'Estaing, évêque de Clermont, est plus basse et toute ruynée, et ne a aucune chose, les fonts baptismalles, cloches et autres choses ayant été apportées dans l'église nouvelle : ainsi ont fait aussi les fonctions curiales MM. de Villars. »

Puis nous arrivons au bourg même de Servilly, où sont à signaler deux petits fiefs bourgeois, c'est-à-dire des terres élevées au rang de fiefs en faveur de familles pourvues de charges de judicature.

C'est d'abord le minime *fief de la Roque,* dont les anciens possesseurs furent sans doute les Blanchardon, et qu'acquirent, en 1769, de Gilbert Blanchardon, seigneur de Château-Gadin, Joseph Charles et Suzanne Esmonôt, sa femme. Les Galien que nous allons voir à la Prugne prirent le nom de Galien de la Roque, à la suite du mariage de l'un d'eux avec une demoiselle Blanchardon de la Roque. (V. plus bas la Prugne.)

Puis celui beaucoup plus important de *Château-Gadin,* assez jolie construction de la fin du XVIe siècle ou du commencement du XVIIe, mais

CHATEAU-GADIN.

dont les tours n'eurent jamais d'autre destination que d'affirmer la noblesse de robe des membres de la fort ancienne famille bourgeoise qui lui donna son nom.

C'est de là que sortent les Gadin, que nous trouvons en maint endroit et qui remplirent des charges de lieutenant et juges châtelains dans de nombreux sièges de la châtellenie de Billy : le premier des Gadin de Château-Gadin que nous connaissions est, en 1491, Henri, et le dernier, Jean-François, fils de Geoffroy, qui en 1676 est lieutenant général en la châtellenie de Billy.

La fille de ce Jean-François porta le Château-Gadin aux Blanchardon (1); en 1772, Anne Blanchardon le porta à Jacques Cornet des Arpayats (V. ce fief), et enfin une Cornet aux Virotte, qui le gardèrent jusqu'en 1872.

Château-Gadin appartient aujourd'hui à madame la comtesse de Dienne.

Nous laissons de côté les *Roussiers,* ancien domaine de la famille Forestier, d'où devait sortir le fameux conventionnel, et, en suivant la route de Montaigu, nous arrivons au domaine de *Bouletières,* près duquel était tout récemment un reste de mur fort épais, que l'on a détruit pour en utiliser les matériaux, et dont l'emplacement se devine par une motte presque effacée.

C'était le dernier vestige du château de Bouletières, berceau probable de la famille dont nous trouvons des membres à Isserpent et à Quirielle de Barrais. (V. ces fiefs.) De Bouletières provient une porte moulurée qui se trouve aujourd'hui au domaine.

Plus haut encore est la maison de la *Prugne,* qui pourrait être le fief dont rend aveu, de 1507 à 1530, Pierre du Riage, écuyer, paroissien de Montaigu le Blain (V. le Riage), époux de demoiselle Antoinette Favier.

Nous pensons pourtant qu'il s'agit plutôt là d'un domaine de la Prugne, sis non loin du fief de ce nom (V. la Prugne), sur la paroisse de Périgny, et notre la Prugne doit être la terre que possède, entre Servilly et Montaigu, en 1575, Pierre Gadin, châtelain de Servilly; après Pierre, cette terre vint à Geoffroy, son fils, et en 1656 le titre de seigneur de la Prugne apparaît pour la première fois porté par le fils de Geoffroy, Jean-François Gadin, époux d'Étiennette Blanchardon, fille de Barthélemy, seigneur de la Roque et des Guérinots.

Aux Gadin succédèrent, en 1704, les Galien de la Roque (2), originaires

---

(1) Presque aussi souvent que les Gadin, nous trouvons des membres de cette famille Blanchardon alliés aux Bergeron, aux Aligier, aux de la Grange, etc., et aussi aux Pératon, dont ils possédaient sur Saint-Gerand-le-Puy la maison paternelle. (V. les Pératons.)

(2) C'est un des possesseurs de la Prugne, Gilbert Galien de la Roque, arpenteur du Roi et conducteur des chemins royaux, qui, au siècle dernier, présida aux travaux de la grande route de Saint-Gerand à Droiturier : pour sa mémoire, nous nous plaisons à penser que le tracé n'en est pas de lui.

de Châtel-Montagne, et dont les descendants avaient encore la Prugne il y a peu de temps.

De la Prugne un chemin descend vers le sud, passe à la bonde de l'étang de la Prugne, puis sur la chaussée d'un ancien étang, devenu maintenant le pré Saint-Blaise ; de là, il tourne, pour aller rejoindre la route de Saint-Gerand. En le quittant au coude qu'il forme alors et en se dirigeant vers les Palbost, à soixante-dix mètres environ, sur une croupe légère, on arrive à un terrain aplani de main d'homme et couvert de nombreux débris.

C'est là, au-dessous des lettres *er* du mot Bois-Vivier (carte d'état-major), qu'était le *prieuré de Tessonnières* (1), de l'Ordre de Saint-Benoît, qui, d'après Nicolaï, valait au XVI⁰ siècle vingt-cinq livres, et était membre dépendant de l'abbaye de la rue de l'Éclache à Clermont-Ferrand.

En 1692 déjà, le prieuré de Tessonnières avait disparu, comme il se voit par une note du curé de Servilly de cette année-là :

« Plus perçoit le curé, écrit-il, la dixme dans deux petits coins de terre de la contenance chasque d'une coupée touchant la chapelle du prioré de Saint-Blaise de Tessonnières à présent en ruynes et touchant les héritaiges de Tessonnières, dépendant du domaine de la Preugne. »

La chapelle de Tessonnières subsista longtemps encore, et, lors de la Terreur, elle put servir de refuge à un prêtre réfractaire, qui y fit faire la première communion à une personne que nous avons connue.

Nous avons parlé plus haut des *Guérinots*, ancienne possession des Blanchardon : dans un vieux fournier de ce domaine est une cheminée dont le manteau a comme supports deux modillons romans intéressants et assez bien conservés ; nous ne doutons pas que ce ne soient des débris de la vieille église de Servilly, détruite au commencement du XVII⁰ siècle.

(1) Le nom de Tessonnières, disent les érudits, s'applique souvent à des localités possédant des débris gallo-romains : l'emplacement de notre ancien prieuré pourrait donc peut-être servir à déterminer le tracé de la vieille voie qui traversait ces parages, et dont nous parlons à diverses reprises. Il est vrai que d'autres érudits disent que Tessonnières signifie tout simplement terriers de blaireaux, *tessons* en patois.

MONTAIGU-LE-BLAIN.

Après le coin de pays accidenté où nous venons de trouver la Prugne et Tessonnières, la route de la Forte-Terre traverse un long plateau ; on franchit une dernière ondulation, et tout à coup on arrive sur un sol argileux : des dépôts calcaires surgissent, affectant des formes bizarres ;

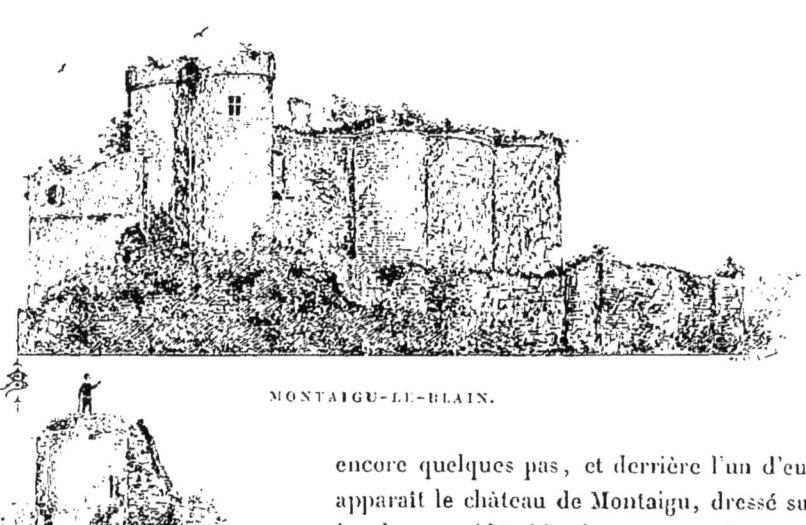

MONTAIGU-LE-BLAIN.

encore quelques pas, et derrière l'un d'eux apparaît le château de Montaigu, dressé sur le plus considérable de ces mamelons ; au delà s'étend le riche bassin du Valançon : nous sommes en pleine Forte-Terre.

« Du haut des tours de *Montaigu-le-Blain*, dit un voyageur enthousiaste de 1849, on pouvait balayer avec le canon toute la plaine qui s'étend jusqu'au delà de Varennes, au sud et à l'ouest, croiser ses feux avec ceux du donjon de Billy (!), barrer la route de Lyon et surveiller les collines qui ondulent jusqu'à la Bèbre vers le nord. » Pour des bombardiers du XVIe siècle, voilà certes beaucoup d'ouvrage, et au quart de tout cela ne suffirait assurément pas un fort actuel des côtes de Meuse ; mais ces artistes n'en font pas d'autres ! Et notez qu'en 1849 le simple canon rayé des guerres d'Italie n'était pas encore fondu.

Perché sur le roc calcaire que couronne encore sa masse imposante, le château de Montaigu devait, du reste, parfaitement remplir son rôle, c'est-à-dire intercepter la ligne la plus courte et la plus facile entre la Loire et l'Allier, ligne que suivait certainement une voie secondaire ; et, si nous ne craignions de nous laisser emporter à notre tour sur les ailes de l'imagination, nous penserions même qu'il dut être un poste élevé par les Romains, non loin de l'intersection de cette voie avec celle qui, venant du sud, gagnait Treteau et de là la Bourgogne.

Toujours est-il que, depuis le XIIIe siècle, nous trouvons à Montaigu une famille chevaleresque de Bleyn ou Bleynet, depuis longtemps déjà, sans doute, possesseur de notre fief, et que nous pensons être la même que

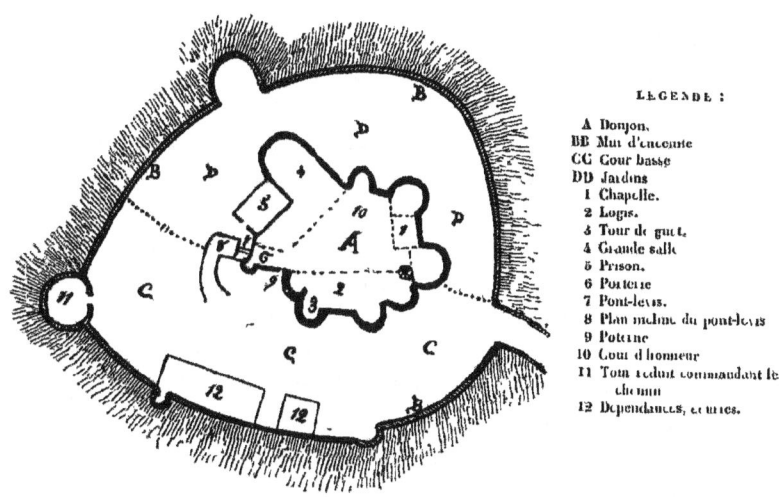

PLAN DU CHATEAU DE MONTAIGU-LE-BLAIN.

celle des seigneurs de Barrais en 1034 (V. plus loin lettres de 1451). Outre, en effet, que le nom de Blain, resté à Montaigu, crée pour cette famille un titre de fort ancienne possession, elle se trouve alliée à toutes les maisons considérables du pays, les Chatelperron, les Chatelus, les la Palisse, etc. (1).

Des nombreux actes où nous trouvons mêlés les Blayn de Montaigu nous ne retiendrons qu'un seul, qui marque une date notable dans l'histoire de notre forteresse et en fait ressortir l'antique importance : il est du 22 juin 1356 :

(1) Voici la liste des vassaux des Blayn en 1301 ; nous y reconnaissons bien des noms de fiefs environnants : Jean de Borne, Gui de Broces, Bleyn de Montaigut, Aymon de Sorbiers, Jean de Villars, Hugues de Barreys, Gui de Chareguy, Étienne de Vecez, Robert Favier, Guillot de Langiac, Hugonin Marmin, Hugues et Aymon Maugars, Raymondin Ménge, Hugues de Montagu, Gaubert de Pontcenat, Jamet de la Ronde, Étienne et Jean Sapin, Hugues de Saint-Giran, Dalmas de Valençon, Pierre de Velche, Guy et Perrin de Verneuil, tous damoiseaux.

« Noble homme, messire Robert de Chaluz, porte-t-il, chevalier, gardeur (tuteur) de Johan, fils de monseigneur Guillaume, jadis seigneur de Montaigu-le-Blayn, mineur d'eage, expose qu'il a moult dépencé à renfourcer le chasteaul dudit lieu de Montagu pour resister à la pouyssance des ennemis du royaume de France, mais que la réparation et garde dudit chastel est si grande qu'il n'y peut seurement suffire avec les biens dudit mineur. Il serait pourtant grand péril au pays si ledit chasteaul n'était appareillé et gardé, et que, par aucune adventure, il arrivait que ledit chastel fut prins des ennemis, car il est cloz et fermetéz en ceste marche où il est. »

Robert de Chalus demande donc que le duc de Bourbon lui prête aide et secours, et lui permette d'user « des hommes de lui justiciables, taillables, féaux et censivers (censitaires) ». Cette latitude lui fut accordée par Galahaut de Lally, chevalier, gouverneur du bailliage du Bourbonnais, agissant pour son très cher et très redoubté seigneur le duc de Bourbonnais :

« Comme nous fûmes, dit l'acte, informé par les saiges que ledit chastel, si bien était appareillé, serait bien fort et de bonne garde et prouffitable à la tuycion (défense) du païs, et que, s'il était prins des ennemis, il serait à tout l'entour moult préjudiciable, nous octroyons à Robert de Chalus de contraindre lesdiz hommes à l'aide et garde de la dicte réparation de Montagu et à faire le gait de nuit audit chastel (1). »

De 1356-57 datent donc, très probablement, les grosses constructions du château de Montaigu.

Jusqu'en 1439, nous suivons à Montaigu les membres de la famille qui lui donna son nom, et dont l'un, Jean, avait épousé Béatrix de Châteaumorand, la sœur du fameux Jean de Châteaumorand (2) ; mais, cette année-là, intervient une vente de notre château, consentie par Guichard de Montaigu, chevalier, en faveur de Jacques Ier de Chabannes (3).

Ce dernier fit au château de Montaigu des remaniements considérables, et c'est à lui que l'on doit, outre la porterie, les nombreux détails encore conservés ; Montaigu semble, d'ailleurs, avoir été sa place forte favorite,

---

(1) Archives nationales : P. 1355, cote 35. Publié par M. Vayssière.
(2) En 1408, Jean de Montaigu le Blayn habitait Saint-Aubin-sur-Loire.
(3) Madame la comtesse Alfred de Chabannes commet donc une erreur quand elle fait passer la terre de Montaigu aux Chabannes par une alliance avec la famille des anciens possesseurs : il ne faut pas oublier, en effet, que les Chabannes n'étaient aucunement alliés des anciens la Palice qui figurent parmi les parents des Blayn ; ils n'eurent aucune parenté non plus avec les Blayn de Montaigu, et enfin pas davantage avec les Montaigu-Listenois, que nous trouvons à cette époque possessionnés aux environs de la Palisse (V. le Breuil), et à qui la fort érudite comtesse attribue certainement à tort la possession de Montaigu-le-Blain.

et c'est là, loin des routes suivies, qu'il mettait à l'abri des surprises et ses prisonniers et sa famille.

C'est ainsi qu'après le combat de Nolay, en Bourgogne, y fut enfermé, avec ses compagnons d'armes, Jehan de Granson, seigneur de Pesmes, gentilhomme bourguignon de la maison de la Baume-Montrevel, dont s'était emparé le frère de Jacques Ier, Antoine de Chabannes, comte de Dammartin. C'était une prise importante, et, pour l'assurer, nous voyons par lettres données à Moulins, le 1er mai 1440, le duc de Bourbon prêter à Jacques de Chabannes « plusieurs personnes pour faire guet et garde en son chastel et plasse forte de Montaigu-le-Blayn ».

Ce fut pour se venger de cette captivité que, au printemps de 1443, le seigneur de Pesmes vint enlever à Montaigu les deux fils de Jacques Ier, Geoffroy et Gilbert de Chabannes, pour les emmener à Dijon, et c'est là que se place le fait rapporté dans l'*Ancien Bourbonnais*, qui le date par erreur de 1436 :

« Un jour donc, dit le chroniqueur, que le duc de Bourbon, Charles Ier, était allé voir à Châlons Philippe le Bon, duc de Bourgogne, vint avec lui un chevalier de très grant façon, son sujet, se nommant messire Jacques de Chabannes ; celui-ci se plaignit au duc de Bourgogne qu'un des siens, messire de Grantson, seigneur de Pesmes, avec qui il n'avait eu jusqu'alors ombre de querelles, avait pris et dérobé d'eschelle et par nuict une de ses maisons, nommée Montaigu-le-Blain, sise en pays de Bourbonnois, avait pillé ses meubles et emmené prisonnier son fils, qui n'avait pas dix ans d'âge. Et répondit le seigneur de Pesmes qu'il l'avait fait par contrevange de griefs, pilleries et prises faites sur lui par Antoine de Chabannes-Dammartin, frère de Jacques. »

Comme toujours, plaintes et plaidoiries ne servirent à rien ; mais, à l'encontre des habitudes de l'époque, tout se termina sans effusion de sang, grâce à l'intervention d'Isabeau de Portugal, duchesse de Bourgogne, et les deux jeunes Chabannes, remis aux mains du duc de Bourgogne, furent rendus à leur père le 9 mai 1443.

Cependant Guichard de Montaigu, l'ancien seigneur de notre fief, était mort sans avoir été, par Jacques Ier de Chabannes, payé du prix convenu, et, après de vaines réclamations, ses deux fils, Jean et Jacques de Montaigu, résolurent de reprendre de vive force leur ancien domaine. Profitant donc d'une absence de Jacques de Chabannes, en 1449, ils vinrent à Montaigu avec nombre de jeunes gentilshommes, enlevèrent le château par surprise et en chassèrent Anne de Lavieu, la femme de Jacques, avec toute sa suite. Immédiatement prévenu, Jacques de Chabannes revint en toute hâte mettre le siège devant sa propre demeure, et, après plusieurs escarmouches meurtrières, les Bleyn, ne se voyant pas en force, demandèrent à se remettre aux mains du duc de Bourbon, qui les fit conduire dans les prisons de Saint-Pierre le Moutier : ils y restèrent jusqu'en avril 1451, époque à laquelle, par lettres royaulx donnés à Montbazon, Charles VII les fit relâcher et leur accorda rémission (1).

(1) « Charles... savoir faisons nous avoir reçeu humble supplication de Jehan et Jacques de Montaigu, jeunes écuyers frères, aagés c'est assavoir ledit Jehan de vingt ans et ledit Jacques de quinze ou environ, enfans de feu Guichard de Montagu en son vivant chevalier, contenant que, *de toute ancienneté* leurs prédécesseurs ont toujours été seigneurs du chastel de Montaigu-le-Bleyn au pays de Bourbonnois, duquel ils portent le nom et les armes, et que ledict feu Guichard, leur père, était en son vivant homme de petit gouvernement, pour laquelle cause notre amé et féal conseiller et grand maistre de notre hostel, Jacques de Chabannes, fist jà pieçà tant par subtilz moyens et coteleux qu'icelui Guichard lui vendit ledict chastel, terre et seigneurie de Montagu pour certain pris et somme de deniers, qui n'a pas esté paiée du tout, laquelle vendition venue à la notice desdicts suppliants déplaisans d'icelle pourceque icelui chastel était et devait être l'héritaige d'eulx et de leurs successeurs, véans ledict Jacques de Chabannes, possesseur d'icelui chasteau, considérans que veu le grant part qu'il avait lors au pays, ils ne le pourraient recouvrer sinon par emblée, délibérèrent entre eux de ce faire.

« Et pour exécuter leur dicte délibération, alièrent avec eux Jehan Batiste bastard de Loras, Guillaume de Jaretz, Étienne Marquez, Pierre Chevrier, Jehan et Mathias Duyno, Pierre Chevalier et Guillaume de Monsuin : et ung jour de Karesme l'an mil CCCC. XLIX les dicts suppliants et les dessus dictz avec eulx se partirent du lieu et chasteau de la Faye de Brian (près Semur en Brionnais) appartenant en douaire à la mère d'iceulx suppliants et vindrent au lieu de Monceaulx près ledit chastel de Montagu (V. le Mousseau), auquel lieu lesdits Jacques de Montaigu et autres demourèrent et ledit Jehan suppliant et Mathias Duyno s'en alèrent audit chasteau de Montagu et entrèrent dedans et parlèrent à nostre chière et bien amée Anne de Fougerolles, femme de Jacques de Chabannes, notre conseiller, et lui dirent ladicte entreprinse et tantôt après iccelui même jour vindrent à l'uys dudict chastel ledict Jacques de Montaigu et autres dessus nommés et vindrent entrer dedans, laquelle entrée le portier leur refusa et, sur ce, survindrent lesdictz Jehan suppliant et Mathias, lesquels lui ostèrent les clefs, à quoi ledict portier cuida résister et adonc icelui Jehan le frappa d'une dague qu'il avait jusques à grande effusion de sang, et cependant ledict Mathias, qui avait pris les clefs, ouvrit l'uys. Et pour ce que ledict bastard de Loras vit par dessus une faulse porte de vieil bois qui était devant la porte dudict chastel que ledit portier tenait icelui Jehan suppliant, frappa icelui portier de son espée sur la tête, et lors tous les dessus nommés qui estaient dehors entrèrent dedans ledict chastel et s'en alèrent devers ladicte Anne de Fougerolles, laquelle ils misdrent dehors dudict chastel, ensemble les demoiselles et femmes qu'elle avait avec elle, sans leur faire aucune velenie ni desplaisir, et aussi en misdrent dehors ung chapelain et ledict portier lequel Jehan suppliant donna d'une espée sur l'épaule et le navra bien fort, et, quand ils furent seuls audict chastel, ledict bastard de Loras print deux tasses d'argent pesant quatre marcs ou environ appartenant audict Jacques de Chabannes, lesquelles furent transportées hors dudict chastel; et tantôt après iccelui, Jacques de Chabannes, qui sceut ladite prinse, assembla grand nombre de gens tant gentilzhommes que autres et mist le siège devant ladicte place en soy efforçant chaque jour de prendre d'assault lesdictz suppliants et leur compaignie et les menaçant de les faire morir. Pour laquelle cause iceulx suppliants et autres dessus dictz avisèrent de eulx défendre et avint que durant ledict siège ledict Jean-Baptiste frappa un pionnier nommé Tassin du traict d'une grosse arbalète tellement qu'il le tua, et pour ce lesdictz suppliants desplaisans dudict caz furent meus de eulx rendre, et, de faict, se rendirent à la mercy de notre très-chier et amé cousin le duc de Bourbonnois et d'Auvergne, et sur ce furent faiz certains appointements moyennant lesquels ils baillèrent ladicte place ès mains dudict Jacques de Chabannes, notre conseiller, avec tous ses biens, excepté les deux tasses dessusdictes et certaine quantité d'artillerie, qu'ils avaient emploiez à eulx defendre : pour occasion desquelz caz lesdits suppliaus et iceulx de leur compaignie furent prins et mis en prisons à Saint-Pierre-le-Moustier, où ils furent par longtemps en grande povreté et misère et jusques à ce que nostre très-chier et très-amé frère le roi de Sicile passa par ladicte ville de Saint-Pierre-le-Moustier et les délivra.

« Mais néantmoins se doubtent lesdictz suppliants que on veuille au temps à venir procéder

Jacques Ier mourut donc paisible possesseur de Montaigu, dont furent après lui seigneurs son fils Geoffroy, puis son petit-fils Jacques II, et enfin Charles, le fils du maréchal. Comme tous les autres biens des Chabannes (V. la Palisse), Montaigu passa aux la Guiche après la mort de Charles, par suite du mariage de sa fille Éléonore avec Philibert de la Guiche; mais quand, en 1595, Éléonore mourut, elle détacha Montaigu de l'héritage des filles qu'elle avait eues de Just de Tournon, son premier mari, et en fit un legs particulier en faveur du second.

Philibert de la Guiche se remaria avec Antoinette de Daillon de Lude et en eut deux filles, Henriette et Anne, qui toutes deux, successivement, possédèrent Montaigu-le-Blain.

La première, en 1624, porta Montaigu à Jacques de Matignon, prince de Mortagne et comte de Thorigny (1), l'un des plus brillants seigneurs de la cour de Louis XIII; mais son époux ayant été tué en duel l'année suivante par le comte de Bouteville, elle se remaria le 8 février 1629 avec Louis-Emmanuel de Valois (2), duc d'Angoulême et comte d'Alais, colonel général de la cavalerie légère de France.

C'est pendant la possession de Louis-Emmanuel de Valois que se passa, à Montaigu, un curieux épisode des guerres de la Fronde, dont nous ne pouvons donner malheureusement qu'un résumé beaucoup trop succinct (3), mais qui mérite d'autant mieux d'être rapporté qu'il montre l'importance que, sous Louis XIV, conservait encore notre vieux château : celui qui l'occupe, dit la *Gazette de France* d'après un rapport officiel, peut assujettir à contribution tout le pays jusqu'à la Palisse et Roanne du côté de Forez et jusqu'à Cusset du côté d'Auvergne.

En 1651, donc, un baron de la Queuille, partisan des princes, résolut de leur créer en Bourbonnais un centre d'action, et fit choix de Montaigu : pour ce faire, il se mit en grand rapport d'amitié avec le capitaine châtelain, nommé Ray de la Tour, et un jour que celui-ci était absent (20 septembre), il fit entrer par surprise des gens à lui et chassa du château la garnison royale (4).

contre eulx par punition corporelle rigoreusement ou autrement pour raison desdictz cas, sinon qu'ils en ayent nos lettres de rémission, si comme ils nous ont fait dire... Pourquoi nous à eulx requérant humblement accordons rémission complète... Donné à Montbazon au mois d'Apvril l'an de grâce mil CCCC cinquante et ung avant Pasques. » (Bibliothèque de Clermont, no 96.)

(1) M. de Matignon habita quelque temps Montaigu en 1625.
(2) Né à Clermont-Ferrand en 1596, mort en 1653. Il était fils de Charles de Valois, comte d'Auvergne, fils naturel de Charles IX et de Marie Touchet, et de demoiselle Charlotte de Montmorency, fille de Henri Ier, connétable de France.
(3) Voir *Archives historiques du Bourbonnais*, no de janvier 1890.
(4) Montaigu, en effet, possédait d'ordinaire une garnison royale, que l'on renforçait en temps de trouble : en 1650, elle était commandée par messire de la Barrière, major au régiment de M. de la Ferté.

A la première nouvelle de cet événement, les milices paroissiales des environs accourent à Montaigu et investissent le château, sous le commandement du baron de Pontcenat : parmi leurs chefs, nous relevons un Doultre de la Côte, un de Berthet, Burelle, juge châtelain de Varennes, un Devaulx, un de la Geneste et bien d'autres noms du pays : par contre, un Delaire, de Montaigu, est parmi les gens de M. de la Queuille.

Le 22 septembre arrive Lomet, lieutenant général en la prévôté et généralité de Moulins, qui, par trois fois, fait sommation au chef des rebelles d'avoir à livrer le château; mais celui-ci refuse et à la troisième sommation répond par une salve de couleuvrines et de mousqueterie. L'assaut commence, et, après quatre heures de sanglantes escarmouches, la Queuille, ayant perdu la première enceinte, demande à entrer en pourparlers : on le lui accorde; mais, pendant qu'il parlemente devant le pont-levis, deux de ses gens ouvrent par traîtrise aux assaillants une poterne sise non loin de la grande porte : la Queuille est tué, ses gens parviennent à se mêler à la foule, et le château est remis au capitaine châtelain.

La poterne par où purent pénétrer les assaillants est, pensons-nous, la petite porte qui donne actuellement accès dans la cour intérieure du château.

Henriette de la Guiche, duchesse d'Angoulême, vécut jusqu'en 1698 (1) et, mourant sans enfants, laissa Montaigu avec bien d'autres terres à sa sœur Anne, qui avait épousé le maréchal Henri de Schomberg, comte de Nanteuil : aussi, en 1706, trouvons-nous comme seigneur de Montaigu-le-Blayn Charles de Rohan-Montbazon, prince de Guéménée, époux de Jeanne-Armande de Schomberg, fille posthume du maréchal. A Charles de Rohan succéda, en 1736, son fils Hercule-Mériadec, qui fut plus tard interdit et dont, le 21 mars 1741, la curatrice, Julie-Louise-Gabrielle de Rohan, assistée de J.-B. Chouet de Saint-Aubin, avocat en parlement, vendit Montaigu à M. François Senetaire Audier du Buysson (2), comte de Douzon et plus tard de Pontcenat (V. ce fief), époux de Marguerite Mayeule de Beausson.

François Senetaire eut cinq filles et un fils, Denis-Philibert, qui fut le dernier seigneur de Montaigu et fit partie des trente-deux victimes de Lyon (V. le Coude), après avoir été brigadier général de dragons, gouverneur du Bourbonnais et député de la noblesse à la Constituante.

Montaigu-le-Blayn présente six grosses tours accolées et inégales et une septième, un peu séparée des autres et plus élevée, qui servait sans doute

---

(1) Voir nos Notes sur Châteldon dans les *Annales bourbonnaises*.
(2) François Senetaire du Buysson, de la branche des seigneurs de la Cave, portait le nom d'Audier de sa mère, Jeanne-Marie Audier d'Arfeuille, qui fut la dernière héritière de sa maison.

de guette. Ses rares et étroites ouvertures semblent dater du règne de Louis XII et sont certainement postérieures à la construction du château; aussi faut-il voir, d'après nous, dans le Montaigu actuel le château construit, en 1356, par les soins de Robert de Challuz : aucune partie, d'ailleurs, ne paraît antérieure au XIV⁰ siècle, et il est à croire que l'antique maison forte des Blayn devait simplement se composer d'un donjon entouré d'une enceinte palissadée. Peut-être la base de ce donjon primitif forme-t-elle le massif carré dans lequel s'ouvre la petite poterne dont nous avons parlé.

Montaigu, ainsi qu'il a été vu plus haut, devint par la suite la demeure favorite de Jacques Ier de Chabannes, qui y fit de nombreuses réparations; c'est de cette époque que date le corps de logis sis à gauche du pont-levis, partie du château la mieux conservée et dans laquelle se voit encore le lion des Chabannes sculpté sur deux modillons.

Peu de châteaux bourbonnais ont été aussi souvent que Montaigu dessinés et reproduits, et, de fait, c'est un des plus curieux spécimens de notre architecture militaire. Abandonné malheureusement et depuis longtemps livré, sans défense, à l'action lente du temps et à la rapacité des bâtisseurs voisins, le vieux castel, percé de larges brèches, s'effondrait peu à peu, et on pouvait prévoir le moment où rien ne resterait de ses tours découronnées : cet état de choses vient de cesser, grâce au propriétaire actuel, M. le capitaine d'artillerie Delaire de Cambacérès, et à son beau-père, M. le marquis de Vassart d'Hozier.

Au pied de Montaigu s'étend un joli petit bourg tout plein d'ombrage et de verdure, dont deux maisons, au moins, étaient d'anciens fiefs que durent toujours occuper des officiers du château.

La première est la *Boulaise*, somptueuse habitation qui appartient encore aux Delaire, à qui elle vint en 1745, par le mariage de Jean-François Delaire, seigneur des Blanchards, fils d'Antoine et arrière-petit-fils de Jean-Antoine mentionné à la Jarousse (V. ce fief), avec Madeleine Treille. Dès 1614, les seigneurs de la Boulaise sont des membres de cette famille Treille (V. Bartassières et autres fiefs), également possesseurs de nombreuses terres avoisinantes (1); mais avant 1614 nous ne connaissons d'autre aveu de notre fief que celui de Jean de la Boulaise, écuyer, seigneur dudit lieu, capitaine du château de Montaigu en 1439.

Lorsque le titre de baron leur fut conféré sous le premier Empire, les

---

(1) En 1638, François Treille, procureur d'office à Montaigu, était seigneur de Ruet.

Delaire de Cambacérès actuels prirent le nom de Delaire de la Boulaise (1).

La seconde est le *Riage*, bâtiment tout moderne, sis à l'extrémité du bourg et dont le colombier seul paraît ancien : le Riage est certainement le berceau de la famille noble que nous voyons ailleurs. De 1461 à 1494, nous y trouvons mentionnés Boniface, Perron et Jean du Riage, écuyers, seigneurs dudit lieu; puis vient une longue lacune jusqu'en 1604, où ce fief est aux mains de Charles Delaire, époux de demoiselle Claudine Blanchard. En 1639, Thomas Delaire, un des nombreux enfants de Charles, est encore seigneur du Riage; mais en 1643 sa terre a passé, nous ne savons comment, à M. Gilbert de Champfeu, écuyer, président trésorier de France à Moulins, fils de Georges, seigneur de la Motte, et de demoiselle Marie d'Aubigny, elle-même fille de Jean d'Aubigny, seigneur de Janzat.

Comme, depuis lors, aucun des descendants mâles de Gilbert de Champfeu ne porta le titre de seigneur du Riage, il est à croire que notre fief échut à sa fille Marie, mariée en premières noces à Gilbert de Chabannes-Pionsat(2) et remariée à Édouard de Montmorin; mais nous ne le trouvons pas mentionné non plus dans les possessions des enfants de ces deux mariages. Nous en perdons la trace jusqu'en 1743, époque où le possède François Féjard, dont une petite-nièce, madame de la Geneste, l'avait encore il y a peu de temps.

De 1663 à 1724, à vrai dire, nous trouvons bien des Delaire, dits du Riage, et il est fort possible qu'ils soient alors rentrés dans leur terre de famille; mais rien ne l'indique, et on peut penser que ce nom du Riage servait seulement à les distinguer des branches voisines.

En sortant de Montaigu, on rencontre un fief qui dut jadis avoir une certaine importance, mais où ne subsiste nulle trace de son ancien caractère de maison forte. C'est la *Jarousse*, que les anciens plans marquent comme un vieux château flanqué de quatre tours et accessible par une porte ouverte dans une tour carrée.

(1) Les Delaire, dont le nom revient souvent dans les listes d'officiers de justice des environs, formèrent d'abord deux branches, celles du Riage et de la Jarousse (V. ces fiefs), issues de Charles et Antoine Delaire, frères. La dernière forma les Delaire des Girauds, puis de la Boulaise, ceux des Pagats, ceux de Saint-Gerand-le-Puy, qui ont hérité du titre et des terres des Bouquet d'Espagny, et enfin les Delaire de Créchy, héritiers des Grand, et actuellement représentés par M. Georges Malbet.
La branche du Riage forma les Delaire des Charmes.
La famille Delaire possède, paraît-il, des titres qui établissent sa filiation d'une façon certaine, et la font sortir du château de Laire près Vertaizon et venir en Bourbonnais, vers 1600, par les alliances Blanchard et Ducléroir : sans cela, nous lui aurions, avec bien des probabilités, octroyé un ancêtre en la personne de Guillemnus Alarius, bourgeois de Saint-Gerand-le-Puy en 1391.
(2) Marie de Champfeu fut la grand'mère de l'acquéreur de la Palisse, François-Antoine de Chabannes.

Du passé féodal de la Jarousse nous ne connaissons rien, et c'est en 1546 seulement qu'apparaît un Jean du Cléroy (1), écuyer, seigneur de la Jarousse. En 1603, autre Jean du Cléroy, écuyer, possède la Jarousse indivisément avec son frère, noble et religieuse personne Claude du Cléroy, seigneur de la Maison-Neuve en la paroisse de Cindré. En 1619, Claude étant mort sans doute, notre fief appartient en entier à Jean du Cléroy, époux de demoiselle Esmée de Ferrières; puis, en 1622, il a été,

LA JAROUSSE.

par leur fille Suzanne, porté à Antoine Delaire, frère de Charles, seigneur du Riage. (V. plus haut.)

A Antoine succédèrent son fils Jean, fermier du grand Montet, et son petit-fils Claude, marié à Marie-Madeleine Maréchal; mais le 7 mars 1678, cette dernière, alors remariée à François de Cartherat, écuyer, gendarme du Roy, et héritière des biens de son mari, vendit la Jarousse à Michel Binville (2), procureur à Moulins, avec droit de réméré pendant cinq ans.

(1) Malgré l'orthographe différente et le titre d'écuyer, nous sommes fort tentés de faire sortir ces seigneurs de la Jarousse de la même souche que les Ducléroir, de tout temps fort nombreux dans toute la Forte-Terre. D'ailleurs, les gens du pays, fidèles à l'ancienne consonance de du Cléroy, prononcent plutôt Duclairay que Ducléroir.

(2) Armes des Binville : d'azur à un chevron d'or et en pointe une croix ancrée de gueules.

Les Brachet, d'origine limousine, portaient d'azur à deux chiens braques d'argent passant l'un sur l'autre.

Or, parmi les personnes pouvant exercer ce droit de réméré, se trouvait Gilles de Brachet, écuyer, seigneur de Palleau, capitaine au régiment de Navarre, fils de François de Brachet (V. Villars) et de demoiselle Marie de Murat, et époux de demoiselle Jacqueline de l'Espicier, sœur de François de l'Espicier, seigneur de Villars. Gilles de Brachet, en effet, avait hérité de son oncle, Charles Delaire, fils d'Antoine, époux de Jeanne de Brachet, et se trouvait ainsi non seulement représentant des Delaire au même titre que Madeleine Maréchal, mais encore possesseur de la moitié des droits seigneuriaux de la Jarousse. Il réclama donc l'annulation de la vente de 1678 et, le 9 juin 1680, devint seigneur de la Jarousse, où nous trouvons encore sa veuve en 1696, et en 1716 son fils Louis, époux de demoiselle Catherine de Vicq. Mais par suite d'arrangements de famille, notre fief ne tarda pas à passer à une fille de Gilles, Marguerite de Brachet, épouse de Pierre Delaire, et à rentrer ainsi dans la famille de ses anciens possesseurs.

En 1764, enfin, Hélène Delaire, petite-fille de Pierre, le porta à Charles-Athanase Dupuy de Chateauvert, capitaine dans le régiment provincial d'Autun (1).

Peu de temps avant la Révolution, M. Dupuy de Chateauvert se retira à la Jarousse, où il se mit à recevoir à souper les Chabannes, les Villemontée de Trézelles, les Chauvigny de Saint-Allyre et autres voisins mal pensants : c'était déjà fort imprudent; mais, non content de cela, il se permit un beau jour de penser et de dire que tout ce que faisait la Convention n'était pas exempt de critique. Il ne manqua pas, comme de juste, pour le dénoncer de patriotes courageux, et, le 11 messidor an II, Dupuy monta sur l'échafaud, comme convaincu de non-républicanisme, — ce qui était, d'ailleurs, parfaitement vrai.

Il ne laissait pas d'enfants, et sa veuve, en mourant, légua la Jarousse à un de ses cousins de Bourgogne, M. de Brachet, arrière-petit-fils de Gilles : celui-ci la mit immédiatement en vente, et, acquise comme bien de famille par Jacques Delaire des Girauds (sur Boucé), époux de demoiselle Madeleine Treille de la Boulaise (2), notre ancienne seigneurie passa successivement aux mains d'Antoine Delaire, fils de Jacques, mort sans postérité, à celles de Rose Delaire, sœur d'Antoine et épouse de Gilbert Burelle-Barutet, fils de Jean-Louis (V. Guédonnière), et enfin à toute la descendance de Rose Delaire jusqu'à M. Frantz Duchon, son arrière-petit-fils, qui en est aujourd'hui propriétaire.

(1) Charles-Athanase Dupuy, de la famille dont nous parlons à la Ronzière (V. ce fief), portait le nom de Chateauvert, d'une ancienne seigneurie située entre Baugy et Vindecy.
(2) Les Girauds viennent des Treille.

La Jarousse, avons-nous dit, a été reconstruite en entier, et deux tours y indiquent seules une ancienne habitation seigneuriale; mais l'excursion à la Jarousse n'en est pas moins à faire : à huit cents mètres à l'est, en effet, sur le *plateau de Chassemiane* (point 319), se trouvent des restes fort intéressants de fortifications gauloises, jusqu'à présent complètement ignorés. Au pied du plateau, tout contre un domaine au nom typique de Lestrat (*strata*), passe un vieux chemin qui, venant de la Croix, Puy Némin et Puy Rambaud, et se dirigeant vers le Montet et Cindré, a tout l'air de la vieille voie Cusset-Treteau, et Chassemiane semble réunir assez de probabilités pour être un de ces points qui, une fois sérieusement reconnus et en assez grand nombre, permettront peut-être de jalonner les voies antiques, sur lesquelles on a tant raisonné ou déraisonné.

Tout au bas de Chassemiane commençait la paroisse de Saint-Étienne-du-Bas, aujourd'hui partagée entre Montaigu et Saint-Gerand, et sur le territoire de laquelle se trouvaient deux maisons notables :

Les *Morets*, d'abord, sis sur le vieux chemin visible encore depuis le domaine de Champagne, et où vivait, au XVI° siècle, une famille bourgeoise des Morets, que nous y voyons jusqu'en 1626. Les Morets passèrent plus tard, ainsi que le domaine voisin des Vrys, aux Blanchardon, dont nous connaissons, en 1651, Barthélemy et, en 1667, son fils Claude; puis, en 1729, vinrent à M. Claude Devaulx, notaire royal, époux de Catherine Gras.

MM. Frantz et Paul Devaulx des Morets, arrière-petit-fils de Claude, furent les véritables rénovateurs de la culture dans cette région et les créateurs du riche centre agricole qui a nom la « Forterre » (V. Boucé).

Puis *Chervinières*, qui, à l'encontre des Morets, doit bien être une ancienne maison seigneuriale ; peu de traces y restent de son importance disparue, et de ses possesseurs trois seulement nous sont connus : ce sont, en 1606, Archambaud de Villars, écuyer; de 1639 à 1645, son fils Jacques, époux de demoiselle Paule de la Gravière, et enfin, en 1681, François Carré, seigneur du Crozet, qui possède Chervinières du chef de demoiselle Marie de Villars, sa femme, veuve en premières noces de Gilbert de James.

Non loin de là, sur la paroisse de Saint-Étienne-de-Ciernat, est le vieux fief de *Puydigon* (*podium Hugonis*), curieusement adossé à un mamelon calcaire, qui porta peut-être le château primitif, mais sur lequel on ne trouve ni fondations, ni débris. Au Puydigon actuel il est difficile d'assigner une date authentique, et la seule partie intéressante à relever, dans les bâtiments confus qui le composent, est une jolie façade du XVIe siècle qui n'est, du reste, qu'un placage recouvrant des constructions beaucoup plus anciennes.

Puydigon semble avoir été, dès l'origine, le fief d'une famille Favier, jadis fort importante et souvent nommée dans les plus anciens titres relatifs au pays : en tout cas, en 1301, époque où pour la première fois nous le trouvons mentionné, il appartient à Robert Favier, écuyer, vassal de Mon-

PUYDIGON.

taigu-le-Blain. A Robert succéda Guillaume, écuyer d'Isabelle de Valois, duchesse de Bourbon, et nous suivons à Puydigon tous les Favier jusqu'à l'année 1566, où s'y trouve encore François Favier, fils de Jean et époux de Catherine Aubert, fille de Mathieu, bourgeois de Charroux.

Après François Favier est une lacune dans la série des sires de Puydigon, et quand, en 1605, nos papiers font de nouveau mention de ce fief, il est tombé entre les mains des Tallière, vieille famille de Vouroux-les-Varennes, alliée aussi aux Aubert de Charroux. Viennent ainsi successivement, en 1605, Claude Tallière; en 1628 et 1642, Antoine, et de 1655 à 1671, autre Claude, fils d'Antoine; mais à cette date est une nouvelle interruption, et en 1679 apparaît un nouveau seigneur en la personne de

Jacques de Berthet, époux de demoiselle Françoise Treille. (V. le Peroux.)

Les Treille ont eu, en 1601 et en 1642, des alliances avec les Tallière, et peut-être faut-il voir dans ces alliances une explication toute naturelle du transfert de Puydigon à l'époux de Françoise Treille ; toujours est-il qu'en 1695 cette terre appartient à Pierre Agapit de Berthet, fils de Jacques, qui, le 1ᵉʳ décembre 1696, devint aussi seigneur du Teillat (V. ce fief) et de Martillières, paroisse de Vilaines (Marcenat), par le testament de son oncle Gilbert de Berthet.

La fille de Pierre Agapit de Berthet, en 1704, porta Puydigon à messire André-François du Buysson, seigneur de Fognat en la paroisse de Bellenaves, président en la cour et sénéchaussée du Bourbonnais, et, en 1772, il appartient encore à leur fils, Pierre-Emmanuel du Buysson de Fognat ; mais, à la mort de ce dernier, il fit retour aux de Berthet, et à la Révolution le seigneur de Puydigon était François de Berthet, écuyer, aïeul des propriétaires actuelles.

C'est à une de ces dernières, mademoiselle de Berthet, que l'on doit la restauration récente de la vieille église de *Ciernat*, modeste sanctuaire roman qui couronne une motte antique, et dans lequel on peut d'autant mieux voir le reste d'une seigneurie primitive que tout autour ont été mis à jour des débris intéressants et de vieux pavages en briques.

De cette seigneurie de Ciernat nous n'avons nulle mention, et ce n'est pas d'elle, pensons-nous, qu'il s'agit dans les aveux que rendent, en 1300 et 1342, d'un hôtel de Ciernat, Aymon et Hugues Restif ou le Restif, dits, le premier d'une noblesse douteuse, et le second damoiseau.

L'hôtel des Restif, selon nous, doit être celui dont il reste encore une entrée fortifiée, au bas du jardin de M. Grellet-Dumazeau, et dont nous avons vu la motte entourée d'un fossé plein d'eau : là, d'ailleurs, se forma l'agglomération de Ciernat, bourg bien pauvre, mais où résidait un notaire royal.

Quant aux droits seigneuriaux qui auraient pu constituer le fief de Ciernat, ils étaient, depuis 1567, — et probablement depuis bien plus longtemps, — réunis à Pontcenat, dont ils faisaient encore partie à la Révolution, et c'est à Ciernat que furent enterrés tous les derniers seigneurs de *Pontcenat*.

Tout maltraité qu'il ait été, Pontcenat (Pont de Ciernat) a encore conservé son caractère d'autrefois, et on reconnaît sans hésitation le château seigneurial de l'ancienne paroisse de Ciernat dans la masse imposante que forment ses constructions démantelées, sur une motte renforcée de terrasses et jadis entourée d'un étang de plus de seize hectares.

Toutefois il est fâcheux pour ces ruines que la tour qui les domine soit maigre au point d'avoir de loin l'aspect d'un clocher déchiqueté : cette tour, du reste, ne doit pas être antérieure aux premières années du XVII° siècle, époque où Pontcenat fut entièrement rebâti, si complètement même que des meneaux du XV° siècle et des pierres sculptées se trouvent en quantité dans les murs où on les a employés comme moellons.

PONTCENAT.

Les âges suivants ne furent pas plus respectueux des constructions du XVII° siècle que celui-ci ne l'avait été pour ce qui subsistait de ses devanciers : peu de châteaux de nos environs ont été pillés et éventrés avec autant de vandalisme que l'infortuné Pontcenat, qui, à vrai dire, se trouvait beaucoup trop près d'un bourg trop habité. A ce pillage, cependant, put échapper une pièce d'autant plus intéressante qu'elle pourrait bien donner les armes des Boucé, jusqu'à présent ignorées : c'est une plaque de cheminée armoriée, qui se trouve actuellement à Montaiguet chez M. Roger de Quirielle et porte de ... à une épée posée en pal, accostée de deux lions affrontés et un lion en pointe (1). Au-dessous est la date de 1611.

(1) M. le vicomte du Mesnil fait remarquer que, dans la vieille gravure genevoise représentant la bataille de Cognat, un étendard déployé au-dessus de la tête de Pontcenat porte d'or à la croix engrêlée de gueules, à la bordure de même. Si ce sont là — et ce pourrait bien être — les armes

Nous signalerons encore, à Pontcenat, une jolie margelle de puits dans le goût du XVe siècle, qui, sans doute culbutée à la Révolution et longtemps dédaignée, a été depuis peu remise en place avec soin, — mais à l'envers.

Ce manoir fut le berceau d'une famille de Pontcenat dont nous citerons seulement, en 1322, Gilbert, époux d'Isabelle de Cincé (V. la Croix-sur-Saint-Gerand-le-Puy), qui possède du chef de sa femme des droits seigneuriaux sur Roussanges et le terroir de Vernillet (V. ce fief) : jusqu'au milieu du XVe siècle, nous rencontrons encore des membres de cette famille Pontcenat, mais, dès 1366, leur fief patronymique était passé aux Boucé par le mariage d'Alise de Pontcenat, fille de Gilbert, avec Guillaume de Boucé, écuyer, seigneur dudit lieu. (V. Boucé.)

Pontcenat. — Puits du XVe siècle.

Il serait superflu de donner ici la liste des différents Boucé qui furent seigneurs de Pontcenat, mais il faut bien nous arrêter quelque peu sur celui d'entre eux qui, au XVIe siècle, illustra assez tristement le nom de notre manoir. Enfoui au milieu de ses marécages, ce dernier eut, du reste, peu de part à la renommée de son seigneur, et, il n'y a pas vingt ans, les érudits foréziens cherchaient encore d'où le trop fameux chef huguenot avait bien pu tirer son nom.

Le capitaine Pontcenat, donc, de son vrai nom François de Boucé, chevalier, sire de Pontcenat, Changy, Droiturier (V. ce fief), baron de l'Espinasse, était né entre 1516 et 1526 ; il était fils de Nicolas de Boucé et de Catherine le Clerc de la Forêt, veuve en premières noces d'Antoine de l'Espinasse. Dès l'apparition de la Réforme en Forez, il l'embrassa avec ardeur, se fit dans son pays l'organisateur des forces huguenotes et ne tarda pas à devenir un des plus actifs lieutenants du sauvage baron des Adrets. C'est lui qui, à Feurs, en 1562, commandait les bandes contre lesquelles échoua le marquis de Saint-Priest (V. Brunart), et, au mois de juillet de la

---

de Pontcenat, ce serait un appui assez sérieux pour la filiation qui le ferait venir des Centarben (V. Châtel-Montagne) : ceux-ci, en effet, portaient d'or à la croix engrêlée de gueules, et la bordure formerait une brisure de cadets.

même année, les curieuses gravures de propagande le montrent en bonne place, lors de l'affreuse prise de Montbrison ; mais c'est surtout pendant le soulèvement général de 1567 que nous allons le voir jouer un rôle prépondérant.

Au mois d'octobre de cette année, en effet, il quitte la Pacaudière avec trois mille hommes de pied et cinq cents cavaliers qu'il y a réunis, et, à la tête de cette troupe, traverse la Loire à Marcigny et se jette en Bourgogne. Le 1er novembre, il arrive devant Cluny, dont il dévaste l'abbaye, arrache aux religieux une forte rançon, puis va saccager Saint-Gengoux-le-Royal et s'avance jusque sous les murs de Louhans, auquel il donne inutilement l'assaut. Cependant, de toutes parts les milices se lèvent, des partis royaux sont sur ses traces, et, selon le plan habilement conçu par Catherine de Médicis, les chemins se trouvent successivement interceptés. Bientôt les ressources manquent à Pontcenat, et ses troupes découragées se débandent. Il n'en tient pas moins la campagne pendant deux mois, assouvissant sa rage contre les églises et les châteaux ; mais, constamment affaibli par des escarmouches malheureuses, il lui faut abandonner la plaine ; il se résout alors à opérer sa jonction avec les huguenots du Languedoc, va repasser la Loire en amont de Feurs et cherche à gagner la haute vallée de l'Allier.

Mais, là aussi, les chemins sont gardés et sa marche constamment inquiétée par les partis catholiques : enfin, atteint par le marquis de la Chabre au bas de Cervières, près de Champoly en Forez (1), il est absolument mis en pièces.

Heureusement pour Pontcenat, à ce moment-là, l'armée des confédérés du Lyonnais, du Vivarais, des Dombes, etc., tentait de pénétrer en Bourbonnais pour se joindre aux autres huguenots et à leurs alliés étrangers : il parvint à la rallier et, avec les débris de sa troupe, prit sur elle les devants pour la guider vers Gannat, dont il prétendait se faire un point d'appui.

Le 2 janvier 1568, nous le voyons s'arrêter à Changy pour faire son testament ; le 4, il arrive devant le pont de Vichy, qu'il enlève par surprise ; le 5, l'armée calviniste entière passe la rivière, et le 6 elle se dirige sur Gannat. C'est pendant cette marche que Pontcenat rencontre à Cognat l'armée catholique barrant la route : malgré l'infériorité du nombre, il fonce sur elle, parvient à s'ouvrir un passage après une lutte sanglante, et, le soir même de son triomphe, trouve de la main de ses propres soldats une mort obscure, certainement indigne de la valeur militaire qu'il avait déployée.

(1) La bataille se livra dans un champ à droite de la route, entre les Salles et Champoly, sous les dernières lettres du mot Fourhemagne de la carte d'état-major.

Le domaine qui avait prêté son nom au capitaine Pontcenat fut, à sa mort, l'apanage de sa fille Suzanne, mariée à Henri d'Apchon, baron de Fretay (V. ce fief et Droiturier), et, en 1606, il est encore fait mention de Suzanne de Boucé, dame de Pontcenat. Mais, à partir de cette date, nous devons signaler une courte lacune dans la suite des possesseurs de notre château. Passa-t-il avec Droiturier aux Chabannes ? Fut-il vendu, porté par alliance à quelque famille, que le contre-cœur de 1611, dont nous avons parlé, aiderait à découvrir ?

Nous l'ignorons et passons de suite à l'année 1631, où l'on voit dame de Pontcenat et y demeurant Anne de Sarron (1), qui possède aussi des dîmes sur Saint-Gerand-le-Puy, et est encore mentionnée en 1663. La fille d'Anne, Gilberte de Sarron, épousa François de Bayle : c'est ainsi qu'en 1656 le baron de Pontcenat est Balthazar de Bayle, sans doute fils de François, et aussi seigneur des terres de Cordebœuf et du Fay (2), qui lui venaient de Madelaine Gaudon, fille de Jean, seigneur de Foulet, qu'il avait épousée le 17 juin 1656 (3).

Le fils aîné de Balthazar, Jean Gilbert de Bayle, mourut probablement jeune, et son successeur immédiat fut son fils cadet, Jacques de Bayle, écuyer-prêtre, qui semble avoir presque continuellement habité son manoir de Pontcenat. Il y mourut le 7 août 1730, entouré de ses voisins et parents, parmi lesquels nous citerons : madame de Maubranches de Cotignon, sa nièce, madame de Berthet de Fognat, de Puydigon, et M. Menudel, seigneur de Beaurepaire et de Bel-Air ; ses restes furent inhumés dans l'église de Ciernat.

Pontcenat alors passa à dame Catherine de Cotignon (4) et à son époux Pierre-François Debies de Maubranches, qui le gardèrent jusqu'au 1ᵉʳ mai 1745, époque où ils le vendirent à François Senetaire du Buysson de Douzon, marié le 8 janvier 1731 à Marguerite-Mayeule-Alexandre de Beausson, le même qui, en 1741, s'était rendu acquéreur de Montaigu-le-Blayn. (V. plus haut.)

C'est à Pontcenat que mourut M. du Buysson, le 3 août 1769, et notre

---

(1) Anne de Sarron est probablement une d'Apchon, mais nous n'en avons nulle preuve et n'avançons rien.

(2) Cordebœuf est de Paray sous-Briailles, et le Fay sur Montfan (actuellement Louchy-Montfan). Le Foulet des Gaudon, sis paroisse d'Iseure, est actuellement l'établissement Treyve-Marie.

(3) « Baile, baron de Pontcenat, a fait plusieurs campagnes, a de l'acquis, du mérite, des amis, et pourrait servir en des temps difficiles : il a été confirmé gentilhomme par la cour des Aides, a dix mille livres de rente et est aisé et des plus riches de toute la province. » (Statistique de l'intendant de Pommereu.)

(4) Les Cotignon habitaient le château du Deffand, paroisse de Garnat.

château, échu à son fils Philibert, fut sur lui confisqué à la Révolution en même temps que Montaigu ; nous rapporterons donc seulement, avant de quitter Pontcenat, que c'est là qu'eut lieu, le 7 mai 1772, le mariage de demoiselle Anne-Charlotte Mayole du Buysson, une des filles de Philibert, avec haut et puissant seigneur messire Yves Mourins, comte d'Arfeuilles, chevalier, capitaine de dragons dans la légion de Soubise, fils de Charles et de demoiselle de Boutiguergues du Teil, demeurant audit Arfeuilles, paroisse de Beaumont le Felletin, au diocèse de la Marche.

Mademoiselle du Buysson reçut de son frère, comme dot, la terre du Lonzat, sur la paroisse de Villaines, actuellement Marcenat-oultre-Allier, qui appartient aujourd'hui encore à ses descendants. Nous la retrouverons à Billy. (V. ce fief.)

Tout à l'extrémité de l'ancienne paroisse de Ciernat, vers les Places-Roussanges, est le domaine de *Beaurepaire*, qui fut jadis une fort importante seigneurie et pourrait bien avoir été l'ancienne terre de la famille chevaleresque des Taïn (V. Vernillet), mais sur laquelle nous ne possédons que des renseignements bien confus. Elle semble avoir été partagée au XIV° siècle, et, tandis qu'une partie de ses droits fut, par une de Cincé (V. la Croix), portée aux Pontcenat (1), la terre — et le château probablement — échurent aux Montjournal, dont aux XV° et XVI° siècles plusieurs membres sont dits seigneurs de Beaurepaire.

Sans doute faut-il voir déjà un seigneur de Beaurepaire dans ce Jean de Montjournal qui en 1375 fait des acquisitions dans le voisinage (V. Vernillet) ; mais le premier que nous ayons trouvé mentionné sous ce titre est, en 1454, Claude de Montjournal, père de Pierre.

Le dernier est, en 1526, François de Montjournal, duquel, sans transition aucune, nous passons à l'année 1664, où la statistique nobiliaire, souvent citée, nous donne un nouveau seigneur de Beaurepaire en la personne de Philippe de Menudel, « garçon qui a été dans le parti de la Fronde, mais qui a porté les armes pendant plus de trente ans, entend fort bien l'infanterie, a beaucoup d'esprit et un bien de mille deux cents livres de rentes ».

Nous rencontrons à Belleau (V. ce fief) cette famille Menudel, mais nous ne savons comment elle était venue dans ce pays, dont elle ne semble pas originaire : après Philippe, en tout cas, on trouve comme seigneur de Beaurepaire son fils Mayeul, et, après celui-ci, Jean-Alphonse de Menudel,

---

(1) Lors de la Révolution, il existait encore à Pontcenat un terrier des droits seigneuriaux de Valançon, Beaurepaire et Roussanges.

époux de demoiselle de Bergeron de Grouges (V. ce fief), et demeurant ordinairement en son château de Beaurepaire.

Jean-Alphonse de Menudel n'eut pas d'enfants et mourut en 1730, laissant par testament tous ses biens à son neveu, Antoine Préveraud, seigneur des Vesvres et de Mortillon, époux de Marie Bertucat, cette dernière fille de Claude et de demoiselle Catherine Bergeron de Grouges (V. Chassenard). Antoine Préveraud (V. les Plantais) ne garda pas Beaurepaire et, en 1734, peu avant sa mort, le céda à François Fournier, écuyer tenant la poste pour le Roy à Bessay, qui, du chef de sa mère, demoiselle Dupéron, fille d'un capitaine châtelain de Pontcenat, possédait déjà une partie des terres encore aujourd'hui comprises dans le domaine de Beaurepaire.

François Fournier était originaire de Langy, et ce sont ses descendants que, plus tard, nous trouvons à Sanssat (V. ce fief) alliés aux des Escures ; mais, de toutes les transactions dont Beaurepaire fut depuis lors l'objet, nous ne citerons que le partage du commencement de ce siècle, qui consomma son démembrement.

Une partie, en effet, en fut alors portée par une demoiselle Fournier à M. Virotte-Lafond, dont les petits-fils, MM. Grellet-Dumazeau, la possèdent encore, et le reste divisé entre ses deux frères, qui se construisirent chacun une maison bourgeoise dans la part à eux échue.

Beaurepaire, aujourd'hui, forme toujours deux domaines appartenant, l'un à M. le colonel Berger de Nomazy, l'autre à M. Delaire de Cambacérès ; mais dans leurs constructions partagées, refaites, agrandies, il est impossible de reconnaître trace non seulement d'un château ancien, — s'il en exista jamais, — mais encore de l'habitation plus récente des Menudel.

Enfin, dans la direction de Saint-Gerand, nous trouvons *Puy-Rambaud*.

Parmi les vassaux de Montaigu-le-Blayn, en 1300, figure un de Cincé (1), damoiseau, seigneur de Puy-Rambaud, et, en 1357, nous trouvons dans le même fief Perrin de Cincé, aussi damoiseau : on pourrait dès lors supposer qu'il y eut jadis à Puy-Rambaud autre chose que le vieux moulin, qui seul existe aujourd'hui ; mais il est bien à croire que cet ancien fief perdit non seulement son chef, mais encore toute importance de très bonne heure, et sans doute dès la guerre de Cent ans.

Depuis cette époque, en effet, il n'en est plus fait mention, et en 1621 seulement nous le retrouvons parmi les possessions des Chitain, seigneurs de Saint-Étienne du Bas (V. ce fief) et de la Prugne.

(1) A propos de ces Cincé, que nous pensons être des Aynards, seigneurs de la Croix (*de Cruce*), voir ce fief sur Saint-Gerand-le-Puy.

Le dernier de ces Chitain, comme nous le disons ailleurs, fut Pierre, époux de demoiselle de Poilvilain (1); et pendant que, par suite d'un mariage, Saint-Étienne du Bas et la Prugne sont passés aux Rouher, le seigneur de Puy-Rambaud, en 1698, est messire François de Culant, époux de demoiselle Claudine du Vergier (2), employé dans les affaires de Sa Majesté et domicilié à Gouise.

François de Culant, encore mentionné en 1722, est le dernier seigneur de Puy-Rambaud que nous connaissions.

SAINT-GERAND LE PUY.

La jolie petite ville de Saint-Gerand le Puy est le chef-lieu d'une commune qui, outre l'ancienne paroisse de Saint-Gerand, englobe aussi la majeure partie de celles de Saint-Allyre de Valence et de Saint-Étienne du Bas, et quelque peu de celle de Ciernat.

Sise sur une éminence qui lui donna son nom (*Sanctus Giranus in Podio*), et dans l'angle que formait jadis, avec le grand chemin de Varennes, la voie secondaire de Cusset par le Nouvellon, notre localité fut certainement un poste militaire essentiel, et à ce titre fut, comme nous l'allons voir, l'objet d'une sollicitude constante de la part des sires de Bourbon. Grâce, il est vrai, à la paix profonde qui, heureusement pour notre province, forme la plus grande part de son histoire, l'importance militaire de Saint-Gerand le Puy disparut de bonne heure, mais il n'en resta pas moins un centre notable du Bourbonnais : pendant qu'à Billy fut transporté le siège nominal de la châtellenie et se construisirent les maisons décorées de tourelles où se rendait la justice (3), c'est à Saint-Gerand que continuèrent à habiter les baillis, lieutenants et officiers de toute sorte, souche d'une nombreuse et riche bourgeoisie, dont notre petite ville est encore la résidence.

Le même fait se remarque au Donjon, qui fut la résidence habituelle

---

(1) Il y a dans le bas Berry une seigneurie de Poilvilain.

(2) Cette famille du Vergier, toute différente de celle que nous trouvons maintes fois dans la montagne, sortait d'une terre du Vergier sise paroisse de Longeprée : cette terre du Vergier fut, par la veuve François de Culant, laissée à Jeanne Philippon, sa cousine, épouse d'Antoine Palierne.

(3) En 1694, d'ailleurs, on trouve des arrêts rendus en la châtellenie de Billy, membre de Saint-Gerand-le-Puy.

du personnel de la châtellenie des Basses-Marches, dont le chef-lieu nominal était Bourg-le-Comte.

La situation de *Saint-Gerand le Puy*, son antique importance, et aussi les établissements gallo-romains dont il reste au pied du Puy (V. Saint-Martin) des débris considérables, peuvent avec une certaine vraisemblance faire croire que l'emplacement du bourg actuel fut de tout temps un lieu fortifié. Il n'a pourtant, que nous sachions, rien été découvert de précis à cet égard, et, pour nous, l'histoire de Saint-Gerand commence à un acte du 15 août 1200, rapporté dans Huillard-Bréholles, et où, pour la première fois, nous voyons mentionné Archambaud de Saint-Giran le Puy.

Nous ne rechercherons pas, après tant d'autres, d'où venaient ces Saint-Gerand : comme, dans l'acte que nous venons de citer, Archambaud se dit frère du seigneur de Montluçon et que, jusqu'à ces derniers temps, on croyait les sires de Montluçon membres d'une branche des Bourbons, on fit longtemps des premiers Saint-Gerand des cadets de Bourbon.

SAINT-GERAND LE PUY.

Mais M. Chazaud a, depuis lors, porté dans ces temps lointains la lumière de sa savante critique, et il a été reconnu que les sires de Montluçon n'étaient que des vassaux ou plutôt des lieutenants des sires de Bourbon. Nous en sommes donc réduits aux conjectures pour l'origine des Saint-Gerand, qui, d'ailleurs, ne semblent pas avoir été les seigneurs primitifs du Puy, mais l'occupèrent sans doute au moment où les sires de Bourbon l'Archambault, s'étendant peu à peu, abordèrent (XI° siècle) les confins de l'ancienne Auvergne : on ne saurait pourtant méconnaître la probabilité d'un lien quelconque entre les Bourbons et l'importante famille qui, en leur nom, tenait à la fois les rives du Cher et la route de Lyon.

Archambaud de Saint-Gerand, en effet, n'était que le lieutenant du sire de Bourbon; mais — comme il se fit partout à cette époque, et c'est là la véritable origine des fiefs — sa lieutenance fut vite transformée en une seigneurie, qui comprenait aussi Perigny et le Couldray (V. ces fiefs), et c'est en qualité de seigneur de Saint-Gerand qu'en 1211 nous le voyons prendre part à la campagne entreprise par Guy de Dampierre contre Guy, comte d'Auvergne. C'est pendant cette campagne qu'Archambaud enleva « d'échelles » le château de Châteldon (1), et peut-être est-ce en récompense de ses services qu'il reçut alors, en accroissement d'apanage, le château de Pierremont, près Ferrières. (V. ce fief.)

Archambaud de Saint-Giran figure encore en 1241, et après lui viennent, en 1268, son fils Guillaume, autre Archambaud en 1275, et en 1283 autre Guillaume de Saint-Gerand, qui, au mois de juillet 1287, vend à réméré sa terre de Saint-Gerand le Puy à Louis de Rohères, chevalier, époux d'Alise du Vernet (2).

Comme à la même époque nous voyons le même Guillaume vendre aussi son château de Châteldon, il est à croire qu'il partait pour quelque expédition : mais pour laquelle? On guerroyait alors en Aragon, en Flandre, un peu partout. Toujours est-il qu'il y périt, et, en 1300, nous trouvons comme dame de Saint-Gerand la veuve de Louis de Rohères, Alise du Vernet, bénéficiaire de l'acte de 1287 (3).

Cette dernière, d'ailleurs, ne semble pas être rentrée facilement en possession de sa seigneurie et se vit forcée de soutenir, contre sa fille Catherine, un procès que raconte Boutaric dans son *Histoire des Parlements* et qui dura jusqu'en 1312. Ce procès se termina en sa faveur, mais cette solution ne fut pas du goût de sa famille, et, en 1314, le propre oncle de Catherine, Jocerand du Vernet, seigneur dudit lieu, Molles et Seuillet, enleva d'assaut et ravagea le chastel de Saint-Gerand le Puy.

Pour mettre l'accord dans cette famille, Philippe le Bel prit le parti radical et avantageux de confisquer notre fief à son profit; mais, soit que les prétentions de Jocerand aient été fondées, soit pour toute autre cause, il ne tarda pas à s'en dessaisir, et, en 1321, est dit à nouveau seigneur de Saint-Gerand, Perigny et le Couldray Jocerand du Vernet, qui signe aussi parfois Jocerand du Couldray.

Jocerand semble n'avoir laissé qu'une fille, Marguerite, dont nous avons parlé à Perigny et au Châtelard de Saint-Prix (V. ces fiefs), et qui fit successivement passer notre fief à ses deux maris, Ythier Raibe et Jean de Bigny, écuyer.

(1) De très vieilles peintures murales, par nous découvertes à Châteldon, portent des armoiries que l'on peut lire : de gueules à la bande d'or, et qu'il convient, pensons-nous, d'attribuer aux Saint-Gerand.

(2) Non loin d'Abret, sur la paroisse de Busset, est un village de Rouhères, où il serait intéressant de faire des recherches.

(3) La famille de Saint-Gerand pourtant n'était pas éteinte, et c'est à elle qu'appartiennent Hugues de Saint-Gerand qu'en 1301 Béthencourt cite parmi les vassaux de Montaigu, Richard

Lorsque le duc Louis de Bourbon fut envoyé en Angleterre pour servir d'otage au roi Jean, le sire de Saint-Gerand le Puy fut un des seigneurs qui l'accompagnèrent. C'est pendant cette captivité volontaire de Jean de Bigny que, après avoir ravagé les environs, apparurent sous les murs de son manoir les bandes anglo-bourguignonnes. Du siège que Saint-Gerand eut à subir, nous n'avons malheureusement aucun détail ; mais, malgré l'absence de leur seigneur, les bourgeois de Saint-Gerand durent faire belle résistance. Renonçant, en effet, à emporter la place d'assaut, les ennemis entreprirent de couper les aqueducs qui y amenaient les eaux de la source de Fontbouillant ; ils réussirent, et, privés d'eau, les habitants de Saint-Gerand, moins heureux que leurs voisins de Jaligny, se virent forcés de capituler. Sur la pente du Puy qui regarde la route de Sanssat, au-dessous de la maison occupée par les religieuses et sous des restes de talus, on trouve des conduites comblées, qui sont, sans doute, celles que les Anglais tarirent.

Le château de Saint-Gerand fut complètement démantelé et la ville mise au pillage ; il faut croire que l'amoncellement des ruines dépassa même les dévastations si fréquentes en cette époque barbare, car Nicolaï, qui ne parle guère de ravages aussi anciens, dit que le bourg de Saint-Gerand est « une vieille ville ruinée par les Anglais ».

L'occupation anglaise dura peu, et, en novembre 1367, Saint-Gerand fut repris par le duc Louis, revenu de Londres, et la garnison passée au fil de l'épée. Jean de Bigny était du nombre des assaillants, mais il ne garda pas longtemps son castel ainsi reconquis. Peut-être trouva-t-il la mort dans une des innombrables rencontres de ces années sanglantes, et dès 1375 le seigneur de Saint-Gerand est messire Ythier Raibe, probablement fils du premier lit de Marguerite de Saint-Giran.

Cet Ythier Raibe a laissé dans le pays un souvenir tout aussi exécré que celui des Anglais, et ce ne doit pas être sans raison : le 28 octobre 1382, en effet, le duc Louis de Bourbon, après avoir condamné le sire de Saint-Gerand à mille livres d'amende pour délits et méfaits commis tant par lui que par Perceval Raibe, son fils, se vit forcé de lui confisquer son domaine pour le même motif.

Que devint, depuis lors, notre seigneurie ? En 1394, nous trouvons bien un Guillaume de Marlot et sa femme, Jeanne de Thianges, seigneur et dame en partie de Saint-Geran le Puy ; mais, après eux, est une lacune d'un demi-siècle (1), jusqu'en 1440, où nous voyons Jean du Boys, damoi-

---

et Carritus de Saint-Giran, nommés à la même époque, et aussi Ulric et Hugues, qui, en 1324, font des partages avec Achert de Pontcenat.

(1) Sans avoir rien de précis à cet égard, nous serions fort tentés de faire passer à cette

seau, et dame Philippe d'Anlezy, sa consorte, vendre la terre de Saint-Giran à Isabelle de Chauvigny de Blot, veuve de Pierre, seigneur d'Urfé.

A Isabelle de Chauvigny succéda son fils, autre Pierre d'Urfé, grand écuyer de France, et, en 1534, le seigneur de Saint-Gerand est encore un Claude d'Urfé, fils ou petit-fils de Pierre ; mais si le souvenir de l'illustre famille forézienne s'est conservé dans son ancien fief, par le nom de l'étang d'Urphé et aussi par celui de Saint-Gerand en Urphé que porta longtemps notre château, nous ne savons guère comment il sortit de ses mains, et, en 1544, nous arrivons à Pierre d'Apvrillon, seigneur de Saint-Bonnet en Forez, qui rend aveu à Charles d'Angoulême, second fils de François Ier, de sa terre et seigneurie de Saint-Gerand.

Notre terre, quelques années plus tard, en 1565, fut l'objet d'un échange entre Pierre d'Apvrillon et Jacques de Chaugy, époux de Catherine de Culant, qui lui donna en retour la terre de Saint-Julien en Berry ; mais, malgré cela, elle ne sortit pas des mains des d'Apvrillon : en l'année 1572, en effet, Saint-Gerand constitua la dot de Catherine de Chaugy, la fille de Jacques, qui épousa Charles d'Apvrillon, le fils de Pierre.

Charles d'Apvrillon eut un fils, François, déjà mentionné à la Chapelle de Périgny (V. ce fief); mais Saint-Gerand le Puy échut, à sa mort, à sa fille Jacqueline, mariée en 1605 à Gaspard de Jas (1), seigneur de la Motte en Forez et membre d'une famille chevaleresque que l'on trouve à Jas, près de Feurs, dès la fin du XIIIe siècle.

Les de Jas possédèrent Saint-Gerand pendant cent cinquante ans : après Gaspard, viennent successivement Jean de Jas, marié d'abord à Jacqueline Meilhard, et, en secondes noces, à Marie de la Geneste; puis Balthazar-Gabriel (2), époux d'Anne de Benoît (V. les Grands-Villards); Claude, capitaine au régiment de cavalerie de Soreau, époux de Jeanne-Désirée de Grain de Saint-Marsault (3), et enfin Charles, époux de Marie de la Geneste.

Charles de Jas mourut en 1734 et fut le dernier de sa famille qualifié seigneur de Saint-Gerand : il n'eut qu'une fille, Louise-Agnès, mariée

---

époque à Saint-Gerand la famille des Montaigu-Listenois, que l'on trouve au Breuil, à Montgilbert, etc. (V. ces fiefs) : ce serait, en tout cas, une explication du nom de Justice de Montaigu qu'avait au XVIe siècle et que conserva jusqu'à la Révolution une partie de la terre de Saint-Gerand.

(1) Les armes des de Jas, d'azur à l'aigle éployée d'argent, se voient encore sur un modillon extérieur de l'église, mis à jour par la démolition de l'ancienne cure.

(2) Le frère de Balthazar, Louis-Henri de Jas, épousa Jeanne Alarose, fille de Gilbert, seigneur de la Charnée : sa fille Thérèse épousa Claude de la Roche, écuyer, seigneur de la Porte.

(3) En 1597, un Jean de Grain de Saint-Marsault était capitaine du château de Dijon. Armes : d'azur à trois demi-vols d'or.

en 1730 à messire Bodinat de la Motte, mais cette fille unique mourut avant son père, et celui-ci laissa Saint-Gerand à une de ses nièces, Jeanne-Désirée de Jas, mariée en Franche-Comté à messire d'Arlay des Gaudières.

Madame des Gaudières n'entra pas paisiblement non plus en possession de Saint-Gerand, et, de 1735 à 1749, nous la voyons soutenir un procès presque analogue à celui d'Alise du Vernet, au XIV° siècle. Elle gagna également le sien ; mais, les mœurs ayant quelque peu changé, elle put jouir dès lors sans trouble de son fief de Saint-Gerand et le léguer à son tour à un sien neveu, Jean-Claude-Marie de Thimonnet des Gaudières, capitaine d'infanterie. La fille de celui-ci, enfin, Claude-Perrette de Thimonnet, en 1757, épousa Claude Girard, écuyer, seigneur de la Vesvre en Bourgogne, ancêtre des propriétaires actuels, qui figure parmi les trente-deux Bourbonnais guillotinés à Lyon le 31 décembre 1793.

C'est au château de Saint-Gerand que coucha, le 21 novembre 1804, le pape Pie VII allant à Paris couronner le premier Consul, et c'est bien là, croyons-nous, le seul fait notable dont ait été témoin l'élégante construction à tourelles qui, en 1502, remplaça l'ancien château fort. A l'ombre de ses arbres séculaires, avec ses ouvertures à accolades et sa porte armoriée, ce petit manoir, dû aux d'Urphé, a assurément fort bon air ; mais ce qu'il a de plus remarquable est encore sa situation merveilleuse, d'où l'on découvre au loin la plaine de Billezois et sa ceinture de montagnes bleues.

Quant au vieux manoir féodal qui, outre l'emplacement du château actuel, occupait tout le triangle formé par la place de l'Église et les deux rues qui y accèdent, il n'en reste absolument que des caves, et aussi, sur l'extrême point culminant du Puy, une épaisse maçonnerie découverte en reconstruisant la cure et qui pourrait bien être la base de l'ancien donjon. L'église elle-même, construction romane du X° ou du XI° siècle, était la chapelle seigneuriale, et à côté de l'ancienne entrée du château, dans la maison de M. Forestier, se trouve le châtelet ou auditoire.

Avant d'arriver à Saint-Gerand, le chemin venant de Ciernat passe tout près de deux localités intéressantes :

La première est l'ancienne communauté des *Gras*, portée en 1637 par demoiselle Catherine Gras à Guillaume Devaulx, l'ancêtre des de Vaulx des Morets.

La seconde est le très vieux fief de la *Croix*, sis sur l'ancienne voie dont nous parlons à propos de la Jarousse (V. ce fief).

La Croix, au XIV° siècle, appartenait à cette famille Aynard que nous trouvons aussi à Vernillet (V. ce fief), et à propos de laquelle nous émettrons une hypothèse qui nous paraît bien vraisemblable.

Il s'agit de ces Cincé, alliés à plusieurs familles nobles du voisinage, dont, à une certaine époque, il est fait mention dans presque toutes les pièces relatives à cette région et qui disparaissent tout d'un coup (V. Puy-Rambaud, Pontcenat...) : ces Cincé ne pourraient-ils pas être des Aynard dits, sur les vieux titres, Aynard de la Croix ou *de Cruce*, nom que l'on aurait lu par erreur de Cincé ?

Non loin de là est *Gondailly*, dont, nous ne savons pour quelles raisons, l'opinion locale veut faire un ancien couvent : cette tradition paraît bien peu fondée ; toutefois, elle pourrait tirer une certaine force de ce fait que les premiers seigneurs de Gondailly que nous connaissions sont des Vichy : cette famille, en effet, comme nous le disons à Busset, eut une large part dans les dépouilles des Templiers, et peut-être Gondailly se trouvait-il compris dans cette part.

Toujours est-il que, le 10 décembre 1291, nous voyons Robert de Vichy, seigneur de Gondailly, passer un acte avec Jean, comte de Forez ; en 1344 et 1366, Hugues ou Hugonin de Vichy, chevalier, rend aveu de Gondailly, et ce doit être une fille de cet Hugues, demoiselle Agnès de Vichy, qui porta notre fief à Pierre de Chantemerle, chevalier, qualifié seigneur de Gondailly dès 1367.

Le nouveau seigneur appartenait à une puissante famille, originaire du fief de Chantemerle en la paroisse de Coulanges, mais alors fixée en Charolais et que nous rencontrons, du reste, dans plusieurs de nos fiefs. Les Chantemerle se succédèrent à Gondailly pendant près de deux siècles, et nous y voyons, en 1398, après un long veuvage d'Agnès, son fils Philibert de Chantemerle ; puis viennent Jean, en 1452 Louis, et enfin, en 1504, les deux fils de ce dernier, Imbert de Chantemerle, seigneur de la Clayette, et Jean de Chantemerle, dit de Moles.

Il s'écoule alors une période d'environ cent ans, pendant laquelle l'histoire de Gondailly nous échappe presque absolument et où nous pouvons seulement noter quelques possesseurs, entre lesquels ne semble exister aucun lien : c'est, en 1521, Antoine de Chabannes, évêque du Puy (V. Gléné de Servilly et autres fiefs) ; puis, en 1587, un Marc de la Grave, écuyer, qui, cette année-là, épouse Catherine de la Rouzière, fille de Gilbert, seigneur dudit lieu (1) ; enfin, en 1619, Jean de Villars, aussi

(1) Catherine de la Rouzière fut à son mariage assistée de ses trois tuteurs, Bertrand de Biozat, écuyer, seigneur dudict lieu, Jean de la Rouzière, écuyer, seigneur de la Baulme, et Charles de

seigneur de la Brosse-Raquin et comte de Chiavanza, sous-lieutenant des gendarmes du prince Victor-Amédée de Savoie, marié en Savoie avec demoiselle Lucrezia Rovera, fille de feu Philibert.

Ainsi fixé à l'étranger, Jean de Villard vendit sans doute sa terre bourbonnaise, et, peu après, nous voyons arriver à Gondailly la famille de Chazerat, originaire de Pionsat en Auvergne, mais fixée dans notre pays depuis le mariage célébré à Moulins, en 1590, entre Philibert de Chazerat et Claudine de Nicolaï, fille du géographe du Roy. De 1629 à 1730 se succédèrent à Gondailly des Chazerat, dont nous citerons seulement le petit-fils de Philibert, Gilbert de Chazerat, ingénieur des fortifications à Ypres, qui, de 1669 à 1688, remit en état de défense, sous la direction de Vauban, plusieurs places de la frontière nord.

Le dernier Chazerat de Gondailly fut son petit-fils, autre Gilbert, élu en l'élection de Moulins, et époux de Marie Pérot (1), qui, le 23 juin 1731 et moyennant dix-huit mille cent livres tournois, vendit sa terre à Claude Bardonnet le Jeune, demeurant au bourg de Châtel-Montagne, et époux de Gabrielle Vernay.

Claude Bardonnet, issu de la haute montagne bourbonnaise (V. les Bardonnets), laissa une grosse fortune, et nous rencontrons à maint endroit sa nombreuse descendance (2) ; ici, nous ne retiendrons que Bonnet, avocat à Moulins et maire de cette ville en 1777, à qui échut Gondailly et dont le fils possédait encore notre fief à la Révolution.

En ce siècle, notre château appartint successivement aux Richard d'Aubigny et à MM. de Saint-Gilles; mais ils ne l'habitèrent pas, et quand, en 1872, Gondailly fut acquis par M. Bichard, c'était un vieux logis, d'aspect encore féodal, mais en fort mauvais état. Une maison toute moderne a,

---

Biozat, commandeur de la Racherie, demeurant au château de Villards, paroisse de Floret (V. ce fief) : à ce mariage assiste aussi la mère de Catherine, Jeanne de Belestat, veuve de Gilbert de la Rouzière, quand vivait seigneur dudit lieu, et remariée audit Bertrand de Biozat. En outre, il a été demandé l'autorisation de Révérend messire Frère Antoine de Villards, dit de Glêné, seigneur de la Brosse-Raquin, maréchal de Saint-Jean de Jérusalem, commandeur de Saint-Georges de Lyon ; enfin, parmi les témoins figurent : Jean de Belestat, François de Belestat, oncle et cousin de Catherine, un Jacques d'Anglard, seigneur dudit lieu, et Antoine de Villars, commandeur de la Marche et du Mayet.

Cela explique comment plus tard Biozat vint aux la Rouzière, que nous voyons aussi à Roudon (V. ce fief), et — joint surtout au retour de Gondailly aux Villards — indique aussi entre les Villard, Murat, la Rouzière, etc., des liens de parenté qu'une étude particulière et approfondie permettrait seule de suivre.

(1) Gilbert de Chazerat fut le père d'un intendant d'Auvergne, dont le souvenir s'est perpétué jusqu'à nos jours.

(2) Des autres enfants de Claude, nous citerons notamment François, seigneur de Togues et de la Toulle (V. ces fiefs); Jean, écuyer, seigneur des Martels et de Neuville (V. ces fiefs); autre François, seigneur de Chabannes; une fille mariée à Pierre Martinant de Préneuf (V. la Chapelle), lieutenant général au bailliage de Cusset, etc.

depuis lors, remplacé les tours qui couronnaient le mamelon abrupt et environné d'étangs, bien fait pour un château fort, et il n'y a plus à citer à Gondailly qu'un puits profond creusé dans le roc, dont nous ne nous expliquons guère les colossales dimensions.

Au pied de Gondailly sont deux petits moulins, probablement construits par les Chazerat, et en tous points semblables à celui de Puyfol (V. ce fief), qui, lui aussi, appartenait aux Chazerat.

Avant d'être transportée, lors de la rectification de la grande route en 1757, par Burelle-Barutet dans la maison que ses descendants possèdent

GONDAILLY.

encore au cœur même du bourg et dont la porte est ornée d'un cor de postillon, la poste aux chevaux de Saint-Gerand occupait la vieille maison de *Guesdonnière,* où elle avait sans doute été fondée.

Dès 1556, en effet, le chevaucheur du Roy à Saint-Gerand est maître Martin Guesdon, de Guédonnière, et il est bien à croire que, dès l'origine, cette charge devait appartenir aux ascendants de Martin. Ce nom même de Guesdon n'a-t-il rien de caractéristique ?

Aux Guesdon succédèrent par alliance les la Geneste, mentionnés dès 1614, et que nous suivons jusqu'à Joseph (1), écuyer tenant la poste pour le Roy, en 1716, époux de demoiselle Sébastienne de Jas, fille du seigneur

---

(1) Nous possédons deux cachets intéressants : le premier, trouvé sur une lettre de Joseph de la Geneste, donne évidemment les armes jusqu'ici ignorées de cette fort ancienne famille : d'argent au chevron de sinople surmonté de trois tiges de genêts, accompagné en pointe d'une rose de...; le second se trouve sur une lettre de 1752 de Gilbert Burelle, seigneur de Barutet, et semblerait prouver que sa famille est distincte de celle des Burelle de Varennes (V. les Barniers) : il porte une fasce accompagnée de trois roses.

de Saint-Gerand et, par elle, seigneur des Grandes-Brosses, sur la paroisse de Périgny (V. ce fief).

Joseph de la Geneste eut quatre enfants : Joseph, l'aîné, seigneur des Grandes-Brosses (1), qui fut lieutenant général à Billy; Charles, qui tint quelque temps la poste de concert avec son beau-frère Burelle; Anne, mariée à Jacques Treille de la Boulaise, et enfin Jeanne-Désirée, épouse de messire Antoine-Gilbert Burelle, seigneur de Barutet, près Saint-Pourçain sur Sioule.

C'est ce dernier qui succéda à son beau-père et qui, comme nous l'avons dit, transporta le relais de poste à Saint-Gerand : il eut lui-même pour successeur son fils Jean-Louis, qui épousa une demoiselle Forestier des Tixiers, de Perigny (V. ce fief), et dont le rôle pendant la Révolution ne fut pas irréprochable.

Il reste encore, à Guédonnière, une tour rasée qui atteste à la fois, et l'ancien caractère demi-seigneurial de cette habitation, et le civisme éclairé dont fit preuve son propriétaire, en sacrifiant sa silhouette quasi féodale.

Tout près de Guédonnière est une motte, où des débris gallo-romains se trouvent mélangés avec des vestiges certainement postérieurs.

Saint-Gerand, avons-nous dit, pourrait bien être un ancien poste gallo-romain : au pied même du *podium* et, pour ainsi dire, sous sa garde, étaient des *villæ* dont il reste encore des ruines malheureusement coupées par la route de Saint-Germain, et dont l'emplacement est marqué par le très vieux sanctuaire dédié à saint Martin, maintenant converti en étable.

Tout autour s'étend une nécropole antique, et c'est de ce sanctuaire détruit que provient la statue que l'on a conservée et placée dans une sorte de niche au bord de la route.

En face et de l'autre côté du Redan se distingue une motte presque effacée : c'est tout ce qui reste de l'ancien fief de *Saint-Martin*, dès 1300 occupé par une famille noble de ce nom.

Cette année-là, Tachon de Saint-Martin, damoiseau, vassal de Saint-Gerand, a des droits sur Rongères, notamment le droit de foire, et, jusque vers 1350, les *Noms féodaux* nous donnent une suite de Saint-Martin possessionnés sur Sanssat et Saint-Allyre de Valence. Sans doute

---

(1) Le fils de Joseph fut l'un des premiers juges du tribunal de Cusset; sa famille existe toujours. Une autre branche de la Geneste, qui aussi, croyons-nous, a toujours des représentants, fournit au siècle dernier plusieurs notaires et féodistes à Varennes, et portait le nom de la Geneste de la Motte : elle possédait sur Vouroux les Gouats et les Daguenets. Voir en outre nos notes sur les Aragons.

est-ce bien encore un membre de cette famille qui, au XVIᵉ siècle, possède sur Perigny le fief de la Bresle (V. ce fief); mais, à ce moment, son fief patronymique ne lui appartient plus, et, dès 1443, nous voyons Hugues de Mariol, écuyer, seigneur de Creuzier-le-Neuf, rendre aveu pour l'hostel appelé de Saint-Martin, paroisse de Saint-Gerand-le-Puy, avec domaines et arrière-fiefs en dépendant.

A partir de cette date, l'histoire de Saint-Martin est assez confuse, et non seulement nous ne nous expliquons guère le lien existant entre ses différents seigneurs, mais encore il semble que notre seigneurie ait été de bonne heure partagée entre des propriétaires qui tous s'intitulent en même temps seigneurs de Saint-Martin. Ce titre, en effet, en 1660 et 1666, est porté par Annet Treille, écuyer, seigneur de Bartassières (V. ce fief) et gendarme de la compagnie du Roy; puis, en 1682, il est pris en même temps par Claude Gadin, seigneur de Saint-Lyens, par les la Geneste de Guédonnières, et aussi par François Martin, intendant des affaires de M. le comte de Saint-Gerand (1).

Le dernier seigneur de Saint-Martin fut, en 1717-1722, Charles Plantade de Rabanon, lieutenant au régiment du Roy-cavalerie, époux de Catherine Gadin de Saint-Lyens, fille de Claude, et c'est vers cette époque, sans doute, que les droits seigneuriaux de Saint-Martin furent acquis par les seigneurs de Saint-Gerand, qui en étaient encore possesseurs à la Révolution.

Au-dessus de Saint-Martin est le célèbre vignoble de Barbesèche, qui, en 1760, fut créé sur des défrichements par un curé de Saint-Étienne-du-Bas, nommé Annet Corre et originaire de Maringues : Barbesèche fut par ses héritiers vendu à M. de Grassin, seigneur de Saint-Étienne-du-Bas. (V. ce fief.)

Nous venons de voir des Gadin de Saint-Lyens : ces Gadin sont une branche de ceux de Servilly et eurent pour auteur, croyons-nous, Henri, fils de Pierre, châtelain de Servilly, qui, en 1614, habitait sur la paroisse de Magnet la maison des Places (V. les Plassards) et fut le père de François et l'aïeul de Claude.

Quant au modeste arrière-fief dont ces Gadin avaient pris le nom, nous

---

(1) Cette profusion du titre de seigneur de Saint-Martin pourrait cependant s'expliquer par l'existence des deux Saint-Martin, le Grand et le Petit, que Cassini marque au bord du Redan.

Quant à la terre sans doute démembrée de Saint-Martin, et qui appartenait aux Gadin de Saint-Lyens, pourquoi n'en pas faire la modeste locatairie pompeusement nommée en 1734 hôtel de *Rabanon*, et dont prit le nom Charles Plantade, l'époux de Catherine Gadin, fils de notables commerçants de la Palisse et aïeul des Plantade mentionnés à Chitain? (V. ce fief.)

ne savons vraiment où le placer : et pourtant, comme de nombreux titres semblent indiquer que ce Saint-Lyens devait se trouver aux environs rapprochés de Saint-Gerand, ne le pourrait-on pas voir dans la bien pauvre maison connue sous le nom significatif de la Gadine, et qu'ont récemment acquise les Forestier de deux demoiselles Gadin (1)?

Cela nous paraît très soutenable, et il serait fort possible que le vieux sanctuaire du bas du Puy ait été primitivement sous le vocable de saint Lyens (saint Julien peut-être), et n'ait pris que plus tard son nom de Saint-Martin, de celui de la seigneurie voisine : le nom primitif des sires de Saint-Gerand n'est-il pas, d'ailleurs, Saint-Julien?

Au sud du Grand Village et au bord du ruisseau de Grognat, la carte d'état-major marque une motte fort bien conservée, en effet, et que dessine une ceinture de saules.

Là fut le château de *Mars*, berceau de la famille de ce nom, que, jusqu'à la fin du XVIII° siècle, nous suivons à Isserpent, à Baleyne (V. ces fiefs) et ailleurs (2). Depuis Guillaume, qui en rend aveu en 1400, les Mars gardèrent toujours et jusqu'à la Révolution les droits seigneuriaux attachés à la motte de Mars; mais, devenus au XV° siècle, sinon auparavant, possesseurs de nombreuses terres des environs, ils semblent avoir bien délaissé depuis lors leur petit fief patronymique; quand, en outre, ils sacrifièrent à la mode, si répandue encore à notre époque, d'aller chercher au loin son origine, ils laissèrent tomber en ruine le vieux château, et Mars ne figura plus dans leurs aveux que comme annexe de la seigneurie de Baleyne.

En amont de Mars et sur le même ruisseau, à cent cinquante mètres

---

(1) En 1632, un Gontier des Dureaux (V. ce fief), ayant épousé une demoiselle Gadin, prit le titre de seigneur de Saint-Lyens et des Morillons.

(2) En 1145, Raymond de Mars, damoiseau, vassal du sire de Saint-Gerand le Puy, Archambaud de Saint-Julien, assista comme témoin à la donation de l'église de Perigny faite par son suzerain aux dames de Cusset; aussi nous semble-t-il assez difficile d'admettre l'origine bressane attribuée communément aux de Mars.

Il pourrait se faire cependant que ce Raymond de Mars soit un paroissien de Boucé (V. Mart), et que les Mars des Dombes soient venus dans notre pays succéder à une famille du même nom que le leur; mais le peut-on sérieusement soutenir?

Ce qui est bien plus vraisemblable, c'est qu'il y ait eu dans les Dombes une famille de Mars plus illustre que celle de nos gentilshommes bourbonnais : aussi, quand ceux-ci furent appelés à faire leurs preuves, songèrent-ils de suite à se rattacher à leurs homonymes, comme il se fait journellement, et un de nos de Mars ayant été gouverneur de Bourg en Bresse (V. Baleyne), ce greffage se trouva en quelque sorte justifié ou tout au moins facilité. Il convient pourtant d'ajouter que, dans la chapelle seigneuriale de la très vieille église romane de Bost, est un écusson à peu près fruste sur lequel se distinguent encore des fasces ou un burelage quelconque : ces armes, différentes de celles que donne l'Armorial et que portèrent les derniers de Mars, pourraient faire supposer que deux familles différentes de Mars se succédèrent dans notre pays.

environ au sud-est de la locatairie de la Rigole, on arrive à une motte récemment coupée, sur laquelle nous avons recueilli des débris d'ancienne et fine poterie : là fut certainement une construction importante, et un moment nous en aurions fait volontiers l'ancien château de Jarrie. (V. Saint-Allyre de Valence.)

Nous expliquons ailleurs pourquoi nous avons renoncé à cette opinion ; mais le voisinage des terres dites Clos-de-Jarrie ou de la Petite-Jarrie, sises derrière le domaine des Arnauds, nous fait penser que c'est l'emplacement du domaine de la *Petite-Jarrie*, reste sans doute d'une construction plus importante et dont les Fradel prirent le nom au moment où ils durent quitter Saint-Allyre (1). (V. ce fief.)

C'est bien là, d'ailleurs, que Cassini marque le domaine de la Petite-Jarrie : quant à l'opinion assez répandue que le nom de Jarrie serait venu aux Fradel du domaine de la Jarrie, sis près de la Ferté-Hauterive, nous la citons sans la partager.

La Petite-Jarrie fut, vers 1680, vendue par les Fradel aux Treille de Bartassières.

Telles sont les localités notables que nous avons pu relever sur l'ancienne paroisse de Saint-Gerand et sur la partie de Saint-Allyre qui lui a été annexée ; mais, avant de passer à celle de Saint-Étienne-du-Bas, aussi englobée dans Saint-Gerand, il faut nous arrêter au domaine de *Montvernet,* près duquel s'élève, barrant complètement la vallée, le piton coté 324.

Ce piton, en effet, forme à coup sûr une merveilleuse situation pour une ancienne tour-signal, devenue plus tard fief et justice : or, en 1145, à l'acte dont nous avons parlé à propos de l'église de Périgny, figure comme témoin un Guy de Vernet ; en 1377 également Galois de Vernet, et en 1444 un Louis de Vernet, rendent aveu de la tour forte de Vernet, avec justice et droits seigneuriaux en dépendant, sur les paroisses de Seuillet et de Saint-Gerand-le-Puy.

Comme, nulle part ailleurs, nous n'avons trouvé trace de cette tour du Vernet, il nous semble que l'on pourrait, avec assez de vraisemblance, la placer sur le piton de Montvernet : en tout cas, le nom du domaine voisin est un indice sérieux de probabilité, et, en outre, dans une terre près de là ont été découverts des restes d'habitations anciennes, dont un pavage en marbre.

(1) En 1634 fut baptisé à Rongères Gilbert de Fradel, écuyer, fils d'Antoine, écuyer, seigneur de Jarrie, et de demoiselle Françoise le Brun, fille de noble Gilbert, seigneur de Cornassat. Cette famille le Brun, que nous ne savons à qui rattacher, était possessionnée sur Rongères.

Comme dans bien d'autres endroits, — Bussoles, par exemple, — le chef paroissial de *Saint-Étienne-du-Bas* se composait d'une église, de la cure et du château.

Église et cure ont complètement disparu, et c'est à peine si l'on en peut reconnaître l'emplacement, à l'extrémité sud d'un jardin, tout contre le chemin de Sanssat.

Quant au château, il se trouvait au bord de l'eau, à l'endroit planté d'arbres où se distinguent encore des restes de fossés; mais, en ce siècle, les anciennes constructions ont été remplacées par un élégant chalet élevé par la famille Delaire, et il n'en reste qu'un pavillon à tourelles, qui encore a dû être récemment refait.

La première mention que nous ayons de Saint-Étienne-du-Bas est un acte de 1367, où en est qualifié seigneur Guillaume Sorbiers, damoiseau, fils de Perrin et époux de Laure de Boucé, fille de Jean et d'Isabeau de la Garde. (V. les Certaines.) Laure, devenue veuve, mourut en 1402, laissant pour seul héritier son fils Guillaume; mais, après celui-ci, nous perdons la trace de notre fief et nous passons sans transition au 16 juin 1490, où il appartient à Jean de Chitain, membre de la famille que nous rencontrons en maint autre endroit. (V. Chitain, la Prugne, Puy-Rambaud, etc.)

A partir de Jean, nous voyons les Chitain se succéder sans interruption jusqu'aux dernières années du XVIIe siècle, et nous arrivons à Pierre de Chitain, écuyer et époux de demoiselle Jeanne de Poilvilain, dont, le 27 janvier 1683, une fille, Claudine-Marie, épousa Guillaume Rouher, conseiller au présidial de Moulins et seigneur de Pirouer (Puy-Rouher) en la paroisse de Bressoles.

Guillaume Rouher, seigneur de Saint-Étienne après Pierre de Chitain, mourut en 1710 : après lui viennent son fils Jean-Jacques, marié d'abord à une demoiselle de Lingendes et en secondes noces avec Marie-Gabrielle Baron; puis, en 1758, Jean-Claude Rouher, fils de Jean-Jacques.

Jean-Claude Rouher vendit probablement notre fief, et c'est ainsi qu'en 1760 nous le trouvons entre les mains de messire Louis-François Bernard des Camps (1), mestre de camp de cavalerie, chevalier de Saint-Louis, et époux de demoiselle Marie Jonard de Versières. Enfin, la fille de Louis-François, Marie-Olive Bernard des Camps, épousa M. de Grassin,

---

(1) Existait-il quelque lien entre notre pays et ce Bernard des Camps? Nous ne savons : nous relèverons seulement en 1664, sur les registres paroissiaux de Sanssat, le nom de maître François Descamps, bourgeois de Moulins; en 1729, en outre, un autre François Descamps est greffier de la chambre du Conseil au présidial de Moulins.

seigneur de Précord (V. ce fief), et celui-ci possédait encore Saint-Étienne-du-Bas en 1790.

Sur la paroisse de Saint-Étienne était un ancien fief, mentionné par Nicolaï, et dont, en 1528, est dit seigneur un Jean Guy, écuyer : c'est le domaine actuel des *Charmes,* dont nous ne connaissons guère l'histoire et qui, par acte du 11 juin 1605, fut par Catherine Dugué donné à son neveu Jean de Villars, seigneur de la Brosse-Raquin et de Gondailly, à charge

LES ARAGONS.

pour lui de payer à sa sœur, Blanche de Villars, la somme de mille écus tournois.

En 1609, cette Blanche de Villars habite les Charmes, et c'est elle qui, en 1621, et munie de la procuration de son frère, vendit les Charmes à Gilbert Morel, châtelain de Pontcenat et de Gondailly, frère de Philippe, seigneur de Trézelles, et père de Pierre, que nous retrouverons aux Échelettes.

Ce Pierre Morel est le dernier seigneur des Charmes que nous connaissions.

Enfin, nous arrivons aux *Aragons,* dont il nous semble difficile de faire un ancien fief, et qui doivent être simplement une construction comme le commencement du XVIIe siècle en vit élever beaucoup dans notre pays.

Sur leur histoire, d'ailleurs, nous ne savons rien d'antérieur à cette époque, et le premier seigneur que nous en connaissions est, en 1629, Henri de Vaux, avocat en parlement, élu en l'élection de Moulins, et époux de demoiselle Françoise de Champfeu.

Sans doute les Aragons venaient-ils à Henri de Vaux du chef de sa femme, ou, du moins, c'est ce que pourraient faire supposer les signatures des Champfeu, que nous trouvons souvent, avant cette époque, sur les registres du voisinage (V. le Clos Richard); mais nous n'avons pu le déterminer d'une façon certaine. A Henri succéda son fils Antoine de Vaux (1), et à celui-ci son fils Pierre, époux de demoiselle Catherine Filiastre, qui, restée veuve et demeurant à Moulins, afferma les Aragons à Jean de la Geneste, bourgeois de Vouroux et seigneur du Petit-Enfer, pour lequel donne caution son frère Gilbert, seigneur du Rondet.

Après Pierre vient son fils Gilbert, et c'est la fille de ce dernier, Marie de Vaux, qui, vers 1700, porta les Aragons à François de Genestoux, écuyer, commissaire provincial d'artillerie. M. de Genestoux n'eut, lui aussi, qu'une fille, Gabrielle, qui épousa Louis-Gilbert Ponthenier, marchand à Cusset, et c'est ainsi que vers 1750 nous voyons notre fief passer aux de Berthet par le mariage d'André, fils d'Antoine, seigneur de Bardinières (V. ce fief), et de demoiselle de Vauthier, avec demoiselle Gabrielle Ponthenier, fille de Louis-Gilbert (2).

Les Aragons récemment encore appartenaient au dernier représentant de la famille de Berthet.

RONGÈRES ET LANGY.

A l'ouest de Saint-Gerand, le massif calcaire qui borde depuis Saint-Yorre le lac de l'Allier vient s'épanouir en un énorme dépôt, sur lequel s'étendent les communes de Rongères, Langy, Sanssat, Saint-Félix et Billy.

Le cours du Redan sépare ce territoire en deux parties bien distinctes,

---

(1) Catherine de Vaux, une fille de Henri, épousa un Toussaint de la Geneste.
(2) Louis-Gilbert avait eu pourtant d'autres enfants, dont Gilles, notaire royal, et Antoinette, mariée à Claude Perrot, receveur des aides à Gannat.

et, tandis que celle du sud, — Sanssat et Saint-Félix, — profondément érodée par les eaux, ne présente qu'une série de mamelons aux flancs déchirés, la partie nord forme un plateau peu accidenté, que suivit de tout temps sans doute la grande voie, devenue la route de Paris à Antibes par Lyon : à côté de la grand'route actuelle, construite au milieu du siècle dernier, on distingue, d'ailleurs, deux tracés encore très reconnaissables de ce grand chemin.

Tous deux passent par *Rongères*, petit bourg qui possède une intéressante et fort ancienne église romane, et dont l'origine semble religieuse plutôt que féodale.

Il est possible, en effet, qu'une maison forte ait succédé à la villa gallo-romaine dont, à quatre cents mètres au nord du bourg, au lieu dit la Font-Bergeron, on trouve encore des restes importants; mais, dès la fin du XIII° siècle, — époque florissante pourtant des terres féodales, — on voit déjà morcelés les droits, cens et domaines de notre paroisse, et dans aucun des aveux qui en sont faits ne sont mentionnés, hôtel, motte ni fossés de Rongères. De ces aveux, nous citerons celui de Matharon de Naffours pour la moitié de la terre et haute justice de Rongères; celui de Guillaume de Guiry, damoiseau, fils de Guillot, pour l'autre moitié de la terre et la grange de Rongères; celui d'un Sorbiers, damoiseau, pour le terroir des Landes, qui a depuis lors gardé le nom de tènement de Sorbiers; enfin celui des sires de Saint-Martin (V. ce fief) pour les droits de foire.

De ce morcellement, peut-être pourrait-on induire que Rongères fut une dépouille des Templiers : cette opinion est d'autant plus admissible qu'elle tire une certaine force de l'église même de Rongères, œuvre, à coup sûr, d'un ordre religieux, et aussi de ce fait que, jusqu'à la Révolution, l'ordre de Saint-Jean de Jérusalem, qui fut dans notre province le principal héritier des chevaliers du Temple, garda sur Rongères des terres, cens et dîmes, d'ailleurs peu importants et affermés, en 1602, cent quinze livres.

Les possessions de l'ordre à Rongères étaient rattachées à la Racherie et s'étendaient sur un terroir dit de l'Hôpital, au nord de l'ancien chemin qui de Rongères gagne les Chaumes et n'est autre que la vieille voie. Dans ce terroir, plein de débris anciens et où le sol s'effondre sous le pas des bœufs, dut certainement s'élever l'hôpital de Rongères encore mentionné en 1537 et qui avait remplacé, sans doute, un de ces hôtels-Dieu (*hospitium Dei*) si répandus au moyen âge, le long des grands chemins.

De cet hôpital il ne reste plus rien, mais, au bas de Rongères, existait, en outre, une chapelle dite de la Madeleine qui dépendait de l'hôpital (1) et lui a longtemps survécu ; un acte de 1743, en effet, mentionne encore ses murs ruinés, au milieu même de la vieille route, près d'une fontaine qui se trouve à l'extrémité du bourg, en descendant vers le Méage, et qui a conservé le nom de Font-Madeleine.

Jean de Vernet, en 1378, réunit les droits seigneuriaux de Rongères à sa seigneurie de Barchères (V. ce fief); ces droits, plus tard, appartinrent longtemps aux seigneurs du Méage ; au XVIII° siècle, enfin, M. du Buisson de Douzon, baron de Pontcenat, s'intitule seigneur de Rongères.

Non loin de Rongères et sur le très vieux chemin de Rongères à Montaigu par le pont Mouzaia, Cassini marque une petite terre disparue de *Pont-Billard,* dont le nom rappelle celui des Billard, une des plus anciennes familles bourgeoises du pays. Nous ne pensons pas que Pont-Billard ait jamais été un fief, mais plutôt un simple domaine dont, au XVIII° siècle, prit le nom une branche des des Escures, de Sanssat. (V. ce fief.)

En face de Rongères, de l'autre côté de la route, était récemment un petit château qui, avec sa tour à encorbellement et ses pignons aigus, ne manquait pas de caractère : c'est le *Péroux,* propriété de M. Noailly, du Teillat. Actuellement tout ancien cachet lui a été enlevé, et rien ne distingue plus d'un domaine vulgaire cette ancienne maison forte dont on peut cependant reconnaître encore quelque peu la motte et les fossés.

Le premier seigneur du Péroux est, en 1342, Hugues Bernuçon, damoiseau, membre d'une famille qu'au XIV° siècle on trouve possessionnée des bords de l'Allier au fond de la montagne. (V. Saint-Nicolas des Biefs.) Aux Bernuçon succédèrent les Chenet, que nous rencontrons aussi aux Échelettes (V. ce fief), et nous arrivons ainsi à 1411, où est seigneur du Péroux, du chef de sa femme Catherine Chenète, Tachon de la Motte-Butavant. (V. ce fief.) En même temps que Butavant, le Péroux passa ensuite des la Motte aux Lorry du Coude (V. ce fief), qui en rendent aveu en 1500 et 1502, et en 1527, enfin, il est aux mains de Jean Dinet, avocat fiscal du Bourbonnais et un des rédacteurs de nos *Coutumes.*

Jean Dinet, membre d'une famille considérable de Moulins, fut, croyons-

---

(1) Il est fort possible que cette chapelle ait été — comme la chapelle Saint-Pierre, à Périgny, et peut-être celle de Saint-Pierre Laval — un de ces sanctuaires qu'il était d'usage d'offrir à la piété des voyageurs, près des sources qui leur permettaient arrêt et repos.

Peut-être aussi pourrait-on voir dans la chapelle de la Madeleine l'église primitive de la paroisse de Rongères, toujours appelée dans les titres du XIII° siècle paroisse de Fontaines-Rongières.

nous, le père de Jacques et l'aïeul par conséquent de Gaspard Dinet, le pieux évêque de Mâcon ; mais nous ne trouvons pas le nom de Jacques ni celui de Gaspard parmi les seigneurs de notre fief, et en 1600 le Péroux était passé, par son mariage avec noble demoiselle Philippe Dinet, sans doute fille de Jacques, à François de la Pimpré, écuyer, aussi seigneur de la Berlière, sur la paroisse de Vaumas (1).

François de la Pimpré eut deux filles : Péronnelle, mariée à messire Philibert de Mars, seigneur de Baleyne (V. ce fief), et Marguerite, encore célibataire à la mort de son père, en 1636 : le Péroux fut alors mis en vente, et l'acquéreur en fut Claude Treille, seigneur de la Boulaise (V. ce fief), époux de demoiselle Anne Cordier.

A Claude Treille succéda son fils Pierre, qui mourut en 1672, laissant notre terre indivise entre son fils Jean et sa fille Françoise, mariée à Jacques de Berthet, seigneur de Puydigon. (V. ce fief.)

Que devint alors le Péroux ? Nous ne savons ; mais, soit par acquisition, soit par une alliance avec les de Berthet, il passa, avant 1691, entre les mains des Bardon du Méage (V. ce fief) et resta dès lors incorporé à la puissante seigneurie voisine.

M. Forestier de Saint-Gerand le Puy possède une pierre armoriée provenant du Péroux et qui porte de ..... à trois serres posées deux et une : cet écusson doit être celui des Bernuçon ou celui des Chenet, dont les armes sont restées jusqu'ici ignorées.

Outre la maison noble du Péroux, le Méage engloba celle du *Prénat*, mentionnée par Nicolaï sur la paroisse de Rongères : le Prénat existe encore et, malgré sa conversion en domaine, a conservé tout son caractère. C'est une élégante construction du XIVe siècle, un peu massive peut-être, mais dont les détails sont très soignés, et qui a gardé d'une restauration postérieure une fort belle cheminée Henri II.

Sur l'histoire de ce gentil manoir nous sommes malheureusement bien pauvres, et, avant de le voir vers 1670 réuni au Méage, nous n'en connaissons que de rares possesseurs, à savoir : en 1515, Archimbault Mayeul ; en 1538, Gilbert Mayeul, fils d'Archimbaud ; en 1634, noble Gilbert Billard, conseiller du Roi, élu en l'élection de Moulins, aussi seigneur de Gravières, et enfin, en 1653, André Semin, écuyer, seigneur de Saint-Sornin, de

(1) Jusqu'au XVIIIe siècle les Dinet gardèrent sur Rongères le domaine des Dalliers, qu'ils semblent avoir eu bien avant le Péroux. La généalogie de cette famille Dinet serait d'autant plus intéressante à faire que nous pensons nos Dinet sortis d'une vieille souche forézienne et d'anciens notaires de Crozet. Nous rencontrons, il est vrai, des Dinet un peu partout, et l'on peut admettre qu'il y eut plusieurs familles de ce nom.

Gravières (V. ce fief) et du Prénat, comme époux de Marguerite Billard, fille de Gilbert (1).

Toutefois, il paraît possible d'éclairer quelque peu le passé du Prénat. Il semble, en effet, bien près voisin du Méage pour avoir été, à l'origine, une seigneurie distincte : or, en 1300, pendant que le Méage appartient encore à la famille qui en porte le nom (V. plus bas), nous voyons un Jean de Guénégaud rendre aveu de terres, bois et prés qu'il possède au Méage, paroisse de Rongères, et lorsqu'en 1366 un autre Guénégaud, sans doute fils de Jean, renouvelle cet aveu, il accuse avec les mêmes prés et terres un hôtel et maison forte.

LE PRÉNAT.

Dès lors, n'est-on pas fondé à croire que le Prénat n'est autre chose que cet hôtel et maison forte, construit au XIVᵉ siècle par cette famille de Guénégaud, sur des terres du Méage qu'elle avait eues peut-être par une alliance avec la famille de ses premiers seigneurs (2) ?

Cette seigneurie du *Méage,* dont nous venons de parler déjà à plusieurs reprises, avait pour chef un château fort, sis comme celui de Togues

---

(1) De 1640 à 1653, le fermier de Prénat fut un Dyannière, époux de demoiselle d'Obeilh, et sans doute aïeul de Jean-Baptiste, le fameux médecin, que nous trouvons à la Fond et à Fontarbin. (V. plus bas.)

(2) Le Prénat serait alors ce petit fief de Guénégaud, sis, d'après M. le comte de Soultrait, aux environs de Boucé et qu'au XIVᵉ siècle possédaient, dit-il, les Guénégaud, issus du château de Guénégaud, près de Saint-Pourçain-sur-Sioule.

Notre château aurait donc porté le nom de ses premiers seigneurs avant de prendre celui qu'il a actuellement et qui signifie tout simplement le Pré Neuf en patois bourbonnais.

(V. plus bas) à côté d'une de ces sources abondantes comme il en jaillit souvent des terrains calcaires, qui lui fournissait un puissant moyen de défense.

Au XVe siècle, le Méage primitif disparut, et c'est de cette époque que date l'élégante construction actuelle, qui, malgré des retouches postérieures, reste un spécimen fort bien conservé de la gracieuse architecture à laquelle nous devons aussi Gléné, Chappes, la Forêt... et tant d'autres châteaux de notre pays.

Comme eux tous, le Méage se compose d'un corps de logis flanqué sur

Le Méage. — Porte d'entrée.

une face de deux tours et sur la façade nord d'un gros pavillon carré, auquel une tourelle d'escalier donne un aspect de légèreté remarquable. Tout autour sont des terrasses bordées de douves aux eaux limpides, et du côté du midi s'étend une vaste cour que ferme une grille en fer forgé d'un travail achevé.

Le Méage fut le berceau de cette famille noble du Mayage dont nous trouvons le nom, à plusieurs reprises, parmi ceux des vassaux de Montaigu-le-Blain, et dont le premier connu, Raymondin Méage, damoiseau, avait, en 1272, le droit de percevoir 40 sols de rente sur les tailles de Billy. En 1375, un Jean du Méage rend encore aveu de son fief patronymique; mais, après lui, est une lacune de plus de deux siècles, pendant laquelle nous ne connaissons de seigneurs du Méage qu'Étienne Burelle, en 1517, et en 1520 son fils Claude, tous deux probablement membres de la famille bourgeoise possessionnée aux environs de Varennes

Vers 1580, enfin, arrive au Méage la riche famille de Thomassin, anoblie à Lyon par l'échevinage en 1504, et venue en Bourbonnais à la suite d'une alliance avec les Boucé (V. ce fief). C'est ainsi qu'en 1588 apparaît noble Jean de Thomassin, baron de Boucé, seigneur du Méage, écuyer de l'Ordre du Roi, et époux de demoiselle Louise de Bourbon-Busset, fille de Claude et de demoiselle Marguerite de la Rochefoucault.

En 1617, lors du mariage de sa fille Léonarde avec Gilbert de Chauvigny de Blot, Jean de Thomassin possède toujours le Méage; mais, peu

LE MÉAGE.

après, notre fief changea de mains, et, en 1624, nous le trouvons compris dans les biens qu'ont à se partager Philippe, Jean et Nicolas Bardon, tous trois fils de Pierre, en son vivant procureur général en la sénéchaussée de Moulins (1).

M. de Soultrait ne se trompe pas quand il attribue comme ancêtre aux Bardon Gabriel Bardon, notaire des environs de Boucé. Gabriel Bardon était en effet notaire à Rongères en 1511, et fut l'aïeul de Jacques, époux de demoiselle Michelle du Saulzay, qu'en 1587 nous trouvons bourgeois de Varennes et qui fut le père de Pierre.

Le Méage, en 1624, échut à Philippe, qui, en 1616, avait épousé

---

(1) Dans les partages de famille, cette place de procureur général fut estimée la somme énorme de vingt mille livres.

Antoinette de Champfeu, fille de Jean, seigneur des Garennes (V. ce fief), et qui fut anobli en 1626 comme président trésorier de France à Moulins. Philippe mourut avant 1641 et eut pour successeur son fils François, capitaine-exempt des Cent-Suisses de la garde du corps du Roi, dont la pierre tombale se trouve au musée de Moulins.

François Bardon, en même temps seigneur du Prénat (V. ci-dessus) et de la Motte-Mourgon (V. ce fief), avait épousé Catherine Chrestien, fille du seigneur de Briailles; il laissa, outre un fils Jean-Claude, deux filles mariées, l'une, Étiennette, le 16 août 1678, à Jean de Vellard, écuyer, seigneur de Martilly (1), fils de Jean et de demoiselle Antoinette de Fradel; l'autre, Antoinette-Françoise, en 1685, à Jean de la Roche, seigneur du Rouzet, en la paroisse de Ginc en Auvergne.

A Jean-Claude, époux de Catherine de Vicq de Pontgibaud, succéda son fils Jean-Baptiste, à celui-ci Claude, à Claude Godefroy, époux de demoiselle de Berthet de Genat (V. ce fief), et ce sont les enfants mineurs de ce dernier, Antoine, Jean, Claude et Suzanne de Bardon, qui, à la Révolution, sont coseigneurs du Méage, du Prénat et du Péroux.

Passé, plus tard, des Bardon à leurs cousines de Vicq de Pontgibault, des Échelettes (V. ce fief), le Méage fut par l'une d'elles porté à M. Goyet de Livron, et appartient aujourd'hui à son petit-fils, M. Stanislas de Chantemerle de Villette, de Contresol (V. ce fief).

A l'est du Méage et sur les limites de Montaigu est une région qui, comme les environs de Rosay, de Barchères (V. ces fiefs), et tout le long des bords du ruisseau du moulin du Saule, abonde en débris d'habitations anciennes : c'est le terroir de *Vernillet,* voisin de Roussanges et de Beaurepaire (V. ce fief), et où dut être jadis ce fief de Vernillet, avec maison et moulin, dont rend aveu, en 1300, Perron Aynard, damoiseau, paroissien de Saint-Étienne du Bas (V. sur Saint-Gerand, la Croix). En 1322, cet aveu est renouvelé par Agnès, dame de l'Isle; en 1342, par Guillaume de l'Ile, damoiseau, aussi paroissien de Saint-Étienne du Bas; puis, de 1375 à 1411, nous trouvons Vernillet aux mains de Jean de Montjournal, qui l'a acquis de Marguerite, fille de Guy Tain, chevalier, et épouse d'Étienne de Pont-Aubert, damoiseau.

Aux voyageurs qui visitaient Rome, les *ciceroni,* avant ce qu'on a appelé les embellissements de la capitale, pouvaient, en certains endroits,

---

(1) Martilly était le chef d'une ancienne paroisse, maintenant réunie à celle de Bayet.

montrer des amas de décombres, pleins de morceaux de verre fondu et d'échantillons de marbre, et qu'ils attribuaient à ces maudits Français. Ces ruines, en effet, remontaient bien à la prise de Rome (6 mai 1527) par le connétable de Bourbon, — dont les bandes, soit dit en passant, n'étaient rien moins que françaises, — et furent, pendant deux mois, accumulées par ses aventuriers, jaloux de venger la mort de leur chef chéri ; plus que des Visigoths et des Vandales, Rome eut à souffrir de ces hordes dévastatrices, et le pape Clément VII ne put les éloigner qu'au prix de sommes énormes.

Or, le chef de ces redoutables pillards n'était autre qu'un gentilhomme bourbonnais de la paroisse de Langy, originaire de la seigneurie de *Togues*, et que nous avons déjà nommé à la Motte des Noyers. (V. ce fief.)

Dès le commencement du XIVe siècle, nous trouvons à Togues la famille de ce nom, et nous en suivons tous les membres jusqu'à Charles de Togues, qu'en 1521 nous voyons figurer à l'Assemblée des coutumes comme seigneur dudit lieu, en la paroisse de Langy, et de la Motte des Noyers, en celle de Lubier.

Resté fidèle à l'infortuné connétable et passé avec lui à l'étranger, Charles de Togues, après la prise de Rome, conduisit ses bandes sauvages à Charles-Quint, qui les prit à sa solde et les envoya guerroyer contre les Turcs ; puis nous perdons la trace de notre vaillant compatriote et nous ne savons comment finit l'existence aventureuse que lui avait faite son dévouement à son « droiturier » suzerain.

Sans doute, confisqué en 1524 et rasé en 1527, son ancien château servit-il à payer les services de quelque obscur valet ; mais il nous faut aller jusqu'en 1647 pour trouver un nouveau seigneur de Togues, en la personne d'Antoine Parchot, époux de demoiselle Catherine Morel. Passé en 1669 à Sébastien Parchot, fils d'Antoine, et de Sébastien à sa fille Marie, qui, le 9 juin 1726, avait épousé Étienne Tonnelier des Angles (V. ce fief), fils de Charles, Togues vint en 1747 aux Bardonnet de la Toulle, par le mariage de François Bardonnet (V. la Toulle) avec demoiselle Marguerite Tonnelier, fille d'Étienne et de Marie Parchot, et il y a trente ans le propriétaire de la terre de Togues, maintenant morcelée, était Mgr de Conny, fils du vicomte Félix de Conny et de demoiselle Anne-Marguerite Bardonnet de la Toulle, arrière-petit-fils, par conséquent, de François Bardonnet.

Le château de Togues, aux deux derniers siècles, était une construction Louis XIV, long corps de logis flanqué d'un pavillon carré ; mais ce dernier, à moitié effondré, vient d'être démoli, et seuls l'épaisseur des murs et le choix des matériaux distinguent d'un domaine vulgaire le vieux logis des Parchot.

Quant à l'ancien château fort de Togues, il n'en reste plus, à deux cents mètres au sud, qu'une motte à demi effacée, un peu au-dessous de la source abondante d'où sort le Merdançon.

Bien que ce genre d'études sorte de notre cadre, nous ne pouvons faire autrement que de signaler à plus fort que nous des restes curieux de voie

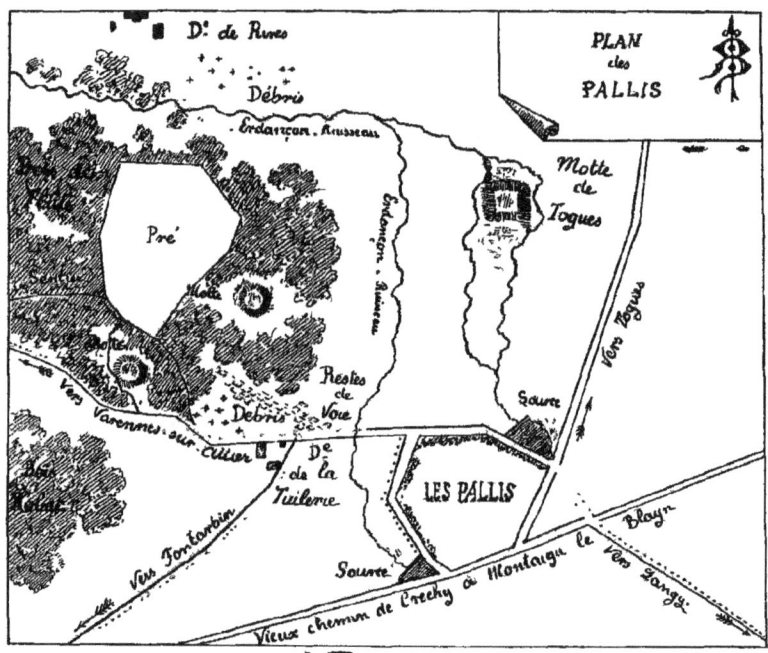

PLAN DES PALLIS.

et d'habitations anciennes, que l'on trouve à mi-chemin à peu près, entre Togues et Fontarbin, tout près du domaine de la Tuilerie : pas plus que Chassemiane (V. la Jarousse), ces restes n'ont probablement jamais été reconnus, et peut-être pourraient-ils concourir à fixer dans cette région le tracé de la voie romaine que l'on s'accorde généralement à y faire passer.

Le long d'un chemin de desserte de Langy, vers la Feuillouse, entre deux sources considérables et sur une pente légèrement inclinée vers l'ouest, est un terroir de neuf hectares environ, qui a conservé le nom caractéristique des *Pallis*. Sa forme est celle d'un trapèze terminé à l'ouest par un redan, et, avec le chemin vert, large de vingt pieds et bordé d'un mur en pierres sèches qui le sépare complètement des terres voisines, il présente tous les caractères d'un ancien camp retranché dont des fouilles seules permettraient de déterminer l'époque. En outre, à cinq cents mètres à l'ouest et en avant du redan, dans le bois de Flûte ou bois Meunier, deux mottes rondes, vides de débris et à fossés étroits, semblent bien être de celles où les érudits voient des vestiges laissés par le passage des légions. Au nord-ouest de la Tuilerie enfin, dans un champ dit des Preugnons, nous avons recueilli, presque à fleur de terre, des tuiles romaines entières et les restes non douteux d'un ancien pavement.

Nous nous garderons bien, à propos de ces observations, d'émettre une hypothèse imprudente, que devraient précéder, d'ailleurs, des recherches sérieuses, — assez d'autres le feront à notre place ; — nous remarquerons seulement que, pour une voie venant de l'est, la vallée du Merdançon, dont les Pallis occupent la tête, ouvre sur Varennes un passage certainement plus favorable que le terrain accidenté suivi par la route actuelle.

Ajoutons qu'au terroir de Rives, sur l'autre bord du ruisseau, ont été faites, à plusieurs reprises, notamment par M. Choussy, de Rongères, et son gendre, M. Sarrot, d'importantes découvertes, d'où l'on peut certainement conclure que, depuis l'homme préhistorique, toutes les races qui se sont succédé sur notre sol ont eu des établissements sur cette ondulation (point 291) au terrain sain et fertile, d'où la vue s'étend sur la partie la plus riche du val d'Allier.

Au-dessus du bassin si intéressant que nous venons de parcourir, le terrain se relève, formant des bosselements où affleure la pierre calcaire : sur l'un d'eux, et faisant face au château du Péroux, que l'on découvre à deux mille cinq cents mètres de là, tout contre la modeste locatairie qui a gardé le nom de *Jeursat*, se distingue encore une motte à fossés comblés, où nous avons pu recueillir des débris de poterie gris bleu.

C'est l'emplacement de l'hôtel et seigneurie de Jorsat, que possédaient au XIVe siècle les Bernuçon du Péroux, et qui leur venait du mariage de Jean Bernuçon avec demoiselle Alice de Jorsaz, morte en 1321 : peut-être ne possédaient-ils qu'une partie de la terre de Jorsat, car, de 1300 à 1322, nous trouvons, dans Béthencourt, des aveux rendus par Archambald, Marc, Guyot et Robert de Langy, pour une maison dite de Jorsat et un pré dit de Châtelard.

En 1410, Jean Bernuçon, chevalier, fils de Monin, rend encore aveu de l'hôtel de Jorsat ; mais, dès 1569, Nicolaï ne parle plus de notre vieux fief, et, par la suite, nous ne trouvons Jorsat mentionné que comme un simple domaine, possédé au XVIIe siècle par les d'Affry, puis passé de ceux-ci aux des Escures de Pontcharraud (V. Sanssat), et enfin des des Escures aux Tonnelier. (V. Fontarbin.)

Il ne nous paraît pas douteux que l'origine de *Langy* ne soit féodale : dans l'acte d'avril 1372, en effet, par lequel Jean, duc de Berri et d'Auvergne, cède à Louis II, duc de Bourbonnais, plusieurs terres de cette région (V. Vichy), est mentionné le prévôtage de Langy, et, en 1569, Nicolaï cite encore « la paroisse et prévôsté de Langy, membre dépendant de Cluny, lequel consiste en un chasteau ».

De là sort donc, sans doute, cette famille de Langy souvent citée dans Huillard-Bréholles et les *Noms féodaux*, et qui disparaît brusquement au milieu du XIVe siècle; mais, de son fief patronymique, c'est à peine si dans le jardin de madame Dravert, à cinquante pas au sud de l'église, on peut distinguer la motte et l'emplacement de deux tours dont on a extrait la pierre des fondations.

Depuis le XIVe siècle, époque où, comme nous venons de le dire, disparaît la famille de Langy, nous ne connaissons ni l'histoire ni les possesseurs de son fief patronymique; porté ou laissé aux moines de Cluny par un Langy, il devint un doyenné, membre du célèbre monastère, et le resta jusqu'à la Révolution. Quant à l'antique importance de Langy, qui se peut présumer de sa situation sur le grand chemin et aussi du rendez-vous qu'y donna, en 1213, Guy de Dampierre, sire de Bourbon, en vue de son expédition contre le comte d'Auvergne, il en reste deux témoins : ce titre de prévôté d'abord, toujours donné à Langy, et aussi une nécropole, récemment mise à jour sur les coteaux qui descendent vers le Redan, et où les sarcophages sont formés d'énormes briques juxtaposées.

L'église à absidioles de Langy est certainement due aux Bénédictins de Cluny et appartient au style de transition : elle fut, de la part de M. Anatole Dauvergne, dans l'*Art en province*, l'objet d'une longue description à laquelle nous renvoyons; mais nous reproduirons après lui une épitaphe d'autant plus intéressante que ces monuments sont rares dans notre pays :

ÉPITAPHE

DE DAMOISELLE JACQVELINE DE MORAINVILLE ET DV POVRPRY FEME AV SIEVR DV PONT DE PRADINES GENTILHOMME DE LA MAISON DV ROY QVI DECEDA LE XXIXe DE SEPTEMBRE MIL Ve iiiixx VI ET MORVT DE PESTE ENTRE LES BRAS DE SON MARY QVI NE L'ABANDONNA POINT EN CESTE DANGEREVSE MALADIE ET FINIST SES JOVRS AVEC TANT DE RECOVGNAISSANCE DE SES FACVLTÉS ET VNE TELLE

ESPERANCE EN LA MORT ET RESVRRECTION
DE JESVS CRIST NOSTRE SEIGNEVR
QVIL NY A DOVTE QVELLE NE
SOIT BIEN HEVREVSE EN PARADIS
AMEN.
QVOIQVE CE LIEV DE SOY SEMBLE LIEV DE TENEBRES
SI NE FAVLT IL POVRTANT L'AORNER DE DRAPS FVNEBRES
IL Y FAVLT CVLTIVER NON DE LARMES NY PLEVRS
MAIS DVNE GAIE HVMEVR MILLE TIGES D'ODEVRS
POVR ESCLORRE VN PRINTEMPS. ETERNEL DE FLEVRETTES
DE LAVRIERS VERDOIANS - DE FRESCHES VIOLETTES
DONT L'ELEVÉ BERCEAV PROPREMENT COMPASSÉ
CLORRA LES CHASTES OS DE CE CORPS TRESPASSÉ
MONTRANT QVE LA DOVCEVR DE SES FLEVRS OMBRAGEVSES
FAVORISE LA FLEVR DES DAMES VERTVEVSES
ET QVE CES VMBRES FRAIZ EN LEVR DIVERSITÉ
CONSERVENT LES HONNEVRS DE SA PVDICITE.
SON CORPS REPOSE ICI ET LAME PVRE ET BELLE
SIED AV SEIN D'ABRAHAM. EN LA GLOIRE IMMORTELLE
OR VI BIENHEVREVSE AME, O ESPRIT GLORIEVX
PARMI LES SAINTETEZ QVI RESIDENT AUX CIEVX
AME QVI FVT VIVANT ET DEPVIS NOMPAREILLE
L'AORNEMENT DICYBAS ET DV CIEL LA MERVEILLE (1).

Moins encore que celui de Langy, il ne reste trace du vieux château de *Larras*, « sis, dit Nicolaï, à un trait d'arc du bourg de Langy », et c'est à peine si, à cinquante mètres du hameau qui en a conservé le nom et sur le point culminant du coteau, on peut distinguer quelques excavations marquant la place de voûtes effondrées et de fondations disparues.

C'est de là que proviennent les deux pierres à moulures qui ornent l'entrée du cimetière, et elles sont, avec le vieux colombier du hameau, tout ce qui reste de Larras.

En 1326, la dame de Larras était Alise de Semur, veuve de Perrin Bernuçon, et notre fief resta dans cette famille Bernuçon jusqu'en 1443 que Guiette Bernuçon le porta à Lorain Meschin, bourgeois de Moulins.

De Lorain Meschin nous passons sans transition à Jean Bouchet (2), écuyer, qui est seigneur de Larras en 1677 ; mais il nous semble que l'épitaphe relevée dans l'église pourrait bien servir à combler cette longue lacune. Nous ne voyons pas, en effet, ce qu'aurait été à Langy, en 1580,

---

(1) Nous relevons, au XVIIIe siècle, sur les registres paroissiaux de Langy, plusieurs membres d'une famille noble Chauvin sur laquelle nous ne savons rien : en 1734, Louis Chauvin, écuyer, chevalier de Saint-Louis, époux de Marie Rozay, est seigneur de Pannetière (?).

(2) La famille Bouchet, sans doute originaire des environs de Chantelle, possédait sur la paroisse de Fleuriel la terre de la Bougalerie

M. du Pont de Pradines, sinon un possesseur de Larras, et cette supposition tire une certaine force de ce fait qu'en 1634 et encore en 1654 nous trouvons comme marraine, sur les registres de Rongères, une demoiselle Charlotte du Pont et Larras. Comme, en 1661, un du Pont de Pradines signe encore sur les registres de Langy, nous arriverions ainsi à l'époque où apparaissent les Bouchet, — mais les preuves certaines du passage à Larras des du Pont font totalement défaut, et sur eux, ainsi que sur les de Morainville, les publications bourbonnaises sont jusqu'ici restées muettes (1).

A Jean Bouchet succéda son fils Hyacinthe, capitaine au régiment de Louvois, et à Hyacinthe, jusqu'en 1736, Jean-Baptiste Bouchet, lieutenant, puis capitaine commandant au régiment de Bernis. Mais après ce dernier et jusqu'à la Révolution existe une nouvelle lacune, et, pour la combler, nous avons seulement la tradition locale, qui fait passer à Larras une famille de Caron (?) dont il nous a été impossible de trouver le nom écrit quelque part. Peut-être s'agit-il là des de Livron, qui possédaient dans les environs le Méage et avaient aussi, près de Roanne, le château de Taron.

Non loin de Larras, était encore une seigneurie, comme lui signalée par Nicolaï parmi les maisons vassales de Billy, mais sur laquelle nous sommes encore plus pauvres de renseignements.

C'est celle de *Garmin*, berceau probable de la famille noble dont nous trouvons un membre aux Ormais (V. ce fief) et à laquelle appartenait, sans doute, l'époux d'une Marie de Bréchard, en 1608, veuve et dame de Garmin.

De 1608 nous passons à 1650 où est seigneur de Garmin Pierre Aligier; puis, en 1716, Garmin, comme les autres terres des Aligier, est passé aux Tonnelier des Angles; enfin, au moment de la Révolution, nous le retrouvons aux mains de M. Claude Bouquet des Chaulx (V. ce fief), qui fut plus tard maire de Cusset et habitait dans cette ville le vieil hôtel Corrier.

Partagé entre les nombreux descendants de Claude Bouquet, Garmin, il y a environ quarante ans, fut acquis par M. Guyot, membre d'une fort ancienne famille de Langy et père du propriétaire actuel, qui du vieux Garmin conserva seulement le colombier seigneurial.

Nous venons de parler des Guyot : parmi les familles de Langy, nous citerons également les Berthomier, les Pouillen et enfin les Gilberton, qui

---

(1) Peut-être faut-il aussi voir des seigneurs de Larras dans cette famille Lebaud dont en 1681 François, écuyer, figure dans les Archives de l'Allier comme seigneur de Langy et y demeurant paroisse de Langy. Dans les possessions religieuses était toujours un coseigneur choisi par les moines et qui était généralement un gentilhomme du voisinage.

apparaissent dans le pays vers 1700, et dont la vieille maison se voit presque en face de Garmin, mais un peu plus près du bourg.

Traversant Langy, nous arrivons aux *Angles*, modeste maison bourgeoise bien abandonnée et à laquelle donnent seuls quelque cachet deux colombiers-porte du XVIIe siècle, comme on en trouve beaucoup dans les pays se rapprochant de l'Auvergne. Il est à croire que jamais ce vieux logis, nulle part mentionné parmi les fiefs, ne fut le siège d'une seigneurie, mais simplement la demeure de familles notables de l'endroit.

Ce sont d'abord les Aligier, auxquels doivent appartenir les écussons et monogrammes sculptés sur la principale entrée. Le 17 avril 1657, disent les registres paroissiaux de Lubier, a été enterré honorable homme Jean Aligier, seigneur des Angles en la paroisse de Langy, lequel fut, par deux individus, tué d'un coup de pistolet dans la tête, sur le grand chemin vers Perigny.

LES ANGLES.

Quarante ans plus tard, les Angles ont changé de mains, et, en 1697, nous y trouvons une nouvelle famille en la personne de Charles Tonnelier, dit seigneur des Angles et commissaire en la prévôté générale du Bourbonnais. Sur l'apparition des Tonnelier, nous ne possédons aucun renseignement, et, de l'acte de baptême que nous reproduisons ci-dessous (1), nous ne pouvons tirer aucune déduction qui permette de les rattacher à une famille de notre région : il est pourtant fort probable qu'une parenté quelconque existait entre eux et les Aligier, auxquels ils succédèrent dans tous leurs biens. (V. Garmin, etc.)

Charles Tonnelier avait épousé demoiselle Anne de Benoît (2), d'une fort ancienne famille de chamoiseurs de Maringues depuis lors parvenue à la noblesse, et sœur d'Antoine, conseiller du Roy et son contrôleur en la cour des Aydes de Clermont, en Auvergne; il eut d'elle un seul fils, Étienne Tonnelier, bachelier en droit, qui épousa à Togues (V. ce fief) demoiselle Marie Parchot. Charles mourut fort âgé en 1742, mais il eut la douleur de perdre d'abord sa bru, morte en 1730, à vingt-huit ans, puis, en 1733,

(1) Charles Tonnelier, né à Moulins le 12 avril 1665, fils légitime de Gilbert, commissaire en la vice-sénéchaussée de Moulins, et de demoiselle Marguerite Moutonnet : son parrain a été messire Charles Thévenard, procureur et notaire en la chatellenie de la Bruyère, et sa marraine demoiselle Claudine Delaunay. Il y eut au XVIIe siècle des Tonnelier à la Chapelaude.

(2) Antoinette de Benoît, une sœur d'Anne, avait épousé Charles Quesson du Thérin. Ces de Benoît doivent être les mêmes que ceux que nous voyons alliés aux de Jas. (V. les Grands Villards.)

Étienne, son fils unique, âgé de trente et un ans. A ces deux services funèbres assistent en grand nombre les seigneurs du voisinage : les de Berthet, les des Escures, les Bardon du Méage ; mais, au second, aucun ne signe, et tous, dit le curé dans les registres paroissiaux, refusent pour cause de trop grand chagrin.

Étienne laissait trois enfants : deux filles, Marguerite et Marie-Madeleine, que nous rencontrerons toutes deux plus loin (V. la Font et Fontarbin), et un fils, Antoine, qui devint plus tard officier au régiment de Piémont et épousa, le 31 janvier 1757, Marie Papon de la Meignée des Quillets (V. ce fief), fille de François et de Françoise Fauvre.

C'est à Antoine qu'échurent les Angles, qui, après lui, passèrent à son fils Frédéric, capitaine au régiment provincial bourbonnais, et, en 1789, député à l'Assemblée de Moulins pour le Tiers de la paroisse de Langy. Frédéric, mourant sans enfants, légua tous ses biens à Françoise Préveraud de la Boutresse, sa femme, et c'est ainsi que s'en trouve actuellement propriétaire madame la comtesse des Ulmes de Torcy, petite-nièce de Françoise. (V. les Quillets.)

Parmi les possessions de Charles Tonnelier, en 1697, nous trouvons aussi la Fond et *Fontarbin*.

Ce dernier est un très vieux domaine acquis, le 13 mai 1619, par Michel Merle, seigneur de la Fond (V. plus bas), et dont, en 1657, est seigneur Jean d'Affry (1), aussi seigneur de la Monnoye, paroisse de Saint-Didier en Rollat, époux de Marguerite Boisset, et brigadier des gardes du gouverneur du Bourbonnais. Jean d'Affry habitait Billy et eut pour successeur son fils François ; mais, en 1680, celui-ci fut nommé, à Nevers, directeur des domaines du Roy et, à cette occasion, céda tous ses biens de Langy, Fontarbin, Jeursat (V. ce fief) et Blénières (2) à Claude de Calixte d'Affry, son cousin sans doute, seigneur de Sanssat (V. ce fief) et d'Auterive sur la paroisse de Saint-Gerand de Vaux.

Ces terres, jointes à Sanssat, formèrent plus tard le patrimoine de Marie-

---

(1) Jean d'Affry (von Affry) était né en Suisse, à Fribourg, en 1627, de François et de demoiselle Anne de Diesbach, et la famille d'Affry, encore représentée en Berry, conserve la tradition de cette origine étrangère : avant l'arrivée de Jean en Bourbonnais, toutefois, une famille de Calixte d'Affry y portait des armes semblables aux siennes. Jean ne serait donc pas le premier émigré de sa famille, — ce qui est fort possible, — et, sans les charges étrangères que remplirent plusieurs d'Affry, on serait vivement tenté de chercher plutôt en notre pays qu'ailleurs le berceau de cette famille de Calixte d'Affry et même de le voir aux Calixtes, vieille communauté de la paroisse de Gouise, toute voisine du fief d'Hauterive, que les d'Affry possédèrent longtemps.

(2) Blénières avait été acquis par les d'Affry de la famille Fournier, dont nous parlons à Sanssat et à Beaurepaire. (V. ces fiefs.)

Louise, la fille de Claude, épouse de M. des Escures de Pontcharraud, et c'est ce dernier, pensons-nous, qui les vendit aux Tonnelier.

Porté enfin par Marguerite Tonnelier, fille d'Étienne et de Marie Parchot, à François Bardonnet de la Toulle (V. ce fief), Fontarbin resta dès lors incorporé dans la terre de la Toulle dont il fait encore partie.

Quant à la *Font*, c'était assurément tout autre chose qu'un domaine vul-

LA FONT DE LANGY.

gaire, et, plus encore que son titre constant de fief, l'allure même de la Fond, ses constructions bizarres, mais soignées, et quelques détails curieux, indiquent que ce fut autrefois une habitation seigneuriale d'une certaine importance.

De son passé malheureusement, — et bien que le nom si répandu de la Font revienne souvent dans les titres locaux, — nous n'avons rien pu recueillir de certain avant 1619, où le seigneur de la Font est un certain Michel Merle, demeurant à Moulins, et époux de Marguerite Veau (1).

(1) Marguerite Veau était fille, dit un acte, de noble Jean, seigneur de Roques, et de Marie Goyn, femme séparée d'habitation et de biens de Nicolas de Fongerolles, conseiller au présidial. Marie Goyn nous a tout l'air d'une femme divorcée, et ce serait un cas assez rare, à cette époque, pour mériter d'être examiné.

Ce n'est pas sans hésitation que nous avons attribué à Michel Merle notre la Font de Langy, et il nous eût semblé plus naturel de faire de lui un seigneur de la Font de Cindré (V. ce fief); mais l'acte d'achat de Fontarbin, cité plus haut, porte expressément qu'il fut passé « en la maison dudit Merle, au lieu de la Font, en la paroisse de Langy ». Le doute n'est donc plus permis, et il nous faut bien encore une fois signaler, dans les possessions de la même famille, deux terres du même nom.

En 1661, c'est encore François Merle, écuyer, époux de Louise Griffet, demeurant à Chaveroche, qui est seigneur de la Font; puis nous passons en 1682, époque à laquelle la Font est mentionnée parmi les possessions de Claude de Calixte d'Affry.

Venue aux Tonnelier dans les mêmes conditions que Fontarbin, la Font forma plus tard le patrimoine du troisième enfant d'Étienne Tonnelier et de Marie Parchot, demoiselle Marie-Madeleine Tonnelier, mariée, le 11 février 1763, à noble Jean-Baptiste Dyannière, docteur en médecine, demeurant à Moulins.

L'époux de Marie-Madeleine, originaire de la paroisse d'Andelaroche et allié aux Paroy de Lurcy (V. Lurcy), était né au Donjon le 3 mars 1711 : c'est lui qui est mentionné, dans les biographies bourbonnaises, pour avoir, un des premiers, expliqué et raisonné les bons effets que l'on pouvait attendre de l'usage des eaux minérales, et analysé les eaux de Bardon.

Jean-Baptiste Dyannière mourut à Moulins, en 1782; mais, peu avant sa mort, le 26 septembre 1778, il avait vendu la Font à Jean-Baptiste de la Geneste la Motte, féodiste à Varennes-sur-Allier, qui la possédait encore à la Révolution.

Depuis lors, nous ne suivrons pas les péripéties de cette terre et y noterons seulement, avant 1852, date de sa vente aux Desmaroux de Gaulmin, le passage d'un M. de la Chaise, receveur d'enregistrement, certainement membre d'une des deux ou trois familles de la Chaise, dont nous parlons à Cusset.

SANSSAT ET SAINT-FÉLIX.

Comme dans tous les pays riches, les maisons seigneuriales abondaient jadis sur les trois paroisses de Sanssat, Saint-Félix et Saint-Allyre de Valence; mais, malgré l'extrême obligeance que nous avons rencontrée là comme ailleurs, nous n'avons pu recueillir sur elles que bien peu de souvenirs. Tandis, en effet, que, sur des sols moins fertiles, les terres, groupées autour de leurs pauvres gentilhommières, se sont conservées avec leurs archives, leurs traditions et presque leur physionomie d'autrefois, ces territoires fortunés furent de bonne heure et à prix d'or partagés entre quantité de propriétaires, et, au milieu de transactions innombrables, les vieux titres ont nécessairement disparu.

Si encore l'examen même des terres pouvait mettre sur la voie ! mais, morcelées à l'infini, les parcelles ont, sous des noms nouveaux devenus nécessaires pour les distinguer, perdu les noms primitifs, et le terrain est

SANSSAT.

aussi dénué de vestiges que le peut être un sol dont chaque motte est soigneusement retournée chaque année.

Nous commencerons par *Sanssat*, et tout d'abord nous nous heurtons à une difficulté.

Sur cette paroisse Nicolaï ne mentionne pas de fief du même nom ; or à Sanssat, ou tout au moins à quelque cent mètres du bourg, est un petit manoir du XVIe siècle que Cassini marque sous le nom de « le Château », et qui fut certainement le chef d'une ancienne seigneurie.

La maison noble de Sanssat aurait-elle donc été oubliée par le géographe du Roy? Nous ne le croyons pas, et là, comme à Saint-Allyre (V. plus bas), nous pensons que le nom de la paroisse s'est peu à peu substitué au nom particulier du fief, et qu'il faut voir dans le château de Sanssat l'ancien fief des Granges, cité par Nicolaï et que l'on ne trouve jamais nommé concurremment avec Sanssat.

Ce petit problème local serait plus intéressant qu'un autre à élucider : peut-être, en effet, permettrait-il de recueillir des renseignements jusqu'ici ignorés sur un homme de guerre bourbonnais, oublié comme tous ceux de son temps, mais dont le rôle pendant la Ligue mérite d'être au moins brièvement rapporté.

Nous voulons parler de ce capitaine de Sanssat, aussi seigneur de Chastignoux en la paroisse de Chappes, et dont M. Vayssière nous a récemment révélé l'existence.

Or donc, au printemps de 1589, la ville de Saint-Pourçain, qui, à l'encontre de Riom et de Gannat, s'était déclarée pour le Roy, avait fort à souffrir des incursions que faisaient sur son territoire des partis ligueurs établis à Montfan et à Martilly, et qu'avait vainement cherché à déloger M. de Chazeron, gouverneur du Bourbonnais. Les habitants de Saint-Pourçain, à la vérité, avaient bien pris à leur solde quelques gens de guerre disponibles, et entretenaient une garnison qui ne leur revenait pas à moins de deux cent quinze écus par mois (1); mais cette troupe ruineuse ne franchissait guère les remparts de la ville, et, devant la hardiesse croissante des ligueurs, la situation était devenue intolérable. Les magistrats résolurent alors d'obtempérer aux avis que leur avait donnés et réitérés, les 12 et 20 mai, le « Conseil pour le Roy » établi à Clermont, à savoir : de confier la garde et gouvernement de leur ville à une troupe régulière et à son commandant. Le Conseil, consulté par les Pourcinois, choisit pour leur capitaine M. de Sanssat, seigneur de Chastignoux, qui alors commandait en Auvergne une compagnie de quarante arquebusiers, et qui gagna aussitôt Saint-Pourçain.

Bien avisés avaient été les magistrats de Saint-Pourçain de prendre leurs précautions : dans le courant de juin, en effet, « descendirent de Fourest des troupes conduyctes par monsieur de Bussy, comme aussi d'autres forces conduyctes par messieurs les barons de Bourgongne ». Comme toujours, ces troupes gagnèrent Saint-Pourçain, où se soudait la route d'Auvergne à la grande route de Paris par Montluçon et Bourges, et Sanssat ne put arrêter leurs dévastations; il parvint cependant à garder la ville de toute surprise, et, en outre, profitant d'une accalmie et du passage de troupes amies commandées par Philibert d'Isserpent de Gondras, il alla donner l'assaut au château de Martilly, emmenant avec lui un « grand mantelet de bois de chègne monté sur quatre roues », dû à la munificence des bourgeois de Saint-Pourçain.

Les ligueurs de Martilly durent se rendre, et, jusqu'en octobre de la même

---

(1) A raison de 20 écus par capitaine, 10 écus par sergent et 5 écus par soldat.

année, nous suivons le capitaine Sanssat dans de nombreuses escarmouches, où il est le plus souvent heureux; mais peu à peu la paix s'affermit, et dès lors nous perdons de vue le défenseur de Saint-Pourçain, à moins que ce ne soit lui qu'en 1591 on retrouve encore à Saint-Pourçain, sous le pseudonyme de M. de Chappes, du nom de la paroisse où était le fief de Chastignoux.

Voilà donc tout ce que nous savons du capitaine Sanssat, et à peine y pourrons-nous ajouter que ce pouvait être un membre de la famille de Fradel, en s'appuyant sur une corrélation assez remarquable, à savoir qu'en 1467, noble Durand Fradel, écuyer de Mgr le duc de Bourbon, rend aveu de la terre des Granges et de cens qu'il perçoit sur Saint-Phélix, Sanssat et Seuillet, comme maître des droits de Catherine Vialet (1), sa femme, et qu'en 1614, c'est encore un Fradel, Jean, écuyer, époux de demoiselle Charlotte de Vellard, que nous retrouvons seigneur de Sanssat. Il y a là, non une certitude, mais une probabilité fort sérieuse.

Après Jean de Fradel en 1614, nous trouvons en 1623 comme seigneur de Sanssat un autre Jean de Fradel, écuyer, époux de demoiselle de Montmoyen, et qui est le dernier de sa famille mentionné à Sanssat. Marguerite de Fradel, la fille de Jean, épousa successivement Annet de Chaslut et Mathieu de Montmorin, et il faudrait savoir s'il existe un lien quelconque entre ces familles auvergnates et celle de Claude de Calixte d'Affry (V. la Font et Fontarbin), époux de demoiselle Gabrielle de Gléné, qui, en 1672, est à la fois seigneur de Sanssat et d'Auterive, sur la paroisse de Saint-Gerand de Vaux, et major général des troupes de Son Altesse Électorale de Cologne.

Claude de Calixte d'Affry eut un fils, autre Claude, colonel de Furstemberg-infanterie, qui, le 12 mars 1684, épousa Marie-Louise de Popillon du Ryau; mais Sanssat échut à sa fille Marie-Louise, mariée, à Saint-Gerand de Vaux, le 29 août 1682, avec messire Jean des Ecures (V. les Ecures), seigneur de Pontcharraud en la paroisse d'Ainay-le-Châtel, et, pendant le XVIIIe siècle, les seigneurs de Sanssat furent, outre l'époux de Marie-Louise, ses fils et petit-fils Henri-Louis, chevalier, capitaine d'infanterie, époux de demoiselle Élisabeth du Rousset, et Gilbert, aussi capitaine d'infanterie, époux de Marie-Reine Chambón.

Gilbert des Ecures portait le titre de seigneur de Villards et habitait, en effet, non plus le manoir de Sanssat, mais le petit hameau de Villards, sis non loin de là. Quant au manoir, à la suite d'une foule de

---

(1) En 1411, déjà un Stevenin Vialet et Jean, son fils, rendent aveu de censives dans les paroisses de Sanssat et Saint-Alyre de Valence.

transactions entre Gilbert des Ecures et son parent François Fournier, époux de demoiselle Juliette des Ecures (V. les Ecures), il était, en 1764, passé à ce dernier, dont le fils Étienne, le 12 mai 1788, devint seigneur de toute la terre de Sanssat par son mariage avec sa cousine Marie-Reine des Ecures, fille de Gilbert.

La famille Fournier, de l'ancienne bourgeoisie de Langy et rapidement parvenue à une grosse fortune, est celle-là même que nous avons trouvée à Beaurepaire (V. ce fief) : elle garda jusqu'à ces derniers temps le château de Sanssat, aujourd'hui partagé entre plusieurs propriétaires; mais, avant de la quitter, nous signalerons encore une particularité à l'appui de l'opinion précédemment émise par nous que les Granges et Sanssat ne forment qu'un seul et même fief : Léonard Fournier, le second fils d'Étienne, et dont la fille épousa, à Saint-Haon-le-Châtel, un M. Bienaimé, portait le nom de Fournier des Granges.

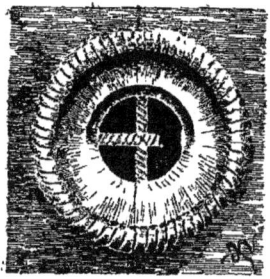

LE PONSU.
Fenêtre du XVIᵉ siècle.

Suivant le cours du Redan, nous nommerons le domaine de *Gobertière*, terre patronymique d'une vieille famille de notaires du XVᵉ siècle, et dont, pendant plus de deux cents ans, on trouve de nombreux membres officiers de justice à Billy et ailleurs; puis nous arrivons au *Ponsu*, ancienne maison noble, mais dont nous ne trouvons pas mention avant 1659, qu'en est seigneur Gabriel Malet (1), écuyer, époux d'Antoinette de Champfeu, et fils de Claude Malet, capitaine du parc et château de Beaumanoir-les-Moulins, et de demoiselle Anne de Laval, fille du fameux Forézien Antoine de Laval.

L'héritière du Ponsu fut Claudine Malet, la fille de Gabriel, qui, en 1676, épousa Jacques de Coustard, écuyer, demeurant à Châteauvert, en la paroisse de Paray-sous-Briailles, et, après elle, en sont successivement seigneurs les deux maris de Marie-Louise de Coustard, sa fille : d'abord Joseph-Louis de Menant, mort en 1703, puis messire Marien de Chouvigny de Blot, encore mentionné comme possesseur du Ponsu en 1736.

Marien de Chouvigny fut la tige des Chouvigny de Chassignolles (V. ce fief), et, en 1792, le Ponsu fut, comme cette dernière terre, confisqué sur

---

(1) Par une coïncidence assez originale, Gabriel Malet et ses successeurs avaient le titre de seigneur des Granges, qui, porté par des gentilshommes voisins de Sanssat, peut amener quelque confusion : il s'agit là d'un fief des Granges qui, en 1614 déjà, appartenait à Claude Malet et qu'il faut chercher ailleurs, peut-être dans la commune de Branssat, où les Malet possédaient aussi Charendon.

Pierre de Chouvigny de Blot, lieutenant-colonel au régiment de Beauvaisis.

Propriété actuelle de M. Noailly, du Teillat, le Ponsu est un petit château, flanqué aux angles de deux tours découronnées, et dont les ouvertures montrent encore d'élégantes moulures du XV* siècle avec gorges à boudins.

La plus importante seigneurie de la paroisse de Sanssat était celle du *Teillat*, sise presque en face et au-dessus du château du Ponsu, dans une situation d'où elle domine tout le riche plateau entre Billy et Saint-Félix.

LE PONSU.

Dès 1410, nous voyons se succéder au Teillat des membres de la famille de Berthet, et c'est encore un de Berthet qui, au commencement de ce siècle, vendit le Teillat à M. Noailly, aïeul du propriétaire actuel. M. Noailly était fils d'un maître de poste de Droiturier qui, accusé, lors de la Révolution, d'accaparement de grains, n'avait échappé à la populace de Moulins que grâce au dévouement de M. Giraud des Écherolles.

La famille de Berthet, que nous trouvons aussi dans nombre de fiefs des environs, habita toujours le Teillat, et la suite de ses membres, ainsi que leurs alliances, se trouve entière dans les registres paroissiaux de Sanssat : nous y relèverons seulement les noms de deux frères, Gilbert et Louis de Berthet, qui, tous deux, se distinguèrent pendant la Fronde sous les ordres du maréchal de Saint-Gérand, et notamment au siège sanglant d'Hérisson, le 25 novembre 1651.

Le Teillat, fort abîmé, au siècle dernier, par un incendie dont les dégâts n'avaient jamais été réparés, a été complètement rasé et remplacé par un hôtel somptueux.

Autant dire aussi que *Bartassières* n'existe plus : dans ce domaine, pourtant, que nous rencontrons en gagnant Saint-Allyre, on voyait récemment encore deux tours, sous l'une desquelles était la principale entrée ; mais, actuellement, rien ne le distingue des domaines voisins, sinon un montant de portail en pierres soigneusement taillées.

D'ailleurs, rien n'est moins certain que l'ancienne importance de Bartassières, qui ne figure dans aucun recueil de fiefs et auquel Cassini accorde tout juste le petit drapeau, signe distinctif des maisons notables : ce fut simplement l'habitation de la famille Treille, souvent nommée ailleurs et qui, bien que sortie de la montagne, — à notre avis, du moins, — est mentionnée sur Sanssat dès la fin du XV° siècle (1). Le premier Treille expressément qualifié seigneur de Bartassières est en 1627 Gilbert; puis viennent François, Annet, Jean-Antoine, qui épousa demoiselle Madeleine Rouher, fille d'un seigneur de Saint-Étienne-du-Bas (V. ce fief), leur fils Antoine, et enfin autre François Treille, dont la fille Jeanne, vers 1776, porta Bartassières à maître Gilbert Galien, membre d'une famille de Châtel-Montagne, lieutenant particulier à la résidence de Saint-Gerand le Puy.

M. Tessier de Rauschemberg, le propriétaire actuel de Bartassières, l'a hérité de la famille Galien, dont les terres voisines sont passées aux familles alliées Burelle, de Saint-Gerand et Galien, de Cusset.

Comme à Sanssat, nous trouvons à *Saint-Allyre de Valence* mention d'un château dont nous n'avons pas trace et un château dont nous n'avons pas mention ; mais là, avec plus de probabilités encore qu'à Sanssat, il nous semble permis de penser qu'il y a identité entre le Saint-Allyre actuel et la vieille maison forte de Jarry.

N'est-il pas tout à fait invraisemblable, en effet, que, sur une petite paroisse de dix-neuf feux, Nicolaï ait oublié un fief ? Et comme nulle part, sur Saint-Allyre, ne se trouve d'emplacement où l'on puisse soupçonner un château fort disparu, qu'en aucun cas ne figurent simultanément Jarrie et Saint-Allyre, et qu'enfin Cassini marque bien la Grande-Jarrie un peu au sud-est de l'église de Saint-Allyre, à l'endroit même qu'occupe actuellement le château de ce nom, nous penserons jusqu'à preuve contraire que

---

(1) En 1533, demoiselle Marguerite Treille était l'épouse de Pierre de Fradel, écuyer, seigneur de Jarrie (V. Saint-Allyre de Valence). Les Treille en 1696 firent enregistrer leurs armoiries d'argent à trois raisins de sable.

le seigneur de Jarrie possédait les droits de la paroisse de Saint-Allyre, et qu'à un moment donné ce nom de Saint-Allyre prévalut et fut, au lieu de celui de Jarry, donné au château seigneurial de l'endroit, sis, d'ailleurs, à deux cents mètres à peine de l'église paroissiale (1).

Saint-Allyre occupe donc l'emplacement du vieux château fort de Jarrie, et celui-ci ne doit être autre chose que cette motte de Saint-Allyre dont rend aveu, en 1300, Gui des Broces, chevalier, dit parfois Gui de Jarric, et qui, jusqu'en 1332, est mentionné comme seigneur de diverses terres sur Fouz et Créchy. Puis nous perdons toute trace de notre seigneurie jusqu'en 1522, où le seigneur de Jarrie, en la paroisse de Saint-Allyre de Valence, est Marc de Fradel, écuyer, époux de demoiselle Bouchardet. Après Marc viennent Pierre, son fils, marié en 1533 à demoiselle Marguerite Treille (2), puis Antoine, époux de demoiselle de Chaugy, et Marc, dont nous verrons au Lonzat (V. ce fief) le mariage, en 1607, avec demoiselle de Terrières.

C'est en 1527 que, pour la dernière fois, Marc de Fradel est dit seigneur de Jarrie, et c'est vers cette époque aussi que nous commençons à trouver mention de Fradel de Bort et de Fradel de Jarrie ou Bois-Jarrie (V. la Petite-Jarrie) : ce fut donc Marc et ses frères qui, un peu avant 1655, durent vendre notre terre à François de Fombert que, cette année-là, nous trouvons qualifié seigneur de Jarrie et de Saint-Allyre de Valence (3).

A François de Fombert succéda son fils Claude, qui épousa demoiselle Marie du Buysson, fille d'un seigneur du Beyrat, paroisse de Bellenaves, et qui, en juillet 1665, obtint des lettres d'anoblissement; puis, après Claude, viennent Gilbert (4), époux de Marie Boutet (5), François Gabriel, capitaine châtelain de Chantelle, marié à sa cousine Gabrielle Boutet, et enfin, en 1705, Gilbert, mousquetaire du Roy, qui, le 23 septembre 1758, fut enterré dans l'église de Saint-Allyre et fut le dernier des Fombert.

Il ne laissait, en effet, pas d'enfants, et la terre de Jarrie et Saint-Allyre

(1) Le 8 mars 1704, le contrat de mariage de demoiselle de Fomberg avec M. de Rollat de Puyguillon fut passé au château de Jarrye et de Saint-Allyre (sic).
(2) Un fils de Pierre, Jean de Fradel, épousa en 1564 une demoiselle de Montcorbier, fille de Gérard, seigneur de Grosloup (V. ce fief) et de Pierrefitte, et fut la tige d'une branche de Fradel qui prit dès lors le nom de Fradel de Pierrefitte, bien qu'elle n'ait jamais possédé le petit fief de Pierrefitte sur la paroisse de Saint-Haon. Jean fut l'aïeul de Pierre, que nous trouvons à Isserpent. (V. ce fief.)
(3) Les Fombert avaient, d'ailleurs, depuis longtemps déjà des intérêts sur Sanssat et Saint-Allyre, et peut-être est-ce dans cette région qu'il faut chercher leur origine : dès 1576, en tout cas, nous trouvons à Billy noble Jacques de Fomberg.
(4) Nous trouvons à Montcombroux un autre fils de Claude, Armand de Fomberg, frère de Gilbert.
(5) La famille Boutet possédait près Saint-Pourçain-sur-Sioule le fief de Chastet.

passa alors à son petit-neveu Gilbert-Michel-Joseph de Chouvigny de Blot, époux de Marie-Valette de Rochevert de Bosredon (1).

M. de Chouvigny était encore seigneur de Saint-Allyre au moment de la Révolution et y vivait avec sa fille Henriette et ses deux fils, Alexandre-Henri et Gilbert-Marie-Louis ; mais, bientôt dénoncé et traqué par ce que l'on nomme, par ironie sans doute, la justice révolutionnaire, il n'eut d'autre ressource que la fuite et, en 1793, passa à l'étranger avec ses fils. On fit alors de Saint-Allyre deux parts : la première, comprenant le château et ses environs, et estimée un tiers de la propriété, resta à la fille de M. de Chouvigny ; les deux autres tiers, comprenant les Arnauds, les Rays, Sarrazan, Maisonneuve, Renard et le bois de Mars, furent confisqués et mis en vente.

Or, Henriette de Chouvigny, l'année précédente, avait épousé M. Claude-Annet des Roys, et c'est ce dernier qui, déjà possesseur de la tierce portion de Saint-Allyre par son mariage, acquit le reste pour un million cinq cent mille livres, — en assignats heureusement, — c'est-à-dire un peu moins de vingt-cinq mille francs, au cours du 17 thermidor an II, date de l'acquisition.

L'acquéreur de notre terre n'était pas un Bourbonnais : né en Auvergne, à Auzat-sur-Allier, dans l'arrondissement actuel d'Issoire, M. des Roys avait été d'abord page sous Louis XV, puis capitaine de cavalerie, et, en 1783, s'était fixé à Puydeau en Limousin, par suite de son mariage avec Anne-Léonarde de Saint-Cyr. Il devint sénéchal du Limousin, présida à ce titre l'assemblée de la noblesse de cette province et fut par elle député à la Constituante ; devenu bientôt suspect, M. des Roys ne tarda pas à être incarcéré, mais il fut, par le plus grand des hasards, relâché, et, devenu veuf, se remaria en pleine Terreur avec demoiselle Henriette de Chouvigny de Blot, elle-même veuve du comte de Sévrac.

De son second mariage, Annet, comte des Roys, n'eut pas d'enfants, et, à sa mort, Saint-Allyre revint à son fils du premier lit, Étienne-Annet, qui, sous le premier Empire, avait été membre du Conseil d'État et avait épousé Jenny Hoche, la fille du fameux général.

Le 19 janvier 1833, Étienne des Roys vendit Saint-Allyre à M. le baron Brunet de Privesac ; en 1856, enfin, celui-ci à son tour le céda à M. le baron Desmaroux de Gaulmin, député de l'arrondissement de la Palisse au Corps législatif et père du propriétaire actuel.

---

(1) Gilbert-Michel-Joseph de Chouvigny était le fils de Joseph-Léonard et de demoiselle Louise-Céline de Rollat, et cette dernière elle-même était fille de Marie de Fombert, fille de François-Gabriel et sœur de Gilbert, qui, en 1704, avait épousé messire Henri de Rollat de Puyguillon, demeurant audit Puyguillon, en la paroisse de Vernusse.

C'est à ce dernier que l'on doit la construction du château actuel de Saint-Allyre ; à côté de cette luxueuse habitation, on a eu soin, heureusement, de respecter l'ancien manoir, souvent retouché, d'ailleurs, au siècle précédent, et sur la porte duquel se voit encore l'écusson des Chouvigny.

De la maison forte d'autrefois il ne reste plus trace, et rien ne subsiste non plus de l'ancienne église de Saint-Allyre, fondée au XIe siècle par le monastère de Saint-Allyre de Clermont-Ferrand (V. Saint-Félix), et qui se

SAINT-ALLYRE DE VALENCE.

trouvait dans le jardin potager du château, de l'autre côté du chemin et tout contre le domaine qui a gardé le nom de la Cure.

Suivant le fond d'un ravin qui coupe en deux le plateau de Saint-Félix, le très vieux chemin de Sanssat, par les Arpayats, longe deux terres où, au milieu de nombreux débris de tuiles et poteries, se trouvent des excavations dans lesquelles s'enfoncent parfois les bœufs de labour : ce sont les anciens emplacements des châteaux de *Montrond* et de la *Batice*, fiefs dès longtemps disparus et qui ont pourtant légué leurs noms aux terroirs d'alentour.

Le premier se trouvait tout au bas du domaine d'Artivières, et sa position est déterminée par ce passage d'un terrier de 1544 où est mentionné « le pré ou soulait avoir maison et appelé pré de Montrond, où sont encore les murs de la seigneurie de Montrond, joignant le chemin de Billy à Sanssat par le village de l'Artivière ». Bien que moins précise, la situation de la Batisse est aussi fort reconnaissable à trois cents mètres environ au nord-ouest du domaine des Arpayats, de l'autre côté du petit ruisseau qui descend vers le Redan.

Quant aux renseignements que nous avons pu recueillir sur le passé de ces deux terres, ils se bornent à quelques aveux : c'est d'abord celui que rend de Montrond, l'année 1349, dame Isabelle de la Bastice, veuve en secondes noces de Florimond de Montrond, damoiseau, et en premières noces de Vigier de Saint-Porcien ; puis, en 1370, vient un aveu de la Batisse, rendu par Jean de la Bâtice, damoiseau, aveu renouvelé plus tard par son fils, autre Jean, qualifié chevalier, et c'est là tout ce que nous savons de ces fiefs, à moins que l'on ne veuille encore faire un seigneur de la Batisse — ce qui est probable — de noble homme Jean de la Batisse, qui, le 12 octobre 1443, donne en fief au seigneur de Rax des terres sur la paroisse de Saint-Félix.

De 1576 à 1694, il est vrai, nous trouvons bien sur les registres paroissiaux de Billy un Jean Dinet, capitaine châtelain de Billy, puis deux Gilbert Dinet, ses fils et petit-fils, aussi officiers de justice à Billy, et qui tous s'intitulent seigneurs de Montrond ; mais il s'agit là très probablement du fief de Montrond, sis sur la paroisse de Saint-Didier en Rollat, paroisse sur laquelle les Dinet (V. le Péroux) avaient aussi la Monnaye et près de laquelle ils possédaient, sur Bayet, les Eschaloux. Dès cette époque, en effet, les terres de la Bâtice et de Montrond devaient être réunies au vieux domaine des *Arpayats,* dont elles font partie aujourd'hui encore.

De ce domaine la première mention que nous ayons est du 14 avril 1580, où, par acte reçu Béraud, notaire à Moulins, noble homme Noël de Saulzay, écuyer, seigneur de Fontaines (V. ce fief et ci-dessous), s'en rend acquéreur de Jeanne de Luppé (1), veuve de Gilbert Pallebosc ; mais, dès 1505, un Pierre Pallebosc, paroissien du Breuil, possède sur Saint-Félix des terres par lui acquises de Sébastien de Rollat, écuyer ; sans doute faut-il voir dans Pierre un aïeul de Gilbert, et dans ces anciennes possessions des Rollat le domaine actuel des Arpayats.

Les du Sauzay ne gardèrent pas Arpayat, où, de 1620 à 1634, nous trouvons un Jean Boisset et, plus tard, une famille Cornet ou du Cornet,

---

(1) Il nous semble douteux que cette Jehanne de Luppé appartienne à la grande famille du Vivarais, et nous la pensons plutôt de celle d'un Corbineau de Luppé, écuyer, — peut-être lui-même du Vivarais, — qu'en 1537 nous trouvons possessionné sur Rongères.

d'origine étrangère, et qui possédait aussi la maison de Saint-Félix. (V. plus bas.) M. Adrien Beauchamp (1), le propriétaire actuel des Arpayats, est l'arrière-petit-fils d'une demoiselle Cornet.

Non loin de là sont les localités de Beaupoirier et de *Valleton*.

Cette dernière est un fort ancien domaine, berceau d'une vieille famille bourgeoise mentionnée à Billy dès 1575 et récemment éteinte en la personne d'un président à la cour d'appel d'Angers.

Quant à *Beaupoirier*, c'est aussi un domaine, mais les vieux murs épais et à contreforts qui le soutiennent d'un côté le distinguent d'une construction vulgaire. Ce fut, pensons-nous, à l'origine, une terre simplement détachée de Rax (V. plus bas) par alliance et portée à un de la Roche, qui lui donna le nom de sa seigneurie du Breuil, comme il se faisait couramment (V. Montjournal); mais il se peut fort bien aussi que là soit le fief primitif de Beaupoirier, et c'est une question que nous n'avons pu élucider.

L'histoire des deux fiefs de Beaupoirier, en tout cas, se confond absolument à partir de 1378, où Pierre de la Roche, damoiseau, rend aveu de sa terre et seigneurie de Beaupoirier, en la paroisse de Saint-Félix, et au XVIIIe siècle les Chantelot de la Chaise et de Beaupoirier (V. ces fiefs sur le Breuil) possèdent encore notre Beaupoirier, que, pour le distinguer de l'autre, ils appellent le Petit-Poirier ou le petit Beaupoirier.

Acquis des Chantelot avant la Révolution par les possesseurs de Rax, Beaupoirier fut réuni à cette dernière terre et n'en fut séparé que dans ce siècle, par un partage entre les enfants de Fradel (V. Rax) : échu alors à une demoiselle de Fradel, épouse de M. Vilhardin de Marcelanges, il passa plus tard à M. Méplain, du Donjon, son petit-fils, qui le vendit aux Guyot.

Comme presque toutes les seigneuries primitives, le château de *Rax*, dont nous venons de parler à plusieurs reprises, est situé à une tête de vallée, près de sources abondantes, et c'est à peine si on peut l'apercevoir au milieu des énormes noyers qui forment autour de lui tout un réseau d'avenues.

Seule, l'intéressante porterie du vieux manoir atteste son antique importance ; et vers 1700, fut complètement refait le château devenu chef d'une terre considérable qui englobait, outre de nombreux domaines,

---

(1) La famille Beauchamp est originaire de Saint-Julien de Jonzy ou de Cray, dans le canton de Semur en Brionnais.

Sapinières, Beaupoirier, le Tremblay, etc. Avec sa charmille, ses ifs taillés, sa pièce d'eau en miroir, le jardin de Rax est un mignon spécimen du genre dit à la française, genre aujourd'hui bien démodé; mais n'est-on pas revenu aux mouches et aux chevelures poudrées?

Les commencements de Rax sont assez obscurs : en 1300, en effet, les *Noms féodaux* nous donnent bien un aveu rendu par Étienne Sapin, chevalier, de l'hôtel, terre et seigneurie de la Ra, sis paroisse de Saint-Félix; mais nous hésitons à admettre qu'il s'agisse là du château actuel de Rax, et nous penserions bien plutôt à une terre détachée de l'ancien fief de Rax et

RAX.

sur laquelle ce chevalier Sapinus, venu nous ne savons d'où, peut-être du Beauvaisis, avec Robert de Clermont, aurait fait construire la maison forte appelée de son nom Sapinières. (V. ce fief.)

A Rax aurait donc été, dès cette époque, la famille noble de ce nom (1) dont on trouve des membres mentionnés dans le pays et à laquelle appartenait Hugues de Rax, damoiseau, seigneur dudit lieu de Rax, viguier de Billy à la fin du XIV° siècle. Hugues de Rax mourut en 1435, laissant comme héritière de ses biens sa cousine, Marceline de Rax, mariée à Sury-le-Comtal, en Forez, à noble Jean Eymonet ; c'est cette dernière qui, le 16 juillet de la même année et moyennant cent quarante royaulx d'or,

---

(1) Peut-être les Rax primitifs sont-ils une branche des la Batisse : en 1370, en effet, Jean de la Batisse, écuyer, seigneur dudit lieu, rend aussi aveu d'une terre qui a tout l'air d'être Rax, et, quelques années plus tard, un Jean, dit de Rax, mais qui doit être Jean de la Batisse, renouvelle cet aveu. (V. la Batice.)

vendit Rax à Pierre-Nicolas Vosgrin, bourgeois de Vichy, déjà possessionné en la paroisse de Magnet.

Laissant de côté son nom de Vosgrin pour se dire simplement Pierre-Nicolas, sire de Rax, le nouvel acquéreur de notre fief y figure jusqu'en 1443 ; puis, pendant deux siècles, passent à Rax des possesseurs dont nous ne connaissons qu'un seul, à savoir, en 1562, Pierre de Villars, époux de demoiselle Gilberte du Cléroy.

Le 4 août 1636, enfin, nous trouvons un acte reçu Ebrard, notaire à Billy, et par lequel dame Sébastienne Degan (peut-être une de Jas ?) vend à messire Emmanuel du Sauzay, écuyer, seigneur de Fontaines (V. ce fief), et à demoiselle Marie d'Obeilh de Bussoles (V. ce fief), son épouse, sa maison de Rax, sise paroisse de Saint-Félix.

Le nouveau seigneur de Rax appartenait à une ancienne famille de Saint-Germain des Fossés, que nous rencontrons souvent : il eut comme successeur son fils Antoine, gendarme du Roi, époux en premières noces de demoiselle Antoinette Colin (V. les Chaulx) et en secondes noces de Marie du Buysson ; puis vient un Gilbert-Emmanuel du Saulzay, qui, de demoiselle Françoise de la Chaise, son épouse, eut deux filles et six garçons. L'aîné, autre Gilbert-Emmanuel, succéda à son père et épousa demoiselle Élisabeth de la Geneste ; mais il n'eut que deux filles : Laurence, dont nous voyons, à la Chapelle de Périgny (V. ce fief), le mariage avec M. de Chacaton, et Marie-Antoinette, qui, le 8 septembre 1766, par contrat reçu Devaux, notaire à Saint-Gerand le Puy (1), épousa Gaspard-Claude de Fradel, fils de Blaise et de demoiselle Marguerite de la Grange (2).

M. de Fradel, « ex-noble et aristocrate renforcé », fit partie de la fournée des trente-deux victimes de Lyon, et Rax confisqué fut vendu nationalement ; mais le château et la majeure partie de la terre, acquis par M. Bruneau, maréchal ferrant, furent par lui restitués aux Fradel, qui les possédaient encore récemment.

Nous venons de dire, à propos de Rax, ce que nous pensions de *Sapinières*, marqué par Cassini comme un simple domaine, et, autant que la situation respective de Rax et de Sapinières, le silence toujours gardé sur ce dernier par les vieux titres locaux semble bien justifier notre hypothèse:

---

(1) Tige des Devaux de Chambord. (V. ce fief.)
(2) Les familles de Fradel, Chacaton, la Grange (V. le Lonzat), avaient entre elles des liens multiples : c'est ainsi, par exemple, que Marguerite de la Grange, fille de demoiselle Marie-Suzanne Piron de la Ronde, fille elle-même de demoiselle Suzanne de Chacaton, petite-fille de Pierre de Chacaton, seigneur de Rongières, avait le même trisaïeul que Blaise de Fradel, son mari, qui était l'arrière-petit-fils d'autre Suzanne de Chacaton, fille de Pierre.

Peut-être faut-il voir aussi dans notre Sapinières le fief bourbonnais mentionné, dès le XVe siècle, parmi les seigneuries de la famille de Chargères et encore possédé, en 1590, par Jean de Chargères, écuyer. Toujours est-il que Sapinières fut compris dans l'acte d'achat de Rax (V. ce fief) du 4 août 1636, et dès lors, réuni à cette terre, il n'en fut plus séparé qu'au commencement de ce siècle, par le partage entre les enfants de Gaspard-Claude.

Il échut alors à demoiselle Laurence de Fradel, épouse de M. Hector-François Préveraud de la Boutresse (V. ce fief), député et président de chambre à Riom, et vint après elle à sa fille Marie-Antoinette, veuve de M. de Chantemerle des Prats, et épouse de M. Cathol du Deffand, qui le vendit à M. Conchon, le père du propriétaire actuel.

Des constructions anciennes il ne reste à Sapinières que quelques vieux murs et une tour svelte, à laquelle des réparations récentes ont enlevé tout caractère.

A Rax avait été aussi réunie, vers 1680, la terre du *Tremblay*, actuellement possédée par M. Eugène Burelle ; avant cette réunion, nous ne connaissons d'une façon certaine qu'un seul possesseur de cette terre, à savoir, en 1653, Jean de Berthet, écuyer, seigneur aussi de Martillières, paroisse de Villaines, aujourd'hui Marcenat, et frère de Louis, seigneur du Teillat.

La profusion de ce nom du Tremblay rend douteux, à la vérité, quantité de renseignements qui pourraient bien avoir trait à la maison qui nous occupe, et, pour couvrir notre ignorance, nous pourrions, en outre, arguer de ce que le Tremblay de la paroisse de Saint-Félix n'est jamais désigné comme fief. Néanmoins cet ancien logis doit avoir une histoire, et ses salles voûtées, ses restes de tours témoignent d'une antique importance, dont nous n'avons malheureusement aucune trace.

En 1688, Jacques Burelle, seigneur de la Grave (V. ce fief), habitait le Tremblay.

La paroisse de *Saint-Félix*, où nous arrivons en gagnant la lisière sud du plateau calcaire, fut, en 1112, un peu plus tard que Saint-Allyre de Valence, fondée par le monastère de Saint-Allyre, de Clermont-Ferrand : son origine est donc purement religieuse. A quelques pas cependant de la riante demeure de M. Martin des Boudets, se trouvent des restes de constructions anciennes, et dernièrement encore il a été mis à jour, sous le chemin qui longe la terrasse, une épaisse voûte en maçonnerie dont la forme rappelle celle de Chaveroche, et qui dut appartenir à une construction importante et soignée. Peut-être faut-il voir là des vestiges d'un ancien établissement de Templiers, qu'une tradition constante place à Saint-Félix et dont auraient dépendu les droits que l'Ordre possédait à Magnet; peut-être aussi est-ce là cette terre incertaine (V. Rax), cet hôtel de Saint-Félix dont rend aveu, en 1370, Jean de la Batice; peut-être enfin est-ce une maison dite de Saint-Félix qu'à la même époque et du chef de sa femme, Aelise de Comères (?), possède Hugonin de l'Espinasse, damoiseau.

LE TREMBLAY.

En 1625, Godefroy de la Guiche, fils de Claude et de demoiselle Suzanne d'Isserpent, époux d'Antoinette d'Albon, se dit seigneur de Saint-Félix, — et ce doit bien être de notre Saint-Félix qu'il s'agit; — mais cette seigneurie ne comprenait que des droits, et il n'y avait alors à Saint-Félix qu'une modeste maison seigneuriale, dite maison Chatard, du nom de ses anciens possesseurs. Cette maison, plus tard, passa aux Cornet, qui durent arriver dans le pays comme fermiers de droits seigneuriaux, et appartient actuellement à M. des Boudets, petit-fils de demoiselle Benoîte Cornet, fille de Pierre.

Près de la porte de l'église de Saint-Félix et encastrée — à l'envers — dans le mur du cimetière, se trouve une élégante clef de voûte du XVe siècle, fort bien conservée et décorée des armes des Girard, qui possédaient les deux terres voisines de Noailly et de Girardières.

Ce dernier fief n'est plus qu'un domaine vulgaire, et certes, en le voyant, on ne se douterait pas que c'est là la maison noble de *Girardières* encore signalée par Nicolaï : à peine, en cherchant quelque ancien débris, avons-nous trouvé à l'écart une de ces pierres curieusement taillées à facettes, comme le XVII° siècle en laissa un peu partout et qui paraissent redevenir à la mode.

Là est probablement le berceau de cette famille noble des Girard, signalée, dès 1366, sur Saint-Félix, et dont deux membres, Thomas et Jean, damoiseaux, rendent, en 1411, aveu de leur hôtel, terre et seigneurie de la Girardière. Pendant le XV° siècle, Girardières semble avoir été partagé entre plusieurs de ces Girard ; en 1444, Girard le Restif (1), écuyer (V. Ciernat), en possède une partie, sans doute du chef d'Alyis de Girardières, sa femme ; mais, dès 1500, la terre entière se trouve réunie entre les mains de Jean de Girardières, dit l'Enfant, et de Jean du Saix, époux d'Alix de Girardières, sœur de Jean. A la même époque, Jean du Saix et Jean de Girardières possèdent aussi le château voisin de Noailly ; mais la haute, moyenne et basse justice de leurs deux terres appartient à un Charles du Bouchat, écuyer, ce que nous ne nous expliquons guère.

A partir de 1500, Girardières ne fut plus qu'une dépendance de Noailly (V. ce fief), à l'article duquel nous renvoyons : après la Révolution, Girardières vint à une branche des Meilheurat de Champouret, dont plusieurs membres jouèrent un certain rôle politique ; il fut par demoiselle Laure Meilheurat porté à un Martin du Gard, puis par la fille de ce dernier à M. Lascombe, qui vient de le vendre à M. des Boudets.

MAGNET ET SEUILLET.

De l'extrémité du plateau où nous voici parvenus, la vue s'étend sur la plaine de Billezois, et l'on domine le défilé large de trois kilomètres environ qu'elle vient former, entre les derniers contreforts de la montagne et le terrain calcaire : ce défilé, qui va se rétrécissant vers l'embouchure du Mourgon et qu'a emprunté la grande ligne Paris-Lyon, est occupé par les paroisses de Magnet et de Seuillet.

(1) De la similitude des armes des Restif et des Girard on peut, avec bien des probabilités, induire que ce Girard le Restif était de la même souche que sa femme : nous ne l'affirmons pourtant pas, à cause de la noblesse douteuse d'un de ces Restif que nous trouvons à Ciernat.

Nous allons les parcourir, et en descendant, au point même où l'œil embrasse le mieux les contreforts boisés de Beaumont et les riches vignobles des Creuziers, nous nous trouvons en face d'un petit château construit dans le goût du siècle dernier, et dont chaque jour voit s'écrouler un pan de mur.

C'est la *Côte*, ancien domaine possédé, dès avant 1600, par une famille Doultre, qui fournit à Billy et aux alentours de nombreux officiers de justice, et dont les cadets portaient le nom de Doultre de la Garenne, de celui d'un domaine voisin aujourd'hui disparu.

Parmi les Doultre de la Côte, nous citerons, en 1640, Pierre, lieutenant général de Billy, époux de Gilberte Bernard, fille d'un capitaine châtelain de Saint-Germain des Fossés; en 1673, son fils Claude, aussi président et lieutenant général, et enfin le dernier d'entre eux, Joseph Doultre, aussi lieutenant général, qui mourut en 1714, laissant sa terre à son neveu Nicolas de la Mousse, fils de Gilbert et de demoiselle Jeanne d'Oultre. (V. les Miniers.)

Le tuteur de Nicolas, Jacques-Gilbert de la Mousse, ne garda pas la Côte et, le 29 juin 1714, la vendit, moyennant six mille quatre cents livres et par acte reçu Faulquemont et Posque, notaires royaux à Saint-Germain, à maître Gilbert Charles, seigneur de Bardonnières (V. plus loin), marchand de Saint-Germain des Fossés, époux de demoiselle Magdeleine Reignier, déjà fermier de la Côte.

Nous retrouvons à divers endroits cette famille Charles (V. Gléné, la Tour Pourçain, etc.), et on prétend qu'elle serait d'origine étrangère : c'est possible, et les alliances des Charles avec les Mignot de Joze, les Arnault d'Artonne, les de la Brosse, d'Olliergues, familles auvergnates encore représentées, peuvent faire chercher en Auvergne leur berceau primitif. Gilbert pourtant était fils d'André, et Jean Charles, le père d'André, était déjà marchand à Saint-Germain des Fossés, ce qui ferait remonter au siècle de Louis XIII l'immigration des Charles en Bourbonnais (1).

Quoi qu'il en soit, à Gilbert succéda Louis-Gilbert Charles, l'aîné de ses fils (2), époux de demoiselle Antoinette Arnauld, d'Artonnes, et à Louis-Gilbert son fils Jean-Baptiste, qui, veuf d'une demoiselle Colin, du Breuil

---

(1) Une branche des Charles, avons-nous dit (V. le Couldray et Gléné), fournit des notaires à Châtel-Montagne; une autre existe à Servilly. Sans vouloir suivre toutes les ramifications de cette famille, nous dirons qu'un autre de ses rameaux, les Charles Lafont, finit à la Palisse, et enfin que les Charles Laronde sont toujours représentés à Cusset.

(2) Nous citerons, comme intéressant une famille du pays, le mariage du 19 novembre 1720 entre Madeleine Charles, fille de Gilbert et de Madeleine Reignier, et Claude Chocheprat, fils de Pourçain et de demoiselle Pinaud, marchand et capitaine de bourgeoisie en la ville de Gannat.

(V. maison Regnaud), épousa demoiselle Angèle de Chacaton, fille de Nicolas, seigneur de la Chapelle (V. ce fief), et de demoiselle Laurence du Saulzay.

Les Charles ne laissèrent pas d'héritiers directs, et à la mort de Félix Charles, ancien officier, fils de Jean-Baptiste, la terre de la Côte, — en partie, du moins, — revint aux Chacaton de la Chapelle après un long procès : le reste, avec le château, appartient à M. Hervier, de Billezois.

Noailly. — Placé, comme l'indique son nom, dans de verdoyantes prairies qui durent être jadis des fondrières impraticables, le château fort de Noailly est encore, malgré son état actuel d'abandon, un des jolis morceaux d'architecture de notre arrondissement ; à ce titre il a souvent, et notamment au Congrès de 1855, attiré l'attention des savants et des amateurs. C'est aussi un des mieux conservés, et pour le remettre en parfait état, il n'y aurait guère qu'à recoiffer les trois tours patriotiquement découronnées, en 1794, par les deux nouveaux acquéreurs. Depuis les fenêtres à moulures jusqu'aux hottes des cheminées, tout est absolument intact, et tout indique une construction soignée de la belle époque du XVe siècle. C'est à cette date, en effet, que Noailly fut construit, et M. le comte de Soultrait a encore pu lire les armes des Girard, ses constructeurs, sur de nombreux écussons, maintenant absolument frustes. On ne conserva alors du vieux Noailly que quelques constructions du côté ouest : quant à ce qui fut élevé par les Girard, une seule partie en a disparu, c'est la porte d'entrée gothique détruite au siècle dernier, en même temps que furent créées, autour des dépendances, les larges terrasses en pierres de taille bordées de fossés pleins d'eau.

Cette élégante construction, qu'en chemin de fer on aperçoit sur la gauche, après avoir quitté la gare de Saint-Germain des Fossés, appartient aujourd'hui à madame Bonneau du Martray, née Besse-Burelle.

Le premier seigneur de Noailly que nous connaissions est, en 1342, un Jean de Villefort, damoiseau (V. Villefort), dont la fille Béatrix, en 1350, épousa Robert de Grézolles, membre d'une famille forézienne alors possessionnée dans notre montagne (V. Pont-Clavel); quelques années plus tard, en 1374, Noailly est passé à Étienne Rechain, paroissien du Mayet de Montagne; en 1378, il est à Guillaume Rechain, fils d'Étienne; puis vient une lacune jusqu'à l'acte de donation de Marcenat (V. ce fief) en 1405.

Dans cet acte est mentionné un Girard d'Acbert, seigneur de Bosredon et de Noailly, et dans lequel il faut voir, pensons-nous, un membre de la famille Girard de Girardières (V. ce fief) : après Hugues, fils de ce Girard, en effet, et comme lui seigneur de Bosredon et d'Herment, en 1446, c'est entre les mains de ces Girard de Girardières que nous retrouvons Noailly.

Comme Girardières, Noailly vint, en 1506, aux mains de Jean du Saix, par son mariage avec Alips de Girardières ; de Jean du Saix il passa à son fils Claude, époux de Diane de Seneret (V. le Chaussin), et c'est ainsi qu'en 1576 nous y trouvons Madeleine de la Fin, veuve de François de Seneret et mère de Diane, qui y habite avec sa petite-fille Simonne du Saix, fille de Claude, seigneur de Rivoire.

« Pour mieux monstrer, dit le vieux manuscrit dont nous parlons à

NOAILLY.

Vichy, que les reistres ne vouloyent cognaistre ne respecter personne, d'entre plusieurs exemples et outre ce que j'ay dit et dyrai encore cy après sur le propos des désordres que faisayent les rittstres, je reciteray un fait lequel, combien qu'il soyt vray, semblera toutefois incroyable à ceulx qui n'ont point veu la pratique de telles choses.

« Nul par tout le royaume n'ignore combien vertueusemens les sieurs de Beauvoir, de la Nocle et de la Fin frères se sont employés pour la défense des églises réformées et soustènement de la très juste cause à laquelle ils se sont tous joincts.

« Et néanmoins les reitres, par surprinse ou aultrement, estant entrés au chasteau de Noailly, la dame duquel étant leur propre sœur, bien qu'ils en feussent advertys, ne laissèrent pour cela non seulement d'y prendre et emporter autant de biens qu'ils peurent, mais aussi (chose dont on n'a jamais ouï parler) ils emmenèrent et prindrent prisonnière une petite fille, arrière niepce des susdits trois frères, laquelle n'estait aagée que d'environ huit mois. Ce qu'estant venu à la cognoissance du sieur de Beauvoir, son oncle, qui estait pour lors en nostre armée, quelques requestes, remonstrances et instances qu'il peust faire et nonobstant lettres, exprès, commandements que M. le duc Casimir fist de la rendre à ses parents, impossible fust de l'oster de la pouyssance des reitres, sinon à condition d'une grande somme d'argent qu'ils demandoyent pour la rançon, tellement que pour retirer et ravoir en diligence cest enfant — craignant qu'à cause de son bas age il ne lui mésavint — il fallut jouer et user de ce stratagème de Bacchus, assevoir de faire boire ceux qui la gardoyent, qu'après qu'ils furent bien saouls et endormis, on la leur déroba et enleva secrettement.

« Qu'on juge maintenant que c'est que cette nation faisait indifféremment partout où elle passait. »

Nous avons vu au Chaussin (V. ce fief) le mariage de Jeanne du Saix, autre fille de Claude, avec Christophe de Talaru : quant à Simonne, la victime du rapt de 1576, elle épousa, en 1608, Jean de la Queuille (1), marquis de Châteaugay, fils de Jean II, plus connu sous le nom de Florac, et d'Anne d'Escars de la Vauguyon, fille elle-même d'Isabeau de Bourbon-Carency. (V. Abrest.)

Jusqu'à la Révolution, Noailly et Girardières ne sortirent plus de cette puissante famille, et laissés en 1741 par Claude-Gilbert de la Queuille à son neveu Claude-Gaspard, époux de Jacqueline de Lastic, ils furent, en 1792, confisqués sur le fils de ce dernier, Jean-Claude-Antoine-Marie, ci-devant marquis de la Queuille, émigré, ci-devant seigneur de Châteaugay et Vandat, chevalier de l'ordre royal et militaire de Saint-Louis, colonel d'infanterie, demeurant rue de Babylone, à Paris, et sur sa femme, demoiselle Émilie de Scorailles.

Le dernier seigneur de Noailly avait été député à la Constituante par la noblesse de la sénéchaussée de Riom, tandis que son frère, Gilbert-Scholastique, major de Picard-cavalerie, était choisi comme représentant par la noblesse du Limousin. Personne, à coup sûr, ne pouvait mieux représenter la noblesse d'alors que les frères la Queuille, tous deux engoués des idées philosophiques et pleins d'utopies plus sottes encore que généreuses : quand ils virent qu'il ne s'agissait nullement d'un sport inoffensif, tous deux essayèrent de réagir ; mais il était trop tard, et ils durent prendre

---

(1) Les la Queuille, sortis du bourg de ce nom, dont Claude Gaspard racheta la seigneurie en 1770, avaient eu en 1430 Châteaugay, près Riom, par le mariage de Jacques, l'un d'eux, avec Louise de Giac, descendante du chancelier : ils portaient de sable à la croix engrêlée d'or.

le chemin de l'exil, après avoir échappé à grand'peine aux fureurs révolutionnaires.

Le marquis de la Queuille resta onze ans à l'étranger ; rentré en France en 1803, il mourut à Paris en 1810, au milieu des mille soins que lui donnait l'essai de reconstitution de sa fortune, et laissant pour unique héritière sa fille, Adélaïde-Émilie, mariée au marquis de Goyon de Marcé.

De Noailly, nous gagnerons les *Plassards,* non que ce domaine ait jamais eu une importance quelconque, mais c'est que tout à côté se trouve un curieux monument, souvent décrit, et dont on n'a jamais pu déterminer l'objet d'une façon satisfaisante. C'est une butte pointue, haute de quatre à cinq mètres, qui domine et flanque, pour ainsi dire, une motte assez semblable à celles que nous rencontrons partout. Est-ce un tumulus ? Est-ce un poste-vigie ? Est-ce une ancienne tour ? Nous ne savons que dire : nul débris ne vient nous renseigner, et la situation ne se prête guère à l'hypothèse d'un poste de signaux.

Nous pensons, néanmoins, que cette butte pourrait bien indiquer le passage de l'ancienne voie Cusset-Treteau, et d'autant plus qu'elle était en quelque sorte au centre d'une antique agglomération. Outre, en effet, la motte de Taillefer et celle sise près de la Motte-Mourgon, dont nous parlerons tout à l'heure, on se rappelle en avoir nivelé un assez grand nombre dans les prés voisins, et on en peut, rien que sur le domaine des Plassards, reconnaître encore quatre, dont deux, il est vrai, peu visibles.

Nous profiterons de notre passage aux Plassards pour dire qu'au XVIIe siècle ce domaine appartint à une branche des Gadin, dont le dernier, Jean-Claude, écuyer (1), est encore mentionné en 1694 ; puis, en 1737, nous le trouvons aux mains de François du Péron, conseiller du Roi et son procureur de la police en la châtellenie de Billy, qui le tient du chef de Marguerite Tarde, son épouse.

La commune de Magnet, avons-nous dit, est fort riche en mottes antiques, et il semble que tout le pays que traverse la voie ferrée, entre la gare de Saint-Gerand et la route de Cusset (V. les Grands-Villars et les Petites-Brosses), ait porté jadis une population agglomérée. De toutes ces

---

(1) Un frère de Jean-Claude, Henri Gadin, seigneur des Bonnets sur Varennes-sur-Allier, était intendant de Mgr de Saint-Geran et avait épousé une demoiselle Antoinette Poivre (V. Cusset) : il fut le père de Marie Gadin, qui épousa Gabriel Liandon, seigneur des Rabanaux en la paroisse de Vesse

mottes, la plus importante est celle qui se trouve à deux cent cinquante mètres du domaine dont elle porte le nom, et qui est dite *motte de Taillefer* (autrefois Fleury) : nous y avons recueilli des débris de briques et de poteries.

Est-ce là cette motte de Vernay, paroisse de Magnet, que possède Jean de Saint-Didier, écuyer, en 1443? Faut-il, ce Vernay, le chercher sur une des nombreuses mottes des Plassards? Nous ne savons (1), et, jusqu'à la découverte de documents nouveaux, on ne peut guère savoir.

A l'endroit même où la plaine se resserre, entre le Mourgon et les côtes de Saint-Félix, et blotti au bord de l'eau, le château de la *Motte-Mourgon* se cache dans un ravin couvert.

Ce fut le chef d'une importante seigneurie et le berceau, sans doute, de cette famille noble de Mourgon que l'on trouve mentionnée aux environs jusqu'après 1400 ; mais, de 1350 à 1375, nous voyons déjà rendre aveu de notre seigneurie, au nom d'Aliénore de Chastel de Montaigne, sa femme, Jean de Chauvigny, chevalier, membre de la puissante famille possessionnée aussi à Montmorillon.

Il semble donc y avoir eu (V. Montmorillon) deux alliances simultanées entre les Chauvigny et les Châtel-Montagne ; mais les Chauvigny restèrent à la Motte moins longtemps que dans leur fief montagnard, et, dès 1378, la Motte-Mourgon est passée à Pierre de la Roche, damoiseau, aussi seigneur de Beaupoirier, sur Saint-Félix.

En 1378, il est vrai, Pierre de la Roche n'a encore que la moitié des dépendances de la Motte-Mourgon ; mais la totalité de la terre ne tarda pas à être réunie entre les mains de ses successeurs, qui sont d'abord Odin et Philibert de la Roche, ses enfants, puis les enfants de Philibert, Pierre et Jean, que nous trouvons en 1488 et 1506. Messire Pierre de la Roche, seigneur de la Motte-Mourgon, figure encore à l'Assemblée de 1521 et en 1524 aux funérailles du maréchal de la Palisse ; puis, le 7 octobre 1538, le seigneur de la Motte est son fils Jean, mentionné aussi à Genat. (V. ce fief.)

Jean de la Roche épousa sa cousine Antoinette de la Barge, fille d'Antoine et de demoiselle Anne d'Augerolles de Saint-Polgues, et en eut un fils, Claude, qui, en l'an 1574, est encore dit seigneur de la Motte-Mourgon, ainsi que du fief voisin de Beaurevoir (V. ce fief) ; mais à partir de cette date et pendant quelques années, nous perdons la suite des sei-

(1) Il est fort possible, d'ailleurs, que ce Vernay soit le Vernet de Sanssat ou de Saint-Gerand-le-Puy (V. Montvernet), et la distance n'est pas si grande que ce soit là une erreur inadmissible.

gneurs de la Motte et nous passons à un acte du 20 juin 1623, par lequel messire Claude de Coligny-Saligny et demoiselle Claude de Montjournal (1), sa consorte, achètent, moyennant trente mille cinq cents livres, les terres de la Motte-Mourgon et Beaurevoir à noble Guillaume de Balme, conseiller et secrétaire du Roi, maison et couronne de France, qui les a fait saisir comme créancier de Catherine de Balme, veuve de Louis-Claude Grimaud, écuyer.

Claude de Coligny-Saligny mourut sans postérité, et le 24 septembre 1636, devenue dame de la Motte-Mourgon, — pourtant acquise des deniers des Coligny, — Claude de Montjournal, assistée de son ex-belle-mère, de Suzanne aux Épaules, dame de la Guiche, dont elle était dame d'honneur, et de Toussaint de Chantelot, vicomte de Gléné d'Ande (V. ce fief), épousa Gaspard du Crot (V. Brunart), chevalier, fils de Gaspard, seigneur de Saint-Polgues, et le couple se fixa à la Motte, où il est fait mention d'une chapelle et d'un aumônier.

Gaspard du Crot n'eut pas d'enfants, et, par acte du 12 août 1669, lui et sa femme, à charge de différents legs pieux, laissèrent leurs terres de la Motte-Mourgon et Beaurevoir à François Bardon, écuyer, seigneur du Méage, capitaine exempt des Cent-Suisses de la garde du Roy, et à Catherine Chrestien, son épouse, demeurant ensemble au chastel du Méage (V. ce fief), en la paroisse de Rongères.

Échue d'abord à René Bardon, l'aîné, et plus tard à Jean-Claude, le troisième des fils de François, notre terre fut, par ce dernier, vendue en 1721 à Alexis Robert, gentilhomme du duc d'Orléans, dont nous racontons ailleurs (V. la Forêt de Liernolles) le court et mouvementé passage en Bourbonnais, et dont les registres paroissiaux du voisinage dénotent les mœurs par trop Régence (2).

M. Alexis Robert, en 1730, fut, après de longues disputes, obligé de quitter le Bourbonnais : ses terres, mises en vente, furent alors acquises par Jean-Marcellin Baillard des Combaux, gentilhomme originaire du Velay, et qui, à la suite de son mariage avec demoiselle Louise-Madeleine de Troussebois de Chervil, fut autorisé à relever le nom et les armes des Troussebois.

Jean-Marcelin eut trois enfants : Jean-Jacques, comte de Troussebois, maréchal de camp et colonel du régiment d'Angoulême ; Jean-César-

---

(1) Claude était fille de François, seigneur du Verger (V. ce fief), et de demoiselle Hilaire de Troussebois, celle-ci descendante d'Antoine de Troussebois et de demoiselle Raquin. (V. les Gouttes.)

(2) En 1725, Geneviève Hébert, la femme d'Alexis Robert, signe comme marraine sur les registres paroissiaux de Billy.

Martial, seigneur de Chervil, capitaine au 6ᵉ régiment, et demoiselle Louise-Madeleine, qui, au moment de la Révolution, habitait la Motte-Mourgon. Tous trois furent guillotinés le 19 pluviôse an II (7 février 1794), et le 7 floréal suivant (26 avril) tombait aussi, au nom de la sûreté publique, la tête de la fille du comte de Troussebois, dernière survivante de cette infortunée famille, Armande-Amédée-Victoire de Troussebois, âgée de dix-huit ans !

Le château de la Motte-Mourgon, propriété de M. Rigal, de Montpellier,

LA MOTTE-MOURGON.

occupe une sorte d'île formée par le Mourgon, et se compose d'un bâtiment carré, construit au XVᵉ siècle sur les ruines d'une vieille construction féodale dont il reste les bases de deux tours.

Ce petit châtelet, avec ses murs de cinq pieds d'épaisseur, sa tour d'angle récemment démolie et ses deux demi-tours, formait à coup sûr un logement insuffisant; aussi, vers la fin du XVIᵉ siècle, fut-il remplacé par une longue construction dépourvue de style, et dont les ouvertures ont été refaites ; à peine peut-on y signaler, à l'intérieur, des restes de boiseries Henri II.

Tout à côté se trouvent une salle voûtée, qui pourrait bien être l'ancienne chapelle, et le vieux moulin seigneurial qui forme, au bord de l'eau, le plus pittoresque effet.

Dans le pré du domaine des Guerriers, à deux cents mètres environ au nord de la Motte-Mourgon, est une motte où nous avons recueilli des débris de poterie gris bleu, et qui, de prime abord, semble marquer l'emplacement primitif de notre seigneurie. Nous aimons mieux croire que la maison forte de la Motte a toujours dû occuper la très avantageuse situation qu'elle couvre encore, et, d'ailleurs, les murs qui portent le château actuel sont extrêmement vieux.

Peut-être notre motte est-elle plutôt celle de Taconay (V. Falconnières) dont, depuis Jean de Chauvigny et jusqu'au comte de Troussebois, rendent aveu, en même temps que de leurs seigneuries, les sires de la Motte-Mourgon.

Un acte de 1749 nous indique qu'à cette époque le vieux château de *Champblanc* existait encore ; mais ce château, — toujours porté cependant comme fief, — ne dut jamais être fort important. Outre, en effet, qu'il est bien rapproché de ses puissants voisins de Noailly et de la Motte, et qu'il n'en subsiste pas même une pierre taillée, ses anciens possesseurs ne semblent guère avoir pu être seigneurs d'une véritable maison forte. En tout cas, le Champblanc actuel, propriété de la famille Liandon, est une agréable maison de campagne, mais rien de plus.

Pendant près de deux cents ans, de 1399 à 1587, nous voyons se succéder à Champblanc des membres d'une famille Fabri qui paraît venir du Forez et avait dans cette province de nombreux représentants. Le dernier de ces Fabri fut Jean, à moins pourtant que l'on ne veuille voir encore un Fabri dans ce Claude de Champblanc, écuyer, seigneur dudit lieu, qui, en 1605, figure dans divers actes et habite la Chapelle de Périgny. (V. ce fief.)

De cette date de 1605 nous passons à celle du 20 mars 1650, où notre terre appartient à maître Guillaume Quesson, membre d'une vieille famille bourgeoise de Billy, et, peu après, nous y voyons arriver les Maréchal de Bompré (1).

---

(1) Bompré est sur la paroisse de Barberier-Persenat.

Il est bien difficile de fixer l'origine des Maréchal, que nous rencontrons un peu partout, et la profusion de leur nom amène une incertitude inévitable : il nous semble pourtant que l'on peut distinguer parmi eux quatre familles :

D'abord, ceux que nous venons de trouver à Champblanc et que M. le comte de Soultrait croit sortis du Forez : dès 1300, possessionnés sur Besson et seigneurs de Cressanges, ces Maréchal devinrent par des alliances successives seigneurs du Fourchaud, de Fins, de Bompré, etc. (Voir l'*Armorial* de M. de Soultrait.)

Puis une famille Maréchal du Donjon, éteinte, croyons-nous, dans les Jacquelot de Contresol : elle fournit, au Donjon et aux environs, de nombreux officiers de justice et posséda, entre autres terres, Montcombroux.

Ensuite une famille bourgeoise de Cusset ou plutôt de Saint-Gerand-le-Puy, dont la fortune

Le 25 janvier 1692, enfin, demoiselle Jeanne Maréchal, fille de Claude et de Marie Jacquinot de Panissières, porta Champblanc et Bompré à Nicolas de Revangier (V. Chassignolles), fils d'autre Nicolas, et conseiller au présidial de Moulins (1), dont les descendants l'avaient encore en 1792.

En maint autre endroit et notamment à Chassignolles, près de Cusset (V. ce fief), nous trouvons cette famille encore existante des Revangier. De la branche de Champblanc, nous citerons seulement : Christophe, maire perpétuel de la ville de Cusset et y demeurant, paroisse Saint-Saturnin, et Nicolas-Joseph, chevalier, seigneur de Bompré, Champblanc et Cordebœuf, paroisse de Paray-sur-Briailles, mestre de camp de cavalerie et chef de brigade des gardes du corps du roi de Pologne : ce dernier, né en 1726, avait épousé une demoiselle Marie-Louise de Lombelon des Essarts.

C'est en 1848 que madame Revangier de Bompré, veuve de M. Michaud de Montblin, vendit Champblanc aux Liandon de Cusset, et c'est très probablement à titre de locataire que nous trouvons mentionné, comme habitant de Champblanc, en 1822, M. le comte Amédée de Maistre.

Le petit bourg de *Seuillet*, groupé dans la vallée d'un modeste affluent du Mourgon, a une origine féodale et s'est construit autour d'un château fort, dont marque l'emplacement la très vieille chapelle romane devenue église paroissiale.

En 1314, pour la première fois, nous avons mention de Seuillet, dont est alors seigneur Jocerand du Vernet, aussi seigneur de Saint-Gerand le Puy; puis apparaissent les Isserpent, dont le nom revient dans maint acte du voisinage. Pendant le passage des Isserpent à Seuillet, nous n'avons sur son histoire aucun détail, et le 24 mai 1460 seulement il est fait mention précise des droits seigneuriaux de Seuillet dans la vente qu'en fait à son cousin Henri d'Albon, seigneur de Chazeuil (2), Hérard de la Motte, écuyer, époux d'Annette d'Isserpent, fille de messire Marc d'Isserpent, seigneur de Seuillet, et de dame Catherine de la Palisse. (V. Chazeuil.)

---

fut un moment très prospère et qui donna une branche à Saint-Germain-des-Fossés : à elle nous rattacherons — sans toutefois l'affirmer — les nombreux Maréchal que nous trouvons baillis, fermiers seigneuriaux, juges châtelains dans les fiefs de la seigneurie de Billy.

Enfin les Maréchal du Bois-Droit (V. ce fief) qui occupèrent aussi les postes de la Palisse et de Bessay : de ceux-là, l'origine forézienne paraît certaine, mais il est bien difficile de les rattacher, comme on l'a voulu faire, à ceux de Cressanges, immigrés bien longtemps avant eux.

(1) Il est à remarquer qu'entre certains articles de Béthencourt et la généalogie Revangier du fonds Cherin il y a contradiction évidente : nous pensons qu'il vaut mieux s'en rapporter à cette dernière.

(2) Henri d'Albon, aussi seigneur de Saint-Forgeux, après la mort de Guillaume son frère, était fils d'autre Guillaume dont nous voyons à Chazeuil le mariage avec Marie de la Palisse, fille d'Antoine.

Les droits seigneuriaux, depuis lors, ne sortirent plus des mains des d'Albon ; mais sans doute furent-ils achetés par Guichard d'Albon à ses cousins de Chazeuil, lors de la fondation de Cérezat (V. ce fief), car au siècle dernier ils faisaient partie intégrante de cette dernière seigneurie.

Deux maisons de Seuillet méritent d'être citées : la vieille cure d'abord, puis l'ancien fief de Bellecour, dit actuellement maison le Brun et occupé, en effet, depuis fort longtemps, par cette famille, possessionnée aussi à Treteau et à Bert, et qui pourrait bien être une branche de ceux de Gaudinière (V. ce fief), bien que quelques-uns de ses membres aient été de simples bourgeois de la Palisse. (V. Rosières, etc.)

M. Jean-Baptiste le Brun, de Seuillet, seigneur de la Motte-Vesset (V. ce fief), fut, en 1789, député du Tiers à la Constituante.

Sur notre paroisse étaient aussi deux maisons fortes, qui, au siècle dernier, appartenaient toutes deux à M. Michel Laurent, de Marnat (V. le Ponsu de Billezois), fermier de Gaudinière, près de Saint-Martin d'Estréaux : ce sont la Roche-Marnat et la Motte Vaulieux.

La *Roche-Marnat*, depuis le milieu du XVIIe siècle au moins, appartenait aux Laurent, et la seule mention antérieure que nous en ayons est l'aveu qu'en rend, en 1366, Guillaume de Boucé (V. ce fief) comme maître des droits d'Alise de Pontcenat, sa femme.

Au commencement de ce siècle, la Roche-Marnat était passée aux deux familles alliées Martin du Gard et Guyot-Berger ; elle fut ensuite réunie entre les mains de ces derniers, et c'est ainsi que, le 24 février 1810, nous voyons MM. Bulot et Daron la vendre, moyennant deux cent quarante mille francs, à M. Georges-Antoine Chabot de l'Allier (1), commandeur de la Légion d'honneur, juge en la Cour de cassation, conseiller ordinaire de l'Université impériale, inspecteur général des facultés de droit, et à Françoise Cornat, son épouse, demeurant ensemble rue Saint-Honoré, 408, à Paris.

La petite-fille de M. Chabot possède encore la Roche-Marnat ; mais de l'ancien Marnat il ne subsiste rien, et sur son emplacement s'élève un énorme château sans style, entouré d'un parc fort bien planté.

Marnat est peut-être le berceau d'une vieille famille plus tard établie à Cusset et dont était membre Abraham Marnat, garde-scel à Cusset en 1488.

(1) Chabot de l'Allier, né à Montluçon en 1758, était avocat à Paris quand il fut choisi par ses compatriotes comme député suppléant à la Convention : les instructions qu'il avait reçues de ses commettants tendant au maintien de la royauté, Chabot, il est vrai, ne put prendre possession de son siège ni prendre part aux travaux de l'Assemblée. En 1795 pourtant il parvint à siéger et dès lors se montra un adversaire déclaré de la faction jacobine. Devenu en 1799

Quant à la *Motte Vaulieux*, c'est actuellement un domaine, et des anciennes constructions qui occupaient l'emplacement de la maison des métayers, il ne se voit plus qu'un reste de fossés sur la façade nord, quelques substructions dans la cour et une curieuse margelle de puits inutilisée.

Vendu, le 27 mai 1514, à Jean d'Albon, seigneur de Cérezat, par dame Blanche de Villars, veuve de Michel Trinquet, écuyer, quand vivait seigneur de la Motte Vaulieux, cet ancien fief fit dès lors partie de Cérezat et, en 1715 seulement, en fut séparé par la vente en détail que firent de leur seigneurie (V. Cérezat) Gilbert Gaspard de Chabannes et demoiselle Philiberte d'Apchon, son épouse.

M. Michel Laurent, de Marnat, l'acquéreur, paya trois cents livres de droits pour son acquisition.

Nous nommerons encore sur Seuillet deux domaines :

Bardonnières d'abord, qui donna son nom à une branche des Charles, issue de Geoffroy, fils de Gilbert, l'acquéreur de la Côte. (V. ce fief.)

Puis la *Grave*, actuellement chef d'une très belle terre possédée par M. Rougane de Chanteloup, mais jadis simple domaine où nous trouvons depuis 1674 les Burelle, de Varennes-sur-Allier. Portée, en 1717, à Jean des Maisons par Marie Burelle, fille de Jacques, et, en 1742, par la même à son second mari, Claude Maréchal, la Grave vint, en 1777, aux Martin du Gard, déjà possesseurs du domaine voisin du Pible, et ceux-ci la vendirent seulement dans la première moitié de ce siècle.

BILLY, CRÉCHY ET VARENNES-SUR-ALLIER.

En quittant la gare de Saint-Germain des Fossés, la ligne de Paris passe au-dessous d'un vieux château qui, du haut de sa motte naturelle, commande le cours sinueux et changeant que la rivière d'Allier suit lentement au travers du Chambonnage : c'est *Billy*, que les voyageurs, malheureuse-

---

membre du conseil des Anciens et passé plus tard au Tribunat, Chabot fut un des plus zélés et utiles partisans de Bonaparte, qui l'en récompensa par les charges que nous venons d'énumérer.

Chabot mourut à Paris le 19 avril 1819, laissant la réputation d'un jurisconsulte éminent et des ouvrages de jurisprudence fort estimés.

ment, rasent de beaucoup trop près pour pouvoir jouir de son intéressante silhouette.

La belle position que forment à cet endroit les dernières croupes du plateau calcaire de Saint-Félix fut très probablement dès longtemps mise à profit; mais, tandis qu'au-dessus de Créchy, — vers les Peux et les Bessons, — on trouve, à côté de mottes romaines, de nombreux débris, il n'a été fait à Billy aucune découverte caractéristique qui puisse fixer

Billy. — Porte de ville.

sur son ancienneté, et nos renseignements commencent à l'acte du mois d'août 1232, par lequel Archambaud X, sire de Bourbon, acquiert, pour dix livres tournois, les droits que Hugues Colombier possède sur la maison occupée à Billy par Guillaume de Chasuet, et sur un terrain que ledit Archambaud a acquis dudit Chasuet.

Cette date de 1232, pensons-nous, doit préciser l'époque où les sires de Bourbon, étendant la *marqueterie* qui devait plus tard former le Bourbonnois, édifièrent à Billy une forteresse capable de leur assurer la rivière d'Allier.

Billy, depuis lors, resta une de leurs principales châtellenies, souvent assignée comme douaire aux duchesses de Bourbon, et nous aurons narré toute son histoire en nommant ceux des capitaines châtelains que nous avons pu trouver et en en énumérant les engagistes.

En 1243, Étienne de Créchy (V. ce fief) est capitaine châtelain de Billy; puis viennent, en 1337, Jean Ameilh; en 1394, Henri de Chantelot; en 1440, Louis de Brie; en 1465, Louis du Breuil; de 1466 à 1471, Jean Tranchelyon, seigneur des Marteaux; Pierre, bastard de Bourbon, de 1471 à 1488; de 1488 à 1516, Georges de Chantelot, seigneur de la Chaise (V. ce

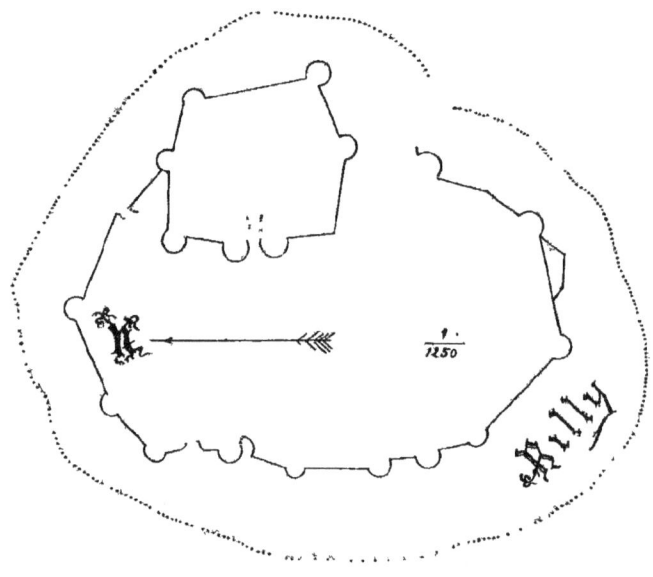

PLAN DE BILLY.

fief), et, après lui jusqu'en 1527, son fils Gilbert de Chantelot. Cette année-là, 1527, par lettres patentes du 14 juin, François Ier nomme châtelain de son château de Billy Étienne de Viry la Forêt (V. ce fief), qui a eu un bras emporté à la bataille de Pavie; et enfin, en 1569, apparaît un dernier capitaine châtelain de Billy en la personne de Philippe Treille, seigneur du Jaunay. (V. la Tour Chalabran.)

C'est l'époque où les rois de France commencent à se faire des revenus de leurs châtellenies, devenues inutiles comme places fortes, en les engageant moyennant certaines sommes qui, sous le nom de prêts, étaient de véritables prix d'achat; Billy, pas plus que Chaveroche (V. ce fief), n'échappa à la loi commune. C'est ainsi qu'en 1636 nous en voyons devenir engagiste M. de Guénégaud, seigneur du Plessis-Belleville, moyennant une somme de cinq mille cinq cents livres versée au Trésor et un remboursement de quinze mille livres payé à l'ancien engagiste; en 1637, l'engagiste de Billy est dame Claude-Marie d'Andelot, épouse de Gaspard de Foudras, seigneur de Saint-Germain des Fossés, comte de Contenson, Sousternon, etc. Puis viennent : en 1672, M. le comte du Plessis-Praslin (1); en 1680, messire René de Gillet, marquis de Clérambault ; en 1697, sa veuve, Marie de Bellenaves ; enfin, en 1716, son petit-fils, François-Frédéric de Montmorency-Luxembourg, duc de Montmorency, mestre de camp du régiment de Touraine, gouverneur et lieutenant général pour le Roy en la province de Normandie.

Le 24 juillet 1772, le petit-fils de François-Frédéric, très haut et très illustre seigneur Anne-Léon de Montmorency, duc de Montmorency et de Piney-Luxembourg, premier baron de France et premier baron chrétien, maréchal de camp des armées du Roy, vendit, moyennant deux cent mille livres, son château de Billy à haute et puissante dame Anne-Charlotte-Mayeule du Buysson de Douzon, épouse de messire Yves Mourins, comte d'Arfeuilles (V. Pontcenat), seigneur d'Arfeuilles, le Néoux, le Chalard, le Lonzat, etc., capitaine de dragons en la légion de Soubise. M. le comte d'Arfeuilles mourut à Paris en 1807, et c'est son arrière-petit-fils qui possède aujourd'hui Billy.

Billy joua-t-il un rôle quelconque pendant les guerres de Cent ans et du Bien public ? C'est probable, mais sur ce rôle nous n'avons aucune indication, à moins pourtant que du mandement de Louis XI, en date du 12 juin 1476, on ne veuille induire que Billy ait subi un siège : par cet acte, en effet, le Roi enjoint à son bailli de Saint-Pierre le Moustier de ne pas obliger à contribuer aux travaux de Cusset les habitants de Billy, « qui, ajoute-t-il, sont suffisamment occupés aux travaux de réparations de leur propre ville » . La tradition elle-même ne nous vient guère en aide, et le seul fait notable qu'elle place à Billy — encore est-il loin d'être prouvé — est la signature d'un prétendu traité entre le connétable et un émissaire de Charles-Quint, qui serait venu le trouver en sa forêt de Marcenat oultre Allier.

Toute ruinée qu'elle est, l'enceinte du château de Billy est encore fort intéressante : elle se compose d'un hexagone irrégulier de quarante mètres environ de diamètre, flanqué aux angles par quatre demi-tours rondes et un énorme donjon de sept mètres de rayon. On y remarque bien

---

(1) Représenté à Billy par messire Pierre de Vimeré, seigneur de Bois-Maillard.

quelques détails et notamment deux portes, qui semblent du XIII⁰ siècle, mais, d'après les savants du congrès archéologique de 1855, la construction de Billy daterait entièrement de la fin du XIV⁰ siècle; la *Chronique du bon duc Loys*, d'ailleurs, cite bien la construction de Billy parmi les travaux entrepris par son héros dans sa duché de Bourbonnoys.

Avec les deux tours allongées qui l'accostent, l'entrée du château de Billy est de beaucoup le plus beau spécimen d'architecture militaire de notre province : quant aux bâtiments qui jadis étaient distribués tout autour et à l'intérieur du vieux château, ils ont tous disparu, et il n'en reste qu'une guette du XVI⁰ siècle, en pierres de taille, dont l'escalier s'est effondré en 1830 sous la foule enthousiaste pressée d'arborer au faîte le drapeau tricolore.

PORTE DU DONJON DE BILLY.

A l'extérieur se développait une seconde enceinte, flanquée autrefois de dix tours et dont il reste encore la majeure partie; enfin, une troisième enceinte, enserrant la ville elle-même, complétait la défense; mais à peine en peut-on suivre aujourd'hui le contour, reconnaissable seulement à quelques vieux pans de mur et des traces de fossés. A cette troisième enceinte appartenait la jolie porte que nous avons dessinée.

Billy, sans doute, ne fut pas toujours situé sur la colline qu'il couvre aujourd'hui, et son emplacement primitif est marqué par celui de son église paroissiale, sise à deux kilomètres plus au sud : on peut admettre que les habitants du Billy primitif (V. aussi Fouz) — comme ceux de Lubier — abandonnèrent leur ville pour l'abri plus sûr que leur offraient les murs fortifiés des sires de Bourbon.

Nous ne décrirons pas, après tant d'autres, les curieuses maisons Renaissance du Billy actuel; nous nous arrêterons seulement devant celle sur laquelle un pieux bourgeois du XVIe siècle a écrit : « Dieu est ma haulte tour et fourteresse », et autour d'une figure grimaçante écrasée sous le poids d'une tourelle : « L'homme est de son péché plus accablé que moy de ma tour chargé. » Nous signalerons aussi la chapelle de Saint-Martin, fondée sans doute par les ducs de Bourbon et mentionnée dès le milieu du XIVe siècle : c'est maintenant la maison qu'occupe le sieur Saulnier, à l'est de la route, en face du puits banal ; on y voit encore une jolie fenêtre.

Aux Archives de l'Allier sont conservés de nombreux registres des audiences de Billy, pleins de curieux renseignements sur les mœurs du

Billy. — Vue générale.

temps passé ; de tant de procès ridicules et d'affaires parfois sanglantes, nous ne retiendrons qu'un arrêt qui fait vraiment honneur à nos magistrats d'autrefois.

Le nouvel époux d'une séduisante Bourbonnaise, ayant eu la désagréable surprise de voir un peu trop tôt se réaliser ses espérances, court à Billy pour intenter un procès en séparation : le juge châtelain l'écoute attentivement, ouvre gravement l'imposant in-folio des coutumes, et, faisant semblant de lire :

« A Billy en Billezois, dit-il, les femmes accouchent à cinq mois. »

Et notre homme s'en retourne chez lui, tout heureux et tout aise, tant il est vrai que la simplicité est souvent la compagne du bonheur et son plus sûr garant.

A toutes les familles bourgeoises de Billy que nous rencontrons dans les fiefs d'alentour, nous joindrons les Ébrard, émigrés à Paris; les Burin de la Clayette, notaires royaux; les Quesson du Thérin, bourgeois de Billy dès le XV° siècle, et enfin les Griffet, peut-être plus anciens encore.

Un Quesson fut au XVII° siècle maître de poste au Mayet d'École; un autre, juge à Montgilbert, laissa à Ferrières une postérité récemment éteinte en la personne d'une modeste commerçante connue sous le nom de la Thérine. Quant aux Griffet, dont nous trouvons à maint endroit de nombreux représentants, ils formèrent plusieurs branches, dont la plus célèbre est celle des Griffet de la Baume (1), qui, outre plusieurs conseillers au Présidial, fournit deux Jésuites fameux et un érudit de valeur.

De Billy sort aussi la vieille famille Allemand, de Cusset, originaire de la communauté d'*Allemandière*.

Nous citerons encore *Saint-Mayard*, très ancien domaine possédé dès le XV° siècle par une famille Billard; *Châlus*, dont rend aveu, en 1366, Laurent de Châlus, non noble, et où nous trouvons au XVII° siècle les Mayaud, et au XVIII° siècle les Amelot.

Et enfin *Fontaines*, tout près de l'église; Fontaines n'est pas un simple domaine, mais bien un ancien fief possédé dès 1573 par les du Saulzay de la Chapelle (V. ce fief de Perigny), ascendants directs de M. Maurice de Chacaton, le propriétaire actuel.

Dans les aveux recueillis par dom Béthencourt ou Huillard-Bréholles, il est à plusieurs reprises (V. dans les *Noms féodaux* les mots Bos, Jarrie, Tays, etc.) question d'une *paroisse de Foux*, que l'on n'a jusqu'ici ni découverte, ni peut-être cherchée, et qui doit se trouver aux environs rapprochés de Billy et de Créchy; le 19 novembre 1329, en effet, Perrin du Bosc, damoiseau (V. Butavant), donne à Guillemette, sa future épouse, un tènement dit le mas du Treuil et assis en la paroisse de Fous, sur le chemin qui de Billy tend vers Varennes-sur-Allier.

Or, en sortant de Billy par ce chemin, entre ce dernier et la rivière, est un ancien moulin, aujourd'hui abandonné, mais encore connu sous le nom de moulin de Fouz, et en face se trouvait une très vieille chapelle romane qui s'effondrait quand la fit démolir, il y a quelque dix ans, M. de la Rochette. Nous ne doutons pas que ce ne soit là l'ancienne paroisse de Fouz, que ses habitants, comme ceux de Billy, durent aban-

---

(1) La Baume est un fief de la paroisse de Couzon.

donner au XIV° ou XV° siècle, pour se réfugier dans l'enceinte construite par les ducs de Bourbon.

Fouz en Créchy resta jusqu'à la Révolution le siège d'une justice particulière, encore possédée au XVII° siècle par les sires de Créchy et au XVIII° par les comtes de Saint-Gerand de Vaux.

Sur l'ancien emplacement de Fouz, il n'y a plus qu'une maison : c'est une habitation moderne, connue sous le nom de *Château-Gaillard,* et dont l'histoire nous est connue à partir de la fin du XVI° siècle.

Château-Gaillard, à cette époque, appartenait aux Doultre de la Côte (V. ce fief), de qui l'acheta, en 1673, un Tonnelier (V. les Angles), fermier de la seigneurie de Billy. Le 11 août 1722, moyennant douze mille trois cents livres, Charles Tonnelier revendit Château-Gaillard à maître Jacques-Antoine Hérault, procureur d'office de la châtellenie, époux de Gabrielle Thibaud ; des Hérault il passa à une famille Bilhaud des Robert, originaire de Droiturier, dont l'héritière le porta aux Gontier (V. les Dureaux), et c'est d'une Gontier que le tient M. de la Rochette, le propriétaire actuel.

Parmi les capitaines châtelains de Billy, nous avons nommé, en 1243, un Étienne de *Créchy,* et il y a tout lieu d'y voir un possesseur de l'importante seigneurie voisine : sur cette famille de Créchy, nous ne possédons pourtant aucun renseignement, et le premier seigneur de Créchy que nous trouvions mentionné d'une façon précise est, en 1500, Jean du Gué, écuyer, issu vraisemblablement de la souche bourgeoise dont nous parlons à Saint-Germain des Fossés. De ce Jean du Gué nous passons à un de Chitain, protonotaire apostolique et seigneur de Créchy en 1578, et de ce dernier à un Jean de Créchy, écuyer (un Chitain, sans doute), seigneur dudit lieu et de Fouz, fils d'Antoine et de demoiselle Anne de Fradel (1), qui, pendant la Fronde, se distingua plusieurs fois dans les troupes royales.

Ce Jean de Créchy dut être le dernier seigneur de Créchy : peu de temps après, en effet, le 15 mars 1655, Mgr l'évêque de Toulon, Jacques Danès, seigneur de Gayette (V. ce fief), fait aux religieuses de la Visitation de Moulins, dames de Créchy, abandon des droits seigneuriaux qu'il possède sur leurs terres.

Les Visitandines de Moulins gardèrent Créchy jusqu'à la Révolution, et c'est à elles que l'on doit la belle construction qui, au commencement du siècle dernier, remplaça le vieux château de Créchy ; de celui-ci elles

(1) Devenue veuve, Anne de Fradel se remaria avec un Berthet du Teillat, et ce sont leurs armes que l'on voit encore dans l'église de Créchy.

avaient, d'ailleurs, respecté l'entrée gothique, flanquée de deux tours à mâchicoulis ; mais elle vient malheureusement de disparaître, et il n'y a plus à citer à Créchy qu'une remarquable grille en fer forgé.

Les redevances seigneuriales de Créchy se payaient à la vieille maison des *Andrivaux*, qui devint plus tard la demeure des fermiers des Dames religieuses, les Martin (1) en 1747, les Grand en 1778, puis les Delaire, etc.

Deux localités encore méritent de nous arrêter sur la paroisse de Créchy :

C'est d'abord le *Chambon*, autrefois Chambon-Rouge, qui était un fief relevant de Montaigu-le-Blain et d'où sort peut-être cette famille de Chambon qu'aux XIV° et XV° siècles nous trouvons possessionnée tout le long de l'Allier (2) ; à partir de 1300, nous voyons passer au Chambon les Favier, les du Bosc, les de Brosse... ; en 1747, cet ancien fief est devenu un simple domaine possédé par les Martin de Martinges, fermiers de la seigneurie de Créchy ;

Puis la *Toulle*, où, vers 1730, vint se fixer un frère de Claude Bardonnet de Gondailly, autre Claude, fermier de la seigneurie de Chazeuil.

Le 25 janvier 1808, demoiselle Anne-Marguerite Bardonnet de la Toulle, fille de François et de demoiselle du Saray, épousa M. Félix de Conny, plus tard sous-préfet de la Palisse, député et créé vicomte sous la Restauration, et la Toulle aujourd'hui appartient à sa petite-fille, madame la vicomtesse de Barral.

Dans l'excellente histoire de M. Coeffier-Demoret, on voit qu'au XII° siècle l'héritière de la maison de Varennes porta, par alliance, sa seigneurie dans la maison des sires de Bourbon : c'est une manière commode d'expliquer la réunion de *Varennes* au Bourbonnais ; mais comme la *Chronologie* de Chazaud ne dit rien de pareil et ne cite nulle part une demoiselle de Varennes parmi les femmes des premiers Bourbons, on nous permettra de douter quelque peu de l'assertion d'un auteur d'ailleurs trop oublié (3).

(1) Ces Martin, seigneurs de Martinge, dans la paroisse de Biozat, n'ont rien de commun, pensons-nous, avec les Martin du Gard.
(2) Il est plus probable cependant que le berceau de ces Chambon est l'ancien fief du Chambon, sur la paroisse de Saint-Remy en Rollat.
(3) Sous le pseudonyme de Saint-Gris, le savant M. Vayssière a judicieusement résumé, dans un article paru en 1891, tout ce que l'on savait sur Varennes et Vouroux. Nous ne saurions toutefois entrer dans sa manière de voir en ce qui concerne la voie Roanne-Vouroux ; et puisque nous sommes amenés à parler de ce sujet, qui n'est pas le nôtre, nous dirons qu'à notre avis, c'est le terrain qui impose le tracé des grandes artères, et que jamais on ne dut, pour passer de la

Quoi qu'il en soit, dès 1203 les sires de Bourbon étaient seigneurs suzerains de Varennes comme du pays environnant; mais le château de Varennes, à ce moment encore, appartient à une famille de Varennes, mentionnée dès 1106, et dont était membre Marguerite, qui, en 1350, porta à Jean Chauderon, sire de Dornes, de la puissante famille nivernaise, son hôtel de Varennes, avec dîmes, cens, etc.

A partir de cette date de 1350, la seigneurie de Varennes paraît se démembrer; en 1357, en effet, la justice de Varennes est aux mains de Pierre de la Palisse, seigneur de Chazeuil, qui, la même année, passe un acte avec un Guillaume de Varennes, chevalier; en même temps, une autre Marguerite de Varennes détient les vignes de la Ronde; à la même époque, enfin, Guy et Étienne de Damas se disent seigneurs en partie de Varennes. En rapprochant ces indications de ce que nous avons vu accomplir à Vichy par les ducs de Bourbon, ne peut-on attribuer le démembrement de Varennes à leur habile politique, tendant à arracher petit à petit ce fief à ses anciens possesseurs et à en faire un de leurs points d'appui à la jonction des routes de l'Auvergne et du Lyonnais?

Ce résultat fut atteint, et, en même temps que Vichy, Varennes, clos de murs par le duc Louis II, devint une des places fortes importantes du Bourbonnais : à ce titre, elle dut assurément jouer dans toutes les guerres postérieures un rôle considérable; mais sur ce rôle nous n'avons nul détail, et nous nous bornerons à rappeler que ce fut son occupation par les troupes royales qui, en 1465, contraignit le duc Jean II à demander la paix à son beau-frère Louis XI.

Il est difficile de reconnaître dans le Varennes actuel une ancienne ville fortifiée, et de son enceinte, fermée du côté de Lyon par une jolie porte maintenant démolie, c'est à peine si l'on peut découvrir quelques tronçons de fossés et signaler une vieille tour, aujourd'hui comprise dans la maison Bonneton.

Quant au vieux château, son emplacement est fort reconnaissable : c'est au bord du Valençon une motte parfaitement conservée et où, jusqu'en 1793,

Loire à l'Allier, songer à franchir les montagnes d'Arfeuilles ou à faire l'invraisemblable détour d'Avrilly. La grande voie dut toujours longer le pied des montagnes : la route actuelle, d'ailleurs, de Roanne à Varennes est longue de 68 kilomètres; or les 31 lieues romaines indiquées par Peutinger représentent environ 65 kilomètres : les deux tracés correspondent donc avec une précision étonnante; et si l'on veut trouver l'ancienne Ariolica, c'est à 12 lieues romaines de Roanne et à 19 de Varennes qu'il la faut chercher : or, à 500 mètres près, juste vers le 42e kilomètre en venant de Varennes, dans les prés du château de Treillard et au bord du petit ruisseau de l'Arulle, on trouve des restes indéniables de constructions gallo-romaines : en face est la Maladière, nom qui indique que là fut un de ces hôpitaux comme le moyen âge en disposait le long des grandes voies. Peut-on vraiment, à défaut d'une certitude impossible à acquérir, puisque des titres seuls la peuvent donner, espérer une probabilité plus grande?

fut l'église de Saint-Jean-les-Varennes. Là est actuellement le cimetière, et, à chaque fosse que l'on creuse, on trouve, outre des traces non douteuses d'incendie, des ferrures, clefs, débris d'armes, dont nous avons pu nous procurer de curieux spécimens; dernièrement même a été mise à jour toute une rangée de squelettes placés côte à côte et paraissant enterrés en masse : tout cela se rapporte certainement à des faits de guerre, sur lesquels nous n'avons malheureusement aucune notion.

A Varennes était un prieuré de l'Ordre des Mathurins, dit de Sainte-Croix de Varennes, et ressortissant au prieuré Sainte-Croix de Paris ; il occupait à peu près l'emplacement de l'église actuelle.

On s'accorde généralement à faire de Varennes l'ancien *Vorogium* de la table de Peutinger, et les découvertes récemment faites par M. A. Bertrand sur Beaupuy (1), au lieu dit le cimetière des Égaux, sont encore venues confirmer cette opinion.

Mais la station gallo-romaine ne se trouvait pas dans l'enceinte de l'ancien Varennes; elle était un peu plus au nord dans le faubourg qui a conservé le nom de *Vouroux*, et où fut certainement aussi la localité primitive, abandonnée sans doute, — comme Fouz et Billy, — au moment de la construction d'une ville forte dans le voisinage.

L'ancienne église de Vouroux existe encore et sert aujourd'hui d'écurie à la gendarmerie : elle était sous le vocable de saint Pierre et présente des modillons curieux, que nous attribuons au XII° siècle. A côté, comme en tant d'autres endroits, se trouvait probablement l'ancien château seigneurial de Vouroux; mais celui-ci dut disparaître de fort bonne heure, et nous en rencontrons seulement trois mentions : la première est un aveu du mois d'octobre 1227, par lequel Pierre des Barres reconnaît tenir de son cousin Archambaud, sire de Bourbon, sa maison forte de Vouroux; la seconde est encore un aveu rendu de l'hôtel, terre et seigneurie de Vouroux, en 1355, par Audin Tays, damoiseau; la troisième, enfin, qui semble contredire quelque peu la précédente, est un acte du 30 novembre 1357, où il est fait mention de terres touchant la maison forte qu'occupent Étienne et Odin de Vouroux.

Vouroux dut être détruit pendant les guerres contre l'Anglais, et, à partir de cette époque, nous n'en trouvons plus que des droits réunis à ceux de la seigneurie de Chazeuil : au moment du partage entre Antoine de la Palice et sa sœur Catherine, mariée à un Isserpent, seigneur de Seuillet

---

(1) M. d'Argouges indique pour Varennes trois localités distinctes : Varennes, Vouroux et Beaupuy.

(V. ce fief), la moitié de Vouroux échut, il est vrai, à cette dernière; mais, le 12 juillet 1432, et moyennant trois cents écus d'or vieil, Annette de Chauvigny, veuve d'Antoine de la Palice, racheta la part de Catherine, et à la Révolution Vouroux dépendait encore de Chazeuil. (V. ce fief.)

Le faubourg de Varennes opposé à celui de Vouroux porte le nom de *Chamesgre* (*Campus aquæ*, Champ de l'aigue, Champaigue, Champaigre), de celui d'une antique maison, dont la porte du XIV° siècle est décorée d'un écusson mutilé.

Une partie de la justice de Varennes, au siècle dernier, s'appelait justice de Chamesgre, et peut-être faut-il voir dans notre vieux logis le chef d'un ancien fief contemporain de Varennes : de son passé, malheureusement, nous n'avons rien pu recueillir, à moins pourtant que ce ne soit la maison noble que possédait à Varennes un Jean de Loisy, écuyer, dont les biens furent confisqués au profit du duc de Bourbon, par sentence du Châtelet du 2 juin 1321.

En 1635, un Louis de Montcorbier, écuyer, seigneur de Chamesgre, est parrain de Jeanne de Fradel, fille de Pierre, seigneur d'Isserpent (V. ce fief), et de dame Marie de Chabannes.

Si l'importance du point où le grand chemin débouchait dans la riche vallée de l'Allier n'allait de soi, nous en aurions une preuve dans l'abondance des anciennes maisons nobles qui se groupent autour de Varennes : elles n'ont pas, d'ailleurs, grand intérêt, et nous ne nous y arrêterons guère.

La première que nous rencontrons est *Gravières,* jadis petit châtelet flanqué de deux tours, dans le goût du XV° siècle, construit au bord du Valançon ; des inondations successives poussèrent l'Allier dans le lit de son affluent, et, malgré les efforts de M. d'Aurelle, son dernier propriétaire, Gravières fut emporté par la crue de 1866. Il n'en reste plus que quelques murs au bord de la rivière, un peu au nord-ouest de Varennes et sur le chemin qui traverse la voie ferrée à deux cents mètres au sud de la gare.

Gravières était le siège d'une fort ancienne seigneurie, où nous trouvons, de 1322 à 1350, Girard de Gravières, damoiseau; en 1357, Gauthier de Gravières, et, de 1443 à 1506, Archambaud et Jean Moreau, écuyers.

Il passa ensuite aux Billard et, vers 1650, vint aux Semyn, seigneurs de Fontaines en la paroisse de Saint-Sornin, par le mariage d'André Semyn, président au présidial de Moulins et maire de cette ville, avec Marguerite Billard, fille de Gilbert, élu en l'élection de Moulins et seigneur de Prénat

(V. ce fief) en la paroisse de Rongères. Marguerite Billard ne semble pas avoir eu d'enfants de ce mariage et convola en secondes noces avec Claude Aubert, fils de Jean, qui est ainsi seigneur de Gravières en 1663. A Claude Aubert succéda André (1), son fils, conseiller au présidial de Moulins, que pour la dernière fois nous trouvons mentionné à Gravières en 1694, et depuis lors nous ne savons plus rien de notre petit fief disparu.

Puis nous retournerons sur nos pas jusqu'aux *Barniers,* ancienne demeure des Barnyer ou Bornyer, damoiseaux et paroissiens de Varennes depuis 1284 Plus tard, au XV° siècle, les Barniers furent une des nombreuses possessions des Burelle, aussi seigneurs des Daguenets, de la Feuillouse et de Chambertin sur la paroisse de Rongères.

Les Burelle sont de la plus ancienne bourgeoisie de Varennes, où on en trouve plusieurs, marchands, chamoiseurs, bouchers, dès le commencement du XV° siècle; de cette souche commune sortent probablement les Burelle de Barutet (V. Guesdonnières) et la branche encore existante. Dès 1422, un de ces Burelle est juge châtelain de Varennes, et, depuis cette époque, nous les voyons presque tous revêtus de charges de justice jusqu'à Jean, qui, en 1700, est écuyer tenant la poste pour le Roi à Varennes.

Jean Burelle possédait encore les Barniers, et ce fut lui, sans doute, qui les vendit, en 1717, à Claude Reignier ; passés, en 1719, à M. du Chesne, marchand, seigneur du Rosay (V. ce fief), les Barniers, au siècle dernier, appartinrent à François Boucaumont, seigneur des Brémonds, chevaucheur au logis du Cygne, à Varennes, et à son gendre, M. Delesvaux, qui, en 1746, les céda à M. François Bardonnet, de Togues. (V. ce fief.)

Les Burelle avaient aussi les *Loutauds, Vogispe* et *la Rochelle,* qui, en 1722, furent portés à Charles Thibaut par sa femme, Suzanne Burelle, fille de Jean, le chevaucheur royal, et de Marie Morel.

En 1357, la *Bêche* était un fief ayant justice et appartenant à Aymeric de la Besche, damoiseau, et, depuis ce lointain ancêtre, nous suivons, à Varennes, jusqu'en 1680, tous les la Bêche, dont plusieurs furent notaires et qui, très probablement, sont de la même famille que les possesseurs de la Besche, sur la paroisse de Bert (V. ce fief) : le dernier acte où ils soient mentionnés est, en cette année 1680, un partage entre Philippe et Marie de la Bêche; mais dès 1625 apparait un Jean Burelle, comme seigneur de la Bêche.

Le dernier possesseur de la Bêche à nous connu est, en 1751, Joseph-

---

(1) Cette famille Aubert, encore représentée, était originaire d'Ussel et dès longtemps fixée à Charroux. Jean, le frère d'André, en 1674, épousa demoiselle Gilberte Billard, sa cousine, qui devint veuve avant 1703

François Artaud, notaire à Varennes, et aussi seigneur du Rosay. (V. ce fief.)

La même année 1357, le possesseur du fief voisin des *Garennes*, — car les Garennes sont bien un fief proprement dit, — est noble Jean de Champfeu (1), écuyer, et, depuis lors, nous y suivons sans interruption les de Champfeu jusqu'à demoiselle Marie de Champfeu, qui, en 1717, porta les Garennes par alliance aux Burelle.

Aux de Champfeu appartint aussi longtemps le domaine voisin de *Clos-Richard*, qui, probablement, passa à la famille de Vaux, par le mariage de Henri avec demoiselle Françoise de Champfeu (V. les Aragons) : en 1717, le Clos-Richard appartenait à Gilbert de Vaux, avocat en parlement, fils d'autre Gilbert; puis, en 1792, il est passé à une famille de Barthelas, citée en divers endroits et sur laquelle nous sommes loin d'être fixés.

Quittant enfin les environs rapprochés de Varennes, nous abordons le coteau escarpé du haut duquel le château de *Chazeuil* embrasse tout le pays accidenté et fertile où la Sioule vient se joindre à l'Allier, et découvre au loin les hauteurs du Montet-aux-Moines et de la forêt de Moladier.

Cette position presque unique fut, sans doute, de tout temps occupée, et dès l'origine nous y trouvons le siège d'une fort importante seigneurie, possédée par une famille portant aussi le nom de Chazeuil.

Aremberge de Chazeuil, l'héritière de cette maison, en 1257, épousa Guillaume de la Palice, seigneur du Chatelard (V. ce fief), près de la Palisse, et devenus ainsi seigneurs de Chazeuil, les la Palice le demeurèrent jusque dans la première moitié du XVe siècle.

Pendant ces deux cents ans de possession, nous ne connaissons d'autre fait à signaler que deux mariages :

Le premier est, le 21 octobre 1414, celui de Henri de Montaigu le Blain, écuyer, avec Peronnelle de la Palice (2), fille de Philibert, seigneur de

---

(1) Peu de noms dans l'histoire de nos fiefs reviennent aussi souvent que celui de la très vieille famille de Champfeu, qui tint toujours en Bourbonnais une place considérable. Le premier Champfeu relaté par d'Hozier est un Charles, seigneur de la Motte, qui vivait vers 1500; mais de cette Motte il ne dit rien et on n'a rien pu découvrir. Sans rien préciser, et bien qu'il y ait un Champfeu sur Avermes et un autre sur Saint-Pourçain sur Bèbre, nous serions fort tentés de la placer aux environs de Varennes ou Cusset, et de voir dans notre région le berceau des Champfeu, qui, d'ailleurs, ne s'en éloignèrent jamais beaucoup, y furent toujours possessionnés et y contractèrent des alliances nombreuses.

La seule branche des Champfeu actuellement représentée, croyons-nous, est celle à laquelle appartient M. le comte Léon de Champfeu, capitaine de frégate : c'est celle des seigneurs de la Fin et de Saint-Martin des Lais, qui eut des illustrations bien diverses, parmi lesquelles nous citerons seulement Antoine, tué à Bonporto en 1733, et Pierre-Jacques, qui employa les loisirs de l'émigration à faire la première bonne traduction de Schiller connue en France.

(2) Henri de Montaigu le Blain fut la tige des Montaigu, seigneurs du Moulin Neuf, près

Chazeuil et de Blancsfossés, et de dame Annette de la Palice. Au contrat assistent : Jean de Chateaumorand (V. Chatelus), Robert de Milly, seigneur de Verrières ; Jehan de Changy, seigneur dudit lieu ; messires Guillaume et Hélion des Anges, messire Gaulthier de Montagu, messire Guichard de Montagu, chevalier, seigneur dudit lieu (V. Montaigu le Blain); monseigneur le commandeur de la Feuillouse, etc.

Outre Peronnelle de la Palice, Philibert de la Palice avait eu une fille, Catherine, que nous avons rencontrée à Seuillet (V. ce fief), et un fils, Antoine, époux d'Annette de Chauvigny, qui lui succéda et fut le dernier de son nom seigneur de Chazeuil.

Antoine, en effet, n'eut que deux filles, Jeanne et Marie, qui, le 18 janvier 1439, épousèrent Gillet et Guillaume d'Albon, tous deux fils de Jean d'Albon, dit de l'Espinasse, et dont l'un, Gillet, fut la tige de l'illustre branche des d'Albon Saint-André (1).

C'est de ce double mariage que le Laboureur donne une description pompeuse :

« Il y eut, dit-il, grand joye et belle compagnie à ces nopces, qui furent célébrées au chasteau de Chazeuil en Bourbonnois, car oultre Jean de l'Espinasse, père des mariez, Guichard d'Albon, son frère aîné, seigneur de Saint-Fourgeux, Pierre de Toulon, seigneur de Genat (V. ce fief), conseiller et chambellan ordinaire du Roy, chancelier du duc de Bourbon, Mathé de Talaru, seigneur de Nouailly, Guichard d'Urfé, seigneur d'Espey en Bresse, Arnoul de Fontaney, Thibaud de Tarare, Joseph des Serpents, chevalier, seigneur de Chitain (V. ce fief), Jean de Chauvigny, seigneur de Saint-Gerand de Vaux, Renaud de Baserne, seigneur de Champroux, Pierre du Colombier, seigneur de Montroquier, Antoine de Vernolles, Pierre de Ternant et plusieurs autres s'y rencontrèrent, lesquels j'obmets pour éviter prolixité. »

Chazeuil échut à Marie de la Palisse, l'épouse de Guillaume, sire de Saint-Forgeux, et jusqu'à la fin du XVII° siècle nous trouvons successive-

---

Châtel-Deneuvre, qui survécut longtemps à la branche restée au fief patronymique. (V. Montaigu le Blain.) Le 21 juin 1487, moyennant 1,200 écus d'or au coin du Roi, Guillaume d'Albon, seigneur de Saint-Forgeux et de Chazeuil, racheta à Antoine et François de Montaigu le Blain, seigneurs du Moulin Neuf, les droits et cens sur Varennes, Vouroux, Saint-Loup, etc., qui avaient formé en 1414 la dot de Peronnelle de la Palice, leur aïeule. (Acte reçu Billard, notaire royal.)

(1) La famille d'Albon, originaire du Dauphiné, posséda dans le Lyonnais Curys et Saint-Forgeux dès le XII° siècle : elle portait de sable à la croix d'or, que les d'Albon Saint-André brisèrent plus tard d'un lambel à trois pendants de gueules.

Saint-Forgeux est au sud-est de Tarare, près de Pontcharra ; Curys se trouve dans le canton de Neuville, à environ deux lieues de Lyon ; quant à Saint-André, qui donna son nom à la branche la plus illustre des d'Albon, c'est un village du Roannais, qui leur venait des l'Espinasse.

ment comme seigneurs de Chazeuil : Henri d'Albon, époux d'Anne de Montmorin, mort en 1502; puis son fils Guillaume, lieutenant des cent gentilshommes de la chambre, marié en 1505 à Gabrielle de Saint-Chamond ; Claude, époux de Françoise de Sugny, d'où sortit la branche dont nous parlons à Gaudinière et à Abrest (V. ces fiefs), et qui devint l'aînée de la maison d'Albon. A Claude succéda son fils Guillaume, époux de Claudine de Roybons ; puis viennent François, gouverneur de Lyonnais, Forez et Beaujolais, époux d'Antoinette de Bigny, et enfin Gilbert-Antoine,

CHAZEUIL.

chevalier d'honneur de madame la duchesse d'Orléans, marié à demoiselle Charlotte de Bouteiller, laquelle était veuve en premières noces de messire René d'Averton.

Gilbert-Antoine mourut en 1681, à Paris, laissant quatre filles, dont deux religieuses à Tours et deux autres mariées, la première, Charlotte, à Christophe-François de la Barge, chevalier, seigneur dudit lieu en la paroisse de Courpière en Auvergne, et la seconde, Marie, à messire Gilbert de Gadagne d'Autun (1), chevalier, comte de Verdun, Bouthéon, etc.

Ce sont ces deux demoiselles d'Albon qui, d'accord avec leur mère,

(1) La famille de Gadagne, venue de Florence et enrichie par le commerce des soies, avait été anoblie à Lyon au XVe siècle par l'échevinage.

alors domiciliée à Paris, rue Villedo, dans la paroisse de Saint-Roch, et par acte reçu Carnot, notaire royal au Châtelet, le 25 août 1688, vendirent leur terre de Chazeuil, pour le prix de soixante-dix mille livres, à maître Antoine Courtois, conseiller du Roy et maître des requêtes en sa chambre des comptes de Dijon (1) ; mais, le même jour, Antoine Courtois donne acte au même notaire que l'acquisition de Chazeuil a été faite pour le compte de Gilles Clément, écuyer de la grande écurie du Roy, époux de dame Madeleine Coppin, et demeurant au château abbatial de Saint-Germain des Prés (2).

CHAZEUIL.
Chenet de fer forgé.
(XVIᵉ siècle.)

Cette première vente de Chazeuil fut le début d'une longue suite de transactions dont, pendant tout le XVIIᵉ siècle et plus tard, notre terre devint l'objet :

Le 20 janvier 1730, la fille de l'acquéreur, demoiselle Charlotte-Françoise Clément, demeurant à Moulins, cédait sa terre à haut et illustre Jacques de Badier, chevalier, seigneur de Verseilles, Cerezat, etc. (V. ces fiefs et la Motte-Bonvin), maréchal de camp, commandant les évêchés de Metz, Toul et Verdun. Le prix de vente stipulé est de soixante mille livres, plus une rente viagère de cinq mille livres propre à la demoiselle Clément, mais réversible aussi, après elle, sur Geneviève Marsin, dame de Baleyne, en la paroisse de Villeneuve, et veuve de Henri Bolacre, en son vivant lieutenant général en la sénéchaussée de Bourbonnais. En outre, pour la grande considération et estime en laquelle il tient la demoiselle Clément, M. de Verseilles l'autorise à porter jusqu'à sa mort le titre de dame de Chazeuil, et en retour celle-ci lui donne tout ce qui garnit la chapelle et n'a pas été compris dans la vente.

Mais les enfants de Jacques de Badier de Verseilles ne gardèrent pas non plus Chazeuil : le 10 janvier 1759, nous en trouvons une nouvelle vente consentie moyennant cent trente mille livres, en faveur de messire Claude Bouquet, écuyer, conseiller du Roy, auditeur en la chambre des comptes de Franche-Comté, demeurant à Ambierle, époux de demoiselle Catherine Circaud (V. les Chaulx) (3), par haute et puissante dame Marguerite-Louise-

---

(1) A cet acte, les deux demoiselles d'Albon figurent par représentants : celui de madame de la Barge est Charles-Alexandre de Beauverger-Montgon, et celui de madame de Gadagne, Joseph Panderoux, écuyer, seigneur du Cros, demeurant en la ville de Montbrison en Forez.

(2) C'est le même Gilles Clément qui, seigneur de Chazeuil, acquit le 10 janvier 1696 de maître Jacques Burelle l'étang de la Briérate, sis paroisse de Rongères.

(3) Les Circaud sont originaires du hameau de Chaumont, sur la paroisse d'Oyé en Brionnais (actuellement canton de Semur en Brionnais, Saône-et-Loire).

Victoire de Badier de Verseilles, veuve de messire Antoine de Gaillardon de Grézoles (1), seigneur dudit lieu et d'Aix, demeurant en la paroisse de Saint-Martin la Sauveté (actuellement canton de Saint-Germain-Laval [Loire]), laquelle est fondée de procuration de ses deux frères, Pierre Jacques-Louis, capitaine de cavalerie au régiment de Fumèle, et Félicien-Eugène-Hippolyte, capitaine au régiment de Belzunce.

Claude Bouquet eut pour successeur son fils, Jean-Claude-Marie, né en 1744 et marié à demoiselle Jeanne-Michelle-Madeleine Cimetière de la Bazolle, fille de Guillaume-Henri, seigneur de Beaupoirier, sur le Breuil (V. ce fief et la Bazolle). Ce dernier seigneur de Chazeuil y fut arrêté, en 1794, en même temps que sa femme et ses quatre filles, Catherine, Henriette, Antoinette et Marie, et emprisonné à Cusset; là, il est vrai, les demoiselles Bouquet et leur mère furent relâchées par ordre du représentant du peuple Vernerey; mais Jean-Claude, transféré de Cusset à Moulins et de là à Paris, ne dut son salut qu'à un incident qui, absolument véridique, mérite d'être rapporté : il faisait partie d'un convoi de gentilshommes bourbonnais auxquels, moyennant une légère rétribution, on offrit le voyage en poste ; les uns acceptèrent et arrivèrent juste à temps pour fournir le contingent des dernières charrettes, tandis que, lorsque arrivèrent à Paris, après un interminable voyage, ceux qui, comme M. Bouquet, s'étaient contentés des moyens de transport ordinaires, le 9 thermidor était passé et la Terreur avait pris fin.

Le 26 novembre 1817, enfin, la veuve de Jean-Claude Bouquet, demeurant alors à Beaupoirier, vendit pour cent soixante-dix mille francs sa terre de Chazeuil à M. Claude Devaulx de Chambord, juge de paix de Jaligny, époux de Marguerite Joulle, et demeurant avec elle au Petit Chambord (V. le Grand et le Petit Chambord); c'est l'arrière-grand-père de M. le comte René de Chavagnac, le propriétaire actuel de Chazeuil.

Depuis longtemps a disparu le vieux manoir des la Palice et des d'Albon, marqué seulement par les vieux murs, épais de sept pieds, qui soutiennent la terrasse à l'ouest, et sur son emplacement avait été élevé, au XVIIe siècle, une élégante construction Louis XIII; mais celle-ci a eu le même sort que son aînée, et il n'en subsiste que les cuisines et le pavillon nord qui a, d'ailleurs, servi de modèle au château actuel.

« Sur le même couteau que Chazeuil, dit Nicolaï, au milieu des vignes, se voit une chapelle, fondée de Notre-Dame, dite la *Ronde,* dépendant de

---

(1) D'après le Nobiliaire lyonnais, les Gaillardon, greffés sans doute sur l'antique maison de Grézoles (V. Pont-Clavel), seraient originaires de Bretagne.

l'abbaye de Saint-Michel, en Piedmont. » C'est tout ce que nous savons de la chapelle encore existante de la Ronde ; et si, depuis le commencement du XV° siècle, nous trouvons en faveur du prieuré de la Ronde des fondations nombreuses, nous n'avons rien pu découvrir de ses origines ni de son histoire.

La Ronde est construite sur une motte naturelle fossoyée, qui couronne un des coteaux de l'Allier dont, à quinze mètres en contre-bas, un large rempart bordé de fossés circonscrit le sommet, et M. A. Bertrand, le savant président de la Société d'émulation de l'Allier, n'hésite pas à y voir un ancien campement romain : sans doute était-ce la citadelle, pour ainsi dire, de l'agglomération de Vouroux, et faut-il voir dans ce sanctuaire un des premiers centres religieux du pays.

MONTOLDRE ET BOUCÉ.

A l'est de Varennes, entre les collines calcaires de Montaigu d'une part, celles de Montoldre de l'autre, et jusqu'au plateau qui forme la rive gauche de la Besbre, s'étend une plaine à peine ondulée, au terrain profond et fertile, et qui, à en juger par les nombreux vestiges que l'on y trouve d'habitations anciennes, dut être jadis extrêmement peuplée. Mais peu à peu, par suite de dévastations résultant de longues guerres, peut-être simplement par pure incurie, les atterrissements du Valançon, encore accrus par la construction de moulins, comblèrent, vers Chamesgre, le déversoir de l'espèce de lac que forme la plaine de Boucé, et le val de Voudelle, comme on disait alors, ne tarda pas à devenir un marais à peu près inhabitable. A l'endroit où mûrissent aujourd'hui de riches moissons, des cours d'eau se transformaient en flaques et croupissaient au soleil, après avoir vainement cherché un passage au travers des oseraies et des taillis buissonneux.

Une vaste forêt, défrichée seulement en 1761 par M. Michel Virotte, de Montaigu-le-Blain, couvrit bientôt cette région, et c'est dans cet état que nous dépeignent la *Forterre* les vieux titres et les récits d'autrefois, et que nous en pûmes voir nous-mêmes encore quelques parties. Il y a peu de temps, en effet, que la vie est revenue dans ces malsaines solitudes, où l'on avait pris le parti d'élever des chevaux à demi sauvages; on doit ce résultat à la sage entente des propriétaires qui, groupés autour de MM. Rambourg et M. de Vaulx. propriétaire et fermier de Boucé, ont pu, en utilisant les faibles pentes du bassin du Valançon, transformer ce coin de terre, abandonné depuis un nombre de siècles indéterminé, en un sol comparable à la Limagne d'Auvergne.

C'est ce pays que nous allons suivre, en commençant par les hauteurs de Montoldre qui en forment la lisière nord.

Et d'abord, en sortant de Varennes et sur la gauche, nous découvrons une énorme masse, dominée par un élégant donjon du XV° siècle, orné

GAYETTE.

d'une ceinture de mâchicoulis et flanqué d'une tour carrée dont on a conservé l'appareil : c'est le château de *Gayette*, un des plus beaux édifices de notre région et l'un de ceux qui ont gardé le plus grand air, malgré les constructions que deux siècles ont accumulées autour de lui avec plus de bon vouloir que de bon goût.

Gayette fut construit par une famille Lhermite, qui en prit le nom et dont le premier membre à nous connu est, en 1412, Jean l'Hermite, seigneur de la Gayette, vassal d'Agne de la Tour, seigneur d'Olliergues (V. Abret). Après Jean viennent Louis, Pierre, puis Antoine Lhermite de Gayette, et enfin autre Jean, époux de Marguerite de Rollat, qui pour toute postérité eut trois filles : Catherine, religieuse; Gilberte, mariée à Raoul de Saint-Romain, seigneur de Vallorges, et Magdelaine, qui porta

Gayette à François de Boucé, fils de Jean et de Péronnelle de l'Espinasse. (V. Boucé.)

François de Boucé mourut jeune, laissant sa veuve dans une situation, paraît-il, fort précaire; mais, malgré la pauvreté du logis, souvent, dit-on, quand il venait chasser à Voudelle, le brillant connétable de Bourbon aimait à descendre chez la jeune veuve : c'est à Gayette, ajoute-t-on, que se donnaient les rendez-vous avec les émissaires de l'étranger, et c'est là, en tout cas, qu'il vint coucher après son départ précipité de la Palisse.

La dame de Gayette n'oublia pas cette marque d'absolue confiance et garda au prince malheureux et proscrit le culte qu'elle avait voué au puissant duc de Bourbon ; lorsque Colin, l'envoyé du connétable, dit le procès de 1524, se présenta à Gayette, la dame du lieu se mit à genoux pour entendre les paroles du proscrit : « Il y a trois mois, dit-elle, que ne fus si joyeuse d'homme qui soit venu céans. » Et montrant le lit où avait couché le connétable : « C'est icy que lui ay promis ma foy et la tiendray. » Elle la tint si bien qu'au mois d'août 1523 Magdelaine fut arrêtée en son château de Gayette et emprisonnée à Moulins, où elle resta plus d'un an : enfin relâchée, elle revint habiter son manoir, qu'elle eut le temps de faire restaurer avant sa mort survenue en 1532.

De son court mariage, François de Boucé n'avait eu qu'une fille, Françoise, qui en premières noces avait épousé un l'Espinasse et en secondes noces Jacques de Thomassin, chevalier, seigneur de Montmartin, d'une vieille famille lyonnaise, dont des membres, au XIV° siècle, avaient été à Lyon prévôts des marchands, et qui fut plus tard anoblie par l'échevinage.

Nous verrons à l'histoire de Boucé (V. ce fief) la suite masculine des Thomassin de Montmartin; mais à la mort de Jacques, tandis que Boucé formait le patrimoine de son fils, Gayette fut la part de ses deux filles, Éléonore et Catherine, mariées, la première à messire de Villars, baron de Pressigny, et la seconde à François d'Averton, baron de Milly en Gâtinais. Notre terre, pendant quelque temps, resta alors indivise entre mesdames de Villars et d'Averton, mais il est probable qu'elles l'aliénèrent : en 1645, en effet, figure comme seigneur de Gayette un de Mesgrigny, qui ne semble avoir avec elles aucun lien de parenté; puis, en 1655, survient un nouveau seigneur, illustrissime et révérendissime Jacques Danès, évêque de Toulon, conseiller du Roy en tous ses conseils, maître de l'oratoire de Sa Majesté et seigneur de Marly-le-Chastel.

En 1663, enfin, apparaissent pour la première fois à Gayette les noms mémorables des généreux fondateurs de l'hospice actuel : messire François de Pingré de Farinvilliers, seigneur dudit lieu de Farinvilliers, conseiller du Roy au Grand Conseil, et Catherine Pépin, son épouse, demeurant ensemble à Paris, en leur hôtel, au quartier Saint-Germain des Prés, rue du Pot-de-Fer, en la paroisse de Saint-Sulpice.

L'acte de fondation de Gayette est du 24 janvier 1694, et il est regrettable que nous ne le puissions en entier reproduire : outre qu'il est animé d'un admirable esprit, on y trouve sur l'état du pays, les cens, les limites et la valeur des terres de précieux renseignements :

« Considérant, y est-il dit, la grande misère et pauvreté des habitants de leur terre de Gayette et des lieux circonvoisins trop éloignés des grandes villes pour en pouvoir espérer secours, et que tous les povres journaliers, qui tombent malades, pour la plus grande partie meurent sans la nourriture convenable et les médicaments nécessaires pour recouvrer santé et possibilité de travailler, faisant aussi réflexion sur l'amour des pauvres des religieux de l'ordre de Saint-Jean de Dieu, les donateurs ont cru qu'ils ne pouvoient mieux faire pour le soulagement des misérables que de confier auxdits religieux le gouvernement d'un hôpital, qu'ils veulent fonder à Gayette sous l'invocation de saint Jean de Dieu et le bon plaisir de Sa Majesté. »

A cet effet, ils donnent aux religieux les seigneuries de Gayette, Montouldre, Chelettes et Coutant, avec justice haute, moyenne, basse, cens, devoirs... et telles qu'en jouit le sieur Burelle, de Coutant (V. ce fief), fermier desdites seigneuries, pour le revenu en être employé dans l'hôpital qui sera établi au château et contiendra neuf lits et une salle pour les passants.

Suit une longue série d'obligations pieuses, parmi lesquelles nous relèverons celle-là : « qu'il y aura toujours à Gayète au moins quatre religieux dont un prêtre ; que, chaque jour, une messe sera dite pour les donateurs, et qu'à la fin il sera ajouté par les assistants, à haute voix : « Mon Dieu, « faites miséricorde et pardonnez les péchés de ceux qui nous donnent « aujourd'hui du pain. »

A l'acte de donation signent comme acceptants : Hugues Oblac, provincial et vicaire général au royaume de France, et les RR. PP. Barnabé Monselet, Bénigne Bellejambe et Dauphin Ville, tous religieux de l'hôpital de la Charité de Paris (1).

---

(1) Les époux de Farinvilliers ne bornèrent pas là leurs bienfaits : ils fondèrent encore à Varennes une maison de Sœurs hospitalières, et c'est à eux aussi que l'on doit le magnifique hôpital de Bourbon-Lancy, fondé en 1697.

Les Frères de Saint-Jean de Dieu prirent possession de Gayette le 1ᵉʳ juillet 1695, et alors commença pour le pays une ère de bienfaits, qui fut interrompue seulement pendant huit ans par la Révolution : chassés, en effet, le 19 juillet 1791, les Frères avaient été d'abord remplacés par des religieuses, elles aussi installées à Varennes par les époux Farinvilliers; mais sept mois après, le 29 février 1792, les Sœurs à leur tour durent céder la place à un personnel infirmier que la municipalité, pourtant peu scrupuleuse, fut forcée de mettre à la porte. En 1800, on rappela les religieuses, et depuis lors, si bien des choses ont changé à Gayette, les vénérées cornettes blanches n'ont pas cessé de porter de lit en lit leurs soins dévoués et les douces paroles qu'elles seules savent dire. Puissent-elles le pouvoir faire toujours (1) !

Au bas de Gayette, non loin du hameau et du ruisseau de Valançon, se voyaient récemment encore les restes importants d'un vieux manoir, dont l'emplacement n'est plus marqué que par une motte insignifiante, sise au-dessous de la lettre s du mot *Beaufils* de la carte d'état-major, dans un pré dit le Pré-Château.

C'est l'ancien *château de Valançon*, possédé en 1301 par Dalmas de Valançon, damoiseau, vassal de Montaigu-le-Blain, et dont rend encore aveu, en 1343, Guy de Valançon, aussi damoiseau.

Puis l'année suivante, en 1344, Blain de Chauvigny, seigneur de Saint-Just en Combrailles, rend hommage au duc de Bourbon de son hôtel, tour et motte de Valançon, terres et seigneuries en dépendant, paroisse Sainte-Marie de Varennes, aveu renouvelé en 1374 par Philippe de Chauvigny, son fils (2); là se borne ce que nous savons de l'histoire du vieux fief de Valançon, qui semble être devenu de bonne heure une communauté, dont les droits seigneuriaux étaient partagés entre le seigneur de Gayette et la commanderie de Palluet, près Saint-Pourçain.

Cette dernière partie venait des Chauvigny et forma dès lors, avec les droits qu'avaient eus jadis les mêmes Chauvigny sur Coutand (V. ce fief), un terrier particulier : quant aux cens réunis à Gayette, ils firent partie de la donation du 24 janvier 1694.

Le hameau de Valançon présentait, au siècle dernier, cette particularité qu'il dépendait une année de la paroisse de Montoldre et l'année suivante de celle de Varennes.

(1) M. Vernoy de Saint-Georges, l'ancien curé de Buxières-la-Grue, qui mena pendant l'émigration une vie si mouvementée, mourut aumônier de Gayette.
(2) En 1557, une dame Anne de Chauvigny, veuve de Guichard Bus..., possédait encore Royer sur Saint-Gerand de Vaux. Voir aussi Coutant.

Comme de 1321 à 1366 nous voyons la famille noble des Ornites, « parochains de *Montouldre* », rendre aveu des fief et seigneurie dudit lieu, nous avons toute raison de croire féodale l'origine de cette très vieille paroisse dont, au XIV⁰ siècle, une famille noble portait d'ailleurs le nom. Pourtant, nous n'avons trouvé nulle part, sur Montoldre, trace d'établissement ancien, et les deux seuls endroits où l'on pourrait placer un vieux château avec quelque vraisemblance sont les Palanquins, près desquels existe une motte antique, et le Châtelet, où M. Alfred Bertrand a découvert d'anciens vestiges et dont le nom est, du reste, significatif.

Toujours est-il qu'à partir de 1366, date qui nous fait penser à une destruction par les Anglais, nous ne trouvons plus mention du fief de Montoldre, et il n'est plus question que de droits seigneuriaux morcelés en trois groupes au moins : tandis, en effet, qu'en 1504, François de Boucé, seigneur dudit lieu et de Gayette, achète, des Célestins de Vichy, une justice dite de Montoldre et Trestiaux, le prieuré du Moustier-les-Jaligny (V. ce fief), à la même époque, avoue parmi ses dépendances la seigneurie dite Montoldre; enfin, en 1545, messire Jacques de Thomassin, écuyer, sire de Montmartin, Gayette et Boucé (V. ces fiefs), acquiert d'Antoinette d'Amboise, dame de Jaligny (V. ce fief), veuve de la Rochefoucault-Barbézieux, et remariée au comte de Roussy, une terre dite seigneurie de Montoldre et Eschelettes.

Jacques de Thomassin n'entra pas paisiblement en possession de son acquisition, et là encore survient un de ces procès dont le passé semble — heureusement — avoir gardé le secret : de son premier mariage, Antoinette d'Amboise avait eu un fils, Charles de la Rochefoucault, qui intenta à M. de Montmartin un procès en restitution, sous prétexte que sa mère n'a pu vendre cette terre de Montoldre et Eschelettes que « par menace, force, impression, crainte et maltraitement de la part du seigneur comte de Roussy ». Vendeurs et acquéreurs, naturellement, repoussent ces insinuations et donnent, de la vente consentie, une raison qui paraît fort acceptable, à savoir : « que la dame de Roussy a été toute sa vie de cœur et grande dépense et a tenu plus grand train que ses revenus ne pouvaient porter, et, en outre, elle a fait grands frais pour le mariage de sa fille Catherine avec M. de la Palisse ». (V. la Palisse et Jaligny.)

Après d'interminables débats, le litige se termina en faveur du sire de Boucé, et, réunis à la terre de Gayette dans laquelle avait été déjà incorporée l'acquisition de François de Boucé, les droits acquis sous le nom de seigneurie de Montoldre et Eschelettes firent, en 1694, partie de la pieuse fondation de M. de Farinvilliers. (V. Gayette.)

La seigneurie de Montoldre et Eschelettes, dont nous venons de parler, ne devait se composer que de droits seigneuriaux, et peut-être est-ce la maison où ils se percevaient que marque Cassini, au bas du bourg de Montoldre, sous le nom de les Chelettes.

Quant à la véritable seigneurie des *Échelettes* dont siège et terre existent encore, elle se trouvait tout à l'extrémité de la paroisse et sur la crête qui domine les fonds de Boucé.

De 1352 à 1378, nous trouvons successivement seigneurs des Échelettes Perrin, Guyot et Vézien Chenet, damoiseaux, dont la famille, originaire,

LES ECHELETTES.

Armoiries de Vic Guillaut d'Orvilliers.

croyons-nous, de la paroisse de Gouise, semble avoir de bonne heure disparu. (V. le Péroux.)

Le dernier des Chenet dont nous ayons mention est, en 1395, Étienne Chenet, et, quelques années plus tard, nous voyons rendre aveu de la terre des Échelettes, au nom de Catherine Chenéte, sa femme, Jean de Sône, dit le Roussin, sorti sans doute de la terre de Sône dont il est parlé ci-dessous.

Les Roussin ne firent que passer aux Échelettes : la fille de Jean, en effet, Antoinette Roussin, porta notre terre à Perrin Gabard, damoiseau, d'une famille alors et encore fort répandue dans toute la Forte-Terre, et jusqu'au XVIe siècle se succèdent comme seigneurs des Échelettes ledit Perrin, puis Antoine, son fils (V. Montceau), Jean et François Gabard. Ce dernier eut quatre enfants : Marguerite, Madeleine, un fils Antoine et une troisième fille Antoinette, mariée à Jacques de Saint-Yrier, seigneur de Champagnat (V. ce fief), près de Cusset. Ni Marguerite ni Madeleine Gabard ne se marièrent, et nous les trouvons souvent mentionnées aux Échelettes, qu'elles habitaient avec leur frère Antoine, prieur de Grandmont (1), par elles chargé de l'administration de leur fortune et qui s'en tira fort bien, à en juger par ses nombreuses acquisitions. Catherine de Saint-Yrier, la fille d'Antoinette, se trouva donc être unique héritière des Gabard (2); aussi, par contrat du 15 février 1543, voyons-nous ses oncle et tantes lui assurer après eux possession de tous leurs biens, à l'occasion de son mariage avec Gilbert de Ménessier, seigneur du Verger, en la paroisse de Saint-Voir.

De ce mariage, Catherine n'eut pas d'enfants; elle se remaria plus tard avec un Terrières, mais cette seconde union aussi fut sans doute stérile, et, en 1578, nous la voyons tester en faveur d'autre demoiselle Catherine de Saint-Yrier, sa nièce bretonne, fille de Jean, seigneur de Champagnat, et de demoiselle Delphine des Escures, qui, le 4 octobre 1576, avait épousé Jean de Viry, seigneur de la Forêt de Liernolles. (V. ce fief.)

Jean de Viry eut douze enfants; aussi, au partage survenu en 1612, Charles de Viry, son fils aîné, dut-il abandonner le fief paternel de la Forêt à son beau-frère, Turpin de Layat, et venir se fixer aux Échelettes avec sa femme, demoiselle Claudine Dinet de Saint-Romain. A Charles de Viry succéda son fils Pierre, marié en 1652 à demoiselle Jacqueline d'Obeilh (V. le Coude), et c'est un peu après ce mariage, pensons-nous, que la terre des Échelettes fut vendue à un Antoine de la Mure, écuyer, sur lequel les renseignements nous font complètement défaut.

Antoine de la Mure ne garda pas les Échelettes, et, le 8 février 1661, son frère Pierre, conseiller du Roy à Moulins, muni de sa procuration, les revendit pour le prix de quatorze mille livres à Pierre Morel, écuyer, seigneur des Charmes et de Roussanges (3), époux de demoiselle Marguerite Baugy, lieutenant de la compagnie des gardes de M. le gouverneur du Bourbonnais. (V. Trézelles et les Charmes.)

Pierre Morel n'eut qu'une fille, Claudine; mais d'un premier mariage avec Gilbert de Vicq de Pontgibaud (V. Vichy) Marguerite Baugy (4) avait eu un fils, autre Gilbert, qui, le 2 juin 1676, avait épousé une demoiselle

---

(1) Il est possible qu'il s'agisse là du Grandmont de Creuzier (V. ce fief); nous ne le croyons pourtant pas.

(2) Il ne paraît pas vraisemblable, en effet, que Jean de Saint-Yrier, qui à Champagnat succéda à Jacques, ait été un frère de Catherine : pourquoi aurait-il été déshérité par l'arte de 1543 ? Sans doute était-ce le fils d'un frère de Jacques, qui racheta à sa cousine sa part du fief de Champagnat.

(3) Roussanges, domaine de Montaigu-le-Blain, entre Beaurepaire et Vernillet (V. ces fiefs), doit être le siège d'une seigneurie fort ancienne, comprise plus tard dans celle de Beaurepaire : elle en fut ensuite détachée et portée au XIVe siècle à Gilbert de Pontcenat par Isabelle de Cincé, sa femme. (V. Pontcenat et la Croix.)

(4) Marguerite Baugy était fille d'une demoiselle Demissier de Cusset et sœur de François, seigneur des Garceaux, trésorier de France à Moulins : c'est la même famille que les Baugy de Rochefort, que nous trouvons aux Bouchaines. (V. ce fief.)

Élisabeth Guillaud, fille de Gabriel, seigneur des Chevennes, et de demoiselle Claudine Morel, celle-ci sœur de Pierre et fille de Gilbert, seigneur des Charmes et de Roussanges ; c'est ce Gilbert de Vicq, fils de Marguerite, qui, en 1694, par suite d'arrangements de famille, devint seigneur des Échelettes.

A Gilbert de Vicq succéda son fils Bernard, marié, le 16 janvier 1738, à demoiselle Anne du Buysson, fille d'Antoine, seigneur des Hayes, en la paroisse de Tréban, et de demoiselle Françoise le Règue ; à Bernard son fils Antoine, époux de demoiselle Marie-Élisabeth Guillouet d'Orvilliers (1), et à la Révolution les Échelettes appartenaient aux trois filles mineures d'Antoine, Marie-Rose, Gasparde et Félicité de Vicq de Pontgibaud, placées sous la tutelle de leur oncle breton, M. François-Antoine du Buysson des Hayes.

Deux de ces demoiselles de Vicq, devenues aussi héritières du Méage (V. ce fief), épousèrent les deux frères Goyet de Livron, de Roanne, mais originaires du Vivarais, et les Échelettes appartiennent aujourd'hui au petit-fils de Félicité, M. Stanislas de Chantemerle de Villette. (V. Contresol.)

Une partie des Échelettes est fort ancienne et formait autrefois les dépendances du château. Quant à celui-ci, il se trouvait un peu plus à l'ouest dans le jardin des métayers, où des traces de fossés marquent encore son emplacement ; il n'en reste plus qu'une tour, qui, avant l'entrée actuelle faite en 1747, servait de porterie, et sur laquelle se voient sculptées les armes des Gabard.

Des Échelettes, nous descendrons directement à *Boucé*, fort joli château du commencement du XVIe siècle que l'on a récemment restauré en entier. Dans cette restauration, quelques détails, assurément par trop modernes, tels que des galeries extérieures à armatures métalliques, ont un peu gâté le cachet du vieux manoir, mais il n'en conserve pas moins son élégant aspect, debout sur son antique motte au milieu de la plaine, dont il est bien la petite capitale.

Dès le XIe siècle, les sires de Boucé étaient assez puissants dans notre région pour qu'un de leurs cadets fût élevé à la dignité de prieur de Saint-Pourçain ; mais le premier que nous trouvons expressément qualifié seigneur de Boucé est, en 1223, Pierre de Boucé, à partir duquel se suivent : en 1300, Jean ; en 1322, Monin ; Bernard en 1338 ; en 1366, Guillaume, époux d'Alise de Pontcenat (V. ce fief), puis autre Guillaume, leur fils,

---

(1) Élisabeth était sœur de Louis-François Marie, le fameux amiral, et fille de Gilbert, gouverneur de Cayenne, et de demoiselle Justine de Braque.

époux d'Aliénore-Jeanne de Bellenaves; Jean, époux de Péronnelle de l'Espinasse, en 1445, et enfin, en 1494, François, l'époux de Magdelaine de Gayette, qui fut le dernier représentant mâle de la branche aînée des Boucé (1).

Nous avons vu à Gayette (V. ce fief) comment Françoise de Boucé, la fille de François, porta les deux terres de Boucé et Gayette aux Thomassin; mais, tandis que Gayette, échu aux filles de Jacques de Thomassin, sortit vite de la famille, Boucé, érigé pour eux en baronnie, y resta encore plus d'un siècle, et après Jacques de Thomassin, nous y rencontrons son fils René, puis Jean, époux de demoiselle Louise de Bourbon-Busset, que nous

BOUCÉ.

voyons aussi au Méage (V. ce fief); enfin Michel, fils de Jean et époux de Marguerite de Barthelas.

C'est en 1646 que pour la dernière fois est mentionné Michel de Thomassin; en 1652, survient un nouveau baron de Boucé en la personne de messire Antoine du Buysson (2), écuyer, seigneur de la Chaise, époux d'Anne de Bérulle, qui, sans doute, avait acquis Boucé, soit de Michel, soit de Jean-Louis, son fils.

M. du Buysson ne garda pas longtemps Boucé et ne semble pas y avoir fait de brillantes affaires : en 1667, en effet, nous voyons ses créanciers accabler de réclamations son successeur, M. Pierre Clapisson du Lin (3), secrétaire du Roy, contrôleur général de l'artillerie de France, et dame

---

(1) Voir à Châtel en Boucé l'opinion de M. Révérend du Mesnil sur les Boucé.
(2) La famille du Buysson, que nous nommons souvent et dont la place en Bourbonnais fut toujours considérable, est d'origine auvergnate et sort du château du Buisson, commune d'Alleuze, dans le canton de Saint-Flour.
(3) Les Clapisson, famille de robe de Lyon, accusèrent en 1694 : d'argent au lion de sable, accompagné de deux plants de persil de sinople, l'un entre ses pattes, l'autre entre sa queue.

Marie de Vouldy, son épouse (1). M. Clapisson mourut un peu avant 1673, et, en 1679, nous trouvons une dernière vente de Boucé, consentie par dame Marie de Vouldy, sa veuve, en faveur de messire Charles Guillaud de la Motte, lieutenant général (V. Jaligny), époux de demoiselle de Marmande.

Boucé, durant près de deux cents ans, ne changea plus de mains, et c'est d'un petit-fils d'une Guillaud de la Motte, M. le comte de Barral, (V. Jaligny), que l'acquit, vers 1850, M. Rambourg, le propriétaire actuel.

Telle est l'histoire du château encore existant de Boucé, qui est bien le berceau de l'illustre maison d'où devait sortir Pontcenat (2); mais à côté se trouvait un autre fief, — son aîné, fort probablement, — et qui doit être ce fief primitif de Boucé qu'en novembre 1217 Hervé, comte de Nevers, reçut en augmentation de fief de Robert, évêque de Clermont (V. Trézelles), et dont rend encore aveu, le 10 juin 1278, Robert de Flandre, époux de Yolande de Nevers.

C'est le *Chastel en Boucé*, où, dès les dernières années du XIII° siècle, nous trouvons des membres de cette famille de Chastel que M. du Mesnil croit une branche des Centarben (V. Châtel Montagne) (3), et dont le dernier fut Étienne, encore mentionné en 1352. Sans doute Étienne de Chastel eut-il plusieurs filles, et de sa mort, en tout cas, date le démembrement de la seigneurie de Chastel en Boucé : tandis, en effet, qu'en 1377 s'en intitule seigneur, du chef de sa femme, Hugues de Montchoisi, chevalier, à la même époque se disent aussi seigneurs en partie de Chastel en Boucé, un Philippe le Ver, damoiseau, encore mentionné en 1412, et Tachon de Laye, écuyer.

Dans la suite, Jeanne de Laye, la fille de Tachon, semble avoir réuni toute la terre de Chastel et l'avoir portée à Bernard de Murat; mais tout cela, nous l'avouons, est un peu incertain et perdu dans une obscurité qu'accroît encore la défiguration des noms.

(1) Boucé se composait alors de quatre domaines : les Hérauds, Mardot, Lignières et la Poulaillerie.
(2) Dans le désir évident de rattacher Pontcenat à ses hypothétiques Centarben, M. le vicomte Révérend du Mesnil pense que les premiers Boucé auraient disparu au XIV° siècle, et auraient été remplacés dans leur fief paternel par la descendance mâle d'Étienne de Chastel. C'est possible, et nous devions à l'érudit forézien de mentionner son opinion; mais, en l'absence de preuves certaines, nous ne pouvons guère la partager.
(3) Les *Noms féodaux*, en 1300, donnent un Bonant, damoiseau, qui rend en même temps aveu d'un hôtel sis à Boucé et de Chastel près Saint-Pourçain. Peut-être ce Bonant est-il un Chastel, et cela viendrait à l'appui de l'origine charollaise que M. du Mesnil donne aux seigneurs de Chastel en Boucé; peut-être aussi dom Béthencourt a-t-il lu Bonant pour Boucé. (V. le fief de Bonnant.)

En 1488, enfin, le seigneur de Chastel en Boucé est Philibert Babute, écuyer, dont le fils, en 1504, vendit notre fief à François de Boucé, seigneur dudit lieu (V. plus haut), époux de Magdelaine de Gayette, et, dès

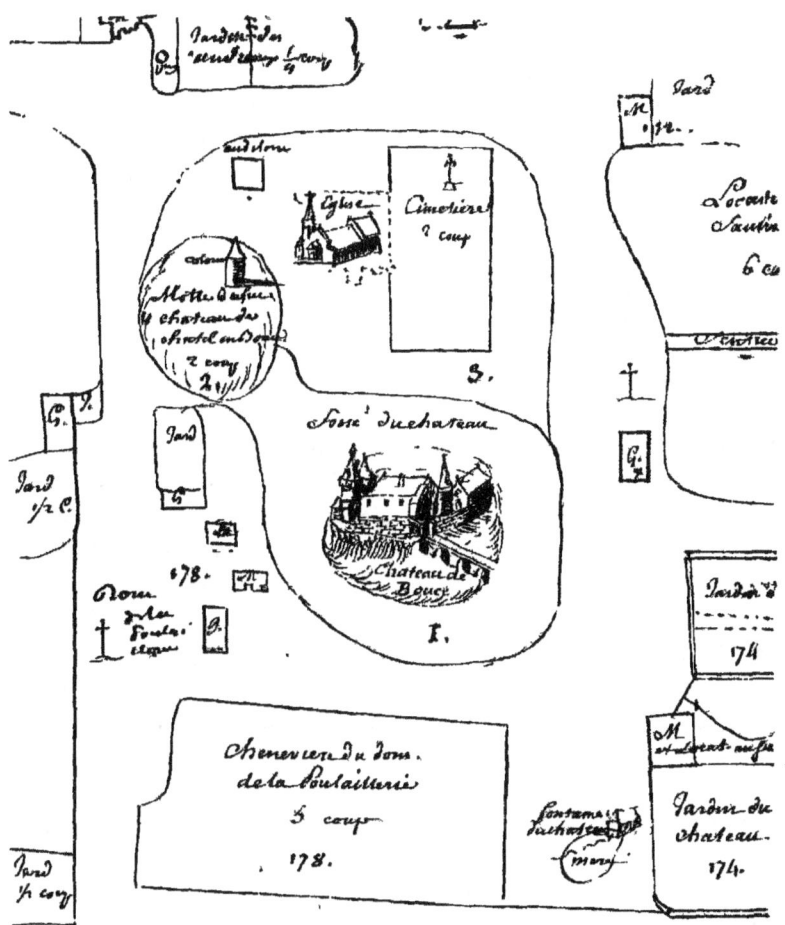

PLAN DE LA MOTTE DE CHASTEL EN BOUCE
ET VUE DU CHATEAU DE BOUCÉ (1741)

lors, Boucé et le Chastel en Boucé ne formèrent plus qu'une seule terre.

Nous reproduisons un fragment d'un vieux plan, qui donne l'emplacement exact du Chastel en Boucé, un peu au nord de l'église actuelle : il n'y a pas longtemps, d'ailleurs, que sa motte a disparu, et plusieurs personnes, qui l'ont vue, nous ont rapporté qu'elle était de dimensions colossales, — aussi haute que l'église, parait-il, — et que son sommet portait encore le colombier indiqué sur le plan.

Dans la seigneurie de Boucé était compris un terrier, dit de la *Grange en Boucé*, et qu'au XVIIe siècle les Thomassin avaient acquis des d'Obeilh, de la Palisse.

C'est tout ce qui restait alors d'une seigneurie disparue de la Grange que possédèrent successivement des la Grange, damoiseaux, dont le dernier mentionné est Jean en 1455, des Drifford (1) qui avaient aussi sur Boucé une terre inconnue de Grésolles, et, en 1546, un Jean Bourasset.

Quant à l'emplacement du siège de ce fief, nous l'ignorons absolument, et, jusqu'à plus amples renseignements, on peut le placer sur une quelconque des innombrables mottes disséminées dans la Forte-Terre, et dont quelques-unes disparaissent chaque année : l'une de celles-ci, encore assez remarquable malgré les attaques répétées de la charrue, confine au domaine Mahiton, jadis propriété des Treille (2).

Non loin de Boucé sont deux habitations non dénuées d'intérêt.

La première, la *Presle*, ne fut jamais un fief et ne jouit jamais d'aucun droit seigneurial : c'était jadis un simple domaine où, après les Dupré (V. les Quillets) en 1610, nous trouvons, dès 1632, une famille Billard, souvent nommée ailleurs, et à laquelle M. le comte de Soultrait rattache le poète Billard de Courgenay (3).

En 1652, Gilbert Billard, seigneur de la Presle, et époux d'Anne de Vaulx, était capitaine châtelain de Varennes : Antoine Billard, le fils de Gilbert, vendit notre terre à Jean de la Geneste, bourgeois de Varennes, époux de demoiselle Tallière. Des la Geneste, la Presle, avant la Révolution, passa aux Galien de la Roque (V. la Prugne de Servilly) : ceux-ci la vendirent à M. Devaulx de Chambord, et c'est M. de Chavagnac, le gendre

---

(1) Sur Créchy est un territoire de Drifford.

(2) Les vieux plans marquent que cette motte a une contenance d'une coupée, et cela nous a donné une idée bizarre. La plupart des mottes carrées, en effet, ont entre 25 et 26 mètres de côté, et leur surface, par conséquent, se rapproche singulièrement de la coupée bourbonnaise, qui est de 6 ares 33 centiares. Ne pourrait-on penser que ce nom de coupée aura été justement donné à la quantité de terrain qu'il était d'usage de séparer, de couper par un fossé du sol environnant pour y construire une habitation? A l'inverse de ce qui s'est passé pour la boisselée, par exemple, le nom de la portion de terre aurait dicté celui de la quantité de grains nécessaire pour l'ensemencer : de là l'expression, une coupe de froment.

(3) Billard de Courgenay, né à Souvigny vers 1550, a ceci d'intéressant que dans ses préfaces il s'encense avec une naïveté touchante : on croirait lire une préface de Victor Hugo. Il est d'ailleurs aussi oublié que ce dernier le sera certainement au XXIe siècle, sinon auparavant. Courgenay est un fief de la paroisse de Neuvy-lez-Moulins.

de M. Devaulx de Chambord, qui fit de la Presle la jolie habitation qu'elle est aujourd'hui.

Dernièrement, enfin, M. le marquis de Chavagnac vendit la Presle à M. Delaire de Cambacérès.

La Presle, venons-nous de dire, n'était pas un fief, et rien n'y rappelle une ancienne importance : il n'en est pas de même de *Liencourt*, vieux logis délabré que l'on voit à gauche de la route de Boucé à Montaigu, et qui fut certainement jadis un château fort, comme il se voit encore par de nombreux détails.

En 1501, les *Noms féodaux* nous donnent comme seigneur de Liencourt un Antoine Berland, écuyer ; nous ne savons combien de temps les Berland restèrent dans ce fief, mais leur possession dut être longue : leur nom, en effet, resta non seulement à un domaine voisin, mais encore à toute la seigneurie, et c'est sous le titre de seigneur des Berlands qu'en 1636 nous trouvons mentionné Antoine Marchand, époux de demoiselle Péronnelle de la Pimpré, du Péroux. (V. ce fief.)

Les Liencourts, depuis lors, furent longtemps possédés et habités par les Faulconnet, famille de notaires et de procureurs, qui a encore des représentants.

Non loin de Liencourt, d'après les vieux titres, se trouvait cet *ostel de Sône*, d'où sort probablement la famille de Sonne, souvent mentionnée par Béthencourt et possessionnée aussi aux Échelettes. (V. ce fief.)

Dans notre ignorance de l'emplacement exact de ce fief disparu, longtemps nous l'avons cherché dans la direction de Treteau et même à l'endroit où Cassini marque une chapelle (1) qui doit indiquer le siège d'une ancienne seigneurie ; mais dernièrement nous est tombée entre les mains une pièce des archives de la Palisse, datée du 27 juin 1452 et reproduite depuis par M. le comte de Chabannes, dans laquelle est relaté un échange entre messire Jacques de Chabannes d'une part, et d'autre part demoiselle Jeanne des Bourbes, sœur de Philippe et épouse de Guichard de Sône, avec lequel elle demeure en la paroisse de Boucé.

Le sire de Chabannes, y est-il expliqué, « donne et baille à ladicte demoiselle un pré assis au terroux de Lassé, coté le pré de Stevenin de la

---

(1) Cette chapelle, sur le passé et l'origine de laquelle nous n'avons rien pu recueillir, se trouvait à 400 mètres environ du bourg, dans une terre que traverse aujourd'hui la route de Cindré : elle était, parait-il, de dimensions fort restreintes et semblait extrêmement ancienne. Peut-être faut-il y voir cette *capella de Bociacio* mentionnée en 1165 parmi les possessions de l'abbaye de Manzac, avec les chapelles ou églises de Cos, la Palisse, Saint-Prix, Droiturier, Saint-Ambroise, Montpeyroux, etc.

Grange (V. la Grange en Boucé) devers orient, le chemin commun tendant de Lassé au moulin Seguier et le pré Gibelin devers occident et le chemin tendant de Lassé à l'ostel de Sône devers bise ».

Or, Lassé est un hameau sis sur la route de Boucé à Montaigu : partant de ce point, nous nous sommes orientés de notre mieux à l'aide de l'acte ci-dessus et, après quelques tâtonnements, nous sommes arrivés dans une terre du domaine des Hérauds à une motte presque effacée, mais encore reconnaissable et pleine de débris : la terre porte le nom typique de terre du Colombier, et c'est là, presque certainement, à égale distance des Girauds, des Hérauds et du moulin des Hérauds, qu'il convient de voir l'emplacement de l'ancien fief de Sône.

Les restes d'habitations anciennes abondent, avons-nous dit, dans la plaine de Boucé, et on en trouve un peu partout. Il semble pourtant qu'on les pourrait diviser en deux groupes sis, l'un près de la branche principale du Valançon et sur la rive gauche, l'autre aussi sur la rive gauche du ruisseau de Vauvre, dit également le Valançon est. Ces vestiges ont été, d'ailleurs, fort mal reconnus.

Dans le premier se trouvent les anciens fiefs de Rosay et de Barchères; dans le second, ceux de Regny et de Mart.

Le *Rosay* garda longtemps son caractère d'ancien siège seigneurial, et on en distingue encore quelque peu les fossés; mais c'est maintenant un domaine très ordinaire, et nous n'en connaissons l'histoire que pendant un temps assez court.

Le premier seigneur que nous en ayons, en effet, est, en 1646, Nicolas Vialet, écuyer, époux de demoiselle Claudine Vernoy, et membre d'une ancienne famille de Varennes, mentionnée notamment à la Forêt. (V. ce fief.) Nicolas eut pour successeur son fils Gilbert, à la mort duquel Rosay fut partagé entre François Vialet, son fils, et Jean de la Geneste, son gendre; puis, en 1720, notre terre est de nouveau réunie entre les mains de Gilbert du Chesne, marchand de Varennes. (V. les Barniers.) A Gilbert du Chesne succéda un Artaud, aussi bourgeois de Varennes en 1742, et à celui-ci les Le Brun, qui possédaient encore le Rosay il y a fort peu de temps.

Le domaine Vialet date sans doute du partage qui suivit la mort de Gilbert Vialet.

Quant à *Barchères* ou Bassechères, qui, au XIVe siècle, appartenait à cette famille du Vernet dont nous voyons des membres à Saint-Gerand le

Puy, nous en perdons la trace de bien bonne heure, et la dernière mention que nous en ayons est, en 1445, la donation en dot qu'en font à leur fils Jean messire Guillaume de Boucé et Aliénore de Bellenaves, sa femme, à propos de son mariage avec Péronnelle de l'Espinasse, fille de Philibert, seigneur de Toury-sur-Besbre.

Barchéres, à la fin du siècle dernier, appartint à M. Devaulx de Chambord, qui l'avait acquis des Lucas.

A *Regny* non plus, nous ne trouverons rien d'intéressant à signaler : dans les dépendances du domaine, cependant, est une terre dite de la Tour, où se distingue encore une motte, et dont la situation concorde absolument avec celle que donne Cassini à la tour ruinée de Regny ; aussi est-ce là qu'il convient de placer l'ancien manoir féodal.

Les premiers Montaigu le Blayn que nous connaissions possédaient le fief de Regny ; mais celui-ci ne fut pas vendu aux Chabannes en même temps que le fief patronymique de ses seigneurs, et, en 1452, nous voyons encore un Bleynet de Montaigu, écuyer, rendre aveu de son hôtel et tours de Reugnier, domaines et mouvances en la paroisse de Boucé. Que devint-il depuis lors? Nous ne savons, et en 1745, où nous le retrouvons mentionné, il n'est plus question que de droits seigneuriaux acquis de M. François Féjard, seigneur du Riage (V. ce fief), par M. le comte de Douzon. (V. Montaigu et Pontcenat.)

Mart, enfin, se trouvait entre le domaine Bouvart et le ruisseau, à l'endroit où de vieux plans indiquent une motte de Mart aujourd'hui complètement rasée.

De ce fief disparu était sans doute seigneur, en 1293, Aymon de Mart, damoiseau, qui figure cette année-là parmi les vassaux de Montaigu le Blayn ; puis, le 15 juillet 1342, vient l'aveu rendu par Guiot de Mart, aussi damoiseau, lequel avoue tenir en fief de Pierre, duc de Bourbonnais, tout ce qu'il possède au territoire de Mart, depuis le chemin du Puy de Montvendent jusqu'à la planche Berland.

A Guiot de Mart succéda Jean, qui fut tuteur des enfants du sire de Boucé ; à Jean, Guillaume ; à celui-ci, Henri, et à ce dernier Jeanne de Mart, qui en 1497 épousa Jacques de Laval, gentilhomme du diocèse de Limoges, et lui apporta la seigneurie de Mart (1).

(1) Il ne s'agit pas ici de la famille d'où devait sortir au XVIe siècle Antoine de Laval, châtelain de Moulins, et dont la vie a donné lieu à des ouvrages bourbonnais remarquables. Des recherches récentes ont, en effet, établi qu'Antoine de Laval était Forézien.

A Jacques de Laval succéda François, probablement son fils, et en 1592 Mart appartient encore à un Annet de Laval, écuyer.

A partir de cette date, Mart disparaît comme la majeure partie de ses voisins, et nous n'avons plus trace que de ses droits seigneuriaux, dès lors réunis à ceux de Montaigu le Blayn.

Citons aussi, tout près de Mart, le très vieux domaine qui porte le nom bizarre de *Caypha,* et où en 1614 nous trouvons déjà la famille Devaulx, qui le possède encore aujourd'hui.

THIONNE.

Au delà du ruisseau de Vauvre commencent les communes de Cindré et Treteau; mais, avant de les décrire, il nous faut aller trouver, tout à l'extrémité nord de notre arrondissement, une commune qui, au point de vue géologique, appartient bien plutôt à celui de Moulins et forme une pointe dans le plateau silico-argileux qui sépare la Forte-Terre de l'ancienne Sologne bourbonnaise.

C'est la commune de Thionne.

Ce plateau aux ondulations douces, coupé de vastes étangs pleins de joncs et de taillis aux teintes grisâtres, fut de tout temps la terre classique des grandes chasses bourbonnaises; aussi est-ce sans doute à un disciple de saint Hubert qu'il convient d'attribuer la construction du château des *Fougis,* premier fief que nous y rencontrons.

Une tradition constante, en effet, veut qu'au XV° siècle ait été construit en cet endroit un rendez-vous de chasse pour les ducs de Bourbon, plus tard remplacé par le château actuel : or les traditions locales reposent toujours sur un fond de vérité et ne doivent jamais être négligées; en outre, celle-ci se trouve confirmée par l'aspect même et l'ornementation des Fougis, par la réputation de veneurs restée aux le Long des Fougis, et enfin par un acte de 1495 où nous voyons le duc de Bourbon régler des comptes avec Hugues le Long, chevalier, seigneur de Chenillat et des Fougis, grand prévôt de sa chinnerie (vénerie).

Quoi qu'il en soit, le premier seigneur des Fougis que nous connaissions est, en 1461, Hugonin le Long, écuyer, aussi seigneur de la Folye (V. ce fief); et depuis lors, pendant près de trois siècles, nous suivons dans notre fief les membres de cette illustre maison bourbonnaise : ce sont, en 1495, Hugues ; en 1507, Louis ; en 1521, Antoine ; François, en 1544 ; Jacques, en 1573 ; puis Gaspard ; puis autre François, marié à Catherine de la Loue, et nous arrivons ainsi à Gaspard, époux de demoiselle Anne-Françoise de Coubladoux (V. les Gouttes), qui prend le titre de seigneur de Thionne, des Fougis et de Marcy-le-Viel.

Gaspard laissa deux fils : Hilaire, capitaine de l'un des vaisseaux du Roy, et qui prit le titre de comte, et François, capitaine au régiment lyonnais, qui semblent avoir gardé les Fougis dans l'indivision.

LES FOUGIS (FAÇADE DE L'EST).

François mourut le premier, en 1727, laissant comme héritier Jean de Berthier, de Bizy en Nivernais, dont la mère, croyons-nous, était une demoiselle le Long, fille de Gaspard : le même Jean de Berthier, qualifié chevalier, recueillit aussi, en 1737, la succession d'Hilaire le Long, et, au moment de la Révolution, ses descendants possédaient encore les Fougis.

L'aspect même des Fougis, avons-nous dit, appuie la tradition qui en fait un ancien rendez-vous de chasse : il faut pourtant dire que rien ne subsiste du château primitif ; mais sans doute les Fougis actuels, construits en 1593 (1), conservèrent-ils quelque chose du caractère des anciens Fougis ; or rien n'eut moins la prétention de ressembler à une maison forte que cette ravissante construction en briques appareillées, à peine

(1) Il est à remarquer que la construction des Fougis suivit de près l'union de l'un des le Long avec une Chateaumorand (V. Chatelus et la Faige), union qui fit des le Long une des premières maisons de la province.

percée pour la forme de quelques meurtrières, et bordée d'un étroit fossé comblé, d'ailleurs, depuis longtemps.

Les ornements paraissent, en outre, avoir été inspirés bien plus par des exploits cynégétiques que par des souvenirs de guerre; mais il en reste peu de chose, et en peu d'endroits les patriotes de 1792 se sont montrés plus zélés et à la fois plus maladroits. Tandis, en effet, que guirlandes fleuries, innocents emblèmes de vénerie étaient, non pas martelés au hasard, mais

LES FOUGIS (FAÇADE DU SUD).

enlevés au ciseau avec un soin méticuleux, on laissait échapper les deux seules choses rappelant les souvenirs abhorrés de la religion et de la féodalité, à savoir : sur une cheminée monumentale, les armes écartelées des le Long et des Bigny, et, au-dessus de la porte d'entrée, la belle devise : A DIEU CROIRE, PRIER ET FAIRE, qui montre où l'on puisait autrefois pour lutter contre les misères, les traverses et les violences une force que notre siècle matérialiste ne connaît plus.

Non loin des Fougis, près du domaine Papillon, est une petite chapelle, jadis sise en plein bois et que Cassini désigne sous le nom de chapelle Saint-Roch : elle remonte évidemment à la même époque que le château, est faite des mêmes matériaux, appartient au même style et porte aussi les armes accolées des le Long et des de Bigny.

Dans les bois des Fougis, en descendant vers Saint-Voir, était encore une importante verrerie (1) qui, au XVIIe siècle, était exploitée par Nicolas de Guillon et Thierry de Finance, l'oncle d'Adam et le premier de cette famille qui émigra en Bourbonnais (V. Verrerie de Saint-Nicolas des Biefs) : à la mort de Thierry, son associé se retira, cédant ses droits à un Jean de Condé, écuyer, et celui-ci, le 15 septembre 1695, les revendit, en même temps que l'usine, à Joseph de Finance, seigneur des Épiards en la paroisse de Vaumas, et époux de Pomponne Vialet. (V. la Verrerie de Saint-Léon.)

Les Fougis. — Porte d'entrée.

Si l'origine des Fougis est relativement récente, il n'en est assurément pas de même du château voisin des *Gouttes*, où, dès le commencement du XIVe siècle, nous trouvons une famille chevaleresque des Gouttes tout à fait différente, d'ailleurs, de celle des Raquin (2), et dont nous connaissons seulement deux membres : Jeanne, en 1329 veuve de Jean de Chapeau, et, en 1427, un Guillaume des Gouttes, écuyer, seigneur dudit lieu.

Que devint cette famille primitive des Gouttes ? Nous n'en savons rien, et, en 1505, nous arrivons à un nouveau possesseur, Simon Raquin, seigneur des Gouttes, et tige d'une famille qui resta dans notre fief environ un siècle.

Simon Raquin était fils de Gilbert, qui fut le premier anobli de sa race et qui, déjà conseiller et maître d'hôtel du roi Charles VIII, fut, en 1491, nommé prévôt des maréchaux dans toute l'étendue des possessions du duc de Bourbon, pour faciliter l'arrestation des malfaiteurs. (V. Huillard-Bréholles.) Quant à l'origine de ces Raquin, depuis quelque temps déjà possessionnés sur Jaligny, Thiel, Vaumas, etc., nous ne la connaissons pas d'une façon exacte, mais nous la chercherions volontiers à Marcigny-les-Nonnains.

(1) Pourquoi en 1686 M. l'intendant d'Argouges donne-t-il à cette verrerie et à quelques autres la qualification de verrerie de Fougères ?

(2) Dans son *Armorial*, M. le comte de Soultrait confond les deux familles, mais c'est une simple inadvertance : dans son *Épigraphie bourbonnaise* publiée par les *Annales* en 1889, en effet, il parle longuement de la pierre tombale de Lionnel Raquin et donne alors les origines et la suite des Raquin conformément à ce que nous en disons nous-mêmes.

A Simon succéda son fils Antoine, dit chevalier, seigneur des Gouttes, et à Antoine, son fils Lionnel, aussi seigneur du Péage en la paroisse de Thiel et, en 1540, lieutenant pour le Roy au gouvernement du Bourbonnais.

En 1563, de concert avec son épouse, Suzanne du Bois (V. plus loin), Lionnel Raquin fonda aux Gouttes, sous le patronage de Notre-Dame de Lorette, une chapelle destinée, dit-il, à remplacer celle qui, depuis près de trois cents ans, était établie dans le donjon des Gouttes ; en 1567, une bulle du pape Pie V fit de cette chapelle une paroisse qui, sous le vocable de Notre-Dame de Lorette, subsista jusqu'à la Révolution.

Les Fougis. — Chapelle Saint-Roch.

Il est bien rare de trouver à cette époque des érections de paroisse, et le XVIe siècle vit assurément plus de centres religieux disparaître qu'il n'en vit naître : mais il convient de remarquer que, depuis 1540, le Moutier (V. plus loin), ruiné par l'incroyable avidité des la Guiche, n'avait plus guère de caractère religieux ; on peut donc croire que la pieuse fondation de Lionnel et la sanction papale furent justement dictées par le désir de réagir contre la fâcheuse impression que ne pouvait manquer de produire la scandaleuse conduite de Philibert de la Guiche.

Notre-Dame de Lorette existe toujours, mais le modeste sanctuaire est aujourd'hui absolument vide, et il n'en subsiste d'intéressant que le retable, transporté depuis au Musée de Moulins.

Au Musée de Moulins se trouve aussi la pierre tombale de Lionnel Raquin, datée de 1575, et où le blason des Raquin : d'or à la bande de gueules, se voit écartelé d'autres armes assez frustes, dont M. de Soultrait n'a pu faire qu'une lecture indécise. Ces armes ne sont autres que celles dont nous donnons ci-contre une reproduction prise dans la salle des archives des Gouttes, et doivent appartenir à une famille du Bois, différente sans doute des trois autres que cite déjà l'*Armorial*. Lionnel Raquin, en effet, avait épousé une Suzanne du Bois, fille de Jean, secrétaire de la duchesse Anne, qui lui avait porté Soupaize, la Motte Jolivette et toutes les possessions situées sur l'autre rive de l'Allier que nous allons dorénavant voir aux mains des Raquin et plus tard des de Charry, devenus leurs héritiers.

Lionnel Raquin eut trois enfants : Archambaud, Catherine et Antoine.

Archambaud, l'aîné, eut le Péage et les biens sis aux environs de Chemilly : il épousa Claudine de Montjournal, fille d'Antoine, seigneur du Verger (V. ce fief sur Floret), et en eut un fils Philippe qui, après divers exploits lointains et notamment, en 1619, la prise de Tomesc en Arcadie, où il fit prisonniers quatre cents Turcs, devint lieutenant général des armées navales.

Catherine épousa Antoine de Troussebois, seigneur de Ris en la paroisse de Besson, et devint ainsi aïeule des Baillard de Troussebois, que nous voyons finir à la Motte Mourgon. (V. ce fief.)

Antoine, enfin, eut les Gouttes et mourut en 1595, laissant de Renée d'Amanzé, sa femme, fille de Joachim, gouverneur de Bourbon-Lancy, deux fils, Charles et Jean-Claude, et une fille, Claudine, mariée, en 1607, à Jacques de Charry, écuyer, seigneur de la Motte Beraud, d'une famille d'origine nivernaise.

Sans doute Charles Raquin, à qui étaient échues les Gouttes, mourut-il sans enfants, car le 19 novembre 1633 nous voyons s'intituler dame des Gouttes, la Bolone, Deuxvilles, Montcorbier, Montifaut, etc.', sa sœur Claudine, alors remariée à messire Georges de Sarron, seigneur du Chambonnet, sur la paroisse de Vaumas.

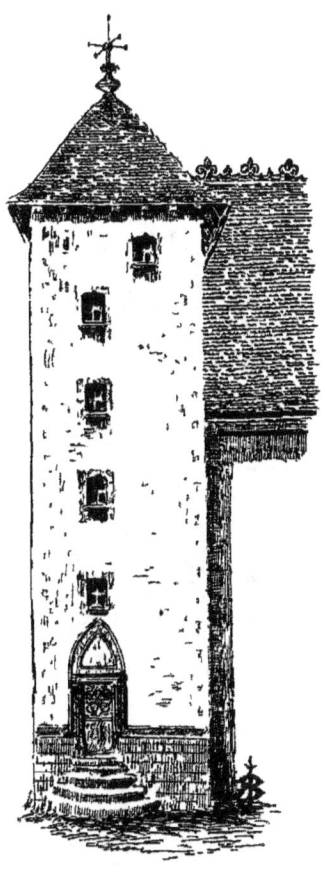

LES GOUTTES.
Tour d'escalier

Nous ignorons si Claudine eut des enfants de sa seconde union, mais les Gouttes restèrent à son fils du premier lit, François de Charry, qui figure sur la statistique nobiliaire de 1664 : « Jacques de Charry, dit-elle, est d'une des plus anciennes familles du Bourbonnais : il se dit descendu du seigneur d'Ascharry, mestre de camp du régiment des gardes; il a longtemps servi dans le régiment de Conti, avec estime : il a du mérite, des amis et bien quatorze ou quinze mille livres de rente. »

Ce François de Charry avait épousé Jeanne du Buysson, fille de Jean, seigneur de Beauregard ; il en eut un fils Antoine, qui lui succéda comme seigneur des Gouttes et fut commandant de l'un des vaisseaux du Roy. Mais, dans sa vieillesse, François de Charry se remaria avec une maîtresse femme, dont le souvenir n'est pas perdu dans le pays, Anne-Françoise de Coubladoux (1), elle-même veuve de Gaspard le Long, seigneur des Fougis. (V. ce fief.)

Ce fut pour le malheur de son fils Antoine (2), avec qui Anne-Françoise de Coubladoux entretint toujours des rapports plus que tendus ; mais quand Antoine mourut, en 1692, laissant sans appui sa veuve Marie-Cilénie Guillaud de la Motte, aussi dame de Chatelperron (V. ce fief), ce fut bien autre chose, et, de suite, elle entama contre cette dernière un de ces procès sans fin, comme en contiennent souvent les vieux coffres à parchemins.

LES GOUTTES. — Armoiries de la salle des Archives.

Comme douairière des Gouttes et des Fougis, Anne-Françoise réclame des droits et cens que revendique au même titre Marie-Cilénie : en qualité de tutrice de son fils, Marie-Cilénie proteste à son tour contre certains empiétements de la dame de Coubladoux, et, brochant sur le tout, surviennent des droits seigneuriaux que la même Marie-Cilénie possède, en qualité de dame de Chatelperron, comme suzeraine des Fougis et des Gouttes : c'était, on le voit, un dédale inextricable, et, à part Françoise de Coubladoux, qui connaissait d'autant mieux le débat que, du vivant de François de Charry, elle avait soutenu contre Hilaire et François le Long, ses propres fils, des prétentions exactement contraires à celles qu'elle émettait alors, personne n'y voyait clair, et aucune solution n'intervenait.

Enfin s'entremit le sire des Escures (V. ce fief), et avec lui Jean-Jacques

---

(1) Anne-Françoise de Coubladoux appartenait à une famille originaire du Puy en Velay, qui possédait aux environs de Saint-Pourçain-sur-Sioule le château de Briailles.

(2) Antoine dans les actes se disait : chevalier, comte des Gouttes, baron de Chatelperron, seigneur de Saint-Voir, Saint-Léon, Deuxville, le Charnay, Riau, Soupaize, la Motte Jolivette, Maisonfort, la Motte Beraud, Presle, Beuvé, etc.

LES GOUTTES.

de Charry, prieur du Moutier (V. ci-après), oncle de Marie-Cilénie et beau-frère de Françoise de Coubladoux, et le 14 février 1699 fut signé un accord « pour éviter les fâcheuses suites qui de tout cela pourraient advenir, comme il parait qu'il y en a eu dans le passé ».

Aussi bien, les deux châteaux des Gouttes et des Fougis étaient-ils, dans cette chicanière époque, beaucoup trop rapprochés.

Les procès ne furent pas le seul souci de la veuve d'Antoine de Charry, et, le 14 février 1709, nous la voyons déshériter de tout ce qu'elle peut son fils François-Clément, capitaine au régiment de Bourbon, qui, en épousant la demoiselle Esther-Marie Macaris (de Marcharye), a fait un mariage fort désavantageux et injurieux à sa naissance et à sa famille.

Étant donnée cette exhérédation, nous ne nous expliquons guère comment François-Clément fut, après sa mère, seigneur de Chatelperron, qui justement venait d'elle; mais c'est pour ce motif, sans doute, qu'arriva aux Gouttes, vers cette époque, un nouveau seigneur, Claude Boucher, chevalier, président honoraire en la cour des aides de Paris, titulaire de l'intendance de Bordeaux. En 1720, nous trouvons pour la première fois le nom de Boucher, qui, en 1731, soutient encore un procès contre les Berthier, seigneurs des Fougis.

A Claude Boucher succéda aux Gouttes la famille nivernaise de Menoux; enfin, le 5 avril 1747, en épousant Charlotte-Françoise de Menoux, Jean-Antoine de Charry, le fils de François-Clément, chef d'escadre de Sa Majesté, rentra dans son fief de famille et reprit le titre de marquis des Gouttes.

Jean-Antoine de Charry avait été capturé sur mer en 1758, et avait fait en Angleterre un assez long séjour : les relations qu'il s'était créées lui valurent de recevoir au château du Riau, en 1787, Arthur Young, et il est le seul Bourbonnais que semble avoir trouvé de son goût le lunatique et grincheux insulaire.

Jean-Antoine n'eut qu'un fils, Antoine Agneau de Charry, qu'il maria, le 28 avril 1788, à demoiselle Charlotte-Félicité de Luppé, en lui donnant pour dot la terre des Gouttes; mais Agneau mourut avant son père, et notre terre fit alors retour à ce dernier.

A partir du mois de mars 1789, où nous voyons le marquis des Gouttes présider à Moulins l'ordre de la noblesse, nous perdons complètement sa trace, et nous ne savons quelle fut sa destinée pendant la Révolution : quant à sa veuve, Charlotte-Françoise de Menoux, elle mourut à Charnissay, près Preuilly (Indre-et-Loire), le 20 messidor an X (1802), laissant les Gouttes à ses propres héritiers.

Ces héritiers étaient fort nombreux : c'est d'abord une famille Boyetet, d'Orléans, qui, avec deux MM. de Veslard, représente la ligne paternelle de Charlotte de Menoux : également dans la ligne paternelle, nous trouvons les trois enfants de Françoise-Armande de Menoux, veuve de M. de la Chapelle de Jumilhac; ce sont : Pierre-Joseph de la Chapelle-Jumilhac, son frère Joseph-Jean-Marie et leur sœur Marie-Victoire, femme de Louis-Toussaint de Gallard de Béarn-Brassac. Dans cette même ligne paternelle viennent encore trois membres de la famille de Damas, enfants de demoiselle Marie-Louise de Menoux, à savoir : deux fils demeurant à Menoux (Nièvre) et leur sœur Charlotte-Élisabeth de Damas, épouse d'Armand-Louis-Charles de Gontaut-Biron ; enfin vient, comme représentant les droits de son aïeule, qui est aussi une demoiselle de Menoux, Henri-Louis-François Cléret de Tocqueville, demeurant à Paris, rue d'Hauteville, 40, et qui n'est autre que le père du fameux publiciste.

LES GOUTTES AU XVIIIe SIÈCLE.

Le partage était impossible : aussi, le 7 septembre 1803 (20 fructidor an XI), un M. de la Marche, de Paris, muni de la procuration de tous les héritiers, vendit-il les Gouttes à M. Meaudre de Sugny, conseiller de préfecture à Roanne, qui, en 1818, les céda à M. Jean-Marie Clayeux, père du propriétaire actuel.

Le château des Gouttes, qui, en 1664, passait pour très ancien et fort bien bâti, s'élève sur une motte encore en partie entourée de ses fossés. C'était un vaste corps de logis du XVe siècle, avec une petite aile plus ancienne renfermant la salle des archives : au devant s'étendait la cour d'honneur entourée de ses dépendances.

Telles restèrent les Gouttes jusqu'à ces dernières années, et, avant leur reconstruction complète, on n'y peut guère citer que la fâcheuse restauration du XVIe siècle qui, comme à Chatelperron et ailleurs, consista à percer dans la façade gothique des ouvertures Renaissance ; mais le château vient d'être complètement refait et considérablement agrandi par l'adjonction d'une aile et d'une tour un peu grêle.

Nous donnons les Gouttes sous plusieurs aspects; ce que nous ne pouvons rendre, c'est la charmante situation de ce château, enfoui entre deux ravins, comme son nom l'indique, et entouré de vastes pièces d'eau et de taillis, au milieu desquels des troncs d'arbres moussus témoignent des futaies disparues.

Dans la seigneurie des Gouttes étaient compris trois petits fiefs voisins, dont il ne reste pas grand'chose : ce sont la Bolone, Deuxvilles et le Charnay.

Deuxvilles se compose aujourd'hui d'un domaine et d'une tuilerie : c'était, au début du XIV° siècle, la demeure d'une famille de Duéville, alliée aux sires de Montoldre; mais, dès 1380, cette famille de Duéville a disparu, et, après un court passage entre les mains des sires de Chambonnet, son fief patronymique vint aux Raquin des Gouttes, qui le réunirent définitivement à leur seigneurie.

La *Bolone* fut un peu plus tard réunie aux Gouttes et, en 1542 seulement, acquise par Lionnel Raquin d'une famille noble de la Bolone, alliée à plusieurs maisons considérables du pays et mentionnée par Béthencourt depuis le XIII° siècle. La Bolone était adossée à la côte du Moutier, face au bourg de Thionne, et il en restait dernièrement encore un vieux bâtiment maintenant rasé (1).

Quant au domaine et au moulin de *Charnay*, le titre seul de seigneur de Charnay, pris parfois par les seigneurs des Gouttes, peut faire soupçonner qu'il y eut là un ancien fief.

A l'autre extrémité de Thionne, dominant Jaligny, se trouve encore une importante maison : c'est le prieuré du Saint-Sépulcre, autrement dit le *Moutier de Jaligny;* mais nous ne nous attachons pas à l'histoire des établissements religieux, et nous sommes d'autant moins tentés d'insister sur le passé de celui-ci qu'il est réellement peu édifiant; nous nous contenterons donc de l'esquisser rapidement, renvoyant pour tout détail au travail publié, en 1890, par M. Vayssière.

Fondée, le 24 octobre 1036, par Hector de Jaligny (V. ce fief) au retour d'un pèlerinage en Terre Sainte, l'église du Saint-Sépulcre appartint d'abord à l'évêque de Clermont, puis à l'abbaye de la Chaise-Dieu, qui y

---

(1) Une particularité curieuse est que les Berthier, à leur arrivée aux Fougis, possédaient, nous ne savons où, une terre dite de la Boulonne, et portaient le titre de seigneurs de la Bolonne : froissée par ce titre, qui lui semblait une usurpation, Marie-Cilénie, veuve de Charry, — un peu aigrie, — obtint que les Berthier le modifiassent et se dissent seigneurs de la Bolonne contre Bissy.

fonda un prieuré devenu extrêmement prospère pendant le XIV⁰ siècle.

De cette époque, d'innombrables pièces manuscrites témoignent des litiges qui, là comme ailleurs, ne manquèrent pas de s'élever entre les seigneurs du voisinage et les religieux; nous n'en retiendrons que deux, qui nous semblent les plus intéressantes.

La première se rapporte à une curieuse prétention émise par le prieur du Moutier, qui revendique, comme un de ses privilèges, la chasse à la grosse bête dans les bois de Jaligny.

La seconde, de 1379, nous donne la date des remparts fortifiés qui entourent encore le Moutier sur deux de ses faces.

Cette année 1379, donc, un procès est bien près d'éclater entre le prieur

LE MOUTIER.

Guillaume de Rochefort et Guichard Dauphin, seigneur de Jaligny : entre autres griefs, celui-ci expose : « que le prieur, depuis une quinzaine d'années et sans son autorisation, a transformé son prieuré en une maison forte pourvue d'eschiffes et de tours et environnée de murs et de fossés, et cela à son très grand préjudice, attendu que ledit prieuré est sis près de son chastel de Jaligny, que jusque-là il n'a pas été fortifié, et que l'emparement n'en estant pas suffisant et le lieu n'étant tenable et défendable, grand péril et inconvénient se pourrait ensuir ».

Contre ces allégations, les religieux soutiennent « qu'ils n'ont fait qu'obéir aux nécessités du moment en fortifiant leur prieuré, attendu que c'est le seul moyen d'assurer le service divin et d'offrir à leurs sujets un lieu où ils puissent mettre eux et leurs biens en sûreté. Les choses, en outre, ont été faictes de façon suffisante pour que la maison fût tenable et défensable, et il serait injuste de les obliger à démolir ce qu'ils ont péniblement édifié à grands frais et labeur. »

Un arbitrage intervint, et le 30 mai 1379 fut signé un traité par lequel le prieur était autorisé à maintenir le Moutier à l'état de maison forte et même à en augmenter les fortifications ; en outre, il y pouvait mettre et instituer « un capitaine ydoine et suffisant du pays de Bourbonnais, Auvergne ou de Bourgongne, pour la tuition, seureté et garde dudit lieu, permis et réservé toutes foyes que le capitaine qui mis, institué et estably aura esté par les religieux fera serment solennel en la présence du seigneur de Jaligny ou de son bailli, toutes et quantes fois que requis en sera, de bien et loyalement gouverner et exercer l'office de capitaine dudit lieu au proffit dudit seigneur de Jaligny, des religieux et du pays ».

Aux constructions qui firent l'objet de ce débat et datent, par conséquent, d'environ 1360, appartiennent le rempart de la façade ouest du Moutier, la tour de l'angle nord-ouest et les restes de la tour sud-ouest.

Le Moutier. — Pierre aux armes des de Balzac d'Entraigues.

Le prieuré du Moutier avait la collation de seize cures et des droits seigneuriaux dont la nomenclature serait interminable ; aussi ses revenus devaient-ils être considérables, puisque, malgré les vicissitudes que nous allons voir, ils dépassaient encore six mille livres, lors de la Révolution.

Mais, de bonne heure, la commende s'introduisit dans ce riche bénéfice, et à partir de 1456, où nous trouvons Antoine de Balzac prieur commendataire du Moutier, nous y voyons successivement passer Antoine de Chabannes, évêque du Puy (1520), Philibert de la Guiche (1540), François de la Guiche de 1545 à 1578, Pierre Roux en 1591, Antoine Challemoux, prêtre de Chambilly (1593-1613), Antoine Berthoud, de Mazerier, près Gannat (1613-1635), M. de Bayard (1635-1666), Jean-Jacques de Charry des Gouttes qui fut prieur pendant cinquante-deux ans, de 1666 à 1718, Lallemant qui devint plus tard évêque de Séez, de 1718 à 1738, puis l'abbé d'Oliva, mentionné en 1747, et enfin, de 1747 à 1792, Charles-Louis Taillandier.

Mettant aux mains de particuliers généralement étrangers au monastère des ressources destinées au culte, la commende était assurément une chose déplorable ; nulle part, cependant, il n'en fut fait un emploi plus scandaleux qu'au Moutier. Il arrivait, en effet, trop souvent que le commendataire réduisait autant que possible le personnel du couvent et se bornait à assurer le service divin ; Philibert de la Guiche fit mieux, il chassa d'un coup tous les religieux, et, régi dès lors comme un bien ordinaire, notre malheureux prieuré ne fut plus qu'une propriété des la Guiche, dont Roux, Chalmoux, Berthoud et Bayard ne furent en réalité que des fermiers.

En 1681, pourtant, il y eut une tentative de restauration de vie religieuse, mais elle ne semble pas avoir réussi, et la communauté, en 1743, se trouvait de nouveau réduite à un seul religieux, nommé Prévost, titulaire unique de tous les offices claustraux. Enfin, en 1747, le grand conseil de la Chaise-Dieu décida que, moyennant une rente de quatre cents livres payée à la mense conventuelle de l'abbaye par le prieur du Moutier, les fondations faites au Moutier y seraient transportées, et qu'à leur intention il serait célébré chaque semaine, dans l'église abbatiale, une messe à voix basse. Devenus inutiles, l'église et les bâtiments claustraux furent détruits; on vendit les ornements et objets servant au culte, et, en 1750, de cette fondation d'Hector de Jaligny, à laquelle il était interdit de toucher sous peine de damnation éternelle, il ne restait plus que des domaines et des rentes servant uniquement à rendre la vie facile à un heureux bénéficiaire.

Le Moutier. — Margelle de puits, époque romane.

Du Moutier du XIV° siècle il reste, avons-nous dit, tout un côté et deux tours; en outre, au-dessous des constructions actuelles, il est facile de suivre, sur tout leur pourtour, la base de vieux murs. A cet ancien prieuré, construction carrée et flanquée de quatre tours, affectant bien plus la forme d'un château fort que d'un couvent, on ajouta, au XV° siècle, la vaste aile où sont maintenant les appartements habitables et aussi une porterie, dont les voûtes étroites à arêtes vives passent, généralement et à tort, pour les restes d'une ancienne chapelle.

De ces constructions datent deux élégantes pierres sculptées aux armes des Balzac (V. Montmorillon), dont l'une se trouve encastrée dans un mur et dont l'autre est une ancienne clef de voûte de la porterie.

Plus tard, la partie la plus ancienne du Moutier subit un remaniement complet, et les vieilles salles gothiques disparurent pour faire place à des chambres hautes dans le goût du XVI° siècle : cette sorte de restauration fut interrompue par la scandaleuse exécution de Philibert de la Guiche, et il n'en subsiste guère qu'une cheminée inachevée dont les ornements sont seulement esquissés : entre deux rinceaux à demi effacés se lisent encore les inscriptions suivantes : *Cognosce te ipsum* et *Facile contemnit omnia qui semper cogitat esse mor(iturus)*.

Quant à l'église, autour de laquelle s'étendait le cimetière, elle se trouvait dans la basse-cour actuelle, où, en faisant certains travaux, on a découvert nombre de chapiteaux et de pierres sculptées provenant des démolitions de 1747. Tout fut brisé et employé comme moellons, et on ne peut s'étonner que d'une chose : c'est qu'à ce vandalisme stupide ait échappé la remarquable pièce que nous reproduisons, à savoir une margelle de puits taillée d'un seul bloc dans la pierre dure et ornée d'arcatures romanes du XIIe siècle.

CINDRÉ ET TRETEAU.

Entre la plaine de Boucé et la vallée de la Besbre ondule doucement un terrain argileux couvert de champs fertiles que découpent des lignes de noyers : ce sont les communes de Treteau et Cindré.

Ce léger mouvement de terrain, auquel on n'ose donner le nom de crête, forme pourtant, entre la rivière de Besbre et les fonds humides du Valançon, une espèce de seuil; aussi son versant ouest, d'où la vue gagne l'Allier, était-il tout indiqué pour le passage de l'ancienne voie, romaine ou autre, qui devait nécessairement traverser notre pays du sud au nord, et dont nous avons déjà parlé à la Jarousse. (V. ce fief.) Cette voie n'a jamais été exactement relevée, mais il en reste, à certains endroits, des vestiges indéniables : venant de la direction de Cusset, elle coupait, à Saint-Gerand et Montaigu, les divers tracés du grand chemin de Roanne à Varennes, passait aux Lestrats et gagnait la Bourgogne par Treteau, Jaligny et le Puy-Saint-Léon. A Treteau se soudait probablement le chemin de Moulins, et l'on peut voir dans la foire qui s'y tient encore le dernier souvenir de l'importance de cette voie que jalonnent les très anciens fiefs de Treteau, la Motte Vesset, Fontaines, Cindré et le Montet.

La première localité intéressante que nous rencontrons en pénétrant sur Treteau est *Belleau,* qui jadis dépendait de Saint-Voir et, comme Thionne, n'appartient en aucune façon à notre arrondissement, au point de vue géologique.

Belleau n'est pas un fief, mais bien une maison de chasse ou de plaisance, construite vers la fin du XVII° siècle, en plein bois, au milieu des étangs si nombreux en cette région, par la famille Menudel, qui, dès 1570, possédait dans ces parages la vaste terre de Bel-Air.

La première mention que nous ayons de Belleau est de 1688, et son possesseur est alors François-Senetaire Menudel, écuyer, époux de Marguerite Blanchet de la Chambre, d'Ambierle.

Nous trouvons aussi à Beaurepaire (V. ce fief) les Menudel ; mais, aux environs de 1700, et par alliance sans doute, leur terre de Belleau était passée aux Vilhardin de Marcellanges, dont l'un, Pierre, époux d'Anne Péret du Coudray (1), la légua, en 1746, à son neveu, Jacques-Amable Rollet

BELLEAU.

d'Avaux, fils d'une demoiselle Gilberte Vilhardin, marié, en 1758, à demoiselle Adrienne-Françoise de Villaines, de la Châtre. (V. Gléné de Servilly.)

M. Rollet d'Avaux, premier président au présidial de Riom, habitait, dans cette ville, l'hôtel du Corail (1, rue des Pompiers), et jouissait d'une réputation grandement méritée de charitable bonté. Parmi les hommes qui lui devaient leur éducation et leur fortune se trouvait notamment le conventionnel Romme; aussi aurait-il peut-être échappé à la fureur révolutionnaire, mais Givois ou quelque autre de sa bande convoitait sans doute Gléné, et le directoire du district de Cusset dénonça, à Riom, M. Rollet d'Avaux comme accapareur. Un domestique du président, en outre, connaissait, paraît-il, une cachette où était enfermé un trésor; désireux de se l'approprier, il alla racontant partout que son maître donnait asile à des prêtres proscrits.

M. Rollet d'Avaux fut donc arrêté au milieu de la consternation générale : personne, naturellement, — pas plus Romme que les autres, — n'osa

---

(1) Marcellange est un petit château de la paroisse d'Iseure, qu'il ne faut pas confondre avec celui de Saint-Léon, autour duquel nous trouverons pourtant aussi des Vilhardin.

De même pour le Coudray des Péret, qui est tout différent de celui que nous trouvons sur Perigny ; celui-là était sur la paroisse de Chappes. Les Péret sont une famille de robe de Moulins.

souffler mot, et le malheureux vieillard de soixante-seize ans fut embarqué sur une charrette pour Paris, en compagnie de sa femme, qui, bien que non comprise dans les poursuites, ne voulut pas abandonner son époux, afin d'adoucir autant que possible les souffrances inséparables de son âge et de ses infirmités.

Le 22 floréal an II (15 mai 1794), le vénérable couple comparut devant le tribunal révolutionnaire : en entendant l'arrêt inique qui condamnait son mari à la peine de mort, madame Rollet d'Avaux ne lui voulut pas survivre et poussa le cri de : « Vive le Roy ! » Arrêtée et jugée séance tenante, sur les réquisitions de Fouquier-Tinville, elle partagea, le soir même, le sort de son époux. Histoire d'hier, peut-être histoire de demain !

BELLEAU.
Armoiries Rollet d'Avaux-de Villaines

Sa femme ne fut pas la seule victime qu'entraîna avec lui le président d'Avaux : son correspondant et chargé d'affaires en Bourbonnais était alors M. André Louber, de Billy, notaire à Puy-Redan (Saint-Gerand le Puy) : c'était là un motif bien suffisant pour rendre suspect le civisme de l'infortuné notaire, qui fut, comme tant d'autres, accusé de recel d'armes, de correspondance étrangère, d'accaparement, etc. (misérables calomnies toujours répétées et toujours acceptées !), et dont la tête tomba deux jours après celle de son client (24 floréal an II).

M. d'Avaux ne laissait pas d'enfants, mais il avait une sœur, Jeanne-Gilberte, qui, le 4 juillet 1748, avait épousé François Cadier, baron de Veauce. Elle en eut quatre enfants : Jean-René Cadier de Beauvais, Amable Cadier de Veauce, marié, à Bourges, à demoiselle Henriette-Madeleine de Montsaulnin, Marie-Amable-Bénigne-Charlotte et Marie-Guillemine, et ce sont ces enfants qui, le 22 pluviôse an IV, se partagèrent les biens laissés par M. Rollet et échappés aux convoitises locales. Belleau échut à la veuve d'Amable Cadier de Veauce et appartenait récemment à son arrière-petit-fils, M. le baron de Veauce, qui vient de le vendre à M. Besson, des Pératons.

Placé, comme nous l'avons dit, à la jonction des chemins de Moulins et de Bourgogne, *Treteau* dut toujours être un point important de notre pays, et nous pensons que la seigneurie dont il était le siège fut dès l'origine des plus considérables.

La motte qui portait le vieux château est, du reste, de dimensions colossales, et de ce dernier il subsiste encore d'énormes pans de mur.

En l'an 1276, et à propos du mariage de sa nièce Isabeau de Jaligny (V. ce fief) avec Guy de Chateauvilain, seigneur de Luzy, son oncle et tuteur, Guillaume de Jaligny, évêque de Tournus, spécifie qu'elle possède,

RUINES DE TRETEAU.

entre autres choses, la terre de Treteau à elle léguée par le testament de feu Hugues de Jaligny, son père. Treteau faisait donc partie déjà de la seigneurie de Jaligny ; il n'en fut plus jamais séparé, et, à la Révolution, le seigneur de Treteau était le comte de Barral, époux de demoiselle Guillaud de la Motte et dernier sire de Jaligny. (V. ce fief.)

Tout autour de Treteau abondent des débris d'habitations anciennes : là fut certainement une agglomération importante, encore manifeste, d'ailleurs, par la quantité de petits fiefs groupés auprès des murs depuis longtemps ruinés de Treteau.

Le premier est le *Rosier*, petite villa nouvellement construite au milieu de vestiges anciens, mais jadis siège d'une terre seigneuriale mentionnée dès le XIV° siècle. A cette époque-là, le Rosier appartient aux Chols ou Chouls, famille originaire d'une seigneurie de Lubier, devenue maintenant le pauvre hameau des Choux (V. domaine de Chol et les Bourbes), et que nous allons rencontrer dans plusieurs fiefs des environs de Treteau.

Deux siècles plus tard, sont qualifiés seigneurs du Rosier, en 1572 Jean Meilhard, et en 1582 son fils Gilbert, tous deux membres d'une ancienne famille bourgeoise de la Palisse (1). A ce propos-là, et bien que l'on puisse expliquer l'arrivée des Meilhard au Rosier par une alliance avec les Chols, sortis comme eux de la Palisse, nous ferons une supposition qui nous paraît assez vraisemblable. Le Rosier ne serait-il pas une dépendance de la Palisse qui, longtemps inféodée aux Chols, aurait été échangée aux Meilhard pour les terres qui forment actuellement le domaine de Lubier, par suite d'une transaction analogue à celle que nous allons relater à la Motte-Vesset? (V. ce fief.)

Le 4 août 1582, Gilbert Meilhard épousa demoiselle Catherine de Champropin de Chambord, fille de Pierre (V. le Grand-Chambord); en rapprochant cette union de ce fait que le Rosier, depuis lors, ne figure plus nulle part, on est porté à croire que, ne laissant pas d'enfants, G. Meilhard légua sa terre à la famille de sa femme, et que le Rosier devint partie intégrante de Chambord.

Il n'en fut plus séparé qu'au moment de la ruine des Champropin de Chambord, et en 1771 appartenait à Antoine de Josien, chevalier, époux de demoiselle Marie-Josèphe Bardonnet.

La seconde est la vieille maison forte de la *Roche*, ancienne gentilhommière transformée en domaine, mais encore curieuse avec son entrée fortifiée, ses murs épais, ses échauguettes et ses tours de flanquement, dont l'une renferme le puits.

Au XIV° siècle, la Roche appartient aussi aux Chols; puis, au XVII° siècle et au suivant, nous y trouvons successivement les Saunier, les Provers (V. la Motte-Vesset) et les Vilhardin, qui en sont encore possesseurs en 1792. Le premier de ces Vilhardin de la Roche est, en 1699, Pierre, lieutenant criminel en l'élection de Moulins; puis viennent, en 1718,

---

(1) Les Meilhard possédaient près de la Palisse une partie de la seigneurie de Rosières (V. ce fief); aussi avons-nous longtemps cru à une erreur de nom et fort hésité à les mentionner ici : nous nous sommes décidés pourtant, sur le vu de pièces qui nous ont semblé tout à fait probantes

Claude, greffier en chef au bureau des finances; en 1733, Jean-Jacques, fils de Claude, également greffier, etc.

Plus loin sont les *Pessonnets,* bâtiment tout moderne construit, non sur l'emplacement d'un ancien fief, mais simplement à la place d'une notable maison, souvent mentionnée sur les terriers du voisinage.

Dans les premières années du XVIII° siècle, les Pessonnets appartenaient aux Bouer, notaires royaux, de qui ils passèrent aux la Quinterie, alors fermiers de Boucé et des Échelettes, et dont les descendants les possèdent toujours.

LA ROCHE.

Enfin vient l'ancienne seigneurie de *Coutant,* autrefois composée de droits fort importants sur toute cette région, mais de bonne heure morcelée en trois parties au moins.

Le 19 mars 1462, en effet, Annette de Chouvigny, femme de Guy Caillot, écuyer, vend à messire Lhermitte de Gayette, seigneur dudit lieu, sa terre et seigneurie de Coutant, et, en 1505, nous voyons François de Boucé, seigneur de Gayette (V. ce fief), compléter l'acquisition du grand-père de sa femme en achetant à son tour, aux Célestins de Vichy, le quart de la terre, justice et seigneurie de Coutant. Mais, malgré cela, les sires de Gayette ne possèdent encore qu'une partie de Coutant, et, tandis qu'ils jouissent de droits plus tard compris dans la donation de M. de Farinvilliers en 1694, le titre de seigneur de Coutant est aussi porté par le commandeur de Palluet, près Saint-Pourçain sur Sioule, qui possède « en un village et hameau du bon pays d'Auvergne (1), appelé Coutant », une pré-

(1) Il y avait effectivement dans ces parages une enclave d'Auvergne. (Voir carte de Cassini, feuille 51.)

vôté où réside en son nom, en 1614, J.-B. de la Codre de Montpausin, prévôt de Palluet.

Une terre porte encore le nom de justice de Coutant, et peut-être l'emplacement de l'ancien château féodal de Coutant est-il marqué par quelques briques éparses, non loin des locatairies qui portent le nom typique de la Rue-Château (1).

En descendant de Coutant vers la plaine, on tombe dans des fonds encore humides et jadis impraticables, où se trouvaient les deux maisons nobles de Vesset et des *Monnets*.

De cette dernière, encore mentionnée par Nicolaï, nous avons longtemps cherché l'emplacement que ne nous désignait même pas un nom conservé de lieu dit; enfin, sur un terrier des Échelettes, nous avons découvert que le domaine du Pavillon, dit aussi domaine de Vallières (nom qu'il porte sur Cassini), s'appelait d'ancienneté les terres de Monnet; or, non loin du Pavillon, dans une terre dépendant des Grands-Barrats et dite « du château du Fort », est une motte carrée de trente-cinq mètres de côté : les débris y abondent, et sur la face ouest se distingue parfaitement la chaussée de l'étang qui servait à entretenir d'eau les fossés encore visibles.

Cette motte se trouve indiquée sur la carte d'état-major sous le mot « Plot » du nom « le Bois du Plot », et nous ne doutons pas que ce ne soit là l'ancien château des Monnets.

De ce château disparu est sortie une famille noble de Monnet, dont nous trouvons le nom au XIII° siècle et plus tard parmi ceux des vassaux de Montaigu-le-Blain; mais, dès les premières années du XIV° siècle, la terre seigneuriale de Monnet est partagée, et tandis que Pierre de Monnet en possède la majeure partie et l'hôtel, sa sœur Agnès en porte le reste à Guillaume de Vecé, damoiseau, qui, sans doute, hérita plus tard de son beau-frère, puisqu'en 1322 sa veuve rend aveu de son hôtel des Monnets, paroisse de Treteau.

Guillaume de Vecé eut une fille, Isabelle, qui, en 1342, porta les Monnets à Mathieu de Josien : Pierre, de son côté, semble avoir eu deux filles, Babelle et Agnès, qui épousèrent, la première Mathieu Joffrey (2), et la seconde Robert Guighot, damoiseau, paroissien de Thionne.

Depuis lors est encore nommée, en 1443, une Guyette de Monnet,

---

(1) Tout contre le domaine voisin des Petits-Barrats, nous avons encore la terre dite de la Motte et celle du Champ Châtel.

(2) C'est une supposition irrévérencieuse pour Béthencourt, mais nous pensons que cette Babelle et son mari ne sont autres qu'Isabelle de Vecé et son époux Mathieu de Josien.

épouse d'Audart Audigier, de Treteau ; mais de la terre morcelée des Monnets nous ne trouvons plus mention qu'en 1680, où elle fait — et depuis longtemps probablement — partie intégrante du fief de la *Motte-Vesset*.

Ce dernier manoir, sis au-dessus des bas-fonds des Monnets et sur une pente légère d'où l'on commence à découvrir la plaine, est presque en entier du XIVᵉ siècle, et longtemps nous avons cru qu'il avait été construit par un membre de la famille de Vesset, sorti de la maison de ce nom (V. les Vessets) de la paroisse de Varennes sur Têche, et qui serait devenu possesseur de terres dans cette région par sa femme ou sa mère, Agnès de Monnet (1). (V. ci-dessus.)

LA MOTTE-VESSET.

Dans ce cas, nous eussions même vu dans la Motte-Vesset un hôtel construit par Guillaume de Vecé, époux d'Agnès de Monnet (V. plus haut les Monnets); mais nous avons dû, sinon abandonner tout à fait cette hypothèse, — qui nous semblait pourtant bien probable, — au moins la mettre en doute, en voyant figurer dans la liste des vassaux de Montaigu, en 1301, un Étienne de Charegny, *alias* Vecé, dans lequel il convient de voir un possesseur de notre fief.

Quoi qu'il en soit, Jean de Vecé, damoiseau, fils de Guillaume et d'Agnès de Monnet, qui, en 1350, rend aveu de son hôtel de Vecé, domaines et seigneuries en dépendant sur la paroisse de Trestiaux, est le

(1) Il est à remarquer que près de Trézelles, où se trouvent déjà les Vessets, est aussi une maison des Monnets, actuellement domaine des Quillets, mais jadis importante.

premier seigneur de la Motte-Vesset que nous connaissions d'une façon précise ; puis, peu de temps après, au mois d'août 1364, se place le dénombrement rendu par Eustache de Chappes (de Capis) à Marguerite de l'Espinasse, dame de la Palisse, pour la terre de Vesset, qu'il tient d'elle en arrière-fief.

Comme beaucoup d'autres terres voisines, Rosières, le Rosier et aussi Gléné de Servilly, la Motte-Vesset, à cette époque, n'était donc qu'une dépendance de la Palisse, et, jusqu'aux Provers au moins, les seigneurs que nous y allons voir passer s'y succédèrent non par acquêt, mais par simple sous-inféodation, généralement consentie de père en fils, selon l'usage alors si répandu qu'il semble avoir constitué un droit.

De ces seigneurs, le premier que nous rencontrons après Eustache de Chappes est, en 1375, Archambaud Meschin (V. Rezols), le même qui posséda Creuzier-le-Vieux (V. ce fief). Le 1er février 1380, Archambaud Meschin rendit aveu de la Motte-Vesset à Gaucher de Passat et Jeanne de Châtillon, sire et dame de la Palisse, et il eut pour successeur son fils, Pierre Meschin, dit Baudequin.

Pierre Meschin, encore mentionné en 1411, fut le père de Blaisine Meschin, dite en 1427 dame de Vesset, et veuve de Guichard de Villars, écuyer, seigneur de Puyfol. (V. ce fief.)

A partir de cette date et jusqu'au XVIIe siècle, la Motte-Vesset ne sortit plus de la famille de Villars : c'est ainsi que le possèdent, en 1522, Jacques de Villars, puis, en 1571, autre Jacques, époux de demoiselle Jacques de Ménessier, fille de Gilbert, seigneur du Verger, en la paroisse de Saint-Voir. A Jacques succéda son fils Claude, et à celui-ci Maurice de Villars (V. les Quillets), qui semble avoir été le dernier de sa famille aux Vessets.

Le 18 août 1631, en effet, et par acte passé devant Antoine Mouton, notaire à la Palisse, Jean-François de la Guiche Saint-Gerand, sire de la Palisse, échangea à Michel de Provers, écuyer, seigneur en partie de Rozières (V. ce fief sur la Palisse), sa terre et seigneurie de Rosières, paroisse de Lubier, contre les chastel, murs, fossés, cour, basse-cour, etc., de Vesset, le tout sis en la paroisse de Treteau, avec soixante œuvres de prés, cinquante quartelées de terre et le droit de sépulture en l'église de Treteau.

En 1676, Jean-Baptiste de Prouvers, fils de Michel et époux d'Henriette d'Obeilh, est encore seigneur de Vesset, mais il ne le garda pas longtemps ; et tandis que, en 1682, il habite dans la maison voisine de la Roche, en 1697, la Motte-Vesset appartient à Jacques Charnan, marchand tanneur à Moulins, époux de Françoise Jarrie. Peu de temps après, Vesset, avec beaucoup d'autres terres du pays, vint en la possession d'une famille Voisin (1), qui parvint à ce moment à une fortune considérable (V. plus bas Chantelot); en 1749, enfin, il fut par Claude-Bernard Voisin, son aïeul maternel, laissé à Henri-Clément-Éléonore le Brun, fils de Louis, bourgeois de Seuillet (V. Seuillet), futur député à la Constituante et arrière-grand-père de M. Ernest le Brun, le propriétaire actuel de la Motte-Vesset.

Malgré des retouches fâcheuses, comme toutes celles effectuées depuis un siècle, la Motte-Vesset est encore une habitation des plus intéressantes, et nous connaissons peu de porteries aussi bien conservées que la sienne,

LE GRAND CHAMBORD.

avec ses mâchicoulis, son passage voûté, son verrou et sa salle de manœuvre de la herse. La cour intérieure qui suit cette entrée offre aussi de jolis détails; mais sur les autres façades les murs épais du vieux logis ont été percés d'ouvertures banales, et les deux tours rondes, qui flanquaient le côté sud, ont malheureusement disparu pour faire place à un bâtiment récent.

Le *Grand Chambord*, auquel nous arrivons en gagnant la hauteur, eut la chance singulière de ne sortir jamais de la même famille : son proprié-

---

(1) Tout ce que nous savons de ces Voisin, sortis sans doute du domaine Voisin, sur la paroisse de Montaigu, est qu'en 1621 ils étaient bourgeois en cette même paroisse de Montaigu : l'un d'eux, André, notaire à Chaveroche en 1703, fut la souche des Voisin des Ruisseaux, qui habitèrent longtemps Jaligny.

taire actuel, M. Devaulx de Chambord, époux de demoiselle Marie-Thérèse de Chasteignier et arrière-petit-fils de Claude, dont il sera question tout à l'heure, descend, en effet, par trois greffages successifs, de Hugues de Champropin, qui, en 1276, reçut de Guillaume de Juligny, sire dudit lieu, la terre et chevance de Chambord, sises paroisses de Treteau et de Marseigne.

Originaire de Bessay, où ses descendants gardèrent jusqu'au XVIe siècle la terre de Chaugy, Hugues prit dès lors le nom de Champropin de Chambord, que ses successeurs portèrent toujours : de ceux-ci, nous ne donnerons pas la suite, et parmi eux nous nous bornerons à citer Philippe, écuyer du duc Louis Ier, et plus tard Louis de Champropin de Chambord, attaché aussi comme écuyer à la personne du duc Louis II et qui fut appelé par ce dernier à l'honneur d'escorter, de Moulins à Châteauneuf-Randon, le connétable Bertrand Duguesclin.

La descendance directe des Champropin finit, dans les dernières années du XVe siècle, en la personne de Louis, archidiacre de Clermont, qui, en mourant, laissa sa terre de Chambord à sa nièce Madeleine, à condition que Pierre de Bord, gentilhomme de l'Angoumois, qu'elle avait épousé en 1485, relèverait le nom de Champropin.

Pierre de Bord de Champropin de Chambord devint donc la souche d'une seconde famille de Champropin, dont nous suivons pendant près de trois siècles les membres alliés aux Villars, aux de la Fin de Beauvoir, aux de Tournelles, aux Demoriat, aux Chantelot, aux Favier des Ormais, aux Pailloux, aux Vitry, aux Fombert : de cette lignée de Champropin nous mentionnerons seulement les deux frères qui, en 1651, se distinguèrent à la prise d'Hérisson par le maréchal de Saint-Gerand.

Successivement augmenté de Chantelot en 1625, des Chapuzots en 1628, des Aglantiers en 1639, Chambord était devenu une des plus grosses terres du pays ; mais à partir de 1700 la déconfiture commence, et Alexandre de Champropin de Chambord, époux de demoiselle Catherine du Rousset de la Varenne, semble, en 1742, être dans une situation assez précaire : il fut le dernier des Champropin et laissa trois filles mariées, l'une à Louis-François du Bouchat (V. Grosloup et Rambert), une seconde à messire Charles de la Boureys, et la troisième, Gabrielle, le 30 mai 1744, à Gilbert Joulle, fils de Pierre.

Gilbert Joulle était le descendant d'une ancienne famille de marchands de Châtelperron qui, pendant tout le XVIIe siècle, avait habité sur Varennes-sur-Tèche l' « hôtel des Guérets » ; il était peu à peu devenu possesseur d'une immense fortune et, à la mort de son beau-père, possédait déjà la majeure partie de la terre de Chambord et de ses dépendances; le 19 juin 1763, il compléta ses acquisitions en achetant de ses belles-sœurs le château de Chambord et prit dès lors le nom de Joulle de Chambord.

Mais M. Joulle, lui aussi, n'eut que trois filles, mariées à MM. Devaulx, Minard et Reignier : aussi, à sa mort, survenue en 1779, l'un de ses gendres, Claude Devaulx, fils d'un notaire de Saint-Gerand, membre de la nombreuse famille que nous rencontrons un peu partout, et époux de

LE GRAND CHAMBORD.
(Détails de l'intérieur et porte du donjon.)

Marguerite Joulle, fit-il à l'égard de ses beaux-frères ce qu'avait fait son beau-père : il acquit leur part du château (V. Rambert) et, par lettres de 1781, fut autorisé à porter le nom et les armes des Champropin. M. Claude Devaulx de Chambord devint plus tard juré près la Haute Cour de justice nationale et président du comice électoral de l'arrondissement de la Palisse; il accrut en outre considérablement sa fortune déjà énorme (V. Précord, Barchères, Grouges, Chazeuil, etc.), mais toujours habita le Petit Chambord (V. plus loin), qui avait constitué la dot de sa femme.

Le Grand Chambord, souvent décrit dans les revues bourbonnaises, se compose d'un corps de logis du XIVe siècle, où se distinguent des détails plus anciens et notamment une fenêtre trilobée du XIIIe siècle. Du

XIII° siècle aussi est le donjon qui, au sud, flanque et termine le château, et dont, à Cindré, on a bien maladroitement copié l'élégant couronnement. Ce donjon à trois étages et reposant sur une base carrée de onze mètres de côté est, avec celui de Cindré, un des plus beaux spécimens, en notre pays, de l'ancienne architecture militaire. Il présente un détail curieux : ce sont les oreilles triangulaires levées en bordure des étroites fenêtres et destinées à préserver des coups de flanc les défenseurs. A l'ouest est une cour fermée par une épaisse muraille flanquée de quatre tours et dont la porte est fortifiée.

On affirme que Henri IV compta à Chambord une de ses innombrables victimes, et on conserve avec soin la chaire où il se reposait de ses exploits : nous nous garderons bien de mettre en doute cette édition d'une légende si généralement répandue, mais constaterons seulement que, — sans parler des autres rôles qu'il eut à jouer, — celui de Vert-Galant ne dut pas être une sinécure pour le Béarnais.

Plusieurs terres voisines dépendaient du Grand Chambord.

La première est l'ancienne seigneurie de la *Jarrie*, dont nous ne connaissons qu'un seul seigneur, à savoir, en 1300, un de ces Chols de Lubier que l'on rencontre dans tout ce coin de pays (V. le Rosier, etc.) : la Jarrie fut réunie à Chambord à une date qui nous échappe.

Puis vient *Rezet*, ancienne prévôté sise au milieu des bois et que les premiers Champropin, en 1411, acquirent des ducs de Bourbon.

Sans doute, en 1686, la situation pécuniaire des sires de Chambord était-elle déjà peu brillante, car cette année-là nous voyons l'un d'eux vendre au seigneur des Gouttes (V. ce fief) des cens et droits de justice dépendant de Rezet.

En 1625, Jean-François de Chambord et Adrienne de Chantelot, son épouse, acquirent de Toussaint de Chantelot (V. Gléné d'Ande) le fief de *Chantelot*, dont le chef, mentionné d'ailleurs par Nicolaï comme maison noble, était une pauvre masure sise non loin de Montolin, sur la lisière du plateau, et que l'on a dû récemment démolir.

Ce vieux logis disparu mérite d'autant plus mention qu'il est le berceau de cette famille de Chantelot, dont le nom patronymique était Duc, et que nous retrouvons au Breuil, à Saint-Félix, à Barrais, au Mayet de Montagne, etc. (1).

Dès l'origine jusqu'à la vente de 1625, Chantelot ne sortit pas des mains

---

(1) Aux branches des Chantelot que nous rencontrons ailleurs, nous ajouterons celle qui possédait sur Saligny le joli petit fief de la Varenne, plus tard propriété des du Rousset.

de la famille qui en avait pris le nom, puis pendant plus d'un siècle nous le trouvons réuni à Chambord. Enfin acquis au milieu du siècle dernier par Nicolas de la Quinterie, seigneur des Pessonnets (V. ce fief), fermier des terres de Boucé et des Échelettes, il appartient aujourd'hui à la comtesse Gonzague de Costa de Beauregard, née Voisin de Gartempe, une descendante de ces Voisin dont nous parlons à propos de la Motte-Vesset.

Un peu plus loin est le *Petit Chambord,* construction dépourvue de style, qu'habita ordinairement M. Claude Devaulx de Chambord et qu'avait acquis, en 1740, son beau-père, Pierre Joulle, d'Alexandre de Champropin et de Catherine du Rousset, sa femme.

Le Petit Chambord, qui reçut nous ne savons à quelle époque son nom actuel, est l'ancien domaine des Rays de Coulanges, acquis en 1642 par Jean-François de Chambord : sur ces terres était une motte féodale aujourd'hui introuvable, mais que l'on voit souvent mentionnée dans les vieux titres sous le nom de Motte de Coulanges.

Pour en finir de suite avec les possessions des Champropin de Chambord, nous passerons du Petit Chambord à des terres sises sur la limite des communes de Cindré, Servilly, Trézelles, et jadis comprises dans l'ancienne paroisse de Floret.

C'est d'abord le domaine de *Jappe-Renard,* qui n'est autre chose que ce fief du *Mousseau* où reçurent l'hospitalité, en 1451, les jeunes gentilshommes qui accompagnaient dans leur expédition Jean et Jacques de Montaigu. (V. Montaigu-le-Blayn.)

Par acte du 14 avril 1482, passé par-devant Brisson, notaire royal à Cindré, Antoine et Beraud Gabard, écuyers (V. les Échelettes), donnèrent à Péronnelle Gabard, leur sœur, épouse de messire Philippe de Champropin de Chambord, leurs terre et chevance du Mousseau, situées paroisses de Floret et de Cindré, avec droits sur Trézelles et Serveilli (Servilly); le Mousseau, depuis lors, fit partie intégrante de la terre du Grand Chambord (V. ce fief), et, vers la fin du siècle dernier, M. Joulle rend encore aveu de « la Motte du Mousseau, autrement dite de Japrenard, où sont trois fêtres de vieux bâtiments ».

Du Mousseau dépendait un moulin seigneurial dont les restes se voient encore au bord de l'eau, dans une terre dite du Vieux-Moulin, et sur un très vieux chemin qui, de Servilly, gagnait Cindré par la croix aujourd'hui tombée de Catin Ruet (Gadin-Ruet).

A leur terre de Mousseau, les Chambord, dans les premières années du XVIIe siècle, joignirent le domaine voisin de *Rambert,* par une alliance avec une demoiselle de Moriat, et aussi celui de *Gadin-Ruet* (Catin Ruet), acquis de la famille Gadin par Jean-François de Champropin de Chambord; nos trois domaines ainsi réunis formèrent, au XVIII° siècle, la dot d'une demoiselle de Champropin de Chambord, épouse de Louis du Bouchat de Gros-Loup (V. ce fief). Gadin-Ruet fut même la résidence ordinaire de Louis du Bouchat; mais, peu après, avec tout ce qui avait appartenu aux Chambord, le Mousseau, Rambert et Gadin-Ruet devinrent la propriété de M. Gilbert Joulle, qui en constitua la dot d'une de ses filles, mariée à M. Claude Minard (1), de Saint-Gerand le Puy.

LA FOND.
Armoiries de la chapelle.

Enfin, en ce siècle, nous voyons propriétaires de nos trois terres les Thibaud, maîtres de poste à Saint-Gerand, issus d'un ancien sergent d'armes de la compagnie de M. Henri des Escures de Sanssat (V. ce fief), amené par lui et marié dans le pays en 1729.

De là nous revenons sur nos pas jusqu'à *Chateaubarot*, qui n'est autre chose qu'un domaine vulgaire, dont nous voulons pourtant signaler le nom et la position typique sur une motte calcaire naturelle, d'où l'on découvre Gayette et au loin les hauteurs de la forêt de Moladier.

Puis nous arrivons aux deux maisons voisines de *Fontaines* et de la *Fond* qui formaient autrefois la seule terre de Fontaines, que semblent avoir possédée les Pioches de Cindré au XIV° siècle, et dont, en 1411, est seigneur ce Jean de Chol (de Calce), aussi possesseur des Bourbes sur Lubier et de tant de petits fiefs aux environs de Treteau.

Pendant le XV° siècle, comme nous l'avons vu, disparut cette brillante fortune des Chol, dont il n'est dès lors plus fait mention nulle part, et Fontaines, à cette époque-là, fut vendu à une famille Merle, sortie des environs de Montcombroux, et qui, au XIV° siècle, occupait déjà une situation considérable dans la bourgeoisie du pays.

Les Merle, comme leurs illustres homonymes des Dombes, portaient sur leurs armes trois merlettes posées deux et une; or ce sont juste-

---

(1) M. Minard, originaire de Chaveroche, receveur du commandeur de la Racherie pour Redan, Rongères, etc., habitait à Saint-Gerand la maison actuelle de M. Antoine Thonier, époux de demoiselle Devaulx. Comme beaucoup de bourgeois de cette époque, bourgeois pourtant privilégiés, M. Minard embrassa la cause révolutionnaire avec une ardeur, nous allions dire une naïveté, incompréhensible.

ment ces armes que l'on trouve au-dessus de la porte de la vieille chapelle de la Fond ; comme, d'autre part, cette chapelle présente tous les caractères d'une construction du XV° siècle, ce document fixe bien l'arrivée des Merle à Fontaines à cette date, c'est-à-dire au moment de la disparition des Chol ; toutefois, pour trouver des Merle expressément qualifiés seigneurs de Fontaines, il nous faut sauter à un siècle plus tard, en 1524, où figurent Jean, lieutenant particulier de Chaveroche, fils d'un notaire de Chaveroche, et en 1543 Guillaume Merle (1), fils de Jean, aussi seigneur de Fontaines.

LA FOND.

Les Merle restèrent à Fontaines jusque dans les premières années du XVII° siècle ; de 1619 à 1661, en effet, plusieurs membres de cette famille sont dits seigneurs de la Fond (V. ce fief), sur la paroisse de Langy, et, par analogie à ce que nous voyons en quelques autres endroits, il nous semble assez peu téméraire de supposer que, quittant leurs terres de Fontaines et de la Fond, les Merle en portèrent le nom à un de leurs domaines.

Toujours est-il qu'en 1653 nous voyons s'intituler seigneur de Fontaines en la paroisse de Cindré Jean de Culant, chargé des affaires du Roy, époux de Marguerite d'Apvrillon et membre de cette famille bourgeoise d'Hérisson qui prétend, avec raison peut-être, se rattacher à la grande famille berrichonne. En 1674, François de Culant, fils de Jean, est encore seigneur de Fontaines ; mais, vingt ans plus tard, notre fief est passé aux mains de

---

(1) Le tuteur des enfants de Guillaume Merle de Fontaines fut Claude Merle, seigneur des Vignaux, lieutenant général de la ville de la Palisse et époux de Benoîte Turpin.

François Desbrets (1), ancien échevin de Moulins, époux de demoiselle Anne Rambaud, et, à défaut des armoiries partout mutilées, les initiales D et M souvent entrelacées peuvent seules donner quelques indications douteuses sur cette succession de possesseurs, entre lesquels nous ne voyons aucun lien.

Le 16 juin 1695, enfin, M. Desbrets et sa femme donnèrent la Fond et Fontaines à l'hôpital général de Moulins, qui les possède encore aujourd'hui.

Fontaines est une assez maigre construction, élevée sur des parties beaucoup plus anciennes, et à laquelle nous attribuerions volontiers la date de 1598 inscrite sur la porte qui donne accès dans la basse-cour : tout le côté où sont maintenant les dépendances n'a pas changé, mais on peut attribuer au XVIIe siècle les ouvertures de la façade est et aussi bien des détails intérieurs, tels que carrelages en forme de trèfle, plafonds à la française, etc. Évidemment du temps de François Desbrets date une restauration complète de Fontaines, et à cette restauration appartiennent trois détails vraiment intéressants : la porte d'entrée, d'abord, bien détériorée malheureusement et sur laquelle se lit la date 1691; puis deux cheminées, qui témoignent de la piété du généreux couple Desbrets : sur l'une est inscrit : « *Maria domus protectrix* »; la seconde, tout à fait remarquable d'exécution et fort bien conservée, représente l'Annonciation.

Quant à la Fond, c'est un bâtiment moins ancien et dû à un partage survenu, au XVIe siècle, entre les membres de la famille Merle : la seule partie curieuse est la chapelle dont nous avons parlé et qui semble avoir occupé l'emplacement d'un ancien cimetière, car tout autour d'elle on relève une quantité d'ossements.

Seul de tous les châteaux de notre pays, *Cindré* a l'honneur de figurer dans le classique ouvrage de M. A. de Caumont : il le doit à des fresques du XIIe siècle qu'y avait découvertes, en 1849, M. Anatole Dauvergne et qui, une fois mises à l'air, n'eurent qu'une durée tout à fait éphémère (2).

---

(1) François Desbrets, ci-devant procureur en la sénéchaussée et siège présidial de Moulins, portait : taillé d'or et de gueules au chef de sinople.

(2) A propos de cette découverte, M. Dauvergne publia dans l'*Art en province* de 1850 un article où il raconte qu'à la vue d'une flèche grise perçant le ciel, d'un pignon grimaçant, d'un lourd cintre roman ou d'une ogive hardie, le cri de : *Italiam ! Italiam !* montait spontanément à ses lèvres enthousiastes. A propos de l'art gothique précisément tué par les mièvreries italiennes, voilà certes un accusatif bizarre. C'est à cette génération naïvement convaincue, pourtant, que l'on doit l'acclimatation chez nous du goût des arts et des choses passés, goût fort louable au début, mais qui vraiment approche aujourd'hui des extrêmes limites du ridicule.

FONTAINES.

Du vieux château fort de Cindré, remplacé, au siècle dernier, par une construction mansardée, il ne subsiste qu'un énorme donjon plus considérable, mais moins soigné que celui de Chambord, et dont le couronnement a été gâté par quatre échauguettes maladroitement imitées de ce dernier château. Cette imposante construction, avec ses soixante pieds d'élévation, a un cachet tout particulier de robustesse qu'elle doit surtout au talus assez sensible que, de la base au sommet, présentent ses murs épais de plus de deux mètres.

Ce donjon repose sur une base carrée de treize mètres de côté et était, à l'intérieur, divisé en quatre étages, comme l'indiquent les corbeaux qui supportaient les planchers. Les salles recevaient une lumière parcimonieuse par des baies à plein cintre irrégulièrement disposées, et munies de pierres en saillie destinées, comme à Chambord, à parer les coups de flanc; à ces salles, enfin, donnait accès un escalier pris dans l'épaisseur des murs et ouvert sur une porte à assommoir et à double vantail, qui date du XII° siècle comme toute la partie inférieure du donjon.

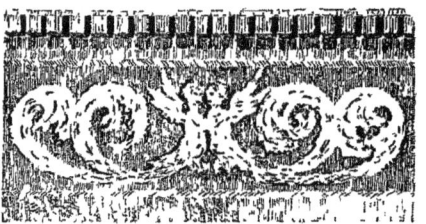

FONTAINES. — Frise de la porte d'entrée.

Près du donjon se voit encore une tour de l'ancienne enceinte, semblable à celles de Puyfol et appartenant, comme ces dernières, au XIV° siècle. (V. Puyfol.)

La première mention que nous ayons de Cindré est l'acte de novembre 1217, dans lequel, avec Servilly et quelques autres paroisses voisines (V. Trézelles), il figure parmi les fiefs dont rend hommage à l'évêque de Clermont Hervé, comte de Nevers. En avril 1222 la comtesse Maulde (Mathilde), et en 1278 Robert de Nevers, renouvellent cet hommage; mais après eux commence toute une série de seigneurs de Cindré dont les noms, — peut-être défigurés, — nous sont parfaitement inconnus, tout aussi bien que les familles.

C'est d'abord, en 1319, Odon de Semur, seigneur de Montilles (?), qui possède Cindré du chef de sa femme Yolande, fille de Guillaume Besort de la Ville-Arnoul : Odon de Semur cependant ne possédait qu'une partie de Cindré; en 1335, en effet, et le samedi avant la Saint-Laurent, nous trouvons un acte par lequel Guy Besort, seigneur de la Ville-Arnoul, — fils de Guillaume et, par conséquent, beau-frère d'Odon de Semur, — donne à Isabeau Vigier, fille de Monin, écuyer de la paroisse de Jaligny, les revenus et issues pendant une année de sa terre de Cindré, sauf pour tant les noix des noyers, et ce pour les bons services qu'il a eus dudit Monin.

On peut donc faire dater de cette époque un dédoublement de la terre de Cindré qui dura jusqu'en 1400 : et tandis que succèdent à Odon, d'abord son gendre, Jean de Semur, époux d'Agnès de Semur, puis un autre Jean de Semur, fils du précédent, nous voyons, d'autre part, mentionnés comme seigneurs en partie de Cindré, des membres d'une famille Pioche, aussi seigneurs d'Onay et de Lucenay en Nivernais, et sans doute héritiers de Guy Besort de la Ville-Arnoul.

CINDRÉ.

Le premier de ces Pioche est Guy, qui, en 1347 et le lundi après la Résurrection de Notre-Seigneur, achète à Guy de Laya, damoiseau (V. Layat), les cens et rentes que lui doivent les hommes de sa terre de Cindré; puis vient, en 1365, Jean Pioche, qui semble posséder aussi Fontaines (V. ce fief), et qui, le 15 février 1379, acquit de Robert de Billy, chevalier, époux d'Isabelle de Chandieu, moyennant quatre cent huit francs d'or, la terre qui fut à Vincent de Bosboudry en la châtellenie de Chaveroche.

A Jean Pioche succéda autre Jean, époux de Marguerite du Blé (1) et mentionné comme seigneur en partie de Cindré jusqu'à un acte du 15 mai 1400, par lequel il acheta, pour deux mille francs d'or bons et de loyal poys au coing de France, à noble homme Pierre de Cussegny, sei-

---

(1) Fille d'Eudes, chevalier, et de Marguerite de Bresche.

gneur de Pont d'Héry (peut-être Pont d'Héry, dans le Jura), la terre et maison forte de Cindré, en Auvergne, par lui tenue du chef de sa femme, Jeanne de Montilles, fille de noble homme Jean de Semur, écuyer, seigneur de Montilles.

Après Jean Pioche, seigneur de Cindré, nous trouvons encore un Jean Pioche, puis Philibert Pioche, mentionné jusqu'en 1452; mais alors notre terre semble de nouveau divisée, et en 1505, concurremment avec Philibert de Varegny, probablement petit-fils de Philibert Pioche, figure comme seigneur en partie de Cindré Jean de Montjournal, aussi seigneur de Précord et de la Motte-Valière. (V. ces fiefs.)

Le 8 janvier 1508, Jean de Montjournal épousa demoiselle Marie de la Rivière, veuve de Philibert de Varegny et tutrice de demoiselles Claude et Béatrix de Varegny, ses filles; par acte du 3 juin 1523, passé au château d'Esguilly en la paroisse de Vougy, sur la Loire, demoiselles Béatrix et Claude de Varegny donnèrent à Jean et Claude d'Esguilly, chevaliers, leurs maris, pouvoir d'échanger à Jean de Montjournal, leur beau-père, leur seigneurie de Cindré contre celle de Mauvernet. (V. ce fief.)

Ainsi se trouva réunie toute la terre de Cindré entre les mains des Montjournal, que nous y suivons pendant un siècle et demi environ : c'est d'abord Jean, époux d'Anne d'Anlezy (V. Précord); puis Claude, époux de Marie du Tartre (1), qui dut racheter à Antoine le Long, seigneur des Fougis, son beau-frère, le sixième à lui échu de la terre de Cindré; viennent ensuite Antoine, aussi seigneur de Trezettes en la paroisse de Saint-Jean-la-Gresle, en Beaujolais (près Thizy, Rhône); autre Claude, autre Antoine, époux de Louise d'Amanzé; François; et ainsi nous arrivons, en 1653, à François-Claude de Montjournal, époux de dame Hilaire de Raguier (2), dont la fille Gilberte-Françoise porta Cindré à messire François des Escures, chevalier, seigneur dudit lieu. (V. les Écures.)

Ce nouveau seigneur de Cindré était-il vraiment, comme le dit la statistique nobiliaire de 1664, un homme de fort peu d'esprit? Nous l'ignorons; mais ce qui est certain, c'est qu'il fit de peu brillantes affaires (V. les

---

(1) Claude se maria deux fois : le 16 février 1551, en effet, nous trouvons le mariage à Salornay-sur-Guye, près Cluny en Mâconnais, de Claude de Montjournal, seigneur de Cindré, avec demoiselle Françoise de Laubépin, fille de feu Édouard, quand vivait seigneur de l'Essertot près Prissé en Mâconnais, et de demoiselle Jeanne de Dyo : la mariée, demeurant à Saint-André-le-Désert, est assistée de son frère Jean et reçoit en promesse de douaire le petit fief de Fourilles. (V. plus bas.) Claude de Montjournal est assisté d'Archimbaud de Villars, seigneur dudit lieu, et d'Antoine de Montjournal, seigneur du Verger.

(2) Dame Hilaire de Raguier était veuve de François de Balotier, de qui elle avait eu une fille Louise qu'elle maria le 18 juin 1655 avec Étienne des Écures, chevalier, seigneur dudit lieu. (V. les Écures.)

Écures, Coulon, Marcellanges, etc.), et que, saisi en 1687, à la requête des RR. PP. Jacobins de Moulins, Cindré fut, le 14 juillet de cette année, acquis, moyennant cinquante-quatre mille cinq cent cinquante livres, par messire Jean de Lingendes, écuyer, conseiller du Roy (V. la Pouge), et Marguerite de l'Hôpital, sa femme (1).

Jean de Lingendes habitait d'ordinaire à Chezelles en la paroisse de Montilly; mais il n'en fit pas moins autour de Cindré des achats nombreux, trop nombreux même, car il laissa à sa veuve et à son fils Jean (2), maire de Moulins, époux d'Anne de Resclaines de Lyonne, une situation tellement embarrassée que ceux-ci durent mettre en vente leur terre de Cindré, dont, par acte de 1720, ratifié le 3 juin 1735, se rendit acquéreur, au prix de soixante-dix mille livres, messire Guillaume le Noir, écuyer, secrétaire du Roy, demeurant à Paris, rue des Fossés-Montmartre. A Guillaume le Noir succéda, en 1739, son fils Pierre-Étienne, qui mourut seulement en 1780, à Gien, mais dont, depuis longtemps déjà, la fille Marie-Anne avait porté notre fief à François de Launay, receveur général des finances de Flandre, Hainaut et Artois. Auguste-Jean de Launay, le fils de François, engagé volontaire en 1792, dut à cette circonstance de ne pas voir ses biens confisqués, et c'est d'une demoiselle de Launay, sa fille, qu'hérita Cindré, vers 1860, M. le comte Espérance de Joyeuse d'Estournelles de Châteauneuf-Randon, le propriétaire actuel.

Un des domaines de Cindré, celui de *Fourilles*, doit être un ancien fief : depuis les Varegny, en effet, nous voyons souvent les seigneurs de Cindré se dire seigneurs de Cindré et de Fourilles. Nous citerons encore la maison du bourg de Cindré à laquelle, en souvenir de leur fief de Périgny (V. la Bresle), les Chermartin, qui en étaient devenus propriétaires par une alliance Châtelier, donnèrent le nom de la *Bresle*.

Comme beaucoup de manoirs voisins, *Puyfol* est une construction très ancienne, mais presque entièrement refaite, au XV° siècle, après la guerre de Cent ans, et on n'y pourrait guère citer d'antérieur qu'une partie de l'enceinte; d'autre part, l'aile du château sise à droite de l'entrée fut complètement reconstruite au XVII° siècle. Malgré ce manque d'unité, Puyfol n'en a pas moins conservé une allure fort remarquable, à cause de sa position sur un cône calcaire isolé au fond d'un vallon, et aussi de

---

(1) François des Écures laissait quatre enfants : François, garde de marine; Louis, encore mineur, Anne et Marie.
(2) Jean de Lingendes eut, outre Jean, une fille Marie-Anne, qui fut religieuse augustine à la Palisse et reçut 2,400 livres de dot.

la conservation bien rare de son enceinte flanquée de tours. Comme détails, nous citerons la façade nord-ouest, la porte d'entrée malheureusement mutilée et une jolie tourelle en cul-de-lampe.

Puyfol, à la fin du XIIIe siècle, appartenait à Jean de Villars, damoiseau, vassal de Montaigu-le-Blayn, et c'est à notre château qu'eut lieu, le 1er janvier 1329, l'entrevue ménagée entre Isabeau, dame de Chatelperron, et Robert Dauphin, sire de Jaligny. (V. ces fiefs.) Assurément Puyfol dut,

PUYFOL.

pendant la guerre de Cent ans, jouer un rôle important ; mais de ce rôle nous ne savons rien, si ce n'est que notre fief, qui pourtant devait être peu abordable, figure parmi ceux dont, à son retour d'Angleterre, en 1365, le duc Louis II fut forcé de chasser les Anglais.

Malgré ces vicissitudes, il ne semble pas avoir changé de maîtres, et en 1377 le seigneur en est encore un Hugues de Villars, écuyer, aïeul sans doute de Guichard de Villars, seigneur de Puyfol, dont nous voyons la veuve, Blaisine Meschin, figurer comme dame de Puyfol et de Vesset le 26 octobre 1427. (V. la Motte-Vesset.)

A partir de cette date de 1427, nous ne trouvons plus mentionnée à Puyfol la descendance des Villars que nous suivons à la Motte-Vesset, et, jusqu'aux premières années du XVIIe siècle, nous ne connaissons que deux seigneurs de Puyfol, à savoir : Aymon Saulnier, chevalier, qui, en 1488, fut par Charles de Bourbon, archevêque de Lyon, chargé de prendre en son nom possession du Beaujolais (1), et, en 1512, Jean des Breules, écuyer, premier chambellan du duc d'Alençon.

Puis nous passons brusquement à l'année 1606, où nous rencontrons à Puyfol Gabriel d'Albost (2), membre d'une famille de la châtellenie de Vichy; viennent ensuite, en 1653, Gilbert d'Albost et, en 1671, Claude-François, époux de Marie-Aimée de Pierrepont. Devenue veuve en 1691, cette dernière, en 1700, vendit notre seigneurie à Claude de Chazerat, chevalier, ancien major au gouvernement de Valenciennes (V. Gondailly). Claude-Gabriel et Antoine-François de Chazerat, fils de Claude, rendent

LE GRAND MONTET.

aveu de leur terre de Puyfol jusqu'en 1730; acquise cette année-là par les Hautier de Villemontée, de Trézelles (V. ce fief), elle fut, en 1731, portée à la famille de Viry du Coude (V. ce fief) par Marie-Françoise Hautier de Villemontée, la mère de Jean Marien, dernier comte de Viry.

Nous racontons ailleurs le sort de M. de Viry, mais au moment de la Révolution Puyfol ne lui appartenait plus : en 1776, en effet, il l'avait vendu à un Forézien, Jean-Paul-Philibert de Fontanès de Trocézard (3),

---

(1) Le Beaujolais avait été cédé à Charles de Bourbon contre sa renonciation aux droits qu'il pouvait avoir sur le duché de Bourbonnais.

(2) La famille d'Albost, que nous trouvons mentionnée dans deux ou trois de nos fiefs, portait : d'azur au chevron d'or, accompagné de trois roses de même.

(3) Cet acquéreur, qui posséda aussi les Plantais (V. ce fief), appartenait à une famille de la très vieille bourgeoisie lyonnaise, fondue dans les Athiaud, de Saint-Germain l'Espinasse, et aujourd'hui représentée par Mme Virotte Desvernes de la Palisse. Les Philibert avaient pris le nom de Fontanès de celui de leur principal fief; quant à celui de Trocézard ou Troicézard que portait Jean-Paul, il vient du vieux logis qu'il occupait à la Pacaudière, et qui n'est autre que l'ancienne auberge des Trois Césars.

qui lui-même, en 1792, le recéda à M. Antoine-Marie Jordan du Gas, négociant à Lyon ; M. du Gas fut guillotiné à Lyon le 31 janvier 1794, comme convaincu d'incivisme.

A peu de distance de Puyfol et dominant l'ancienne route dont nous avons parlé, se trouve le *Grand Montet,* énorme bâtisse soignée, mais sans style, qui doit dater du milieu du siècle dernier.

Aussi loin que l'on remonte, on trouve cette importante terre au nombre des propriétés des moines de Sept-Fons, et la tradition veut qu'en rachat de divers méfaits elle ait été donnée à cette abbaye par un chevalier partant pour une croisade quelconque : le donateur aurait été un Saulnier.

De cela nous ne pouvons rien dire, sinon que le Grand Montet occupe une situation particulièrement propre à porter un château féodal, et que d'épaisses substructions, sur la face nord du Montet actuel, pourraient bien provenir d'une ancienne forteresse.

De l'autre côté de l'emplacement probable du vieux chemin, est *Grouges,* fort anciennement possédé par les Bergeron, vieille famille bourgeoise de Montaigu-le-Blayn, qui arriva à la noblesse sous Louis XIV, par des charges de robe.

Le premier Bergeron de Grouges que nous connaissions est, en 1515, Jacques de Bergeron, père d'Antoine, mentionné en 1548 ; viennent ensuite, en 1612, autre Antoine, capitaine châtelain de Montaigu-le-Blayn, époux d'Antoinette Treille ; puis Claude, écuyer, chevau-léger de la compagnie Colonel de France, époux de demoiselle de Bornat ; François, aussi capitaine châtelain de Montaigu et époux de demoiselle Castriot, fille de Louis, écuyer, seigneur de la Motte-Chamaron en la paroisse de Saint-Menoux (1); puis Balthazar Bergeron, et enfin autre François, que nous trouvons encore en 1701.

Au commencement du XVIIIe siècle, Grouges fut porté à Jean-Alphonse de Menudel, seigneur de Belair (V. Beaurepaire), par sa femme Suzanne de Bergeron ; mais il ne fut pas compris, immédiatement du moins, dans le legs que, d'autre part, nous voyons fait aux Préveraud-Bertucat, et en 1735 nous trouvons encore mentionné comme seigneur de Grouges, M. Alphonse Menudel, époux de demoiselle Jeanne Jolly du Bouchaud. (V. ce fief.)

---

(1) Par sa femme, François de Bergeron se trouvait beau-frère de Jean Thomas, écuyer, seigneur de la Varoux en la paroisse de Saint-Plaisir, qui avait aussi épousé une demoiselle Castriot. C'est sans doute du nom d'une terre venant de sa femme, mais sise nous ne savons où, que François portait le titre de seigneur de Saint-Valentin.

Sans doute Grouges revint-il plus tard à M. Préveraud, et, vendu alors à M. Joulle (V. le Grand Chambord), il appartenait à la Révolution à M. Devaulx de Chambord, qui le laissa à son gendre, le comte de Chavagnac.

Grouges est un petit château ou plutôt une imitation de château, construit par les Bergeron dans la seconde moitié du XVIIe siècle, et dont la date très approximative peut être fournie par le cœur sculpté au-dessus de la porte d'entrée : c'est alors, en effet, que commença à se répandre la dévotion au Sacré-Cœur, et cette dévotion dut tout de suite fleurir en Bourbonnais, car nombre de vieilles maisons, à Ferrières surtout et dans les environs, portent ce pieux emblème.

GROUGES.

Grouges se compose d'un étroit pavillon, flanqué aux deux angles opposés d'une tour ronde et d'une tour carrée : cette dernière contient l'escalier, et toutes deux sont percées de meurtrières de pacotille. Les ouvertures sont garnies de pierres parées, mais sans épaisseur ; toutefois l'ensemble, bâti très légèrement et avec beaucoup d'ingéniosité, ne manque pas d'élégance.

Comme Grouges, le domaine voisin des *Maillards* est une ancienne propriété des Bergeron : avec le moulin du Saule et la Mansarde, au bourg de Montaigu, les Maillards formèrent la dot de Jeanne Bergeron, fille de Balthazar, épouse de Claude Bertucat, de Ferrières (V. ce fief), conseiller du Roy au grenier à sel de Vichy, et mère de Marie Bertucat, l'épouse de Jean-Marie Préveraud. (V. Beaurepaire.)

Citons enfin *Manson,* très vieux domaine qui eut jadis une certaine importance, et dont on ne peut s'empêcher de rapprocher le nom de *mansio*, maison gallo-romaine.

Le 29 janvier 1743, fut célébré à Manson le mariage de Claude-Marie de Finance, écuyer, seigneur de Clairbois, avec demoiselle Claude Cusin, fille de David, seigneur de Manson, et de Jeanne Fauvre : de ce mariage est issue la branche des Finance, qui a des représentants à la fois à Moulins et dans le département de l'Ain.

CHAPITRE QUATRIÈME

LES BORDS DE LA BÈBRE ET LES BASSES-MARCHES

TRÉZELLES, CHAVEROCHE ET JALIGNY.

Les trois anciennes paroisses de Trézelles, Chaveroche et Jaligny occupent les coteaux calcaires qui, au nord de la Palisse, forment la rive droite de la Bèbre : sur la rive gauche s'étendaient autrefois, en une bande étroite, les paroisses de Floret et de Marseigne, dont la seconde fut à la Révolution réunie à Jaligny, et la première partagée entre Chaveroche et Trézelles.

Ce coin de pays, aujourd'hui encore un des plus riches de notre région, en était jadis le véritable grenier; aussi s'y pressaient les seigneuries, maisons nobles et tous ces sièges assez confus de la puissance féodale que les paysans appelaient du nom général et caractéristique de Dîmeries. Nous tâcherons de nous arrêter à tous : peu d'entre eux, cependant, étaient des fiefs proprement dits, et la plupart du temps nous ne trouverons que d'anciens domaines possédés par des officiers de justice de Chaveroche : à la deuxième ou troisième génération, il était bien rare que ces modestes fonctionnaires n'obtinssent pas quelque charge de gentilhomme ordinaire, conseiller du Roy, portemanteau, fauconnier, servant de la Royne, etc., et alors leur vieux logis, orné de tours, colombiers, armoiries, ne tardait pas à devenir une gentilhommière — sans gentilhomme.

La vieille orthographe de Tresail, dérivée évidemment de *Transalium*, ne permet pas de douter que le bourg de *Trézelles* ne soit le *Transaliensis vicus in Arverno* de Grégoire de Tours, et son antique importance était manifeste encore au XVIᵉ siècle, car, parlant de notre paroisse, Nicolaï dit qu' « elle semble avoir été autrefois une ville close, comme il se voit par de vieilles vestiges ». Sauf peut-être quelques débris insignifiants sur la lisière nord du village, ces vestiges ont totalement disparu. Quant au *castellum*, autour duquel s'était probablement formée l'agglomération gallo-romaine, il devait avoir les eaux pour défense et occuper l'emplacement du vieux château.

Pour l'histoire de ce dernier qui devrait être intéressante, nous en sommes, jusqu'au XVIᵉ siècle, réduits à des données assez vagues; c'est d'abord, en 1056, le don que fait Falcon de Jaligny à son frère Guillaume, abbé de Tournus, des portes et des murs de Trézelles, ainsi que du quart de son église avec la sacristie. Trézelles, à cette époque-là, était donc tenu en fief par les sires de Jaligny, mais la suzeraineté en devait appartenir déjà à l'évêque de Clermont, de qui dépendaient également les paroisses voisines de Cindré, Bert, Servilly, Chaveroche, Boucé (V. ces fiefs) et Vaumas (1). Puis vient, en 1217, l'aveu rendu à l'évêque de Clermont pour sa terre de Trézelles par Hervé, comte de Nevers, aveu renouvelé après lui par la comtesse Maulde (2), et plusieurs fois dans la suite, jusqu'en 1278, par leurs successeurs.

LES QUILLETS.
Hallebarde du XVIᵉ siècle.

A ceux-ci, par nous ne savons quel enchaînement de circonstances, semblent avoir succédé les Chatelus, auxquels nous voyons nombre d'aveux rendus par les familles Barreau, Gobert, etc., pour des terres de Trézelles confinant à celles de l'abbaye de Saint-Gilbert (V. sur Périgny le Couldray et Rouzières); pourtant, jamais les Chatelus ne sont dits expressément seigneurs de Trézelles, et on peut penser que le château n'est autre que cette maison forte de Trézelles, dont rend aveu en 1410 un bourgeois

---

(1) Nous serions très portés à voir dans ce groupe de communes auvergnates la terre donnée en pur don, l'année 874, par Pépin le Bref à l'évêque de Clermont.
(2) Maulde ou Mathilde de Courtenay, comtesse de Nevers, Auxerre et Tonnerre, fille de Pierre II et d'Agnès de Nevers, fut l'épouse de Guy IV de Forez et mourut religieuse à Fontevrault, le 12 octobre 1254.

de Barrais, nommé Jean de Boullay. Cette supposition est d'autant plus acceptable que nous allons voir, dès lors, Trézelles passer entre les mains de roturiers ; mais à l'époque troublée qui suivit la guerre de Cent ans, nous ne pouvons guère ici, comme en bien d'autres endroits, procéder que par hypothèse.

En 1508, enfin, nous commençons à trouver des actes précis, et cette année-là s'intitule seigneur de Trézelles un Philippe Morel, posses-

TRÉZELLES.

seur seulement de tout ou partie du château, mais dont peu à peu les descendants reconstituèrent l'ancienne terre alors morcelée et l'augmentèrent même de plusieurs domaines voisins (1). De leurs achats, nous citerons

(1) Il semble y avoir eu dans notre région deux notables familles Morel, de souche commune peut-être, mais dès longtemps séparées : la première, d'ancienne noblesse, portait le titre d'écuyer dès le XVe siècle, et était à cette époque possessionnée sur Boucé, Montoldre, Varennes-sur-Allier ; la seconde, celle de Trézelles, des Charmes et des Échelettes (V. ces fiefs), est plus modeste et a pour auteur connu un Jean Morel, bourgeois de Jaligny en 1342 : après plusieurs générations de notaires à Jaligny et à Chaveroche, les Morel petit à petit s'élèvent, achètent des terres et enfin sont anoblis par lettres du 6 septembre 1669 en la personne de Gilbert, gendarme de la garde du Roy, gentilhomme servant de la Royne, demeurant ordinairement en sa seigneurie de Cadelières.

A cette seconde famille Morel appartient très vraisemblablement Gilbert Morel, trésorier du duc de Bourbon et époux de Péronnelle Bergier, qui, en 1692, possède sur Varennes-sur-Allier une terre de Garenne l'Orient, détachée sans doute du fief des Garennes. (V. ce fief.)

les deux principaux, à savoir : en 1551, celui fait de la famille Turpin (V. Layat) par un Philippe Morel, du vieux fief de Cadelières (1), et, le 16 août 1682, l'acquisition par un troisième Philippe Morel de la haute, moyenne et basse justice de Trézelles, à lui cédée par Bernard de la Guiche, comte de Saint-Gérand et la Palisse.

A partir de 1650, nous voyons se succéder à Trézelles Gilbert Morel, puis Philippe, François, autre Philippe, époux de Marie Coudonnyer (V. la Serre); enfin Jean-Baptiste Morel, qui, en 1779, abandonna ses biens à son neveu, Jean-Baptiste Hautier de Villemontée, fils d'une demoiselle Marguerite Morel et membre d'une importante famille auvergnate, qui tirait son nom de la terre de Villemontée, dans la paroisse de Bromont-la-Motte, à environ cinq lieues de Riom.

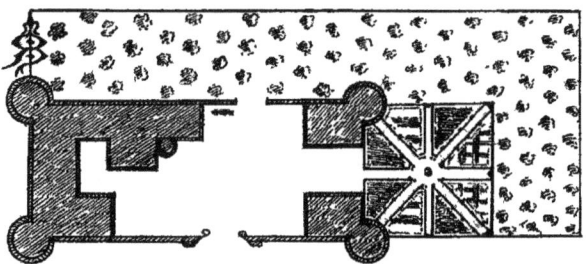

TRÉZELLES. — Plan du château.

Jean-Baptiste Hautier de Villemontée émigra en 1792 ; ses biens furent confisqués, et le château, tombé entre les mains de deux acquéreurs, fut peu à peu dépecé, de telle façon que l'on trouve à peu près dans chaque maison du bourg des pierres qui en proviennent assurément.

Il en reste pourtant encore deux tours et aussi deux bâtiments, servant jadis d'écurie et de cellier, et qui forment actuellement les maisons Maurel et Bonnin : du moulin Maurel dépend l'ancien moulin seigneurial.

Nous reproduisons ci-dessus un vieux plan de Trézelles, avec ses jardins en terrasse et ornés de jets d'eau.

Une seule maison à Trézelles mérite mention, c'est le vieux logis des Griffet, encore reconnaissable par ses tourelles et sis au nord de l'église, près de la rivière : les Griffet, originaires de Billy, remplirent longtemps des charges de justice dans la châtellenie de Chaveroche.

A quinze cents mètres environ du bourg, en descendant la rivière, nous trouvons le premier de ces fiefs de circonstance, dont nous avons

(1) Aux XIIIe et XIVe siècles, Cadelières était habité par une notable famille Cadel

parlé : c'est *Montifaut*, où quelques détails révèlent une ancienne habitation bourgeoise, mais qui ne fut jamais ni maison noble ni siège de seigneurie.

Les de Jantes, seigneurs du fief de Montifaut (V. ce fief) en la paroisse de Sorbiers, au XIV° siècle, rendent à diverses reprises aveu d'une terre par eux possédée sur la paroisse de Trézelles, et il est extrêmement probable que cette terre n'est autre chose que notre domaine, décoré depuis lors du nom de la seigneurie dont il n'était qu'une dépendance ; mais nous n'en sommes pas sûrs, et la première mention expresse que nous ayons de notre Montifaut est l'aveu qu'en rend, en 1367, Pierre de Montcorbier, du chef de sa femme Isabeau de Grosloup. Nous suivons en maint endroit et particulièrement à Grosloup (V. ce fief) l'innombrable famille des Montcorbier ; nous n'en parlerons donc ici que pour signaler l'acquisition qu'ils firent de la terre voisine de Beaudéduit (V. ce fief), vers 1525.

L'auteur de cette acquisition, Girard de Montcorbier, fut le dernier de sa famille seigneur de Montifaut : sa fille Péronnelle, en effet, le 21 avril 1528, épousa François de James, fils de Pierre, seigneur de Quirielle (V. ce fief), et c'est ainsi que nous trouvons comme seigneurs de Montifaut des membres de cette famille de James jusqu'en 1625, date à laquelle l'est encore Préjean de James, époux de demoiselle Catherine de Buffevent, fils de Gilbert et frère de Louis de James, seigneurs de Quirielle.

Peu après cette date de 1625, Montifaut passa des mains des de James à celles des Griffet et, en 1690, fut par Marie Griffet porté en dot à Jean-Marie Cordier, écuyer, major de la ville de Moulins ; mais M. Cordier ne garda pas Montifaut et, en 1695, le vendit à maître Jacques Dulignier, avocat en parlement, lieutenant particulier en la châtellenie royale de Chaveroche, époux de Marie Bourdelier, de Cusset.

Jacques Dulignier, fils d'Antoine et de demoiselle Jeanne Préveraud, appartenait à une famille encore représentée dans notre pays et qu'au milieu du XVI° siècle nous voyons arriver de Ris en Auvergne (V. Montifaut de Sorbiers) ; ses descendants ne quittèrent plus notre terre (1), où nous trouvons successivement son fils Gilbert, époux de Jeanne le Febvre, son petit-fils Jean-François, puis Pierre, puis Laurent, pour arriver à Mme Tatia Dulignier, épouse de M. Alfred de Vaulx, le propriétaire actuel.

Dans ces parages était une maison forte dite de *Tesche*, dont, en 1342, rend aveu un Guillaume Chastenoys, aussi seigneur des Écures (V. ce

---

(1) Les Dulignier se divisèrent en deux branches, dites de Montifaut et de Chasles : cette dernière, seule existante encore, avait pris son nom de terres comprises maintenant dans le domaine des Rémondins de Chasles.

fief) et possesseur d'un moulin sur la rivière de Tesche : or nulle part, le long de cette rivière, ne se voit ni maison ni terre dite de Tesche, et, d'un autre côté, la *Grange Chastenoys,* que nous rencontrons en la remontant quelque peu, est assurément un ancien château fort, dont il restait au temps de Nicolaï un vieux donjon carré.

Il nous semble donc peu téméraire de voir l'ancienne seigneurie de Tesche dans la Grange Chastenoys, ainsi nommée de la longue possession de ce fief par cette famille, mentionnée également à la Brosse de Servilly (1). (V. ce fief.)

Dès le XIII° siècle, ces la Grange Chastenoys sont mentionnés dans le pays, et après Jean Chastenoys, fils de Guillaume, qui, en 1378, possède sur Trézelles la dîme de Fontquartal, qu'il partage avec le duc de Bourbon et le curé de Chaveroche, nous trouvons encore, dans un acte de 1524, Nicolas de la Grange Chastenoys, écuyer, seigneur dudit lieu.

A cette époque, le nom de Chastenoys disparait, et la Grange semble être venue aux mains des le Blayer ou le Blier, qui possédaient aussi, comme nous le verrons tout à l'heure, la maison voisine de Trézuble (V. ce fief), et qui formèrent deux branches dites de Trézuble et de la Grange.

Le 8 février 1587, François le Blyer, seigneur de la Grange Chastenois en la paroisse de Trézelles, fils de Gilbert et de Catherine Pitat, réunit de nouveau entre ses mains les deux terres de sa famille, en épousant sa cousine Claudine le Blyer de Trézuble, fille d'Antoine, seigneur dudit lieu. Nous trouvons après lui, comme seigneurs de Trézuble et de la Grange, d'abord son fils Claude, marié à Péronnelle de Fradel, d'Isserpent (V. ce fief); puis Archambaud, époux de demoiselle Gilberte de Fradel, fille de Pierre, seigneur d'Isserpent, et dont la statistique de 1664, parfois médisante, dit qu'il a peu de crédit autant par son peu de mérite que par son peu de biens.

A la mort d'Archambaud, vers 1670, Trézuble et la Grange furent de nouveau séparés, et cette dernière maison forma seule le patrimoine de son fils, Claude le Blayer de la Grange, écuyer, seigneur dudit lieu, encore nommé en 1690.

Peu après, par vente ou alliance, la Grange passa des le Blayer à la vieille famille Balmont, depuis longtemps localisée à Trézelles, et, dès 1711,

---

(1) Sans doute pourrait-on voir dans la Grange, anciennement les Tesches, le berceau des Chastenoy : en 1348 pourtant un Hugues de Tesche, paroissien de Trézelles, rend aveu à Hugonin de la Motte, chanoine, tuteur de Philippe de Champropin de Chambord (V. ce fief), pour les dixmes de Cost et de Trézuble. Peut-être cet Hugues de Tesche sort-il d'une famille qui aurait jadis possédé le fief de ce nom, devenu la Grange; peut-être aussi sort-il de la maison de Tesche, voisine de Bussoles, et qui semble avoir eu quelque importance.

François Balmont, fils de feu Jacques, notaire, rend aveu de notre fief. François mourut avant 1717, laissant ses enfants sous la tutelle de son frère Jean-François, bourgeois, et, en 1725, une de ses filles, Marie, porta la Grange en dot à Pierre Barrois, conseiller du Roy, docteur en médecine à Pierrefitte-sur-Loire.

Le dernier jour de novembre 1739, enfin, notre terre fut vendue aux Machuret, qui en furent les derniers possesseurs avant la Révolution.

TRÉZUBLE.

La vieille maison de *Trézuble*, dont nous venons de parler, n'était sans doute pas maison seigneuriale, puisque nulle part ne lui est donné ce titre et qu'elle ne figure pas dans Nicolaï : la tour dont elle est flanquée cependant, et aussi ses fossés encore visibles, ne sont pas sans lui donner une certaine allure féodale.

Les premiers possesseurs de Trézuble que nous ayons sont, en 1301, Jean Bernard, Pétronin et demoiselle Alise Humbert ou Ymbert, fils et fille de feu Hugonet, et jusqu'en 1342 nous trouvons à Trézuble ou aux environs des membres de cette famille Humbert, originaire, croyons-nous, des environs du Donjon ; mais, dès 1322, Hugues de Barreys, damoiseau, fils de Jean (V. Sorbiers, Cost, Feuilletard, etc.), possède partie de Trézuble, et c'est à cette époque, pensons-nous, que les le Blyer durent y arriver. Toutefois, le premier que nous y trouvions est, en 1453, Jean, écuyer : à Jean succéda Guillaume, et à celui-ci autre Jean le Blayer, qui semble avoir possédé

Trézuble indivisément avec un François de Gléné d'Ande (V. ce fief), son beau-frère probablement, car tous deux en rendent aveu en la même année 1505.

Trézuble resta en entier aux le Blyer et, comme nous l'avons dit plus haut (V. la Grange), passa, en 1587, à François de la Grange, seigneur dudit lieu, par son mariage avec sa cousine Claudine, fille d'Antoine le Blyer de Trézuble et de Jeanne de Montaguet.

Moins d'un siècle après, en 1670, Trézuble et la Grange furent séparés, et, tandis que la Grange restait à Claude le Blyer, arrière-petit-fils de François et fils d'Archambaud, Trézuble se partageait entre ses trois sœurs Péronne, Geneviève et Michelle.

Il échut à cette dernière, qui le porta à François-Dominique de la Chaud, bourgeois de Trézelles (1) : celui-ci le vendit, en 1683, aux Morel de Trézelles (V. ce fief), ceux-ci aux le Noir de Cindré (V. ce fief), et, vers 1730, Trézuble vint aux mains de François le Febvre, fils de Pierre, seigneur de Montmérand (V. ce fief), et de Louise Balmont, sauf certains cens, qu'acquit Jacques Dulignier, seigneur de Montifaut, lieutenant en la châtellenie de Chaveroche.

Saisi en 1761 sur Gilbert le Febvre, fils de François et époux de demoiselle Marguerite de Fomberg, Trézuble fut acquis par M. Gilbert Joulle, conseiller du Roy en l'élection de Moulins (V. le Grand Chambord); puis il forma, en 1785, avec les Vessets (V. ce fief), le lot de madame Minard, de Saint-Gerand le Puy, une des filles de Gilbert Joulle, et appartient aujourd'hui à M. Alfred Devaulx, arrière-petit-fils de cette dame Minard.

Non loin de Trézuble, nous arrivons aux *Vessets* (2), vieux logis du XVe siècle plus singulier qu'élégant.

De cette maison sort (V. la Motte-Vesset) cette famille de Vecé, qui émigra plus tard à Treteau et dont nous trouvons sur Trézelles, en 1301, Hugues, prêtre, et Jean, son frère, puis, en 1322, Johannin, dit Torment. A partir de 1322, les Vessets semblent avoir été partagés, et les deux seuls seigneurs que nous en connaissions pendant plus de deux siècles ne les possèdent qu'en partie : ce sont, en 1375, Jean-Baptiste Estienne, époux de demoiselle Jeanne Charnan, et, en 1521, Claude Petit, aussi seigneur de Beaudéduit. (V. ce fief.) Comme bien des terres voisines, les Vessets furent peu après réunis à Précord et en firent partie jusqu'à un acte du 30 octo-

---

(1) Comme simple observation que rien n'appuie, nous ajouterons qu'il ne serait pas trop téméraire de voir dans ce Dominique de la Chaud le dernier représentant de cette famille de Chol (de Calce) souvent nommée au cours de nos notes.

(2) Les Vessets sont de Varennes-sur-Tèche, mais nous n'avons pas voulu les séparer de Trézuble

bre 1615, par lequel, « de son plein vouloir, messire François de Montlaur, chevalier de l'Ordre du Roi, gentilhomme ordinaire de sa chambre, conseiller en ses Conseils d'État, capitaine de cinquante hommes d'armes, gouverneur et sénéchal de Montpellier, seigneur de Murles, Précord, etc., donne et remet son lieu de cheus Vessé, posé en la paroisse de Varennes-sur-Tèche, pays de Bourbonnais, à Morize Jardet, et ce en considération des bons et fidelles services qui lui ont été faits et rendus et à madame sa consorte par honneste personne Morize Jardet ».

Des Jardet, les Vessets, en 1680, étaient passés aux Griffet, de Trézelles;

LES VESSETS.

puis, le 13 mai 1785, nous en trouvons la vente consentie par madame veuve Pradon à noble Gilbert Joulle, conseiller du Roy.

La même année, les Vessets et Trézuble vinrent à demoiselle Gabrielle Joulle, mariée à Minard, de Saint-Gerand le Puy; en 1796, ils passèrent à sa fille Magdelaine, épouse de François Devaulx; en 1819, à Anna Devaulx, épouse de M. Eugène Devaulx, de Thiel; en 1855, enfin, à M. Alfred Devaulx, leur fils, beau-père de M. Antoine Thonier.

Avant de passer la Besbre, il nous faut encore signaler deux fiefs, dont nous ignorons l'emplacement; ce sont *Beaudéduit* et *Chignard*.

Le premier, cité parmi les maisons vassales de Chaveroche en 1569, devait se trouver à peu près entre la Pouge et le domaine de Quirielle; mais il n'en subsiste pas même un nom. En 1367, est seigneur de Beaudéduit un Jean de Grosloup, auquel a succédé, en 1378, son fils Étienne;

vient ensuite, de 1398 à 1443, un Guillaume Broutaing, du Donjon (V. les Plantais), qui a aussi les baillies de Trézuble et de Trézelles ; puis, en 1498, est seigneur de Beaudéduit un Hugues de la Fin, qui possède en même temps des cens sur Cadelières.

Peu de temps après, Beaudéduit fut acquis par Claude Petit, seigneur en partie des Vessets (V. ce fief) ; mais celui-ci ne tarda pas à le recéder aux de Montcorbier, de Montifaut (V. ce fief), qui, d'ailleurs, du chef d'Isabelle de Grosloup, possédaient, dès le XIVe siècle, des droits sur notre fief. Une Montcorbier, comme nous l'avons dit, fit, en 1528, passer Montifaut et Beaudéduit dans la famille de James de Quirielle ; mais, tandis que ces de James aliénèrent Montifaut, ils gardèrent Beaudéduit, et c'est de leur héritier, Guillaume de Chantclot (V. Quirielle de Barrais), que l'acquirent, en 1717, les Semyn, de Fontaines en la paroisse de Saint-Sornin, possesseurs de la Pouge. (V. ce fief.) Un peu plus tard sont dits seigneurs de Beaudéduit des membres d'une famille Pejoux, alors fermiers de la Pouge.

Quant à *Chignard*, terre voisine sans doute de Beaudéduit, tout ce que nous en avons est l'aveu qu'en rend, en 1488, un Louis de Viry, époux de Jeanne de la Fin, et seigneur de la Forêt de Liernolles (V. ce fief), en même temps que de droits et domaines s'étendant sur Trézelles et Varennes-sur-Tesche : dans cet aveu, Chignard est expressément qualifié terre et seigneurie, mais son nom même doit être défiguré.

Nous ne nous arrêterons pas à Cadelières, où rien ne rappelle l'ancienne habitation des Morel (V. Trézelles), et traverserons la rivière pour gagner les *Quillets*, élégant pavillon Louis XIII qui, vers 1630, dut remplacer un ancien domaine possédé par une famille Quillet et cité de loin en loin dans les censives dépendant de Villars. (V. ce fief.)

Le domaine des Quillets, vers la fin du XVIe siècle, fut séparé de Villars pour former la dot d'une demoiselle de Villars, et c'est ainsi qu'en 1598 s'en trouve possesseur Antoine Dupéron, écuyer (*sic*), époux de demoiselle Magdelaine de Villars ; peu après, Magdelaine de Villars, devenue veuve, et son fils, Gabriel Dupéron, échangèrent les Quillets à leur neveu et cousin Maurice de Villars, seigneur de la Motte-Vesset (V. ce fief) ; c'est ce dernier qui, le 26 août 1602, les vendit, moyennant quatre cents écus, à demoiselle Charlotte de Murat, fille de Jean, seigneur de Villars (V. ce fief), et épouse d'Antoine Mouton. (V. la Palisse.)

Charlotte de Murat eut comme successeur son fils, Claude Mouton, qui, de Catherine Quesson, fille de Pierre, fermier de Précord, n'eut qu'une fille, Catherine; celle-ci épousa Léon Dupré, écuyer, gendarme du Roy, et c'est ce dernier qu'en 1658 nous trouvons seigneur de la Meignée (V. ce fief) et des Quillets.

Léon Dupré, fils de Jean, chevaucheur du Roy à la Palisse (1), possédait, en outre, du chef de sa mère, Jacqueline Dugué, le domaine des Girauds de la Garde et de nombreux droits sur les terres avoisinantes, acquis, en 1603, de noble Antoine Turpin de Layat, par sa grand'mère, demoiselle Magdelaine de Doyat, veuve de Jacques Dupré, vivant écuyer

LES QUILLETS.

tenant la poste pour le Roy à la Palisse. Comme, d'autre part, les Mouton avaient déjà réuni aux Quillets des droits et censives qu'ils possédaient près de Villars dès le XVIe siècle, notre domaine se trouvait donc, à cette époque, le chef d'une terre considérable. Léon Dupré et sa femme l'accrurent encore en achetant, en 1659, moyennant sept cent cinquante livres, la maison des Monnets; puis, en 1661, la locatairie Sarrazin (2); en 1672, celle du Moine, et en 1674 le domaine des Bois, venu d'une famille Chalmain, etc.

(1) Avant de succéder aux Guémier dans la poste royale, les Dupré, vieille famille bourgeoise de la Palisse, avaient longtemps exploité les tanneries dites de la Planche Furetain, au bas de la chapelle du château; après Léon Dupré, la charge d'écuyer tenant la poste pour le Roy à la Palisse passa successivement à maître François Dupaty, aux Maréchal, aux Prost, aux Noailly, et enfin aux Faure.

(2) La locaterie Sarrazin comprenait les terres sises à l'est de la route de Dompierre, entre la Brosse et le moulin Brely.

La terre des Quillets ainsi constituée, son possesseur, voulant en rendre le chef digne de sa nouvelle importance, y fit élever une tour et un colombier qui, en 1682, furent la cause d'un curieux procès soutenu par sa veuve contre messire Bernard de la Guiche Saint-Gerand, qui considère ces constructions comme une usurpation féodale. Catherine Mouton ne gagna son procès qu'en 1705 et après de longues discussions prouvant, d'abord que les Quillets relèvent directement de Chaveroche, et non des seigneuries que M. de Saint-Gerand possède en toute suzeraineté ; ensuite que M. Claude de la Guiche, gouverneur du Bourbonnais, a autorisé les susdites constructions ; enfin que M. Bernard de la Guiche lui-même a signé un maintien de cette autorisation.

Comme nous le voyons à la Meignée, Catherine Mouton mourut en 1711, et les Quillets échurent à une de ses filles, Madeleine, épouse de Toussaint Papon, seigneur des Places en la paroisse de Floret, portemanteau de madame la Dauphine ; de Madeleine, ils passèrent à son fils aîné, François, qui, le 1er mai 1733, épousa demoiselle Françoise Fauvre, fille de Claude, châtelain de Floret, et de demoiselle Marie Bilhaud, fille d'un maître de poste de Droiturier ; enfin, le 31 janvier 1757, ils vinrent à Antoine Tonnelier, seigneur des Angles, chevalier de Saint-Louis (V. ce fief), fils d'Étienne et de Marie Parchot, par son mariage avec Marie Papon, fille unique de François et de Françoise Fauvre (1).

Des alliances successives, depuis lors (V. les Angles), firent passer les Quillets à une branche des Préveraud de la Boutresse, qui les possède encore et a été autorisée par lettres patentes du roi Charles X (1er avril 1830) à en prendre le nom.

Depuis Jean de Villars, damoiseau, vassal de Montaigu-le-Blayn, qui, en 1300, possède une maison et des tours audit lieu de *Villars*, avec domaines, bois et haute justice, sur la paroisse de Floret, jusqu'aux premières années du XVIe siècle, nous suivons sans interruption la liste des membres de la famille de Villars, seigneurs de leur fief patronymique ; mais, à cette époque, les Villars, dont nous retrouvons des rameaux à Gléné, à la Motte-Vesset (V. ces fiefs), etc., semblent avoir émigré à la Brosse-Raquin, en la paroisse de Tortezay, et vers 1560 le seigneur de Villars est Jean de Murat, aussi seigneur des Bordes et époux de Magdelaine de Villars, évidemment héritière de notre fief (2).

---

(1) François Papon, à cette époque, est remarié à une demoiselle Ducrot-Paschal, de Creuzier-le-Vieux.

(2) Cette Madeleine de Villars doit être différente — et la tante probablement — d'autre demoiselle Madeleine de Villars, épouse d'A. Dupéron, que nous voyons aux Quillets.

Jean de Murat eut au moins deux filles : Charlotte, épouse d'Antoine Mouton, et dont nous venons de parler aux Quillets, et Madelaine, qui, en 1588, épousa Abel d'Aste, seigneur des Millets (V. ce fief), en présence de ses oncles, Claude de Villars, seigneur de la Motte-Vesset, et Charles de Biozat, commandeur de la Racherie, demeurant au château de Villars (1); mais, en outre, il dut avoir une troisième fille, Marie, qui épousa un gentilhomme originaire du Limousin, messire François de Brachet, aussi seigneur de Palluau en Berry (2).

Vers 1631, en effet, c'est ce François de Brachet (V. la Jarousse), époux de demoiselle Marie de Villars (*sic*), qui est seigneur de Villars, et nous ne

VILLARS.

saurions comment expliquer son arrivée dans notre fief, si sa femme, dite de Villars, suivant une habitude constante de l'époque, n'était une Murat.

Toujours est-il que François de Brachet mourut un peu avant 1656, et que, cette année-là, nous trouvons ses quatre enfants, deux fils et deux filles, sous la tutelle de Gilbert d'Albost, seigneur de Puyfol. (V. ce fief.) Sans doute est-ce pendant cette tutelle que notre terre fut vendue, et dès le 10 janvier 1664 nous trouvons à Villars un nouveau seigneur en la personne de Claude de l'Espicier, époux de Suzanne de Sauvin (3).

(1) Rien n'est plus simple sans doute, mais rien, en l'absence de titres que nous avons vainement cherchés, ne semble plus compliqué que les rapports entre les Villars, Biozat et Murat. Voir nos notes sur Gondailly.

(2) La maison de Brachet, actuellement représentée par M. Alexandre de Brachet, marquis de Floressac, époux de Mlle du Douët, a pour premier auteur connu Jean, chevalier, seigneur de Pérusse, dans la Marche, en 1395. Armes : d'azur à deux chiens braques d'argent passant l'un sur l'autre.

(3) Armes de l'Espicier : parti, emmanché d'or et d'azur. De cette famille, ni des Sauvin, nous ne savons rien, et tout au plus pouvons-nous préjuger leur origine limousine de l'alliance Chastagnat, que nous allons trouver.

Claude de l'Espicier mourut en 1678, laissant quatre enfants : Louis, François, Jacqueline, mariée à Gilles de Brachet, fils de François (V. la Jarousse), et Anne, épouse de Charles-Joseph de Chastaignat, seigneur de Masléon au diocèse de Limoges, demeurant à Limoges. Villars échut d'abord à Louis, le fils aîné ; mais celui-ci, en 1682, le recéda à son puîné François, en échange de la Roche (V. plus bas), et c'est la descendance de ce François de l'Espicier que nous suivons dès lors à Villars : c'est d'abord Claude, fils de François, puis autre François, époux de Marguerite des Chèzes, et enfin François-Bernard, qui, en 1786, céda tous ses droits sur Villars à son neveu, Louis, comte de Chargères-Roudon (V. Roudon), fils de Joseph et de demoiselle Marie de l'Espicier de Villars.

Louis de Chargères fut le dernier seigneur de Villars : il émigra lors de la Révolution.

Entre 1786 et 1792, la terre de Villars avait été démembrée par la vente à M. Hautier de Villemontée, seigneur de Trézelles, des bois de Relandin, du domaine des Lanciens, des terres de la Villeneuve, etc. M. Claude-Hippolyte Gémois (1) la reconstitua presque en entier et la laissa telle que la possède aujourd'hui son arrière-petit-fils, M. Antoine Thonier.

Villars est un étroit château, flanqué de tours assez maigres, dont, malgré les ouvertures refaites, nous pensons pouvoir fixer la date aux environs de l'an 1500.

Nous nous sommes même demandé si sur son emplacement actuel était bien le siège de la seigneurie primitive de Villars, et longtemps nous avons vu l'ancien Villars dans une motte carrée, récemment fouillée et encore tout à fait reconnaissable au bord de la rivière, dans le pré dit de la Villeneuve ; mais dernièrement nous est tombé entre les mains un vieux plan de 1670, où est marquée notre vieille motte avec cette mention : « Motte où fust jadis le château de la Villeneuve (2). » Il y eut donc autrefois dans ces parages une seigneurie de la Villeneuve, de bonne heure absorbée par sa voisine.

D'après la tradition locale, il nous faudrait voir aussi un ancien fief dans la *Roche*, actuellement simple domaine de Villars, où rien ne témoigne d'une importance ancienne : la seule chose que nous sachions de la Roche est que, vers 1690, elle forma l'apanage d'un Louis de l'Espicier (V. Villars), qui prit le titre de seigneur de la Roche les Chaveroche.

---

(1) M. Gémois, originaire de Sancoins, faisait depuis un certain temps déjà un grand commerce de bois aux environs de Jaligny.

(2) Une coïncidence curieuse est qu'il y a justement une seigneurie de Villars dans la paroisse de Villeneuve-sur-Allier.

Le petit domaine de *Layat*, par contre, est certainement une ancienne et importante seigneurie dont les droits s'étendaient jusqu'au ruisseau de Marre; depuis Guy de Laya qui, en 1347, consent certaines ventes à Jean Pioche, seigneur en partie de Cindré (V. ce fief), jusqu'au milieu du XVI° siècle, nous y suivons les membres d'une famille noble qui en portait le nom (1). Louis de Layat, seigneur dudit lieu et époux de demoiselle Philippe de Trézuble (V. ce fief), eut deux fils, François et Archimbaud, qu'en 1517 il laissa sous la tutelle de leur oncle, Guillaume Guy. Layat échut à François, capitaine de Jaligny, et époux de demoiselle Philippe Garin, qui

FLORET. — MAISON DESMERCIÈRES.

se rendit acquéreur de Crachet (V. ce fief); après François, nous trouvons son fils Antoine, fourrier de la grande écurie du Roi, qui, en 1546, vendit Layat à François Turpin, bourgeois de Trézelles.

La famille Turpin, de la plus vieille bourgeoisie des environs, avait fourni à Chaveroche et Trézelles plusieurs générations de procureurs et possédait aussi les Jacquets et, sur Vaumas, la Motte-Pariset : elle prit dès lors le nom de notre fief, et c'est sous le nom de Turpin de Layat que Jean, fils de François et époux de demoiselle de Viry, devint, en 1612, seigneur de la Forêt de Liernolles. (V. ce fief.)

Sans doute Layat fut-il aliéné pendant la débâcle de Jean Turpin, et,

(1) En 1488 pourtant un Jean Guy, écuyer, rend aveu d'une terre de Laye en la châtellenie de Chaveroche, qui ne peut guère être que notre Layat, et en rapprochant de cet aveu la mention de ce Guillaume Guy que nous verrons tout à l'heure oncle des Layat, on peut induire sans trop de témérité, ou que Guy est le nom patronymique des premiers seigneurs de Layat, ou que des Guy auraient succédé aux premiers Layat.

depuis lors, il ne fut plus séparé de la terre de Cindré, dont il fait encore aujourd'hui partie.

Le bourg de *Floret*, ancien chef d'une paroisse dont dépendaient la plupart des fiefs dont nous venons de parler, a pour origine un prieuré dit de Sainte-Croix, appartenant à l'Ordre des Minimes et rattaché à leur maison de Moulins : c'est à ce prieuré que Mandrin vint demander une hospitalité forcée dans sa fuite rapide à travers le Bourbonnais, après la bataille d'Étang (fin de décembre 1754).

Le prieuré de Floret existe encore en grande partie et forme des bâtiments intéressants dans les dépendances de M. Degeorges ; mais nous ne nous y arrêterons pas (1) et signalerons seulement à Floret le domaine de la *Corne*, qui fut jadis un centre de fabrication d'horlogerie, et le petit château de M. Desmercières, construit dans la première moitié du XVIIe siècle par la famille Fauvre, dont le nom revient souvent, et qui fournit à presque toutes les seigneuries voisines de nombreux juges châtelains.

Puis, sortant de Floret, et après avoir passé devant un domaine dit du Moutier, probablement ancienne propriété du prieuré de Floret, nous arrivons au *Verger*, demeure de M. Louis Jacquelot de Chantemerle, sénateur de l'Allier. Ce petit château, récemment abandonné pour une construction moderne, est un des rares qui aient conservé intacte leur ancienne disposition intérieure ; malheureusement les écussons que l'on y voit à deux ou trois endroits sont absolument frustes et ne peuvent donner sur son histoire aucun renseignement.

Ces renseignements seraient pourtant précieux : le nom du Verger, en effet, est trop répandu pour qu'on puisse appliquer à notre seigneurie les quelques mentions que nous avons recueillies d'un Verger sis dans ces parages (2), et le premier seigneur de notre Verger que nous connaissions d'une façon certaine est, en 1511, Jacques de Montjournal, écuyer, membre d'une famille mentionnée à Montjournal d'abord, puis à Précord, Cindré, etc. (V. ces fiefs.)

A Jacques de Montjournal succéda Antoine, encore nommé en 1551, puis, en 1610, est seigneur du Verger un François de Montjournal, sans

---

(1) Parmi les prieurs de Floret, nous citerons en juillet 1595 Antoine de Laubépin, seigneur de Clessé en Mâconnais, grand custode et comte de Lyon, sous-prieur de Sainte-Croix de Floret, et neveu sans doute de Claude de Montjournal, seigneur de Cindré. (V. ce fief.)

(2) Tout ce que nous avons pu recueillir sur le Verger avant 1511 peut se rapporter indifféremment au fief qui nous occupe et au petit château du Verger, en la paroisse de Saint-Voir.

doute petit-fils d'Antoine. François de Montjournal se maria deux fois : en premières noces avec Hilaire de Troussebois, dont il eut une fille, Claude, que nous retrouvons à la Motte-Mourgon et à Brunart (V. ces fiefs), et en second lieu, avec demoiselle Françoise de Ballore, dame du Deffand, en la paroisse de Garnat. De ce dernier mariage naquit une fille, Françoise, qui, par alliance, porta le Verger à son cousin François de Ballore ; mais ce dernier ne garda pas notre fief et, le 19 mai 1645, le vendit à messire Jean-François de Champropin de Chambord.

A partir de cette époque, nous perdons quelque peu la suite des transactions dont le Verger put être l'objet, et en 1668 seulement nous y

LE VERGER.

trouvons Gabriel de Saint-Julien, écuyer, seigneur de la Chasseigne, en la paroisse de Sussat, époux de demoiselle Marie-Gilberte de Rochefort. Comme cette dernière possédait le Verger de son propre chef, et que, d'autre part, elle était fille de Jacques et de demoiselle Marie de Provers, on peut supposer que le Verger venait à Gilberte de Rochefort de sa mère, et avait été, par les Champropin, vendu aux Provers ou échangé pour des terres vers Treteau, le Rosier, la Roche (V. ces fiefs) ; mais c'est une pure hypothèse.

Marie-Gilberte n'eut pas d'enfants et laissa le Verger à son neveu, Gaspard de Rochefort, époux d'Anne-Antoinette Sève, dont la fille, Catherine, le 28 janvier 1692, porta notre fief en dot à Édouard de Pierrepont, chevau-léger de la garde du Roy.

Le nouveau seigneur, fils de Gilbert, seigneur de Baleyne en la châtellenie de Belleperche, fut le père de Gaspard, brigadier des armées du Roy, et sa famille resta au Verger jusqu'à la Révolution.

Le Verger ressortissait à Chaveroche et n'avait pas justice, ce qui est fort rare dans notre pays.

En face du Verger, le vieux château de la *Pouge*, malheureusement refait en grande partie, dresse à mi-côte son donjon carré du XIV° siècle, qui ne manque pas de caractère.

Le premier acte que nous connaissions sur la Pouge est, le dimanche avant la fête de l'Assomption de Notre-Dame, en l'an 1316, un acte de foi et hommage rendu à messire de Châteaumorand par Dalmas de la Poulge, paroissien de Floret, pour ses maisons et appartenances sises sur la rivière de Besbre et du côté d'orient; puis, en 1323, vient un nouvel aveu de la Pouge, rendu par dame Isabeau des Broces, veuve de Guillaume du Sauzet, autrement dit de la Rivière.

Comme à plusieurs reprises, vers cette époque, les de Broces sont mentionnés dans cette région, et que les du Sauzet semblent plutôt des environs de Gannat (1), la Pouge venait sans doute à Guillaume du chef de son épouse : elle ne resta pas d'ailleurs très longtemps aux du Sauzet, et après Ymbert, fils de Guillaume et époux d'Anne de Sture, mentionné encore en 1356, nous trouvons comme seigneurs de la Pouge des membres de l'illustre maison de Rollat de Brugheas.

C'est d'abord, en 1423, Oudin de Rollat, écuyer, époux d'Isabeau de la Queuille; puis viennent : son fils, Jacques, en 1455; Antoine, mentionné en 1488; en 1505, Bertrand; après Bertrand, Gilbert, époux de Péronnelle de Beauquaire de Puyguillon; enfin, après une courte lacune, nous arrivons à Sébastien de Rollat, qui, vers 1650, vendit la Pouge à Jean de Lingendes, écuyer, conseiller au présidial de Moulins, époux de Marie Fouchier.

Le nouveau seigneur de la Pouge appartenait à une ancienne famille de robe dont le premier membre à nous connu est, en 1504, Jean, fils d'Antoine, notaire au bourg de Chaveroche, mais qui de bonne heure parvint à la noblesse héréditaire et fournit des illustrations bien diverses : dans le seul XVII° siècle, en effet, entre le célèbre prédicateur qui fut confesseur de madame de Montmorency et Jean qui fut évêque de Sarlat, puis de Mâcon (2), nous trouvons un Lingendes, poète mondain, dont est resté le joli madrigal :

---

(1) D'après M. de Soultrait, ces du Sauzet sortiraient de la paroisse de ce nom, dans le canton de Gannat (?); en tout cas, ils n'ont rien de commun avec la famille que nous trouvons à Rax, à la Chapelle, etc. (V. ces fiefs), et qui ne fut anoblie qu'à la fin du XVI° siècle.

(2) Voir pour les Lingendes les intéressantes études publiées par M. Bouchard dans le *Bulletin de la Société d'émulation*.

Si c'est un crime de l'aimer,
On n'en peut justement blâmer
Que les beautés qui sont en elle :
    La faute en est aux dieux
    Qui la firent si belle,
    Et non pas à mes yeux.

Jean de Lingendes, seigneur de la Pouge, eut au moins deux filles et deux fils, Charles et Jean, l'acquéreur de Cindré (V. ce fief ; mais, à

LA POUGE.

partir de cette époque, nous perdons quelque peu l'histoire de notre fief : en 1697, pourtant, nous trouvons trace de nombreuses obligations consenties par les deux frères de Lingendes à Isabelle Semyn, épouse de François de Culant, et à M. Nicolas de Villaine de la Condemine, écuyer, trésorier de France à Moulins, époux de demoiselle Marguerite Després : la Pouge dut donc être vendue, et c'est ce dernier créancier que nous en voyons seigneur en 1716. M. de Villaine mourut vers 1728, laissant la Pouge à son petit-fils, Nicolas Semyn, écuyer, et à sa fille, dame Jeanne-Marie de Villaine de la Condemine, épouse de Lambert Héron, président trésorier de France, qui quelque temps la possédèrent indivisément; mais, soit que la dame Lambert Héron n'eût pas d'enfants, soit par un nouveau partage de famille, notre terre, peu après, revint tout entière à la famille de Nicolas Semyn, et, à la Révolution, nous la voyons aux mains de Nicolas Cornu de la Balivière, capitaine d'infanterie, et de Benjamin-Michel Priolo (1), seigneur de Croissance, paroisse d'Iseure, le premier gendre, le second petit-fils par alliance de Nicolas Semyn.

La Pouge, actuellement, appartient à M. Bassot, dont les ascendants l'habitaient dans les dernières années du règne de Louis XV.

Au-dessous de la Pouge et près de la rivière, Cassini marque un fief ruiné de *Chantemerle;* et en effet, avant la construction récente de la ligne Dompierre-la Palisse, on pouvait voir, dans un pré dit de la Tour, les restes bien modestes, mais non douteux, d'une ancienne maison forte.

Cette ancienne seigneurie de Chantemerle, encore mentionnée par Nicolaï, appartenait, au XV° siècle, comme tant d'autres terres et devoirs de cette région, aux Lévis-Chateaumorand (V. Chatelus), et en 1521 est encore citée parmi les possessions de Jean de Lévis ; puis nous perdons complètement la trace de Chantemerle, et il nous faut, pour le retrouver, sauter à deux siècles plus tard, en 1717, où l'acquiert, de Gaspard de Chantelot, écuyer, seigneur de Quirielle (V. ce fief sur Barrais), Nicolas Semyn, écuyer, seigneur des Fontaines en la paroisse de Rocles et futur possesseur de la Pouge. (V. ce fief.) Comme Beaudéduit, acquis à la même époque, Chantemerle ne fut plus séparé de la Pouge.

Dans les chroniques relatives aux guerres contre l'Anglais, il est souvent question d'un Chantemerle qui, notamment, aurait servi de point d'appui aux bandes bourguignonnes lors du siège de Jaligny (V. ce fief), en 1363 : ce ne peut être que notre fief disparu.

Le château de *Chaveroche,* ainsi nommé d'une vaste grotte (*cava rupes*) sur laquelle il est construit, n'a, à proprement parler, pas d'histoire, et on ne saura jamais, sans doute, quels conquérants vinrent élever et occuper au bord de la Besbre la redoutable forteresse qui en commandait absolument le cours entre les deux importantes localités de Trézelles et Jaligny.

Comme plusieurs fiefs du voisinage, tels que Trézelles, Vaumas, Cindré, Boucé, Bert, Servilly... (V. Trézelles), Chaveroche, au début du XIII° siècle, appartenait à l'évêque de Clermont, à qui en rendent successivement aveu plusieurs comtes de Nevers ; puis, en 1276, nous le voyons, à titre de siège de châtellenie, figurer parmi les terres qu'apporte en dot à Robert de France, fils de saint Louis, Béatrice de Bourbon, fille d'Agnès.

(1) Famille d'origine vénitienne.

Chaveroche ne sortit plus de la maison ducale de Bourbon, issue de Robert, et nous ne le trouvons plus nommé que dans quelques circonstances : c'est d'abord, en 1279, un long procès au sujet de la justice de Chaveroche que se disputent les baillis d'Auvergne et de Bourges; le premier obtint gain de cause par ordonnance royale, mais il eut alors à lutter contre des réclamations sans fin de l'évêque de Clermont, qui veut faire revivre des droits justes sans doute, mais dès longtemps méconnus. Chaveroche, plus tard, en 1366, forma le douaire d'Isabelle de Valois, veuve du duc Pierre Ier; mais ce n'était pas sans peine que ce dernier en avait pris possession ; lors de ses partages, en effet, avec son frère Jacques, comte de la Marche, tige de la branche royale, Pierre avait eu des difficultés, si bien que Jacques s'étant emparé de vive force de Chaveroche, il ne le put recouvrer qu'en 1356, après quatorze ans de luttes et en payant à son frère une rente de quatre mille livres. En 1413, enfin, Chaveroche vint aux mains d'Hector, bâtard du bon duc Louis II, par l'échange

CHAVEROCHE.

consenti par lui à son frère légitime, le duc Jean Ier, de ses terres de Janzat et de Rochefort; mais Hector ayant été tué l'année suivante devant Soissons, Chaveroche ne tarda pas à faire retour à la couronne ducale.

En 1440, Antoine de Chabannes, comte de Dammartin, devint engagiste de Chaveroche moyennant huit mille écus d'or, valant pour lors quarante sols pièce, par lui prêtés au duc Charles Ier, le fils de Jean Ier, et qui, réduits à sept mille écus par suite d'une transaction entre Jacques d'Ussel, mandataire du comte de Dammartin, Gilles le Tailleur, argentier du duc, et Jean Pizdoue, grainetier de Moulins, lui furent remboursés le 22 janvier 1448. Le 3 janvier 1522, le maréchal de la Palisse, petit-neveu d'Antoine, avança à son tour sur Chaveroche seize mille livres, payées en écus d'or de quarante-cinq sols pièce, et se trouva ainsi véritable propriétaire et seigneur de notre fief; mais, comme il était de droit que les châtellenies ne pouvaient être qu'en mains souveraines, il n'en était dit qu'engagiste (1).

C'est sous le même titre d'engagiste qu'après lui possédèrent Chaveroche

---

(1) A Billy, nous avons trouvé de même qualifiés engagistes, et non seigneurs, les Guénégaud, de Montmorency, d'Arfeuilles...

ses héritiers : Chabannes, de Tournon, la Guiche (V. la Palisse), jusqu'à Claude-Maximilien de la Guiche qui, en 1640, l'engagea en partie aux religieuses carmélites de la rue Saint-Jacques, à Paris.

La dernière des la Guiche, Suzanne-Madeleine, fille de Bernard, donna aux Carmélites, en 1713, ce qu'elles ne possédaient pas de Chaveroche, et c'est entre leurs mains qu'à la Révolution se trouvait notre châtellenie.

Des nombreux capitaines châtelains de Chaveroche, nous citerons seulement, en 1698, messire Antoine-François de Rochebillard, capitaine au régiment de Navarre, qui épousa une Josien de Treteau (V. la Roche) et en eut deux filles, qui s'allièrent à des familles du pays, les Vilhardin et les Brirot.

CHAVEROCHE.
Fenêtre du donjon (XIIIe siècle)

Nous n'essayerons pas, après tant d'autres, de faire une description de Chaveroche, et nous nous bornerons, comme M. Bâtissier, à reproduire celle qu'en donnait, en 1572, Nicolas de Nicolaï :

« Chaveroche, dit-il, une des dix-sept châtellenies du pays et duché de Bourbonnoys, consiste en un ancien et fort chasteau, auquel y a une grosse tour carrée servant de donjon, et autres tours carrées et rondes, clos et enceint de hautes murailles et profonds fossés à pont-levis, le tout à demi ruyné. Et au-dedans dudit chastel, outre le logis seigneurial, y a quelques maisons particulières des habitants pour retirer leurs meubles en temps de guerre : et autour dudit chastel, qui est assis et situé sur un haut couteau au pied duquel passe le fleuve de Besbre, pays pierreux et terre forte, est le bourg et paroisse de Chaveroche. »

Cette description est encore exacte, sauf que du pont-levis il ne reste que les pierres d'appui, que la mairie et le presbytère ont été installés dans le logis seigneurial, et enfin que le tout est un peu plus qu'à demi ruiné.

L'ancien donjon carré, notamment, s'écroule chaque jour ; il n'en reste plus que la base, masse énorme que l'on trouve à gauche de l'entrée et d'après laquelle se peuvent préjuger les dimensions considérables du vieux Chaveroche. C'est dans ce donjon que s'ouvrent les gracieuses baies du XIIIe siècle que nous reproduisons.

Nous mentionnerons en outre, à Chaveroche, l'ornementation romane de la porte, et aussi, dans une des tours sises à droite de cette porte, des voûtes d'arête en berceau, qui remontent au moins au XIII° siècle et que Viollet-le-Duc a signalées comme rares.

Sur le plateau que commande Chaveroche sont deux petits fiefs que Nicolaï ne nomme pas, les rangeant sans doute parmi ceux qu'il regarde comme « de peu d'estime ». Ce sont *Crachet* et le Patural.

Le premier ne présente guère de typique qu'un reste de tour, qui sem-

CRACHET.

blerait un modeste colombier sans deux meurtrières de flanquement : un examen minutieux permet de reconnaître les murs de l'ancienne maison forte dans la cour du domaine et dans le pré au sud de la maison des métayers.

Là est le berceau probable d'une famille noble de Crachet, dont nous ne connaissons sûrement qu'un membre, à savoir Antoine de Crachet, écuyer, seigneur dudit lieu, qui, en 1511, passe avec le seigneur du Verger plusieurs transactions pour des prés sis au bord de la Bèbre. Devenu, nous ne savons comment, seigneur d'Anjouinte en Berry (peut-être Anjoin, dans l'Indre), Antoine de Crachet, en 1524, vendit son fief de Crachet à François de Laya (V. ce fief), et le 9 décembre de cette année nous le voyons régler à ce sujet des comptes fort compliqués ; puis, pour trouver de nouveau le nom de Crachet, il nous faut aller jusqu'en 1639, où sont nommés deux frères, Pierre et Michel de Crachet, qui peuvent être soit des Layat, soit plutôt des Brirot.

Dès 1589, en effet, sont mentionnés sur Chaveroche des membres de cette ancienne famille bourgeoise, et il n'y aurait rien d'étonnant à ce qu'ils aient pris le nom de Crachet, dès qu'ils le possédèrent : or, s'ils ne l'avaient pas en 1639, ils l'avaient sûrement en 1668, où est qualifié seigneur de Crachet un François Brirot. A François succéda Guillaume, lieutenant particulier en la châtellenie de Chaveroche, et à Guillaume, son fils Charles, conseiller en la sénéchaussée et présidial de Moulins ; après Charles vient Toussaint, garde du scel du Bourbonnais, et nous suivons ainsi tous les Brirot de Crachet jusqu'à Charles, le dernier d'entre eux et l'aïeul des Brirot encore existants, qui, en 1780, habite le domaine de la Croix-Verte, paroisse de Lubier.

Des Brirot, Crachet passa aux Croisier, ancêtres de M. Albert Clayeux, de Coulon, le propriétaire actuel.

Nous n'avons du *Patural* que de rares mentions, et n'en connaissons que des possesseurs peu nombreux, entre lesquels nous échappe le lien de succession : c'est d'abord, en 1300, un Étienne Prévôt du Patural, dont le nom est plutôt un titre qu'un nom de famille ; puis, en 1344, vient un Archambaud de la Grange, damoiseau, — un Chastenoys ou un le Blayer, peut-être (V. la Grange), — dont la fille Marguerite porta le Patural à Archambaud d'Orvalet, paroissien de Saint-Pourçain de Malchère. Nous ne savons jusqu'à quelle époque gardèrent le Patural les d'Orvalet, et en 1646 seulement nous trouvons mention d'une Bonne du Patural, puis, en 1691, d'une Antoinette du Patural, dont nous ignorons le nom de famille véritable. En 1700, enfin, le Patural vint à la famille Brirot, et vers 1760 fut porté par Marie Brirot à Claude-François de Finance, fils de François-Marie et de demoiselle Suzanne Vilhardin de Montigny.

Des deux tours carrées qui, de loin, donnent au Patural un aspect féodal, l'une est certainement ancienne, l'autre a dû, par amour de la symétrie, lui être récemment accolée.

En même temps que Crachet et le Patural, les Brirot, en 1700, possédaient aussi une terre de *Nozières*, qui, au XIV° siècle, avait appartenu à cette famille de Chol, originaire d'une ancienne seigneurie de la paroisse de Lubier (V. les Choux), et dont fut seigneur, en 1350, Guillaume Chous, damoiseau, chancelier de la cour et châtellenie de Chaveroche.

Nous ignorons où était au juste ce domaine de Nozières ; mais, comme les Aluis se nommaient jadis les Aluis de Nozières, c'est près de cette localité qu'il convient de chercher Nozières, que Béthencourt, d'autre part, porte comme étant de Varennes-sur-Tesche.

Dans ces parages aussi se trouvait une terre de *Fontanères,* qui, comme Nozières, appartint, de 1342 à 1453, à la famille Chol. Réuni plus tard au Lonzat, Fontanères fut, comme nous le disons dans l'histoire de ce fief, porté aux de Finance, en 1691, par le mariage de Françoise de Fradel du Lonzat avec Jacques de Finance, fils de Thierry.

LE PATURAL.

Sur la lisière du plateau qui domine la Bèbre, entre Chaveroche et Jaligny, nous signalerons encore la maison des *Pailloux,* berceau d'une famille bourgeoise considérable, qui eut deux alliances avec les Champropin de Chambord (V. le Grand Chambord) et fournit plusieurs régisseurs des terres de Jaligny et la Palisse.

Puis nous gagnons le petit château du *Lonzat,* élégante gentilhommière du temps de Henri IV, dont les deux tours d'angle sont placées en chicane, comme on en voit en Normandie de nombreux exemples, mais où, sauf cette disposition curieuse en notre pays, se trouvent peu de détails caractéristiques : les ouvertures, en effet, en furent refaites au siècle dernier, en même temps que mansardés les pavillons de la cour d'honneur.

Le premier seigneur du Lonzat à nous connu est, en 1617, un Marc de Fradel, écuyer, fils d'Antoine, seigneur de Jarrie (V. Saint-Allyre de

Valence), et d'Antoinette de Chaugy, à qui il était venu du chef de sa femme, noble demoiselle Marthe de Terrières, fille de haut et puissant François, seigneur de Piffonds (1), en Hurepoix, et de demoiselle de Berthy.

Dans plusieurs de nos fiefs, à Chappes notamment, à la Boutresse, nous trouvons des Terrières, et en 1569, en outre, un dom Jacques de Terrières est seigneur de Massat en la paroisse de Saint-Léon ; mais nous avons vainement cherché comment cette famille — étrangère sans doute — était

LE LONZAT.

arrivée au Lonzat. Et le contrat de mariage de Marc de Fradel, passé à Piffons, le 16 août 1607, nous apprend seulement que la future était assistée de son oncle, messire François de Cannac, seigneur de Dampierre, chevalier des Ordres du Roy, conseiller du Roy en ses conseils d'État et privé, et capitaine de cent hommes d'armes ; de Charles de Terrières, son frère ; de ses marraines, nobles demoiselles Marthe de Blondeaux, veuve d'Eustache de Saint-Phal, seigneur de Cadot, et Madeleine de Bréchard, veuve de René de Viel-Châtel, seigneur de Montelley, et enfin d'un Bourbonnais, messire François de Bonnay, chevalier, seigneur de Vaumas et des Augères. (V. ce fief.)

(1) Cadot et Piffonds sont deux localités de l'arrondissement de Joigny, dans l'Yonne : Cadot est du canton de Saint-Julien-du-Sault.

A Marc de Fradel succéda, en 1628, son fils Pierre, qui épousa Suzanne de Chacaton, fille de Pierre, seigneur de Rongières en la paroisse de Saint-Priest en Murat; puis viennent successivement Jean-François de Fradel, époux de Michelle Brirot (1), et Claude, encore seigneur châtelain de Chaveroche en 1715, époux de demoiselle Françoise Roque de Souligny, du Berry (2). Claude eut un fils Blaise, dont nous retrouvons la descendance à Rax (V. ce fief); mais, à sa mort, par partage ou vente, le Lonzat échut à un sien neveu, Claude Josse, fils d'autre Claude et de demoiselle Marie de Fradel du Lonzat (V. la Bêche), et ce dernier, comme nous

JALIGNY. — Vue générale.

le rapportons ailleurs, y vivait encore fort âgé au moment de la Révolution.

Du Lonzat nous redescendrons sur Jaligny et noterons au passage une maison assez récente, d'ailleurs, mais décorée d'une tour au siècle dernier, et qui est le berceau des *Matherats*, vieille famille bourgeoise alliée aux Turpin de Layat, et dont, en 1586, nous trouvons des membres notaires, greffiers, châtelains, baillis... dans les seigneuries voisines.

Enfin, nous arrivons à *Jaligny* (*castrum Gallinici*), dont il ne peut rentrer dans notre cadre de suivre l'enceinte encore intéressante, ni de décrire par

(1) Une fille de Jean-François et de Michelle Brirot épousa, le 25 janvier 1691, Jacques de Finance de Clerbois, fils de Thierry, demeurant à la Verrerie de la Varenne (V. ce fief), et lui porta la terre voisine de Fontanères : Jacques de Finance eut, entre autres enfants, un fils nommé aussi Jacques, et à qui son oncle, Claude de Fradel, céda plus tard sa charge de capitaine châtelain de Chaveroche.

(2) En 1693, ce Claude de Fradel fut à Saint-Prix parrain d'une cloche, qui se trouve aujourd'hui à Saint-Martin d'Estréaux.

le menu l'énorme château, qui émerge du vert rideau d'arbres des bords de la Bèbre.

Ce château, retouché au XVIe siècle, fut, au XVe siècle, élevé sur un castel plus ancien, contemporain, comme l'enceinte, des guerres contre l'Anglais, et dont il reste seulement une porterie, ingénieusement disposée pour l'ornement du parc actuel.

Dès le commencement du XIe siècle, nous trouvons à Jaligny une famille de ce nom déjà classée parmi les plus puissantes du Bourbonnais, et dont M. Coiffier-Demoret fait une branche de la maison de Châtillon-sur-Marne, sans appuyer pourtant d'aucun document précis cette opinion, de laquelle nous rapprocherons ce que nous avons dit de ces Châtillon à Ferrières. (V. ce fief.)

De cette première maison de Jaligny, nous citerons d'abord, en 1036, Hector, le fondateur du prieuré du Saint-Sépulcre (V. le Moutier); puis, en 1056, un Foulques ou Falcon, et, en 1061, Oudin, père de Guillaume.

Guillaume de Jaligny, en 1081, épousa Ermengarde de Bourbon, fille d'Archambaud le Fort, femme séparée de Foulques le Réchin, comte d'Anjou, tige de la funeste race des Plantagenets, et en eut deux enfants, Oudin, mort jeune, et une fille nommée Élisabeth, à laquelle la famille de Jaligny dut son principal lustre.

Élisabeth, en effet, mariée en 1100 à Hugues, sire de Chaumont en Blaisois, fut une des héroïnes dont le moyen âge a conservé le souvenir, et c'est à regret que nous devons ici passer sous silence les récits de ses exploits, dont sont pleines les vieilles chroniques des bords de la Loire; mais il faut bien nous borner à ceux qui eurent notre pays pour théâtre.

Après la mort d'Oudin de Jaligny, donc, il advint qu'une foule de seigneurs voisins, sachant Hugues de Chaumont occupé à lutter contre Bertrade de Montfort, veuve de Foulques le Réchin, crurent pouvoir impunément s'emparer de Jaligny et se partagèrent ce riche héritage, au détriment d'Élisabeth. Hugues de Chaumont, menacé dans ses propres terres, ne pouvait faire prévaloir son droit, mais sa femme n'entendit pas abandonner la lutte : escortée de quelques vassaux fidèles de Jaligny qui, après avoir en vain combattu contre les pillards, s'étaient réfugiés à Chaumont, elle accourut en Bourbonnais réclamer l'appui de son oncle Aimon, dit Vaire-Vache, sire de Bourbon. Celui-ci, usurpateur lui-même, n'était, sans doute, guère disposé à aider sa nièce dans ses revendications; il lui prêta néanmoins un faible secours, contre la promesse de lui rendre Bessay, qui avait constitué la dot d'Ermengarde.

A la tête de sa petite armée, Élisabeth se dirige sur Jaligny, sis, dit la chronique, sur les confins de l'Auvergne et du Bourbonnais, et dès lors commence contre les envahisseurs une lutte longue et opiniâtre, dont nous ignorons malheureusement les détails, et qui se termina par la reprise complète de son fief patronymique.

Il semble que la châtelaine n'ait plus eu qu'à jouir paisiblement d'un bien si courageusement et habilement reconquis; en 1129, cependant, Hugues de Chaumont étant parti pour la Terre Sainte, les tribulations d'Élisabeth recommencèrent, tribulations d'autant plus pénibles qu'il ne s'agissait plus

JALIGNY. — Porte du XIVe siècle.

alors de combats contre des étrangers, mais bien de disputes entre ses propres enfants. Le départ de leur père, en effet, fut le signal d'une lutte à outrance entre les trois enfants d'Élisabeth, Sulpice, seigneur de Chaumont, son frère Hugues et Oudin, le plus jeune, qui avait eu Jaligny en apanage. La querelle s'apaisa pourtant au moment où Hugues fut appelé en Terre Sainte par Foulques V d'Anjou, roi de Jérusalem, au service de qui était mort son père, Hugues de Chaumont; mais, son frère parti, Sulpice s'en prit à sa mère, qui fut forcée d'abandonner son douaire et de se réfugier auprès d'Oudin, à Jaligny.

Elle y jouissait d'un repos bien mérité, quand elle apprit que son fils Sulpice s'était engagé dans une guerre aussi injuste qu'insensée contre

Thibaud, comte de Blois. « Vieille et pleine de jours », dit la chronique, elle n'en reprend pas moins la campagne, et, n'écoutant que son amour maternel, elle gagne le château de Maindré, où elle s'enferme et qu'assiège en vain le comte de Blois. Sur ces entrefaites, Sulpice tombe dans une embuscade de son ennemi : Élisabeth appelle alors à son secours son fils Oudin, qui accourt avec une partie de ses vassaux du Bourbonnais et la rejoint dans Chaumont; le comte de Blois cherche sans succès à les déloger et, pour se venger de son échec, fait mourir Sulpice. En 1154, enfin, Élisabeth obtint la paix, moyennant la destruction de Chaumont-sur-Loire; mais, cette même année, Oudin, au cours d'un pèlerinage à Saint-Gilles, fut assassiné, et, ne pouvant survivre à ce dernier coup, elle mourut, le 12 octobre, à Amboise, non sans avoir pris la précaution d'envoyer son petit-fils, Hugues de Chaumont, fils de Sulpice, prendre possession de la terre de Jaligny, restée vacante par la mort d'Oudin, qui ne laissait pas postérité.

On voit combien est fausse, — en ce qui concerne ses enfants, tout au moins, — l'épitaphe qu'on lui composa à Pontlevoy : *Mulier genere atque formâ, viro atque liberis fortunata* (Femme heureuse par sa naissance, sa beauté, son mari, ses enfants).

Après Hugues de Chaumont est une courte lacune dans la suite des sires de Jaligny, et il nous faut aller jusqu'en janvier 1221 pour en trouver un nouveau en la personne d'Eudes de Châtillon en Bazois, époux, croyons-nous, d'Alix de Chaumont, fille de Hugues.

A Eudes de Châtillon succéda son fils Hugues, aussi seigneur de Treteau et de Billezois (V. ces fiefs), qui, en 1234, épousa Isabelle de Mello, fille de Guillaume, seigneur de Saint-Bris, et en eut plusieurs enfants, dont une seule fille, Isabelle, survécut à son père. Cette Isabelle de Châtillon était encore en bas âge à la mort de Hugues et resta sous la tutelle de son oncle, Guillaume, évêque de Tournus, puis de Laon, qui, en 1276, la fiança à Guy de Châteauvilain, fils de Jean, seigneur de Luzy. Restée veuve avec trois enfants, Isabeau, en 1289, se remaria avec Robert III, comte de Clermont, dauphin d'Auvergne, veuf lui-même d'Alix de Mercœur, et Jaligny, avec Treteau, passa ainsi dans cette maison, moins illustre encore par son origine que par le renom chevaleresque de la plupart de ses membres.

Robert mourut en 1324, laissant d'Isabeau, qu'il avait perdue en 1297, sept enfants, dont l'aîné, Robert Dauphin, hérita les terres de Jaligny, Treteau et Saint-Ilpize. A ces possessions déjà considérables, Robert Dauphin joignit encore la terre de Combronde par son mariage avec Almodie d'Apchon, fille d'Étienne, seigneur de Combronde; puis, resté veuf, il devint aussi seigneur de la Ferté-Chauderon et de Chatelperron en épousant Isabelle de Chatelperron (V. Chatelperron), fille de Hugues et veuve de Henri de Châtillon en Bazois.

Du premier mariage sortirent les Dauphin d'Auvergne, seigneurs de Combronde et de Saint-Ilpize, et du second, Hugues et Guichard Dauphin, qui tous deux possédèrent successivement Jaligny.

Hugues, en effet, fut tué à Poitiers en 1356, et, comme il ne laissait pas

Jaligny. — Façade de la cour d'honneur.

d'enfants, Jaligny et Treteau vinrent à son frère Guichard Ier, qui fut un des plus valeureux compagnons du bon duc Louis.

Le premier exploit que nous connaissions de lui est, en 1363, le long et pénible siège qu'il soutint contre les Anglais, dans sa place de Jaligny : les ennemis furent contraints de se retirer; mais, pour se venger, ils détruisirent presque de fond en comble Puyfol et Chantemerle (V. ces fiefs), dont ils avaient pu s'emparer, et endommagèrent tellement Jaligny que Guichard dut en refaire l'enceinte presque entière : de cette réfection date sans doute la porterie dont nous avons parlé.

L'année suivante, nous trouvons le sire de Jaligny à Toulouse, puis nous le voyons gouverneur du Dauphin qui devait être Charles VI : celui-ci, à son avènement au trône, le nomma son échanson; mais la paix semblait dure aux fiers porteurs de harnois qui formaient alors la cour du roi de France, et, en 1382, Owen, prince de Galles, ayant levé l'étendard de la révolte contre Henri IV d'Angleterre, l'occasion leur paraît bonne d'entreprendre une expédition lointaine et de tirer vengeance des invasions anglaises.

Avec Pierre des Rieux, maréchal de France, Guichard Dauphin lève donc une armée de dix mille hommes, s'embarque de Brest pour Hereford, ravage tout le comté de Worcester, brûle même les faubourgs de cette ville; enfin, menacé par une armée royale beaucoup trop supérieure en nombre, se rembarque à Mildford-Haven, chargé de butin et après avoir eu la joie de voir flamber chaumières et châteaux anglais.

Guichard Ier mourut en 1403, laissant d'Isabeau de Sancerre, sa première femme, la sœur du connétable, un fils qui fut Guichard II et un autre qui mourut jeune; il avait eu aussi un bâtard, Claudin, qui eut Dornes en partage et se rendit fameux sous le nom de bâtard de Jaligny.

Guichard Dauphin II, « moult notable et vaillant chevalier », fut grand maître des arbalétriers de France et grand maître d'hôtel du Roi, et finit dignement cette noble lignée des Dauphin.

C'était un Bourguignon convaincu, et il joua le rôle le plus actif dans la déplorable querelle des Bourguignons et des Armagnacs : au faîte du pouvoir ou relégué dans son manoir de Jaligny, suivant la fortune de l'un ou de l'autre parti, mais assistant à toutes les batailles de cette triste époque, il fut tué, le 25 octobre 1415, à celle d'Azincourt, qu'il avait vivement déconseillée.

D'Éléonore de Culant, sa femme, Guichard Dauphin II n'avait pas eu d'enfants; aussi ses héritiers naturels étaient-ils ses neveux, les Dauphin de Combronde et de Saint-Ilpize; mais il advint que Jacques Aubert, seigneur du Montel de Gelat (1), s'étant procuré un parchemin revêtu du sceau de Guichard II, en fit faire un faux testament qui lui attribuait la presque totalité des biens des Dauphin. Les neveux de Guichard durent donc entamer contre Aubert un procès qui, en 1452, — près de quarante ans plus tard, — se termina par une transaction qui les laissait paisibles possesseurs de Jaligny.

C'est ainsi qu'en 1489 apparaît comme possesseur de notre fief Guyon d'Amboise, seigneur de Ravel, près Clermont, qui le tient du chef de sa femme, Françoise de l'Espinasse, dite Dauphine, dame de Combronde, de Jaligny et Treteau.

De Guyon, Jaligny passa à sa fille Antoinette, épouse de messire Antoine de la Rochefoucauld-Barbézieux, chevalier des ordres du Roi, gouverneur

(1) A ces Aubert du Montel de Gelat appartient Étienne Aubert, évêque de Clermont, qui devint pape sous le nom d'Innocent VI (1352-1362).

de l'Ile-de-France, et, le 17 septembre 1545, vint aux Chabannes, par le mariage de Charles, sire de la Palisse, fils du maréchal, avec Catherine de la Rochefoucauld, fille d'Antoine.

Catherine, comme nous le disons ailleurs, n'eut qu'une fille, Éléonore de Chabannes, qui épousa successivement Just III de Tournon et Philibert de la Guiche, fils de Gabriel et d'Anne Soreau; Éléonore mourut au château de Jaligny, le 24 septembre 1595, laissant comme seule héritière une fille, Anne de Tournon, mariée à un neveu de Philibert, Jean-François de la Guiche, maréchal de France.

Jaligny, dès lors, eut les mêmes seigneurs que la Palisse (V. ce fief), et nous rapportons à Chatelperron (V. ce fief) comment, en 1679, Bernard de la Guiche, le petit-fils de Jean-François, fut amené à abandonner à ses créanciers tous ses biens paternels, sauf la Palisse. Nous ne le répéterons pas ici et reprendrons l'histoire de notre fief en 1682, où, avec Treteau et Chatelperron, il appartient à l'un de ces créanciers, J.-B. Larchier, conseiller à la cour des aides de Paris, époux de demoiselle Marie le Clerc. (V. aussi Gléné, la Tour-Pourçain, etc.)

Le conseiller Larchier ne garda pas longtemps ces trois terres et, le 31 mars 1685, les revendit à Marie-Gabrielle de Marmande, veuve de Charles Guillaud de la Motte et mère de Clément-Éléonore, chevalier, colonel d'infanterie et lieutenant pour le Roi en sa province de Bourbonnais (1).

Chatelperron, à la mort de Marie-Gabrielle, échut à sa fille, Marie-Cilénie, épouse de François de Charry des Gouttes, et Jaligny et Treteau, avec Boucé, Sorbiers, etc., formèrent le patrimoine de son fils, époux de demoiselle Françoise de Quatrebarbes de la Rongère. Jaligny ne sortit plus de la famille Guillaud et, en 1760 seulement, vint aux de Barral par le mariage de Marie-Séraphine Guillaud de la Motte avec Pierre-François de Barral, marquis de la Bastie d'Arvillard, fils de Joseph, président à mortier au parlement de Grenoble (2).

A Jaligny était une bourgeoisie assez nombreuse, dont nous avons rencontré ou rencontrerons des représentants dans plusieurs fiefs des environs : ici nous ne citerons que les Chambel, dont, au XVIIe siècle, Jean,

---

(1) La famille Guillaud portait le nom d'une terre de La Motte, sise sur la paroisse de Thiel. Charles Guillaud fut distingué par le prince de Condé et anobli en 1677 sur la demande formelle du prince. « Quoique d'une naissance assez obscure, dit M. de Nointet dans son Rapport au Roy, en 1694, sur la noblesse bourbonnaise, M. de la Motte Guillaud était d'une vertu si distinguée que Sa Majesté le fit lieutenant général de son armée de Catalogne : il a passé pour un des meilleurs officiers de son temps. »

(2) La famille de Barral est originaire de Saint-Aupre, dans le département de l'Isère et le canton de Voiron.

Antoine et Pierre furent successivement baillis de Jaligny. Alliés aux Dugué, de la Palisse, aux Rambost, aux Fauvre, aux Bilhaud des Roberts, de Droiturier, les Chambel finirent dans cette dernière famille et eurent comme derniers représentants les Bouérot, des Tixiers (V. Périgny), les Gontier, de Château-Gaillard (V. ce fief), et les Maillant, de Droiturier, qui devinrent successivement les Maillant-Chambel et les Maillant du Chambet.

En 1762, M. de Morigny, seigneur de Gléné de Servilly, prenait le titre de seigneur de *Marseigne*. S'il s'agit là de l'ancienne paroisse sise en face de Jaligny, cela veut dire sans doute qu'il avait acquis de M. de Barral ou de son beau-frère, M. de Croismes, quelques droits seigneuriaux sur Marseigne ; mais jamais il n'y eut dans notre bourg de seigneurie proprement dite.

LES QUILLETS.
Panneau du XVe siècle

Tout ce que nous y pouvons signaler est un ancien prieuré qui dépendait de Notre-Dame de Nevers et possédait les domaines voisins des Ardilliers et des Trafés : dès le XIIIe siècle, nous trouvons mentionné ce prieuré de Marseigne, dont Coulanges était membre et qui, au XVIIe siècle, valait huit cents livres de revenu. Il reste de cet établissement religieux une fort jolie maison en pans de bois.

A Marseigne était aussi le siège d'une charge de notaires, qu'occupèrent longtemps des de la Geneste.

VARENNES-SUR-TÊCHE ET SORBIERS.

De Jaligny, il nous faut revenir sur nos pas, pour parcourir les plateaux granitiques qui séparent du dépôt calcaire des bords de la Bèbre la couche profonde de terrain de transition où se trouvent les gisements houillers de Bert et de Montcombroux.

C'est le territoire des communes de Varennes-sur-Têche et Sorbiers, territoire jadis bien pauvre, si l'on en excepte les fonds argilo-calcaires de Varennes et de Précord, et bien peu cultivé, puisqu'il y a cent ans Sorbiers n'avait pas plus de cent soixante-trois habitants.

Blotti au fond de l'étroite vallée où Nicolaï place à tort les sources de la

Tèche, *Précord* a tout l'air d'une des plus anciennes seigneuries du pays : il en fut, en tout cas, une des plus considérables, et, avant sa restauration, le vieux château de Précord conservait encore bien des marques de son antique importance.

Le premier seigneur de Précord que nous connaissions nous est donné par les *Noms féodaux* et n'est autre que Jean de Montpalein, membre de cette famille de Lubier (V. Montpalein) qui, dès lors, abandonna son fief

PRÉCORD.

patronymique devenu, depuis cette époque, une simple dépendance de Précord. Jean de Montpalein est pour la dernière fois mentionné en 1312 ; puis viennent Hugues et, en 1342, Étienne de Montpalein.

Étienne, pensons-nous, fut le père de Renaud, seigneur de Montpalein et de Bosvert (V. ces fiefs), et c'est par alliance, sans doute (1), que Précord passa des Montpalein aux Montjournal, que nous y trouvons, en 1411, en la personne de Jehan, aussi seigneur de Bosvert.

Peu de noms reviennent aussi souvent dans nos notes que celui de cette famille sortie du château ruiné de la paroisse de Bussoles, et qui posséda

(1) Nous reproduisons ci-après une pierre aux armes des de Montjournal : nous n'avons pas de preuves absolument certaines de notre opinion, mais nous avons de fortes raisons de croire que les Montjournal portaient primitivement le lion seul, et que les fleurs de lis leur viennent de leur alliance avec les Montpalein qui s'éteignirent en eux.

aussi Cindré, le Verger, etc. ; à Jean succéda son fils Ploton, qui, en 1443, ajouta à ses terres celles de Mauvernet et de la Motte-Valière (V. ces fiefs) par son mariage avec Françoise de Châtelus; puis viennent : en 1460, Antoine, fils de Ploton; en 1499, Hugues, protonotaire du Saint-Siège apostolique; et, en 1506, Jean, qui devint par la suite seigneur de Cindré. (V. ce fief.)

Jean de Montjournal dut à la charge qu'il remplissait auprès du maréchal de la Palisse de ne pas suivre à l'étranger le connétable, comme tous les gentilshommes ses voisins, et devint un des plus puissants seigneurs de la province : il figure en bonne place aux fastueuses funérailles de Jacques II de Chabannes (V. la Palisse) et, en 1535, fonda à Varennes-sur-Tèche un chapitre de chanoines richement doté (1).

Jean mourut en 1548, laissant cinq enfants : Louis, Claude, dévotes et religieuses personnes Marie et Regnée de Montjournal, dames du couvent de Marcigny-les-Nonnains, et Gilberte. Précord et la Motte-Valière furent attribués à Louis, l'aîné; mais des désaccords ne tardèrent pas à s'élever entre lui et son frère Claude, à qui était échu Cindré, et, pour les calmer, il ne fallut rien moins que l'intervention de leur oncle, Révérend Père en Dieu Gilbert de Montjournal, abbé du Pin de l'Ordre de Cîteaux, au diocèse de Poitiers, assisté de très haut et très puissant seigneur Gabriel de la Guiche, seigneur de Saint-Gérand, Saint-Loup et Gouise; de Jean de Marconnay, seigneur de Montaré, de Raquin des Gouttes; de Jean de la Fin de Beauvoir, etc.

En 1550, Loys de Montjournal acheta de Guillaume de Tournebise les seigneuries de Cost et Luzet (V. plus bas), et, après avoir acquis, en 1566, dans la partie haute de la province, quelques droits venant des Ormais (V. ce fief et Montmérand), il prit le titre de seigneur de Précord, la Motte-Valière, Cost, Luzet, et en partie des Ormais, que portèrent ses successeurs jusqu'à la Révolution.

Louis de Montjournal mourut avant 1586, laissant sous la tutelle de Claude de Callard, sa veuve, deux enfants mineurs, à savoir un fils Gilbert qui mourut jeune, et une fille Marguerite, qui devint ainsi seule héritière des biens de sa famille et les porta successivement à Jean de Marconnay,

---

(1) La fondation de Jean de Montjournal est l'église actuelle de Varennes ; concurremment avec elle exista longtemps la paroisse primitive dépendant de l'abbaye de Saint-Rigaud au diocèse de Mâcon et sise en aval du bourg, dans le pré dit pré de la Cure; mais à une époque quelque peu indécise et que fixe seulement au commencement du XVIIe siècle le style de la chapelle dite de Précord, la vieille paroisse placée sous le vocable de saint Léger tomba en ruine : alors intervint un arrangement; la paroisse fut transportée à l'église canonicale de Saint-Jean, et la pauvre statue de saint Jean reléguée au grenier, où elle se trouve encore.

seigneur de la Fin, et à François de Montlaur, son second époux, plus tard sénéchal du Languedoc et gouverneur de Montpellier (1).

De ces deux unions, Marguerite de Montjournal ne laissa pas d'enfants et elle mourut en 1614, laissant Précord à son mari, qui, le 20 septembre 1617, épousa Claude de Saint-Agnan, dame de la Gastine.

Ce second mariage de François de Montlaur fut aussi stérile, et, laissé par lui à sa veuve, notre fief de Précord fut par elle porté, en 1623, à messire Antoine-Alexandre de Roquefeuil, baron de Castelnau (2).

De cette union naquit une fille, Marie-Gilberte, qui, le 9 juillet 1639, fut mariée à haut et puissant seigneur messire Gaspard-François, marquis de Coligny-Saligny, et qui, après la mort de ce dernier, tué au combat de Charenton le 8 février 1649, se remaria avec Charles Yves, marquis d'Alègre, dont elle devint aussi veuve.

Marie-Gilberte de Roquefeuil semble avoir parfois habité Précord et s'en être occupée : c'est ainsi qu'en 1649, elle fait démolir la chapelle de Cost (V. ci-après); en 1691, nous la voyons encore donner à bail sa terre de Précord à Pierre Le Febvre, notaire royal, et à Louise Balmon, sa femme, moyennant trois mille cent livres tournois ; enfin, peut-être est-ce à elle qu'il convient d'attribuer les peintures qui, récemment encore, décoraient Précord et avaient une grande analogie avec celles de Saligny ; mais à sa mort commence pour notre vieux château une ère de complet abandon.

PRÉCORD.
Fresque du XVIᵉ siècle.

A Gilberte, décédée le 1ᵉʳ février 1699, succéda sa fille, Marie-Isabeau de Coligny-Saligny, épouse de Noël-Éléonore Palatin de Dyo, marquis de Montpeyroux, qui habita généralement Montpeyroux en Bourgogne ; puis viennent : le fils d'Isabeau, Éléonor Palatin de Dyo-Montpeyroux (3),

---

(1) François de Montlaur appartenait à une famille languedocienne, qui dès le XIIIᵉ siècle fournit des évêques à Maguelonne. Le château de Montlaur, sis au pied des Cévennes, à quelques lieues de Montpellier, fut brûlé par le duc de Rohan et rebâti aux frais du Roy.

(2) Les Roquefeuil-Castelnau portaient : de gueules écartelé par un fil d'or à douze corsetières de même.

(3) Armes des Dyo-Montpeyroux : fascé d'or et d'azur de six pièces à la bordure de gueules. Armes des Langhac : d'or à trois pals de vair.

époux de Françoise de Harville, dont la présence est souvent signalée à Saligny, et après lui sa sœur, à qui il céda Précord en 1708, Jeanne Palatin de Dyo-Montpeyroux, épouse de Marie-Roger de Langhac, marquis de Coligny, et demeurant avec lui au château de Chaseu (1), près d'Autun.

C'est dans ce château de Chaseu que, le 15 octobre 1716 et par-devant Junot, notaire royal, fut passé, par le marquis et la marquise de Coligny, à Jean-Paul Virotte, bourgeois d'Autun, un bail à ferme de leur terre de Précord, moyennant trois mille cent livres, bail par lequel Virotte devenait, en outre, receveur d'une foule de droits qui s'étendaient depuis les Rois et les Forgheats d'une part (ancienne seigneurie de Montpalein) jusqu'aux Vessets et Montmérand. Précord, à cette époque, comprenait six domaines : la Cour ou les Granges, les Burjauds, la Motte-Valière avec un moulin, Vernanssal et les Lubillats ; aussi le chiffre de trois mille cent livres ne semble-t-il pas témoigner d'une culture intensive.

Jean-Paul Virotte vint donc, à la fin de 1716, se fixer à Précord et y fut la tige d'une famille qui a dans toute notre région d'innombrables représentants : il mourut dans notre château en 1742 et eut comme successeur dans sa ferme son gendre, Nicolas Fauvre, fils de Claude, châtelain de Floret et beau-frère de M. Papon des Quillets (V. ce fief), qui demeura à Précord jusqu'en 1744.

Mais pendant ce temps notre fief avait plusieurs fois changé de mains : en 1717, d'abord, il avait formé la dot de Marie-Louise-Éléonore de Langhac, épouse de Claude-Élisabeth, marquis de la Guiche ; puis, en 1720, il avait été, pour la première fois, mis en vente et acquis par messire Jean-Louis Busillet, intendant des maisons et affaires de M. le contrôleur général. Le 16 octobre 1743, enfin, M. Busillet, devenu intendant de la généralité d'Auch et demeurant à Paris, rue d'Argenteuil, paroisse Saint-Roch, l'avait revendu, moyennant quatre-vingt-dix mille livres, à Claude-Joseph Grassin, docteur en Sorbonne, vicaire général du diocèse de Vienne, seigneur prieur commendataire de Saint-Martin d'Ambierle, et à son frère Pierre, chevalier, baron d'Arcy et de Dienville-sur-Aube, demeurant à Paris, rue Thibaut Odé, paroisse de Saint-Germain-l'Auxerrois.

MM. de Grassin avaient fait cet achat pour leur troisième frère Pierre-François Grassin (2), chevalier, capitaine au régiment de Picardie, ingé-

---

(1) Chaseu, dont les ruines intéressantes se voient près de la gare de Brion, entre Étang et Autun, était passé aux Langhac par le mariage de l'un d'eux avec la fille de Roger de Rabutin, plus connu sous le nom de Bussy : c'est là, plus encore que dans son château de Bussy, que passa son exil l'auteur de l'*Histoire amoureuse des Gaules*.

(2) Armes des Grassin : de gueules à trois lys de jardin d'argent.

Pierre-François était le cousin germain de Simon-Claude, qui devint plus tard maréchal des

nieur ordinaire du Roy, et c'est ce dernier que nous voyons se fixer à Précord, en 1744, avec sa femme Nicole-Élisabeth Loir, fille de Jean-Louis, trésorier de France à Lyon, et de demoiselle Élisabeth Juillot.

A Pierre-François succéda son fils Gilbert, vicomte de Grassin, aussi seigneur de Saint-Étienne du Bas (V. ce fief) et époux de Marie-Olive-Henriette-Françoise Bernard des Camps, qui a laissé dans le pays un souvenir encore très vivace de son faste, de ses chasses princières et aussi de son inépuisable charité : ce fut la belle époque de Précord, mais la Révolution arrivait. Confiants dans une population qui les aimait, les époux Grassin ne songèrent pas à émigrer et, en effet, échappèrent quelque temps aux fureurs révolutionnaires ; mais bientôt dénoncés, une bande de braves patriotes de Saint-Gerand, conduits par le fameux Minard, arriva pour les arrêter. Leurs recherches furent longtemps vaines ; enfin, une servante terrorisée indiqua au sommet d'une tour le comble où ses maîtres s'étaient réfugiés, et le 17 ventôse an II, les bons citoyens purent avoir la joie de voir tomber les têtes des deux châtelains de Précord (mars 1794).

Précord fut pourtant conservé à leurs enfants mineurs, qui, en 1809, le vendirent à M. Claude Devaulx de Chambord (V. le Grand Chambord); en 1855, enfin, M. le marquis de Chavagnac, petit-fils de M. Devaulx de

---

camps et armées du Roy, et qui se rendit si célèbre comme mestre de camp de la troupe légère dite des arquebusiers de Grassin, actuellement le 4ᵉ de chasseurs à cheval. Le portrait le plus connu du fameux batteur d'estrade, qui se trouve maintenant à Cingleton, chez M. le vicomte de Grassin, provient de Précord, et, à propos du maréchal de Grassin, il nous a semblé intéressant de reproduire une lettre de lui encore inédite et adressée à son cousin de Précord.

« D'Obeignies (Obligines sans doute), près Tournay, ce 21 mai 1745

« Vous aurez sceu sans doute, mon cher cousin, le gain de la bataille de Fontenoy. Si j'eusse resté à portée du champ de bataille, vous auriez eu de mes nouvelles, mais la troupe que je commande est de nature à rester peu en place. Je ne vous en parle pas; elle a eu l'approbation du Roy et l'estime de toute l'armée. Sa Majesté m'a accordé sur le champ de bataille deux mille livres de pension sur l'ordre de Saint-Louis, dont jouissait M. du Brocart, maréchal de camp, qui a été tué. L'on me dit brigadier, j'en accepte l'ogure. Sa Majesté vient de mordonné la levée de 200 volontaires royaux à cheval : je commense ce travail; si vous en trouviez quelquuns dans votre païs en estat de se soutenir et de se monter mesme, je les recevrait. Qu'ils ayes 100 livres de pension, ça sufirait avec la paye du Roy, je vous demanderoist aussi quelques fantasins et quelques petits cheveaux montagnards, si il s'en trouve du prix de 15 jusqu'à 20 pistoles : je rècoit votre lettre. Le sieur Ganne a eu son congé ayant finy son temps sans quiter le Régiment. Le seigneur Michel — il s'agit là de Michel Virotte, fils de Jean-Paul, qui rejoignit alors le régiment de Grassin où il servait avec deux de ses frères — n'est pas dans le mesme cas, il faut qu'il rejoigne et finisse son temps pour avoir son congé absolu; si il ne le fait pas ou ne finisse pas avec vous, sur le champ mandé le moy, je le ferai ariesté.

« Je suis assez comptent de le Bœuf et luy confie mesme des détachements, il est un peu yvrogne, ce qui pourrait retarder son avancement; le seigneur de la Grye est toujours avec moy, je n'ai pu luy procurer aucuns employs. Comment ce porte le grand cousin? Faite luy bien des amitiés de ma part et mils respects à ma chère cousine, à qui je souhaite un gros garçon, et me rendez toujours la justice d'estre bien convaincu, mon cher cousin, des tendres sentiments avec lesquels j'ai l'honneur d'estre votre très humble et très obéissant serviteur.

« GRASSIN.

« Tournoy est aux abois. »

Chambord, céda à madame Marie-Maximilienne de Houdetot (1), épouse de M. Jean-Nicolas Préveraud de la Boutresse, des Plantais, ce qui restait de la terre de Précord, déjà plusieurs fois démembrée.

En 1720, Précord est dit dans un dénombrement « un grand château fort logeable, entouré de fossés remplis d'eau vive, revêtu de murailles du côté du pont-levis et de la seconde cour, dans laquelle il y a une grande écurie voûtée pour cinquante chevaux avec greniers au-dessus et une grande chapelle, joignant lesdits greniers : il y a une troisième cour, renfermée de murailles garnies d'une tour et de fossés avec un colombier bien peuplé ».

Sauf la chapelle, qui s'écroula il y a trente ans, cette description est encore exacte; et nous citerons seulement dans la cour une curieuse porte du commencement du XVIe siècle, et près de la grande écurie, vers l'ancienne entrée, un de ces conduits comme nous en trouvons à Montgilbert (V. ce fief) et qui ont tant intrigué les archéologues.

C'est dans une réparation récente qu'a été mise à jour la pierre sculptée que nous reproduisons : outre son intérêt artistique, cette pierre a l'avantage de donner sur les Montjournal des renseignements précieux. Nous n'avons pu malheureusement nous livrer aux recherches qui seraient nécessaires pour en attribuer les armoiries : l'un de ces écus se trouve aussi sur un vieux vitrail à la Forêt. (V. ce fief.)

Dans la locatairie des Veillons, en montant vers Cost, se trouvent les terres dites de *Luzet* : c'est là, évidemment, l'ancienne seigneurie de ce nom, possédée, en 1506, par Jean de Tournebise et vendue, en 1550, par Guillaume de Tournebise, fils de Jean, à Louis de Montjournal, seigneur de Précord. Là se borne, d'ailleurs, tout ce que nous savons de ce fief disparu, à moins pourtant qu'il ne faille voir Luzet dans la terre et seigneurie de Luzat, en la châtellenie de Billy, dont rend aveu en 1300 un Bonnet de la Motte, écuyer.

En cherchant à placer exactement *Lipidiacus*, M. Longnon dit que ce nom latin a dû former quelque chose comme Lizié : mais alors le voilà, à Luzet, ce vieux nom de Lipidiacus! Non loin de là est le domaine des Barbarins (*vicus Berberensis*); une terre voisine est dite l'Ouche du Saint, et tout près aussi se trouve la très vieille chapelle de Cost. Certes, voilà de quoi longtemps torturer le texte de Grégoire de Tours et l'histoire de saint Lupicin. Il est vrai que la situation de Luzet ne s'accorde guère avec ce que l'on dit

---

(1) De Houdetot : maison noble de Normandie citée comme ayant pris part à l'expédition de Guillaume le Conquérant en Angleterre. Parmi les compagnons de Robert II Courte-Heuse, duc de Normandie, à la prise de Jérusalem en 1097 sont nommés Jehan et Colard de Houdetot.

du saint personnage : qu'il buvait l'eau de la rivière, que lui amenait un canal ; mais cela n'empêche pas de disserter... au contraire.

Comme Servilly, Boucé, Trézelles et bien d'autres (V. Trézelles), *Cost*, qui est très probablement une ancienne paroisse et se trouve mentionné parmi les possessions de l'abbaye de Mauzac, était, au commencement du XIII° siècle, tenu en fief des évêques de Clermont par les comtes de Nevers ; c'est ainsi qu'en 1243, nous voyons un Aymon de Vallières, damoiseau, rendre aveu à la comtesse de Nevers pour la maison forte de Cost, qu'elle lui a sous-inféodée.

Faut-il voir encore notre seigneurie de Cost dans les terres et droits portés, en 1323, à Hugues de Barreys, damoiseau, seigneur de Sorbiers (V. ce fief), par une fille d'un Pons de la Chapelle-Coud, qualifié chevalier? Nous ne savons, et, sautant à près de deux siècles plus loin, nous arrivons, en 1506, à Jean de Tournebise, dont le fils Guillaume, en 1550, vendit Cost à Louis de Montjournal, seigneur de Précord.

Précord. — Pierre aux armes des de Montjournal

Mais si le passé de Cost nous échappe ainsi en grande partie, tout au moins sommes-nous tout à fait fixés sur les circonstances et la date de sa disparition : depuis longtemps, en effet, la maison forte qui couronnait la motte encore reconnaissable de Cost, avait été détruite ; cependant, au XVII° siècle, la chapelle subsistait toujours et était devenue, au milieu des futaies environnantes, un lieu de rendez-vous commode ; aussi, le 9 juillet 1649, la dame de Précord, marquise de Coligny-Saligny, adresse-t-elle à l'évêque de Clermont une supplique pour en demander la démolition. « Dans l'enclos de Précord, dit-elle, est une chapelle bastie dans des boys et connue sous le nom de chapelle de Cos, entièrement ruynée, sans portes ni presque de couverture, et dans laquelle il y a longtemps qu'il ne s'est célébré aucune messe ni faict aucunes fonctions sacerdotalles ; amfin ladicte chapelle à présent n'est qu'un refuge pour y commettre un grand nombre de mauvaises actions que ladicte dame pour sa pieté désirerait empécher pour l'advenir. »

L'évêque de Clermont nomma une commission pour examiner la requête, et le chanoine Buvin vint même à Précord pour se rendre compte de son bien fondé : il trouva, en effet, « une chapelle voûtée de très ancienne fondation et dans laquelle on ne saurait faire un office sans s'exposer à un accident », et il conclut à la démolition de Cost, à condition que « le service qu'on se pourra souvenir avoir été accoutumé de faire dans ladicte chapelle soit transféré dans la chapelle du château de Précord, savoir celle située proche du grenier, qui est sur le portail (c'est la chapelle récemment écroulée), et, quand le mauvais temps ne permettra pas à la châtelaine d'y aller, dans la chapelle qui joint la salle basse ».

Marie-Gilberte de Roquefeuil profita de la permission accordée, et, de ce qui fut sans doute un des primitifs sanctuaires de notre pays, il ne reste que quelques fondations et des débris, que l'on met parfois à jour près du domaine Beaumont, sur un promontoire (point 365) d'où la vue s'étend au loin, le long et au delà de la vallée de la Bèbre.

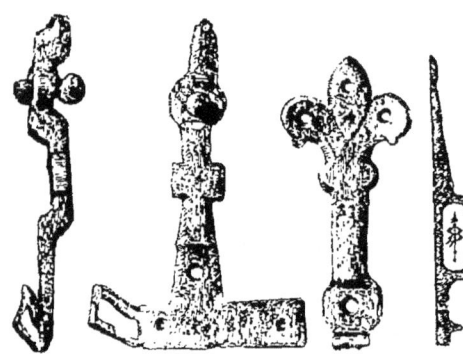

Cost. — Bronzes trouvés à la chapelle.

Nous reproduisons des fragments de bronze doré qui durent orner une châsse ou un tabernacle.

L'ancien emplacement de Cost porte le nom de terre de la Chapelle, et on a le souvenir d'une vogue qui s'y tenait chaque année, il n'y a pas encore très longtemps.

La troisième seigneurie réunie à Précord est celle de la *Motte-Valière*, dont le vieux château se trouvait sur une motte reconnaissable sur la rive droite de la Tèche et à cent cinquante mètres en aval du pont de la route du Donjon. Une tradition locale veut que la Motte ait été démolie pour réparer Précord, et effectivement dans certaines parties de Précord se trouvent des pierres sculptées ou peintes employées comme moellons.

Ce château disparu fut le berceau d'une famille dont nous connaissons trois membres : en 1243, d'abord, cet Aymon de Vallières que nous venons de voir à Cost; puis en 1264 un Blayn de Vallières, chevalier, qui se reconnaît vassal de l'abbé de Mauzac en Auvergne, mais spécifie toutefois que sa maison et sa motte, sises en la paroisse de Varennes-sur-Tèche, ne relèvent pas dudit abbé; enfin Marguerite, fille de Blayn, qui en 1285 porta la Motte-Valière à Plotard de Châtelus, seigneur de Mauvernet. (V. ce fief.)

Plotard de Châtelus fut l'aïeul du fameux Jean de Châtelus, bailli de Mâcon, tué à Azincourt ; et c'est ainsi qu'en 1424 nous trouvons la Motte-Valière comprise dans le riche héritage de Françoise de Châtelus, fille de Jean, fiancée d'abord à Louis de Chateaumorand, puis mariée successivement à Louis de Chantemerle de la Clayette (V. Châtelus et Diannières) et à Ploton de Montjournal, seigneur de Précord. Avec Mauvernet, la Motte-Valière fut par Françoise apportée en dot à ce second mariage, et jusqu'à la Révolution elle ne fut plus séparée de Précord.

De Précord font encore partie les *Burjauds*, dans lesquels il faut voir sans doute ce fief des Buaux dont parle Nicolaï, et qui semblent, d'ailleurs, avoir été une construction soignée, comme il se voit par quelques détails d'architecture.

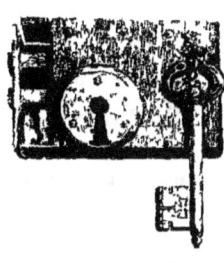

LA MOTTE-VALIÈRE.
Serrure Louis XV

Peut-être les Burjauds sont-ils le berceau, resté jusqu'ici ignoré, de la famille Devaulx, dont nous trouvons un peu partout les représentants, et qui aurait possédé le domaine voisin de la Devaudière, qualifié fief en 1686 par M. l'intendant d'Argouges. En 1503, en effet, nous voyons aux Burjauds un Louis Devaulx, et en 1543 son fils Sébastien, seigneur des Martinants, qui, peu de temps après et tout en soutenant un procès par lui engagé contre le seigneur de Précord, est allé habiter sur Périgny le domaine de la Garenne.

Enfin, dans cette région, nous citerons deux domaines voisins de Précord : ce sont les *Girauds de la Garde* et le *Charme*.

Le premier vient d'une famille Dugué, que l'on trouve à la Palisse dès 1532, et fut réuni aux Quillets (V. ce fief) par Léon Dupré, qui le tenait de sa mère, Jacqueline Dugué, fille de Jacques et épouse de Jean Dupré.

Avant les Dugué, les possesseurs de ce domaine avaient été des Giraud, qui lui ont laissé leur nom ; mais le vrai nom de ce lieu est la Garde, souvent donné aux anciens emplacements de maison forte. Il se pourrait fort bien qu'une construction fortifiée ait jadis couronné le sommet des Grosjeans ; nous n'avons cependant trouvé en cet endroit nul vestige bien caractéristique, et il serait d'autant plus difficile de fixer dans les environs de la Garde l'emplacement d'un ancien château que tout le triangle entre les Brossards, Précord et Cadelières regorge de débris non douteux d'habitations disparues.

Quant au *Charme*, qui passe à tort pour avoir été une maison seigneuriale, c'était un simple logis de chef de communauté, logis fort soigné, comme il se voit encore par deux jolies fenêtres sculptées.

En 1528, les du Charme vendirent « leur hôtel » aux Bisson ; ceux-ci, en 1625, le recédèrent à honnête Jean de la Salle (V. la Bresle), fermier de la Motte-Vesset ; enfin, en 1717, en devint acquéreur Jean-Paul Virotte, dont les descendants le possèdent toujours.

Puis, traversant la fertile vallée où s'est formé le bourg de Varennes-sur-Têche, nous gagnons la partie haute de la commune, couverte autrefois par la vaste forêt de Chassin-Roux, aujourd'hui domaine de *Chassinroy*.

La forêt de Chassinroy, dépendant de Chaveroche, ne comprenait plus guère que deux ou trois futaies de hêtres quand elle fut défrichée en 1680 ; le reste était formé d'arbres rabougris, et la vente faite à cette époque fut même l'objet d'un curieux procès intenté à M. de la Guiche, engagiste de Chaveroche, par les officiers royaux. Ces derniers prétendaient en effet « que, par suite de son manque de surveillance, la couronne avait subi un préjudice considérable, la majeure partie des arbres de Chassinroy étant sur le retour et tout au plus bons à faire des cendres, et n'ayant pu être vendus qu'un prix dérisoire, réduit à trois mille livres, une fois les frais déduits ».

Non loin de là était la seigneurie de *Montmérand*, dont l'importance fut réduite de bonne heure, puisqu'en 1609 elle ne se composait plus que de la haute, moyenne et basse justice sur le village Buisson et deux ou trois domaines voisins.

La maison seigneuriale de Montmérand, en cette même année 1609, se composait « d'un vaste corps de logis couvert en tuiles et accosté de deux ailes, le tout entouré de fossés pleins d'eau, et auprès était un colombier aussi couvert en tuiles » ; cette vieille maison a disparu comme tant d'autres, et à Montmérand il ne reste plus actuellement qu'une motte couronnée par des bâtiments d'exploitation.

Dès le début du XVIe siècle, Montmérand appartint aux Desbots, que nous allons retrouver à Montifaut et aux Ormais (V. ces fiefs) : de ces Desbots nous connaissons Louis, en 1518, et, en 1550, Claude. Puis arrive, nous ne savons comment (V. les Ormais), la famille lyonnaise des Vaurion (1), dont nous avons, en 1609, Pierre, et, en 1661, Antoine, époux de demoiselle Anne du Patural. (V. le Patural.) Antoine de Vau-

---

(1) Armes des Vaurion : de sable au chevron d'argent. Une de leurs branches possédait Coutouvre, dans le canton de Perreux, près Roanne.

rion mourut avant 1681, et, après un court passage entre les mains de sa veuve, Montmérand passa à son gendre Louis de la Farge, seigneur de Péronne, époux de demoiselle Claudine de Vaurion.

Là nous perdons quelque peu la suite des seigneurs de Montmérand, et le 5 janvier 1714 seulement nous trouvons une vente de notre fief consentie par Toussaint le Long, chevalier, seigneur de la Monnaye, et dame Claude de Rochefort, sa femme, à dame Gilberte Rambaud, veuve de Jean-François le Febvre, bailli de la ville de Jaligny.

A Trézuble et ailleurs, nous avons rencontré déjà cette famille le Febvre, une des plus anciennes de la bourgeoisie locale, et que depuis fort longtemps on trouve dans la maison de Varennes-sur-Tèche, qui est aujourd'hui l'habitation de M. Édouard Bouquet des Chaulx : les le Febvre sont d'anciens notaires et possédaient aux environs de nombreux domaines, entre autres les Millières et le Jeu.

A Gilberte Rambaud succéda son fils Pierre, époux de Louise Balmont, lieutenant général en la châtellenie de Chaveroche; puis vient Jean-François le Febvre, leur fils, après lequel arrive la famille Tain, dont acquit Montmérand, il y a environ un demi-siècle, M. Meilheurat des Virots (de la branche de Ternat), aïeul de M. des Chaulx, le propriétaire actuel.

Le domaine voisin d'*Hauteville* passe pour avoir été une ancienne seigneurie : nous ne le pensons pas, et, à notre avis, Hauteville était tout simplement une dépendance de Montmérand, qui en fut détachée à la fin du XVIe siècle, époque du démembrement de tant de terres. Depuis lors, Hauteville fut possédé en 1686 par un François Brirot, puis en 1701 par François Regnaud, marchand à Bert (1); puis par les Griffet, et enfin les le Febvre qui le vendirent aux Bernard.

Nous citerons aussi les *Bruns*, où se succédèrent les Balmont, les Dulignier, les Brirot de Tilly et les de Finance (V. Saint-Nicolas des Biefs, etc.), qui les possèdent encore actuellement.

En quittant la commune de Varennes-sur-Tèche pour gagner Sorbiers, nous nous trouvons sur la terre de *Montifaut*, seigneurie autrefois considérable, s'il en faut croire les pièces d'un procès soutenu en 1751 par J.-F. le

(1) Voir pour les Regnaud le Breuil, Augerolle et une multitude de nos fiefs; nous avons dit déjà à quel point nous embarrassait l'incroyable écheveau de cette famille Regnaud, encore existante. Ce qu'il y a de certain, c'est qu'un lien étroit unissait les Regnaud du Breuil, ceux de Cusset, de la Bêche, de Liernolles, de Saint-Didier et de Monétay-sur-Loire, et qu'on les voit tous signer les mêmes actes de famille.

Febvre contre M. de Grassin, mais dont les souvenirs ont disparu aussi complètement que le château qui en était le chef.

Or de ce dernier il ne reste absolument que la motte, de silhouette curieuse, d'ailleurs, et sise au fond d'un ravin de difficile accès, au point où la carte d'état-major porte le « am » du mot « les Rambauds ». Les fossés qui défendaient l'accès de l'étroit plateau sont encore visibles, et dernièrement un chercheur de trésor découvrit l'entrée d'une cave voûtée d'où il retira d'anciens vases remplis de grains décomposés.

Une locatairie voisine a conservé seule le nom de Montifaut, et tout près de là coule une fontaine connue sous le nom de font de l'Armée. (V. la Bêche.)

Montifaud, au XIVe siècle, appartenait aux de Jantes (V. Saint-Léger des Bruyères), et jusqu'en 1396 les *Noms féodaux* nous en donnent comme seigneurs : Hugues, Jean, autre Hugues et Antoine de Jantes. Puis vient une longue lacune, pendant laquelle disparut sans doute l'importance féodale de cet inaccessible domaine, et, en 1561, le titre de seigneur de Montifaut est porté par un Antoine de Chappuy, membre d'une famille qui semble originaire de la montagne (V. la Prugne), et qui, à cette époque, fournit des officiers de justice à nombre de seigneuries du voisinage.

Le 10 octobre 1569, par acte reçu Jean Tillier, notaire à Cindré, Catherine de Chappuy, fille d'Antoine, épousa Pierre Dulignier (1), demeurant ordinairement à Ris en Auvergne et pour lors au château de Montjournal (V. ce fief); mais de cette union il ne naquit pas d'enfants, et peu d'années après, par suite de vente probablement, Montifaut est passé aux mains des Debost de Montmérand (V. ce fief) : des Debost il passa aux de Vaurion et, à la fin du XVIIe siècle, fut, par une demoiselle de Vaurion, seconde fille d'Antoine, porté à messire Gilbert de la Platière, écuyer, demeurant à Beaulon.

Celui-ci vendit Montifaut à dame Gilberte Rambaud, en même temps que son beau-frère lui vendit Montmérand (V. ce fief), et nos deux seigneuries déchues suivirent dès lors la même destinée.

La famille Rambaud, à laquelle appartenait très probablement Gilberte, sort du domaine voisin des *Rambauds;* un de ces Rambaud, Jean, dit Praticien, alla, à la fin du XVIe siècle, se fixer à Servilly par son mariage avec une demoiselle Claude Gadin, et y fit souche d'une longue suite de Ram-

---

(1) Comme dans les registres paroissiaux de la Prugne au XVIIe siècle on relève les noms de nombreux Dulignier, Claude, Antoine, Jean, Simon, on pourrait chercher l'origine de cette famille au hameau du Lignier, paroisse de Ferrières : mais là-dessus nous ne savons rien de précis.

baud, tous seigneurs des Palbosts. (V. ce fief.) Une des filles de ce Jean épousa Jean Dulignier, notaire à Trézelles, fils de Pierre, écuyer, veuf en premières noces de demoiselle de Chappuy et remarié avec demoiselle Jeanne Croizier.

Parmi les justices relevant de Chaveroche, Nicolaï cite « la terre, justice et vieil château ruiné des *Ormais*, situé au milieu des bois », et, d'autre part, dans une adjudication de 1697, nous voyons que « le fief des Ormais consiste en deux corps de logis entourés de fossés, dont l'un en mauvais état, et à côté tours et masures, où soulait être le château des Ormais ». Il est donc à croire que le vieux manoir féodal fut de bonne heure abandonné pour la maison actuelle des Ormais, reste probable des corps de logis de 1697 : quant aux deux tours, sises sur une motte qui se trouve juste au sud des Thiolets, elles ont disparu, il y a seulement cinquante ans, en même temps que les restes de bois ont fait place à de vertes prairies.

Chandelier du XVe siècle

Le premier seigneur des Ormais que nous connaissons est, en 1301, Jean de Châtel, damoiseau, qui, l'an 1315, le lundi veille de la fête de la Madeleine, signe avec Louis, fils aîné du comte de Clermont, sire de Bourbon, un accord relatif aux limites de la terre de Chaveroche ; puis immédiatement après lui, en 1322, apparait une famille de Bosc, des Bouz ou des Bots, qui resta aux Ormais et aux environs pendant plus de deux siècles.

Le premier des Bost que nous trouvions est Hugues ; puis viennent Jean, et, en 1399, Guillaume ; nous voyons ensuite, en 1411, Antoine ; en 1431, Guillaume ; en 1444, Pierre, frère de Louis, seigneur de Munez près Moulins (1) ; en 1470, Jean ; autre Antoine en 1496, et enfin, en 1505, les trois enfants de ce dernier, Louis, Jean et Pierre des Bost. Les Ormais restèrent à Louis, qui en est seigneur en 1518 et en 1523 ; mais, à sa mort, notre fief semble avoir été démembré, et, en 1566, un Jean de Garmin (2) en possède du chef de sa femme, Antoinette des Bost, une partie

---

(1) Il s'agit là d'un fief qui a depuis longtemps disparu, laissant son nom à la forêt bien connue.
(2) Voir pour ce Jean de Garmin le fief de ce nom près Langy. C'est à la terre qu'il possédait du chef de sa femme, terre probablement détachée de Montifaut et des Ormais à la fois, que Nicolaï donne le nom de terre de Garmin, fief de la paroisse de Sorbiers.

que, cette année-là, il vend à messire Louis de Montjournal, seigneur de Précord (V. ce fief) (1).

En 1572, les Ormais et aussi sans doute Montmérand passèrent par alliance aux de Vaurion et, vers 1650, nous ne savons comment, aux Favier, seigneurs de Puydigon (V. ce fief), qui étaient déjà possessionnés dans cette région, puisqu'au XVI° siècle l'un d'eux avait fondé, dans l'église de Varennes-sur-Têche, une chapelle dite des Tormentins ou de Puydigon.

Le premier Favier qualifié seigneur des Ormais est un Gilbert; puis, en 1664, vient un François Favier, ancien mousquetaire du Roy et capitaine au régiment Effiat, qui, dit la statistique, « vit doucement chez lui ». François Favier mourut en 1673, et, peu après, sa veuve, Gabrielle Delaire, se remaria avec Jean-Louis de Grimaud, seigneur de Servé en la paroisse de Saint-Voir, veuf lui-même de Jeanne Vichy, fille d'Antoine, seigneur de la Béche (V. ce fief), et de demoiselle Marie Gras.

« Aujourd'hui, premier d'avril, porte le registre paroissial de Sorbiers de 1683, a été enterré dans l'église de Sorbiers messire Louis Fournier, curé dudit lieu, qui fut tué par un assassin le Jeudy Saint après avoir fait l'office proche la croix de la Mission, dans le grand chemin, environ à cinq heures du soir, le trente mars. »

Or, l'assassin non nommé n'était autre que Jean-Louis de Grimaud (2), qui, dès longtemps en dispute avec son curé au sujet de dîmes, avait une fois déjà essayé de s'en débarrasser en lui tirant un coup de fusil, à l'autel même, par un joint de la grande porte de l'église.

Son crime sacrilège consommé, le sire des Ormais s'enferma dans son château et y soutint quelques jours un siège contre la force publique, appelée en toute hâte et aidée de la population indignée ; ce siège paraît d'ailleurs avoir été poussé assez mollement, à cause de la terreur qu'inspirait le farouche seigneur. Enfin une servante ouvrit aux assiégeants la porte d'un souterrain donnant sur le Graveron : M. de Grimaud fut arrêté, conduit à Mâcon, jugé et enfin décapité le 10 janvier 1687 (3), et, détail assez curieux, c'est sur cette exécution que se basèrent plus tard certains de ses descendants pour justifier de leur noblesse.

---

(1) Les sires de Précord, comme nous l'avons dit, prirent depuis lors le nom de seigneur en partie des Ormais, titre qui en 1747 fut l'objet d'un procès soutenu par les le Febvre contre M. de Grassin : ce dernier obtint gain de cause.

(2) M. Victor Meilheurat attribue cet assassinat à François Favier : c'est une erreur, et nous avons pu la rectifier d'après les pièces du procès qui suivit la mort de Jean-Louis de Grimaud, pièces qu'a bien voulu nous communiquer M. le capitaine Dode, propriétaire des Thiolets.

(3) L'assassinat du curé de Sorbiers n'était probablement pas la seule peccadille de J.-L. de Grimaud, qui, quelque temps auparavant, avait été véhémentement soupçonné d'avoir tué d'un coup de pistolet, sur la route de Liernolles, maître François Dereure, chirurgien du Donjon.

En épousant la veuve de François Favier, Jean-Louis de Grimaud avait payé les dettes de ce dernier et se trouvait ainsi possesseur en propre des deux tiers de la terre des Ormais ; en outre, les deux enfants de François Favier, Claude, jeune encore, et Marguerite, épouse de Jean Huguet, seigneur de Chassimpierre (V. ce fief), avaient pris hypothèque sur les Ormais ; aussi quand, en 1687, fut confisquée la terre des Ormais, pour être remise aux mains de Mgr Henri de Bourbon, prince de Condé, duc de Bourbonnais, et de mesdames les Religieuses Carmélites de Paris, engagistes de Chaveroche (V. ce fief), nous voyons commencer un long procès, où figurent les enfants Favier, puis les enfants Grimaud, représentés par leur oncle Louis de Grimaud, seigneur des Jollards en la paroisse de Neuilly en Donjon (V. ce fief), et, nous ne savons à quel titre, un Louis de Gaulmin, seigneur de Laly, et sa sœur Claudine, épouse de François de Rollat, seigneur de Brugheas.

Le 24 juin 1696, ce procès se termina par une adjudication des Ormais à François Chartier (V. les Chartiers), officier de la grande faulconnerie, pour la somme de quatorze cent dix livres, le château proprement dit restant pourtant réservé à Claude Favier, le fils de François.

Dès lors, nous ne suivrons pas la destinée des domaines démembrés des Ormais : deux d'entre eux, les Thiolets et les Virots, furent portés à Gaspard Poncet, du Donjon, par Louise Chartier ; puis, en 1753, le fils de Louise Chartier, époux d'une demoiselle Burelle, vendit les Thiolets à M. Gémois, négociant en bois à Jaligny et père de ce Gémois que nous voyons à Villars. (V. ce fief.)

Quant au château même des Ormais, nous ne savons dans quelles circonstances il sortit de la famille Favier : jusqu'en 1717 en est mentionné seigneur Claude Favier, alors époux de demoiselle des Chèzes, de la paroisse de Bert (V. les Laurent) ; puis en 1750 et jusqu'à la Révolution, nous y trouvons Blaise Croisier de la Douaire (V. ce fief), frère de Jean, cité à Montperroux, et de Jean-François, le possesseur de Chassimpierre.

Sur le chemin des Thiolets à Sorbiers, dans une situation analogue à celle de Cost (point coté 355), la tradition place un château de *Lionne* ou des Lionnes, cité par Nicolaï parmi les maisons vassales de Billy. Du passé de ce fief, il nous a été impossible de rien recueillir.

Nous sommes, d'ailleurs, fort pauvres aussi sur le passé de *Sorbiers* lui-même, et nous nous sommes demandé longtemps s'il y eut jamais là un fief : cela ne nous paraît maintenant pas douteux ; mais quant à indiquer d'une façon quelque peu précise l'emplacement où s'en trouvait le chef, nous y avons dû renoncer, perdus que nous étions dans les débris d'habitations anciennes dont regorge toute cette région.

Sorbiers fut une seigneurie primitive, établie sans doute sur les ruines de villas gallo-romaines, et au XIe siècle déjà nous y trouvons une puissante famille de Sorberis, de Sorbiers, dont descendent peut-être les Sorbiers que nous rencontrons notamment aux environs de Rongères et parmi les vassaux de Montaigu-le-Blain. En 1067, demoiselle Anne des Sorbiers porta son fief patronymique aux Blanc de Barrais (V. ce fief), et jusqu'en 1342 se qualifient encore seigneurs de Sorbiers : Hugues, Jean et Hugonin de Barreys, descendants des Blain ; puis, de 1347 à 1358, est seigneur de Sorbiers, en la châtellenie de Chaveroche, un Jean d'Isserpans, qui semble tenir notre fief du chef de sa femme, Isabelle de Champropin de Chambord. Après lui est une assez longue lacune, à la suite de laquelle nous ne trouvons plus mention de l'hôtel, terre et seigneurie de Sorbiers, mais bien seulement de droits que possèdent, en 1509, les sires de la Varenne en la paroisse de Saligny. Puis viennent successivement : en 1521, les de Bost de Montmérand ; en 1541, les de Montjournal, de Précord ; un peu plus tard, les des Escures ; en 1600, un Jean de Tintry, écuyer, dit seigneur des Sorbiers et de la Motte des Noyers (V. ce fief) ; enfin, en 1623, les sires de Jaligny, qui le gardèrent jusqu'à la Révolution.

PRÉCORD.
Coffre du XVe siècle

C'est de Sorbiers qu'est originaire la famille Conny, dont nous parlons dans nombre de nos fiefs, et qui parvint rapidement à une situation considérable.

Gilbert Conny, en effet, qui émigra au Donjon, en 1683, par son mariage avec une demoiselle Durand, fille d'un greffier de la châtellenie, et eut d'elle Jacques, maître tanneur, et Clément, le vrai fondateur de la fortune de sa famille, était le fils d'un modeste artisan de Sorbiers et d'Agathe Chapot, qui lui laissèrent comme seul héritage le domaine de Chapot, paroisse de Sorbiers. L'ancien régime n'était donc pas si dur aux gens peu fortunés !

Au nord de Sorbiers, occupant l'ensemble d'une vallée secondaire, se trouvent les trois domaines des Grands Jais, des Petits Jais et des Beaux Jais.

Est-ce là une ancienne seigneurie? C'est fort probable, d'autant plus que, près du dernier de ces domaines est une motte dite la *Motte de Jai*, et qui était, paraît-il, une dimerie.

De cette motte, le fossé est parfaitement conservé, et nous y avons recueilli de nombreux débris : quant à son passé, nous savons seulement que ces terres au siècle dernier appartinrent aux de Conny (1).

Enfin sur Sorbiers nous citerons le vieux logis assez typique des *Chartiers*, où nous trouvons depuis la fin du XVIᵉ siècle : François, avocat au Parlement, capitaine de Jaligny et écuyer de Son Altesse; Martin, aussi capitaine de Jaligny; puis Jacques, bailli de Jaligny, et François, époux de demoiselle de Vaulx des Barats (domaine près des Échelettes), que nous avons vus acquérir les Ormais.

Louise Chartier, la fille de François Chartier, porta les Chartiers aux Poncet (V. les Ormais); de ceux-ci ils passèrent aux Regnault par alliance, et enfin, par alliance encore, à la famille Croisier-Beaufort.

Quant aux autres terres des Chartier, elles furent, par Marguerite, la sœur de Louise, portées, vers 1753, à M. Claude-Josse de la Bêche. (V. ce fief.)

BERT.

L'exploitation du massif houiller de Bert, aujourd'hui en pleine activité, remonte à une époque lointaine, et des affaissements du sol, dans lesquels ont crû des arbres aujourd'hui séculaires, prouvent suffisamment que les mines furent jadis utilisées : les plus anciennes données, cependant, que l'on ait sur les travaux d'exploitation du bassin de Bert ne remontent qu'à 1778 et concernent seulement ceux entrepris sur le domaine des Fréchets. Cette tentative eut d'ailleurs peu de succès, et elle n'en pouvait avoir, étant donnés l'abondance des bois du pays et le manque absolu de débouchés.

En 1822 furent repris les travaux de découverte qui amenèrent, le

---

(1) Nous avons bien, en 1663, trouvé comme seigneur de la Motte de Jai un Jacques des Gallois de la Tour; mais cette mention nous a semblé trop incertaine pour lui donner place.

Peut-être faut-il voir le nom de Geai mal lu dans celui du fief de Goin, que M. l'intendant d'Argouges donne en 1686 comme sis sur Sorbiers et possédé par les Chartier.

9 juin 1832, l'institution de la concession de Bert, et, le 31 décembre 1834, celle de la concession dite de Montcombroux.

Enfoui au fond du profond ravin où se réunissent les trois sources de la Têche, le bourg de *Bert,* dont le nom se prononce également *Bé,* est dominé par une curieuse église romane à laquelle sert de clocher une tour fortifiée.

Cette particularité que nous remarquons aussi à Saint-Étienne de Vicq et ailleurs, mais qui est ici bien plus frappante à cause des dimensions de ce véritable donjon carré, est à coup sûr l'origine de la tradition qui place à Bert un couvent fortifié et n'a pas manqué, comme partout, d'en attribuer la possession aux Templiers. C'est pourtant une erreur, et, dès 1217, avec Servilly, Boucé, Cost, etc. (V. ces fiefs et Trézelles), nous trouvons la terre et seigneurie de Bert parmi celles que les comtes de Nevers tiennent en fief de l'évêque de Clermont.

Donné en dot avec Chaveroche (V. ce fief) à la femme de Robert de France, comte de Clermont, Bert ne sortit pas, — comme il arriva pour Trézelles, par exemple, — des mains de ses premiers seigneurs, et, en 1506, un terrier mentionne encore comme appartenant à haute et puissante dame Anne de France, comtesse de Beaujeu, à cause de sa châtellenie de Chaveroche, les motte, garenne et fossés de Bert, avec l'église, le cimetière et plusieurs maisons.

Suivant depuis lors la destinée de Chaveroche, et après avoir comme lui passé aux mains des Chabannes et de leurs successeurs (V. Chaveroche), Bert, au moment de la Révolution, appartenait aux Carmélites de Moulins, qui l'avaient acquis des Carmélites de Paris.

L'église de Bert, souvent citée et décrite dans les réunions savantes de notre pays, mériterait certainement une étude particulière, qu'il ne nous appartient pas d'entreprendre, et nous en aurons fini avec le vieux fief de Bert quand nous aurons signalé une famille de Bar, possessionnée sur Bert et Montcombroux de 1276 à 1323 : ces de Bar, déjà qualifiés écuyers, pourraient bien être la famille des seigneurs primitifs de Bert.

Les Dames Carmélites dont nous venons de parler avaient, au XVIIIe siècle, acquis des Urbanistes du Donjon le domaine des *Rebourgeons,* sis au-dessus du bourg.

Ce domaine venait de la famille Merle et avait été, en 1675 et moyennant deux mille quarante et une livres tournois, cédé aux Urbanistes par les frères Claude et François Merle, seigneurs de la Font. (V. la Font de Cindré et aussi la Font de Langy.)

Sur Bert était aussi l'ancienne *Motte de Joux*, dont sont dits seigneurs dès le XIII° siècle les Blain de Barrais (V. ce fief), et qui, à la fin du XV° siècle, appartenait encore à la branche des Blain que nous rencontrons aux Miniers (V. ce fief). Comme les Miniers, la Motte de Joux appartint successivement aux Sarryat, à Gaspard des Planchètes, qui la posséda en 1506; aux de Guynes; puis fut, en 1642, portée en dot à Gilbert de la Mousse, écuyer, seigneur de Beaune la Faye, etc., par demoiselle Catherine de Guynes.

Pendant que le fils aîné de Gilbert continuait la série des seigneurs des Miniers, Joux échut à son cadet, Jean-François de la Mousse, époux de demoiselle Jeanne Seuillet, de la Palisse. Jean-François ne laissa qu'un fils, qui mourut jeune, et, ainsi devenue dame de la Motte de Joux, Jeanne Seuillet la légua à une de ses nièces, demoiselle Anne Gay, fille de Louis, praticien à la Palisse. Cette dernière épousa François Dufort, avocat en parlement, et c'est ainsi que, depuis 1700, nous trouvons qualifiés seigneurs de la Motte de Joux les membres de cette famille Dufort, presque tous officiers de justice à Chaveroche ou à la Palisse.

De Joux rien ne marque l'emplacement, et le nom typique en a aussi disparu (1); on a pourtant récemment découvert, un peu au-dessus du domaine des Places, un souterrain et quelques pierres taillées qui semblent établir une présomption en faveur de cette position, d'ailleurs éminemment propre à porter un château fort. (V. aussi Bègues.)

En 1717, Claude-Charles Dufort, curé de Varennes-sur-Têche et membre de la famille bourgeoise dont nous venons de parler, acheta à Paul de Vaux son fief et seigneurie de *Plaisance*, en la paroisse de Bert. Faut-il donc croire que Plaisance fut autrefois terre noble? Rien ne l'indique dans l'habitation sise en face et tout près de Bert, dans la charmante situation qui lui a sans doute valu son nom.

A propos de Plaisance, nous ne pouvons omettre de dire qu'il fut la résidence de M. Étienne Méplain, l'auteur des *Jurisconsultes du Bourbonnais* et aussi de petites brochures agricoles aujourd'hui entre les mains de tous.

Outre Aguillanges, Montremblay, Joux, etc., les Blain de Barrais, aux XIII° et XIV° siècles, possédaient un château fort de Feuilletaoux ou *Feuilletard;* or, dans le domaine des Charvets, et sur la carte d'état-major, au-

---

(1) De l'avis général des étymologistes, les noms tels que Joux, Pierre de Jô, Montjournal, etc., indiqueraient des lieux jadis consacrés au culte de Jupiter.

dessous des lettres « rd » du « mot Beauregard », est une terre dite de Feuilletard, où nous avons pu reconnaître des traces de sépultures et recueillir de nombreux débris. C'est bien certainement là l'emplacement de la maison forte des sires de Barrais, maison dont la tradition a conservé le souvenir : elle fut, disent les cultivateurs voisins, brûlée par les Pouacres, il y a bien longtemps.

Sur les collines en face de Feuilletard, étaient jadis les deux importantes seigneuries de la Bêche et de *Blénières;* mais cette dernière fut par sa voisine complètement absorbée, et il en reste seulement une motte encore visible, à côté du domaine qui a conservé le nom de Blénières.

De Blénières nous ne savons rien avant 1512, où nous en trouvons possesseur honorable homme Mayeul Vichy, membre d'une famille originaire de la paroisse d'Huillaux (V. les Vichis); de ce Mayeul, nous passons à autre Mayeul, en 1577, et depuis lors nous suivons à Blénières tous les Vichi, en même temps seigneurs de la Bêche (V. plus bas), jusqu'à Antoine et Thomas Vichi, tous deux fils de Pierre, qui se partagèrent les deux seigneuries jusque-là réunies.

Échu à Antoine, époux de demoiselle Delaire (1), Blénières fut par lui laissé à son fils Thomas et, le 16 février 1729, porté par Claudine Vichy, fille de ce dernier, à Jean-Baptiste le Brun, fils d'Antoine, praticien à la Palisse, et de demoiselle Marie Dupré (V. la Meignée), membre de la famille que nous rencontrons en tant d'endroits et qui émit parfois la prétention, sans doute fondée, de descendre des le Brun de Gaudinière. (V. ce fief.)

En 1762 enfin, Blénières fut vendu à M. Josse de la Bêche par Jean-Baptiste le Brun, fils de Claudine de Vichi et d'autre Jean-Baptiste, qui alla se fixer à Paris, où il avait acquis une charge de sergent au Châtelet.

Au commencement du siècle, la maison à tourelles de Blénières existait encore sur la motte dont nous avons parlé, et c'est d'elle que proviennent les cheminées genre rocaille qui se trouvent dans les dépendances de la Bêche.

Quant à la *Bêche,* dite aussi la Villette, c'est un château malheureusement un peu modernisé, et dont la propriétaire, madame veuve Bellaigue, est l'aïeule de M. de Bure et de M. Camille Bellaigue, le distingué critique musical de la *Revue des Deux Mondes.*

(1) En 1675, le parrain d'un fils d'Antoine de Vichi fut Antoine de Vauvrille, écuyer, seigneur de Bagneux en la paroisse d'Iseure, qualifié oncle de l'enfant.

L'antique importance de la Bêche se peut voir encore à la dimension des deux seules tours conservées; mais ce manoir était jadis beaucoup plus considérable et, à la Révolution, était, paroit-il, décoré de sept tours.

Or, il advint que Fouché, allant visiter le district du Donjon pendant sa mission dans l'Allier, passa par la route de Moulins, Neuilly, Treteau et Jaligny. Des plateaux de Sorbiers, le farouche proconsul aperçut la silhouette féodale de la Bêche, et, ayant demandé à son entourage à qui appartenaient ces vestiges d'un temps abhorré, on lui nomma M. Josse de

LA BÊCHE.

la Bêche et du Lonzat : il fit prendre son nom. Heureusement, le soir même M. Josse fut averti du fait; dès le lendemain, il se hâta d'atteler à ses charpentes les bœufs de ses domaines et de faire jeter bas ses créneaux compromettants. Quand le futur duc d'Otrante repassa quelques jours après, il voulut bien se montrer satisfait de cette preuve de civisme, et M. Josse, grâce à sa promptitude, — et aussi peut-être à son grand âge, — échappa à l'échafaud.

La première mention que nous ayons de la Bêche est l'aveu qu'en rendent, le 4 février 1451, à Charles de Chabannes, à cause de sa seigneurie de Chatelperron (V. ce fief), Marguerite de la Garde, veuve de Jean de la Bêche, damoiseau, et Catherine de la Garde, sa sœur, femme de Stévenin de la Bêche. Notre terre vient donc aussi d'une famille de la Garde, la même sans doute que nous trouvons à Montcombroux (V. les Certaines) ; quant aux la Bêche, à qui elle passa à cette époque, nous pensons, sans en être sûrs, que ce sont des membres de la famille de la Bêche que nous avons vue à Varennes-sur-Allier. (V. la Bêche.)

C'est de ces possesseurs que notre fief prit son nom actuel : il s'appelait primitivement la Villette, nom que lui donne Nicolaï concurremment avec celui de la Bêche, et que l'on trouve encore parfois au XVI⁰ siècle ; mais dès 1600 le nom de la Bêche est seul employé, et il n'est plus question de la Villette.

De 1451 à 1512, nous ne savons rien des vicissitudes de la Bêche ; mais, cette année-là, nous la retrouvons aux mains de Mayeul Vichi (1), aussi seigneur de Blénières ; en 1577, comme nous l'avons dit plus haut (V. Blénières), vient autre Mayeul, puis en 1624 Antoine Vichi, époux de Marie Gras ; après Antoine, son fils Pierre, en 1649, et après celui-ci Thomas, époux de demoiselle Marie Picard et frère d'Antoine Vichi, dont nous parlons à Blénières.

Thomas Vichi eut deux filles, Marie et Jeanne, qui toutes deux épousèrent des Regnaud, habitant, l'un, Monétay-sur-Loire ; l'autre, le Breuil. Mais il semble s'être trouvé dans une situation pécuniaire fâcheuse, et, en 1674, nous le voyons vendre sa seigneurie à M. Pierre Josse, originaire d'Issoudun. A Pierre Josse succéda son fils Claude, époux de Marie de Fradel du Lonzat (2) (V. ce fief), qui fut lieutenant général de Chaveroche et bailli de la Palisse, et eut lui-même pour successeur son fils, autre Claude, époux de Marguerite Chartier (V. les Chartiers) : celui-ci habita presque toujours le Lonzat et y mourut fort âgé, peu de temps après avoir échappé au soupçonneux civisme de Fouché.

Une tradition quelque peu obscure fait coucher au château de la Bêche un personnage de marque, qui est tantôt Henri IV, tantôt François I⁰ʳ ; ce n'est ni l'un ni l'autre, mais bien Gaston d'Orléans, qui, avec ses bandes indisciplinées, passa par Bert, dans les premiers jours de juillet 1632 (3). (V. Chassenard.)

Ce passage, dont on trouve la trace dans les registres paroissiaux de Chassenard, du Donjon et de Droiturier (4), et aussi dans un livre de raison

---

(1) Il est à remarquer pourtant que jusqu'en 1622 au moins la famille Vialet de Varennes, celle-là même d'où devait sortir Gilbert, seigneur de la Forêt (V. ce fief), conserva sur la Bêche des droits, qui lui venaient sans doute d'une alliance avec les la Bêche.

(2) Veuve de Claude Josse, Marie de Fradel se remaria avec messire François de Josien de Grandval, écuyer, paroissien de Treteau et peut-être seigneur du Rosier. (V. ce fief.)

(3) Le nom de la Font de l'Armée, donné à une belle source sise non loin de Montifaut, est très probablement un souvenir du passage de l'armée de Gaston d'Orléans.

(4) « L'avant-garde de Monsieur, disent les registres du Donjon, composée de Français, Ita-

récemment découvert par M. de Quirielle, est fort curieux au point de vue de l'histoire militaire du pays. Il est certain, en effet, que le prince rebelle n'aurait pas jeté son armée dans le pays difficile qu'il lui fallut traverser par Droiturier, Barrais, Bert et Sorbier pour gagner Jaligny et Chaveroche, si le passage de la Bèbre avait été libre à la Palisse, et on découvrira sans doute quelque jour des faits d'armes dont notre pays fut le théâtre et que nous soupçonnons seulement.

Sur la commune de Bert existent encore plusieurs habitations élégantes ; mais toutes ne sont que d'anciens domaines, et sur elles nous ne savons rien d'intéressant. Trois ou quatre modestes maisons, au contraire, méritent une courte mention :

Les *Meilheurats*, d'abord, que vers 1600 vint construire, sur une terre inculte lui venant de sa mère, Bonnet Meilheurat, fils de Pierre et de demoiselle Charvet, et membre de cette innombrable famille (V. Montcombroux, Vaubresson, etc.) qu'un terrier d'Huillaux mentionne dès 1380 à la communauté des Meilheurats, près Melleray.

Puis les *Bonnets*, construction du XVII° siècle, simple, mais assez curieuse, avec son petit pigeonnier et ses vastes cheminées : les Bonnets, qui, au siècle suivant, appartinrent aux Grimaud des Jollards à cause de leur alliance avec les Vichi, furent construits par une famille Goyard, sortie du domaine voisin de ce nom, et dont M. Roger de Quirielle a retrouvé le livre de raison.

C'est à cette famille Goyard qu'appartient Goyard le Constituant qui,

---

liens, Espagnols, Flamands, Lorrains, Liégeois, Vallons, Allemands, Polacres, Dragons et autres méchantes nations, sont arrivés environ mille chevaux au Donjon le dimanche 27 juin et en sont départis le mercredi. Monsieur passa au Donjon avec la plus part de son armée et alla coucher à la Besche, et de là fut passer le pont de Vichy avec son armée que l'on estime être de plus de dix mille hommes à cheval, lesquels ont fait de grands dégats et ruyné là où ils ont passé, mettant le feu par malice en plusieurs maisons, granges et autres bastiments, battu et rançonné et outragé leurs hôtes et hôtesses, volé et emporté tout ce qu'ils ont pu même en ce bourg du Donjon, sans que les chefs de ladite armée ayent voulu ouir les plaintes des affligés ni faire satisfaction. Girard Charnay, curé du Donjon. »

Quant au curé de Droiturier, il revient deux fois sur le même fait.

« Le 29 juin 1632, qui est le jour de Monseigneur Saint Pierre, l'armée de Monsieur, frère du roi Louis XIII, est passée et s'est logée en ce bourg de Droiturier. Le marquis de Truhaté en Lorraine (Thil-Châtel, dans la Côte-d'Or) et Monsieur étaient logés dans la maison de la Lière, paroisse de Snil, qui commettaient toutes sortes de crimes sacrilèges, vols, brûlades, viols. Il a emporté le cierge pascal : ils m'ont mangé quarante quartons de bled, bu dix poinssons de vin et emporté des meubles. Nicolas, curé de Droiturier. »

« Le 11 juillet 1632, écrit-il un peu plus tard, a été baptisé un fils à Charles Morand, né le 1er dudict mois, jour du temps que l'armée de Monsieur, frère du Roy, était au lieu nommé les Poulards. Nicolas, curé de Droiturier. »

Sans doute s'agit-il dans ce dernier passage du domaine des Poulards sis sur la paroisse de Chaveroche et en face d'un gué ancien, où l'armée de Gaston passa probablement la rivière.

plus tard, fut procureur-syndic du département de l'Allier jusqu'au jour où Fouché, le trouvant trop tiède, le remplaça par Givois.

Nous nommerons encore les *Laurents*, apportés en dot en 1687 à messire Claude des Chèzes, seigneur des Chezeaux et de la Motte-Beaudéduit, en la paroisse de Gouise, par demoiselle Claudine Regnaud.

Et enfin *Bègues*, — aujourd'hui les Beugnes, — où, de 1677 à 1720 environ, nous trouvons la famille Despériers, alliée aux Quesson, de Trochereau, Chassenay, etc., et qui, en 1740, fut acquis par Clément Conny, bourgeois du Donjon, époux de Jeanne Jollet.

Sur les terres de Bègues, en descendant vers le ruisseau de l'étang des Planfois, se voyait une motte, qui est peut-être l'ancienne motte de Joux.

CHATELPERRON ET SAINT-LÉON.

Vers le Puy-Saint-Léon vient finir le chaînon granitique qui se détache à Châtelus du massif forézien, et commence le dépôt des sables tertiaires de la vallée de la Loire, sous lequel apparaît parfois le terrain de transition. Peu de régions sont plus intéressantes au point de vue géologique et mériteraient davantage d'être étudiées : celle-ci, heureusement, l'est un peu depuis quelques années, et, après avoir satisfait leur curiosité au champ des Belles-Pierres ou vers les curieux affouillements calcaires de la grotte des Fées, les géologues en sont venus à se préoccuper des richesses minérales de ce petit coin de terre.

Il y a notamment des carrières de marbre déjà signalées, au XVIe siècle, par Nicolaï : « Le peuple, dit-il, est si ignorant et grossier qu'il emploie ces carrières à faire de la chaux. » C'est encore le parti qu'on en tire actuellement.

Ce pays est absolument neuf et, à part de pauvres agglomérations de sabotiers et quelques gentilhommières perdues au fond des bois, était, il y a moins de deux siècles, presque désert. Sur toute cette région s'étendaient des futaies ombreuses, et nous aimons à nous imaginer le silence de ces solitudes, seulement troublé par la cognée des bûcherons ou la cloche du Puy-Saint-Ambroise sonnant l'heure de la prière à leurs rares habitants.

Sur le tympan de la belle église du XIIe siècle qui touche le château de *Chatelperron* et en faisait autrefois partie, se distingue encore un agneau pascal regardant une croix au pied de laquelle il est couché : c'est là l'emblème des Templiers et l'origine, sans doute, de la tradition constante qui place à Chatelperron un de leurs établissements. Cette tradition n'a assurément rien que de plausible, et pourtant peut-on admettre qu'en 1220, époque où nous trouvons dans notre fief les Chatelperron, le célèbre Ordre militaire, alors si puissant, ait déjà perdu un poste de cette importance ? Nous aimerions mieux croire que l'un des sires de Chatelperron, chevalier templier ou simplement affilié à l'Ordre, aurait adopté ses insignes.

Le premier Chatelperron (1) que nous connaissions, *Vilhelmus de Castro petri*, est dit, en 1220, seigneur de Saint-Léon, Laurière (la Lière), Vaumas, Lennax, Liernolles, etc. ; puis viennent Guichard et Hugues de Chatelperron, ce dernier mentionné comme aussi seigneur de la Ferté Chauderon, en Nivernais.

CHATELPERRON.
Tympan de la porte de l'église.

Or, quand Hugues mourut en 1328, les débats, procès, luttes à main armée, qui, depuis un temps immémorial, avaient divisé les seigneuries voisines de Jaligny (V. ce fief) et Chatelperron, étaient arrivés au dernier degré d'acuité, et Isabeau, fille et unique héritière de Hugues de Chatelperron, et veuve de Henri de Châtillon, dut appeler à son secours ses oncles, Alimphe de Chatelperron, seigneur de Saint-Parize en Viry, et Guillaume de Montaigu le Blayn, époux de Catherine de Chatelperron. Mais ceux-ci étaient aussi proches parents du sire de Jaligny : l'idée leur vint donc de mettre fin pour toujours à ces disputes, en mariant leur nièce à Robert Dauphin, seigneur de Jaligny, veuf lui-même d'Almodie d'Apchon. L'idée était excellente, et, après une entrevue à Puyfol, le mariage projeté eut lieu en février 1329.

Robert mourut le 19 octobre 1330, laissant d'Isabeau de Chatelperron deux fils, Hugues et Guichard I⁺, qui, comme nous le disons à Jaligny, furent tous deux successivement seigneurs de Chatelperron et Jaligny ; mais nous ne répéterons pas ici ce que nous avons dit de cette illustre race des Dauphin d'Auvergne, et ne reviendrons pas non plus sur le curieux procès (V. Jaligny) qui éclata à la mort de Guichard II (2), tué à Azincourt le 25 octobre 1415.

(1) Voir Châtel-Montagne pour l'origine présumée des Chatelperron.
(2) C'est Guichard II qui racheta les droits suzerains et les redevances que possédaient depuis

De ce procès, d'ailleurs, nous ne connaissons pas l'issue d'une façon certaine, et, en outre, un rappel de droits, trouvé dans les archives de Chatelperron, mentionne comme seigneur de la Ferté Chauderon et de Chatelperron, en 1440, un Claude de Montaigu, dont l'apparition nous plonge dans un cruel embarras. Faut-il, en effet, voir en lui un Montaigu le Blain, lointain descendant de Guillaume et de Catherine de Chatelperron? Mais alors comment aurait-il eu Chatelperron, et peut-on admettre que, pendant les disputes entre les héritiers vrais ou faux de Guichard II, Chatelperron ait été attribué à ce Claude de Montaigu comme unique représentant des anciens Chatelperron? Cela nous paraît peu vraisemblable. Peut-être aussi Claude de Montaigu est-il, à un titre quelconque, parent des Dauphin ou d'Aubert du Montel de Gelat : nous ne savons, et il reste là un point à élucider.

Dans tous les cas, le 17 mai 1443, par-devant Saligot, notaire, Claude de Montaigu, seigneur de la Ferté Chauderon, vendit neuf mille trois cents écus d'or vieil le chastel, chastellenie, chevanche et justice de Chatelperron à messire Jacques Ier de Chabannes, seigneur de la Palisse, Chézelles, Dompierre et Montaigu le Blayn.

A Jacques Ier de Chabannes succédèrent d'abord son fils Geoffroy, puis son petit-fils Jacques II, si fameux sous le nom de Monsieur de la Palisse; en 1521, Jacques II de Chabannes, par acte passé à Amiens, se dessaisit de sa terre de Chatelperron en faveur de son fils Charles, et, le 21 février de cette année, nous en voyons prendre possession, au nom de ce dernier, messire Louis de la Gré, assisté de François d'Obeilh, licencié ès lois, lieutenant général de Mgr de la Palisse. Mais, à la mort du maréchal, Chatelperron fut le douaire assigné à sa veuve, Marie de Melun, et c'est là qu'elle mourut le 10 décembre 1553 : une cheminée du premier étage décorée aux armes des Chabannes et les larges ouvertures renaissance percées dans la façade gothique de la cour témoignent, du reste, des réparations faites au vieux manoir pour le rendre digne de la douairière.

Suivant la fortune de la Palisse (V. ce fief), Chatelperron, dont ne dépendait plus alors la Lière, mais qui comprenait toujours Lenax et Liernolles, passa des Chabannes aux la Guiche, et, à cette époque, notre « viel et fort chasteau » était encore le chef d'une des plus importantes baronnies du Bourbonnais; mais, en 1623, le démembrement commence par la vente de Lenax (V. ce fief); puis vient, en 1657, la vente de Liernolles consentie, le 5 septembre, par-devant Ogier, notaire, par messire Claude de la Guiche,

le XIIIe siècle au moins sur Chatelperron et Jaligny les comtes de Nevers, droits auxquels avaient vainement tenté de se soustraire Robert Dauphin et Guichard Ier.

gouverneur du Bourbonnais, à maître Claude-Gilbert Vialet, seigneur de la Forêt. (V. ce fief.)

Claude de la Guiche mourut l'année suivante, laissant à son fils Bernard, et malgré ses ventes répétées, des dettes considérables (1), si bien que, par contrat du mois d'avril 1679, celui-ci se vit forcé d'abandonner aux créanciers de son père tous les biens venant de lui, sauf pourtant la Palisse.

C'est à la suite de ce contrat et d'un acte d'accord conclu entre les créanciers, le 17 juillet 1682, que devint seigneur de Jaligny et de bien

CHATELPERRON.

d'autres terres provenant de cette quasi-faillite (V. Gléné, la Tour-Pourçain...) M. Larchier, conseiller à la cour des Aydes de Paris, et l'un des principaux créanciers de Bernard.

M. Larchier ne garda aucune de ces terres et, le 31 mars 1685, revendit à Marie-Gabrielle de Marmande, veuve Guillaud de la Motte, les seigneuries de Jaligny, Treteau et Chatelperron.

Nous avons vu plus haut comment Jaligny et Treteau échurent au fils de Gabrielle de Marmande; quant à Chatelperron, il fut la part de sa fille Marie-Cilénie, épouse d'Antoine de Charry des Gouttes (V. ce fief), chevalier, capitaine d'un des vaisseaux du Roi.

Ces nouveaux possesseurs de Chatelperron passèrent leur vie en procès,

---

(1) La duchesse de Ventadour, Marie de la Guiche, fille de Jean-François, tante par conséquent de Bernard, réclamait à elle seule 364,164 livres 19 sols.

et leur situation, à vrai dire, n'était pas sans embarras, s'il en faut croire un des nombreux mémoires dressés contre Louise Collas, veuve de Jacques Bourguignon (V. Coulon) et remariée à Pierre Rogier, seigneur de Préréal. Lorsque Bernard de la Guiche, y est-il dit en effet, se fut rendu compte que la vente de ses terres ne pourrait suffire à payer la moitié de ses dettes, il n'eut plus qu'une idée, celle d'en tirer secrètement le plus de revenus possible, se souciant peu de l'avenir de biens dont il ne jouirait pas longtemps : mettant donc son terrier à la disposition du public, il permit, pour des sommes modiques, d'en arracher tel ou tel feuillet. On se figure aisément ce qu'il advint, et, pour comble, le terrier informe par lui laissé à ses créanciers fut par la duchesse de Ventadour abandonné dans une maison de paysans, où il resta neuf ans à la discrétion de tout venant : aussi, en 1723, Marie-Cilénie n'était-elle pas encore venue à bout de le remettre en état.

Depuis lors et jusqu'à la Révolution, les Charry des Gouttes (V. ce fief) gardèrent Chatelperron ; mais, émiettée peu à peu, notre terre, à cette date, ne comprenait plus qu'un lambeau composé du château, de maisons dans le bourg et de quatre domaines, et c'est ce dont se rendit acquéreur, le cinquième jour complémentaire de l'an XI, Jean-Baptiste Collas, des héritiers de dame Charlotte-Françoise de Menoux, veuve d'Antoine de Charry des Gouttes.

Jean-Baptiste Collas agrandit considérablement son acquisition, et peu à peu l'ancienne terre de Chatelperron se trouva presque reconstituée entre les mains de son fils Jacques-Philippe, père du propriétaire actuel et aïeul de M. Paul Collas de Chatelperron, capitaine de cavalerie, chevalier de la Légion d'honneur.

Placé au milieu de bois et de prairies verdoyantes, qu'il domine du haut d'un mamelon abrupt, entouré d'un vaste étang, Chatelperron occupe une situation pittoresque, à laquelle, d'ailleurs, répond parfaitement sa silhouette.

Si les enceintes qui formaient autour de la colline des gradins successifs (1) ont, en effet, disparu, le château lui-même est presque entier : sauf quelques portes beaucoup plus anciennes et de la même époque que l'église voisine, Chatelperron est du XV° siècle et de fort élégant aspect : la façade principale, malheureusement, en a été bien gâtée par les ouvertures à meneaux percées, comme nous l'avons vu, vers 1530.

Outre la porte dont nous avons parlé, nous signalerons, à l'église de Cha-

---

(1) Des marches gigantesques de cette espèce de perron, on a voulu faire l'origine du nom de notre château. Malheureusement pour cette étymologie, au XIII° siècle déjà, Chatelperron s'ap-

telperron, une abside du style roman le plus pur, et à laquelle des restes de fortifications donnent un intérêt tout particulier.

De nombreux arrière-fiefs relevant de Chatelperron et dont la plupart, tels que les Regnauds de Vaumas, les Déserts, les Bernards..., sont devenus des domaines; nous ne citerons que *Chassimpierre*, situé en face de Chatelperron et complètement refait à neuf. Ce nom de Chassimpierre n'est qu'une défiguration du vieux nom de la Chasseigne-Saint-Pierre, que l'on trouve encore de loin en loin dans les titres anciens et qui venait à notre fief d'une fontaine Saint-Pierre, sise entre lui et la rivière de Bèbre sur la voie antique qui, de Treteau et Jaligny, tendait vers la Bourgogne par Saint-Léon, Grosloup, etc.

En 1601, le seigneur de Chassimpierre est Claude Dinet, dit Goujet, frère de Gaspard, évêque de Mâcon, et fils de Jacques, garde-scel du duché de Bourbonnais, lui-même fils de Jean, seigneur du Péroux. (V. ce fief.) Pierre Dinet, fils de Claude, fut quelque temps coadjuteur de son oncle; mais il mourut en 1618, à l'âge de vingt-cinq ans, et, en 1656, nous retrouvons notre petit fief de Chassimpierre partagé entre Blaise Rogier et Antoine Huguet, tous deux membres de familles dès longtemps localisées dans le pays (1) et peut-être alliées aux Dinet.

Jean Huguet, fils d'Antoine, époux de Marguerite Favier des Ormais (V. ce fief), semble par la suite avoir réuni entre ses mains toute la terre de Chassimpierre avant de la laisser à son fils, autre Antoine, époux de Gilberte Rambaud; mais, à partir de la mort de ce dernier, vers 1700, Chassimpierre, partagé entre ses quatre enfants, se morcelle à l'infini, et c'est par parcelles successivement acquises des Bain, des Huguet, des Jacob, des Dulignier de Montifaut, etc., que Jean-François Croizier (2), seigneur des Gondeaux et des Mitiers (V. ce fief), parvint, en 1768, à le reconstituer avec ses trois domaines, auxquels il adjoignit son domaine Beaufort, qui était venu des Meilheurat aux Croizier vers 1722, et donna son nom à une branche de cette dernière famille.

Le 22 mai 1800 enfin, Jean-Baptiste Collas se rendit acquéreur de Chassimpierre, mais non des Gondeaux, qui furent alors de nouveau détachés de notre terre et qui ont aujourd'hui passé à la famille Michel.

pellait *Castrum Petri*, le château de Pierre ou peut-être le château Saint-Pierre, en rapprochant de ce nom celui de Chasseigne Saint-Pierre. (V. Chassimpierre.)

(1) Les Rogier sont de Saint-Pourçain-sur-Besbre : quant aux Huguet, alliés aux Aubery de Lenax, nous ne savons rien sur eux de bien précis, à moins pourtant que ce ne soit la même famille que les Huguet d'Hérisson. (V. plus bas les Murs.)

(2) Jean-François Croizier avait fait sa fortune dans la ferme de la terre des Gouttes : pour sa famille, voir plus bas Montperoux et la Douaire.

Sur Chatelperron était aussi la seigneurie des *Escures,* jadis fort importante et dont on trouve le chef un peu en amont de Chassimpierre, en remontant la vallée boisée du Graveron.

Des murs épais, une cheminée du XVᵉ siècle, quelques moulures oubliées dans une réfection récente, voilà tout ce qui distingue les Escures d'une maison ordinaire; mais ce manoir abandonné possède un véritable joyau : c'est une pierre héraldique échappée, nous ne savons comment, à la destruction et placée dans le coin où le visiteur a le plus de peine à la découvrir.

Nous en donnons ici la reproduction : les trois écussons, que relie un chardon contourné, sont de gauche à droite :

LES ESCURES.
Pierre aux armes de France et Bourbon (XVIᵉ siècle).

1° Celui des ducs de Bourbon, à partir de Jean Iᵉʳ (1410) ;
2° Celui qu'ils adoptèrent depuis l'alliance du duc Jean II avec Jeanne de France, fille du roi Charles VII;
3° Les armes propres de Charles III, connétable de Bourbon, parti au 1 de Bourbon et au 2 écartelé Bourbon et France, à cause de sa femme, Suzanne de Beaujeu, fille de Pierre et d'Anne, fille du roi Louis XI.

Or, comme nous l'allons voir, un seigneur des Écures fut un des favoris les plus aimés du connétable avant d'être un de ses plus dévoués partisans : il est donc fort présumable que cette pierre, très artistement taillée et qui présente tous les caractères du début du XVIᵉ siècle, ait été, par ce des Écures, placée à l'entrée de son château lors d'une visite que lui aurait faite son suzerain. Cet intéressant petit problème serait, d'ailleurs, facilement résolu par l'attribution des deux écus qui flanquent de chaque côté les armes des Bourbons et dont nous ne connaissons pas les possesseurs, mais qui doivent être ceux d'officiers de la cour du connétable. Si, en effet, c'étaient là des alliances des des Écures, ces écus seraient accolés aux armes de cette famille, que l'on voit au-dessous des autres.

En 1342, un Guillaume de Têche (V. la Grange-sur-Trézelles), damoiseau et paroissien de Trézelles, possède, du chef d'Agnès du Meuble (1), sa femme, la maison et motte des Écures, sises sur la paroisse de Chatelperron ; puis, un siècle plus tard, notre fief a passé à un gentilhomme bour-

CHAPELLE DES ESCURES.

guignon, Jean Girard, qui fut la tige de la famille des Écures, dont plusieurs membres occupèrent en Bourbonnais des situations considérables, et dont un notamment, doyen du chapitre d'Hérisson, fut un conseiller fort écouté d'Anne de Beaujeu.

Philippe des Écures, de son côté, frère de ce doyen d'Hérisson, et à qui nous attribuons la pierre que nous avons décrite, joua dans les projets et dans la fuite du connétable le rôle le plus actif ; il suivit à l'étranger son infortuné suzerain et ne rentra en France qu'après le triomphe définitif

(1) Famille sortie du château du Meuble, sur la paroisse de Beaulon

de la cause royale. Pendant son exil volontaire, la terre des Escures avait été sans doute confisquée; mais elle lui fut rendue, et peu après nous y trouvons son fils Louis, qui, du chef de sa femme, Anne de la Halle, fille de Jean et de Françoise Grosyeux, possède aussi le fief de Pontcharraud, sur la paroisse d'Ainay.

Louis des Escures eut deux fils : Jacques, époux de demoiselle Charlotte de Sarre, et Pierre, qui, par acte du 5 octobre 1576, abandonna à son frère tous ses biens : ce dernier eut pour successeur son fils Claude, qui épousa demoiselle Hélène de Bigue, et joignit ainsi à ses possessions déjà fort étendues la seigneurie de la Vivère, sur la paroisse de Rocles; mais, à partir de ce Claude, les des Escures semblent avoir formé une multitude de branches que nous ne suivrons naturellement pas et dont une se fixa en Bretagne, en 1721, par le mariage de Constant des Escures de Pontcharraud, lieutenant d'une compagnie franche de la marine, avec demoiselle Nicole d'Ourguy, de Brest.

De la branche de cette famille restée au fief patronymique, nous avons déjà trouvé un membre, François, seigneur de Cindré, Coulon et Marcellanges (V. ces fiefs), et vu comment se trouva compromise par ce dernier la fortune de la maison. Étienne des Écures, le frère de François, seigneur des Écures, et du Réray en la paroisse d'Aubigny, ayant répondu pour son frère, se trouva englobé dans sa déconfiture et forcé de mettre notre château en vente. C'est alors — 1691 — que l'acquit, en même temps que le domaine voisin des Plaisants, un de leurs cousins, Louis des Escures, chanoine-comte de Lyon.

Louis des Escures légua son acquisition à ses neveux, et, en 1759, le seigneur des Écures est Antoine des Écures, chevalier, fils de Henri-Louis, capitaine au régiment de Navarre et père de demoiselle Juliette des Écures, qui, cette année-là, épousa François Fournier, écuyer tenant la poste pour le Roi au bourg de Bessay, et seigneur des Rays en la paroisse de Sanssat.

Dans quelles circonstances les Écures changèrent-elles encore de mains? Nous l'ignorons; mais, acquises vers 1770 par Philibert Gorry des Chaulx, président trésorier de France à Moulins, époux de dame Marie-Anne de Lentache, elles appartenaient, à la Révolution, à son fils Henri, ancien officier, qui, arrêté en octobre 1793, fut guillotiné à Paris le 22 prairial an II.

Le seul acte à retenir du passage des Gorry des Chaulx aux Escures est, le 1er août 1773, la vente consentie aux Croizier de Chassimpierre du domaine des Girards : depuis la Révolution, leur terre appartint successivement aux Lucas (V. Barchères) et aux Hastier de la Jolivette.

Dans la cour des Écures, sur un reste de motte antique, est une chapelle de forme élégante et légère qui présente tous les caractères du XVe siècle, mais dont la décoration intérieure laisse déjà deviner l'approche de la renaissance.

De 1322 à 1342, Aymon, Hugonin et autre Aymon Vigier, damoiseaux, paroissiens de Jaligny, rendent aveu d'un terrage des *Murs*, en la paroisse de Chatelperron, terrage dont nous avons vainement cherché l'emplacement.

MOULIN A VENT DE SAINT-LÉON.

D'après M. le comte de Soultrait, ces Vigier seraient les mêmes que ceux de Murat et d'Hérisson, et de cette dernière localité sortirait aussi la famille Huguet que nous trouvons à Chassimpierre (V. ce fief) : faut-il donc voir là une corrélation qui nous ferait chercher les Murs non loin de ce dernier fief? C'est possible.

Le *Puy Saint-Ambroise* — aujourd'hui Puy Saint-Léon — est du côté de la Loire la véritable vedette du Bourbonnais, et il serait bien étonnant qu'il n'ait pas été autrefois occupé par un poste militaire : nous n'y connaissons pourtant nulle trace de constructions antérieures à l'église ruinée devenue le domaine actuel, et le seul témoignage probant de son antique importance est la grosse foire qui s'y est tenue de temps immémorial jusqu'en 1891.

Comme à Chatelperron, — et un peu partout, d'ailleurs, — on n'a pas manqué de voir dans la construction mi-religieuse, mi-fortifiée, du Puy Saint-Léon un ancien établissement des Templiers : c'est pourtant une erreur, et, dès 1165, le prieuré du Puy Saint-Ambreul faisait déjà partie des possessions de l'abbaye de Mauzac en Auvergne, parmi lesquelles le mentionne encore Nicolaï.

Notre travail n'embrassant pas les établissements religieux, nous nous bornerons à relever l'erreur relative aux Templiers, et à donner aussi quelques détails sur la justice et les droits seigneuriaux de Saint-Léon, droits quelque peu compliqués et dont l'état nous est fourni au cours d'un procès monstre soutenu, en 1712, contre Gaspard-Louis Deguet, prêtre, vicaire perpétuel de la paroisse de Saint-Léon, par cette infortunée Marie-Cilénie Guillaud de la Motte, veuve Charry des Gouttes, que nous avons déjà vue mêlée à tant de litiges. (V. les Gouttes, etc.)

Les abbés et religieux de l'abbaye de Mauzac, près Riom, y est-il expliqué, sont patrons et curés primitifs de cette paroisse, et originairement ils en desservaient la cure par ceux de leurs religieux qui résidaient dans le prieuré du Puy Saint-Ambroise, sis paroisse de Saint-Léon et membre dépendant de Mauzac : les dîmes et droits seigneuriaux, naturellement, appartinrent donc primitivement à l'abbaye de Mauzac ; mais, dès avant le concile de Latran (1215), l'abbé de Mauzac les inféoda au seigneur de Chatelperron, et celui-ci et ses successeurs en sous-inféodèrent depuis lors certaines parties qui furent tenues d'eux en arrière-fiefs. Une portion congrue fut, du reste, prélevée sur ces dîmes en faveur des vicaires perpétuels, qui, à une époque indécise, remplacèrent les religieux dans le service de la cure de Saint-Léon.

Quant à la justice de Saint-Léon, elle fut, jusqu'à la Révolution, commune entre l'abbé de Mauzac et le seigneur de Chatelperron, et réglée par une transaction passée le 12 mars 1243 entre Aymeric, abbé de Mauzac, et Guichard de Chatelperron, qui ont choisi pour arbitres Guillaume de Bourbon (?), Pierre Pasquier, chevalier (V. les Augères), Hébrard de Quinssat l'aîné (V. Quinssat), chevalier, et Étienne de Créchy (V. Créchy), châtelain de Billy.

Diverses pièces produites au cours de ce procès nous donnent en outre quelques renseignements intéressants : c'est d'abord, en 1449, une sous-inféodation de ses droits sur Saint-Léon faite par Jacques Ier de Chabannes à une famille de Saint-Lubin qui les garda jusqu'en 1536, et à un Jean

Thuillier de Saint-Lyens; ces mêmes droits et dîmes, en 1548, sont sous-inféodés à Jean de Montcoquier. Citons enfin, en 1452, un acte de retenue féodale exercée par Jacques de Chabannes sur une vente de dîmes consentie moyennant soixante écus d'or par noble Jean de Fragny à Jean de la Goutte, bourgeois du Donjon. (V. la Serre.)

De l'ancien prieuré, il a été conservé une nef latérale et le chœur d'une église romane du XII° siècle ; l'intérieur, aménagé pour loger les métayers, n'offre rien d'intéressant, mais l'extérieur est d'excellent style et accuse, comme d'ailleurs l'église de Chatelperron, une parenté très proche avec la

PRIEURÉ DU PUY SAINT-AMBROISE.

belle église de Mauzac ; les anciens bâtiments groupés autour de l'église présentent quelques détails du siècle dernier.

Quant aux prieurs qui se succédèrent dans cet établissement religieux, un seul a laissé trace dans le pays : c'est, au XVII° siècle, un Bourbonnais, Jean de Bonnay, chanoine-comte de Lyon et baron de Condrieu.

Comme l'indiquent les pièces de procédure auxquelles nous venons de faire divers emprunts, l'origine de *Saint-Léon* est des plus anciennes et remonte sans doute, comme celle de toutes les paroisses greffées sur d'anciens établissements gallo-romains, aux premiers temps de l'évangélisation de notre région. Mais jusqu'au XVII° siècle au moins le modeste sanctuaire, — dédié, non à saint Léon, comme il se dit par corruption, mais à un saint Lyans ou saint Lyens, assez peu connu, — ne groupa autour de lui qu'une agglomération peu étendue.

De 1653 seulement date, en effet, la chapelle jadis connue sous le nom de *Notre-Dame du Taillis*, et qui touche maintenant aux dernières maisons du bourg : or, dans l'acte de fondation, il est expliqué que cette chapelle fut « par un don pieux de Jean des Molles, seigneur de Marcellanges, construite en plein bois, à un endroit où, de toute ancienneté, il y avait une vierge dans un tronc d'arbre ».

Notre-Dame du Taillis fut toujours une dépendance du château de Marcellanges (V. ce fief), mais n'en fut pas moins, à la fin du XVIIe siècle, dotée d'un bénéfice particulier. (V. le Mont.)

Tout à côté de cette fondation pieuse, nous citerons le vieux domaine de la *Font*, possédé en 1615 par un Jean Péron, archer de la sénéchaussée du Bourbonnais, puis, en 1654, par François Jacob, époux de demoiselle Marie de la Douaire (V. ce fief), et membre d'une famille que, dès 1583, nous trouvons à Saint-Léon, exploitant les bois d'alentour sous l'impulsion des moines du Puy Saint-Ambroise et y gagnant une grosse fortune.

La Font, toujours possédée par les Jacob, devint un moment le chef d'une terre considérable, depuis lors partagée entre leurs innombrables descendants et d'où viennent, entre bien d'autres domaines, Rezols, le Seu, les propriétés de la famille Beauchamp, etc.

Nous venons de nommer *Rezols*, gros pavillon qui se voit de loin, faisant sur le Puy une tache blanche : de ce domaine, nous serions bien tentés de faire l'ancienne seigneurie de Rizoles, berceau des Meschin que nous trouvons aux Creuziers et à la Motte-Vesset (V. ces fiefs), et dont, en 1393, rend aveu Archambaud Meschin, damoiseau, paroissien de Chatelperron ; mais un dénombrement d'arrière-fiefs de Chatelperron parle de la terre et seigneurie de Rizoles sises sur la rivière Têche, et cette rivière passe bien loin de Rezols.

Parmi les anciennes possessions des Jacob, se trouve encore le domaine de la *Faye*, dont portait le nom une des prévôtés dépendant de la baronnie de Chatelperron, mais dont nous ne trouvons nulle mention avant 1545, époque où le possède et l'habite Antoine Jeannette, aïeul de Jean Jeannette, qu'en 1589 nous trouvons seigneur en partie de Coulon. (V. ce fief.)

Avant la Révolution, la Faye vint par alliance aux Conny, et M. le vicomte de Conny, l'énergique sous-préfet de la Palisse, qui joua sous la Restauration un rôle important, portait le nom de Conny de la Faye.

Entre la Faye et le château du Seu (1), sur un point merveilleusement

---

(1) Seu signifie sommet en patois bourbonnais. Dans la montagne, au-dessus d'Arfeuilles et près de la limite du Forez, se trouve aussi un point intéressant nommé la Croix du Seu et dit par corruption Croix du Sud.

choisi pour découvrir au loin tout le pays d'alentour, est une motte qui semble d'origine romaine, et porta peut-être une construction féodale dont il ne reste nul vestige.

Il existe en Bourbonnais plusieurs familles et plusieurs localités de Marcellanges; du château de *Marcellanges,* en la paroisse de Saint-Léon, pourtant, devaient être seigneurs : d'abord, Perrin de Marcellanges, damoiseau, qui, en 1357, rend aveu au sire de Chatelperron pour certaines rentes à

NOTRE-DAME DU TAILLIS.

lui inféodées; puis Pierre de Marcellanges, dont, en 1445, les deux filles abandonnent tous leurs biens pour la fondation du couvent des Cordeliers du Donjon; enfin ce René de Marcellanges, qu'en 1573 nous voyons compromis dans le meurtre de François de Séneret, seigneur de Chaussin. (V. ce fief.)

A la mort de René, Marcellanges, fort amoindri par les frais de justice qu'avaient coûté à son possesseur les poursuites de la veuve de Séneret, vint à sa fille, Marguerite de Marcellanges, et fut, par elle, porté à noble Benoît-Bernard des Molles, originaire des Molles de Trablaines. (V. ce fief.)

A Benoît-Bernard succéda son fils, Jean des Molles, aussi seigneur de Coulon et de Mont (V. ces fiefs) et le fondateur de Notre-Dame du Taillis

(V. plus haut) : Jean des Molles en premières noces avait épousé demoiselle Adrienne de Mars, et, devenu veuf, se remaria avec demoiselle Charlotte des Escures; mais ces deux unions furent stériles, et, en 1666, il institua son héritier universel un neveu de sa femme, François des Escures, seigneur de Cindré.

Dans nos notes sur ce dernier fief et sur Coulon (V. ci-après), nous disons la situation pécuniaire critique où se trouva François des Escures ; Marcellanges, saisi sur lui, fut, le 4 juin 1693, acquis par Jean Feydeau (1), seigneur de Demoux en la paroisse de Trévol, et époux de demoiselle Marguerite Heroys. A Jean Feydeau succéda son fils François, capitaine au

MARCELLANGES. — Armoiries des Feydeau.

régiment de Louvigny, qui, d'Henriette de Chabannes-Blanquefort, eut deux enfants : Marguerite, qui épousa messire Claude-Robert d'Hugon, chevalier, seigneur de la Rochette, et un fils Louis, qui fut tué à la bataille de Fontenoy. A la mort de François, en 1751, Marcellanges, estimé alors trois mille livres de revenu, revint donc à M. d'Hugon, dont nous racontons à Mariol les démêlés avec sa trop verte belle-mère.

Marcellanges resta aux d'Hugon jusqu'après la Révolution, puis passa par alliance aux de Monteynard : en 1817, le propriétaire de Marcellanges était M. Joseph de Monteynard, époux d'Adélaïde de Montilly ; mais cette famille quitta brusquement le pays ; et sa terre, après un court passage entre les mains des Deguet, vint à un M. Vianot, riche notaire de Lyon. C'était alors la mode des utopies socialistes : ayant perdu femme et enfants. M. Vianot se fit prêtre mariste et vint se fixer à Marcellanges avec huit confrères. Chacun de ses membres exerçant un métier manuel : cuisinier, cordonnier, jardinier, etc., la petite communauté devait se suffire à elle-même ; mais cela ne dura pas longtemps, et, vendu en 1848 à M. de la Boutresse des Quillets, Marcellanges appartient aujourd'hui à son gendre,

---

(1) Les armes des Feydeau se voient encore sur des dépendances de Marcellanges, construites un peu au-dessous du château dans le style du XVIIe siècle.

MARCELLANGES.

M. le comte des Ulmes de Torcy, membre d'une famille nivernaise venue en Bourbonnais, au milieu du siècle dernier, par une alliance avec les la Platière, de Paray le Fraisil.

Certaines parties de Marcellanges, d'après M. Moreau, l'habile architecte moulinois, datent du XIe siècle, et notre château jalonne, sans doute, la vieille voie dont nous parlons à diverses reprises. Son propriétaire vient de le faire restaurer, et, avec ses énormes tours, ses multiples et élégants détails, Marcellanges est assurément une des belles constructions de notre pays.

Coulon. — En 1367, un Hugues de Coulon, damoiseau, que nous rencontrons aussi dans son fief patronymique de la paroisse du Bouchaud (V. plus loin), rend aveu de bois qu'il possède dans le voisinage de Jaligny, sans toutefois mentionner d'hôtel lui appartenant dans ces parages : aussi ne pensons-nous pas que notre Coulon de Saint-Léon ait jamais été un fief proprement dit, mais plutôt un rendez-vous de chasse, ou un centre de défrichements, créé par la famille de Coulon après les guerres contre les Anglais. Ce qui confirme encore cette supposition, c'est que Coulon ne posséda jamais ni droits seigneuriaux ni justice, mais, au contraire, payait des redevances à plusieurs seigneuries voisines et était partagé entre leurs justices.

Quoi qu'il en soit, Coulon, à la fin du XVIe siècle, était une simple terre divisée entre trois familles alliées entre elles, les Jeannette, les Voisin et les Désessarts, de Diou, qui, toutes trois, devaient des cens, rentes et droits de justice aux de Saint-Aubin, seigneurs de la Varenne, en la paroisse de Saligny. Une demoiselle Jeannette de la Faye (V. ce fief) porta par la suite ce que sa famille possédait sur Coulon à un Jean Jolly, originaire de Neuilly en Donjon (V. les Jolis, la Folie, etc.), et, en 1617, nous trouvons qualifié seigneur en partie de Coulon Jacques Jolly, le fils de Jean, époux de demoiselle Anne Guillon.

Ce Jacques Jolly vendit aux des Molles, de Marcellanges, les terres qui constituent le Coulon actuel, et, en 1631, Jean des Molles, ayant acquis du seigneur de la Varenne le terrier concernant Coulon, prit le titre de seigneur de Coulon.

Nous avons vu plus haut (V. les Écures et Marcellanges) comment, par acte du 8 juin 1666, Jean des Molles et Charlotte des Écures, sa femme, instituèrent leur héritier universel leur neveu, François des Écures, seigneur de Cindré (V. ce fief); mais celui-ci fit fort mal ses affaires, et Coulon, saisi en même temps que Marcellanges et les Écures par Christophe de Beaucousin, un de ses créanciers, fut, en 1691, acquis par Jacques Bourguignon, fermier de Marcellanges, époux de Louise Collas.

Le nouveau possesseur de Coulon appartenait à une ancienne famille de notaires, alliée aux Trochereau de Vaumas ; il ne jouit pas en paix de son acquisition et passa sa vie à soutenir contre les sires de Chatelperron (V. ce fief) des procès que continua après lui sa veuve, remariée à Pierre Rogier, seigneur de Préréal.

Ces procès ruinèrent tout à fait Jacques Bourguignon, et, saisi en 1701 sur son fils François, Coulon fut à cette occasion acquis par un de leurs cousins, Jean Bourguignon, époux de Marie-Claudine Bayon (1). Jean Bourguignon laissa deux fils, François et Bernard, époux de Claudine-Françoise Deguet, qui gardèrent quelque temps Coulon indivisément ; puis, après la mort de François, en 1764, nous en trouvons seigneur M° Mallet, avocat en Parlement, époux de Jeanne Bourguignon, la fille de Bernard.

Vers 1773, enfin, M. Mallet vendit Coulon à un de ses cousins germains, Jean Deguet (2), époux de Marguerite Jacob, qui siégea en 1789 à l'Assemblée du Tiers, comme sieur de Coulon ; Jean Deguet n'eut pas d'enfants, et c'est d'un de ses petits-neveux que M. Clayeux acquit notre terre, il y a une quarantaine d'années.

Dans les bois dépendant de Coulon se trouvait, au siècle dernier, une verrerie connue sous le nom de *Verrerie de la Varenne*, et qu'avait fondée vers 1680 Joseph de Finance, seigneur des Épiards, fils d'Adam et de demoiselle Jeanne d'Hennezel (V. Saint-Nicolas des Biefs), le même qui, en 1695, acquit la verrerie des Fougis.

Le 12 avril 1690, Joseph Finance épousa à Treigny en Puisaye demoiselle Pomponne de Vialet, avec laquelle il habita quelque temps la Verrerie ; mais par la suite il alla se fixer à Treigny, et son établissement passa alors à Jacques de Finance, seigneur de Clairbois, fils de Thierry et époux de demoiselle Françoise de Fradel du Lonzat (V. ce fief), qui fut l'aïeul de tous les de Finance que nous rencontrons depuis lors dans la région (3).

La verrerie de la Varenne semble avoir été prospère, à en juger par les énormes quantités de bois qui s'y consommaient, et dont donnent idée

---

(1) Les Bayon sont originaires d'Aix en Provence et, avant de venir en Bourbonnais, où ils ont acquis une situation considérable, avaient quelque temps séjourné à Lyon : le premier Bayon venu en ce pays est Claude, le père de Marie-Claudine, qui, en 1677, fut amené à Moulins comme secrétaire par M. Charles Feincon, chevalier, seigneur de Ris, intendant de la province de Bourbonnais.

(2) Les Deguet sortent d'une ancienne communauté voisine du Donjon. (V. cette paroisse.)

(3) Parmi les gentilshommes verriers associés de Jacques de Finance, nous signalerons un le Gimbre et un Vilhardin de Montigny.

les nombreux procès soutenus contre leurs voisins par les gentilshommes verriers ; mais, dès avant la Révolution, l'industrie du verre avait été abandonnée, et la Verrerie était déjà le simple domaine qu'elle est encore.

Entre le Puy Saint-Ambroise et une colline où se voient des traces non douteuses de culte druidique, était le château de *Grosloup*, actuellement simple construction moderne, mais jadis maison forte placée sur la voie antique dont nous avons parlé. (V. Chassimpierre.)

De là sort une famille noble de Grosloup, que nous trouvons aussi à Trézelles dans le fief de Beaudéduit, et dont le dernier membre possesseur de son fief patronymique fut Pierre, prêtre, encore mentionné en 1411. A Pierre de Grosloup succéda Pierre de Montcorbier, son petit-neveu, petit-fils d'autre Pierre et de demoiselle Isabelle de Grosloup, et, depuis lors, nous voyons se succéder à Grosloup des Montcorbier, jusqu'en 1640 qu'y arrivent des membres de la famille bourguignonne des la Cour, la même qui avait déjà remplacé les Grosloup aux Pontères. (V. ce fief.)

Le premier de la Cour seigneur de Grosloup fut Gilbert, qui le possédait du chef de Cécile de Montcorbier, sa femme, fille de Jean, seigneur de Grosloup ; il prit le nom de Gilbert de Montcorbier, et c'est sous ce nom que nous le voyons plusieurs fois mentionné comme paroissien d'Huvers Grosloup faisait, en effet, partie de cette ancienne paroisse.

Gilbert de Montcorbier eut pour successeur son fils Jean, époux d'Antoinette de Mauvage (V. la Feige) ; mais celui-ci n'eut, croyons-nous, que trois filles, toutes trois religieuses, et nous perdons quelque temps la suite des possesseurs de Grosloup jusqu'en 1720, où nous le retrouvons aux mains de Gaspard de Bouchat, écuyer, mestre de camp de cavalerie, époux de demoiselle Cécile-Anne du Rousset de la Varenne et père de ce Bernard du Bouchat, curé de Chaveroche, qui devait jouer à la Révolution un fort triste rôle.

Le frère de Gaspard, François du Bouchat, domicilié aux Ruets, paroisse de Floret, avait épousé une demoiselle de Champropin de Chambord ; ce fut à l'occasion du partage de famille entre les enfants de François et de Gaspard du Bouchat que, vers 1770, les Croisier se rendirent acquéreurs de Grosloup, qu'ils gardèrent jusqu'à ces derniers temps.

Outre quelques terres de l'ancienne paroisse d'Huvers, la paroisse de Saint-Léon comprend la majeure partie de celle de *Montpeyroux* (*Montis petrosi*), déjà mentionnée en 1165 parmi les possessions de l'abbaye de Mauzac, et dont subsiste encore la modeste église, cachée à l'ombre de chênes séculaires. Refait presque entièrement, comme nous le dirons tout à l'heure, au commencement du siècle dernier, cet antique sanctuaire ne présente pas grand détail intéressant; mais tout auprès se trouve un témoignage frappant des rapports qui existaient entre lui et les Bénédictins du Puy. Sur la fontaine Saint-Bonnet, si longtemps célèbre dans notre pays pour la guérison des maladies d'yeux, se trouve, en effet, une pierre grossièrement sculptée, où se distinguent deux têtes mitrées, dont la tradition et la vraisemblance font saint Claude, archevêque de Besançon, et saint Bonnet, évêque de Clermont, tous deux en grande vénération dans l'Ordre de Saint-Benoît.

En face de l'église de Montpeyroux est une vieille maison, qui porte la date de 1668 et appartint à une branche de la famille Cimetière; mais la maison notable de la paroisse était un peu plus loin, à la *Douaire*, sur un mamelon qui, peut-être, porta jadis une construction féodale, mais où il ne reste rien d'ancien, surtout depuis les travaux de reconstruction faits par M. Jules Picard.

MONTPEYROUX. — Fontaine Saint-Claude.

Du passé de la Douaire nous ne savons que peu de chose, et son histoire, pour nous, commence en 1620, où elle est habitée par deux frères de la Douaire, aussi possesseurs de Valtau (V. ce fief) et tous deux praticiens en la justice du Puy Saint-Ambroise. Pierre de la Douaire, l'aîné des deux frères, avait épousé demoiselle Catherine Taron, fille d'un châtelain de Saint-Haon le Chastel (1), et son cadet, une demoiselle Chassenay du Donjon; mais ce dernier seul semble avoir eu postérité et fut le père de Louise de la Douaire, qui porta notre vieux logis à Gabriel Girin, bourgeois de la ville de Cublize, procureur d'office au Puy Saint-Ambroise.

Gabriel Girin se fixa alors à la Douaire, et c'est à lui que l'on attribue la réfection de l'église et de la fontaine de Montpeyroux; mais son fils, Blaise Girin, époux d'une demoiselle Fréquy, ne garda pas notre terre et la vendit, vers 1700, à son beau-frère, Jean Croizier, époux d'Anne Fréquy (2).

(1) La famille Taron habitait au bas de Saint-Haon un modeste logis qui, au XVIIIe siècle, devint un élégant château destiné à remplacer celui de Beaucresson.
(2) Par une heureuse coïncidence, Mme Jules Picard descend de Gabriel et Blaise Girin, les anciens propriétaires de Montpeyroux : nous saisissons l'occasion de remercier son fils, M. Léon Picard, à qui nous sommes redevables de renseignements précieux.

Les Croizier, qui avaient déjà et ont encore dans les environs de nombreuses possessions, sont originaires des Martres de Veyre, dans la basse Auvergne, et de leur origine première conservèrent jusqu'à la Révolution la jouissance d'une bourse au collège d'Harcourt et à l'école d'Effiat. Ils ne quittèrent plus la Douaire, dont ils portèrent toujours le nom, et le propriétaire actuel, M. Jules Picard, est le fils d'une demoiselle Meilheurat des Virots, elle-même fille d'Étienne et de demoiselle Ravateau, cette dernière fille de Jacques, seigneur de Maupertuis, et de demoiselle Rosalie Croizier, fille de Guy-François.

LIERNOLLES ET MONTCOMBROUX.

Sur le versant oriental du soulèvement qui court du Fétré au Puy Saint-Ambroise gît un vaste dépôt de grès houiller, dont le cours du Roudon marque à très peu près la limite, et qui forme, outre la majeure partie de la commune de Liernolles, celle de Montcombroux en entier. Exploitée aux carrières de Champin et près de Valtan, la roche affleure en quelques endroits et donne alors aux terres une couleur rouge, sur laquelle tranche d'une façon pittoresque la verdure d'assez maigres prés. Au-dessus des fonds où s'étend ce dépôt, que l'on peut rattacher, nous semble-t-il, au terrain de transition supérieur, le sol se relève et porte des plateaux d'une fertilité médiocre, dont les Bassots occupent le centre et que couvraient, récemment encore, des landes buissonneuses coupées de loin en loin par des champs de seigle.

A Montcombroux habitait M. Victor Meilheurat, qui fut un des premiers Bourbonnais à avoir le culte des souvenirs du passé ; aussi, en ce coin de pays, la tâche que nous nous efforçons de remplir nous a-t-elle été relativement facile. Bien mieux que nous ne l'aurions pu faire, M. Meilheurat avait, il y a vingt ans, étudié toute cette région et réuni, pour en écrire l'histoire, des notes qu'il ne put malheureusement utiliser. Son fils a bien voulu les mettre gracieusement à notre disposition, et c'est ainsi que, complétant largement nos propres découvertes, nous avons pu faire quelque peu profiter ceux qui aiment le temps passé d'un travail encore inédit.

Un des premiers, le fief de la *Forêt* devait appeler l'attention de

M. Meilheurat, qui publia sur lui une étude des plus attachantes. Nous nous bornerons à donner de cette dernière un résumé succinct, en y ajoutant quelques détails par nous relevés dans une rapide revue des archives de la Forêt, et dus surtout au savoir de leur propriétaire.

Les *Noms féodaux* au XIV° siècle nomment plusieurs membres d'une famille de la Forêt, et l'on peut d'autant moins douter qu'il s'agit là des possesseurs de notre fief que la Motte en Chapeau, qui leur appartenait aussi, se retrouve plus tard aux mains de leurs descendants; mais le premier seigneur de la Forêt dont M. Meilheurat ait trouvé trace certaine est,

LA FORÊT.

en 1411, Adrien de la Forêt, époux de demoiselle Sibylle de Champropin de Chambord. (V. le Grand Chambord.)

Adrien de la Forêt mourut en 1428, et, cette année-là, se partagèrent ses biens ses trois filles : Marguerite, épouse de Guillaume de Buffevent (1), écuyer, seigneur dudit lieu; Catherine, femme de Philippe de Putay (2), aussi écuyer, seigneur dudit lieu; et Alise, épouse de Guillaume Grenier, écuyer, seigneur de la Duque.

La Forêt échut, par ce partage, à Catherine et vint plus tard à sa fille, Jeanne de Putay, qui, le 2 août 1438, épousa Guillaume de Viry, chef de la branche bourbonnaise de cette antique maison du Genevois (3). Guil-

---

(1) et (2) Buffevent est de la paroisse de Saint-Voir; Putay, de celle de Diou.
(3) Nous suivrons jusqu'à preuve contraire l'opinion de M. Victor Meilheurat, qui a publié sur les Viry une longue étude dans le tome X du *Bulletin de la Société d'émulation*. Nous devons pourtant mentionner ici l'opinion émise par quelques chercheurs bourguignons qui prétendent que notre Guillaume de Viry n'aurait rien de commun avec les Viry de Savoie, mais serait simplement le fils d'un maître tailleur de Viry sur l'Arconce, d'abord chef de bande, puis parvenu à la noblesse et à la fortune par la faveur du duc de Bourgogne.

laume de Viry avait été un des favoris de Jean Sans peur, et c'est en sa faveur que la Forêt fut, en 1450, érigée en baronnie ; il était aussi seigneur de Putay et eut comme successeurs dans la possession de ces deux terres : d'abord son fils Louis, époux de Jeanne de la Fin; puis Étienne, époux de Jeanne d'Anlezy, qui fut châtelain de Billy (V. ce fief); ensuite Claude, marié, le 28 avril 1546, à Louise de Thélis; enfin Jean de Viry, qui combattit vaillamment à Jarnac, Arques et Ivry. Comme nous l'avons vu aux Échelettes (V. ce fief), Jean de Viry, en 1576, épousa Catherine de Saint-Irier, dame des Échelettes, et c'est cette dernière terre qui, en 1612, devint, par suite de partage, la demeure des de Viry, la Forêt restant à Jean Turpin de Laya, époux de Claudine de Viry, l'aînée des douze enfants de Jean de Viry et de Catherine de Saint-Irier.

Ce Turpin de Laya (V. ce fief) avait sans doute fait, pour installer dans le manoir féodal des Viry sa noblesse récente, de gros sacrifices pécuniaires; mais s'ils lui valurent de laisser son nom à notre fief, souvent désigné dès lors sous le nom de la Forêt de Laya, ils semblent avoir été vraiment au-dessus de ses moyens. Il vécut, en effet, à la Forêt misérablement, soutenant des procès malheureux, rasant ses bois et laissant tout crouler dans son château. Enfin, saisie sur lui en 1635, notre terre fut, le 18 avril 1636, adjugée, moyennant vingt-cinq mille livres, à noble Jean Riquier, conseiller du Roy maison et couronne de France, contrôleur général de la marée à Paris, — titres qui ressemblent fort à des savonnettes à vilain. — Turpin de Laya, d'ailleurs, ne se laissa pas déposséder de bonne grâce, et c'est seulement sous la protection d'un lieutenant et de douze archers de la maréchaussée que les représentants de Riquier purent s'installer dans le logis ruiné, que n'avait pu entretenir son infortuné prédécesseur.

Dans un fugitif moment de prospérité, en 1614, Turpin avait augmenté notre terre en achetant aux membres de la famille de Troussières leur communauté, devenue depuis lors le domaine des Troussières.

Jean Riquier habita souvent la Forêt et employa ses vingt-deux années de possession à réparer son manoir presque entièrement, comme l'indiquent les nombreuses parties refaites à cette époque; enfin, le 1er août 1657, et moyennant quarante-six mille cinq cent cinquante livres, il céda notre fief, par acte passé à Paris, à un Bourbonnais originaire des environs de Varennes-sur-Allier, messire Gilbert Vialet, président trésorier de France à Moulins.

Ce dernier résida peu à la Forêt, mais l'agrandit considérablement par l'achat de Liernolles et des Augères (V. ces fiefs), et en fit la dot de sa fille aînée, Marie-Marguerite, mariée, le 24 juin 1687, à Charles le Gendre (1), conseiller du Roy en son grand conseil, chevalier, seigneur de Saint-Aubin-sur-Loire.

Charles le Gendre ne semble guère être venu à la Forêt, et l'inventaire fait à sa mort, en 1702, indique que le château et ses dépendances étaient alors en assez mauvais état : le fils de Charles, il est vrai, Gilbert-Charles le Gendre, héritier des terres et des dignités de son père, et en faveur de qui fut érigée en marquisat la terre de Saint-Aubin-sur-Loire, releva un peu la Forêt, mais celle-ci ne devait guère tarder à passer en d'autres mains.

Nous touchons, en effet, à l'époque où le système de Law et les goûts de désordre dont on a fait honneur au Régent, et dus aussi aux exemples du Grand Roi, bouleversaient les fortunes les mieux assises. Celle des le Gendre n'échappa pas au sort commun : dès 1722 commencent pour eux les procès, poursuites, réclamations, signes précurseurs de la débâcle prochaine ; enfin, en 1727, la Forêt est, avec les autres seigneuries de la famille, saisie par les créanciers de Gilbert-Charles.

Comme la liquidation d'une pareille fortune ne pouvait manquer d'être longue, on eut recours à un bail judiciaire, et c'est ainsi que nous trouvons à la Forêt, à la fin de 1727, un des créanciers du marquis de Saint-Aubin, Alexis Robert, seigneur de la Motte Mourgon (V. ce fief), gentilhomme de Monseigneur le duc d'Orléans, époux de demoiselle Geneviève Hébert, fille du lieutenant-colonel de la milice parisienne.

Ce nouveau personnage n'est autre que le légendaire Robert le Diable bourbonnais, et peu de gens, à coup sûr, ont donné lieu à autant de sots racontars. Le pis est que M. Bâtissier s'étant fait des exploits de Robert l'incrédule, mais trop complaisant écho, il ne manque pas de Bourbonnais qui croient positivement que ce Robert le Diable, dont on parle tant, était un gentilhomme de leur pays vivant sous Louis XIV ou Louis XV, et dont les occupations favorites étaient de prendre les manants pour cible et d'enfermer leurs filles dans des cages de fer. A Saligny, du reste, — que Robert ne posséda jamais et où il ne mit probablement pas les pieds, — on a bien soin de montrer aux visiteurs l'amant d'Arlette avec une perruque, un jabot de dentelles et un fusil ! Ce pauvre Robert, cependant, n'était pas tant que cela au-dessus des lois, et, le 3 juin 1740, à la suite de désaccords entre lui et les autres créanciers des le Gendre, il suffit, pour l'expulser du

---

(1) Charles était frère d'Anne le Gendre que nous avons vue à la Tour Chalabran, épouse de Pierre des Galois de la Tour. Une autre fille de Gilbert Vialet épousa Michel Cadier, écuyer, seigneur de Cressance et de la Brosse-Cadier, paroisse d'Iseure.

château de la Forêt, de trois huissiers et de cinq hommes de la prévôté, qu'il reçut, d'ailleurs, fort mal.

Pour expliquer quelque peu la légende formée autour de son nom, il convient pourtant de dire qu'Alexis Robert n'était pas un homme ordinaire et avait bien quelques peccadilles à se reprocher, notamment d'avoir un peu trop assommé un limonadier de Paris, dont il courtisait la femme : accident qui lui avait valu six mois de Bastille et l'interdiction de séjour à Paris. Son passage en Bourbonnais, en outre, ne fut qu'une longue suite de procès et de disputes avec des gens, il est vrai, tout aussi chicaniers que lui. C'est d'abord une longue procédure contre le fermier de la Forêt, Jean-François Fréquy, et son gendre, Jean Croisier de la Douaire; puis vient un démêlé interminable avec Quesson du Thérin, fermier de la Motte Mourgon, démêlé à propos duquel a lieu une descente d'huissiers à la Forêt : Robert s'emporte en invectives contre les huissiers, refuse même de leur payer à boire (!), et ce manque de procédés est pour lui la source de mille ennuis. Suivent un procès contre les répartiteurs de Liernolles, un autre contre les métayers des Troussières, et enfin la série des expertises, procès-verbaux, etc., qui, en 1740, devait aboutir à l'expulsion violente dont nous avons parlé.

LA FORÊT. — Sceau de Robert de la Motte Mourgon.

Cependant, la liquidation, commencée en 1727, durait toujours, et c'est en 1749 seulement que les commissaires du grand conseil, délégués par le Roi, ordonnèrent enfin la mise en vente des seigneuries de M. de Saint-Aubin au profit de ses créanciers. Mise à prix à cent mille livres, la Forêt fut, moyennant cent mille quatre cents livres, acquise, le 23 août 1749, par messire Jean Pâris de Montmartel, comte de Sampigny, seigneur de Brunoy, conseiller du Roi en tous ses conseils, etc.

L'acquéreur de la Forêt n'était autre qu'un des fameux frères Pâris, les plus éminents financiers de leur époque (1), et qui surent se débrouiller au milieu des difficultés pécuniaires du temps, avec une adresse dont tous les historiens ne semblent pas leur avoir été reconnaissants. Que M. de Mont-

(1) Les quatre frères Pâris, fils d'Antoine Pâris, aubergiste à Moirans en Dauphiné, avaient fait une fortune énorme dans les fournitures militaires, puis s'établirent banquiers à Paris. La première opération importante dans laquelle on les trouve mêlés est en 1715 la vérification et liquidation de toutes les lettres sur les Caisses de l'État; puis vient en 1716 le fameux apurement des comptes imaginé par le duc de Noailles, président du Conseil des finances, et enfin c'est encore à eux qu'incomba en 1721 l'opération connue sous le nom de Second Visa, et qui ne fut guère qu'une banqueroute déguisée. Ingérés dès lors dans les affaires de l'État, les frères Pâris y jouèrent au point de vue financier le rôle le plus considérable, rôle qui augmenta encore quand

martel ne soit pas exempt de reproches comme financier, c'est bien possible ; mais son passage en Bourbonnais, où il posséda aussi le Donjon, les Dureaux, Saint-Didier, etc. (V. ces fiefs), n'en fut pas moins pour tout le pays une suite ininterrompue de bienfaits. A vrai dire, il n'y vint guère, et la plupart du temps nous le voyons représenté par son procureur général, maître Chrysostome Chassenay, curé de Luneau, qui, chaque année, à partir de 1750, importe dans notre région des sommes considérables, employées tantôt en réparations de domaines, en plantations de bois, en travaux d'assainissement, et souvent aussi en nombreuses aumônes et pieuses fondations.

Cet âge d'or fut malheureusement de peu de durée : Jean Pâris, en effet, ne laissa qu'un fils, Armand Pâris, marquis de Brunoy, dont la crapuleuse débauche avait empoisonné les derniers jours de son père, au point que celui-ci, par son testament, institua un conseil de tutelle chargé de gérer ses biens et de servir à son fils une partie seulement des revenus, le reste devant être employé à des dons déterminés. Ce conseil géra admirablement les biens immenses à lui confiés, mais négligea fort nos terres bourbonnaises.

Le marquis de Brunoy mourut à Villers-sur-Mer, le 10 avril 1781, ne laissant pas d'enfants de Marie-Françoise-Émilienne de Pérusse des Cars, qu'il avait épousée le 8 juin 1767, et alors commença entre ses collatéraux un partage des plus compliqués.

De ce partage nous ne suivrons naturellement pas les détails et dirons seulement que la Forêt échut finalement au petit-fils d'une sœur de M. de Montmartel, Jean Micault de Courbeton, président à mortier au parlement de Dijon, époux de Marie-Françoise de Trudaine. Notre terre forma ensuite la dot d'une fille de Jean, Marie-Josèphe-Louise Micault de Cour-

---

Pâris du Vernet, l'un d'entre eux, fut devenu l'instrument, puis l'ami et le guide de la marquise de Prie, la maitresse du duc de Bourbon.
Voici un tableau de la famille Pâris, qui permettra de mieux se rendre compte des partages qui suivirent la mort du marquis de Brunoy.
Antoine Pâris avait eu quatre fils et une fille :
1° Antoine Pâris, qui n'eut qu'une fille Justine, mariée à M. le comte de Rouault, commissaire général des armées du Roy ;
2° Marthe Pâris, qui devint Mme Nugues et eut un fils et une fille : nous ne savons ce que devint le fils ; quant à la fille Catherine, elle épousa messire Vivant Micault de Courbeton, commissaire général des poudres et salpêtres, mort avant 1781, et en eut un fils Jean, qui fut président à mortier au parlement de Dijon ;
3° Pierre Pâris, qui est l'aïeul des Pâris d'Illins, de Normandie, la seule branche encore existante des Pâris ;
4° Joseph Pâris du Vernet, le plus célèbre des quatre frères, mort sans postérité ;
5° Enfin Jean Pâris de Montmartel, qui fut le père du marquis de Brunoy : en 1781, les droits maternels de ce dernier étaient représentés par son cousin germain, messire Armand de Béthune, colonel de la cavalerie légère.

beton, qui, le 15 juin 1789, épousa son cousin, Charles-Louis de Trudaine, de Montpellier; mais madame de Trudaine mourut en 1801, ne laissant qu'une fille, qui elle-même s'en alla de la poitrine au moment d'épouser M. de Vayrac, gentilhomme poitevin.

Le vieux Jean Micault de Courbeton redevint donc propriétaire de la Forêt, et, ayant encore perdu son fils, Lubin-Marie, il la laissa au fiancé de sa défunte petite-fille, M. de Vayrac.

Celui-ci, en 1811, la vendit à M. Jacques-Marie Servajan du Bretail, époux de demoiselle Bernardine de Châtelus (1); en 1832, enfin, la Forêt fut une dernière fois vendue et acquise alors par M. le comte Henri de Sampigny (2), époux de demoiselle Meilheurat des Prureaux et père de M. le comte Ignace de Sampigny, le propriétaire actuel.

Neveu, par sa mère, de M. Henri de Sampigny, l'auteur des *Châteaux de mon enfance* vint souvent à la Forêt, et ses pages les plus heureuses peut-être sont celles où il raconte les visites faites jadis à ses charmantes cousines, — pages toutes pleines du charme mélancolique des choses passées et colorées aussi du reflet de feux mal éteints. Pour ses chers et lointains souvenirs, M. le comte d'Ideville ne pouvait, d'ailleurs, guère souhaiter de cadre plus poétique que notre vieux manoir, perdu au fond des bois et tout imprégné des fraîches senteurs de sa ceinture de prairies.

Au seul point de vue architectural, du reste, la Forêt est pleine d'intérêt, de caractère et aussi d'unité, malgré des retouches nombreuses et notamment les reconstructions de Jean Riquier. Mais nous n'entreprendrons pas la description détaillée de cette antique demeure et nous arrêterons seulement dans la chapelle, devant un fragment de vitrail armorié qui date évidemment de la fin du XVIe siècle et pourrait peut-être donner sur les familles des anciens possesseurs de la Forêt des renseignements intéressants : la croix des Viry, en effet, s'y voit écartelée d'armoiries inconnues que l'on peut croire celles des Turpin, et alors le lion du dernier quartier serait l'écusson jusqu'ici ignoré des Saint-Irier.

C'est à la Forêt que naquit, le 18 mars 1765, Marc-Antoine Baudot, fils de maître Jean-Marie, fermier de la Forêt, et de dame Claudine Deshaires. Cet enfant, tenu sur les fonts par Marc-Antoine Durand, docteur en médecine, syndic de la ville de Paray, fut conventionnel du département de

---

(1) Bernardine de Châtelus appartenait à une fort ancienne famille de procureurs roannais longtemps possessionnée aux environs de Crozet.

(2) La famille des Réhez de Sampigny, originaire de Hongrie, avait possédé en Lorraine l'important fief de Sampigny, qu'elle abandonna pour venir acheter en Auvergne le marquisat d'Effiat, et qui, par une coïncidence singulière, fut justement acquis par Paris de Montmartel, celui même qui acheta la Forêt et y précéda les Sampigny.

Saône-et-Loire et, après un long exil comme régicide, revint mourir à Moulins vers 1840.

Non loin de la Forêt se trouvent plusieurs mottes :

C'est d'abord, de l'autre côté de la route de Liernolles à Monétay, sur la lisière d'un petit bois, deux ou trois taupinières qui semblent bien avoir été des établissements gallo-romains, et près desquelles nous avons recueilli des débris de vieilles poteries.

Puis, à environ huit cents mètres de la Forêt, au-dessus de la lettre *l* du mot *la Forêt* sur la carte d'état-major, une motte qui porta certainement des constructions ; il convient, sans doute, d'y voir l'ancien siège seigneurial de la *Berthière*, dont le nom a été conservé par un domaine voisin, et dont rendent aveu encore au XVIe siècle les seigneurs de la Forêt.

La maison des *Augères*, actuellement simple domaine de la terre de la Forêt, est, elle aussi, le siège d'une seigneurie disparue et qui devait être assez importante, à en juger par ses anciens possesseurs et les droits honorifiques ou seigneuriaux qui y étaient attachés. Le seul débris intact que nous connaissions de l'ancien château fort des Augères est une fort jolie base de porte qui sert de borne sur le chemin des Salmins à Martinant.

La Forêt — Vitrail de la chapelle du château

Les premiers seigneurs des Augères sont des membres d'une famille noble Pasquier, mentionnée dans le pays dès le XIIIe siècle et qui était aussi possessionnée aux environs de Bourbon-Lancy ; en 1517 est encore dame des Augères une Louise Pasquier, veuve d'un de la Fin, seigneur de Beauvoir en la paroisse de Saint-Pourçain-sur-Bèbre. Puis viennent comme seigneurs des Augères des de la Fin jusqu'à Jean, qui, le 5 avril 1599, vendit notre fief à François de Bonnay, seigneur de Vaumas, époux de Marie de Damas.

A François de Bonnay succédèrent autre François, puis Jean, puis Gilbert de Bonnay, qui, le 7 octobre 1670, fit enterrer Jeanne de Babutte, sa femme, dans la chapelle dite des Augères, en l'église paroissiale de Liernolles. Gilbert, encore mentionné en 1677, mourut peu après, laissant, outre une fille, Marguerite, un fils, François-Léonard, qui lui succéda aux Augères ; mais, devenu seigneur de Verneuil en Nivernais par son mariage avec demoiselle Catherine de Maumigny, François-Léonard ne tarda pas à quitter son modeste fief, et, le 2 septembre 1684, muni d'une procuration de sa sœur, il le vendit cinq mille six cents livres à messire

Gilbert Vialet, qui le réunit à sa terre de la Forêt, dont il ne fut plus, dès lors, séparé.

Les Augères, à cette époque, devaient être déjà bien délabrées : un inventaire de 1702, en effet, porte que le château est inhabitable et presque irréparable, et le fait est qu'on n'essaya même pas de le relever. En 1750, enfin, Pâris de Montmartel acheva de le démolir pour réparer les domaines voisins : c'est ainsi qu'autour des ouvertures du domaine des Augères ou servant simplement de moellons, on trouve nombre de pierres fort soigneusement traitées, et du vieux château il reste seulement, à cinquante mètres de là, une motte encore pleine de substructions que l'on nivelle chaque année.

A un kilomètre de Liernolles, à cent vingt mètres au nord de la route de Monétay et sur les restes d'un très vieux chemin, qui du Donjon gagnait directement Dompierre, s'élevaient récemment encore quatre piliers, qui ont valu le nom de Turail des Piliers à la très légère ondulation qui les portait.

C'est là l'ancienne justice de *Liernolles,* seul signe tangible de la seigneurie disparue de ce nom : dès l'origine, on trouve Liernolles membre de la baronnie de Chatelperron jusqu'au 16 septembre 1657 que messire Gilbert Vialet, seigneur de la Forêt, l'acquit quinze mille livres de haut et puissant seigneur messire Claude de la Guiche, comte de Saint-Geran et la Palisse. Il n'y eut, du reste, vraisemblablement jamais à Liernolles de château féodal ni de seigneurie proprement dite, et là, comme en bien d'autres paroisses, les droits, cens, rentes étaient partagés entre un seigneur laïque du voisinage — ici celui de Chatelperron (1) — et un Ordre religieux, qui y avait possédé jadis un prieuré.

Cet Ordre religieux était pour Liernolles les Bénédictines et, comme celle d'Huillaux, notre paroisse dépendait de leur couvent de Marcigny-les-Nonnains, dont la prieure, encore mentionnée en 1790 comme dame décimatrice de Liernolles, eut toujours le privilège de nommer aux vacances de la cure.

De l'établissement religieux qu'eurent à Liernolles les dames bénédictines, il ne subsiste depuis fort longtemps aucun vestige, et un aveu de 1571 parle déjà de « la terre où souloit être la maison de la confrérie de madame Sainte Catherine (2) ». La terre ainsi désignée est contiguë à l'ha-

---

(1) Les riches archives de Chatelperron possèdent un terrier de 1413, qui donne sur toute cette région des détails fort intéressants, mais trop longs malheureusement pour être reproduits ici. Ce terrier seul pourrait faire la base d'un travail particulier.

(2) La foire de Liernolles se tient encore le 25 novembre, jour de sainte Catherine.

bitation actuelle de madame Circaud, mais on n'y distingue absolument rien de particulier, et le passage des religieuses à Liernolles n'est plus marqué que par l'église, beaucoup trop soignée et bien construite assurément pour n'avoir été autrefois que le chef d'une paroisse ordinaire.

Les *Mitiers*, vieille maison à pavillons sise au bas de Liernolles, viennent d'une famille Mitier, dont une fille épousa un Simon de la Feuillouse ; passés des Simon aux Deguet et portés en 1727 par Jeanne Deguet à Charles Meilheurat, fils de Claude (V. les Petiots), les Mitiers donnèrent leur nom à une des sept branches Meilheurat. Plus tard, ils passèrent aux Croisier, et de ceux-ci aux Bassot.

Tout près du bourg de Liernolles était aussi la communauté des *Pourrats*, qui ne fut dissoute qu'au commencement du siècle dernier, et sur l'emplacement de laquelle M. Gaston Croisier de la Douaire a fait construire une élégante habitation.

Un peu plus loin est le village des *Grands Jollets*, également ancienne communauté, où se voit un vieux logis curieux et d'où sort une famille que nous trouvons maintes fois alliée aux Conny, Croisier, Simon du Donjon, etc.

Et, pour en finir avec les communautés, nommons encore celle du *Bouchat*, sise au bord du Roudon, et d'où viennent vraisemblablement les du Bouchat, seigneurs de Grosloup. (V. ce fief.)

Huvers (*de octo vernis*) était le chef d'une paroisse maintenant partagée entre Saint-Léon et Liernolles, et dont l'église, placée sous le vocable de saint Jean-Baptiste, patron des Hospitaliers de Saint-Jean de Jérusalem, dépendait, en effet, de cet Ordre. Aussi loin que l'on peut remonter (1242), Huvers fut le siège d'une commanderie, — alors appelée hôpital, — et qui, peu importante, fut plus tard rattachée à celle de la Racherie, dans la paroisse de Contigny ; en 1790, un chevalier de Malte, dont on ne donne malheureusement pas le nom, était encore commandeur d'Huvers et habitait son modeste bénéfice.

A Huvers se voit un petit bâtiment carré, flanqué de deux tours, ancienne demeure du commandeur, et sur le pignon duquel est encastré un écusson que nous n'avons pu attribuer ; ce doit être celui d'un des bénéficiaires nommés par M. Vayssière, dans son travail sur l'*Ordre de Malte en Bourbonnais*. On y peut lire de... à une fasce de... accompagnée de trois aiglettes de...

Tout à côté sont les fondations de l'ancienne église paroissiale, qui était de dimensions fort restreintes.

Comme Liernolles, Huvers avait en outre une seigneurie laïque qui portait le titre de prévôté d'Huvers Saint-Julien (1) et dépendait de la châtellenie de Chaveroche : cette prévôté, qui à la veille de la Révolution faisait encore partie de la seigneurie de la Forêt, semble en avoir toujours dépendu et en 1488 déjà appartenait à Louis de Viry, seigneur de la Forêt.

Outre celle d'Huvers, Liernolles comprend aussi la majeure partie de l'ancienne paroisse de Montpeyroux, et c'est dans cette partie que se trouvent les deux localités du Mont et de Valtan.

COMMANDERIE D'HUVERS.

A voir le domaine du *Mont*, on ne se douterait assurément pas qu'il ait jamais eu le titre de fief, et pourtant voici ce qu'on lit dans un terrier de Marcellanges, à la date du 25 janvier 1633 : « Plus compette et appartient audit seigneur de Marcellanges une maison seigneuriale appelée la seigneurie du Mont, consistant en maison chauffouère, chambres basses, etc., le tout couvert à tuiles plates, grange, establerie... renfermés de pallis... trente œuvres de vignes, neuf œuvres de prés, cent bichetées (2) de terres, cent cinquante bichetées de haute futaye et buissons. »

En 1633, le seigneur de Marcellanges (V. ce fief) était Jean des Molles,

---

(1) La prévôté était une portion de territoire administrée primitivement par un officier nommé prévôt, qui faisait rentrer les redevances et jugeait les contestations peu importantes : les prévôts disparurent dans la suite des temps, — pour la plupart au XIVe siècle, — et les prévôtés ne restèrent que comme divisions territoriales, le plus souvent purement nominales.

(2) La bichetée de terre valait mille toises carrées, soit quarante ares.

et nous voyons ailleurs comment, en 1689, furent dispersés les biens d'Étienne des Escures, son successeur : à cette époque, le domaine du Mont fut acquis par messire Deguet, curé de Saint-Léon, qui, en mourant, le légua au prieur du Puy Saint-Ambroise, « pour le produit en être affecté à l'entretien de la chapelle de Notre-Dame du Taillis ». (V. sur Saint-Léon.)

Quant à *Valtan,* c'est probablement une ancienne communauté : en 1397 est déjà mentionné sur Montpeyroux un Pierre de Valetan, non noble, puis, en 1582, nous y voyons les Aubery, famille que nous trouvons aussi à Montaiguet; en 1615, Valtan appartient à Jean et Pierre Réveray; un peu plus tard, il passa aux la Douaire et fut, par une fille de cette maison, porté en 1672 à un Méplain, maître maréchal au Donjon; au XVIIIe siècle enfin, il figure parmi les nombreux domaines des Croisier. Au-dessus du vieux Valtan, qui se trouvait au bord de l'eau, M. Joanny Clayeux a fait récemment construire, dans une situation charmante, un château, chef d'une terre possédée actuellement par son gendre, M. Charles Pejoux.

De Valtan, laissant de côté pour un moment la maison de la Serre, qui appartient à Liernolles, nous gagnons la partie de Montpeyroux aujourd'hui réunie à Montcombroux, et nous y trouvons d'abord la *Feuillouse,* maison qui, en 1506, était exempte de dîmes, mais devait « chacun an fournir le vin le jour de Pasques à l'église parrochiale de Montperoux pour faire l'office et l'administration des parrochains dudit lieu ».

Le 22 août 1764, Jean-François Meilheurat, seigneur des Petiots, y demeurant, conseiller du Roy et greffier en chef en l'élection de Moulins, époux de Jeanne Jacob, acquit le fief de la Feuillouse de Pierre-Simon de la Feuillouse, alors domicilié à Arfeuilles, fils de Barthélemy et petit-fils d'autre Pierre, lieutenant du procureur général des maréchaux de France, que l'on trouve déjà à la Feuillouse en 1677 (1).

Nous venons de voir un Meilheurat seigneur des *Petiots :* en février 1580, en effet, Benoît Meilheurat, fils de Pierre, paroissien de Melleray, vint aux Petiots épouser Catherine Petiot, fille de Gilbert et de Gilberte Fontgarnand. La famille Meilheurat ne quitta plus notre domaine, et c'est des

---

(1) Les Simon de la Feuillouse, qui avaient sur Céron le domaine des Morises, semblent être de la même souche que ceux de Quirielle (V. ce fief) : ils fournirent au Donjon plusieurs notaires et avaient pour ancêtre Blaise, qui fut au XVIIe siècle lieutenant général des Basses-Marches. Cette famille émigra à Arfeuilles, s'allia aux de Mars (V. Baleyne) et est actuellement représentée par M. Ernest la Couture, de Franchesse. Les la Couture, originaires des environs d'Aubusson, étaient venus en 1500 à Arfeuilles par le mariage de Nicolas avec demoiselle Jeanne Gondeau.

Petiots que sortent les Meilheurat actuellement existants, tous issus des sept fils de Claude Meilheurat des Petiots (1659-1729) et de demoiselle Marie Maridet, de Saint-Bonnet des Cars (1).

Leur nom actuel vient aux Petiots de celui d'une famille qui en avait fait sa communauté; mais leur nom véritable est Bosmien (*de bosco Meyan*), siège de la baillie et prévôté de ce nom, longtemps dépendance de Montcombroux. (V. plus bas.)

Enfin, sur l'ancienne paroisse de Montcombroux, nous arrivons à une

ROUDON.

véritable seigneurie : c'est *Roudon*, sis au confluent des trois ruisselets qui forment le « petit flumisseau » du même nom.

La vieille motte de Roudon existe encore avec ses fossés presque intacts, des vestiges de vieux murs et un reste de construction utilisé comme bâtiment d'exploitation; mais au XVIIe siècle le vieux château fut abandonné, et on éleva, à la place des dépendances d'alors, une maison seigneuriale bien modeste, sur le fronton de laquelle se voient les armes à demi effacées des Chargères : d'azur au lion passant d'or, au chef cousu de gueules, chargé de trois trèfles d'argent.

Armoiries des de Chargères.

Par acte reçu Jolly le 25 juin 1425, un Thomas Bechiners (?), écuyer, seigneur de Roddon, demeurant en la paroisse de Saint-Romain en Roan-

---

(1) Les Meilheurat formèrent depuis lors sept branches, dites des Petiots, de Champouret (Monétay-sur-Loire), de Ternat (Diou), de Grosbois, des Mitiers, de Crozet (la Pacaudière) et des Prureaux : nous les rencontrons presque toutes, mais, pour les suivre, il nous faudrait nommer toutes les familles du pays.

nais, baille à intrage à Georges Favier, paroissien de Montcombroux, un tènement appelé les Places, mouvant dudit Roddon et sis dans les paroisses de Montcombroux et Liernolles. Puis, en 1584 seulement, nous trouvons un nouveau seigneur de Roudon en la personne de Gilbert de la Rouzière, écuyer, époux de demoiselle Jacqueline de Paillart.

Il semble possible toutefois de combler en majeure partie cette lacune d'un siècle et demi entre Thomas Bechiners et G. de la Rouzière : de 1677, en effet, est un testament par lequel Adrienne de la Rouzière (V. plus bas), petite-fille de Gilbert, fonde en l'église de Montcombroux des messes « pour ses ancêtres et prédécesseurs, les sires de la Rouzière et des Pailhard, anciens seigneurs de Roudon » : de cette phrase quelque peu confuse ne pourrait-on induire que Roudon aurait jadis appartenu aux Pailhard, et probablement à Jacques, en 1509 seigneur de Montcombroux ? (V. ce fief.)

Quoi qu'il en soit, Gilbert de la Rouzière fut père d'autre Gilbert, qui épousa demoiselle Charlotte de Begny et mourut en 1625, laissant Claudine et Adrienne, ses deux filles encore mineures, sous la tutelle de Jean des Molles, écuyer, seigneur de Marcellanges. (V. ce fief.) Roudon échut à Adrienne qui, avant 1630, épousa un gentilhomme nivernais, Pierre de Mathieu, écuyer, seigneur des Chevannes et de Tard, et demeurant ordinairement à Tard, en la paroisse d'Onlay (1). Adrienne de la Rouzière, devenue veuve, mourut en 1677, et quelques années après nous trouvons Roudon partagé entre ses deux gendres, François de Druy, demeurant à Apvril en Nivernais, et Eustache des Prés, seigneur de la Boue (2), époux de Marguerite de Mathieu et donataire, en outre, de sa tante Claudine de Mathieu, religieuse carmélite à Nevers.

La part de M. de Druy se composait surtout du moulin de Roudon, dont se rendit acquéreur en 1684 Marc-Antoine Collas; quant à la seigneurie proprement dite, elle resta à Eustache des Prés et fut, en 1703, portée par sa fille unique, Marie-Charlotte, à Lazare de Chargères (3), écuyer, qui en 1724 en rend aveu comme tuteur de ses enfants mineurs.

A Lazare de Chargères succéda son fils Gilbert-Joseph, à celui-ci Antoine, à Antoine Joseph, époux de Marguerite l'Espicier de Villars, et, à la veille

---

(1) Tard se trouve entre Onlay et Saint-Honoré-les-Bains, à six kilomètres environ et au nord-est de cette dernière localité; quant aux Chevannes, ce sont les Petites Chevannes, à une lieue au sud-ouest de Saint-Honoré. Tout fait penser les Mathieu originaires du Nivernais; en 1343 pourtant un Girard de Mathieu était possessionné sur Neuilly en Donjon et seigneur sans doute d'une de ces nombreuses mottes que nous trouvons sur cette paroisse.

(2) La Boue est de la paroisse de Remilly, Apvril de celle d'Aubigny, dans la Nièvre.

(3) La famille de Chargères, issue de Savoie, était venue s'établir en Nivernais au commencement du XVe siècle.

de la Révolution, nous trouvons encore à Roudon le fils de Joseph, messire Louis-Gervais de Chargères, marié depuis 1784 à Marie-Madeleine Roy de l'Écluse. (V. Villars.)

En l'an 966, Bertrand, vicomte d'Auvergne, donna en pur don au prieuré de Paray-le-Monial l'église dédiée à la sainte vierge Marie, mère de Dieu et sise au lieu de *Montcombroux*; c'est ainsi que dépendit toujours de Paray le chef de la paroisse de Montcombroux, et que la motte qui le portait, avec

MONTCOMBROUX. — Église et vieux château.

la modeste cure couverte en paille, releva directement jusqu'à la Révolution de la châtellenie de Chaveroche. Elle dut être, à ce titre, maintes fois défendue par les curés de Montcombroux contre les empiétements ou les prétentions des seigneurs voisins.

Loin de toute agglomération, isolé sur sa motte entourée de fossés profonds et dans un site quelque peu sauvage, Montcombroux est l'image de ce que furent sans doute les sanctuaires primitifs; mais, tandis que les bourgades se sont d'ordinaire formées autour des églises, y amenant le bruit des foules et les routes fréquentées, ici rien n'a changé, et la solitude qui l'entoure est certainement pour beaucoup dans le cachet tout particulier de cette petite église, à demi enfoncée sous terre et cachée à l'ombre mélancolique des cyprès.

Le campanile de Montcombroux, dont il reste pourtant la colonne centrale, fut, au XVIIe siècle, remplacé par un clocher un peu massif, et rien ne permettrait d'assigner au vieux sanctuaire une date quelconque, sans la très curieuse porte que l'on a malheureusement bien mutilée en y encastrant la pierre armoriée dont nous parlons ci-dessous. Au-dessus de cette porte, en effet, est un tympan dont le relief quelque peu fruste présente encore des entrelacs et des dessins géométriques de tout point semblables à ceux des ornementations gallo-romaines, et nous n'hésitons pas à les attribuer à l'ère romane primitive (VIII° et IX° siècles). Que de souvenirs se rattachent à ce minuscule édifice! Malheureusement les murs jouent, les voûtes se fendent, les colonnes se sont usées au frottement des fidèles, et on peut prévoir le moment où le vénérable sanctuaire, dans lequel tant de générations sont venues prier, sera délaissé pour une bâtisse quelconque, que l'on construira sans doute près du bourg des Mines de Bert et qui sera, comme lui, dénuée d'art et de souvenirs.

Pierre sculptée de l'église de Montcombroux

En 1860 existait encore, au-dessus de l'ancien banc jadis réservé aux seigneurs de Roudon, un fragment de vitrail armorié, fascé d'argent et d'azur à trois roses d'argent rangées en chef : peut-être sont-ce les armes des la Rouzière, seuls seigneurs de Roudon dont nous ignorons l'écu (1); récemment, en outre, on a trouvé en réparant le chœur de Montcombroux une pierre sculptée, du XVI° siècle probablement, et qui porte un écu à trois masses d'armes rangées deux et une : nous ne savons pas non plus à qui attribuer ces armoiries, maintenant encastrées dans le tympan de l'église.

Le 4 des calendes de février 1264, c'est-à-dire le 29 janvier 1265, Guillaume, prévôt de Montcombroux, reconnaît tenir de Jean de Bourgogne, époux d'Agnès, dame de Bourbon, sa prévôté de Montcombroux, et avec elle les baillies de Blossenges et de Bois Méan (2), auxquelles il ajouta en 1270 la prévôté d'Arbant.

Ce Guillaume eut pour successeurs, d'abord son fils Raoulin, puis son petit-fils Jean; mais le titre de prévôt disparaît à cette époque, et Jean,

---

(1) Les Pailhard, originaires de Beaune en Bourgogne, portaient : d'argent à trois tourteaux de sable au chef de gueules chargé de trois roses d'or. — Les Mathieu : de gueules au chevron d'or, accompagné de trois croissants d'argent. — Les des Prés : d'azur au chevron d'argent, accompagné de trois coquilles d'or. — Les de Druy, enfin : de gueules à la fasce d'argent, accompagnée de trois canettes de même.

(2) Il est assez curieux de trouver sur Montcombroux cette profusion de baillies ou prévôtés qui semble y indiquer un souvenir plus vivace qu'ailleurs d'un état social disparu. Et il ne s'agit pas là d'une manière de parler locale, car un terrier de Chaveroche de 1509 qui, sur toute l'étendue de la châtellenie, ne mentionne que dix prévôtés, dont plusieurs comprennent plusieurs paroisses, donne parfaitement le titre de prévôté à nos quatre insignifiantes localités.

renouvelant en 1301 l'aveu des mêmes terres, est dit simplement Jean de Montcombroux ; là comme partout, la fonction était donc devenue héréditaire et la juridiction terre seigneuriale.

Ces premiers seigneurs de Montcombroux devaient être, pensons-nous, des Grutel : en 1341, en effet, Jean Grutel, damoiseau, fils d'autre Jean, rend aveu de Montcombroux, et, le 11 mai 1375, nous y trouvons encore un Guillaume Grutel (1), probablement fils de Jean, qui mourut en 1384, laissant pour héritiers ses cousins germains, Robert Maréchal, du Donjon, et Hugues Guyonnet, dit Tartarin, de Digoin, époux d'Étiennette Bergiron.

Montcombroux, Blossenges, Bosmien et Arbant échurent alors à Robert Maréchal, qui, en 1407, les légua à son fils Jean : celui-ci joignit à ces terres les prévôtés de Bert et de Montpéroux et un domaine de Cornevine, sis sur Montcombroux et dont nous n'avons pu retrouver l'emplacement. Mais Jean mourut avant 1443, laissant cinq fils et une fille, et de notre fief alors morcelé nous ne trouvons plus mention avant 1509, époque à laquelle l'état de Montcombroux est consigné dans un terrier de Chaveroche, dont nous avons déjà parlé :

« Plus compette à ma dite dame Madame Anne, fille du roi Louis XI, à cause de sa châtellenie de Chaveroche, la motte et foussés de Montcombroux, constenent environ une quartellée de terre... aussi il y a dedans icelle motte l'église parrochiale dudit Montcombroux et partie du cimetière dudit lieu, jouxte les terres et prés de Jacques de Pailhard, qui furent de Robert Maréchal devers orient et midi... et la Garenne dudit Pailhard devers bize. »

En 1509 donc — et là-dessus l'indication des lieux ne laisse aucun doute — Jacques de Pailhard était seigneur de Montcombroux, et c'est très probablement par suite d'une alliance de sa maison avec une Pailhard — ou peut-être avec une la Rouzière (V. Roudon) — qu'en 1587 nous voyons possesseur de Montcombroux Adrien de Gerbes, aussi seigneur du Péret en la paroisse de Chapeau, et époux de demoiselle Claudine du Vivier, fille de Jacques, seigneur de Servé en la paroisse de Saint-Voir, et de Péronnelle de Gléné.

Cet Adrien de Gerbes est celui que nous trouvons aussi à Gléné d'Ande (V. ce fief) : il fut le père de François de Gerbes, dont nous avons vu les biens saisis en 1617. Montcombroux faisait partie de ces biens, et c'est ainsi qu'en 1629 il a changé de mains et appartient à Jacques de James

---

(1) Il y a près de la Croix des Georges un lieu dit le Crot Grutel.

(V. Quirielle sur Barrais et autres fiefs), écuyer, fils de Henri, capitaine châtelain de Chaveroche, et de demoiselle Louise de Balorre.

Jacques de James eut pour successeur son fils Henri, qui épousa demoiselle Louise de la Ramas, fille de Claude, seigneur de Beaucoutaud, et de demoiselle Antoinette de Bourbon-Busset : Henri de James en 1649 fit, par Noël Rousseau et Jean Fraisvallon, maîtres maçons de la paroisse de la Gresle, au pays de Limozin, commencer à sa maison seigneuriale des réparations qui se transformèrent en véritable reconstruction, et c'est de cette époque que date le pavillon — seul reste du vieux Montcombroux — sis dans l'aile gauche des dépendances.

Henri de James mourut en 1682, laissant, outre trois filles (1), un fils François, qui épousa Marie-Anne Baudet, fille de Jean, seigneur de Rangoux en la paroisse de Toulon ; mais le 15 mai 1691 intervient un décret de la sénéchaussée du Bourbonnais, par lequel Montcombroux et le fief voisin de la Côte, saisis sur François de James, sont adjugés à Armand de Fomberg, fils de Claude, seigneur de Jarrie (V. Saint-Allyre de Valence), qui, le 22 janvier 1687, avait épousé Marguerite Coudonnyer, fille de Thomas, seigneur de la Serre (V. ce fief), et de Marguerite Poncet.

Armand de Fomberg mourut tout jeune, le 28 février 1697, ne laissant que deux filles Marie et Marguerite ; cette dernière, par la suite, épousa Gilbert le Febvre, seigneur de Trézuble ; mais Montcombroux resta à Marie, qui y vécut jusqu'à la mort de sa mère, arrivée seulement en 1741, après cinquante ans de veuvage. Marie de Fomberg entra alors au couvent de Bourbon-Lancy et, par acte du 15 juillet 1745, vendit Montcombroux et la Côte à son neveu à la mode de Bretagne, Jean-Baptiste Morel, écuyer, seigneur de Trezelles (V. ce fief), gendarme de la garde du Roy.

Jean-Baptiste Morel ne garda ni l'un ni l'autre de ces fiefs et, le 17 août 1752, les céda, à son tour, à Jean Meilheurat, seigneur de Grosbois, époux de demoiselle Jeanne Beauchamp de Jonzy et fils de Jean Meilheurat, lui-même fils de Claude, dont nous avons parlé aux Petiots.

Le fils de Jean Meilheurat, Pierre-Joseph Meilheurat, possédait encore Montcombroux en 1789 et en fut, par conséquent, le dernier seigneur (2)

Du vieux château de Montcombroux, il ne reste, avons-nous dit, qu'un

---

(1) Les trois filles de Henri de James eurent pour tuteur leur oncle César de la Ramas, seigneur de Beaucoutaud et du Leyrit en la paroisse de Vesse. L'une d'elles, Philiberte, épousa en 1683 François de Bongars, seigneur de Maumigny, paroisse de Verneuil en Nivernais ; une autre, Marie, avait été antérieurement mariée à Georges de la Menue, seigneur de Châtelmoron (actuellement commune du canton de Givry, en Saône-et-Loire), neveu de dame de Mazilles de Vaubresson. (V. ce fief.)

(2) La descendance mâle de ces Meilheurat de Grosbois, acquéreurs de Montcombroux, est

pavillon du XVIIe siècle; mais il ne semble pas douteux que le terrain même, où se trouve aujourd'hui l'élégante habitation de M. Hilaire Meilheurat, ait été l'emplacement du Montcombroux primitif, et on y a récemment mis à jour d'importantes fondations.

Il est assez difficile de préciser l'époque où furent séparées de Montcombroux les trois prévôtés de Bosmien, Blossenges et Arbant, qui, au XIVe siècle, en étaient partie intégrante; mais on peut croire que ce morcellement date de la mort de Jean Maréchal : dès ce moment, du reste, perdant toute importance féodale, ces trois localités, anciennes agglomérations peut-être, ne furent plus que les domaines vulgaires qu'elles sont aujourd'hui.

Nous venons de voir plus haut *Bosmien,* — ou plutôt Bois Méan, — qui n'est autre que le domaine des Petiots.

Arbant aussi existe encore, et, en 1683, nous le voyons acquis par Pierre de Gibbes, chef d'une communauté voisine (1), des héritiers d'une dame Philippe Maréchal, veuve de Michel Joly, seigneur des Prureaux (V. ce fief), dont il semble assez naturel de faire la descendante d'un des cinq fils de Jean Maréchal, mort en 1443 (V. Montcombroux) : les de Gibbes, en 1696, cédèrent Arbant à Pierre Deguet, ascendant direct des propriétaires actuels.

Quant à *Blossenges,* aucune terre, aucun lieudit n'en rappelle le souvenir; nous savons seulement que la prévôté de ce nom s'étendait sur les terres de la Côte, les Balans, les Berthelots et les Lizards, et il se peut fort bien qu'un de ces trois derniers domaines, — les Berthelots peut-être, — soit Blossenges, comme les Petiots sont Bosmien.

Ce domaine des *Berthelots,* que nous venons de nommer, est un vieux logis de construction fort soignée et est devenu presque fameux depuis la découverte qu'y ont récemment faite MM. de Bure et Méplain.

C'est dans les terres qui en dépendent, en effet, un peu à l'est de la route de Sorbiers, qu'ont été mis à jour les curieux schistes durs taillés en forme de bracelets dont nous possédons de fort beaux spécimens, et sur lesquels ont si longtemps disserté, — sans en préciser, d'ailleurs, la provenance, — les érudits du Bourbonnais et de bien d'autres endroits.

Les Berthelots, à la fin du XVIIe siècle, appartenaient aux Simon de

---

éteinte, et M. Hilaire Meilheurat, le propriétaire actuel de Montcombroux, fils de M. Victor Meilheurat, appartient à la branche dite de Ternat. (V. les Petiots.)

(1) Au domaine de Gibbes était jadis attaché un terrier, signe manifeste d'une importance féodale dès longtemps oubliée.

la Feuillouse (V. ce fief) et furent, par Pierrette Simon (1), portés à Barthélemy Cimetière de la Bazolle; puis, en 1712, ils formèrent la dot de Marie Cimetière, la fille de Barthélemy, qui, comme nous le voyons à la Chaise, près du Breuil, épousa messire Claude de Chantelot, fils de Gilbert et de demoiselle G. de Villaines.

Au milieu de ses magnifiques ombrages, le château des *Prureaux* a bien l'air d'une ancienne seigneurie, et pourtant ce ne fut jamais qu'une simple censive qu'en 1615 nous trouvons possédée par une branche des Joly de la Vernelle. (V. ce fief.)

Jean Joly, seigneur des Prureaux, eut deux enfants : Michel, qui lui succéda, et Étiennette, qui épousa Pierre Issertel, bourgeois du Donjon; Michel Joly épousa une demoiselle Philippe Maréchal, mais il n'en eut pas d'enfants, et les Prureaux, en 1684, vinrent à son neveu, autre Pierre Issertel. Nous ignorons combien de temps les garda la famille Issertel; elle ne dut pas y rester longtemps, et les Prureaux semblent avoir été la demeure habituelle de Claude Meilheurat, la tige des sept branches que nous avons citées. (V. les Petiots.)

Échus en 1729 à Jacques Meilheurat, le plus jeune des fils de Claude, les Prureaux donnèrent leur nom à une de ces branches; mais celle-ci ne fut pas continuée, et M. Paul Meilheurat des Prureaux, qui les possède actuellement, appartient à un rameau de la branche dite de Ternat, qui avait eu les Fys, de Saint-Pourçain-sur-Bèbre, d'une alliance avec les Ravoteau et les échangea, en 1780, contre les Prureaux, qui, mieux encore que les Petiots, sont la vraie maison paternelle des Meilheurat.

Par contre, les deux modestes domaines de la Côte et des Certaines sont sûrement d'anciens fiefs, et, bien que leur importance et même leur autonomie aient dès longtemps disparu, c'est encore sous le titre de fief que les mentionnent toujours les actes du siècle dernier.

La *Côte* était déjà réunie à Montcombroux dans les premières années du XVIIe siècle, et la seule mention que nous en ayons, avant cette époque, est l'aveu qu'en rend, en 1355, au château de Chaveroche, Pierre de la Coste, fils de Jean et neveu de Robert de la Coste, tous paroissiens de Melleray.

A côté du domaine actuel de la Côte est une terre dite de la Motte.

Au XIe siècle, un chevalier, nommé Pierre le Clerc, lieutenant du comte

---

(1) Plus tard, Pierrette Simon épousa en secondes noces Jean le Tailleur, seigneur du Thonin et de la Presle, paroisses de Gennetines et de Bellenaves.

d'Auvergne, — *Arverniæ territoriæ vicem comitis gerens,* — donna au prieuré de Paray-le-Monial diverses villas sises sur la paroisse de Montcombroux, et parmi elles une *villam Exartellam,* qui ne doit être autre chose que l'ancien fief des *Certaines,* et dont marquent, sans doute, l'emplacement des vestiges très apparents que l'on trouve sur la croupe qui descend vers Caresmentrand, au lieu dit le Vieux-Château, au-dessus de la lettre *t* du mot *Montcombroux,* sur la carte au 1/80,000.

Comme la plupart des donations religieuses, la donation de Pierre le Clerc fixa la destinée de l'objet abandonné; dès lors, les religieux de Paray restèrent toujours seigneurs suzerains de notre fief, dont leur rend aveu, en 1284, Guillaume de Chastel (1), et qui, en 1333, a passé — sous le nom de maison d'Essertines — à Jean de Paray, chevalier, fils de Girard, seigneur de la Garde, près de Semur en Brionnais.

La famille de la Garde, issue de ce Jean de Paray, eut, comme nous le voyons à Droiturier, avec les Boucé plusieurs alliances, dont la première fut, en avril 1337, le mariage d'Isabeau de la Garde, fille de Jean, avec Jean, seigneur de Boucé. Portées par Isabeau aux Boucé, les Certaines, en 1352, appartenaient aux enfants de Jean de Boucé; mais ceux-ci les vendirent, et depuis le 11 mai 1375 que Guillaume Grutel rend aveu à la fois de ses maisons de Montcombroux et de Sertines, nous ne les trouvons plus séparées.

Des Certaines nous rentrons sur Liernolles pour y trouver le fief de la *Serre,* où rien ne peut faire supposer une importance passée.

Le premier seigneur de la Serre nous est donné par une cloche qui se trouve maintenant à Contresol : c'est un Guichard de la Goutte, époux d'Isabelle de Montaigu, et dont le nom se trouve accolé à des armes sur lesquelles nous nous arrêterons quelque peu.

L'écu, tel que nous le reproduisons, en effet, a été, par le savant auteur de l'*Armorial du Bourbonnais,* attribué à une famille de la Goutte, de la châtellenie de Bourbon : faut-il donc aller chercher à Bourbon l'origine de cette famille de la Goutte que, dès 1243, nous voyons occuper une place importante dans la bourgeoise du Donjon? (V. le Puy Saint-Ambroise.)

C'est bien peu probable; de plus, l'écu tout entier appartient-il aux la Goutte? Nous ne le croyons pas, et s'il semble assez naturel de voir leurs armes parlantes dans les trois larmes ou gouttes qui figurent dans les

---

(1) Ce Guillaume de Chastel appartenait à la famille de Centarben, paraît-il, et aurait eu, d'après M. Révérend du Mesnil, deux fils qui auraient été la souche des Châtel-Montagne et des Châtel en Boucé (?). (V. Châtel-Montagne.)

quartiers 1 et 4, — que l'opération de la fonte a intervertis et mis par erreur aux 2 et 3, — il est bien naturel aussi de voir dans les deux autres quartiers les armes d'Isabeau de Montaigu, sa femme, qui aurait donc appartenu à la maison de Montaigu le Blain. La croix n'est, il est vrai, cantonnée que de quatre croisettes au lieu de vingt; mais, franchement, ces vingt croisettes ne devaient-elles pas être pour les artistes héraldistes un véritable épouvantail, et ceux-ci ne durent-ils pas souvent diminuer leur nombre?

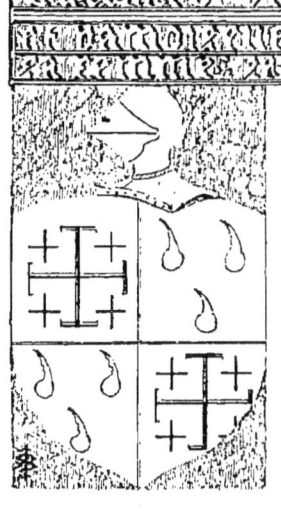

= CONTRESOL.

Ancienne cloche de la Serre.

Les la Goutte possédaient la Serre avant 1440 et s'y succédèrent jusqu'à Jean, écuyer, qui, pour la dernière fois, est mentionné comme seigneur de la Serre, en 1615.

Puis viennent des membres de cette famille Vichy que nous trouvons à différents endroits (V. Blénières, la Boutresse, etc.), et qui, tout simplement sortie de la communauté des Vichy dans la paroisse d'Huillaux, n'en portait pas moins : de vair plein, — comme les Vichy-Champrond. — Le dernier de ces Vichy, seigneur de la Serre, fut Thomas, qui mourut en 1669, laissant son fief à son petit-fils, Thomas Coudonnyer, seigneur de Lormont en la paroisse de Mercy, et époux de Marguerite Poncet.

Ce nouveau seigneur appartenait à une famille moulinoise, qui avait un caveau réservé dans l'église de Saint-Pierre des Ménestreaux; il fut enterré à Liernolles, le 24 septembre 1694, et laissa pour héritières trois filles : Antoinette, qui ne se maria point; Marguerite, femme d'Armand de Fomberg, seigneur de Montcombroux (V. ce fief), et Marie-Marguerite, qui épousa, le 3 mai 1709, Philippe Morel, seigneur de Trézelles. (V. ce fief.)

La Serre échut à cette dernière, et, jusqu'en 1725, nous trouvons plusieurs aveux rendus par Philippe Morel de notre fief, alors mentionné comme un vieux château flanqué de deux tours; mais à partir de cette date de 1725 est une lacune jusqu'en 1760, époque à laquelle est seigneur de la Serre Blaise Deguet, époux de demoiselle Jeanne Gallay, fermier d'Avrilly-sur-Loire, et père d'autre Blaise Deguet, que nous retrouvons à Coulon de Saint-Léon. (V. ce fief.)

LE DONJON.

A l'est de la chaîne du Fêtré s'étend jusqu'à la Loire une vaste plaine argileuse, qui a gardé le nom de Val de Bourgogne et fut, en effet, détachée de cette province au XIII° siècle, par le mariage d'Agnès de Bourbon avec Jean de Bourgogne, seigneur du Charolais. Ce pays correspond à peu près à l'ancien archiprêtré de Pierrefitte; aussi convient-il d'y voir les terres que les Éduens possédaient jadis en deçà de la Loire, et nous sommes vraiment surpris qu'au milieu de tant d'hypothèses sur l'ancienne division du pays, — division sur laquelle les documents manqueront vraisemblablement toujours, — celle-ci ait été jusqu'ici à peine émise : jusqu'à la Révolution, du reste, le souvenir de cette origine bourguignonne se conserva dans notre région, qui dépendit toujours du diocèse d'Autun et formait une châtellenie à part, dépendant de celle de Moulins et dite châtellenie des Basses-Marches.

De cette châtellenie, la capitale effective, sinon nominale, était le *Donjon*, « grand bourg situé en lieu fort aquatique, environné de grandes forests, et abondant plus en boys, chaumes, buyssons et étangs, qu'en bon fonds fertile », et qui tirait son nom d'un château bourguignon, de bonne heure abandonné et déjà en partie ruiné au temps de Nicolaï (1569). Le château du Donjon, en 1644, présentait cependant encore une enceinte défensive respectable; mais, en 1666, il fut complètement démoli pour construire un couvent d'Urbanistes (1) (V. plus loin), et il n'en reste aujourd'hui que la motte encore visible et, sur le chemin de Monétay, un tronçon de tour noyé dans les constructions avoisinantes.

Au bas du château du Donjon était le moulin seigneurial, dit moulin de l'Abîme, et qui est maintenant l'huilerie Dupré : emporté par une crue en 1652 et remplacé alors par le moulin de l'Épine (V. plus loin), ce moulin ne fut reconstruit qu'à la fin du XVII° siècle pour servir de tannerie.

Quels furent les premiers seigneurs du Donjon, et faut-il avec M. Coeffier-Demoret admettre qu'au XII° siècle notre seigneurie appartenait à Guy et

---

(1) Ce couvent est actuellement la maison sise en face de la poste.

Baudoin du Donjon, chevaliers, époux et fils d'une dame Amicie de Châtillon en Bazois? Nous n'avons de ces seigneurs trouvé nulle trace, et tout ce que nous pouvons dire, c'est qu'un Dongio, chevalier, figure comme témoin dans plusieurs actes de cette époque, cités par la *Chronologie* de M. Chazaud.

Pour trouver mention précise d'un seigneur du Donjon, il nous faut aller jusqu'à la dernière moitié du XIVᵉ siècle, en l'année 1376, où, dans un acte du mercredi après l'octave de l'Assomption, est nommé Guillaume de Mello (1), seigneur du Donjon. A partir de cette date, nous suivons, dans notre seigneurie, des membres de cette illustre maison émigrée de Picardie en Nivernais, au XIIIᵉ siècle; mais nous ne les énumérerons pas et passerons de suite, en 1437, au petit-neveu de Guillaume, Charles de Mello, seigneur de Saint-Bris, qui avait épousé Isabeau de Montaigu-Listenois, veuve de Jean de Vienne (2), et qui fut le dernier de sa maison seigneur du Donjon.

Il ne semble pas douteux que le Donjon, auquel étaient rattachés déjà Givardon et les bailliages de Luneau et de Neuilly, ait appartenu en propre à Charles de Mello; mais il n'en forma pas moins le douaire d'Isabelle de Montaigu et, à sa mort, passa au fils

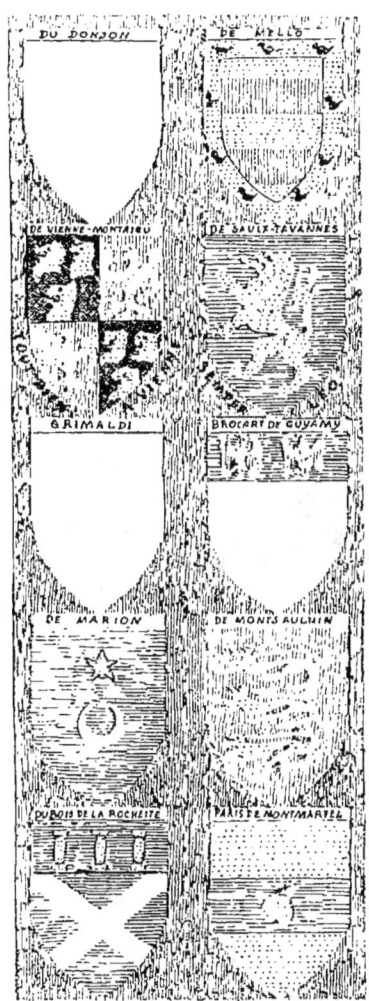

Armoiries des seigneurs du Donjon

(1) Les de Mello portaient d'or à deux fasces de gueules à l'orle de neuf merlettes de même. Leur seigneurie de Saint-Bris est un gros bourg, compris actuellement dans l'arrondissement d'Auxerre.

(2) Les armes écartelées d'Isabeau de Montaigu et de Jean de Vienne figurent en plusieurs endroits à l'église et au château de Châteldon : celles des de Vienne sont : de gueules à l'aigle éployée d'or membrée d'azur; elles se trouvent dans l'église du Breuil; celles des Montaigu : de sable à trois têtes de lion arrachées d'or, lampassées de gueules. Jean de Vienne, d'une illustre maison de Bourgogne, était petit-fils de Jean, amiral de France.

unique de son premier mariage, Philippe de Vienne, époux de Pétronille de Chazeron, et, du chef de sa mère, déjà possesseur en notre région des importantes terres de Châteldon, le Breuil et Montgilbert.

C'est ce Philippe de Vienne qui, le 30 mars 1450, et « en recognaissance que Dieu lui a donné si grands moyens », fonda, dans son bourg du Donjon, le couvent de Cordeliers qui subsista jusqu'à la Révolution.

Il n'eut, comme nous le disons ailleurs, qu'une fille; mais cette dernière ayant épousé son cousin, Jean de Vienne de Montbis, le Donjon ne sortit point des possessions de l'illustre maison bourguignonne, et, comme Montgilbert (V. ce fief et le Breuil), nous le retrouvons plus de deux siècles plus tard aux mains de Gaspard de Saulx-Tavannes, maréchal de France et gouverneur de Provence, époux de dame Françoise de la Baume-Montrevel.

LE DONJON.
Ruines d'une tour d'enceinte

Gaspard mourut en 1573, et dès lors le Donjon, qui avait jusque-là suivi les mêmes destinées que Montgilbert, fut séparé de cette seigneurie : après avoir formé le douaire de la veuve de Gaspard, alors fixée à Langres, et au lieu de passer comme Montgilbert à Guillaume, son fils aîné, il vint aux mains de son troisième fils, Jean de Saulx, qui fut la tige des vicomtes de Tavannes et épousa successivement Catherine de Chabot et Gabrielle Desprez de Montpezat, fille d'Henriette de Savoye.

Or, en secondes noces, cette Henriette de Savoye épousa Claude de Lorraine, duc de Mayenne : ainsi entraîné dans le parti de la Ligue, pour lequel il fut gouverneur de Normandie, Jean de Saulx-Tavannes guerroya pendant près de dix ans et s'acquit une véritable réputation d'homme de guerre. En 1595, enfin, « il fit son accommodement », et depuis lors, comblé des faveurs de Henri IV, puis de Louis XIII, qui le fit entrer dans ses conseils et le nomma maréchal de France, il vécut paisiblement dans son château de Sully, près d'Autun, où il employa son temps à rédiger des *Mémoires* qu'il attribua à son père, mais qui semblent fort lui appartenir en propre.

Jean de Saulx mourut à Sully, le 6 octobre 1629, et le Donjon échut alors au sixième de ses dix enfants, Lazare-Gaspard de Saulx-Tavannes, mestre de camp, qui mourut sans postérité le 2 octobre 1653.

L'héritière désignée de Lazare-Gaspard fut sa nièce directe, Melchiore de Grimaldi, fille d'André, comte de Bueil (1), et d'Anne de Saulx-Tavannes, fille de Jean, et épouse de messire Louis de Brocart de Guiamy, comte de Rispe (2).

Le comte et la comtesse de Rispe habitaient d'ordinaire Vénaré en Auxois, — actuellement canton de Flavigny, dans la Côte-d'Or, — et quelquefois aussi à Vitry-sur-Loire; aussi vinrent-ils peu au Donjon, où nous ne les voyons guère signalés que lors de leur entrée solennelle du 14 décembre 1654 : ils s'occupèrent pourtant activement de notre baronnie, et bien des améliorations se firent au bourg du Donjon sous leur administration. Mais ils ne laissèrent pas de postérité, et, par son testament daté de Vénaré, le 3 juin 1696, Melchiore de Grimaldi, veuve de Guiamy, laissa sa baronnie du Donjon, y compris Luneau, Neuilly en Donjon et aussi la seigneurie de Givardon, en la paroisse de Luneau, à sa cousine issue de germain, dame Henriette-Marguerite de Saulx-Tavannes, veuve de messire Louis-Eustache de Marion, marquis de Druy (3), major général de la gendarmerie et mestre de camp.

D'un premier mariage avec Louis de Montsaulnin, marquis de Montal, Henriette-Marguerite de Saulx-Tavannes avait eu un fils, à qui elle laissa l'héritage de madame de Guiamy, et c'est ainsi qu'en 1712 est seigneur du Donjon messire Charles-Louis de Montsaulnin (4), chevalier, comte de Montal, brigadier des armées du Roy, époux de Marie-Anne Colbert de Villecerf. A Charles-Louis de Montsaulnin succéda sa fille, Marie-Geneviève, consorte de Marie-Antoine du Bois, chevalier, marquis de la Rochette (5), capitaine au régiment de Poitou, et à celle-ci leur fils Annet, capitaine à Barbançon-cavalerie, qui, en 1748, est encore sous la tutelle de son grand-

---

(1) Les Grimaldi, comtes de Bueil, étaient une branche de la famille des princes de Monaco, branche issue d'André, troisième fils de François, prince de Monaco, vers le milieu du XIIIᵉ siècle.

(2) Les Brocart de Guiamy, originaires de Toscane et fixés en Provence au XVIᵉ siècle, portaient : d'argent au chef d'azur chargé de deux aigles du champ.

(3) Les Marion sont originaires de Veroux en Berry, dans le canton de Sancoins, et portent : d'azur au croissant d'argent surmonté d'une étoile d'or.

(4) Montsaulnin : de gueules à trois léopards d'or l'un sur l'autre.

(5) La famille du Bois de la Rochette était de Vergy et habitait ordinairement le château de Masoncle en Charollais, sis entre Oudry et Marly sur Arroux; ses armes se voient encore sur l'hôtel qu'elle possédait à Paray-le-Monial et se peuvent lire : d'azur au sautoir d'argent, au chef de même chargé de trois balustres d'or posés en pal.

Le château de Masoncle offrait cette particularité qu'il appartenait alternativement à chacune des deux paroisses voisines que nous avons nommées.

oncle, Antoine du Bois, chevalier de l'Ordre de Saint-Jean de Jérusalem, prieur commendataire de Saint-Georges en l'île d'Oléron, seigneur de Braische, Saint-Symphorien-les-Charolles, etc.

Le 26 novembre 1754, enfin, le Donjon fut acquis par Jean Pâris de Montmartel, déjà seigneur de la Forêt et de bien d'autres terres ; et quand la nuit du 4 août 1789 vit s'écrouler tout à fait des institutions dont il ne restait déjà plus grand'chose, la baronnie du Donjon, ou plutôt les droits seigneuriaux qui la composaient, appartenaient à M. Gavinet de la Rochassière, qui, en 1787, les avait acquis des Rouault, héritiers en partie du marquis de Brunoy. (V. la Forêt.)

Un article posthume de M. Victor Meilheurat, paru en 1890 dans les *Annales bourbonnaises*, donne sur la vie intime du Donjon, ses curés, ses familles, de nombreux détails : nous y renvoyons donc pour tout ce qui ne concerne pas directement l'histoire de la seigneurie.

Deux faits pourtant, omis par le savant chercheur, nous semblent dignes d'être rapportés.

Le premier a trait à la fondation de la maison des Urbanistes du Donjon, ainsi racontée par les registres paroissiaux : « Les dames Marguerite de Chabannes, supérieure des dames de Charolles, Cheissat et Quarré, toutes religieuses de l'ordre de Saint-Claire, dites Urbanistes, sont venu de leur couvent de la ville de Charolles demourer dans la maison d'honorable Robert Gay, située au bout de la rue haute du Donjon, jusques à peu de temps qu'elles auront trouvé une autre maison ou commodité de faire bâtir une église et monastère afin d'y établir un monastère pour les susdites religieuses et autres, qui viendront après, sur toutes lesquelles dames ladite dame de Chabannes sera abbesse supérieure avec la permission et pouvoir de monseigneur l'évêque d'Autun et de monseigneur de Tavannes, chevalier et seigneur du Donjon, le jour de Saint-Thomas, 21 décembre 1638. »

Le second fait est une vigoureuse défense des Donjonnais contre ce qui fut, jusqu'à ces derniers temps, considéré par les campagnards comme le pire fléau, nous voulons dire le passage des gens de guerre : « Le 4 et 5 juin de cette année 1639, écrit le curé, les habitants du Donjon armés font des barricades et empêchent de loger un régiment de piétons conduit par un seigneur du Palais — un Digoine du Palais probablement — de Fourest, et plusieurs autres capitaines, qui furent contraints de passer outre. »

Nous relèverons aussi, après M. l'abbé Flachard, l'erreur que commet M. Meilheurat en plaçant au bourg même l'église paroissiale primitive : il y eut bien, au Donjon, une chapelle seigneuriale, plus tard remplacée par l'église des Cordeliers, récemment détruite; mais le premier sanctuaire du Donjon fut la *chapelle Saint-Hilaire,* et c'est sous le nom de *Sanctus Hilarius* que le Donjon se trouve désigné, au XIV° siècle, dans un pouillé du diocèse d'Autun.

Autour de Saint-Hilaire sont, du reste, les trois localités qui, à elles seules, formaient jadis presque toute la paroisse du Donjon proprement dite :

C'est d'abord les *Deguets,* d'où sort la nombreuse famille que nous trouvons à Coulon, Avrilly, la Prugne, etc.

Puis *Grosbois,* berceau des Bottin qui, sans jamais remplir de charges, occupèrent toujours une place importante dans la bourgeoisie du Donjon : porté, en 1717, par Jeanne Deguet de la Pouzerolle, fille d'une Bottin, à Jean Meilheurat, dit des Simonets, quatrième fils de Claude Meilheurat des Petiots, Grosbois donna son nom à une des sept branches Meilheurat, dont nous avons parlé.

Enfin *Quatraigues* (1), qui, en 1588, appartenait aux Jolly; ceux-ci le cédèrent aux Bottin; puis, en 1682, il vint, en même temps que les Places, aux mains des Deguet : des Deguet il passa par la suite aux Crouzier.

Mais la paroisse du Donjon ne tarda pas à s'accroître et de bonne heure, sans doute, engloba celle de *Melleray,* dont le titulaire fut depuis lors à la nomination des barons du Donjon.

L'église de Melleray, du plus pur style roman, vient d'être restaurée par la famille de la Boutresse, à laquelle elle sert de chapelle sépulcrale. Nous donnons une jolie croix fleurdelisée qui se voit au bord de la route. Sur le chœur se distingue encore — mais à peine — un reste de litre décolorée où l'on peut voir, soit les armes de Pâris de Montmartel, soit celles

Croix de Melleray. (XII° siècle.)

des du Bays de Digoine, seigneurs des Plantais (2) : nous penchons pour la première attribution, et d'autant plus que, d'après les comptes de la Forêt, il fut fait, à la mort du célèbre financier, une assez grosse dépense

---

(1) La carte d'état-major dit les Quatre Aigles : elle a bien fait de Chateaumorand le château Moreau!
(2) Les armes des du Bays de Digoine sont : d'azur à la fasce d'or, chargée de trois œils de faucon (tourteaux de sable garnis d'argent); celles de Pâris de Montmartel : d'or à la fasce d'azur, chargée d'une pomme du champ.

pour la décoration funèbre des chapelles dépendant de ses nombreuses seigneuries.

Melleray fut sans doute le siège d'une ancienne seigneurie, peut-être remplacée plus tard par les Plantais (V. ce fief), et on peut voir l'emplacement d'un ancien château fort dans la motte fossoyée qui est au bord de la route, en face de la locatairie Vernin et contre une ancienne maison, récemment détruite, qui portait le nom curieux de Prenez-y : cette motte, au XVII° siècle, s'appelait la Garenne des Plantais (1).

Tout contre Melleray se trouve le domaine des *Meilheurats*, ancienne communauté et berceau probable de la famille que nous trouvons plus tard en différents endroits et qu'y mentionne déjà un terrier de 1380.

De Melleray aussi dépendaient les deux seigneuries voisines des Plantais et de la Boutresse qui, à partir des dernières années du XVI° siècle, suivirent des destinées parallèles, sinon communes.

En 1455, Jeanne de Châtel-Montagne, veuve de Jean de Rollat, chevalier, rend aveu de sa terre et seigneurie de la *Boutresse*; mais presque aussitôt après, notre terre semble avoir été démembrée, et, en 1479, Philippe de Terrières, seigneur de Chappes (V. ce fief), ne rend plus aveu que d'un tiers de la seigneurie de la Boutresse, le reste en ayant sans doute été morcelé.

Un siècle plus tard, pourtant, la Boutresse est de nouveau reconstituée entre les mains de Jacques de Chaugy, écuyer, seigneur dudit lieu, époux de Françoise de Culant, demeurant au château de Chaugy, en la paroisse de Sail, et qui, le 10 septembre 1557, vend à Balthazar de la Goutte, seigneur de la Serre (V. ce fief), les droits seigneuriaux qu'il possède sur la communauté des Deguets (2).

Il est probable que Jean de Chaugy ne se borna pas à cette seule vente, et, en 1573, Mayeul Vichy, seigneur de Blénières (V. ce fief), possède un tiers de la Boutresse, tandis que les deux autres tiers appartiennent à Catherine de la Varenne, fille de Jean, écuyer, seigneur dudit lieu en la

---

(1) « En 1673, le marquis de Digoine accense à Louis Meilheurat une motte et fossés autour d'icelle, appelée la Garenne des Plantais, et contenant entour trois couppées de terre jouxte le grand chemin du Donjon à la Palisse. »

Le grand chemin passait alors par l'étang des Moulois, Melleray, la Tour-Pourçain, Barrais et Bussoles.

(2) Le prix de cette vente était de quatre-vingt-neuf livres, et, en présence de vénérable et discrète personne Georges de Montagny, doyen du chapitre de la Sainte-Trinité de Montaiguet, l'acquéreur le solda de suite en donnant au vendeur vingt écus d'or au soleil, trois angelots, un double ducat, un noble à la rose, deux ducats, quatre écus d'Italie et dix pistoles, le tout en bonnes espèces et reconnues de poids.

paroisse de Saligny, qui, cette année-là, les vendit à Christophe de Damas, seigneur des Plantais.

En 1577, le même Christophe de Damas, ayant acheté la partie de l'ancien fief de la Boutresse appartenant à Mayeul Vichy, prit le titre de seigneur de la Boutresse et des Plantais, et nous renvoyons à nos notes sur cette dernière terre pour la suite de l'histoire de la Boutresse. (V. plus loin.)

LA TOUR LA BOUTRESSE.

Sise au sommet d'une sorte de promontoire qu'entoure un étroit et profond vallon, dans une situation tout à fait analogue à celle de Montjournal et de la Tour-Pourçain, la Boutresse (1) dut être jadis une forteresse considérable, à en juger par les restes de vieux murs rasés et l'énorme tour à salles voûtées qui en subsiste encore.

La Boutresse dut être abandonnée dès que l'on ne se vit plus forcé de songer exclusivement à sa sécurité, et ne fut, en tout cas, plus habitée depuis sa réunion aux *Plantais*, que leur charmante situation devait faire de beaucoup préférer.

Ces derniers, qui datent du XV° siècle, ne semblent pas avoir été une seigneurie primitive et durent, à cette époque, remplacer la seigneurie

---

(1) Nous ne nous occupons heureusement pas d'étymologie, mais il nous semblerait assez naturel, au lieu de chercher dans la Boutresse *bouteria*, qui signifie vestiges de vieille voie, d'y voir tout simplement un dérivé du mot français butte ou bouter, comme, d'ailleurs, dans Butavant, souvent écrit Boute-avant.

qui, jusque-là, avait eu son siège sur la motte de Melleray (1). (V. plus haut.)

Le premier seigneur des Plantais que nous connaissions est, en 1435, Guillaume Broutaing, membre d'une famille que nous trouvons aussi à Beaudéduit de Trezelles, et que tout fait croire originaire de notre région. A Guillaume Broutaing succéda son fils Jean, et à celui-ci Pierre, qui, par acte du 16 septembre 1504, fonda « pour le soin de son âme une chapelle en l'église paroissiale de Melleray, et ce en surplus de la chapelle particulière qui existait déjà dans la cour de son château des Plantais ».

Les héritiers de Pierre Broutaing furent les Chanciaulx, de la paroisse de Trévol; mais sur eux nous ne possédons aucune pièce, et la suite des seigneurs des Plantais nous échappe jusqu'en 1538, année où rend aveu de notre terre Jean de Damas, seigneur de Saint-Bonnet, tuteur des enfants qu'il a eus de dame Marie de Villers, « quand vivait » dame des Plantais (2).

Après Jean de Damas, les Plantais passèrent à son fils Christophe, époux de demoiselle Jeanne d'Augerolles, qui, comme nous l'avons vu, acquit la Boutresse; puis vient Gilbert de Damas, époux d'Anne de Gramont (3), qui abandonna presque ses terres bourbonnaises pour aller habiter le château de Grenant en Bassigny, actuellement canton de Fayl-Billot, dans la Haute-Marne.

Gilbert de Damas n'eut pas d'enfants et, en 1594, légua les Plantais et la Boutresse à sa nièce, Marguerite de Buffevent, fille de Pierre, seigneur de Beaumont, en la paroisse de Saligny, et c'est ainsi que ce dernier en rend aveu en 1606, comme tuteur de sa fille.

Marguerite de Buffevent, le 24 novembre 1614, épousa Girard de Saint-Georges, membre d'une famille étrangère au Bourbonnais, fixée depuis quelque temps à Estrées, près Molinet, et, devenue veuve, se remaria en 1618 avec messire Claude d'Augerolles de Thélis, de la puissante maison forézienne, que nous trouvons aussi à Brunart. (V. ce fief.)

Le passage de Claude d'Augerolles aux Plantais fut bien court : le 22 août 1630, en effet, il mourut de la peste devant Pignerol, qu'assiégeait alors en personne le cardinal de Richelieu.

---

(1) Avant la construction du château des Plantais, il existait un domaine de ce nom, habité par une famille des Plantais.

(2) Il est à remarquer que le château de Villers, alors possédé par une famille à laquelle semble appartenir la femme de Jean de Damas, se trouve sur Villeneuve à deux pas de la maison des Chanciaulx, héritiers de Pierre Broutaing; pour expliquer la transmission de notre fief, on peut donc avec assez de vraisemblance supposer une alliance entre les Villers et les Chanciaulx.

(3) Anne de Gramont appartenait à une famille toute différente de celle du Béarn, et qui est encore représentée à Villersexel. Les Gramont ont hérité du nom et du titre du fameux Crillon.

LES PLANTAIS.

Claude ne laissait qu'un fils, Henri, qui fut par sa mère élevé aux Plantais et devint plus tard célèbre sous le nom de Commières Bras de fer : c'est cet Henri d'Augerolles qui le premier entra à Hérisson en 1651, et dont le nom revient si souvent dans les récits épisodiques des guerres de cette époque sanglante : il fut aussi gouverneur de Roye en Picardie. Ce valeureux seigneur des Plantais avait épousé dans le Lyonnais Marie de Montconys et eut d'elle deux enfants : Suzanne, mariée le 8 octobre 1657 à Jean Edgard du Bays de Digoine (1), seigneur de Coulombières, et Jean-François-Claude, à qui échurent, outre les terres du Bourbonnais, Commières et Cornillon, en la paroisse de Mably, près Roanne.

Jean-François, à vrai dire, ne parut guère aux Plantais, et son habitation préférée fut le château de Commières, sis entre Roanne et Villeret, au bord de la Loire. Peut-être les pittoresques rapides du fleuve étaient-ils pour quelque chose dans cette préférence, mais elle était bien plutôt due au voisinage du château de Saint-André d'Apchon, où vivait une jeune fille (2) dont il était follement épris.

Quels obstacles vinrent se dresser devant cette passion, et dans quelles circonstances le jeune d'Augerolles se décida-t-il à passer outre? Nous ne savons; mais, par arrêt du Parlement, en date du 30 mai 1663, les biens de Jean-François-Claude d'Augerolles de Thélis, chevalier, seigneur de Commières, Cornillon, les Plantais, la Boutresse, etc., furent confisqués « pour ce que ledit seigneur est convaincu d'avoir par force, ruse ou aultrement enlevé la fille du seigneur de Saint-André ». Dans l'attente sans doute d'un retour et d'une soumission des coupables, ces biens avaient été remis à messire Camille de Neufville, archevêque de Lyon ; mais, au mois de décembre suivant, ils furent définitivement transportés à la sœur du fugitif, Suzanne d'Augerolles, marquise de Digoine.

Enfin, par actes du 18 juin 1681 et du 26 septembre 1684 (3), cette dernière vendit successivement à Antoine Préveraud, déjà seigneur du Morinot, de l'Aubépierre et de Coulon (V. ces fiefs), les deux terres de la

---

(1) Les du Bays sont originaires du Lyonnais.
Digoine est au bord de la Bourbince, dans la paroisse de Palinges, et appartenait à une famille de ce nom dont la dernière héritière le porta aux Damas : Élisabeth de Damas le porta par la suite à Henri de la Guiche, dont la fille épousa un du Bays.
Acquis en 1690 par Éléonore de Reclesne, Digoine fut reconstruit par son arrière-petit-fils, M. de Moreton de Chabrillan.

(2) Françoise de Saint-André, fille de Jacques d'Apchon et d'Éléonore de Saulx-Tavannes, petite-fille par conséquent de Jean de Saulx le ligueur.

(3) L'acte du 18 juin 1681 fut passé au château du Montet, en la paroisse de Palinges, où demeurait alors la marquise de Digoine : lors du second acte, elle semble s'être retirée au couvent de la Bénissons-Dieu et avoir abandonné ses biens à son fils François du Bays, marquis de Digoine, époux d'Henriette de la Guiche, lequel ratifia plus tard les ventes consenties par sa mère.

Boutresse et des Plantais, dont est aujourd'hui possesseur M. Emmanuel de la Boutresse, descendant direct de l'acquéreur.

A maintes reprises, nous trouvons des membres de cette famille Préveraud, qui forma par la suite quatre branches dites de Vesvres, de l'Aubépierre, de la Boutresse et du Bessay (1); mais nous ne donnerons pas la suite des possesseurs de nos deux terres.

Le 7 mars 1792 seulement, les Plantais sortirent momentanément des mains des Préveraud et furent acquis par M. Philibert de Trocézard, de la Pacaudière (V. Puyfol); mais, en 1810, M. de Trocézard les revendit à Hélène-Marguerite Préveraud de la Boutresse, veuve de Marc-Antoine Chassenay, et, celle-ci les ayant légués à son neveu Jean-Nicolas-Victor, les Plantais se trouvèrent ainsi de nouveau réunis à la Boutresse, que n'avait jamais quittée la branche qui en porte le nom.

Les Préveraud de la Boutresse fournirent trois lieutenants généraux des Basses-Marches, dont le dernier fut le père de François-Hector, époux de demoiselle Laurence de Fradel (V. Sapinières), qui, après avoir été, sous l'ancien régime, secrétaire au Grand Conseil du Parlement, devint sous la Restauration député de l'Allier et président de chambre à la cour de Riom.

Rien ne reste aux Plantais des murs, fossés et dépendances qui en faisaient jadis une habitation fermée; actuellement ils se composent seulement d'un élégant corps de logis flanqué de tours, qui vient d'être complètement restauré. Cette construction date, comme nous l'avons dit, du XV° siècle, qui vit s'élever en Bourbonnais tant de gentilhommières; mais elle présente un détail curieux, qui n'est pas sans communiquer une grande légèreté aux deux tours de l'est, dont une moitié seulement repose sur le sol, l'autre restant suspendue en cul-de-lampe.

La chapelle particulière des Plantais existait encore en 1739.

En face des Plantais, tout contre la vieille route de Neuilly en Donjon et dans une terre dite de *Costières*, est une motte qui, d'après les débris que nous y avons recueillis, semble plutôt féodale que romaine.

Nous n'en avons trouvé d'autre mention que l'aveu rendu, en 1457, par Guillaume Broutaing, seigneur des Plantais, à la prieure de Marcigny, à cause de sa seigneurie d'Huillaux « de l'héritage de Cocheterre, où il y a maison choffoère, grange, vacherie et four et le poursaingt autour, lequel dit héritage est posé coté le chemin que l'on va du Donjon à Huillaux ».

(1) Du nom d'un terroir de la propriété des Plantais.

La paroisse d'*Huillaux*, dont nous venons de parler à plusieurs reprises, ne fut réunie au Donjon qu'après la Révolution, et le curé Laurent, qui, après avoir été député à la Constituante, devint plus tard évêque constitutionnel de l'Allier, n'est autre que le dernier pasteur d'Huillaux.

Cette paroisse dépendait du prieuré de Marcigny les Nonnains, et ce, depuis une époque difficile à déterminer. Dès 1377, en effet, année où pour la première fois nous trouvons mention des droits possédés sur leur seigneurie d'Huillaux par les prieurs de Marcigny, il est observé dans l'acte que ces droits sont de date immémoriale. Nous sommes donc dénués de renseignements sur le passé de notre paroisse, passé qui,

LA TOUR D'HUILLAUX.

pourtant, doit être intéressant, à en juger par les dimensions colossales de la motte qui portait l'église et la cure, et qui ne sont certes pas celles d'un modeste sanctuaire ou d'un fief banal.

Tout près de l'église, maintenant ruinée, d'Huillaux, sont deux localités notables :

Ce sont d'abord les *Vichys*, ancienne communauté d'où sort une famille bourgeoise que nous trouvons à la Serre, à la Bêche, etc., et qui, une fois parvenue à la fortune, prit le plus naturellement du monde les armes des Vichy-Champrond.

Puis un domaine dit depuis longtemps déjà la *Tour d'Huillaux*, mais dont nous ignorons certainement le nom véritable. L'appellation de la Tour, en effet, suggérée par le reste d'une tour énorme qui s'y voit encore, n'apparaît qu'au XVIIe siècle, et auparavant la Tour, déjà déchue de son caractère féodal, se nommait village Gouillon ou Guillon, du nom d'une famille Guillon, qui y avait établi sa communauté dès les premières années du XVIᵉ siècle, et dont nous trouvons des membres dans plusieurs fiefs voisins. (V. notamment la Vallée.)

Le dernier Guillon, seigneur de la Tour, fut Antoine, fils de Jean et de Marie-Gilberte Préveraud, qui, le 26 mai 1671, la vendit à son cousin germain, Philippe Préveraud, seigneur de Putay et époux de Marie Desessarts. Philippe mourut en 1695, laissant la Tour à son fils François; mais ce dernier mourut sans enfants, en 1709, et notre fief revint alors à son beau-frère,

LE VIEUX CONTRESOL.

Jean-Claude Pélassy, fils d'Antoine, châtelain de Chateaumorand, qui, en 1691, avait épousé Jeanne Préveraud, fille de Philippe.

A Jean-Claude Pélassy succéda son fils Antoine, époux de Catherine Simon ; à Antoine, Louis, époux de Marie Préveraud, fille d'Antoine, seigneur de Racquetières ; à Louis, Barthélemy, et enfin à Barthélemy, autre Louis Pélassy, qui, en 1792, alla habiter le Mans et vendit ses biens à François Préveraud de la Boutresse.

A cette époque déjà la Tour n'était que le simple domaine qu'elle est encore, et la demeure habituelle des Pélassy était une maison connue sous le nom de maison Pélassy, sise entre l'emplacement de l'église d'Huillaux et la route du Donjon à Lenax. La Tour appartient aujourd'hui à M. Crouzier, des Malgarnis.

Sur la partie sud de la paroisse d'Huillaux s'étendent les bois Picard, vaste tènement de bois, au-dessus desquels s'aperçoit le faîte des hautes tours de *Contresol*, superbe demeure récemment construite sur les plans de M. Moreau, de Moulins. Plein de détails charmants, le château de Contresol actuel est dans le style de la fin du XV° siècle, qui s'approprie à merveille à ses riants abords; mais, le laissant de côté malgré tout ce qu'il a d'intéressant, nous irons un peu plus loin chercher derrière ses sauts de loup le vieux Contresol, maintenant vide, enfoui sous le lierre et ayant un peu déjà l'allure mélancolique des choses délaissées.

Avec son avenue pleine d'ombre et sa façade à fronton triangulaire, cette vieille gentilhommière ne manque pas de caractère : vers 1750, pourtant, époque probable de sa réfection, elle perdit son allure féodale, et il nous faut le témoignage des anciens dénombrements pour savoir que jadis Contresol se composait de quatre corps de logis formant carré, entourant une cour où donnaient les tours d'escalier, et eux-mêmes enceints de fossés sur lesquels était jeté, à l'ouest, un pont-levis (1).

Depuis le milieu du XVI° siècle Contresol appartient aux Jacquelot, à qui il vint en 1543 par le mariage de Loys Jacquelot avec une demoiselle Anne Maréchal, de la famille dont nous parlons à Montcombroux.

Les Jacquelot, depuis lors, ne quittèrent plus Contresol, et leur nom revient jusqu'à cinq fois parmi les alliances des Préveraud de la Boutresse ou de l'Aubépierre. Nous ne donnerons pas leur filiation, mais il nous faut rapporter un acte de Jean-Joseph, l'un d'entre eux, qui est considérable pour l'histoire de sa famille.

Jusqu'à lui, les Jacquelot avaient porté et fait inscrire à l'Armorial de 1696 les armes que nous avons relevées à Droiturier : d'azur au chevron d'or accompagné en chef de deux étoiles et en pointe d'une rose de même; mais, en 1730, Jean-Joseph, seigneur de Chantemerle, se pourvut devant le lieutenant général de la ville de Paray pour faire rectifier son écu, et sur les preuves par lui fournies qu'il est de même souche que les Jacquelot de Quimperlé au diocèse de Quimper (2), il obtint de reprendre les armes de sa famille : d'azur au chevron d'argent, accompagné en chef de deux gantelets de même et en pointe d'une levrette de même accolée de gueules et bouclée d'or (3).

A partir de ce Jean-Joseph, gentilhomme de la grande Faulconnerie du

---

(1) Nous avons décrit à la Serre la curieuse cloche de Contresol.
(2) Cette branche des Jacquelot est aujourd'hui représentée par les marquis de Boisrouvray.
(3) L'exode des Jacquelot au Donjon remonte au moins à la fin du XIV° siècle, époque où on les trouve déjà parmi les notables familles du lieu.

Roy, la famille Jacquelot se divisa en deux branches, dites de Villette et de Chantemerle, du nom de deux fiefs : le premier dont l'emplacement est incertain, comme nous le disons à Barrais (V. Villette); le second sis dans la paroisse de Monétay-sur-Loire et acquis le 25 juin 1588 par Gilbert Jacquelot, époux de Roberte Bailly.

Un des Jacquelot de Chantemerle, Gaspard, fils de Jean-Louis et de demoiselle Barrois, aïeul de Louis de Chantemerle, ancien sénateur de l'Allier (V. le Verger), et bisaïeul de M. Henri de Chantemerle des Prats, était, au moment de la Révolution, colonel du Royal-génie : fidèle à sa foi monarchique, il brisa lui-même sa brillante carrière et se retira sur la paroisse de Coulanges, protégé contre les fureurs révolutionnaires par un ancien capitaine de son régiment, le fameux Lazare Carnot.

Nous n'entreprendrons pas, avons-nous dit, de décrire le nouveau Contresol : nous ferons pourtant une halte dans le salon qui termine la grande galerie. Là, en effet, M. Stanislas de Chantemerle de Villette a réuni de nombreux portraits de famille, dont beaucoup ont une réelle valeur artistique.

Un de ces portraits a un intérêt historique : c'est celui de l'amiral Guillouet d'Orvilliers, arrière-grand-oncle de M. de Villette (V. les Échelettes). Peut-être, cependant, nous sommes-nous moins longtemps arrêtés devant l'illustre marin que devant ses gracieuses voisines : elles se ressemblent toutes, ces jeunes arrière-grand'mères ; mais elles sont toutes si charmantes avec leurs airs un peu mignards, leurs fines mains à fossettes et leurs coiffures invraisemblables : heureuse époque où le banal même était joli !

G. D'ORVILLIERS,
Amiral de France

> J'aime à vous voir dans vos cadres ovales,
> Portraits fanés des belles du vieux temps,
> Tenant en main des roses un peu pâles,
> Comme il convient à des fleurs de cent ans.

« Le pénultième jour d'octobre et l'an 1655, portent les registres
« paroissiaux du Donjon, le mariage d'entre honorable homme Robert
« Jacquelot et demoiselle Antoinette Lefort fut fait et solennisé à Contre-

« sol en si grande magnificence et triomphe qu'il est impossible de tout
« écrire : *nec plus ultrà ! mirabile visu !* » Et le bon curé, qui, le matin, a
enterré une femme Fontgarnand, ajoute philosophiquement : « *In eodem*
« *die oportet ridere cum ridentibus et flere cum flentibus.* »

On voit que les traditions de large hospitalité sont de vieille date à
Contresol.

CHATEAU DE CONTRESOL.

Au bas de Contresol, était une ancienne seigneurie, qui est depuis bien
longtemps déchue de son importance : c'est l'*Épine*, dont la motte se voit
encore au bord de la grand'route. Là vivait une famille de l'Épine, dont
le dernier membre, Hugues, en 1539, vendit son fief patronymique à
François Gay, d'une vieille maison bourgeoise du Donjon.

Nous ne suivrons pas, depuis lors, la liste des seigneurs de l'Épine;
vers 1650 ce fief devint une possession des Jacquelot, puis fut vendu aux
barons du Donjon, qui firent de son moulin leur moulin seigneurial, quand
une crue de la Lodde emporta celui de l'Abime (V. plus haut), et enfin fut
acquis en 1737 par Clément Conny de M. de Montsaulnin du Montal.

SAINT-DIDIER EN DONJON, LE PIN ET SAINT-LÉGER DES BRUYÈRES

La plaine des Basses-Marches est coupée en deux parties bien distinctes par un pli de terrain boisé dont le ruisseau qui court des bois Picard à la Vallée marque la direction. Au sud de cette légère ondulation, le sous-sol est peu perméable, et le pays presque plat s'étend en une succession de plateaux fertiles parsemés d'étangs : ce sont les communes de Neuilly en Donjon et du Bouchaud. Au nord, au contraire, les pentes s'accentuent, le terrain est plus léger, et les bois, qui y poussent admirablement, ne cèdent que lentement la place à des cultures à peine plus rémunératrices : ce sont les trois communes de Saint-Didier en Donjon, du Pin et de Saint-Léger des Bruyères, que nous allons parcourir.

Le chef-lieu de la vieille paroisse de *Saint-Didier des Bruyères* est un village pittoresquement situé sur un promontoire, qui domine la vallée de la Lodde. C'était une position tout indiquée pour un château féodal, et en effet, récemment encore, l'église de Saint-Didier couronnait une motte énorme de cent vingt mètres de diamètre, dont le champ de foire occupe maintenant l'emplacement, et dont subsiste seulement une partie des fossés. L'église de Saint-Didier, du reste, qui renferme d'intéressantes parties des XIe et XIIIe siècles, n'est autre chose que l'ancienne chapelle seigneuriale qui, il y a un peu plus d'un demi-siècle, remplaça la vieille église paroissiale sise dans le cimetière, et dont il ne reste absolument rien.

Saint-Didier était sur la limite extrême des châtellenies de Chaveroche et des Basses-Marches, et les aveux que nous en trouvons sont rendus tantôt à l'une, tantôt à l'autre de ces deux châtellenies : ils sont malheureusement peu nombreux et laissent bien subsister quelque vague sur l'histoire de ce fief.

Le premier aveu est, en 1313, celui de Guillaume de Nevers, chevalier, pour la motte, prévôté, haute, moyenne et basse justice de Saint-Didier en Chaveroche, avec des terres sur la paroisse d'Andelaroche (V. la Roche-Chaffault), le tout par lui tenu du chef de sa femme, Isabelle de Trynenges (Thianges). Guillaume de Nevers mourut avant 1335, et, cette année-là, aveu de Saint-Didier est renouvelé par Dalmas de l'Espinasse, seigneur de Changy, second époux d'Isabelle de Thianges.

Saint-Didier resta aux enfants du second lit d'Isabelle et fut, par la suite, par Catherine de Changy, descendante de Dalmas, porté à Philibert de Damas, écuyer, qui en rend à son tour aveu, en 1446.

Jusqu'en 1506, nous suivons à Saint-Didier des membres de la famille de Damas; puis, par une succession que nous n'avons pu préciser, notre terre, en 1573, est venue en la possession de messire Jean de la Fin, seigneur de Beauvoir, qui en a pour fermier et accenseur maître Jean Cimetière, notaire royal. Passée peu après à un Follin de la Nocle (1), époux d'une demoiselle de la Fin (V. les Augères), la seigneurie de Saint-Didier fut par ce dernier démembrée et vendue en détail; mais, en 1628, le fils du vendeur fut forcé d'entamer un long procès contre un des principaux acquéreurs, Louis Jacquelot, seigneur de Contresol, qui n'a sans doute pu faire face à ses engagements : après une série de saisies, débats et procédures, M. de Follin gagna sa cause, et, finalement, les motte, fossés et droits seigneuriaux de Saint-Didier furent adjugés, moyennant cinq mille livres, à Louis d'Aste, seigneur des Millets. (V. ce fief.)

Le château de Saint-Didier, à cette époque, était encore, sinon intact, au moins fort habitable : Louis d'Aste vint s'y fixer, et c'est là que demeurait encore son successeur, Jean de Ripère, quand, le 16 mai 1730, il vendit Saint-Didier et tout ce qu'il possédait dans la région à François Berger, seigneur des Dureaux. (V. ce fief.)

Réunie à cette dernière terre, notre seigneurie démembrée n'en fut plus séparée jusqu'à la Révolution.

Sur la paroisse de Saint-Didier, il n'existe pas moins de cinq anciennes seigneuries ou terres nobles.

C'est d'abord, à moins de cinq cents mètres du bourg, la vieille et curieuse maison de la *Bazole*, énorme bâtiment en pans de bois, qui n'est, d'ailleurs, jamais mentionnée comme fief proprement dit, et qui peut bien avoir, au XVe siècle, changé de nom ou remplacé une seigneurie disparue. (V. plus bas Saint-Vincent.)

Le premier seigneur de la Bazole dont nous ayons mention est, en 1446, ce Philibert de Damas, époux de Catherine de Changy, que nous avons trouvé aussi à Saint-Didier (2). Restée depuis lors aux enfants de Damas, la

---

(1) La famille de Follin est originaire du vieux fief de ce nom en la paroisse de Grury. Une alliance avec les Salins leur porta non seulement l'important fief de la Nocle, mais encore les titres et le nom même des Salins, qu'ils prirent souvent de préférence au leur.

(2) Philibert de Damas, l'époux de Catherine de l'Espinasse de Changy, possédait la puissante seigneurie charolaise de la Bazole (plus tard marquisat de Drée), près la Clayette, et aussi Saint-Didier en Brionnais : c'est une coïncidence singulière, qui fait que quelques érudits se

Bazole, en 1526, appartient encore à Jean de Tournay, qui la tient du chef de sa femme, Anne de Damas, fille d'autre Philibert et de demoiselle Marie du Cornyer. (V. Avrilly.)

Mais, à partir de cette époque, nous perdons trace de la Bazole et, vers 1600 seulement, nous la retrouvons possédée par les Cimetière, qui l'ont sans doute acquise lors du démembrement de la seigneurie de Saint-Didier.

Cette famille Cimetière habitait alors le domaine voisin des Cimetières, qui semble son berceau (1); dès 1423, on la trouve mentionnée parmi les

LA BAZOLE.

maisons de bonne bourgeoisie du Donjon. Le premier Cimetière qui prit le titre de seigneur de la Bazole est Renaud, homme d'armes de Sa Majesté, qui mourut en 1616, à Roanne, « au logis où pend pour enseigne un dauphin »; puis viennent Jean Cimetière, bailli du Donjon; Barthélemy, lieutenant aux Basses-Marches et époux de Pierrette Simon de la Feuillouse; enfin Louis, et nous avons ainsi la liste à peu près complète des possesseurs de la Bazole jusqu'à Joseph Cimetière, président trésorier de France à Moulins, que nous retrouvons à Beaupoirier. (V. ce fief sur le Breuil.)

refusent à admettre son passage dans notre petit fief bourbonnais. Les passages de dom Béthencourt et d'Huillard-Bréholles (n° 5769) nous ont paru pourtant on ne peut plus explicites, et, d'ailleurs, ne peut-on admettre que Philibert de Damas, devenu par sa femme possesseur de la Roche-Chaffault et d'une petite terre près de Saint-Didier, — peut-être Saint-Vincent (V. plus bas), — ait donné à cette dernière le nom de son château du Charolais? C'était alors une habitude courante.

(1) La famille Cimetière croit pourtant avoir des raisons de se rattacher à une noble maison de la Saintonge, qui fournit plusieurs maires élus à Angoulême au XVIe siècle, et qui, à la même époque, forma en Béarn une branche, que la protection de Henri IV et une alliance avec les Gassion amenèrent vite à une assez haute fortune.

A Joseph Cimetière succéda Guillaume, époux de demoiselle Claudine de Chantelot; à celui-ci son fils aussi nommé Guillaume, qui fit de la Bazole la dot de sa fille Madeleine, épouse de Claude Bouquet de Chazeuil, et c'est entre les mains de ce dernier que nous retrouvons notre terre à la Révolution.

La Bazole, acquise des Bouquet, est aujourd'hui réunie à Contresol.

Une autre ancienne seigneurie est *Champodon* (*campus Odonis*), où, dès le commencement du XIVe siècle, nous trouvons une famille noble du même nom aussi possessionnée sur Saint-Léger des Bruyères et autres paroisses voisines. Jusque vers 1430, nous suivons la succession de ces Champodon, écuyers, seigneurs dudit lieu et paroissiens de Saint-Didier; parmi les actes où leur nom figure, nous citerons celui du 13 février 1423, qui nous a paru assez typique, bien que peu compréhensible : il y est dit, en effet, « que Jean Clerc, sergent de Monseigneur le duc de Bourbon, s'est transporté à l'ostel de Champodon en la paroisse de Saint-Deydier, et, par vertu de lettres de sauvegarde données par Monseigneur le duc à Jehan de Champodon le Jeune, a apposé la main de Monseigneur par signe de brandon (?), audit lieu et ostel de Champodon ».

De cet acte il semble résulter que les Champodon étaient sous le coup d'une saisie, et ceci explique jusqu'à un certain point comment, de 1487 à 1497, nous trouvons aveu rendu de la terre noble de Champodon par Ligier Marinet, — Morinot sans doute, — fils de Jean, maître maréchal au Donjon et frère utérin d'Antoine Roucheronne, *dit* Marinet. Mais, pendant le cours du XVIe siècle, la famille de Champodon recouvra son fief patronymique, et en 1598 est seigneur de Champodon André de la Jarrie, écuyer, époux de Marguerite de Champodon.

A André de la Jarrie succéda son fils Henri, seigneur de Mirabel, demeurant ordinairement à Gerbes en la paroisse de Saint-Remy en Rollat, qui, en 1634, figure encore comme seigneur de Champodon; mais, peu après, notre terre fut vendue aux Simon de la Feuillouse (V. ce fief), et, lors du partage fait, en 1684, entre les enfants de Pierre, nous voyons Pierrette Simon, épouse de Barthélemy Cimetière de la Bazole, acheter de ses frères et sœurs leur part du fief et seigneurie de Champodon, avec ses colombier et fossés.

Champodon, depuis cette époque, fit partie intégrante de la Bazole.

De l' « ostel de Champodon » il reste une motte carrée de dix-huit mètres de côté, entourée de fossés bien conservés et couverte de débris divers : cette motte se trouve au sud-ouest du domaine de Champodon, dans la direction des Dibois et à peu près à égale distance entre ces deux localités.

En face du vieux Champodon, de l'autre côté de la Lodde et sur un point culminant, on trouve en plein bois la motte du fief de *Morinot*, dont a conservé le nom un domaine sis à cent cinquante mètres environ plus au sud.

En 1425, nous trouvons aveu de sa seigneurie de Morinot rendu par dame Marie de Champodon; mais, depuis lors, nous perdons, pendant cent cinquante ans environ, toute trace de notre infime fief, qu'au commencement du XVIIe siècle seulement, nous retrouvons aux mains de Henri de la Jarrie, écuyer, seigneur de Champodon : il est à croire, — sans en avoir pourtant de preuve certaine, — que depuis 1425 notre fief n'était pas sorti des mains des Champodon. (V. plus haut.)

En même temps que son fief de Champodon et les autres terres lui venant de sa mère, Henri de la Jarrie ne tarda pas à mettre le Morinot en vente et, le 6 mars 1645, le céda à Antoine Préveraud, le même qui, près de cinquante ans plus tard, se devait rendre acquéreur de la Boutresse et des Plantais. D'Antoine Préveraud, le Morinot passa à un de ses fils, Antoine, seigneur de Racquetières, époux de demoiselle Lucrèce Cimetière; puis viennent François Préveraud et Jean-Marie Préveraud, qualifié bourgeois d'Huillaux, mort en 1750.

C'est ce Jean-Marie Préveraud qui, le 22 septembre 1738, vendit le Morinot à Joseph Cimetière de la Bazole, auquel succéda un Claude-Antoine Cimetière, son fils, frère de Guillaume Cimetière, que nous voyons à la Chaise et à Beaupoirier. Claude-Antoine Cimetière demeurait ordinairement au château d'Auterive en la paroisse de Lurcy-sur-Loire, et fut le père de demoiselle Claudine Cimetière, dame de Bournat (V. ce fief) et du Morinot.

Le 2 janvier 1767, Claudine de Cimetière vendit le Morinot et le domaine des Dibois aux curateurs des biens du marquis de Brunoy, et c'est ainsi que plus tard nous trouvons ces deux terres impliquées dans le long partage des héritiers de ce dernier. (V. la Forêt.)

Elles échurent enfin à dame Justine Boucaud, épouse de Nicolas-Adolphe, comte de Rouault, commissaire des guerres, qui, le 4 septembre 1786, les vendit à messire Gaspard Méplain, conseiller du Roy, lieutenant aux Basses-Marches du Bourbonnais, aïeul direct de M. Ernest Méplain, du Donjon, qui les possède actuellement (1).

(1) La famille Méplain, originaire de Sail en Forez, arriva au Donjon vers le milieu du XVIIIe siècle, s'y allia avec les Jacob, les Conny, etc., et, lors de la Révolution, avait déjà

A moins d'un kilomètre au nord-est de Saint-Didier est un domaine connu sous le nom de la Motte, mais que les anciens titres appellent la Motte des Phélix ou *Motte aux Fourniers :* tout contre les bâtiments, en effet, se trouve une motte ronde, encore fort considérable, bien qu'à moitié déblayée, et qui n'est certes pas près de disparaître complètement.

C'est là un établissement féodal qu'au XVe siècle possédaient des membres de la famille Fournier, qui lui a laissé son nom. Nous connaissons deux de ces Fournier : c'est, le 10 mai 1425, noble homme Jean, écuyer, paroissien de Saint-Didier, puis Perrin qui, le 14 juin 1428, fait échange de parcelles avec Jean de Champodon l'aîné.

Un demi-siècle plus tard, en octobre 1488, nous trouvons dame de la Motte aux Fourniers une Béatrix de Montaigu, sur laquelle nous ne possédons aucun renseignement et qui semble être une alliée des Audricourt de Mortillon (1); puis nous voyons la Motte incorporée dans la seigneurie de Saint-Didier et, à ce titre, tenue en ferme, en 1573, par Jean Cimetière, notaire royal, pour messire Jean de la Fin. (V. Saint-Didier.)

Quand vint le démembrement de Saint-Didier, la Motte aux Fourniers fut acquise par messire Charles de Chalon-Landreville, seigneur de la Mignance en la paroisse de Molinet; mais, peu après, recédée par ce dernier à François Gontier, seigneur des Dureaux, elle fit partie de ce dernier fief jusqu'au partage des héritiers du marquis de Brunoy; acquise alors par M. des Crots d'Estrées, elle fut par lui réunie à sa terre des Millets.

La Motte appartient aujourd'hui à M. Ducroux, de Poisson.

Sur Saint-Didier est encore l'importante seigneurie des Millets, dont nous venons de parler; mais, avant d'y arriver, citons tout de suite deux établissements religieux, que Cassini marque encore sur le territoire de notre commune, et dont il ne reste plus aujourd'hui qu'un très vague souvenir.

Le premier est le prieuré d'*Augerolles*, dépendance de l'église de Saint-Martin de Nevers, et dont il existait encore, il y a vingt ans, une chapelle bien modeste, construite en torchis, couverte de tuiles creuses et dédiée à sainte Madeleine ; cette chapelle se trouvait au sud des Guéraux, près du point trigonométrique 295, sur un terrain aujourd'hui planté en vignes, et c'est d'elle que provient une statue conservée à la locatairie qui a gardé le nom d'Augerolles.

---

rempli le pays de sa nombreuse descendance. Le premier de ses membres que nous connaissions est en 1657 Michel Mesplain, greffier de Châteaumorand.

(1) Peut-être, en rapprochant Béatrix de Montaigu d'Isabeau de Montaigu que nous trouvons à la Serre de Liernolles, peut-on penser qu'elle appartenait comme cette dernière à la maison de Montaigu le Blayn.

Le prieuré d'Augerolles n'avait comme terres qu'un bois dit de la Garenne, un grand pré sur la rivière de Loude et un autre pré dit pré Chambon ; mais il jouissait de droits seigneuriaux assez importants qui, d'après une reconnaissance et aveu du 8 mars 1683, s'étendaient sur les héritages des Jaillots et des Racquets de Monétay-sur-Loire jusqu'à « la rue vieille tendant d'Augerolles à Saligny ».

Il semble, d'ailleurs, y avoir eu, près du prieuré, un village d'Augerolles ; le même nom s'appliquait à des maisons voisines, et notamment à un domaine tout proche des Guéraux et que tenait, en 1659, suivant un terrier du 18 novembre, honorable homme Claude Regnaud d'Augerolles, lieutenant général des Basses-Marches du Bourbonnais (1) : Jean Regnaud, fils de Claude et époux de Marie Préveraud, prit dans la suite le titre de seigneur d'Augerolles.

Ce domaine sortit depuis lors des mains des Regnaud et fut récemment, avec l'emplacement de l'ancien prieuré, acquis de M. Gémois par M. Regnaud des Guéraux, dont la famille, depuis trois siècles possessionnée dans notre région, est alliée à presque toutes celles que nous sommes appelés à nommer, Rivière, Cimetière, Gay, Simon, Préveraud, Meilheurat, etc.

Le second établissement religieux était la *Chapelle Saint-Blaise,* dont a conservé le nom un gué jadis des plus fréquentés, et où traversait la petite Vouzance le vieux chemin encore visible de Luneau à Saint-Didier, à quatre-vingts pas environ en aval du pont actuel. Cette chapelle, sise, d'après un terrier de 1696, « sur une place contenant deux bichettées de terre tenant d'orient et de midi le grand chemin ancien tendant de Givardon au Donjon », a totalement disparu, et c'est à peine si l'on peut distinguer son emplacement dans le pré du domaine des Moreaux, le long des faibles traces de l'ancienne voie.

La chapelle Saint-Blaise était le dernier vestige d'un prieuré dit de Trablaines, ancien membre du doyenné de Paray-le-Monial, dont il dépendait, disent les vieux titres, depuis un temps immémorial, et dont, dès 1509, les bâtiments claustraux étaient tout à fait abandonnés. Aussi possédait-elle un terrier considérable qui s'étendait non seulement sur les domaines voisins des Molles, des Moreaux, des Fayettes (2), des Grand et Petit Tra-

---

(1) « Claude et Jean Regnaud, Alain Resmond, etc., confessent porter de messire Gilbert Vialet, seigneur de la Forêt, un tènement appelé anciennement des Pichons et maintenant des Guéraux, situé au finage d'Augerolles et joignant d'orient une pièce de terre relevant d'Augerolles et appartenant à Pierre Guéraud, l'un desdits confessants... plus Jean Regnaud tient une pièce de terre joignant les maisons d'Augerolles desdits Resmond... »

(2) Le domaine des Fayettes se compose de terres que défricha en 1509 dans le vaste tène-

blaines, mais encore sur la seigneurie des Millets presque entière, sur les terres de Montcombroux, provenant des donations des X° et XI° siècles (V. Montcombroux et les Certaines), et aussi sur une partie de la paroisse de Sorbiers.

Ce terrier, en partie au moins, fut acquis en 1737 par J.-B. des Crots d'Estrées, seigneur des Millets (V. ce fief), qui prit dès lors le nom de seigneur des Millets et Trablaines.

Trablaines est un très vieux domaine, sis, lui aussi, sur l'ancien grand chemin du Donjon, et dont on n'a pas manqué de rapprocher le nom de celui d'une « strata Bolena » que les érudits cherchent — et trouvent d'ailleurs — partout.

Nous n'en énumérerons pas, bien entendu, les possesseurs, non plus que des communautés voisines des Moreaux et des Fayettes; mais nous nous arrêterons un peu plus longtemps sur le domaine des *Molles,* d'où sortent les des Molles, que nous trouvons plus tard seigneurs de Marcellanges en la paroisse de Saint-Léon (V. ce fief).

Dès la fin du XVI° siècle, les des Molles furent receveurs des religieux de Paray pour leur membre de Trablaines : quand ils quittèrent leur vieille demeure pour aller habiter Marcellanges (1638), ils la vendirent aux Bailly, des Rollins (V. ce fief), de qui elle passa aux Deguet. Les Molles furent par la suite, vers 1740, donnés par un Deguet à Jean-François Chassenay (1); enfin, fort accrus par les acquisitions de François Chassenay, fils de Jean-François, ils vinrent à la famille de la Boutresse au commencement de ce siècle que s'éteignirent les Chassenay en la personne de Marc-Antoine Chassenay, époux d'Henriette-Marguerite Préveraud de la Boutresse.

Les Molles et Trablaines ont été, depuis, acquis et reconstruits par M. Ernest Méplain.

Au domaine du *Buisson,* voisin de Trablaines, était aussi une maison bourgeoise, qui appartint à Jacques Conny, marchand tanneur au Donjon, frère de Clément, et fut, par sa fille Marie-Anne, portée à un Papon de la Meignée, notaire au Donjon.

---

ment de Villandière une famille Fayette, sortie du domaine des Fayettes de la paroisse de Melleray.

(1) La famille Chassenay, qui, outre de nombreux juges et procureurs aux seigneuries voisines, fournit huit notaires au Donjon, était originaire du domaine de Gibbes près la chapelle Saint-Hilaire, où on la trouve dès le milieu du XV° siècle : il y eut plusieurs alliances entre les Préveraud et les Chassenay. — « En 1747, portent les registres du Donjon, mourut Anne Préveraud, femme Chassenay ; elle était la plus belle femme du Donjon, douée de toutes vertus, généreuse, charitable et très sincère amie des personnes qu'elle aimait, etc. »

SAINT-DIDIER EN DONJON ET LE PIN.

Enfin nous arrivons aux *Millets*, dont les tours se distinguent mal au milieu de bâtiments d'exploitation malheureusement trop nombreux. Munies de jolies ouvertures, ces tours, évidemment, datent bien de la même époque que le château, mais l'attention en est vite détournée pour se fixer sur une façade du plus pur style Renaissance, d'autant plus intéressante qu'elle est en notre pays la seule de son genre.

Entre une porte et une fenêtre ornées de bucranes, de guirlandes et d'autres attributs du temps, un cartouche porte la date de 1563, suivie, selon l'usage, d'une inscription pieuse :

DÈS QVE AVERCITE M'OFECERA
DIEV SERA MON FORT ET ME GARDERA
CAR AV BESOIN L'AY ESPROVE
ET TOVT MON BIEN EN LVY TROVE.

Les Millets sont le berceau d'une famille de ce nom, dont nous trouvons de nombreux membres prêtres ou châtelains dans les paroisses ou seigneuries environnantes : le premier est Guillaume Millet, qui, en 1366, rend aveu « de son hôtel appelé ès-Milez et dépendances en la paroisse de Saint-Didier », et depuis lui nous suivons ses successeurs (1) jusqu'en 1506, année où les Millets, alors qualifiés fief et seigneurie, se trouvent partagés entre Damase des Millets, écuyer, Jacques des Millets, son frère, et Benoît des Millets, son neveu.

LES MILLETS.
Détails de la Renaissance.

Damase des Millets parvint sans doute à réunir dans ses mains toute la terre des Millets, et, le 22 juin 1514, nous voyons sa veuve, Péronnelle des Lisants (2), en rendre aveu tant pour elle que pour sa fille, Gilberte des Millets, épouse de noble homme Louis d'Aste, écuyer.

Ce dernier appartenait à une famille originaire de Marly-sur-l'Arroux, et ses descendants restèrent aux Millets plus d'un siècle et demi : c'est après

---

(1) Le 14 août 1470, Olivier Millet fut un des commissaires désignés par le duc Jean de Bourbon pour s'entendre avec ceux du duc de Bourgogne, au sujet des limites des duchés de Bourbonnais et de Bourgogne le long de la rivière de Loyre : ce choix indique que la famille Millet avait alors une situation considérable, et peut-être est-ce en faveur de cet Olivier que les Millets — qui ne doivent pas être une seigneurie primitive d'après l'aveu de 1366 — furent érigés en fief.

(2) Il y a sur Coulanges un domaine des Lisants.

lui, encore mentionné en 1539, Gilbert d'Aste, époux d'Antoinette de Sève; puis Abel, dont la veuve, Madeleine de Murat, fille de Jean, seigneur de Villars en la paroisse de Floret, et de demoiselle Magdelaine de Villars, se remaria avec un Masilles de Vaubresson (V. ce fief); viennent ensuite, en 1608, Louis d'Aste (1), époux de Charlotte de la Rivière, qui acheta Saint-Didier, et, en 1664, Jean d'Aste, époux de Lucrèce de Foudras, et capitaine au régiment de Louvigny, dont M. de Pommereu dit dans son état nobiliaire « qu'il a de la bravoure et douze cents livres de rente ».

Jean d'Aste fut le dernier seigneur des Millets de sa maison : n'ayant eu,

LES MILLETS.

en effet, qu'un fils, Louis, qui mourut jeune, il institua en 1676 sa légataire universelle sa femme, Lucrèce de Foudras, qui elle-même disposa des terres des Millets et de Saint-Didier en faveur d'un neveu à elle, Jean de Ripère, fils de Gédéon, seigneur des Denetz en la paroisse de Sury-le-Comtal, et de Marguerite de Foudras, époux de Claudine de Gléné, fille de Jean, écuyer, seigneur de Buffevent en la paroisse de Saint-Voir.

Comme ses prédécesseurs, Jean de Ripère vint donc s'établir au château de Saint-Didier, qui avait momentanément remplacé le manoir abandonné des Millets (V. Saint-Didier); mais il semble avoir assez mal administré sa fortune, pourtant considérable pour l'époque, et, le 23 mars 1701, il vendit les Millets à Jacques des Crots d'Estrées, d'une famille originaire de Bourgogne et déjà possessionnée dans les paroisses voisines de Molinet et Monétay-sur-Loire (2).

Jacques des Crots d'Estrées fit remettre complètement en état le château

---

(1) Demoiselle Charlotte d'Aste, sœur de Louis, était en 1624 la femme de François Charlot, maître tailleur d'habits à Semur en Bourgogne.

(2) Les des Crots étaient venus en Bourbonnais en 1637 par le mariage de Jean, l'aïeul de Jacques, avec Jeanne d'Aval, fille de François, écuyer, seigneur d'Estrées et du Péage.

des Millets, où il établit sa résidence, et c'est là aussi qu'habitèrent après lui ses successeurs :

Jean-Charles, chevalier, baron d'Estrées, colonel premier commandant du bataillon du régiment du Roy, chevalier de l'ordre royal et militaire de Saint-Louis, époux de demoiselle Jacqueline Mochot de Montbéliard ;

Bernard François, maréchal des camps et armées du Roy ;

Et François-Jacques, capitaine d'infanterie, qui émigra et fut le dernier seigneur des Millets.

Les Millets appartiennent aujourd'hui à M. Montmartin, de Lyon, beau-frère de M. Victor Meilheurat, de Montcombroux.

A trois cents mètres au nord-ouest des Millets, dans les prés qui en

Les Millets. — Motte de l'Isle.

dépendent et de l'autre côté du ruisseau du Pin, se trouve une motte carrée jadis entourée d'eau et qui a tout l'air d'une motte féodale.

Sur cette motte est un pavillon construit sur des débris d'anciens murs et désigné par Cassini sous le nom de maison de l'Isle. Serait-ce la motte seigneuriale des Millets, abandonnée quand on put, oubliant les nécessités de la défense, s'éloigner du bord humide des étangs? Est-ce la motte du Bost de Montjournal (V. plus bas), que l'on ne trouve nulle part ailleurs? Est-ce enfin une des deux seigneuries disparues dont nous allons parler et dont rien ne nous donne l'emplacement?

Nul document n'a pu nous fixer sur une de ces trois solutions.

Les deux seigneuries auxquelles nous venons de faire allusion sont celles de Saint-Vincent et de Marmain, dont le nom même est incertain.

La première, en effet, est indifféremment dite, dans les *Noms féodaux*, *Saint-Vincent*, Champvincent, Chivincin, et, en outre, portée tantôt de Saint-Didier, tantôt de Saint-Léger des Bruyères ; comme Saint-Léger pourtant dépendait de Moulins et que les aveux rapportés sont de Chaveroche, c'est sur Saint-Didier, nous semble-t-il, qu'il convient de chercher Saint-Vincent.

Pour nous, nous n'avons trouvé à rapprocher de Saint-Vincent que le domaine des Vincents, bien banal assurément, mais sis à moins d'un kilomètre de la Bazole, et cette proximité de la Bazole permet de faire sur Saint-Vincent une hypothèse qui pourrait bien éclairer le passé de ce coin de pays.

La première fois, avons-nous dit, que nous trouvons le nom de la Bazole, c'est en 1446 ; or justement à la même époque (1442) disparait le nom de Saint-Vincent, conservé en partie seulement par un domaine voisin ; ne pourrait-on donc admettre que cette terre des environs de Saint-Didier, dont devint possesseur du chef de sa femme Philibert de Damas et qu'il nomma la Bazole (V. ce fief) (1), n'est autre que l'ancien fief de Saint-Vincent? Et en poussant un peu plus loin les suppositions, ne pourrait-on même faire de cette terre de la Bazole, pleine de substructions non encore fouillées, et sur laquelle se trouve le domaine au nom caractéristique de Cimetière, une ancienne paroisse dédiée sans doute à saint Vincent et plus tard réunie à Saint-Didier?

Les différents seigneurs de la maison forte, terre et seigneurie de Saint-Vincent que nous connaissons sont, en 1351, Hugonin de Jantes, damoiseau, puis, en 1367, son fils Hugues, qui, par sa femme, Isabelle de Rabutin, fille de Guillaume, était aussi seigneur de Saint-Léger des Bruyères; viennent ensuite, en 1393, Jeanne de Jantes, fille de Hugues, qui épousa successivement Jean des Forges et Ythier de Baserne, seigneur de Champroux, et enfin Hugues de Jantes, dont le dernier acte est de 1442.

Sur la seigneurie de *Marmain* nos renseignements se bornent à deux aveux : dans le premier, daté de 1389, deux frères, Guillaume et Renaud Marmain (ou Mariveine), rendent aveu de leur hôtel, terre et seigneurie de Marmain, paroisses du Pin et de Saint-Léger des Bruyères; dans le second, rendu en 1460, la moitié du tènement de Marmain, en la paroisse du Pin, appartient à Étienne Ponart.

Aucune parcelle de terre ne porte le nom de Marmain — ni de Mariveine, — et nous ajouterons seulement qu'une famille encore existante de

---

(1) Dans le cas où nos suppositions tomberaient juste, — et nous ne les avançons que sous toutes réserves, — ce nom de la Bazole, donné par Philibert de Damas, évidemment à cause de son fief charolais, aurait été admirablement appliqué. La Bazole, en effet, vient de *basilica* et veut dire petite église.

Bois-Marmain dit savoir par tradition qu'elle a son origine première au Pin en Moulins.

En entrant sur la commune du Pin, — autrefois le Pin en Moulins, — nous trouvons tout d'abord le modeste domaine de Bost, où l'on a peine à reconnaître l'ancienne maison forte du *Bost de Montjournal,* mentionnée par Nicolaï parmi les maisons fortes ayant justice en la châtellenie de Moulins ; peut-être le siège de l'ancienne seigneurie du Bost fut-il jadis sur la motte de l'Isle. (V. les Millets.)

Le Bost, au XIIIe siècle, appartenait à une famille noble qui en portait le nom et dont le premier que nous connaissions est, en 1283, Hugues du Bosc, damoiseau ; en 1306, sa veuve, Isabeau de Fays, rend aveu de sa seigneurie du Bost ; puis viennent Huet et Guillaume, et encore, en 1367, Perrin du Box.

Mais de cette date à 1632, c'est-à-dire pendant plus de deux siècles et demi, il nous a été impossible de rien recueillir sur notre fief, et il faut avouer, d'ailleurs, qu'il n'est vraiment pas facile de suivre la trace d'une terre portant un nom aussi répandu que celui de Bost. On pourrait, cependant, combler en partie cette longue lacune, en pensant que son ancienne dénomination de Bost de Montjournal aurait été donnée à notre seigneurie par suite d'un passage prolongé entre les mains de cette famille de Montjournal, dont le nom revient si souvent sous notre plume.

Et ce qui donne une certaine consistance à cette hypothèse, c'est que nous voyons les Gontier des Dureaux se dire seigneurs du Bost de Montjournal, justement à dater du mariage conclu le 22 février 1632 entre Antoine Gontier, seigneur des Dureaux, fils de François, et demoiselle Antoinette de Montjournal, fille du feu Antoine, seigneur de Cindré, et de demoiselle Louise d'Amanzé. On est donc fondé à croire — sans certitude pourtant — que le Bost aurait été la dot d'Antoinette de Montjournal.

Quoi qu'il en soit, notre fief déchu resta depuis lors simple domaine des Dureaux (V. plus bas) ; acquis, après la mort du marquis de Brunoy, par le seigneur des Millets, il fut sur lui confisqué, lors de la Révolution, en même temps que ses autres possessions.

Un peu plus loin sont les *Dureaux,* qui peu à peu englobèrent bien des seigneuries voisines et dont l'histoire peut être intéressante : aussi M. Dupré, du Donjon, époux d'une demoiselle Regnaud et par elle devenu propriétaire des Dureaux, prépare-t-il une notice sur cette ancienne terre.

Nous n'avons donc pu utiliser ses archives et devons nous borner aux quelques renseignements que nous avons tirés d'ailleurs.

Le premier que nous ayons est du 8 février 1586, où est seigneur des Dureaux honorable homme Gilbert Desplaces, époux de demoiselle Philiberte Gontier, qui, cette année-là, fait des échanges de terres — les Morillons, croyons-nous — avec le seigneur de Mortillon. Les Dureaux devaient être bien propre de la femme de Gilbert Desplaces; mais celui-ci étant mort sans enfants, les seigneurs des Dureaux furent, depuis lors, des Gontier.

C'est d'abord en 1609 François, époux de demoiselle Jeanne de Trêche, écuyer de la Grande Écurie du Roy, qui agrandit considérablement et créa, pour ainsi dire, la terre des Dureaux : de ses nombreux achats nous citerons celui de la Motte aux Fourniers (V. plus haut) et, le 16 mai 1629, celui d'une partie des droits de la seigneurie de Saint-Didier, qui se trouvait alors en plein démembrement. (V. plus haut.)

A François succéda son fils Antoine, encore mentionné en 1672 et qui, d'Antoinette de Montjournal, eut deux filles : Françoise-Cécile, qui épousa, le 17 septembre 1679, messire André du Pont, chevalier, seigneur de Béchaize en Picardie, et Marie Gontier, mariée à un M. de Ballore.

La première mourut sans enfants en 1682, comme nous le disons à Saint-Léger des Bruyères; sa sœur lui survécut longtemps et ne mourut qu'en 1717, mais elle non plus ne laissa pas de postérité, et les Dureaux échurent alors à de nombreux héritiers, parmi lesquels François Berger, conseiller du Roy, lieutenant, puis receveur général des finances du Dauphiné et époux de demoiselle Gabrielle Gontier des Morillons.

Mis en possession d'une partie des Dureaux, François Berger en acquit le reste de ses cohéritiers le 1ᵉʳ juillet 1720, et on peut se rendre compte de l'étendue qu'avait alors notre seigneurie par le titre qu'il prend dès lors de seigneur des Dureaux, Saint-Léger des Bruyères, Cée, Ressye, le Bost de Montjournal, la Motte aux Fourniers et les Bouquets en la paroisse de Luneau. En 1730, en outre, François Berger, alors domicilié à Paris, rue Saint-Marc en la paroisse de Saint-Eustache, accrut encore les Dureaux en y joignant les droits seigneuriaux de Saint-Didier, acquis de concert avec son frère Julien Berger, seigneur du Jaunay, lieutenant général au présidial de Moulins. (V. Saint-Didier.)

Mais en 1737 François Berger céda les Dureaux à Pâris du Vernet : celui-ci les vendit à son frère Pâris de Montmartel, et, en 1748, nous les trouvons parmi les immenses terres dont est fermier, pour le compte de ce dernier, maître Claude Regnaud, demeurant aux Dureaux.

Nous exposons dans nos notes sur la Forêt ce qu'il advint des biens de Pâris de Montmartel et comment en 1781 ils vinrent aux mains de nombreux collatéraux : les Dureaux, à cette époque, échurent à Justine Boucaud, épouse d'Adolphe Félicité, comte de Rouault, et c'est d'elle que, le 23 décembre 1787, s'en rendit acquéreur M. de Miomandre, conseiller au Grand Conseil, demeurant à Paris, seigneur de Saint-Pardoux et de Barreix-la Marche.

L'acquisition de M. de Miomandre, il est vrai, ne comprenait que les terres qui constituent la propriété actuelle des Dureaux et le domaine de l'Augère (V. ce fief), le Bost de Montjournal et la Motte aux Fourniers ayant été, comme nous l'avons dit, cédés à M. des Crots d'Estrées des Millets.

M. de Miomandre des Dureaux figure sur la liste des émigrés et vit, en cette qualité, ses biens confisqués et vendus.

L'ancien château, dont il avait commencé la réfection et qui a été en ce siècle complètement restauré, a perdu tout détail intéressant, et ses dimensions seules témoignent de l'importance qu'eurent jadis les Dureaux, chef d'une terre qui s'étendait du bourg de Saint-Didier aux bords mêmes de la Loire.

Nous ne serions pas étonnés que les Dureaux aient été une ancienne seigneurie, et la motte carrée qui, devant la façade nord, a été utilisée pour l'ornement du jardin à la française, doit être une motte féodale.

Des Dureaux dépendaient les *Morillons*, où l'on pourrait placer à la rigueur l'ancien château fort de Moreilhon, sis au diocèse d'Autun et possédé, depuis 1311 jusqu'en 1453, par des Moreilhon, dits paroissiens de Saint-Didier et qui avaient aussi sur le Pin une terre de Colonges (1).

Le domaine des Morillons fut, par la suite, l'apanage d'une branche des Gontier, qui émigra à Billy (V. Château-Gaillard) et à laquelle appartiennent aussi, paraît-il, des notaires des environs de Cusset.

L'ancienne seigneurie du *Pin en Moulins* eut pour chef une motte énorme, connue sous le nom de Camp de César et qui, englobant l'église du Pin ainsi que le cimetière, se développe en formant un vaste ovale que coupe une tranchée médiane. Cette tranchée et les fossés de l'enceinte vont d'ailleurs en s'élargissant de telle sorte que l'on ne sait si c'est là une seule motte féodale de dimensions tout à fait inusitées et coupée en deux

(1) Nous ne connaissons pas dans nos environs d'autre Morillon : pourtant, comme dans notre domaine nous n'avons trouvé nul vestige, il nous paraît beaucoup plus raisonnable de penser qu'il était simplement une dépendance du château fort de Morillon en Saône-et-Loire, et que de ce château il prit son nom, comme la Bazole de Saint-Didier prit celui de l'important château des environs de la Clayette. (V. la Bazole.)

depuis la destruction du château, ou s'il y faut voir deux anciennes mottes accolées, — comme à Boucé, — ou enfin si c'était une motte de refuge d'origine gauloise ou gallo-romaine, et dont un seigneur féodal, effrayé par son trop grand pourtour, n'aurait occupé que la moitié.

Le Pin, au XIIIe siècle, appartenait à une famille de ce nom ; mais en 1350, au moment où pour la première fois nous en trouvons aveu et dénombrement, il est déjà, et par suite d'alliances, divisé entre plusieurs propriétaires, et les droits seigneuriaux en sont partagés entre Adeline du Pin (*de Pignu*), Guillaume de Laye, époux de dame Isabelle du Pin, Gérard de Bornac, damoiseau, et Jean des Forges, peut-être époux d'autres demoiselles du Pin.

Adeline du Pin fut la dernière de sa famille, et en 1392 nous trouvons désigné, comme sire du Pin, Jean des Forges, fils du précédent, aussi seigneur de Saint-Vincent (V. ce fief) et de Saint-Léger des Bruyères du chef de sa femme, Jeanne de Jantes. Jean des Forges mourut sans enfants, et, en 1402, ses trois seigneuries du Pin, Saint-Léger et Saint-Vincent ont passé entre les mains du second époux de Jeanne de Jantes, messire Ithier de Baserne, seigneur de Champroux en la paroisse de Couleuvre.

Depuis lors nous perdons tout à fait la trace de notre fief, et, comme de presque toutes les seigneuries primitives et des plus importantes, nous n'en retrouvons plus, de loin en loin, que des droits partagés entre les curés du Pin et les seigneurs du voisinage : la plus grande partie de ces droits dut, par la suite, être réunie à la seigneurie des Dureaux, car, en 1629, François Gontier, énumérant ses seigneuries, se dit gravement seigneur du Pin, de Saint-Léger des Bruyères et aussi de Saint-Didier, dont il avait acquis une partie du terrier.

Nous ne pouvons quitter le Pin sans rappeler qu'on a voulu faire de notre paroisse la patrie du poète Jean du Pin, né vers 1302 : cette hypothèse est des plus acceptables, et nous nous garderons d'autant plus de la contredire que ce serait juste aussi difficile que de l'appuyer. Ce qu'il y a de certain, c'est que le moine frondeur que fut du Pin était bien notre compatriote :

> Je suis rude et mal courtois :
> Si je dis mal, pardonnez-moi,
> Je fais par bonne intencion.
> Si n'ay pas langue de Francoys ;
> De la duché de Bourbonnoys
> Fust mon lieu et ma nation.

Les poètes, en ce temps-là, étaient fort modestes.

Peu de seigneuries, à coup sûr, ont aussi complètement disparu que le petit fief de *Vaubresson*, qui s'étendait autrefois sur les paroisses du Pin et de Saint-Léger : le nom même en a été dénaturé en Beaubresson, et de l'ancien château il ne reste debout que les dépendances, vieux bâtiment construit en pans de bois et aujourd'hui converti en domaine.

Grâce pourtant à un procès-verbal de saisie de 1758, on peut reconnaître la situation du pavillon seigneurial dans une légère ondulation, ceinte de fossés presque comblés, qui se trouve à l'ouest de la maison des métayers, les restes d'une charmille un peu plus loin le long d'une haie, et enfin, dans le pré qui descend vers la Vouzance, à cent cinquante pas de la grange, l'emplacement d'une chapelle dédiée à saint Abdon, qui figure sur Cassini et existait encore au commencement du siècle.

De Vaubresson dépendaient le domaine voisin du Buisson et un domaine disparu de Berry.

Les premiers seigneurs de Vaubresson que nous connaissons sont des membres de la famille bourguignonne de Masilles (1), originaire des environs de Cluny et de la même maison que Jean de Masilles, échanson de Charles le Téméraire en 1472.

En 1441, Jean de Masilles figure déjà comme seigneur de Vaubresson et du Buisson; plus tard, le 7 septembre 1588, Louis de Masilles, écuyer, seigneur de Vaubresson, épousa Henriette d'Aste, fille du seigneur des Millets (V. plus haut), et par ce mariage joignit à ses terres le domaine des Saboulots (2), qui jusqu'alors dépendait des Millets. A Louis de Masilles succéda son fils François; puis vient Claude de Masilles (3), fils de François et époux de Françoise de la Menue, fille d'Antoine, seigneur de Mardeaugne en la paroisse de Vigny près Paray-le-Monial.

Claude mourut en 1678 et eut pour successeur son fils Charles-François,

---

(1) Il y a en Charolais plusieurs localités dites Masille. Entre Saligny et Monétay, en outre, Cassini marque un fief disparu de Masilles, qui indique peut-être un passage en Bourbonnais de la même famille de Masilles.

Armes des Masilles : d'azur à une anille d'argent.

(2) En 1674, Catherine de Masilles, fille de Claude et de Françoise de la Menue, épousa François de la Loge, écuyer, et lui porta en dot les Saboulots, où ils semblent même avoir demeuré. Catherine eut trois enfants, Marguerite, Henri et Claude de la Loge ; mais les Saboulots n'en furent pas moins, par la suite et avant 1723, de nouveau réunis à Vaubresson et se trouvèrent compris dans la vente du 14 février 1756. (V. plus loin.)

(3) François et Claude de Masilles passèrent leur vie en procès avec les seigneurs du fief voisin de la Mignance en la paroisse de Molinet. Jusqu'en 1625 ces seigneurs de la Mignance furent des Thélis, mais le 16 novembre de cette année Jean de Thélis, époux d'Éléonore de Montdoussot, céda ses biens à son gendre Claude de Châlons, seigneur de Landréville, à charge par lui de donner comme dot sept cent soixante livres tournois à chacune des trois filles qui lui restaient à marier.

Les Châlons-Landreville, d'après les érudits bourguignons, se rattacheraient à l'illustre maison des comtes de Chalon-sur-Saône.

qui, de demoiselle Thérèse de Roger de Layniac, n'eut qu'une fille Pétronille, qu'il laissa, en 1716, sous la tutelle de son oncle, messire Antoine-Hilaire de Guillermin, capitaine au régiment de Gâtinais, époux de Françoise-Marie de Roger de Layniac (1).

A la tutelle de M. de Guillermin, qui, croyons-nous, acheta les Saboulots pour le compte de sa pupille, se rattachent deux comptes laborieux : c'est d'abord un règlement — non définitif, d'ailleurs — avec un M. Lhuilier, commissaire ordinaire des guerres, et son fils Jean, géographe du Roy, qui se trouvent être créanciers de Charles-François de Masilles; puis le payement aux Urbanistes du Donjon de la dot d'une religieuse, tante de Pétronille, que Charles-François n'a pas soldée malgré promesse faite, et qui, avec les intérêts accumulés, monte à treize cent trente-sept livres cinq sols. Pour effectuer ce payement, le 24 septembre 1720, la dame de Guillermin se transporte un jour au couvent du Donjon, où elle est reçue dans le parloir, et là, devant les religieuses assemblées à son de cloche, elle remet à la chambrière un billet de mille livres sur la Banque royale, plus trois billets de cent livres, plus deux billets de dix livres, plus dix-sept livres cinq sols en argent (2).

Pétronille de Masilles, en 1725, épousa Barthélemy de Rancé de Chavanes, capitaine au régiment Lyonnais, et c'est elle qui, devenue veuve, vendit Vaubresson le 14 février 1756, par acte reçu Borday, notaire royal à Pierrefitte, à François et Claude Meilheurat de Champouret, demeurant en la paroisse de Monétay-sur-Loire. Deux ans après, il est vrai, en 1758, nous voyons bien notre terre saisie sur les Meilheurat qui n'ont pu solder leur prix de vente, mais ils n'en gardèrent pas moins leur acquisition, et, si le chef même du fief de Vaubresson est depuis lors passé en d'autres mains, le domaine des Saboulots aujourd'hui encore appartient à M. Georges Malbet, descendant direct des acquéreurs de 1756.

Comme le Pin, *Saint-Léger des Bruyères* fut le siège d'une ancienne et très importante seigneurie, qu'il ne faut pas confondre avec une seigneurie de Saint-Léger, que possédait la puissante famille beaujolaise des de Laye, un instant possessionnée au Pin (V. ce fief) (3), sans doute, par alliance.

___

(1) La famille de Roger de Layniac est de la haute Auvergne.
(2) C'étaient des billets de la banque Law, et les pauvres Urbanistes du Donjon ne durent pas tirer grand'chose des treize cent vingt livres ainsi payées.
(3) La seigneurie de Saint-Léger, possédée par les de Laye, doit être celle de Saint-Léger-la-Bussière, — actuellement canton de Tramayes en Saône-et-Loire, — peu éloignée de la paroisse de Lancié, où les de Laye avaient aussi des biens-fonds.

Le premier seigneur de Saint-Léger des Bruyères dont nous avons connaissance est, en 1353, Hugues de Jantes, chevalier, qui le tient de sa femme, Isabelle de Rabutin, fille de feu Guillaume, chevalier (1) : Hugues de Jantes fut le père de Jeanne qui, comme nous l'avons dit (V. le Pin et Saint-Vincent), porta successivement Saint-Léger à ce Jean de Forges, puis à Ythier de Baserne, seigneur de Champroux ; mais, de même que pour

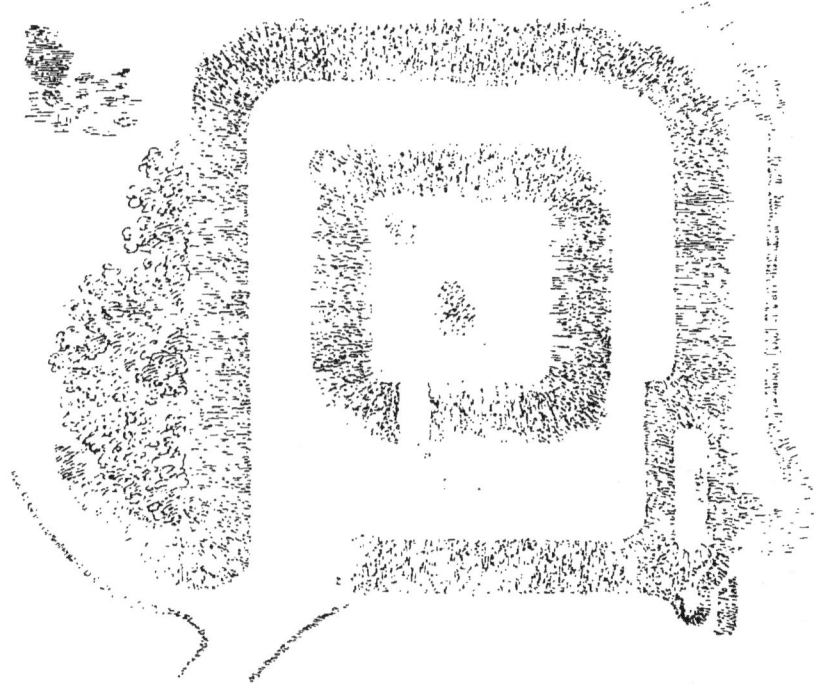

MOTTE DE SAINT-LÉGER DES BRUYÈRES.

le Pin, nous perdons complètement, dès le début du XVe siècle, l'histoire de Saint-Léger.

Il est à remarquer, d'ailleurs, que, dans Nicolaï, ni Saint-Léger ni le Pin ne figurent parmi les justices seigneuriales du Bourbonnais : il n'en subsistait donc que des droits seigneuriaux, probablement dispersés entre bien des mains, et dont il devient par suite impossible — et inutile — de suivre les transactions.

(1) Il ne faut pas s'étonner de trouver comme premiers seigneurs de notre Saint-Léger la grande maison bourguignonne des Rabutin d'où devait sortir plus tard Mme de Sévigné : les Rabutin, en effet, sont d'origine charolaise et, dès le XIIIe siècle, étaient possessionnés près de Bourbon-Lancy.

Un acte cependant, tiré des registres paroissiaux de Saint-Léger, nous montre que la majeure partie de ces droits, au XVII° siècle, appartenait aux seigneurs des Dureaux : « Le 8 apvril de la présente année 1632, dit-il, est décédée, au lieu de Givardon, paroisse de Cée, et en la maison du Pavillon, dame Cécile Gontier des Dureaux, femme de messire du Pont, natif de Béchaize en Picardie, écuyer, seigneur de Boalle, capitaine au régiment Royal : elle était dame de Saint-Léger et, comme telle, fut enterrée dans le chœur de l'église. »

Ce n'est pas, du reste, auprès du chef depuis longtemps abandonné et détruit de la vieille seigneurie de Saint-Léger, que se forma l'agglomération actuelle, mais bien auprès d'une fort jolie église romane construite par les moines de Septfons, sur un terrain que leur avait concédé, au XI° siècle, un seigneur de Saint-Léger. Quant au château féodal, il se trouvait à environ douze cents mètres au sud-ouest, près des Tournus, dans un bois dit Bois de la Motte et, sur la carte au 1/80,000°, à peu près sous l's du mot *Boudots* : là se voit encore une motte entourée de doubles fossés, fort bien conservée et qui est une des plus considérables que nous ayons rencontrées.

Il ne semble pas même y avoir eu plus tard, à Saint-Léger, de maison seigneuriale proprement dite, et les redevances, au siècle dernier, se payaient dans une maison qu'habitèrent successivement un Perreaud, notaire, un Guichard et un Chassenay, aussi notaires, puis une branche des Conny.

Nous avons vu plus haut qu'en 1350 un Gérard de Bornat, damoiseau, possédait des droits sur la seigneurie du Pin ; or, ce Gérard était un paroissien de Saint-Léger des Bruyères, et de son manoir féodal il subsiste encore, à quatre cents mètres au sud-ouest du domaine de *Bournat*, sous les lettres *et* du mot *les Parisets*, une motte ronde de vingt mètres de diamètre, en parfait état de conservation, et élevée de six mètres au-dessus du fond de ses fossés.

Depuis l'an 1300, nous suivons à Bornat Lancelot, puis Aymonin, puis Gérard, et enfin Hugues de Bornat, encore mentionné en 1401 ; mais, à partir de cette date, et à moins d'accepter la tradition sans doute fondée, mais que nous n'avons pu contrôler, qui fait sortir de notre fief bourbonnais la famille de Bournat, fixée dès lors en Auvergne (1), nous avons une

(1) D'après le Nobiliaire d'Auvergne, Annet de Bornat, gentilhomme du Bourbonnais, fils de Pierre, écuyer, seigneur dudit lieu, aurait le 12 janvier 1529 épousé Anne de la Faye, qui lui aurait apporté le fief de la Faye en la paroisse de Saint-Dier — chef-lieu de canton de l'arron-

lacune de plus d'un siècle. En outre, ne trouvant pas le nom de Bornat parmi les alliances des Châtelus, ni des Lévis-Chateaumorand, nous ne savons comment notre fief vint en la possession de ces puissants seigneurs, qui, d'ailleurs, possédaient dès le XIVe siècle Montourmentier dans la paroisse de Monétay et Pierrefitte-sur-Loyre. (V. Châtelus.)

C'est en 1509, à propos de démêlés avec les religieux de Paray dont le terrier de Trablaines (V. plus haut) limitait le leur à l'ouest, que, pour la première fois, nous trouvons les Lévis-Chateaumorand dits seigneurs de Bournat, et notre fief resta en leur possession jusqu'au 25 avril 1663 qu'il forma la dot de Gabrielle de Lévis, fille de Jean-Claude, mariée à Alexandre de Falcos, comte de la Blache en Dauphiné.

M. de Falcos garda Bournat, mais, le 16 avril 1714, par acte passé à Saint-Marcellin en Dauphiné, sa veuve, agissant tant pour elle que pour son fils Victor, le vendit à Antoine Préveraud, seigneur de Racquetières, et François Préveraud, son frère, seigneur du Morinot, époux d'Anne Bardet de Saint-Julien, en même temps que les terres de Vesvres et de Mortillon qu'elle possédait aussi sur la paroisse de Coulanges (1).

Ces deux dernières terres furent la part d'Antoine, et François Préveraud prit dès lors le titre de seigneur du Morinot et de Bournat. Il eut pour successeur son fils Jean-Marie, qui, comme nous l'avons vu au Morinot, le 22 octobre 1738, céda Morinot et Bournat à Joseph Cimetière de la Bazole, époux d'Anne de Trèche. (V. le Morinot.)

A Joseph succéda son fils Claude-Antoine, et à celui-ci sa fille Claudine Cimetière de la Bazole, qui ne semble pas avoir vendu Bournat en même temps que le Morinot; mais, à partir de 1767, nous perdons complètement la trace de Bournat, et nous ne savons comment il vint aux mains d'un membre de la famille Croisier-Beaufort, demeurant en la paroisse de Saint-Christophe en Brionnais, ancêtre de la femme de M. A. Robert, du Nivernais, le propriétaire actuel.

---

dissement de Clermont — où il se serait dès lors fixé. Nous observerons qu'en 1529 notre fief de Bournat n'appartenait déjà plus à la famille de ce nom.

Les Bournat de la Faye portaient des armoiries qui ne semblent pas fort anciennes : d'or, au chevron de gueules, accompagné de trois cors de chasse de sable, liés de gueules.

(1) Il n'est pas douteux que notre Bournat de Saint-Léger des Bruyères ait été autrefois en la possession des Lévis-Chateaumorand et ait fait par conséquent l'objet de la vente de 1714 : et pourtant, à son sujet, nous tombons encore dans une de ces incertitudes où nous met souvent l'antique habitude de donner aux terres le nom de leurs possesseurs ou de la seigneurie dont elles dépendaient : sur Saligny, en effet, se trouve un domaine de Bournat, où ne subsiste aucun vestige intéressant, mais qui, il y a deux ans, appartenait encore à une branche des Cimetière. On pourrait donc parfaitement nous objecter que ce domaine, aussi bien que celui de Saint-Léger, peut être l'ancien fief de Bournat — et pour réfuter positivement cette objection, nous serions en vérité fort embarrassés. Les *Noms féodaux* et divers titres nous ont semblé cependant assez probants pour nous faire placer à notre Bournat de Saint-Léger le chef de l'ancienne seigneurie de ce nom.

NEUILLY EN DONJON ET LE BOUCHAUD.

Les anciennes paroisses de Neuilly en Donjon et du Bouchaud ne furent assurément ni plus ni moins féodalisées que leurs voisines, mais il se trouve par hasard que toutes les seigneuries qui se les partageaient ont été complètement détruites, et qu'il n'en reste plus que des mottes, — ou pour mieux dire, des emplacements à peu près reconnaissables de mottes disparues.

Encore parmi ces mottes en est-il plusieurs, — trois notamment, — sur lesquelles nous n'avons que des renseignements bien vagues et bien incertains : c'est par celles-ci que nous commencerons.

Et d'abord, tout près du bourg de Neuilly, derrière la maison d'école, entre la route du Donjon et le village des Coudriers, nous trouvons une motte presque complètement nivelée et dite *Motte des Abbés*. Faut-il voir là l'emplacement d'un ancien monastère ? C'est possible, et d'autant plus que des religieux seuls purent doter l'église de Neuilly de son intéressant portail roman, certainement inspiré de l'école bourguignonne. Nulle trace pourtant ne subsiste, à Neuilly, du passage d'un Ordre religieux quelconque, — pas même, comme en tant d'autres localités, des droits seigneuriaux appartenant à un monastère des environs, — et, aussi loin que l'on peut remonter (1376), on trouve la prévôté de Neuilly en Donjon membre de la baronnie du Donjon.

Peut-être cette prévôté de Neuilly eut-elle pour chef un établissement féodal sis sur la motte artificielle qui porte l'église actuelle. Cela nous semble cependant peu probable (1).

Une seconde motte, aussi fort rapprochée de Neuilly, se trouve dans les terres du domaine des Bertaux, au-dessous des lettres *ri* du mot *les Coudriers* : elle est à peu près intacte, et on peut encore lui appliquer la description qu'en donne un terrier de 1665 : « Il y a, dans le tènement de Fontemilan, une motte fossoyée de toutes parts, appelée la *Motte Monin*, et où il y avait jadis une place forte, toute en bruyères, buissons, bois de

---

(1) Le seul signe visible qui pourrait peut-être éclairer le passé de Neuilly est fourni par deux écussons grossièrement peints qui se trouvent de chaque côté du chœur et portent les armes ducales de Bourbon : ils semblent du XVIe siècle.

haute futaye et seignats, joignant de bise le grand chemin tendant de Neuilly à Borlecomte. »

Qu'est cette ancienne place forte? Nous l'ignorons, à moins de faire de notre motte le siège d'une seigneurie disparue de Chaffault ou Chasault, dont le nom apparaît parfois dans les vieux titres de cette région. Serait-ce là, par hasard, l'introuvable Roche-Chaffault?...

Pour trouver la troisième de nos mottes, il nous faut aller tout à l'extrémité de la commune; à la sortie des Bois Picards, un peu au nord-est du domaine des Jollards, est une motte carrée considérable, encore entourée de ses fossés pleins d'eau : elle est connue sous le nom de *Motte des Bois Picards*, mais nous n'en avons jamais trouvé la moindre mention.

NEUILLY EN DONJON.
Portail de l'église. (XIᵉ siècle.)

Le domaine voisin des *Jollards* possédait une maison bourgeoise et appartint quelque temps aux Grimaud de Servé, dont nous trouvons aux Ormais un si triste représentant; il leur venait sans doute des Vichy, puisque les Grimaud sont tout à fait étrangers à notre région.

Nous connaissons deux Grimaud, seigneurs des Jollards : c'est, en 1690, Louis de Grimaud, frère de Jean-Louis et époux de Jeanne Vichy, fille de Thomas, seigneur de Blénières, et, après lui, son fils Laurent de Grimaud, qui semble avoir habité de préférence la maison des Bonnets (V. ce fief) sur la paroisse de Bert, qu'il tenait du chef de sa mère.

A l'extrémité opposée de Neuilly et sur sa limite avec Luneau, nous trouvons encore d'autres mottes; mais de celles-là nous connaissons au moins la raison d'être : les anciens terriers, en effet, mentionnent dans cette région une *chapelle de Saint-Fiacre de Fol*, dont le titulaire était à la présentation des barons du Donjon.

Or, cette chapelle était sise sur une motte carrée, qui existe encore en face du domaine des Becauds, de l'autre côté de la route et à la lisière d'un bois, toujours dit bois de la Chapelle.

Les renseignements que nous avons pu recueillir sur son passé sont assurément peu édifiants et démontrent que les bénéficiaires qui la tenaient des sires du Donjon se contentaient d'en toucher les revenus assez importants, et, se souciant fort peu du modeste sanctuaire confié à leur pieuse vigilance, le laissaient crouler en paix dans la solitude de ses bois.

En 1717, un receveur consciencieux essaye bien de remontrer au titulaire de Saint-Fiacre, qui est alors un curé du Nivernais, que les tuiles du petit édifice sont presque toutes tombées, et que le chœur menace ruine; mais ses plaintes ne paraissent pas avoir eu grand succès, et, en 1761, un inventaire signale la chapelle de Saint-Fiacre de Fol comme tout à fait ruinée, et depuis longtemps.

Deux autres mottes récemment nivelées se trouvaient entre le bois de la Chapelle et la route, et cet ensemble de constructions, groupées auprès d'un très vieux sanctuaire, peut faire croire que là était jadis la seigneurie de la Vallée (V. ce fief), descendue plus tard aux bords de la rivière d'Ouzance.

Enfin, nous arrivons à un ancien fief, — le seul que nous sachions sur Neuilly en Donjon; — encore n'en reste-t-il, dans la cour même du domaine des *Jacquots*, qu'une simple motte à moitié entourée de ses fossés pleins d'eau.

C'est l'ancien lieu, chevance et seigneurie de la *Folye*, qui, le 14 octobre 1467, fut, par Jean Maréchal, écuyer, acquis de demoiselle Luques de Brecoles (Bressoles ?). Faut-il de ce Jean Maréchal faire un des cinq fils de Jean Maréchal de Montcombroux? Nous ne savons : ce qu'il y a de certain, c'est que, par acte du 4 janvier 1468, il revendit son acquisition à messire Hugonin le Long, seigneur des Fougis en la paroisse de Thionne.

Nous voyons, depuis lors, passer successivement à la Folye tous les seigneurs des Fougis (V. ce fief); mais dès cette époque commence à prédominer pour désigner notre petit fief le nom d'une famille Jacob — d'où Jacquot — à laquelle il a été pour la première fois intragé le 4 septembre 1482 avec ses motte, fossés, grange et estableries. Puis, à partir de 1577, de nombreux actes indiquent des ventes partielles (étang des Chaumes, domaine des Girards, etc.) consenties par les le Long à la famille voisine des Jolly (V. plus loin); enfin, le 2 mai 1609, François le Long, seigneur des Fougis, et Catherine de la Loe, sa femme, vendent leur seigneurie de la Follye à Jean Jolly, époux de Claudine Regnaud, bailli du Donjon et de Saligny, demeurant pour lors au Donjon et d'ordinaire en sa métairie des Jolis, « et de suite, ajoute l'acte, ledit honorable homme Jean Jolly a payé le prix convenu de sept cent vingt livres en bons doublons d'Espagne ».

Le 3 juillet 1613, Jacques Jolly, avocat, fils de Jean, rend aveu de ses terres de la Folye et de la Vernelle (V. plus bas) à Moulins, au faubourg de Bourgogne, « en la maison où pend pour enseigne le Cerf-Volant », et notre terre ne sortit plus des mains des Joly jusqu'au 29 avril 1770 que nous la voyons comprise dans les biens qu'ont à se partager les cinq enfants d'Antoine Jolly de la Vernelle, époux de Marie-Anne Tixier de Bois-Robert, en son vivant châtelain de Montaiguet et y demeurant.

Les Jacquots échurent alors à Claudine Joly, épouse de François Godin, de la paroisse de Poisson en Charolais, et c'est ainsi que, le 20 pluviôse an VIII, nous les retrouvons entre les mains de leur fils, Antoine-Claude Godin, armateur à l'île de France et envoyé extraordinaire en Angleterre pour l'échange des prisonniers. D'Antoine Godin, le domaine des Jacquots passa à M. le capitaine Duchon (V. le Coude); enfin il fut, en 1823, vendu par ce dernier à Jean-Baptiste Nichault, notaire au Donjon (1), arrière-grand-père de demoiselle Isabelle Martin, femme de M. Georges Turlin, le propriétaire actuel.

Les *Jolis* et la *Vernelle*, dont nous venons de parler, se trouvent de l'autre côté de la petite Vouzance, en face des Jacquots.

Les Jolys sont fort probablement le berceau de la nombreuse famille que nous retrouvons au Bouchaud, à Saint-Léon, aux Prureaux et ailleurs; en 1496, déjà, nous y trouvons maître Pierre Joly, laboureur, et peu à peu nous voyons grandir sa descendance jusqu'à Jean Jolly, l'aîné, bailli de Saligny, qui fut le vrai fondateur de la fortune de sa famille et acquit, outre la terre de la Folye, celles des Morinets, de la Gouyonnière et aussi de la Vernelle.

Cette terre de la Vernelle, qui possédait des droits seigneuriaux et semble comme telle être un ancien fief, fut, par Jean Jolly, achetée en 1586 et ne sortit plus des mains de la famille Jolly, dont une des branches prit le nom de Jolly de la Vernelle. Seulement, peu de temps avant le partage de 1770 entre les enfants d'Antoine Joly de la Vernelle (V. la Folye), elle fut donnée en avancement d'hoirie à l'un d'eux, Jean-Baptiste, qui, en 1766, la vendit à Clément Conny, greffier en chef au Parlement des Dombes.

La Vernelle échut ensuite à un fils de Clément Conny, dit Conny de

---

(1) Jean-Baptiste Nichault possédait déjà les Girards, qu'avait acquis d'Antoine Jolly en 1760 son grand-père Étienne Nichault, marchand drapier au Donjon, époux d'Élisabeth Marion.
Élisabeth Marion était l'arrière-petite-fille de Louis Marion, bourgeois de Faverges en Savoie, venu en Bourbonnais en 1662 comme secrétaire de M. le chevalier de Meyrieu, commandeur de Beugnet.

l'Hôpital, et finalement fut par la fille de celui-ci portée à un Gouttenoire, de Roanne, aïeul de M. Gouttenoire, qui la possède aujourd'hui.

Quant aux Jolys, ils restèrent dans la branche des Joly du Bouchaud (V. ci-après) et furent, le 22 janvier 1735, portés par Jeanne Jolly du Bouchaud, fille de Thomas, à Jean-Alphonse Menudel de Bel-Air (V. Beaurepaire), qui, peu après, les vendit à Marie-Françoise Hautier de Villemontée, veuve de Paul de Viry, seigneur du Coude, et mère de Jean Marien, dernier comte de Viry.

M. de Viry, au moment de la Révolution, avait à son service un vieux domestique, natif des Jolys et nommé Roch Coudrier : cet homme ne voulut pas abandonner son maître et l'accompagna, pour ainsi dire, jusqu'au pied de l'échafaud. Désirant récompenser le dévouement de Coudrier et ne possédant plus rien pour le faire, le malheureux comte, au moment de mourir, lui dit de se rendre au Coude, alors occupé par les délégués de la nation, qui s'y livraient à des orgies gratuites, et de considérer comme lui appartenant en propre ce qu'il pourrait soustraire à la rapacité de ces ivrognes. Coudrier revint donc au Coude et parvint à en emporter quelques pièces d'argenterie et deux petits tableaux religieux.

Le vieux serviteur se retira aux Jolys et, en mourant, légua les deux tableaux à l'église de son village natal, où on les peut voir encore. Ce sont deux copies, l'une sur cuivre, l'autre sur bois, de la *Descente de croix* de Rubens et de l'*Adoration des bergers ;* elles sont bonnes toutes les deux, mais la première surtout nous paraît avoir une réelle valeur.

Sur le plateau entre les deux Vouzances étaient, outre la Folye, les deux notables seigneuries de *Coulon* et de l'*Aubépierre* (*de albâ petrâ*), jadis possédées par deux familles nobles de leur nom et qui, vers le milieu du XIVᵉ siècle, furent réunies entre les mains des Coulon par le mariage de l'un d'eux, Hugues de Coulon, damoiseau, avec demoiselle Marguerite de l'Aubépierre, fille de Hugues et d'Isabeau de Saint-Désiré.

En 1367, Hugues de Coulon rend, comme tuteur de ses enfants, aveu de nos deux terres, et, depuis lors, nous suivons les Coulon, seigneurs à la fois de Coulon et de l'Aubépierre, jusqu'en 1591, époque vers laquelle nos deux fiefs passèrent aux mains de cette famille Guillon (1), originaire

---

(1) C'est en 1622 que, pour la première fois, figure un Jean Guillon, seigneur de Coulon et l'Aubépierre, et, d'après quelques actes, il semblerait avoir acquis ces terres d'un d'Audricourt, seigneur de Mortillon.

Cela ne nous a pas paru assez certain pour faire figurer un d'Audricourt parmi les seigneurs de Coulon et de l'Aubépierre ; mais il est intéressant de rapprocher ce renseignement vague sur les Audricourt de ceux — aussi vagues, d'ailleurs — que nous avons trouvés sur eux en divers

de la paroisse d'Huillaux (V. la Tour d'Huillaux), et que nous trouvons aussi à la Vallée (V. ce fief). Le 8 juillet 1648, enfin, Jean Guillon, seigneur de la Tour et de la Vallée, demeurant à la Tour d'Huillaux, fils d'autre Jean, vendit Coulon et l'Aubépierre à Antoine Préveraud, alors fermier de la baronnie du Donjon, le même que nous avons vu acquérir aussi les Plantais, la Boutresse et le Morinot.

Coulon, aujourd'hui encore, appartient à mademoiselle Giroud, fille d'une demoiselle Préveraud de Montaiguet et par conséquent descendante directe d'Antoine; mais, à la mort de ce dernier, en 1694, l'Aubépierre fut séparée de Coulon et échut à son fils Noël, époux de Françoise Jacquelot.

L'Aubépierre vint ensuite au fils de Noël, Pierre Préveraud, qui fut successivement intendant des Eaux de Vichy puis de Bourbon-l'Archambault : Pierre Préveraud acquit non seulement une énorme fortune, mais encore un grand crédit, et, en 1726, il put obtenir des lettres d'anoblissement héréditaire sous le nom de Préveraud de l'Aubépierre, en faveur de son neveu et filleul Pierre Préveraud, époux de demoiselle Claudine Jacquelot de Chantemerle, le même que nous trouvons à la Tour Pourçain et ailleurs.

Les Préveraud de l'Aubépierre existent toujours, mais ne possèdent plus rien en Bourbonnais, après y avoir eu des terres considérables, Vaumas notamment, et aussi le Plaix en la paroisse d'Igrande.

De Coulon et l'Aubépierre, il ne reste plus que deux mottes à peu près rasées, l'une dans la cour du domaine des Coulons, l'autre dans le pré au nord du domaine des Gacons. Ce domaine n'est autre que l'ancien l'Aubépierre ; le nom même de notre fief déchu a été remplacé par celui d'une famille Gacon, à qui on le trouve intragé dès 1609, et son souvenir n'est plus gardé que par l'appellation d'un vaste étang, sis à trois cents mètres environ plus à l'est, et dit toujours étang de l'Aubépierre.

Une motte encore est tout ce qui marque l'ancien siège de la seigneurie du *Bouchaud*, qui dut être pourtant un poste fortifié important, sis sur un des grands chemins de notre région. Un terrier de 1449, en effet, mentionne dans ces parages un grand chemin dit chemin de Marcigny à la Palisse, et, en faisant disparaître les vastes étangs que Cassini indique non loin de la Rue Neuve, on a trouvé des restes non douteux de vieille voie pavée : le nom de la Rue Neuve lui-même est, en outre, assez

autres endroits, à la Motte aux Fourniers, notamment, et aux Dureaux. (V. ces fiefs.) Peut-être cette famille occupa-t-elle dans notre pays une situation considérable, que nous n'avons pu fixer.

caractéristique, et on y peut, sans trop de témérité, reconnaître le passage d'une voie secondaire, remplacée depuis par la route de Mâcon et qui venait franchir la Loire vers Baugy ou Marcigny; ce dernier point est un fort ancien passage à gué du fleuve.

L'antique importance du Bouchaud peut, du reste, se préjuger de la situation même de ses premiers seigneurs, les de Boschaud, qui ne seraient autres, d'après M. l'abbé Cucherat, qu'une branche cadette des Semur, et qui avaient aux bords de la Loire des terres considérables. (V. Bonnant et Clavegris.)

Les derniers de Boschaud, seigneurs du Bouchaud, furent en 1411 Guy et Tristan, damoiseaux, tous deux fils de feu Pierre, seigneur de Clavegris (1); puis, après une courte lacune, nous retrouvons notre fief possédé par deux familles étrangères à notre pays : en 1447, il est indivis entre les deux demoiselles du Cornyer, filles d'Antoine, seigneur dudit lieu, Clavegris et Avrilly (V. ces fiefs), et d'une famille que nous pensons sortie des environs de Moulins, et Jacques de Sarre, seigneur de Vielvoisin, sans doute époux d'une troisième demoiselle du Cornyer et originaire du fief de la paroisse de Blomard, dont il portait le nom.

Jacques de Sarre acquit leur part du Bouchaud aux deux demoiselles du Cornyer, et, après lui, nous trouvons seigneur du Bouchaud, en 1466, son fils Jean, époux de Marguerite de Saint-Julien; puis, en 1483, Jacques, époux d'Anne de la Touche, et en 1543 Louis, époux de demoiselle Le Long de Chenillat, encore nommé en 1581.

Louis de Sarre eut, entre autres enfants, une fille Charlotte, mariée en 1564 à Jacques des Escures, seigneur dudit lieu; puis en 1594 un acte nous donne un nouveau seigneur de notre fief en la personne de Robert Bailly, commissaire de l'artillerie de France, dont il semble tout naturel de prime abord de faire un membre de la famille Bailly que nous trouvons aux Rollins (V. ce fief) : d'autre part, le titre qu'il porte nous paraît bien ronflant pour la situation toute bourgeoise qu'avaient alors les Bailly des Rollins, et peut-être Robert Bailly est-il un étranger allié aux de Sarre.

C'est lui qui vendit le Bouchaud au même Jean Jolly dont nous voyons à la Folye et la Vernelle les importantes acquisitions; mais, tandis que le

---

(1) L'aveu rendu en 1411 par les deux frères du Bouchaud nous donne une idée de la façon bizarre dont les noms peuvent être défigurés. Notre fief, composé à l'origine de ce que l'on appelle *un toral*, c'est-à-dire d'un terrain enceint d'un fossé, dont les terres étaient rejetées à l'intérieur, dut probablement s'appeler à l'origine le bois Clos — comme le bois Cloyer, son voisin. — Peu à peu Boisclos devint par une corruption assez naturelle Bosclos, Boschaut, et, en 1411, le scribe chargé de rédiger l'aveu en mauvais latin traduisit consciencieusement le Boschaut par *de bosco calido*, du bois chaud!

dernier de ces fiefs restait à Jacques, le fils aîné de Jean Jolly, le Bouchaud et les Jolys échurent à trois autres fils de Jean, Joseph, Roch et Marc Jolly, dont le dernier abandonna sa part à ses deux frères par acte du 29 juillet 1639.

Joseph et Roch Jolly prirent le nom de Jolly du Bouchaud et firent souche d'une maison qui le porta toujours, bien qu'elle n'ait jamais beaucoup séjourné dans notre fief. Joseph, en effet, mourut en 1663; Roch ne lui survécut guère, et, peu de temps après, nous voyons le Bouchaud partagé entre leurs quatre enfants : Thomas, Louise et Jacqueline, issus de Joseph et d'Élisabeth Vichy, et autre Louise Jolly, fille de Roch. Thomas, déjà seigneur de Chamardon sur Montbeugny, eut pour sa part les Jolis et ne participa pas au partage du Bouchaud. Ce dernier fief forma trois parts, à savoir, la motte ainsi que ses fossés, qui échut à Jacqueline avec le domaine Pinot; en second lieu, des terres et une maison (1) que Joseph avait fait construire à l'endroit où s'est depuis groupé le village du Bouchaud, lesquelles terres et maison formèrent le lot de Louise; et enfin une maison dite de Châteauvert, élevée près de l'église d'alors, à la place de l'ancien château (2), et qui fut, avec une propriété assez importante, attribuée à autre Louise Jolly, la fille de Roch.

Nous allons suivre séparément la destinée de chacun de ces trois lots.

Jacqueline Jolly épousa Jacques Vaillant, avocat à Moulins; puis, devenue veuve et sans enfants, se remaria avec Jean des Gallois, seigneur de Lenax et des Pontères : cette seconde union fut aussi stérile, et ses biens légués à son mari vinrent ainsi, en 1714, grossir la fortune déjà considérable de Jean-Baptiste des Gallois, neveu et héritier de Jean. (V. la Tour Chalabran.)

Louise, la sœur de Jacqueline, se maria à maître Claude Chamboyt, de Ferrières, et en eut une fille, Antoinette Chamboyt, qui, en 1698, épousa Jean Tixier, seigneur de Bois-Robert, garde du Roy en la compagnie de M. de Duras et membre d'une famille de Chenay le Châtel depuis quelque temps déjà fixée dans la montagne bourbonnaise. (V. Châtel-Montagne et Ferrières.) Presque aussitôt Tixier de Bois-Robert céda ses droits sur le Bouchaud à Barthélemy Boyer, fermier de notre seigneurie, fils d'Antoine et de demoiselle Anne Cimetière; à la mort de Barthélemy Boyer, en 1724, Jean-Baptiste des Gallois, déjà seigneur en partie du Bou-

---

(1) C'est de cette maison sans doute que provient la cheminée armoriée que nous avons trouvée aux Miniers sur Saint-Pierre Laval, et qui fit peut-être, avant d'y arriver, un séjour plus ou moins prolongé à la Tour, où l'aurait transportée J.-B. des Gallois.
(2) Voir Châteauvert sur Barrais pour l'étymologie de ce nom.

chaud, acquit de son frère et héritier, Pierre Boyer, curé de Lurcy-sur-Loire, ce qui avait été jadis la part de Louise Joly, fille de Thomas.

M. des Gallois signa dès lors seigneur du Bouchaud (1), et pourtant ni lui ni son fils ne possédèrent jamais tout cet ancien fief : la part de Louise Joly, fille de Roch, en effet, fut par elle portée à noble François Deschamps, seigneur de Faïettière près Saint-Martin d'Estréaux, et laissée à leur fils Antoine Deschamps, époux de demoiselle Claudine de Monmignon. Une fille d'Antoine Deschamps la fit ensuite passer à la famille Donniol (2) de Saint-Martin d'Estréaux, et, en 1766, les redevances du Bouchaud étaient encore payées pour les trois quarts à M. des Gallois et pour un quart à demoiselle Anne Donniol, veuve de Pierre Renaud.

La maison seigneuriale du Bouchaud fut longtemps, à la fin du siècle dernier, occupée par Jean Virotte, fils de Jean-Paul, fermier de Précord (V. ce fief), dont les comptes fort intéressants nous montrent, entre bien autres choses, quelle quantité incroyable de poissons produisait alors notre pays, et quelle affaire c'était que d'en tirer parti (3).

Cette maison, construite par les Jolly, est devenue, comme nous l'avons dit, le noyau du Bouchaud actuel ; mais le vieux Bouchaud, dont il reste quelques pans de murs, se trouvait jadis à environ six cents mètres au nord-est, au lieu dit la Vieille Cure. Un peu avant d'y arriver, on trouve une petite locatairie, construite au milieu des débris d'un ancien bâtiment plus considérable : c'est Châteauvert. Tout près de la Cure se distingue encore le pourtour de l'ancienne église ; enfin, à quelques pas plus au nord-est se trouve l'importante motte féodale du Bouchaud, fort reconnaissable, bien que les fossés en aient été comblés ; cette motte, en 1663, ne portait déjà plus aucun vestige de construction, et l'ancien château, à cette époque, avait été remplacé par Châteauvert.

(1) En 1686, dit le rapport quelque peu sujet à caution de M. l'intendant d'Argouges, le sieur Vilbardin a acquis le fief et justice du Bouchaud (?).

(2) L'ancienne maison Donniol sise aux portes de Saint-Martin, à Gatelières, est occupée actuellement par M. Fournier : elle est au bord même de la grande route et dépend de la paroisse de Saint-Pierre Laval.
De Faïettière, il ne reste que de vieux murs au sud du chemin de Saint-Martin à Saint-Pierre Laval.

(3) Jean Virotte transportait son poisson au port de la Baume, près de Chassenard, et cette première partie de son voyage était aussi celle, semble-t-il, qui présentait le plus de difficultés. Là il l'embarquait et descendait avec lui la Loire jusqu'à Gien, où, d'ordinaire, il pouvait le céder à des commissionnaires de Paris ; souvent aussi son poisson ne trouvait pas amateur. Il s'arrangeait alors avec des voituriers qui le menaient jusqu'à Paris, et, une fois rendu, il s'installait au marché au poisson, situé alors à l'extrémité du pont Marie. Peut-être le canal du Centre existait-il déjà, ou tout au moins pouvait-on naviguer sur quelques parties du Loing : nous ne savons au juste, mais ce trajet de Gien à Paris n'effrayait pas trop les marchands de poisson bourbonnais, enchantés sans doute de se rendre à Paris.
Un convoi ainsi réalisé rapportait de cent quarante à cent quatre-vingts livres.

Nous ne pouvons quitter le Bouchaud sans citer la tradition qui fait descendre des anciens sires du Bouchaud — et par conséquent des Semur — une famille de modestes cultivateurs du pays. De cette origine, il n'existe, à la vérité, aucune preuve écrite, mais elle est fort admissible. Tant de gens, aujourd'hui pompeusement titrés, prétendent — et croient pour la plupart — avoir pour ancêtres d'anciens talons rouges ou de majestueuses perruques, voire des chevaliers aux armures de fer, dont en 1789 encore les grands-pères fendaient du bois, que la réciproque peut bien être vraie. « Cent ans bannière, cent ans civière », dit un vieux dicton forézien.

Tout près du Bouchaud, mais faisant autrefois partie de la paroisse de Lenax, se trouvent les *Pontères,* dont la motte a été complètement nivelée et ne se pourrait plus reconnaître si le nom même de Pré de la Motte, conservé par le pré où elle se trouvait, n'appelait l'attention sur un léger pli de terrain qui seul marque l'emplacement de notre ancienne seigneurie.

Au siècle dernier cependant, le château des Pontères existait encore : Jean des Galois l'habitait d'ordinaire et y avait installé pour lui, ses gens et ses équipages un mobilier des plus confortables, soigneusement détaillé dans les baux qu'il passe de notre terre; mais vers 1850 la foudre tomba sur un pignon des Pontères et en compromit si bien la solidité que l'on jugea plus prudent de les démolir entièrement; les débris depuis lors en ont été dispersés, et il nous a été impossible d'en rien découvrir.

Les premiers seigneurs des Pontères que nous connaissions sont des membres de cette famille Montcorbier dont le nom revient bien souvent dans nos notes et qui sortait sans doute d'un petit fief voisin (1). (V. Montcorbier.)

En 1367, Pierre de Montcorbier, chevalier, rend aveu à Chaveroche de l'hôtel, motte, terre et seigneurie des Pontars, et jusqu'au commencement du XVI° siècle nous voyons se succéder dans notre fief Jean de Montcorbier, Girard, son fils, époux d'Agnès de Pierrepont, autre Girard et enfin Gabriel, époux de Catherine de la Mousse et qualifié aussi seigneur de Pierrefitte, petit fief maintenant ruiné de la paroisse de Saint-Haon le Vieux.

Puis, tout à coup, pendant que les Montcorbier vont à Grosloup (V. ce fief), arrive aux Pontères une nouvelle famille, les la Cour (2), nommés,

---

(1) La fortune assez rapide des Montcorbier date de la charge de maître d'hôtel, — d'aucuns disent cuisinier, — que remplit l'un d'eux auprès de Louis I", duc de Bourbon.
(2) Armes des la Cour : d'argent à trois bandes de sable, celle du milieu chargée de trois étoiles d'argent.

dès le XVᵉ siècle, dans le bailliage de Charolles et originaires d'un petit fief de la paroisse de Marcilly la Gueurce que Jean de la Cour, seigneur des Pontères, possédait encore en 1551.

Sans doute ce Jean de la Cour avait-il épousé une Montcorbier des Pontères; après lui viennent Guy de la Cour, époux de Péronnelle des Boyaux, fille de Jean et de Reine Roy; puis Gilbert, époux de Louise de Sève. Vers 1640, Gilbert de la Cour se remaria avec une de ses parentes, Cécile de Montcorbier, fille de Jean, seigneur de Grosloup, et, ajoutant dès lors à son nom celui de Montcorbier, alla se fixer sur la paroisse de Saint-Léon.

Grosloup, comme nous le voyons ailleurs, échut après Gilbert à son fils

LES PELLETIERS.

Jean : quant aux Pontères, ils échurent à un autre de ses fils, Philibert, qui les vendit peu après à un étranger, Henri-Robert de Foison, chevalier de l'Ordre du Roy, ancien capitaine châtelain de Moulins et époux d'une demoiselle Renée de Patras, qui semble être une Angevine. M. de Foison habita les Pontères; mais, saisis sur lui en 1685, ils furent, le 20 novembre de la même année, adjugés moyennant dix mille livres à Jean des Galois de la Tour, seigneur de Chizelles, Dompierre, le Bouchaud, etc., dont le petit-neveu, Charles-Jean-Baptiste, les possédait encore lors de la Révolution.

A trois cents mètres au sud des Pontères sont les *Pelletiers*, souvent mentionnés comme village dans les actes relatifs aux Pontères, mais où il ne reste plus que deux locataires.

L'une de celles-ci nous a paru mériter une reproduction : nous avons cru d'abord que sa jolie fenêtre Louis XII provenait de la démolition des Pontères, mais un examen plus attentif démontre que cette modeste construction n'est autre chose que le reste d'une habitation considérable, étant donnés l'épaisseur de ses murs et le soin avec lequel sont traités certains détails intérieurs.

Peut-être y eut-il là, comme le veut une tradition locale, une chapelle relevant des Pontères et desservie par des moines bourguignons. Peut-être aussi est-ce là l'ancien fief de Montcorbier, qu'avec plus de probabilités, sinon de certitude, nous avons placé à la Rue Neuve.

Tout près de ce hameau et sur la limite extrême du département de l'Allier, est un pré dit Précorbier, où se voit encore une motte quelque peu conservée ; d'anciens terriers semblent faire de cette motte l'emplacement du fief de *Montcorbier*, berceau de la famille de ce nom, et qui, en 1481, se composait seulement d'une maison chauffouère, quarante bichettées de terre, et de dîmes s'étendant jusque sur le bourg de Céron.

Avant Pierre, que nous avons vu aux Pontères en 1367, nous ne connaissons, à vrai dire, aucun Montcorbier possesseur de ce petit domaine ; mais, en 1640, Montcorbier est encore compris, avec Pierrefitte et Champagny en la paroisse d'Ambierle, dans le legs fait par Luc de Montcorbier à sa nièce Catherine de Montcorbier, fille de Jean, seigneur de Grosloup — et sœur, par conséquent, de Cécile, l'épouse de Gilbert de la Cour, seigneur des Pontères.

Catherine de Montcorbier épousa Moyse de Nompère (1), écuyer, seigneur de Nantillère, fils de Benoît et de Philiberte de Bersac, et fut la trisaïeule de Jean-Baptiste Nompère de Champagny, duc de Cadore, né à Roanne le 4 août 1756 ; mais, à partir de la fin du XVIIe siècle, nous perdons de vue Montcorbier, où nous voyons longtemps une famille de cultivateurs nommés Dyen, et que paraissent avoir acquis vers 1720 les Simon, aussi seigneurs des Morizes, en la paroisse de Céron.

Le duc de Cadore n'est pas la seule célébrité dont le souvenir se rattache à notre infime seigneurie disparue. Depuis longtemps, en effet, dans leurs études biographiques sur François Villon, les érudits avaient remarqué les liens qui semblent le rattacher au Bourbonnais et signalé aussi les longues absences qu'il faisait parfois, pour gagner un lieu inconnu du centre de la France, en passant généralement par Orléans. Reprenant ces observations, et s'appuyant sur le nom de François de Montcor-

(1) Les Nompère, originaires du château de Monts, près Saint-Nizier-sous-Charlieu, portaient d'azur à trois chevrons brisés d'or.

bier, souvent donné à Villon (1), M. Longnon a été amené à préciser ce lieu inconnu et à y voir les environs du Bouchaud, où le poète serait venu de temps à autre goûter le calme du pays natal et reposer sa vie aventureuse.

Il ne nous appartient pas d'apprécier les dires de M. Longnon : nous souhaitons seulement qu'ils se puissent confirmer de plus en plus; et ne s'imagine-t-on pas bien enfant de l'insoucieux Bourbonnais l'insoucieux auteur du *Grand Testament?*

> Item, mon corps j'ordonne et laisse
> A notre grand mère, la terre;
> Les vers n'y trouveront grand graisse,
> Trop lui a fait faim dure guerre.
> Or, luy soit délivré grand erre (2) :
> De terre vint, en terre tourne,
> Toute chose, se par trop n'erre
> Voulontiers en son lieu retourne.

AVRILLY, LUNEAU ET CHASSENARD.

Au delà de la Vouzance, le terrain se relève et forme, entre cette rivière et les alluvions de la Loire, une sorte de bourrelet sableux, dont le sommet aride domine d'environ quarante mètres les bords du fleuve.

Ce pays, autrefois, n'était pas du Bourbonnais, mais bien de la province de Bourgogne et rattaché au bailliage de Semur en Brionnais (3). La séparation entre les deux provinces, d'ailleurs, survenue à une époque qu'il est difficile de déterminer, — au XIII° siècle sans doute (V. le Donjon), — fut entre leurs possesseurs l'objet de longs procès qui ne se terminèrent

---

(1) Villon, on le sait, n'est qu'un surnom, et de ce surnom même on pourrait déduire que le pauvre poète, qui montre au milieu de ses désordres tant de nobles sentiments, aurait tenu à cacher un nom qu'il n'avait pas toujours, hélas ! porté bien haut. Il nous paraît difficile pourtant d'admettre que Villon soit un Montcorbier, et les punitions corporelles dont il se plaint en divers endroits semblent démentir tout à fait sa qualité de gentilhomme. Peut-être Villon, natif d'une des terres bourbonnaises alors possédées par les Montcorbier, portait-il simplement le nom de son seigneur, d'après une habitude alors fort répandue.
Villon, né en 1431, mourut vers 1480.
(2) Grand erre : sans tarder; de suite.
(3) La Vouzance formait ainsi limite entre deux pays bien distincts, celui des Boïens — puisqu'on veut que nous descendions des Boïens — et celui des Éduens : aussi est-il curieux de rapprocher son vieux nom d'Ouzance de celui d'*ad Ansas*, que portaient souvent sur les voies romaines les stations limitrophes de provinces ou de gouvernements.

que par une transaction passée, en 1452, entre Charles le Téméraire, duc de Bourgogne, et Charles Ier, duc de Bourbonnais et d'Auvergne. Cette transaction arrêta définitivement les confins des seigneuries du Pin, de Beugnet et de Givardon, particulièrement disputées, et donna aussi au duc de Bourbonnais, qui tenait à avoir un débouché sur la Loire, une bande de terrain depuis Givardon, au sud, jusqu'au moulin disparu de Cacherat, sis au pied même de la colline de Cée.

Les études sur *Avrilly* n'ont pas jusqu'ici porté bonheur à ceux qui les ont entreprises. L'opinion de M. Tudot, en effet, qui fait passer par Avrilly la grande voie de Roanne à Vouroux, semble à beaucoup fort contestable, et on a difficilement admis que cette voie romaine ait gratuitement fait un pareil détour (1); d'autre part, trompés par la similitude des noms, MM. Touchard-Lafosse et de Jolimont, en voyageurs consciencieux, ont placé dans notre bourg le château d'Avrilly, de la paroisse de Trévol; enfin, M. l'abbé Flachard a victorieusement démontré que, contrairement à l'opinion de M. le chanoine Morel, l'*Apriliacum* des actes de Saint-Domnin, dans les Bollandistes, était, non pas notre Avrilly des bords de la Loire, mais bien le village d'Avrillé, dans le canton de Talmont en Vendée.

Tout cela est peu rassurant; aussi en avons-nous apprécié davantage le concours du savant abbé que nous venons de nommer.

En parlant d'Avrilly, Courtépée dit, entre autres choses, qu'en 840 cette terre appartenait à un certain comte Eccard, lequel la tenait de Childebrand, frère de Charles-Martel : Avrilly aurait donc fait partie des terres considérables que ce Childebrand aurait reçues de son frère, quand celui-ci fut, après la bataille de Poitiers, envoyé en Bourgogne pour y restaurer la puissance des Francs. Tout cela est fort possible, mais nous n'aimons guère nous risquer dans ces temps nuageux avec un guide aussi peu sûr que l'historien bourguignon, et nous nous bornerons, avec l'abbé Cucherat, à prendre Avrilly au Xe siècle, ce qui est déjà fort honnête.

Au Xe siècle donc, d'après l'érudit curé de Paray-le-Monial, Avrilly était compris dans les possessions de Letbald, un des membres de l'illustre maison de Semur qui, à ce moment-là, tenait en fief tout le Brionnais et les bords de la Loire, du Sornin à l'Arroux. C'est ce Letbald qui, un peu après l'an 900, fonda le prieuré d'Anzy-le-Duc, et Avrilly fut alors compris dans les biens qu'il céda à ce monastère, dépendant lui-même de l'abbaye de

---

(1) Le tracé par Avrilly détruit, d'ailleurs, toute corrélation entre les distances données par la carte de Peutinger et celles trouvées sur le terrain.

Saint-Martin d'Autun : de cette antique fondation viennent le droit que conserva toujours l'abbé de Saint-Martin de nommer les curés d'Avrilly et aussi les rentes qu'il touchait encore sur notre paroisse, au moment de la Révolution.

Puis, pendant près de quatre cents ans, nous perdons toute trace de la terre d'Avrilly, et en 1303 seulement nous la retrouvons alors possédée par Humbert de Bonnant, damoiseau, époux de Lucque de Semur, qui, cette année-là, reconnaît devoir aux moines de Saint-Rigaud, au diocèse de Mâcon, pour sa terre d'Avrilly, une rente de douze bichets de seigle dont jouissent lesdits moines de toute ancienneté (*ab antiquo*). Avrilly venait à Humbert de Bonnand du chef de sa femme, mais, sur son fief, il restait devoir à ses deux beaux-frères, Jean de Semur et Jean de la Motte Saint-Saturnin, tous deux chevaliers, une somme de deux cents écus d'or, qu'il ne put payer en temps utile : aussi, en 1305, et le vendredi après la Toussaint, voyons-nous Avrilly saisi sur lui au profit de ses créanciers.

Humbert de Bonnand put pourtant dégager sa terre en empruntant ces deux cents écus à sa belle-mère, Isabelle de Jantes, veuve de Guillaume de Semur ; mais il mourut sans les avoir remboursés, et, en septembre 1306, son fils et héritier Étienne de Bonnand dut remettre Avrilly aux mains de sa grand'mère, Isabelle de Jantes, alors remariée à Gauthier d'Avaize, chevalier bourguignon. Finalement, au mois de mai 1313, celle-ci rendit notre terre à Étienne de Bonnand, et, dans l'acte de reddition, nous voyons pour la première fois stipulé qu'Avrilly est un arrière-fief relevant du château d'Arcy, sis en face de l'autre côté de la Loire (1).

A Étienne de Bonnand succéda Guillaume ; puis, en 1348, vient un autre Guillaume, qui possède Avrilly indivisément avec sa sœur Alix ; après lui vient Hugues de Bonnand, marié à Jacquette de Masoncle ; nous trouvons ensuite un autre Hugues de Bonnand ; enfin, en 1415, nous arrivons au dernier membre de cette famille, seigneur d'Avrilly, Guyot de Bonnand, aussi seigneur du Bouchaud, lequel paye toujours aux moines de l'abbaye de Saint-Rigaud douze bichets de « grain soygle ».

---

(1) Les seigneurs et dames d'Arcy, suzerains d'Avrilly, que nous rencontrons, d'ailleurs, presque tous dans plusieurs de nos fiefs, furent, après les Semur, Jean le Viste, Geoffroy de Balzac, Jean de Chabannes-Vandenesse, le frère du maréchal, puis son neveu Charles ; ensuite, après un long procès, Jeanne le Viste, veuve de Jean Robertet, Florimond Robertet, son fils ; puis les Guillard et les Valadoux, que nous suivons à Montmorillon (V. ce fief), et enfin les Larchier.

La race directe des Semur, premiers possesseurs d'Arcy, s'éteignit à Arcy au XVIe siècle, en la personne de Claude le Viste, qui avait successivement épousé Geoffroy de Balzac et Jean de Chabannes-Vandenesse, et qui était la petite-fille d'une Marie de Semur, elle-même fille de Pierre.

Vers cette époque, Avrilly changea de mains, et, en 1427, par suite de nous ne savons quelles circonstances, il appartient à Jean du Cornyer, damoiseau, qui en rend aveu en même temps que de ses terres de Bonnand et de Clavegris. (V. ces fiefs.) Jean eut pour successeur son fils Antoine, que nous trouvons aussi au Bouchaud (V. ce fief), et, en 1490, nouvel aveu d'Avrilly est rendu de nos terres par Jean Gregayne (1), notaire à Marcigny, agissant pour les deux filles d'Antoine, Marguerite du Cornyer, veuve de Jean de la Bussière, et Marie du Cornyer, épouse de Philibert de Damas, seigneur de la Bazole (V. ce fief), qui le possèdent indivisément.

Marguerite du Cornyer eut pour fils Antoine de la Bussière; d'autre part, Anne de Damas, la fille de Philibert et de Marie du Cornyer, épousa Jean de Tournay, et, jusqu'en 1516, nous voyons Antoine de la Bussière et Jean de Tournay se partager les droits de nos trois seigneuries : mais cette année-là commence une série de transactions assez confuses.

C'est d'abord, le 25 février 1516, un échange entre Antoine de la Bussière et Jean de Foudras, seigneur de Savary, qui, pour la moitié des seigneuries de Bonnand, Clavegris et Avrilly, cède le fief voisin des Brières; puis vient une vente faite par M. de Foudras des droits sur nos terres acquis par lui, et, peu après, nous voyons ces droits possédés par messire Romain du Vernay, prêtre, qui sort nous ne savons vraiment d'où (2). Jean de Tournay et sa femme avaient de leur côté cédé l'autre moitié de nos terres à Anne de Coligny, veuve de Gilbert d'Isserpent, et à son fils Antoine, époux de Jeanne de Lorris; ceux-ci, en 1525, ayant acquis aussi la moitié que possédait Romain du Vernay, devinrent possesseurs de l'intégralité des terres de Bonnand, Clavegris et Avrilly.

Clavegris, comme nous le voyons plus loin (V. Clavegris), fut presque de suite revendu par les Isserpent; mais les deux autres terres restèrent depuis lors aux mains de cette famille, sauf la très courte interruption pendant laquelle la veuve d'Antoine d'Isserpent en apporta la jouissance à son second mari, Marc de Bonnay, seigneur du Bissay. (V. aveu des *Noms féodaux*, à l'article Bonnay.)

A partir de cette époque pourtant, Bonnand (V. plus loin) n'est plus nommé; mais, en 1562, nous avons un aveu rendu par François d'Isserpent pour ses terres de Chitain (V. ce fief), les Brières, Avrilly, Bai-

(1) La famille Gregaine, alors considérable dans la bourgeoisie brionnaise, venait de l'Italie, dont les rapports avec tout le Lyonnais étaient alors constants : son nom primitif de Gregani a été conservé par un hameau de la commune de Briau, où se trouvait sa communauté.
Un Gregaine fut anobli comme échevin de Lyon en 1674.
(2) Voir acte publié par M l'abbé Flachard dans les *Annales bourbonnaises* de 1890.

gneau (1), etc. En 1626, même aveu est renouvelé par Claude Ducelier, notaire à Artaix, pour dame Suzanne d'Isserpent, petite-fille de François, veuve du maréchal de Saint-Gerand; enfin, en 1682, par une filière que nous suivons à Chitain et ne reprendrons pas ici, nous retrouvons Avrilly en la possession de haute et puissante dame Marie de la Guiche, marquise de Saint-Gerand, dame de Chitain, Saint-Loup, Gouise, Urbise, etc., veuve de haut et puissant seigneur messire Charles de Lévis, duc de Ventadour.

C'est cette même année 1682 et le 22 octobre que la duchesse de Ventadour, pour faire la dot de sa fille Henriette, religieuse à la Visitation de Moulins, vendit, moyennant quatorze mille neuf cent quarante-quatre livres tournois, ses terres d'Avrilly et les Brières à Jean-Baptiste Perrotin, avocat en parlement, demeurant à Moulins; mais ce dernier ne garda pas longtemps son acquisition et, le 15 avril 1687, céda nos deux fiefs à Louis Marque, écuyer, seigneur de Tours, en la paroisse d'Anzy-le-Duc, et demeurant alors à Marcigny.

Louis Marque non plus ne put conserver Avrilly et les Brières, et, en 1688, nous les voyons saisir sur lui à la requête de Pierre Marque, écuyer, officier de Mgr le duc d'Orléans, frère unique du Roy, envers qui il est débiteur d'une somme de vingt mille livres.

En 1719, enfin, reprise des fiefs d'Avrilly, Cluvegris et les Brières fut faite par messire Pierre Larchier, conseiller au présidial de Paris (2), que nous rencontrons en maintes terres bourbonnaises (V. Jaligny, Gléné de Servilly, la Tour-Pourçain, Châtelperron), et qui, vers cette époque, vint acquérir en Charolais les seigneuries de la Clayette et d'Arcy. Les descendants de Pierre Larchier gardèrent Avrilly jusqu'après la Révolution, et c'est en 1804 seulement que l'un d'eux, Michel-François-Louis, marquis d'Arcy (3), le vendit en même temps que les Brières à M. Louis-César Noailly, fils d'un maître de poste de Droiturier.

Or, M. Noailly possédait déjà sur Avrilly des terres considérables, qui venaient de la famille Deguet et avaient été acquises, en 1740, par Blaise Deguet, alors fermier d'Arcy et oncle de Blaise Deguet, que nous avons vu à Coulon (V. ce fief sur Saint-Léon) : laissées par lui à son fils Étienne et,

(1) Bagneau ou Baigneau est une ancienne seigneurie de la paroisse de Melay, dont le château fut pendant la Ligue complètement ruiné.

(2) Les Larchier, vieille famille parlementaire parisienne, portaient : d'azur au chevron d'or, accompagné en chef de deux roses d'argent et en pointe d'une croix patriarcale de même. Pierre Larchier était l'arrière-petit-neveu de Claude Larchier, conseiller en la Grand'Chambre, qui, le 15 novembre 1591, pendant la Ligue, fut, avec Barnabé Brisson, président du Parlement, et Jean Tardif, conseiller au Châtelet, pendu par ordre du Comité des Seize.

(3) La tombe de ce Larchier se trouve dans la chapelle de l'église de Vindecy.

par ce dernier, à sa veuve, demoiselle Jeanne-Marie Dupuy (1), elles avaient été par celle-ci portées à son second mari, Bernardin Uchard, licencié ès lois, demeurant à Pont-de-Veyle, et finalement acquises, en 1773, par le père de Louis-César Noailly. Après son acquisition de 1804, M. Noailly arrondit encore beaucoup son domaine et constitua ainsi l'énorme terre que possède aujourd'hui son petit-fils, M. le comte de Vichy-Champrond.

Nous ne sommes nullement fixés sur l'emplacement de l'ancien château d'Avrilly, et on peut le voir aussi bien à un endroit voisin de la locatairie des Arpents (2), où l'on a mis à jour de nombreux débris, qu'à la place où Cassini marque un château de Bruyère — dit aussi Châteauvert — sur un

AVRILLY-SUR-LOIRE.

éperon qui domine le petit ruisseau de Clavegris, non loin du domaine des Chassets.

Nous pencherions beaucoup pour ce dernier emplacement, si l'on n'y pouvait voir aussi l'ancien fief des Brières (V. plus loin); mais aux Arpents ni aux Chassets il n'a été fait de découverte probante, et le chef actuel de la propriété d'Avrilly se compose d'un petit château, du XVIIᵉ siècle, qui ne semble pas avoir été élevé sur des constructions antérieures et se trouve, dans de nombreux titres, désigné sous le simple nom de Maison Blanche. Ce château, fort élégant, est tout à fait digne de la charmante situation qu'il occupe au sommet d'une crête, dont la Loire baigne le pied : il est regrettable pourtant que des modifications récentes lui aient enlevé son cachet ancien et fait disparaitre la tour d'escalier, qui en allégeait la façade.

(1) Cette Marie Dupuy peut appartenir à la famille Dupuy de Semur (V. plus loin), mais on peut y voir aussi un membre d'une famille Dupuy que nous trouvons, depuis le XVIᵉ siècle, au domaine des Dupuy sur la paroisse de Luneau.

(2) Le nom de cette vieille locatairie des Arpents ne serait-il pas une nouvelle défiguration du nom des Isserpents, ses anciens possesseurs, déjà écrit de tant de façons?

L'église d'Avrilly fut, pendant la Ligue, occupée et fortifiée par un capitaine huguenot du nom de Mont, sur qui elle fut reprise par le commandant du château d'Arcy : au commencement du XVIIe siècle il n'en subsistait que des murs noircis.

Il nous avait semblé naturel de voir l'ancien fief des *Brières*, dont nous avons déjà parlé souvent, au château ruiné de Bruyère, porté sur la carte de Cassini; mais M. l'abbé Flachard le plaçant au domaine des Brières, sur la limite même entre les départements de l'Allier et de Saône-et-Loire, nous avons cru devoir nous ranger à son opinion.

Les Brières en 1401 appartenaient à Louis d'Isserpent, chevalier, seigneur de Baignaux et de Chitain, qui, cette année-là, les afferma à maître Jean Rollin, notaire à Bourg-le-Comte; puis nous les perdons de vue pendant un siècle environ et, en 1516, nous les retrouvons aux mains de Jean de Foudras, seigneur de Savary, qui, comme nous l'avons vu plus haut, les céda à Antoine de la Bussière contre la moitié de la seigneurie d'Avrilly, en gardant néanmoins la partie des droits de justice de Brières qui relevait du duc de Bourbon.

Pas plus que M. de Foudras ne garda Avrilly, Antoine de la Bussière ne conserva les Brières, qu'en 1518 il céda à Girard de Montcorbier, écuyer, seigneur de Pierrefitte et de Montifaut. (V. ce fief sur Sorbiers.)

Le 2 avril 1522 enfin, les Brières, acquises par Gilbert d'Isserpent, époux d'Anne de Coligny, revinrent dans la famille de leurs premiers possesseurs; réunies en 1525 par la veuve de Gilbert à la terre d'Avrilly, elles suivirent dès lors les destinées de cette seigneurie. (V. plus haut.)

Souvent aussi revient dans nos notes sur Avrilly le nom de *Clavegris*, fief qui eut jadis une grosse importance, comme un des ports les plus fréquentés de la Loire.

En 1328, d'après Courtépée, trois frères de Bonnand auraient possédé indivisément les terres d'Avrilly, Bonnand et Clavegris; mais de cette possession de notre fief par les Bonnand nous n'avons aucun autre indice que cette affirmation, et, peu après cette date de 1328, nous trouvons Clavegris aux mains de Pierre du Bouchaud, chevalier, père de Guy et Tristan, seigneurs du Bouchaud en 1374. Les du Bouchaud durent, après Pierre, posséder Clavegris pendant tout le XIVe siècle; en 1426, en même temps qu'Avrilly, ce fief passa d'eux à ce Jean du Cornyer dont nous avons plus haut énuméré les successeurs. (V. Avrilly.)

Nous avons vu dans nos notes sur Avrilly la vente consentie, en 1525, à Gilbert d'Isserpent par Jean de Tournay de la part à lui échue des terres d'Avrilly, Bonnand et Clavegris ; mais tandis qu'ils gardèrent la première de ces seigneuries, les Isserpent se défirent de Clavegris, qui englobait alors la majeure partie de Bonnand (V. ce fief), et, en 1536, nous voyons aveu rendu de notre fief par les chanoines du chapitre Saint-Léger d'Autun qui, comme seigneurs de Clavegris, possèdent entre autres choses « un péage auquel est dû sept sols pour chaque chaland montant ou baissant la rivière de Loyre, plus un bac qui s'accense par commune année quatre livres, l'accenseur fournissant le bateau ».

Clavegris fut entre les Isserpent et les chanoines l'objet de longs procès, qui motivèrent des arrêts en 1544, 1545, 1549 et 1552 ; enfin gain de cause resta au chapitre d'Autun, qui le 2 mai 1558, par-devant Fournier et Brûlé, notaires au Châtelet de Paris, put en toute garantie vendre Clavegris à messire Florimond Robertet, chevalier, conseiller du Roy et secrétaire général de ses finances, moyennant cinq cents livres de rente annuelle rachetables à neuf mille livres. (V. Montmorillon.)

Florimond Robertet mourut en 1567, laissant Clavegris à sa sœur Marie, épouse d'André de Guillard ; mais celle-ci ayant été par les guerres de religion ruinée « au point de vendre ses nippes », notre seigneurie fit peu de temps après retour aux chanoines de Saint-Léger, qui y mirent comme régisseur un des leurs, nommé Charles Pigenat (1). Le chapitre d'Autun garda Clavegris pendant tout le XVIIe siècle, et en 1703 seulement le vendit, toujours moyennant cinq cents livres de rente, à Antoine de Valadoux, seigneur d'Arcy. Enfin Clavegris fut compris dans l'acquisition d'Arcy faite en 1719 par messire Pierre Larchier, et les descendants de celui-ci, au moment de la Révolution, payaient encore, comme seigneurs de Clavegris, cinq cents livres de rente aux chanoines d'Autun.

Le manoir fortifié de Clavegris disparut de bonne heure, et un terrier du XVIIe siècle mentionne déjà au bord de la Loire « la motte où soulait être jadis la maison forte de Clavegris » : cette motte, où restaient des tronçons de murs, a été engloutie dans le lit de la Loire lors de l'inondation de 1856. Le même terrier signale, autour du petit ruisseau de Clavegris, d'autres mottes qui semblent indiquer en cet endroit une ancienne agglomération ; mais ces mottes ont aussi dès longtemps disparu.

Sur Avrilly se trouve encore le vieux logis des *Rollins*, censive autrefois

---

(1) Parmi les fermiers de Clavegris à cette époque, nous citerons comme intéressant des familles du pays : Jean Charpin, bourgeois de Vindecy, qui a affermé les droits seigneuriaux, et Mathieu Guichard, bourgeois de Marcigny, à qui le moulin de Clavegris se trouve amodié moyennant cinq bichets de seigle et un de froment

détachée du fief de Bournat sur Saint-Léger, et d'où sort une famille bourgeoise de Rollin, dont plusieurs membres furent notaires à Marcigny ou à Bourg-le-Comte. Pendant le XV⁰ siècle, nous trouvons à diverses reprises des Rollin mentionnés comme possesseurs de leur maison patronymique ; mais en 1495 celle-ci a changé de mains et appartient à une famille Bailly, alors établie à Bourg-le-Comte et originaire des environs de Trablaines.

Le premier Bailly, seigneur des Rollins, que nous connaissions est Jean, qui, cette année 1495, obtient du roi Charles VIII un arrêt lui donnant la jouissance d'un étang que lui contestaient les dames d'Avrilly, et en 1580 nous trouvons encore aux Rollins un de ses descendants, Robert Bailly, époux de Jeanne du Fournel. A Robert succéda son fils, Marc Bailly, avocat en parlement, époux de demoiselle Marguerite Mangonneau, de Paray-le-Monial (1) ; puis, portés par Marguerite Bailly, la fille de Marc, à Philibert de Cray (2), les Rollins appartinrent successivement au fils et au petit-fils de ce dernier jusqu'en 1720, que s'en rendit acquéreur M. Pierre Larchier, qui les réunit à sa terre d'Arcy et Avrilly.

Les Larchier ne vendirent les Rollins qu'après Avrilly et seulement dans le second tiers de ce siècle.

Enfin il nous faut mentionner, sur notre paroisse, la maison que posséda au hameau de l'*Haye* l'Ordre des Templiers, et qui, passée plus tard aux Hospitaliers, fut par eux rattachée à leur commanderie de Beugnet.

Le membre de l'Haye consistait en quelques immeubles non bâtis et en rentes, qui s'étendaient surtout vers l'ouest, sur les terres qui descendent à la rivière de Vouzance : les dîmes mêmes du hameau de l'Haye étaient, par moitié, partagées entre les Hospitaliers et les seigneurs d'Avrilly.

Le village de *Bonnand*, fort ancienne agglomération sise, dit un terrier de 1395, « près le grant chemin par où l'on vait de France en Advignon », est groupé au pied d'un éperon presque inaccessible, bizarrement dénommé la Motte aux Singes (3), et que couronne encore une motte parfaitement marquée. Cette motte est tout ce qui reste du château fort d'où sortit la puissante famille de Bonnand, et qui put fort bien remplacer au début

---

(1) Marc Bailly, par sa femme, se trouvait beau-frère de Robert Jacquelot de Contresol, et il y eut, en outre, des alliances directes entre les Jacquelot et les Bailly : en 1588, en effet, nous voyons le fief de Chantemerle sur la paroisse de Monétay acquis par Gilbert Jacquelot, époux de Roberte Bailly.

(2) Philibert de Cray portait le titre de seigneur de Saint-Léger, mais il nous semble difficile d'admettre qu'il s'agisse là de Saint-Léger des Bruyères, qui alors dépendait des Dureaux.

(3) Ce nom de Motte aux Singes est certainement une défiguration : sans doute est-ce la Motte enceinte, poursaingte, ou quelque chose d'approchant.

de l'ère féodale un de ces postes romains que l'on trouve partout, jalonnant les rivières des Gaules.

Non loin de ce château, sur les pentes qui tombent vers le fleuve, était un antique sanctuaire de Saint-Martin, remplacé en 1675 par une chapelle neuve, dont on distingue encore les fondations, sur la rive droite du petit ruisseau de Bonnand, près de la maison Joseph Martin.

Depuis 1287 que nous voyons une Agnès de Bonnant rendre aveu de son fief de Bonnand à Robert, comte de Charolles, nous trouvons à Bonnand et aux environs plusieurs membres de cette famille chevaleresque ; mais, dès le XIVᵉ siècle, il n'est plus question de leur vieille maison forte, déjà abandonnée sans doute, et de la seigneurie de Bonnand il ne reste plus que des droits seigneuriaux alors réunis à ceux d'Avrilly, et dont nous avons plus haut énuméré les possesseurs. (V. Avrilly.) Puis, deux siècles plus tard, le nom même de Bonnand disparaît, et une partie des droits qui composaient cet ancien fief est alors réunie à la seigneurie de Clavegris : dans l'aveu des chanoines d'Autun en 1536, il est, en effet, expressément mentionné que, comme seigneurs de Clavegris, « les dits chanoines possèdent les droits de place sur le grand et le petit Bonnand, dont le premier compte trente feux et le second huit ».

Vers 1770 cependant, pour affirmer leurs droits sur certaines redevances dépendant jadis de Bonnand, les Paroy de Lurcy se dirent seigneurs de Bonnand.

Continuant à descendre le cours de la Loire, nous arrivons à un élargissement de la vallée, qui formait autrefois la paroisse de Lurcy-sur-Loire, et où se trouvent en maint endroit des traces incontestables d'établissements gallo-romains. Là court une ancienne voie pavée encore reconnaissable et qui, de la Verne, se dirige vers les Marguilliers : elle est dite *chemin des Romains*, et si l'on considère qu'elle correspond tout à fait au gué Saint-Blaise, rien ne semble plus facile que d'en faire le grand chemin de Bourgogne (1), marqué entre Bonnand et Luneau par le Carignat (caire, ignis), ancien poste de signaux par le feu, et, sur la rive droite du fleuve, par l'Hôpital le Mercier, ancien établissement hospitalier certainement assis sur une voie fréquentée au moyen âge (2).

(1) Ce grand chemin, comme nous le verrons tout à l'heure, passait sans doute la Loire à Givardon — ou peut-être à Baugy — et, pour gagner l'un ou l'autre de ces points, empruntait quelque temps la vieille voie du bord du fleuve, que nous trouvons mentionnée dans le terrier de 1395 (V. Bonnand) et dont on voit des restes à Céc et à Estrées (strata) dans la paroisse de Molinet.
(2) Les terriers d'Arcy, en outre, indiquent une « maladière » sur la rive gauche de la Loire, sur le chemin de Bonnand à Lurcy.

La mouvance de *la Ronzière* fut au XIV° siècle, par Lucque de Semur, fille de Guillaume, portée en dot à Humbert de Bonnand, seigneur d'Avrilly (V. ce fief), et, en 1355, nous voyons reprise du fief de la Ronzière faite par Jacquette de Masoncle, veuve de Hugues de Bonnand, le fils d'Humbert, et alors remariée à Huet de Thil, mais agissant pour ses enfants du premier lit, Hugues, Jeanne et Élisabeth de Bonnand.

La Ronzière fut peu après détachée des biens des Bonnand et devint dépendance de la baronnie du Donjon : en 1376, en effet, nous trouvons une seconde reprise de fief exercée contre un Christophe Gribert, écuyer, seigneur de la Ronzière, et le suzerain, à cette époque, n'est plus un Bon-

LA RONZIÈRE.

nand, mais bien Guillaume de Mello, seigneur de la Roche et du Donjon.

Jusqu'à la Révolution, la Ronzière resta membre de la baronnie du Donjon; mais nous ne savons quelle famille Guillaume de Mello y substitua aux Gribert, et en 1506 seulement nous retrouvons notre fief possédé par Robert de Lysant, écuyer, d'une famille à laquelle appartenait aussi une dame des Millets. (V. ce fief.) Viennent ensuite, en 1571, comme seigneurs de la Ronzière, noble homme Philippe de la Varenne, frère sans doute d'Imbert de la Varenne, curé de Luneau; puis Charles de la Varenne, fils de Philippe, et encore mentionné en 1609. Mais alors arrive dans notre fief une famille brionnaise, amenée de ce côté-ci de la Loire par les La Guiche, héritiers des Isserpent.

Ce sont les Duryer (1), dont le premier à nous connu est Christophe,

---

(1) En 1440, un Antoine Duryer est capitaine du château de Marcigny : son fils André fut plus tard juge châtelain de Semur en Brionnais et eut pour successeur son fils Louis.

qui, pour les bons offices qu'il lui avait rendus, fut par la duchesse de Ventadour gratifié de la terre voisine de Bois-Cloyer : Christophe Duryer, en 1653, possédait les trois seigneuries de la Ronzière, Lurcy et Hauterive, et eut pour successeur son fils François (1).

François Duryer eut un fils, Claude, que nous retrouverons à Hauterive (V. ce fief); mais la Ronzière forma la dot de sa fille, Claudine Perrette, et, portée par elle à François du Puy (2), avocat en parlement, resta plus d'un demi-siècle dans cette famille.

Les du Puy eurent pour fermiers à la Ronzière les Boyer, que nous retrouvons au Bouchaud. Vers 1749, ils vendirent leurs terres de Lurcy, Hauterive et la Ronzière, à Denis-Joseph de Paroy, gendarme de la compagnie du Roy (V. Hauterive), qui, en 1770, signe seigneur de Lurcy, Bonnand et la Ronzière.

Une tradition, que nous n'avons pu contrôler, veut que la Ronzière, alors perdue au milieu des bois, ait été, aux XVIe et XVIIe siècles, un lieu de prêche toléré pour les huguenots du Charolais. (V. les Lafonts.)

Un autre petit fief est le domaine des *Lafonts*, berceau probable des Lafont, encore bourgeois de Luneau au XVIIIe siècle.

Le premier seigneur des Lafonts que nous connaissions est, en 1571, Jean de Cray, en même temps seigneur d'Hauterive et aïeul de Philibert de Cray, que nous avons trouvé aux Rollins vers 1650. Des de Cray, les Lafonts passèrent aux Gouvenain, de Marcigny, et, vers 1660, nous les trouvons indivis entre François de Gouvenain, sa sœur Marie et son beau-frère Jacques la Gresle, bourgeois, époux de demoiselle Jacqueline de Gouvenain, qui, le 23 avril 1665, les vendirent moyennant six cents livres à maître Jean Dupuy, docteur en théologie.

Maître Jean Dupuy testa le 10 septembre 1679, par-devant Maublanc,

---

(1) Peut-être est-ce un autre fils de Christophe qu'un Antoine-Jean-François Duryer, lieutenant-colonel au régiment de Navarre, qui en 1701 mourut sans postérité dans l'île d'Oléron, où il était lieutenant pour le Roy.

(2) Ces Dupuy, que nous trouvons aussi aux Lafonts et ailleurs, sont de la famille qui, en 1693, acquit la baronnie de Semur et le château de Saint-Martin la Vallée, où elle habite encore : les Dupuy, d'origine berrichonne, parait-il, mais dès longtemps fixés à Saint-Galmier, vinrent en Bourgogne en 1560 et fournirent depuis lors à Semur en Brionnais de nombreux magistrats, dont plusieurs fort remarquables. De cette famille est aussi Dupuy de Chateauvert, que nous trouvons à la Jarousse. (V. ce fief.)

Le 8 mai 1692, Jean du Puy, mousquetaire du Roy, obtint des lettres de réhabilitation dans la noblesse dont il était déchu par l'engagement de son aïeul dans la marchandise. Ses armes sont : d'or à la bande de sable chargée de trois roses d'argent, au chef d'azur chargé de trois étoiles d'or

Comme nous l'avons vu plus haut, il y avait déjà dans le pays une famille Dupuy — ou une autre branche de la même famille Dupuy, — qui laissa son nom à une ancienne communauté de la paroisse de Luneau.

notaire à Marcigny, et laissa les Lafonts à une demoiselle Marguerite Jardin, après laquelle nous voyons mentionné, comme seigneur des Lafonts, Alexandre de Montillet, avocat en parlement. A Alexandre succéda Louis de Montillet, et à celui-ci demoiselle Marie de Montillet, qui, le 16 décembre 1729, vendit notre terre à Philibert du Puy, sans doute membre de la famille que nous trouvons à Hauterive et la Ronzière.

Un aveu rendu en 1731 par ce Philibert du Puy à Élisabeth-Alexandrine, princesse de Bourbon-Condé et comtesse de Charolais, nous montre que les Lafonts avaient encore titre et qualité de fief et seigneurie ; puis, le 19 février 1734, nous trouvons nouvelle vente de notre fief, consentie par Philibert du Puy, à Gilbert Baudinot de la Salle (V. les Colains de Chassenard), habitant de Paray-le-Monial et membre d'une famille qui tirait, paraît-il, son nom du château de la Salle, près la Pacaudière (1).

Compris enfin dans les nombreux achats de la famille de Paroy (V. plus bas), les Lafonts, lors de la Révolution, furent, avec beaucoup de terres voisines, confisqués sur Gaspard de Paroy, dernier seigneur de Lurcy.

Lurcy-sur-Loire et Hauterive. — Les Paroy, que nous venons de trouver à plusieurs reprises, sont originaires de Paray-le-Monial et descendent de noble Claude de Paroy, seigneur de la Tour, paroissien de Digoin en 1617.

Philibert de Paroy, le fils de Claude, et qui du chef de sa femme, Jeanne de Rondepierre, possédait sur Loddes, Lenax et Andelaroche des terres assez importantes, vint à Lurcy vers 1650 comme fermier des Duryer, alors seigneurs de la Ronzière, Lurcy-sur-Loire et Hauterive, et y commença la fortune de sa famille ; il eut pour successeur son fils Philippe, époux de demoiselle Picard, de Pierrefitte, mort en 1733. Puis vient Denis-Joseph, gendarme de la compagnie du Roy et époux de demoiselle Antoinette Préveraud de l'Aubépierre, qui fit dans tout le pays des acquêts considérables et prit le premier le titre de seigneur de Lurcy ; ainsi nous arrivons à Gaspard-Claude Paroy de Lurcy, aussi gendarme de la compagnie du Roy, époux de Marguerite Jacquelot de Chantemerle, qui émigra en 1792 et dont les biens furent saisis et vendus.

(1) Il y a pourtant un château de la Salle non loin de Paray-le-Monial, et le 18 août 1623 nous voyons Palamède Baudinot, juge en la ville de Paray, marier sa fille Louise avec André le Long, écuyer, seigneur de la Monnoye.

D'après un Armorial bourguignon, les Baudinot remonteraient à Jean, juge bailli d'Anzy-le-Duc en 1470, et portaient : de gueules à trois fasces d'or et trois croissants d'argent rangés en chef.

Les Baudinot étaient protestants, et c'est à cette circonstance, sans doute, qu'il convient de rapporter le souvenir local d'un ancien culte protestant, dont la tradition (V. la Ronzière) aura été par simple erreur attachée à la Ronzière au lieu des Lafonts

Les Paroy habitaient au bord de l'eau une maison dite la Grande Maison d'Hauterive ou simplement la Grande Maison, et qui passe pour avoir été jadis le château fort de Lurcy : de cette Grande Maison, il ne reste que des dépendances actuellement converties en maison d'habitation.

Tout à côté était le petit fief d'Hauterive où habitait, en 1754, demoiselle Claudine de Cimetière de la Bazole, dame de Bournat (V. ce fief), et dont il subsiste un bâtiment fort ancien et des restes de murs, qui le sont davantage encore.

Depuis 1355 que nous voyons Lurcy-sur-Loire et Hauterive compris dans le retrait de fief exercé par dame Jacquette de Masoncle (V. la Ronzière) au nom de ses enfants, jusqu'en 1653 que nous y trouvons les Duryer, nous ne connaissons, comme possesseur de nos deux fiefs, que Jean de Cray, que nous avons déjà vu seigneur des Lafonts en 1571.

Cette même année 1571, justement, Jean de Cray fit, avec Philippe de la Varenne, seigneur de la Ronzière, des échanges de divers droits féodaux, et cet acte est remarquable en ce qu'il est passé au nom de Sa Majesté Catholique des Espagnes. A la fin du XVᵉ siècle, en effet, le Charolais, d'abord confisqué par Louis XI, avait été, par Charles VIII, rendu à Philippe, archiduc d'Autriche et petit-fils de Charles le Téméraire : de Philippe il passa à sa sœur Marguerite, et, les droits de suzeraineté du roi de France étant, d'ailleurs, toujours conservés, il resta dans les biens de la maison d'Autriche jusqu'au traité de Nimègue, en 1679.

A partir de cette date 1571, nous avons ensuite une longue lacune dans les seigneurs de nos deux fiefs jusqu'au milieu du XVIIᵉ siècle, que les acquiert — sans doute en même temps que la Ronzière (V. ce fief) — Christophe Duryer, « ancien intendant des affaires de madame de Saint-Gerand » et demeurant alors en la maison seigneuriale d'Avrilly (1). Christophe prit plus tard le titre de gentilhomme ordinaire du Roy et de conseiller et maître des requêtes ordinaire de la Royne ; il eut pour successeurs d'abord son fils François, puis Claude Duryer, fils de François, encore mentionné en 1708 et auquel succédèrent les Paroy.

Le chef de la paroisse de Lurcy-sur-Loire, assez importante en 1792 pour avoir été d'abord choisie à cette époque comme chef-lieu de canton, était au-dessus d'Hauterive, sur la hauteur : il ne s'y trouve plus que l'ancienne cure, qui forme actuellement le cœur d'un domaine, et que distinguent seuls des bâtiments voisins deux cheminées Louis XV sur-

---

(1) Il est possible que ce Christophe Duryer soit le père d'André Duryer, seigneur du Lac, près Marcigny, qui s'acquit à la fin du XVIIᵉ siècle la réputation d'un philologue distingué : le père d'André, en tout cas, s'appelait Christophe Duryer.

montées de trumeaux : quant à l'église, sise un peu plus à l'ouest sur un point culminant, il n'en reste que des débris de tuiles et aussi le nom de Pré du Cimetière conservé à son ancien emplacement (1).

Les droits seigneuriaux de la paroisse de *Luneau* étaient jadis partagés entre Lurcy, Beugnet et Arcy.

Cette commune, autrefois fertile, fut, au commencement du XVIIIe siècle, ravagée par des inondations terribles qui, d'après Courtépée, réduisirent en quelques années le nombre des habitants de sept cents à deux cents, et couvrirent toutes les terres labourables de masses caillouteuses.

Le fief de *Givardon*, avons-nous dit, fut au XVe siècle l'objet de revendications sans fin entre le duc de Bourbon et son voisin le duc de Bourgogne (2), et c'est à cette époque seulement que cette seigneurie se vit définitivement réunie au Bourbonnais.

Givardon, au XIIIe siècle, appartenait à la puissante famille des Châteauvilain, sires de Luzy, qui posséda aussi, en face, la châtellenie de Semur en Brionnais ; en septembre 1226, nous voyons Simon, sire de Luzy, passer avec Archambaud X, sire de Bourbon, une transaction relative à sa terre de Givardon. Des Luzy, Givardon passa par alliance aux Châtelperron, et nous en trouvons des aveux rendus, en 1314, par Hugues de Châtelperron, chevalier, sire de la Ferté-Chauderon, et, en 1328, par Arnoul de Châtelperron, damoiseau, sire de Parise le Châtel ; mais, tandis qu'en 1226 Simon de Luzy, fils de Dalmas, est expressément dit seigneur suzerain de Givardon, notre terre, au XIVe siècle, semble avoir passé sous la suzeraineté des comtes de Charolles et avoir été rattachée à la châtellenie de Semur en Brionnais : en 1333, en effet, le jeudi après le dimanche *Oculi*, nous voyons la dame de Beaujeu, qui a dernièrement acquis cette châtellenie d'André, comte de Charolles, confisquer Givardon sur son vassal, — un Châtelperron, sans doute, — et le sous-inféoder à Geoffroy de Taponières.

Ce Geoffroy de Taponières est le dernier seigneur de Givardon que nous connaissions ; à partir de sa réunion au Bourbonnais, notre terre n'eut d'ailleurs pas d'histoire et suivit les destinées du Donjon, dont elle resta toujours une simple dépendance : ses revenus consistaient principale-

---

(1) Ce qui reste de l'ancien Lurcy-sur-Loire appartient aujourd'hui à M. Bernardet, fermier de Saligny, originaire de l'Hôpital le Mercier.

(2) Nous avons déjà mentionné ces discussions aux Millets, dont un des seigneurs fut arbitre. Un des griefs qui donna lieu à une longue procédure portait sur « le fief sur l'eau de la Loire » que réclamait sur titres un gentilhomme d'Artaix.

ment en droits de port, que nous trouvons successivement affermés aux Barrois, aux Fanjoux, etc.

C'est un peu au nord du Givardon actuel qu'il convient de chercher l'emplacement de la seigneurie de ce nom : tout au bord du canal se trouve une modeste chaumière, dite maison de la Chapelle, auprès de laquelle, au sud-est, est une motte presque complètement effacée, et à vingt mètres plus au nord se voient encore quelques débris de vieux murs. Ces derniers sont tout ce qui reste de l'ancienne chapelle, dite de Sainte-Marie-Madeleine de Givardon, reconstruite en 1767 par messire Claude Delonchamps, curé de Cée (V. plus bas); la maison dite de la Chapelle était le logis nominal du chapelain de cet antique sanctuaire, et la motte au pied de laquelle elle était abritée portait la maison forte de Givardon. (V. Ressye.)

Peut-être faut-il voir à Givardon, dont le gué est encore praticable — et pratiqué — et d'où partait le chemin du gué Saint-Blaise, l'ancien passage de la Loire : ce qu'il y a de sûr, c'est que sa chapelle était un important bénéfice, et que ses chapelains [1] étaient en même temps prieurs de l'Hôpital le Mercier et chanoines d'Autun. Rapproché des longues disputes dont le fief de Givardon fut l'objet, tout cela semble indiquer que cette terre fut jadis une localité notable du pays et sa chapelle une des primitives fondations.

Nous ne savons au juste où pouvait être à Givardon la maison dite du Pavillon, où mourut, en 1682, demoiselle Françoise-Cécile Gontier des Dureaux, épouse de messire du Pont de Pradines et dame de Saint-Léger des Bruyères. (V. ce fief.) Peut-être ce Pavillon était-il la vieille maison sise un peu au nord du Givardon actuel et qui disparut seulement dans une des dernières inondations.

Avant de continuer à descendre le fleuve, il nous faut aller à l'autre extrémité de la commune de Luneau chercher une ancienne seigneurie qui autrefois faisait alternativement partie des paroisses de Luneau et de Neuilly en Donjon. C'est la *Vallée*, dont l'origine se rattache peut-être à l'existence de la chapelle Saint-Fiacre de Fol (V. cette localité), et dont les droits seigneuriaux, fort importants, s'étendaient jusque sur Trablaines et Bourg-le-Comte.

Aussi loin que l'on peut remonter, on trouve la Vallée simple dépendance de Lenax (V. ce fief), et en 1761 M. des Gallois est encore dit sei-

---

[1] Le chapelain en 1650 était messire Claude de Montchanin de Lagarde, membre d'une famille noble de Marcigny-les-Nonnains.

gneur de Lenax et la Vallée. Il semble pourtant, quelque temps avant la Révolution, avoir cédé le terrier de la Vallée à Antoine de Beaumont, que nous allons voir tout à l'heure ; mais jusqu'à cette époque les possesseurs de la Vallée furent de simples tenanciers des seigneurs de Lenax, leur payant redevances et ne possédant eux-mêmes aucun droit seigneurial.

Le premier de ces possesseurs à nous connu est, en 1600, un Gilbert Guillon, époux de Marie Préveraud, membre de la famille dont nous avons parlé à Huillaux. Gilbert eut pour successeur son fils Jean, encore mentionné en 1654 ; puis, comme bien d'autres terres voisines, la Vallée vint aux mains des Paroy, et, en 1696, fut saisie sur l'un d'eux, Antoine de Paroy. Acquise alors par les frères et beau-frère Préveraud des Plantais, Préveraud de la Boutresse et Chassenay, la Vallée fit quelque temps partie des biens de cette famille Préveraud et, comme telle, soumise à de fréquents partages ; puis elle passa par alliance aux Jacquelot de Chantemerle et finalement fut, vers 1780, portée par Madeleine Jacquelot de Chantemerle à Antoine de Beaumont, bourgeois de Mornay. Une petite-fille d'Antoine de Beaumont fit passer la Vallée aux mains de M. Bernard de Montessus de Balorre (1), et c'est de ce dernier que l'acquirent ses anciens possesseurs, les Jacquelot de Chantemerle de Villette, de Contresol, pour la réunir à cette terre déjà considérable.

La Vallée ne fut jamais un château, et en 1696 était une simple maison en forme de pavillon, couverte à tuiles creuses : c'est maintenant une construction assez banale, élevée en ce siècle-ci par M. de Balorre.

Revenant aux bords de la Loire, nous y trouvons la seigneurie de l'*Augère,* sise, comme Givardon, dans la pointe que l'ancien duché de Bourbonnais poussait jusqu'au fleuve : cette seigneurie fut longtemps une dépendance des Dureaux. (V. ce fief.)

Vers 1580, l'Augère appartenait à une famille de Rinières (?), dont une fille Benoîte, avant 1596, la porta en dot à Claude Daumont, bourgeois de Chassenard. Claude Daumont, jusqu'en 1610, fut seigneur de l'Augère ; mais, le 17 mai de cette année, se trouvant à Charlieu avec la compagnie de gens de pied qu'il commandait sous M. de Chantelot (2), il fut tué d'un coup de poignard par un soldat de sa compagnie et, le lendemain,

---

(1) La famille de Montessus de Balorre est originaire de Montcenis et toute différente de celle des Imbert de Balorre. Armes : d'azur au chevron d'or, accompagné de trois étoiles d'argent.
(2) M. de Chantelot, à cette époque, possédait sur Chassenard les Colains et l'Espinasse. (Voir la Chaise et Beaupoirier sur le Breuil.)

enterré « avec le concours de beaucoup de capitaines et d'autres gens ».

Claude Daumont laissait une nombreuse postérité, d'où viennent vraisemblablement les Daumont que l'on trouve encore à Chassenard ; mais la situation de cette famille était déjà peu brillante, et c'est alors que se rendit acquéreur de l'Augère François Gontier, mentionné, dès 1612, comme seigneur des Dureaux (V. ce fief) et de l'Augère. A François Gontier succéda son fils Antoine ; puis, en 1682, nous voyons notre fief porté par Marie Gontier, fille d'Antoine, à Jean-Louis de Ballorre, seigneur du Deffant, en la paroisse de Garnat ; en 1747 nous trouvons ensuite l'Augère parmi les possessions de Jean Pâris de Montmartel, et en 1788, enfin, elle

L'AUGÈRE.

fut acquise des héritiers Pâris de Brunoy par M. Gavinet de la Rochassière, moins un pré qu'acheta, à la même époque, M. de Miomandre, l'acquéreur des Dureaux. (V. ce fief.)

La maison actuelle de l'Augère est un vieux logis fort délabré, que flanque une tour carrée. Cette maison fut probablement élevée au XVIIe siècle par les Gontier, qui y utilisèrent les vieilles cheminées de l'ancien château ; celui-ci était à environ cinquante mètres plus à l'ouest, dans un pré dépendant des Barodoux et encore dit Pré de la Motte, à cause de la vieille motte féodale qui y est encore très visible.

Cette motte, de quarante mètres au moins de diamètre, est une des plus grandes que nous ayons et est doublée du côté de la colline par un parapet large de trois à quatre mètres, trop étroit pour avoir porté des dépendances et qui peut bien avoir été une défense extérieure.

Parmi les terres rattachées aux Dureaux, se trouvait aussi *Ressye*, où, par conséquent, nous suivons, depuis le XVII° siècle, les Gontier, les Berger, les Pàris de Montmartel et de Brunoy et M. de la Rochassière. (V. les Dureaux.) Cette seigneurie, au XVI° siècle, était assez importante pour figurer dans Nicolaï, et, en outre, avait encore, au XVIII° siècle, un relief suffisant pour faire préférer par les Berger le nom de Berger de Ressye aux autres qu'ils auraient pu prendre; mais, depuis cette époque, motte, nom et même souvenir de Ressye ont complètement disparu, et il nous faut le témoignage de la carte de Cassini pour nous faire placer là, entre Luneau et Chassenard, ce vieux fief, le seul peut-être dont il ne reste rien.

Le nom de Ressye est parfois donné, soit à la motte de Givardon, soit à celle de l'Augère : la première adaptation est une erreur, Givardon ayant toujours dépendu non des Dureaux, mais du Donjon. La seconde, au contraire, est assez acceptable; néanmoins nous aimons mieux croire que Ressye, sis, comme l'indique la carte, tout près du village des Loges, aura été complètement détruit par le passage du canal (1).

Deux localités voisines méritent encore d'être signalées :

C'est d'abord le hameau de la *Baume,* autrement dit la Baume-Marin, qui fut autrefois le principal port de cette région (2) et un important chantier de construction pour la batellerie : à la Baume était groupé un certain nombre de familles bourgeoises, et c'est de là notamment que sortent les Baudot (V. la Forêt), les Lorrain, les Poncet du Donjon et aussi les Gallay, qui allèrent à Avrilly par une alliance avec les Nevers.

Puis la collecte des *Bourbons,* dont les quatre feux dépendaient du Bourbonnais et en étaient les dernières maisons, comme leur nom semble, d'ailleurs, l'indiquer.

Enfin, nous arrivons à l'ancienne paroisse de *Cée,* sise sur un mamelon qui, facilement accessible à l'ouest, forme sur la Loire une falaise à pic de vingt mètres environ de hauteur, que le fleuve côtoyait jadis.

Cée n'est plus maintenant qu'un domaine ordinaire, et rien ne reste de l'église qui était placée sous le vocable de saint Denis; par contre, l'ancienne cure, construite, en 1763, par le curé Claude Delonchamp, a été conservée et renferme encore deux ou trois cheminées rocaille assez remarquables (3).

(1) Un vieil acte porte que « le moulin Cacherat est sis sur le chemin tendant de Ressye à la rivière de Loire ».
(2) Bècheron aussi était un port très fréquenté.
(3) Parmi les curés de Cée, nous citerons de 1676 à 1684 messire Claude de la Métairie, et de

Comme l'Augère, Ressye, etc., Cée fut, depuis 1650, comprise dans la seigneurie des Dureaux pour la partie dépendant du Bourbonnais, c'est-à-dire les pentes tombant vers le moulin disparu de Cacherat : quant à ce qui dépendait du Charolais, les redevances en étaient touchées par le prieuré de Paray-le-Monial au nom de l'abbé de Cluny.

Nous donnons ci-contre un plan de Cée, contenant l'ancienne église, l'ancien cimetière et les champs où furent mis à jour des indices incontestables d'occupation romaine.

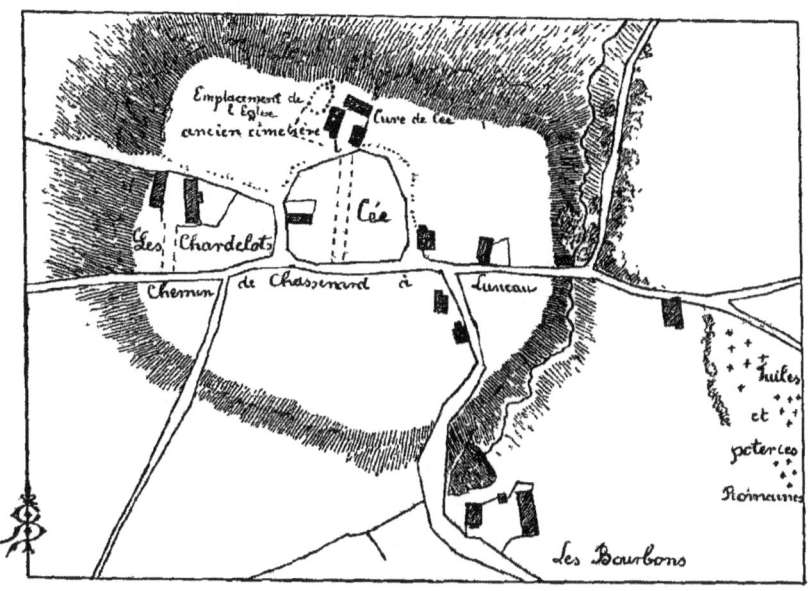

PLAN DE CÉE.

Bordé sur trois côtés d'escarpements rapides, couvert sur le quatrième par une vallée facile à inonder, le mamelon qui porte Cée offre des conditions toutes spéciales de défense : de son sommet, en outre, la vue s'étend magnifique sur le cours sinueux de la Loire et la ville de Digoin; aussi ne semble-t-il pas douteux que Cée ait été un poste, sinon créé, au moins fortifié par les Romains.

Que les légions chargées de la garde du fleuve aient aussi choisi, pour y établir un camp, ce point d'où elles pouvaient avantageusement surveiller Digoin, Givardon et jusqu'à Marcigny, rien ne nous paraît plus admissible; mais pour voir à Cée une immense nécropole, témoignage certain d'une

1684 à 1688 son neveu Jean de la Métairie, tous deux membres d'une famille charolaise dont descend Mgr Perraud, l'évêque d'Autun.

ville disparue, — et ce, sans avoir fait la moindre fouille, — il faut, comme quelques privilégiés, posséder à un haut point cet instinct de divination qui peut être pour la science un avant-coureur précieux, mais qui risque fort aussi de l'égarer souvent.

D'après Courtépée, la reine Christine de Suède, durant son voyage en France, en 1654, aurait couché à Cée et manifesté son enthousiasme pour la vue que l'on y a : étant donnée l'époque où écrivait Courtépée, cette assertion a une certaine valeur ; rien, malheureusement, ne la vient appuyer dans la correspondance ou les relations de voyage de la Reine, et nous avouons croire Courtépée parfaitement capable d'avoir confondu notre Cée avec les Ponts-de-Cé.

Comme Cée, la paroisse de *Chassenard*, au XVI° siècle, était partagée entre le Charolais et le Bourbonnais, qui y comptait dix-sept feux : elle forme maintenant le noyau d'une commune importante qui a embrassé, outre l'ancienne paroisse de Cée presque entière, toute la partie de Digoin qui s'étendait sur la rive gauche de la Loire.

Chassenard possède une curieuse église du XIII° siècle et aussi une ancienne chapelle devenue la maison Cuissinat, et qui fut, en 1675, fondée sous le vocable de saint Claude, par messire Claude Gay, curé de Chassenard. Mais, si notre paroisse avait ainsi deux chapelles, — sans compter celle de Beugnet, — il ne s'y trouvait pas de maison seigneuriale proprement dite, et les droits y étaient perçus pour un tiers par le curé, pour un tiers par le seigneur de la Beugnerie, et pour le reste par le commandeur de Beugnet, qui portait le titre de seigneur de Chassenard.

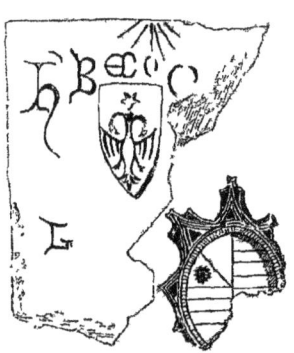

CHASSENARD. — Pierre tombale.

Le seul fief véritable de la paroisse de Chassenard est la *Beugnerie* (1), que nous venons de nommer : encore cette modeste seigneurie perdit-elle, dès le XVI° siècle, son autonomie pour suivre les destinées du château de Pontamailly (2), sis de l'autre côté de la Loire ;

---

(1) Courtépée dit que le nom de la Beugnerie vient à notre localité de l'abondance des eaux qu'on y trouve.

(2) Pontamailly dut vers le XVI° siècle remplacer le vieux château fort de Gondras, qui avait au XIII° siècle donné son nom à une branche des Isserpent, à laquelle appartenait sans doute Alix de Gondras. L'émigration au bord de la Loire des Isserpent et de quelques autres familles bourbonnaises est un fait qui demanderait à être étudié.

Le nom de Pontamailly est le nom de Pont à dame Alix (de Gondras) défiguré.

jusqu'à la fin, cependant, la Beugnerie conserva de son ancien caractère féodal un terrier et des droits particuliers.

Le seigneur de la Beugnerie, en 1441, était Jean de Masilles, seigneur aussi du Buisson et de Vaubresson (V. ces fiefs); puis, à partir de 1500, nous voyons se succéder dans notre fief tous les sires de Pontamailly : c'est d'abord, en 1510, Antoine d'Isserpent, époux d'Alix de Gondras; puis vient Claude d'Isserpent (1), fils d'Antoine, après lequel la branche des Isserpent de Gondras se perpétua dans nos deux terres de Pontamailly et de la Beugnerie jusqu'en 1620, que demoiselle Catherine d'Isserpent les porta à messire Henri-François de Busseuil (2).

M. de Busseuil, en 1650, vendit ses terres à Anne de Foudras, comtesse de Châteautiers (3), dame d'atour de la duchesse d'Orléans ; en 1771, enfin, Pontamailly et la Beugnerie vinrent entre les mains des membres de la famille qui les possède encore à la suite d'une vente consentie par Alexandrine de Foudras, veuve de François de Lezay, et son fils, Alexandre de Lezay, à messire Nicolas Genet du Bessey, seigneur de Contenson en Forez (4).

Nous relèverons encore sur Chassenard plusieurs maisons notables : c'est d'abord la *Croix*, récemment transformée en un élégant château et qui, depuis 1684, appartient aux Gay, vieille famille bourgeoise du Donjon, venue à Chassenard au commencement du XVII° siècle, en la personne de Robert Gay, époux de Françoise Fontgarnand et fermier de Beugnet.

Ce Robert fut la souche d'innombrables rejetons, dont nous citerons seulement, en 1689, François, chevalier de l'Ordre de Saint-Jean de Jérusalem, vicaire général dudit Ordre au Grand Prieuré d'Auvergne, curé de Saint-Georges de Lyon et commandeur de Villevieille, et, en 1774, autre François Gay, conseiller à la Cour des comptes de Dijon (5).

(1) D'après Courtépée, Claude d'Isserpent, dit aussi de Chitain, vendit en 1547 ses terres de Pontamailly à Louis de Vichy; mais c'était, soit une vente simulée, soit une saisie.
(2) Armes des Busseuil : fascé d'or et de sable de six pièces.
(3) La seigneurie de Châteautiers, sise sur la paroisse de Matour en Charolais, appartenait aux Foudras depuis le XIV° siècle.
(4) M. du Bessey portait le nom d'un petit fief de la paroisse de Chérier, que ses descendants possédaient il y a encore peu de temps : il avait deux frères, Jean-Guy, doyen de Montbrison, et Jean-Marie, chevalier de Saint-Louis, lieutenant-colonel des vaisseaux du Roy.
(5) François Gay portait : d'azur au chevron d'or, accompagné en chef de deux étoiles et en pointe d'un croissant de même.
Le 9 avril 1774 fut célébré à Chassenard le mariage de Charles Populle, avocat en parlement, fils de Nicolas, bourgeois de Roanne, et de Marguerite Cartier, avec demoiselle Élisabeth Gay, fille de Mathieu et de Jeanne Baudot.
Ce Charles Populle fut en 1790-91 maire de Roanne et membre du directoire du département de Saône-et-Loire; mais, accusé de connivence avec l'insurrection lyonnaise, il fut forcé de s'enfuir, arrêté aux environs de Digoin, — probablement à Chassenard, chez son beau-père, — et finalement guillotiné sur la place des Terreaux le 14 mars 1794.
Son fils, François Populle, né à Roanne le 5 novembre 1777, fut maire de Roanne de 1808 à

Puis vient la *maison Chamberlan,* sise à deux cents mètres environ du bourg, sur la route de Digoin, et d'où sortit une vieille famille de notaires du pays : il n'en reste que d'insignifiants débris de murs.

Les *Colains,* aussi, ont disparu : cette maison, parfois qualifiée de seigneuriale, se trouvait à vingt mètres au nord de l'église, au coin du chemin de la Chaume-Georges. Elle formait, avec le domaine de l'*Espinasse* (1), une terre non noble, mais considérable, qu'acquit, le 5 décembre 1659, de Jean-François de Chantelot de la Chaise, messire Jean-Claude du Mayne du Bourg, chevalier, capitaine major d'Issoudun-cavalerie.

Six ans après, le 30 octobre 1665, M. du Mayne du Bourg revendit les Colains et l'Espinasse dix-sept mille cinq cents livres à Benoît Palamède de Baudinot de la Salle, époux d'Antoinette de Reclesne, conseiller au parlement de Bourgogne, et, après Gilbert de Baudinot, le fils de Palamède, époux de Marie-Anne Perrin, nos deux terres vinrent aux mains de dame Alexandrine de Foudras, qui, en 1771, les vendit en même temps que la Beugnerie (V. plus haut) à Nicolas Genet du Bessey.

Jacques du Bessey de Contenson, le fils de Nicolas, était encore, lors de la Révolution, seigneur des Colains et de l'Espinasse.

Quant à *Vivant,* autrefois domaine de la paroisse de Digoin, c'était une terre relevant de la Motte Saint-Jean, et c'est à ce titre qu'en 1793 nous le voyons confisqué sur la duchesse de Cossé-Brissac, dame de la Motte Saint-Jean, et son gendre, M. de Mortemart, émigré.

Mais la seule localité vraiment importante de notre paroisse était la *commanderie de Beugnet,* dépendant de l'Ordre de Saint-Jean de Jérusalem, et qui, comme telle, a eu sa courte monographie dans le travail qu'a consacré à cet Ordre M. Vayssière, notre savant archiviste.

Nous n'insisterons pas plus sur Beugnet que sur les autres établissements religieux ; mais nous ajouterons à la liste des commandeurs de Beugnet déjà connus le nom d'un Petermann de Vallain, que nous trouvons, en 1792, sur les registres paroissiaux de Chassenard.

Beugnet, propriété actuelle des Capelin, est une élégante construction flanquée d'une tour que quelques moulures respectées peuvent faire

---

1815 et député de 1818 à 1822 : il devint sous la Restauration le chef du parti libéral de la Loire et fut nommé sous préfet de Roanne en 1830. François Populle vint mourir le 28 avril 1847 à Saint-Gerand le Puy, dans la maison où habite aujourd'hui M. Eugène Burelle, et qui appartenait alors à M. Thibaud, gendre de François Populle.

Celui-ci laissa la réputation d'un administrateur habile et conciliant : on lui doit notamment le pont sur la Loire, et aussi les promenades qui ont gardé son nom et qui sont établies, d'ailleurs, sur les terres de l'ancien moulin Populle.

(1) L'Espinasse est certainement une seigneurie déchue : il posséda toujours, en effet, une justice civile et criminelle, et au XVIIe siècle il s'y tenait encore quatre audiences par an.

attribuer à la fin du XIV° siècle. Rien ne subsiste du rempart ni du double fossé, encore mentionnés dans les aveux du XVII° siècle, et l'intérieur de Beugnet a été complètement refait; la vieille chapelle seule a été conservée, et il suffirait assurément de bien peu de réparations pour rendre son cachet primitif à ce joli monument gothique, le plus curieux, à coup sûr, de cette région, mais actuellement quelque peu déshonoré. Comme il se peut voir, en effet, par la porte que nous reproduisons, les sculptures sont en assez bon état, et pas une pierre ne manque ni aux nervures des voûtes, ni aux gracieuses lancettes, ni au campanile, qui, à lui seul, mériterait une description.

COMMANDERIE DE BEUGNET.

Beugnet, en 1779, était affermé neuf mille livres, non compris le membre de Bardon, aux portes de Moulins, ni celui de Trévol, sis tout près des Nonettes, à la lisière de la forêt de Munet.

Nous ne voyons plus sur Chassenard d'autre localité à signaler; mais sur une terre dépendant des Molanchards, à peu près sous le *B* du mot *les Bruyères*, est une motte assez bien conservée, dite *Motte du Bois de Milfour*.

De là l'œil découvre, depuis la motte Saint-Jean jusqu'à l'Hôpital, la verte vallée de la Loire et les riches côtes du Charolais : au delà sont les silhouettes tourmentées des massifs de la Clayette et du mont Saint-Vincent, tandis qu'au premier plan, où se déroulent la voie ferrée et le ruban argenté du canal, les hautes cheminées de la faïencerie de Digoin vomissent des torrents de fumée; et devant ce merveilleux paysage, tout animé des œuvres de l'industrie moderne, nous avons laissé notre pensée se reporter, mélancolique, vers les siècles passés. Ce que nous appelons vaguement une motte, ce tertre ignoré que la charrue efface chaque année, ne fut-il pas, jadis, un castel plein de vie, de luttes, de gloire peut-être, demeure d'une race fière et vivace ? Aujourd'hui, du manoir et de ses habitants il ne reste même pas un nom, et le voile de l'oubli a recouvert le puissant seigneur aussi bien que l'humble manant, la serve timide avec la noble châtelaine.

En fouillant le passé de tant de ruines, ce sentiment de la vanité des efforts humains nous est venu souvent : qu'on nous pardonne de l'exprimer ici !

BEUGNET.
Porte latérale de la chapelle

Nous finirons par quelques renseignements dus à l'obligeance de M. l'abbé Diot, curé de Chassenard, et relatifs à un événement auquel nous faisons souvent allusion et bien digne de tenter un érudit bourbonnais : nous voulons dire le passage en notre pays de Gaston d'Orléans.

« Le vingt sixiesme juin de cette année mil six cent trente-deux, portent les registres de Chassenard, ce Gaston de Bourbon, frère unique du Roy, après avoir conspiré davantage hors de France, il y vint avec dix ou douze mille ennemis, tant françois, lorrains, allemands, liégeois, wallons, pollonois que austres nations estrangères, pour faire la guerre à son frère et passat à guet à Digoin ledict jour et le lendemain ailla à Avrilly, et les Pollonois logeaient en ce lieu de Chassenard, qui y demeurèrent trois jours. Tout le monde se estaient enfui de devant eux ; mais la dicte armée fut deffaicte par la vaillance de messieurs les maréchaux de Schomberg et la Force en Languedoc, où monsieur de Montmorency l'attendait, qui fut prins prisonnier et le Roy lui fit trancher la tête.

« La dicte armée violloit, brusloit et voloit les esglizes à beaucoup d'endroits. »

De Digoin, Gaston d'Orléans gagna donc Avrilly, où il se trouvait encore le 30 juin, comme le prouve une sauvegarde délivrée ce jour-là à la dame des Rollins par le maréchal d'Elbœuf, commandant sa cavalerie : son camp, croit-on, se trouvait entre Avrilly et Luneau, vers la Croix-Malpurchet, à un endroit où l'on a découvert, à plusieurs reprises, des pièces de monnaie étrangères. De là, l'armée indisciplinée, qui pillait même les bagages et les fourgons de vivres de Gaston, gagna Sail et Droiturier, puis, remontant au nord, alla par Sorbiers (V. la Bêche) passer la Bèbre vers Jaligny et Chaveroche, pour se rejeter vers l'Auvergne par une marche rapide qu'il serait bien intéressant de suivre.

Le 14 juillet, en effet, elle apparaît sous les murs de Riom et va camper au-dessous de Tournoël, où elle devait rester près d'un mois.

FIN

INDEX ALPHABÉTIQUE DES NOMS DE LIEUX

Abime (moulin de l'), comm. du Donjon, 524, 540.
Abret, 20, 134, 140, 146, 147, 148, 149, 154, 197, 365.
Acarins (les), comm. de Cusset, 140, 177, 195.
Advisarts (les), comm. de Mercy, 44.
Afort, comm. du Breuil, 25, 218.
Agaux (montagne des), 81, 82.
Agenois (l'), 60.
Aglantiers (les), 408.
Aguillanges (seigneurie disparue d'), 30, 31, 45, 477.
Aigueperse (Puy-de-Dôme), 98, 113, 170.
Aiguillon (moulin d'), comm. de Ferrières, 102.
Ain (département de l'), 424.
Aix, comm. de Grézolles (Loire), 367.
Aix en Provence, 14, 499.
Alais (Gard), 424.
Alais (les), comm. de Chavéroche, 449.
Alaisons (les), comm. de Barrais-Bussoles, 32.
Alger, 151.
Allègre (Haute-Loire), 126, 461.
Allemandière, comm. de Billy, 356.
Allemands (chemin des), 68.
Alleuze (Cantal), 377.
Allier (département de l'), 2, 5, 440, 482, 535, 536, 539.
Allier (rivière d'), 40, 134, 139, 146, 149, 155, 172, 179, 191, 216, 228, 271, 286, 305, 315, 350, 351, 358, 359, 361, 363, 368, 389, 398, 479.
Alpes (les), 171.
Ambert (Puy-de-Dôme), 213.
Ambierle (Loire), 7, 18, 24, 32, 33, 80, 201, 366, 399, 462.
Amboise, 454.
Amiens, 484.
Andalousie (l'), 166, 322.
Andan (ruisseau d'). — *Voir* Balavan.
Andelaroche, 4, 5, 15, 21, 23, 24, 25, 26, 27, 43, 541, 586.
Andrauds (les), comm. de Billezois, 257, 262.

Andrivaux (les), comm. de Créchy, 358.
Angers, 333.
Anglard, comm. de Mazerier, 297.
Angles (les), comm. de Langy, 313, 318, 319, 320, 436.
Angleterre (l'), 44, 126, 293, 392, 420, 456, 464, 565.
Angoulême, 275, 276, 543.
Angoumois, 408.
Anjou (province d'), 452, 572.
Anjouin (Indre), 447.
Antibes, 20, 228, 306.
Antigny (verrerie d'), dans les Vosges, 84.
Anzy-le-Duc (Saône-et-Loire), 575, 586.
Apvril, comm. d'Aubigny (Nièvre), 513.
Aquitaine (l'), 95.
Aragon (royaume d'), 292.
Aragons (les), comm. de Saint-Gerand le Puy, 200, 304, 305.
Arbant, comm. de Montcombroux, 517, 518, 520.
Arcis-sur-Aube, 462.
Arçon, comm. de Changy (Loire), 50.
Arcy, comm. de Vindecy (Saône-et-Loire), 58, 60, 576, 578, 580, 581, 582, 583, 588.
Ardilliers (les), comm. de Jaligny, 458.
Ardoisière (l'), comm. de Cusset, 116.
Arfeuilles, 7, 12, 13, 53, 54, 55, 57, 62, 65, 71, 89, 141, 187, 197, 217, 359, 513.
Arfeuilles, près de Felletin (Creuse), 288, 353.
Ariolica (station gallo-romaine d'), 53, 359.
Arnas (Rhône), 255.
Arnauds (les), comm. de Saint-Gerand le Puy, 302, 330.
Arnefots (les), comm. de Saint-Prix, 244.
Arpayats (les), comm. de Sanssat, 268, 331, 332, 333.
Arpents (les), comm. d'Avrilly, 579.
Arpheuillette, comm. de Saint-Haon le Vieux, 107, 110.
Arques (Seine-Inférieure), 126, 504.
Arronnes, 113, 115, 116, 117, 154.

INDEX ALPHABÉTIQUE DES NOMS DE LIEUX.

Arulle (ruisseau de l'), 359.
Arsin (moulin d'), comm. de Cusset, 170.
Artaix (Saône-et-Loire), 578, 588.
Artivières, comm. de Sanssat, 331, 332.
Artois (province d'), 419.
Artonne (Puy-de-Dôme), 339.
Assise (bois de l'), 70.
Athiauds (les), comm. de Saint-Germain l'Espinasse, 421.
Aubépierre (l'), comm. de Cusset, 178.
Aubépierre (l'), comm. du Bouchaud, 534, 535, 566, 567.
Aubigny, dans l'Artois, 148.
Aubusson (Creuse), 513.
Auch (généralité d'), 462.
Augère (l'), comm. de Chassenard, 555, 590, 591, 592, 593.
Augères (les), comm. de Liernolles, 450, 504, 509, 510.
Augerolles, comm. de Saint-Didier en Donjon, 222, 469, 546, 547.
Augerolles (Puy-de-Dôme). — *Voir* famille d'Augerolles.
Aumale (Seine-Inférieure), 91.
Auterive, comm. de Saint-Gerand de Vaux, 320, 325.
Autun, 14, 365, 462, 524, 528, 576, 581, 583, 589, 593.
Auvergne (comté et province d'), 31, 64, 81, 86, 87, 89, 102, 134, 146, 170, 187, 222, 291, 297, 319, 324, 339, 359, 396, 403, 445, 453, 516, 522, 558, 560, 595, 599.
Auxerre, 426.
Auxonne, 114.
Auzat-sur-Allier (Puy-de-Dôme), 330.
Avare (l'), comm. de la Chapelle, 118.
Avignon, 234.
Avrillé (Vendée), 575.
Avrilly, 205, 208, 359, 524, 529, 568, 575, 576, 577, 578, 579, 580, 581, 582, 583, 584, 587, 592, 598.
Avrilly, comm. de Trévol, 575.
Azincourt (bataille d'), 6, 55, 147, 456, 467, 483.

Bagneux, comm. d'Iseure, 478.
Baguetier (étang), comm. d'Andelaroche, 28.
Baignaux, comm. de Melay (Saône-et-Loire), 578, 580.
Balans (les), comm. de Montcombroux, 520.
Balavan (ruisseau de), 16, 19, 21, 28.
Baleine, comm. de Bost, 38, 114, 192, 195, 199, 203, 209, 211, 257, 301, 308.
Baleine, comm. de Villeneuve-sur-Allier, 194, 366, 441.
Bancherel, comm. de Ris (Puy-de-Dôme), 133.
Bansat (Puy-de-Dôme), 151.
Bapaume (bataille de), 18.
Bar (motte de), comm. de Barrais-Bussoles, 29.
Barbarie (la), 221.

Barbarins (les), comm. de Varennes-sur-Têche, 464.
Barbenan (ruisseau de), 2, 3, 53, 57, 71, 217.
Barbesèche (vignoble de), comm. de Saint-Gerand le Puy, 300.
Barchères, comm. de Boucé, 307, 312, 382, 383.
Bardets (les), comm. de Cusset, 169, 170.
Bardinières, comm. de Périgny, 113, 253, 254, 305.
Bardon, près Moulins, 322, 597.
Bardonnet, comm. de Saint-Nicolas des Biefs, 85.
Bardonnières, comm. de Seuillet, 265, 339, 350.
Barge (la), comm. de Courpières (Puy-de-Dôme), 365.
Barginiat (lieu dit), comm. de Droiturier, 21.
Bari, dans le royaume de Naples, 83.
Barniers (les), comm. de Varennes-sur-Allier, 362.
Barodines (les), comm d'Aigueperse (Puy-de-Dôme), 170.
Barodoux (les), comm. de Chassenard, 591.
Barrais-Bussoles, 7, 21, 26, 28, 29, 30, 31, 32, 33, 34, 35, 36, 40, 43, 46, 271, 410, 427, 474, 477, 478, 481, 530.
Barrats (les Grands et les Petits), comm. de Montoldre, 403, 404, 475.
Barreix la Marche, 555.
Bartassières, comm. de Sanssat, 300, 302, 328.
Barthelats (les), 215.
Bartins (les), comm. de Vichy, 173.
Barutet, comm. de Saint-Pourçain-sur-Sioule, 298, 299, 362.
Basseroche, comm. de Ferrières, 99.
Basses-Marches (châtellenie des), 291, 513, 524, 535, 541, 543, 545, 547.
Bassinet (le), comm. de Châtel-Montagne, 70.
Bassots (les), comm. de Saint-Léon, 502.
Bastie d'Arvillard (la), 457.
Bastille (la), à Paris, 18.
Bâtisse (la), comm. de Saint-Félix, 331, 332.
Bâtisse (la), comm. du Puy-Guillaume (Puy-de-Dôme), 141, 165.
Baugy (Saône-et-Loire), 568, 583.
Baulme (la), comm. de Couzon, 296 (?), 356
Baume-Marin (la), comm. de Chassenard, 570, 592.
Bayet, 312.
Bazole (la), comm. de Saint-Didier en Donjon, 25, 218, 521, 542, 543, 544, 552, 555, 577.
Bazole (la), comm. de la Clayette (Saône-et-Loire), 543, 554.
Béarn (province de), 532, 543.
Beaubresson. — *Voir* Vaubresson.
Beaucoutaud, comm. de Vesse, 122, 519.
Beaucresson, comm. de Saint-Haon, 501.
Beaudéduit, comm. de Chaveroche, 429, 432, 433, 434, 444, 500, 532.

INDEX ALPHABÉTIQUE DES NOMS DE LIEUX.

Beaudesson (quartier), à Cusset, 173.
Beaufort, comm. de Chatelperron, 487.
Beaujolais (pays de), 185, 253, 365, 420.
Beaulieu, comm. de Saint-Prix, 19, 40, 247, 248.
Beaulon, 47, 470.
Beaumanoir, près Moulins, 326.
Beaumont, comm. de Bost, 62, 192, 209, 339.
Beaumont, comm. de Varennes-sur-Tèche, 466.
Beaumont, comm. de Saligny, 532.
Beaumont, comm. de Felletin (Creuse), 288.
Beaumont-le-Roger (Eure), 126.
Beaune, 8, 477.
Beaune (Côte-d'Or), 156, 232, 517.
Beauplan, comm. d'Isserpent, 211.
Beaupoirier, comm. de Saint-Félix, 42, 333, 334, 344.
Beaupoirier, comm. du Breuil, 24, 26, 42, 87, 218, 219, 224, 225, 367, 543, 545.
Beaupuy, comm. de Varennes-sur-Allier, 81, 360.
Beauregard, 14, 34, 390.
Beaurepaire, comm. de Montaigu-le-Blain, 287, 288, 289, 312, 320, 326, 399.
Beaurevoir, comm. de Billezois, 77, 197, 260, 261, 344, 345.
Beauvais, comm. de Gennetines, 400.
Beauvais, comm. de Saulcet, 41.
Beauvaisis (pays de), 334.
Beauvoir, comm. de Saint-Pourçain-sur-Besbre, 341, 342, 408, 460, 509, 542.
Becauds (les), comm. de Neuilly en Donjon, 563.
Bechaize, en Picardie, 554, 560.
Bêche (la), comm. de Varennes-sur-Allier, 362.
Bêche (la), comm. de Bert, 362, 469, 472, 475, 478, 479, 480, 481, 536.
Bêchemore, comm. de l'Avoine, 107, 112.
Bêcheron, comm. de Chassenard, 592.
Becouze, comm. de la Guillermie, 112.
Bègues. — Voir les Beugnes.
Bel-Air, comm. de Saint-Voir, 287, 399, 422.
Belesbat, comm. d'Aigueperse (Puy-de-Dôme), 170.
Belgique (la), 61.
Belleau, comm. de Tréteau, 288, 398, 399, 400.
Bellecour (quartier et fief de), à Lyon, 60.
Bellecour, comm. de Seuillet, 349.
Bellefaye, comm. de Saint-Christophe, 203, 204.
Bellenaves, 377.
Belleperche (châtellenie de), 441.
Belleripe, comm. de Cournon (Puy-de-Dôme), 44.
Belles Pierres (champ des), à Chatelperron, 482.
Bénisson-Dieu (la) (Loire), 23, 44, 47, 48, 49, 187, 534.

Bequaines, comm. du Breuil, 225.
Bergers (les), comm. de la Palisse, 241, 242.
Berland, comm. de Boucé, 381.
Berlière (la), comm. de Vaumas, 308.
Bernards (les), comm. de Chatelperron, 487.
Berry (province de), 290, 320, 451.
Berry, comm. de Saint-Léger des Bruyères, 557.
Bert, 29, 33, 242, 244, 349, 426, 444, 458, 469, 473, 475, 476, 477, 478, 480, 481, 518.
Berthaux (les), comm. de Neuilly en Donjon, 562.
Berthelots (les), comm. de Montcombroux, 520.
Berthière (la), comm. de Liernolles, 509.
Bertucats (les), comm. du Mayet, 88, 118.
Besançon, 501.
Besbre (rivière de), 1, 16, 19, 21, 36, 53, 57, 63, 70, 72, 73, 75, 85, 88, 216, 217, 219, 227, 228, 246, 266, 270, 368, 398, 425, 433, 442, 446, 447, 449, 451, 458, 466, 481, 487, 599.
Bessay, 289, 348, 408, 452, 490.
Bessey (le), comm. de Chériers (Loire), 595, 596.
Besson, 347.
Bessons (les), comm. de Créchy, 351.
Bessons (les), comm. du Vitry-sur-Loire (Saône-et-Loire), 34.
Beugnerie (la), comm. de Chassenard, 594, 595, 596.
Beugnes (les), comm. de Bert, 482.
Beugnet, comm. de Chassenard, 565, 575, 582, 588, 594, 595, 596, 597, 598.
Beuvé, 390.
Beyrat (le), comm. de Bellenaves, 329.
Biefs (territoire des), 57.
Billezois, 142, 195, 196, 200, 207, 248, 258, 261, 295, 338, 340, 454.
Billom (Puy-de-Dôme), 101, 220.
Billy, 8, 13, 17, 25, 113, 115, 118, 120, 133, 182, 192, 214, 218, 224, 246, 258, 266, 268, 270, 288, 290, 299, 305, 310, 318, 320, 327, 329, 332, 333, 334, 335, 339, 343, 345, 347, 348, 350, 351, 352, 353, 354, 355, 356, 357, 360, 400, 428, 445, 464, 473, 492, 504, 555.
Biots (les), comm. de Droiturier, 15.
Biozat, 39, 297, 358.
Birats (les), comm. du Mayet de Montagne, 88.
Bizets (les), comm. de Monétay-sur-Loire, 34.
Bizy, en Nivernais, 385.
Blache (la), en Dauphiné, 561.
Blanchards (les), comm. de Montaigu-le-Blain, 277.
Blanchirière, comm. de Molles, 120.
Blanchons (les), comm. de Bost (Puy-de-Dôme), 119.
Blancs-Fossés, comm. de Couleuvre, 364.

Blénière, comm. de Bert, 224, 244, 478, 480, 530, 563.
Blénière, comm. de Langy, 320.
Bletterie (la), comm. de la Prugne, 79.
Blois, 8.
Blomard, 564.
Blossenges, comm. de Montcombroux, 517, 518, 520.
Bois (le), comm. de Saint-Christophe, 202.
Bois (les), comm. de Servilly, 435.
Bois-Bizin (les), 70, 82.
Bois de Croux (le), comm. de Vareilhes (Saône-et-Loire), 63.
Bois-Cloyer (le), comm. de Luneau, 568, 585.
Boisdinet ou Bosdinet (Puy-de-Dôme), 140.
Bois-Diots (les), près la Palisse, 40, 242.
Bois-Droit (le), comm. de Saint-Pierre Laval, 15, 16, 348.
Bois-Gaillard. — Voir les Gaillards.
Bois-Jarrie. — Voir la Petite-Jarrie.
Bois-Lamy, commune de Moutier-Malcarré (Creuse), 136.
Bois-Maillard, 353.
Bois Noirs (les), 108.
Bois d'Oingt (le), département du Rhône (?), 16.
Bois-Picard (les), comm. du Donjon, 538, 541, 563.
Boisplan, comm. de Saint-Christophe, 207.
Boisrigaud, 142.
Bois-Robert, comm. de Châtel-Montagne, 67, 569.
Bolone (la), comm. de Thionne, 389, 394.
Bolone contre Bissy (la), en Nivernais, 394.
Bompré, comm. de Mazerier, 176, 347, 348.
Bonaventure, comm. de la Guillermie, 111, 112, 115.
Bongheat (Puy-de-Dôme), 104.
Bonnand, comm. de Luneau, 578, 580, 581, 582, 583, 585.
Bonnefond, comm. de Miremont (Puy-de-Dôme), 68.
Bonnefond, comm. de Saint-Clément, 67, 75.
Bonnefond, 62.
Bonnets (les), comm. de Bert, 205, 481, 563.
Bonnets (les), comm. de Varennes-sur-Allier, 162, 343.
Bonnière (la), comm. de la Prugne, 79, 80.
Bonnières, comm. de Saint-Clément, 72.
Bonnot, comm. de Creuzier-le-Neuf, 182.
Bonporto, 363.
Bor (prévôté disparue de), comm. d'Andelaroche, 27, 28.
Bord, comm. de Saint-Gerand le Puy, 254.
Bord, comm. de Saint-Étienne de Vicq, 196, 329.
Bordes (les), près Moulins, 436.
Bordeaux, 166, 392.
Bornat, comm. de Saint-Léger des Bruyères, 4, 46, 545, 560, 561, 582, 586.
Bornat, comm. de Saligny, 561.

Borne (la Grande), comm. d'Isserpent, 211.
Bosdebut, comm. de Barrais, 46.
Bosmien ou Boisméan, comm. de Montcombroux, 514, 517, 518.
Bosredon, 340, 341.
Bost, 192, 203, 301.
Bost (le), 43.
Bost de Croux (le), comm. d'Arrones, 103.
Bost de Montjournal (le), comm. du Pin, 551, 553, 554, 555.
Bosvert, comm. de Saint-Pierre Laval, 4, 5, 6, 7, 10, 242, 459.
Boucé, 285, 301, 311, 368, 369, 370, 373, 374, 376, 377, 378, 379, 380, 381, 382, 383, 398, 403, 411, 426, 427, 444, 457, 465, 476, 522, 556.
Bouchat (le), comm. de Liernolles, 511.
Bouchaud (le), 9, 13, 46, 67, 422, 541, 562, 565, 567, 568, 569, 570, 571, 572, 576, 578, 580, 585.
Bouchères (bois des), comm. de Molles, 123.
Bouchesnes (les), comm. de Saint-Clément, 58, 70, 71, 72, 73, 74, 78, 375.
Boudets (les), comm. de Molles, 123.
Boudin, comm. de Saint-Clément, 75.
Boue (la), comm. de Remilly (Nièvre), 515.
Bouérots (les), comm. de Lenax, 47, 246.
Bougalerie (la), comm. de Fleuriel, 317.
Boulaise (la), comm. de Montaigu-le-Blain, 277, 278, 280, 299, 308.
Bouletières, comm. de Saint-Christophe, 211.
Bouletières, comm. de Servilly, 263, 268.
Bouquets (les), comm. de Luneau, 554.
Bourbe (la), comm. de Loddes, 46.
Bourbes (les), comm. de la Palisse, 38, 240, 412.
Bourbis (les), comm. de la Palisse, 46.
Bourbon-l'Archambault, 11, 157, 522, 567.
Bourbon-Lancy (Saône-et-Loire), 371, 389, 509, 519, 559.
Bourbons (les), comm. de Chassenard, 592.
Bourbonnais (duché et province de), 3, 37, 38, 43, 57, 65, 71, 78, 80, 81, 84, 87, 98, 102, 106, 111, 146, 156, 174, 185, 214, 228, 246, 251, 259, 272, 275, 276, 278, 283, 286, 290, 307, 311, 319, 320, 324, 339, 345, 351, 354, 358, 359, 363, 366, 375, 377, 387, 388, 389, 396, 400, 420, 423, 436, 440, 448, 451, 452, 457, 473, 484, 485, 487, 489, 491, 494, 495, 498, 499, 506, 507, 519, 535, 549, 573, 574, 588, 590, 594.
Bourboule (la), département du Puy-de-Dôme, 77.
Bourg en Bresse, 194, 301.
Bourg le Comte (Saône-et-Loire), 291, 580, 582, 589.
Bourges, 15, 61, 155, 324, 400, 445.
Bourgheat (la), comm. de la Chapelle, 121.
Bourgogne (duché et province de), 31, 32, 43, 103, 249, 262, 271, 286, 324, 396, 400, 487, 525, 549, 550, 574, 575, 596.

INDEX ALPHABÉTIQUE DES NOMS DE LIEUX.

Bourguignons (les), comm. de Périgny, 251.
Bourzat, comm. de Saint-Germain des Fossés, 192.
Bouthéon (Puy-de-Dôme), 365.
Boutier (chez), comm. de Barrais-Bussoles, 32, 41.
Boutonnats (les), comm. de Servilly, 257, 266.
Boutresse (la), comm. du Donjon, 450, 530, 531, 532, 534, 535, 545, 567.
Bouvart, comm. de Boucé, 383.
Boynes (Loiret), 130.
Brely (moulin), comm. de Servilly, 250.
Brémonts (les), comm. de Varennes-sur-Allier, 362.
Bresche (la), département de Saône-et-Loire, 19, 528.
Bresle (la), comm. de Périgny, 256, 257, 300, 419.
Bresle (la), comm. de Cindré, 419.
Bressoles, 58.
Brest, 456, 490.
Bretagne, 14, 367, 490.
Breuil (le), 5, 11, 21, 23, 25, 64, 101, 102, 174, 179, 187, 195, 196, 197, 215, 217, 218, 219, 222, 223, 224, 225, 241, 249, 294, 332, 339, 410, 469, 480, 525, 526.
Breules (les), comm. de Mariol, 139.
Briailles, comm. de Saint-Pourçain sur Sioule, 189, 312, 390.
Briérate (étang de la), comm. de Rongères, 366.
Brières (les), comm. d'Avrilly, 577, 578, 580.
Brigauds (les), comm. d'Isserpent, 120.
Brionnais (le), 44, 249, 575.
Brisécuelle (verrerie de), dans la forêt de Darney (Vosges), 84.
Brossards (les), comm. de la Palisse, 467.
Brosse (la), comm. de Servilly, 266, 430.
Brosse (la), 43.
Brosse-Cadier (la), comm. d'Iseure, 505.
Brosse-Raquin (la), comm. de Tortezais, 265, 297, 304, 436.
Brosses (les Grandes et les Petites), comm. de Périgny, 255, 258, 259, 299.
Brosses (terr. des), comm. du Breuil, 220.
Brugheat, 473.
Brunart, comm. de la Chabanne, 24, 74, 75, 76, 77, 78, 79, 441, 532.
Brunoy (Seine-et-Marne), 506, 507, 528, 545, 591.
Bruns (les), comm. de Trézelles, 469.
Bruyère (la), comm. de Barrais-Bussoles, 32, 33.
Bruyère (la), comm. de Saint-Christophe, 197, 214, 217.
Bruyère-l'Aubespin (châtellenie de la), près Cérilly, 319.
Bueil (Eure), 527.
Buffevent, comm. de Saint-Voir, 23, 142, 503, 550.
Buisson (le), comm. de la Palisse, 244.

Buisson (le), comm. de Varennes-sur-Têche, 468.
Buisson (le), comm. d'Alleuze (Cantal), 377.
Buisson (le), comm. de Saint-Dier (Puy-de-Dôme), 548.
Buisson (le), comm. de Saint-Léger des Bruyères, 557, 593.
Burjauds (les), comm. de Varennes-sur-Têche, 462, 467.
Buron, comm. d'Yronde (Puy-de-Dôme), 209.
Busset, 114, 116, 117, 121, 124, 125, 126, 127, 128, 129, 130, 131, 132, 133, 134, 201, 296.
Bussoles, comm. de Barrais-Bussoles, 18, 26, 32, 36, 37, 38, 39, 40, 41, 42, 44, 50, 121, 242, 252, 302, 335, 460, 530.
Bussy, en Bourgogne, 221.
Butavant, comm. d'Andelaroche, 24, 26, 27, 28, 307, 531.
Buxières la Grue, 372.

Cacherat (moulin), comm. de Chassenard, 575, 592, 593.
Cadelières, comm. de Trézelles, 427, 428, 434, 467.
Cadot (Yonne), 450.
Caen, 94, 231.
Calixtes (les) ou Calistres, comm. de Gouise, 320.
Calleville, comm. de Mariol, 135.
Canivet (moulin), comm. du Mayet de Montagne, 88.
Canon (le), comm. de Mariol, 142.
Cantats (les), comm. de la Palisse, 242.
Cardoux, comm. d'Arfeuilles, 98.
Carency, 148.
Caresmentrant, comm. de Montcombroux, 522.
Carignat (le), comm. de Luneau, 583.
Carton, comm. de Saint-Clément, 75.
Castel (turail), comm. de Barrais-Bussoles, 33.
Castelnau (Hérault), 461.
Castille (royaume de), 102.
Catalogne (la), 457.
Catin-Ruet, comm. de Servilly, 411, 412.
Cayenne, 157, 376.
Caylus (Tarn), 222.
Caypha, comm. de Boucé, 384.
Cée, comm. de Chassenard, 554, 583, 589, 592, 593, 594.
Cerezat, comm. de Creuzier-le-Neuf, 114, 145, 182, 183, 184, 185, 186, 188, 189, 195, 199, 349, 350, 366.
Céron (Loire), 155, 573.
Certaines (les), comm. de Montcombroux, 63, 521, 522.
Cervières (Loire), 82, 286.
Chabanne (la), 71, 75, 78, 79.
Chabannes, comm. de Châtel-Montagne, 53, 78, 297.
Chachois (montagne du), 111.
Chagny (Saône-et-Loire), 155.

Chaise (la), comm. du Breuil, 24, 25, 26, 70, 218, 219, 224, 225, 352, 521, 545, 596.
Chaise (moulin de la), comm. de Saint-Etienne de Vic, 257.
Chaise-Dieu (la), département de la Haute-Loire, 126, 210, 394, 397.
Chaise en Ande (la), 26.
Chalard (le), 353.
Chalençon (Saint-André de), département de la Haute-Loire, 96.
Chalon-sur-Saône, 273.
Chalus, comm. de Billy, 356.
Chamarande, comm. de Saint-Germain l'Espinasse, 70.
Chamardon, comm. de Montbeugny, 569.
Chamberlain (maison), comm. de Chassenard, 596.
Chambertin, comm. de Rongères, 362.
Chambilly (Saône-et-Loire), 396.
Chambon (le), comm. de Créchy, 358.
Chambon (le), comm. de Saint-Étienne de Vic, 195.
Chambonnage (le), 350.
Chambonnet (le), comm. de Dompierre, 142, 389.
Chambonnières, comm. de la Chabanne, 75.
Chambord (le Grand), comm. de Treteau, 42, 402, 407, 408, 409, 410, 411, 416, 441, 464, 474, 500, 503.
Chambord (le Petit), comm. de Cindré, 42, 367, 409, 411.
Chambrias, comm. de Ferrières, 112.
Chamesgre, comm. de Varennes-sur-Allier, 361, 368.
Champagnat, comm. de Cusset, 166, 167, 374, 375.
Champagne, comm. de Montaigu le Blain, 281.
Champagny, comm. d'Ambierle (Loire), 573.
Champalard (terre de), comm. de Saint-Clément, 74.
Champblanc, comm. de Seuillet, 176, 258, 347, 348.
Champ-Châtel (le), comm. de Treteau, 404.
Champcourt, comm. de Cusset, 173, 177.
Champeix (Puy-de-Dôme), 126.
Champfeu, comm. d'Avermes, 363.
Champfeu, comm. de Saint-Pourçain-sur-Besbre, 363.
Champfollet, comm. de Paray-sous-Briailles, 173.
Champins (les), comm. de Montcombroux, 502.
Champodon, comm. de Saint-Didier en Donjon, 544, 545.
Champoly en Forez (Loire), 286.
Champouret, comm. de Monétay-sur-Loire, 338, 514, 558.
Champroux, comm. de Couleuvre, 364, 552, 556, 559.
Chanciaulx (les), comm. de Villeneuve-sur-Allier, 532.

Chandian, comm. d'Isserpent, 174, 214, 215, 216.
Changy (Loire), 5, 285, 286, 364, 541, 542.
Chantelle, 247, 317, 329.
Chantelot, comm. de Treteau, 408, 410.
Chanteloup, comm. d'Aigueperse, 170, 350.
Chantemerle, comm. de Monétay-sur-Loire, 28, 34, 55, 296, 538, 539.
Chantemerle, comm. de Chaveroche, 444, 455.
Chapeau, 503.
Chapelaude (la), 319.
Chapelle (la), 115, 117, 118, 119, 224.
Chapelle (la), comm. de Périgny, 88, 201, 251, 254, 255, 294, 335, 340, 347, 356, 442.
Chapelles (les), comm. de Mariol, 139.
Chapot, comm. de Sorbiers, 474.
Chaponost (Rhône), 143.
Chappes, comm. de Ferrières, 93, 94, 95, 96, 97, 98, 99, 197, 246, 310, 450, 530.
Chapuzots (les), comm. de Chaveroche, 408.
Charasse, comm. de la Chapelle, 118.
Charbonnières les Vieilles (Puy-de-Dôme), 257.
Charendon, comm. de Braussat, 326.
Charenton, près Paris, 461.
Charguerauds (les), comm. de Châtel-Montagne, 68.
Charlieu (Loire), 590.
Charme (le), comm. de Varennes-sur-Tèche, 467, 468.
Charmes (les), comm. de Saint-Gerand le Puy, 304, 427.
Charmes (les), comm. de Montaigu-le-Blain, 278, 375, 376.
Charmeil, 190, 191.
Charnand, comm. de Châtel-Montagne, 68, 70, 73.
Charnay, (le), comm. de Vaumas, 390, 394.
Charnée (la), comm. du Veurdre, 294.
Charnissay, près Preuilly (Indre-et-Loire), 392.
Charolais (pays de), 296, 524, 585, 586, 587, 594, 597.
Charolles, 19, 528, 572.
Charpins (les), comm. de la Palisse, 244.
Charrier, comm. de la Prugne, 80.
Charroux, 141, 229, 282, 362.
Chartiers (les), comm. de Sorbiers, 475.
Chartreuse d'Apponay (la), comm. de Remilly (Nièvre), 84.
Charvets (les), comm. de Bert, 477.
Chas, 132, 143.
Chaseu, aux environs d'Autun, 462.
Chassagne (la), comm. de Barrais-Bussoles, 33.
Chasseigne (la), comm. de Sussat, 441.
Chassemianne (plateau de), comm. de Montaigu-le-Blain, 281, 314.
Chassenard, 111, 480, 590, 591, 594, 595, 596, 597, 598.
Chassenet, comm. de Thuret (Puy-de-Dôme), 113.
Chassets (les), comm. de Luneau, 579.

INDEX ALPHABÉTIQUE DES NOMS DE LIEUX.

Chassignole, comm. de Cusset, 175, 176, 177, 178, 258, 326, 348.
Chassigny (Saône-et-Loire), 17.
Chassimpierre, comm. de Chatelperron, 473, 487, 488, 490, 491.
Chassingre, comm. de Lachaux (Puy-de-Dôme), 89, 150.
Chassinroy, comm. de Varennes-sur-Têche, 468.
Chastet, près Saint-Pourçain-sur-Sioule, 329.
Chastignoux, comm. de Chappes, 324, 325.
Chatard (maison), à Saint-Félix, 337.
Châteaubarot, comm. de Treteau, 412.
Château-Brulé (le). — Voir Bordinières.
Château-Carré (le), comm. d'Arfeuilles, 55.
Château-Charmette (le), comm. de Saint-Clément, 75.
Château-Gadin, comm. de Servilly, 267, 268.
Château-Gaillard, comm. de Billy, 357, 358, 458.
Château-Gaillard, comm. de Droiturier, 21.
Châteaugay (Puy-de-Dôme), 206, 342.
Châteaumorand (motte de), comm. de la Palisse, 40, 242.
Châteaumorand (Loire), 2, 3, 4, 5, 6, 7, 10, 11, 13, 24, 26, 28, 57, 205, 221, 222, 444, 529, 537, 546.
Châteauneuf-Randon (Lozère), 408.
Château-Panier, comm. de Cesset, 147.
Châteaurenaud, comm. d'Isserpent, 215.
Châteauroux, comm. d'Isserpent, 194, 208, 211, 212, 213, 214, 216.
Châteauthiers, comm. de Matour (Saône-et-Loire), 595.
Châteauvert, comm. de Luneau, 579.
Châteauvert, comm. de Saint-Étienne de Vic, 196, 262.
Châteauvert, comm. de Barrais-Bussolles, 36.
Châteauvert, entre Vindecy et Beaugy (Saône-et-Loire), 280.
Châteauvert, comm. du Bouchaud, 569, 570.
Châteauvert, comm. de Paray-sous-Briailles, 326.
Châtel en Boucé, comm. de Boucé, 377, 378, 379.
Châtelard (le), comm. de Saint-Priv, 227, 228, 246, 249, 250, 292, 363.
Châtelard (le), comm. de la Prugne, 80, 81.
Châteldon (Puy-de-Dôme), 89, 94, 98, 102, 113, 114, 121, 133, 136, 156, 190, 198, 202, 220, 221, 249, 276, 292, 525, 526.
Châtelet (le), comm. de Barrais-Bussoles, 33.
Châtelet (le), comm. de Montoldre, 373.
Châtel-Montagne, 47, 53, 57, 61, 62, 63, 64, 65, 66, 67, 68, 70, 74, 89, 114, 115, 198, 213, 217, 224, 232, 269, 297, 328, 339.
Châtelmoron (Saône-et-Loire), 519.
Châtelperron, 46, 63, 265, 390, 392, 395, 408, 420, 455, 457, 479, 482, 483, 484, 485, 486, 487, 488, 489, 492, 493, 494, 495, 499, 510.
Châtelus, 2, 3, 4, 5, 22, 57, 222, 228, 482.

Châtillon-d'Azergues (Rhône), 58.
Châtre (la), dans l'Indre, 399.
Chaudagne, comm. de la Chabanne, 75, 79.
Chaugy, comm. de Sail (Loire), 530.
Chaugy, comm. de Bessay, 408.
Chaumes (étang des), comm. de Neuilly en Donjon, 564.
Chaumes (les), comm. de Rongères, 306.
Chaumont-sur-Loire, 452, 453, 454.
Chaussée (étang de la), comm. de Saint-Rirand (Loire), 85.
Chaussin (le), comm. d'Abret, 122, 141, 142, 143, 144, 261, 342, 495.
Chaux (les), comm. de Saint-Christophe, 174, 200, 201, 202, 214, 318.
Chavanon, comm. de Cusset, 178.
Chaveroche, 10, 27, 31, 32, 35, 37, 45, 259, 322, 336, 352, 407, 412, 413, 417, 425, 426, 427, 428, 429, 430, 432, 433, 436, 439, 442, 444, 445, 446, 447, 448, 451, 468, 469, 471, 473, 474, 476, 477, 480, 481, 500, 512, 516, 517, 518, 519, 521, 541, 552, 571, 599.
Chazeuil, comm. de Varennes-sur-Allier, 20, 199, 201, 246, 348, 349, 358, 359, 360, 361, 363, 364, 365, 366, 367, 544.
Chemilly, 389.
Chenay-le-Chatel (Saône-et-Loire), 569.
Chêne du Loup (le), comm. de la Palisse, 242.
Chenillat, comm. de Cesset, 41, 384.
Cher (rivière et département du), 94, 291.
Chermont, comm. de Creuzier-le-Neuf, 167, 181, 186, 187.
Chervinière, comm. de Montaigu-le-Blain, 281.
Chéry, comm. de Chaméane (Puy-de-Dôme), 150.
Chevabrigon, comm. de Ferrières, 102, 104, 105, 107, 112.
Chevannes (les), près Saint-Honoré les Bains (Nièvre), 515.
Chevennes (les), comm. de Chapeau, 376.
Chevriers, comm. de la Prugne, 82.
Chezeaux (les), 482.
Chezelles, comm. de Montilly, 419.
Chezelles, comm. de Beaulon, 13, 39, 484, 572.
Chiavanzza, en Savoie, 297.
Chignard, entre Chaveroche et Trézelles, 433, 434.
Chine (la), 94.
Chitain, comm. de Saint-Christophe, 25, 27, 56, 202, 204, 205, 206, 208, 263, 300, 364, 577, 578, 580.
Choly, comm. de Saint-Pierre Laval, 8, 15.
Chomelix-le-Bas (Haute-Loire), 126.
Choubillon. — Voir Bellefaye.
Choux (les), comm. de la Palisse, 35, 46, 243, 402, 448.
Ciernat (Saint-Étienne de), 281, 283, 287, 288, 290, 295, 338.

INDEX ALPHABÉTIQUE DES NOMS DE LIEUX.

Cimetières (les), comm. de Saint-Didier en Donjon, 543, 552.
Cindré, 6, 40, 246, 257, 281, 381, 384, 398, 410, 411, 412, 414, 416, 417, 418, 419, 426, 432, 439, 440, 443, 444, 460, 470, 490, 496, 498, 553.
Cingleton, comm. de Dun-le-Roi (Cher), 463.
Clairbois, 424, 499.
Claustre (chez), comm. de Creuzier-le-Neuf, 187.
Clavegris, comm. d'Avrilly, 568, 577, 578, 580, 581, 582, 583.
Clayette (la), en Saône-et-Loire, 6, 28, 55, 229, 296, 467, 578, 597.
Claynes (les), comm. de Changy (Loire), 50, 254, 256, 258.
Clermont (Oise), 91.
Clermont-Ferrand, 40, 126, 151, 173, 212, 252, 266, 267, 275, 319, 324, 378, 394, 408, 416, 426, 444, 445, 456, 465, 476, 501.
Clessé (Saône-et-Loire), 440.
Clos Richard (le), comm. de Varennes-sur-Allier, 363.
Cluny (Saône-et-Loire), 24, 40, 83, 116, 209, 210, 229, 247, 286, 316, 537, 593.
Cocu (le), comm. de Saint-Clément, 75.
Cognat, 17, 82, 284, 286.
Cognet, comm. de la Chapelle, 118.
Coïmbre (ruisseau de), 71.
Colains (les), comm. de Chassenard, 596.
Cologne, 325.
Colonges, comm. du Pin, 553.
Combes (les), comm. de Creuzier-le-Neuf, 186.
Combrailles (pays de), 11, 185.
Combronde (Puy-de-Dôme), 454, 455, 456.
Commières, près de Roanne, 205, 534.
Condrieu (Rhône), 493.
Contenson, comm. de Saint-Just en Chevalet (Loire), 353, 595, 596.
Contresol, comm. du Donjon, 18, 34, 312, 347, 376, 522, 523, 537, 538, 539, 540, 542, 544, 590.
Coppet, comm. de Saint-Clément, 75.
Coquets (les), comm. de la Palisse, 243.
Cordebœuf, comm. de Paray-sous-Briailles, 287, 348.
Cornais (les), comm. de Glaine-Montaigu (Puy-de-Dôme), 213.
Cornassat, 302.
Corne (la), comm. de Trézelles, 440.
Cornevine, comm. de Montcombroux, 518.
Cornillon, comm. de Mably (Loire), 534.
Corre (la), comm. de Ferrières, 113.
Cossonier, comm. d'Andelaroche, 24.
Cost (chapelle de), comm. de Varennes-sur-Têche, 381, 430, 460, 461, 464, 465, 466, 473, 476.
Costière, comm. du Donjon, 535.
Côte (la), comm. de Magnet, 265, 276, 339, 340, 350, 357.

Côte (la), comm. de Montcombroux, 519, 520, 521.
Coude (le), comm. de Loddes, 43, 44, 45, 307, 421, 566.
Coude (le), comm. de Périgny, 251.
Coudriers (les), comm. de Neuilly en Donjon, 562.
Coulanges, 458, 539.
Couldray (le), comm. de Chappes, 399.
Couldray (le), comm. de Périgny, 240, 246, 249, 250, 251, 291, 292.
Couldre (la), 182.
Coulon, comm. de Saint-Léon, 448, 490, 494, 495, 496, 498, 499, 524, 529, 578.
Coulon, comm. du Bouchaud, 498, 534, 566, 567.
Cour (la), comm. de Marcilly-la-Gueurce (Saône-et-Loire), 572.
Courgenay, comm. de Neuvy-les-Moulins, 380.
Couronne (la), comm. de Molles, 123.
Courtine (le rez de), 85.
Coutaut, comm. de Treteau, 371, 372, 403, 404.
Coutière, comm. d'Arronnes, 95.
Coutouvre (Loire), 468.
Crachet, comm. de Chaveroche, 439, 447, 448.
Créchy, 278, 329, 351, 356, 357, 358, 492.
Credogne (ruisseau de), 108.
Crespin, comm. de Creuzier-le-Vieux, 182.
Cressanges, 347, 348.
Creuzier-le-Neuf, 181, 182, 186, 300, 339, 494.
Creuzier-le-Vieux, 121, 179, 180, 181, 185, 186, 187, 339, 406, 436, 494.
Croissance, comm. d'Iseure, 444, 505.
Croix (la), comm. de Saint-Gerand le Puy, 281, 289, 295, 296.
Croix (la), comm. de Chassenard, 595.
Croix (la), comm. de Nizerolles, 89.
Croix, 31, 265.
Croix Verte (la), comm. de la Palisse, 448.
Croix du Méplier (la), comm. de Servilly, 263.
Croix du Sud (la), 57, 494.
Croix Malpurchet (la), comm. de Luneau, 598, 599.
Croix des Quatre Seigneurs (la), comm. de Lavoine, 112.
Croizat, comm. de la Chapelle, 119, 202.
Crot (le), comm. du Breuil, 217.
Crot (le), près de Thiers, 77, 366 (?).
Crot Grutel (le), comm. de Montcombroux, 518.
Crozet (Loire), 8, 11, 48, 55, 308, 508, 514.
Crozet (le), 281.
Cublize (Rhône), 591.
Curys (Rhône), 364.
Cusset, 63, 72, 79, 80, 82, 83, 86, 88, 89, 93, 110, 117, 118, 119, 120, 121, 122, 134, 136, 145, 150, 151, 157, 158, 163, 165,

167, 168, 170, 171, 172, 173, 177, 178, 179, 185, 186, 187, 190, 192, 197, 198, 200, 202, 203, 207, 215, 217, 247, 248, 252, 253, 254, 259, 260, 262, 281, 290, 297, 299, 301, 305, 318, 322, 328, 339, 343, 347, 348, 349, 353, 356, 363, 367, 375, 398, 399, 429, 469, 555.
Cusset ou Cussay (Haute-Loire), 148.

Daguenets (les), comm. de Varennes-sur-Allier, 299, 362.
Dalliers (les), comm. de Rongères, 308.
Dammartin (Seine-et-Marne), 445, etc. — Voir famille de Chabannes.
Dampierre, 450.
Darney (forêt de), dans les Vosges, 84.
Darot (ruisseau du), 138, 139.
Dauphiné (province du), 84, 174, 364, 554.
Debost (les), comm. de la Chapelle, 119, 120.
Deffand (le), comm. de Garnat, 77, 287, 441, 591.
Deguets (les), comm. du Donjon, 499, 529, 530.
Demandiers (terr. des), comm. de la Prugne, 81.
Demoux et Demoret, comm. de Trévol, 136, 496.
Denetz (les), comm. de Sury-le-Comtal (Loire), 550.
Déserts (les), comm. de Chatelperron, 487.
Desserts (les), comm. de Barrais-Bussoles, 33.
Dettingen (bataille de), 136.
Deuxvilles, comm. de Thionne, 389, 390, 394.
Devaudière (la), comm. de Trézelles, 467.
Diannières, comm. d'Andelaroche, 5, 6, 7, 28.
Dienville-sur-Aube (Aube), 462.
Digoin (Saône-et-Loire), 31, 518, 593, 594, 595, 597, 598.
Digoine (Saône-et-Loire), 98, 528, 530, 534.
Dijon, 155, 273, 294, 366, 507, 595.
Diots (les bois), comm. de la Palisse, 40, 242.
Diou, 498.
Dôle (Jura), 219.
Dombes (principauté des), 286, 301, 565.
Dômes (les monts), 8.
Dompierre 13, 39, 266, 484, 510.
Donjon (le), 9, 21, 31, 33, 43, 44, 45, 47, 48, 62, 224, 243, 244, 290, 322, 333, 347, 431, 434, 472, 473, 474, 476, 479, 480, 481, 482, 493, 495, 501, 507, 510, 511, 513, 518, 521, 524, 525, 526, 527, 528, 529, 530, 536, 538, 539, 540, 543, 544, 545, 548, 553, 558, 562, 563, 564, 565, 567, 572, 584, 588, 592, 595.
Dornes (Nièvre), 359, 456.
Douaire (la), comm. de Saint-Léon, 473, 487, 501, 502, 506, 513.
Douanan (quartier du), comm. d'Arfeuilles, 216.
Douzon, comm. d'Etroussat, 249, 276, 287, 307, 353, 383.

Doyat, à Cusset, 119, 170.
Doyat, comm. d'Arronnes, 95.
Drée (marquisat de), en Saône-et-Loire. — Voir la Bazolle.
Dreux, 78, 109, 184.
Driffort, comm. de Créchy, 380.
Droiturier, 15, 16, 17, 18, 19, 20, 39, 61, 243, 252, 263, 268, 285, 287, 327, 357, 381, 436, 458, 480, 481, 522, 538, 578, 599.
Druy, en Nivernais, 527.
Dupuys (les), comm. de Luneau, 579, 585.
Duque (la), 503.
Dureaux (les), comm. du Pin, 301, 507, 542, 546, 553, 554, 555, 556, 560, 567, 590, 591, 592, 593.
Durets (les), comm. de la Palisse, 247.
Duriers (les), comm. de Saint-Pourçain-sur-Besbre, 35.
Dyo (Saône-et-Loire), 461, 462.

Échelettes (les), comm. de Montoldre, 14, 119, 265, 304, 307, 312, 376, 381, 403, 404, 411, 504.
Échelettes (autre terre des), marquée par Cassini au N.-O. de la précédente, 371, 373, 375, 374, 427.
Écherolles (les), comm. de la Ferté-Hauterive, 277.
Éclache (couvent de l'), à Clermont-Ferrand, 269.
Écluse (l'), comm. de Neuilly-le-Réal, 516.
Écures (les), comm. de Chatelperron, 418, 488, 489, 490, 491, 498, 568.
Effiat (Puy-de-Dôme), 156, 502, 508.
Egaux (les), comm. de Varennes-sur-Allier, 360.
Embourg, comm. de Souvigny, 174.
Embrun (Hautes-Alpes), 23.
Emeries (les), comm. de Saint-Etienne de Vic, 197.
Enfer (le Petit), 305.
Épalus (les), comm. de Droiturier, 21, 221.
Épiards (les), comm. de Vaumas, 387, 499.
Épigeards (les), comm. de Saint-Germain des Fossés, 192.
Épine (moulin de l'), comm. du Donjon, 524, 540.
Époisses (les), 256.
Eschaloux (les), comm. de Bayet, 332.
Espagne (l'), 587.
Espinasse (baronnie de l'), comm. de Saint-Germain l'Espinasse (Loire), 17, 103, 285.
Espinasse (l'), comm. de Chassenard, 596.
Espey en Bresse, 364.
Esquilly, comm. de Vougy (Loire), 6, 7, 418.
Essertot (l'), près Prissey (Saône-et-Loire), 418.
Estrées, comm. de Molinet, 532, 550, 551, 583.
Étang (Saône-et-Loire), 440.
Étivaux (les), comm. de Saint-Victor (Puy-de-Dôme), 108, 112.

Évreux, 102.
Évry-les-Châteaux (Seine-et-Marne), 65.

Faiettière, comm. de Saint-Martin d'Estreaux (Loire), 11, 570.
Faige (la), ou la Feige, comm. de Saint-Pierre Laval, 9, 10, 11, 245.
Falconnières, comm. de Billezois, 142, 259, 260.
Farinvilliers, 371.
Faure (chez), comm. d'Arronnes, 117.
Fauvres de Ville (les), comm. de Droiturier, 13, 21, 26.
Faverges, en Savoie, 565.
Fay (le), comm. de Saint-Jean d'Heurs (Puy-de-Dôme), 140.
Fay (le), comm. de Louchy-Montfan, 287.
Fayau (moulin), comm. de Saint-Nicolas des Biefs, 82, 88.
Faye (la), comm. de Saint-Dier (Puy-de-Dôme), 560.
Faye (la), comm. de Beaune, 8, 477.
Faye (la), comm. de Brian (Saône-et-Loire), 274.
Faye (la), comm. de Saint-Léon, 494.
Faye (la), comm. de Molles, 118, 119.
Fayet (village), comm. d'Arfeuilles, 55
Fayette (la), comm. de Loddes, 45.
Fayette (la), comm. de Molles, 120.
Fayettes (les), comm. de Saint-Didier en Donjon, 547, 548.
Fayolle (la), comm. de Saint-Martin d'Estreaux (Loire), 23.
Fayolle (terr. de la), comm. de la Chapelle, 118.
Féjards (les), comm. de Droiturier, 20, 21.
Ferrières-sur-Sichon, 67, 72, 75, 81, 82, 86, 90, 91, 92, 93, 94, 95, 96, 98, 102, 104, 107, 112, 113, 114, 115, 140, 156, 190, 200, 224, 254, 356, 428, 452, 569.
Ferté-Chauderon (la), dans la Nièvre, 455, 483, 484, 588.
Féué (le), comm. de Loddes, 1, 21, 43, 45, 524.
Feuillerouse (la), comm. de Bost, 62.
Feuilletard, comm. de Bert, 30, 45, 477, 478.
Feuillouse (la), comm. de Montcombroux, 62, 511, 513, 521.
Feuillouse (la), comm. de Varennes-sur-Allier, 314, 362.
Feurs (Loire), 285, 286.
Fiats (les), comm. de Saint-Yorre, 134.
Fin (la), comm. de Thiel, 341, 363, 461.
Fins, comm. de Châtillon, 347.
Flandre (province et campagne de), 135, 292, 419.
Florence, 365.
Floret, comm. de Trézelles, 47, 246, 263, 411, 425, 436, 439, 440, 442, 462.
Flûte (bois de), comm. de Langy, 315.
Fognat, comm. de Bellenaves, 283, 287.

Folie (la), comm. de Neuilly en Donjon, 384, 564, 565, 568.
Follin, comm. de Grury (Saône-et-Loire), 542.
Fond (la), comm. de Langy, 28, 309, 320, 321, 322, 413, 476.
Fond (la), comm. de Cusset. — Voir Chassignolles.
Font (la), comm. de Cindré, 322, 412, 413, 414, 476.
Font (la), comm. de Cipcy, 187.
Font (la), comm. de Montaiguet, 50, 51.
Font (la), comm. de Saint-Léon, 494.
Font de l'Armée (la), comm. de Sorbiers, 480.
Font Saint-Mageran (la), comm. de Brout Vernet, 39.
Fontaines, comm. de Billy, 332, 335, 356.
Fontaines, comm. de Cindré, 398, 412, 413, 414, 415, 416, 417.
Fontaines, comm. de Rocles et de Saint-Sornin, 361, 434, 444.
Fontanères, près de Chaveroche, 449, 451.
Fontanès (Loire), 421.
Fontarbin, comm. de Langy, 309, 314, 320, 321, 322.
Fontbelle, comm. de la Prugne, 81.
Font-Bergeron (la), comm. de Bongères, 306.
Fontbouillant (source de), comm. de Saint-Gerand le Puy, 293.
Font-Catholique (la), dans les bois Bizin, 82.
Font-Rambert (la), comm. de Cusset, 138.
Fontevrault (Maine-et-Loire), 426.
Fontquartal (lieu dit), comm. de Trezelles, 430.
Fontenoy (bataille de), 137, 463, 496.
Forêt (la), comm. de Liernolles, 14, 24, 166, 310, 375, 382, 434, 439, 464, 480, 485, 502, 503, 504, 505, 506, 507, 508, 509, 510, 512, 528, 529, 547, 555.
Forez (le), 3, 8, 43, 47, 55, 57, 71, 79, 80, 81, 82, 83, 85, 106, 249, 285, 324, 347, 365, 528.
Forgeats (les), comm. de la Palisse, 242, 462.
Forges (les), en Poitou, 35.
Fort-Rion, comm. de Châteldon (Puy-de-Dôme), 133, 139, 168.
Foucaulds (les), comm. de Saint-Prix, 247.
Fougis (les), comm. de Thionne, 142, 384, 385, 386, 387, 388, 390, 392, 394, 418, 564.
Foulet (le), comm. d'Iseure, 287.
Fourchaud (le), comm. de Besson, 347
Fourilles, comm. de Cindré, 418, 419.
Fourneau (le), comm. de Molles, 183.
Fouz, comm. de Billy, 27, 329, 356, 357, 360.
Framouse (ruisseau de), 83.
Franche-Comté (la), 84, 85, 295, 366.
Franchesse, 513.
Fréchets (les), comm. de Bert, 475.
Fretay (le), comm. d'Isserpent, 18, 78, 109, 188, 197, 213, 214, 287.
Fribourg en Brisgau, 130.

INDEX ALPHABÉTIQUE DES NOMS DE LIEUX.

Fribourg, en Suisse, 320.
Frugières, près Brioude (Haute-Loire), 162.
Fumoux (chez), comm. du Mayet-de-Montagne, 88.
Fumoux (chez), comm. de la Guillermie, 111.
Fys (les), comm. de Saint-Pourçain-sur-Besbre, 521.

Gabelle (la), comm. de Saint-Pierre Laval, 2.
Gabelous (les), comm. de la Prugne, 82.
Gacons (les), comm. de Molles, 24, 183.
Gacons (les), comm. de Bouchaud, 567.
Gadine (la), comm. de Saint-Gerand le Puy, 301.
Gagnol, comm. de Ris (Puy-de-Dôme), 133.
Gaillards (les), comm. du Breuil, 217, 245.
Gailles (les), comm. de Barrais-Bussoles, 33.
Galetières, comm. de Saint-Christophe, 174.
Gannat, 35, 162, 172, 198, 220, 252, 286, 305, 324, 339, 442.
Gap, 165.
Garceaux (les), près Moulins, 375.
Gard (le), comm. de Molles, 123, 338.
Garde (la), près Semur en Brionnais (Saône-et-Loire), 522.
Garde (la), comm. de Droiturier, 21.
Gardette (la), 258.
Garenne (la), comm. de Magnet, 339.
Garenne (la), comm. de Périgny, 249, 467.
Garennes (les), comm. de Varennes-sur-Allier, 312, 427.
Garet (le), comm. de la Chapelle, 118.
Garet (le), comm. d'Arfeuilles, 62.
Garets (les), comm. de Vichy, 172, 173, 182.
Garmin, comm. de Langy, 318, 471.
Gascogne (la), 221.
Gastine (la), 461.
Gatelières, comm. de Saint-Pierre Laval, 2, 570.
Gaudinières, comm. de Saint-Martin d'Estreaux, 19, 42, 349.
Gaudinières, comm. de Droiturier, 19, 20, 42, 148, 149, 246, 252, 349, 365, 478.
Gauthière (la), comm. de Saint-Martin d'Estreaux, 51.
Gayette, comm. de Montoldre, 162, 357, 369, 370, 371, 372, 373, 377, 403, 412.
Génat, comm. de Cusset, 163, 164, 165, 166, 171, 230, 312, 344, 364.
Gendarme (les Sapins du), comm. de Loddes, 43.
Genève, 204, 503.
Gerbes, comm. de Saint-Rémy en Rollat, 132, 544.
Gévaudan (pays de), 141.
Gibes, comm. de Liernolles, 520, 548.
Gien, 155, 419, 570.
Girards (les), comm. de Neuilly en Donjon, 564, 565.
Girards (les), comm. de Châtelperron, 490.
Girardières, comm. de la Chabanne, 75.

Girardières, comm. de Saint-Félix, 337, 338, 339, 341, 342.
Girauds (les), comm. de Billezois, 262.
Girauds (les), comm. de Boucé, 246, 278, 280, 382.
Girauds (les), comm. de Ferrières, 114.
Girauds de la Garde (les), comm. de Varennes-sur-Tèche, 435, 467.
Givardon, comm. de Luneau, 525, 527, 560, 575, 583, 588, 589, 590, 592, 593.
Gléná d'Ande, comm. d'Andelaroche, 14, 21, 22, 23, 24, 25, 32, 345, 432, 518.
Gléné, comm. de Servilly, 247, 252, 263, 264, 265, 266, 310, 399, 406, 436, 458.
Gobertières, comm. de Sanssat, 326.
Gondailly, comm. de Saint-Gerand le Puy, 62, 296, 297, 298, 304, 358, 437.
Gondras, en Saône-et-Loire, 594.
Gondeaux (les), comm. de Châtelperron, 487.
Gonges, comm. de Billezois, 262.
Gouats (les), comm. de Varennes-sur-Allier, 299.
Gouise, 290, 374, 460, 578.
Goutte (la), comm. de Droiturier, 15.
Goutte (la), comm. de la Prugne, 80.
Goutte (la), en Forez, 77.
Goutte-Barlette (ruisseau de), 242.
Gouttes-Barres (ruisseau des), 29, 33.
Gouttes (les), comm. de Thionne, 387, 388, 389, 390, 391, 392, 393, 394, 396, 410, 457, 460, 485, 486, 487.
Gouyonnière (la), comm. du Bouchaud, 565.
Goyards (les), comm. de Barrais-Bussoles, 481.
Grand'Borne (la), comm. de la Prugne, 82.
Grand'Borne (la), comm. d'Isserpent, 211.
Grandmont, comm. de Creuzier le Neuf, 186, 374, 375.
Grandsvaux (les), comm. de Mariol, 119, 139, 140.
Grandval, comm. de Busset, 131, 132, 245.
Grand-Village (le), comm. de Saint-Gerand le Puy, 301.
Grange-Bléneau (la), 206.
Grange-Châtenois (la), comm. de Trezelles, 266, 430, 432.
Grange en Boncé (la), 380.
Granges (les), comm. de Varennes-sur-Tèche, 462.
Granges (les), 323, 325, 326.
Granges (les), comm. de Branssat, 326.
Granjons (les), comm. de la Chapelle, 174.
Gras (les), comm. de Saint-Gerand le Puy, 295.
Grave (la), comm. de Seuillet, 336, 350.
Graveron (ruisseau de), 472, 488.
Graves (les), comm. de Cusset, 172, 173.
Gravier (le), comm. de Cusset, 175.
Gravières, comm. de Varennes-sur-Allier, 308, 361, 362.
Gravières, comm. de la Chapelle, 80.
Gravoins (les), comm. de Molles, 121.

Gregaine, comm. de Brian (Saône-et-Loire), 577.
Grelle (la), en Limousin, 519.
Grenant en Bassigny (Haute-Marne), 532.
Grenier (le Petit), comm. de Saint-Prix, 244.
Grenoble, 93, 457.
Grézolles (Loire), 367.
Grézolles, comm. de Boucé, 380.
Griffier (baronnie et moulin de), comm. de Ferrières, 4, 13, 92, 93, 94, 95, 107, 229.
Grippet (le), comm. de Serbannes, 110, 183, 198.
Grisons (canton des), 190.
Grivats (les), comm. de Cusset, 149.
Grognat (ruisseau de), 301.
Grosbois, comm. du Donjon, 514, 519, 529.
Grosjeans (les), comm. de Varennes-sur-Tèche, 467.
Grosloup, comm. de Saint-Léon, 11, 329, 412, 429, 487, 500, 511, 571, 572, 573.
Grotte des Fées (la), comm. de Ferrières, 91.
Grotte des Fées (la), comm. de Chatelperron, 482.
Grouges, comm. de Montaigu-le-Blain, 115, 250, 289, 422, 423.
Grye (la), comm. d'Ambierle (Loire), 33.
Guédonnières, comm. de Saint-Gerand le Puy, 298, 299, 300.
Gueldres en Flandre, 127.
Guéménée, 276.
Guéraux (les), comm. de Monétay-sur-Loire, 346, 547.
Guérets (les), comm. de Varennes-sur-Tèche, 408.
Guérinots (les), comm. de Servilly, 268, 269.
Guénégaud. — Voir le Prénat de Rongères.
Guénégaud, comm. de Saint-Pourçain-sur-Sioule, 309.
Guerriers (les), comm. du Mayet de Montagne, 114.
Guerriers (les), comm. de Magnet, 346.
Guette (la), comm. de Creuzier-le-Neuf, 185.
Gueugnon (Saône-et-Loire), 34.
Guiche (la), comm. de Champvent (Saône-et-Loire), 231.
Guillermie (la), 18, 75, 78, 90, 107, 108, 109, 110, 111, 112, 188, 215.
Guillot, comm. de la Chabanne, 75.
Guinchoux (les), comm. de Périgny, 258.
Guyenne (campagne de), 233.

Hainaut, (le), 419.
Haut du Noyer (le), comm. de la Chabanne, 77.
Hauterive, 157.
Hauterive, comm. de Saint-Gerand de Vaux. Voir Auterive.
Hauterive, comm. de Luneau, 545, 585, 586, 587.
Hauteville, comm. de Varennes-sur-Tèche, 469.
Havre (le), 126.
Haye (l'), comm. d'Avrilly,

Hayes (les), comm. de Tréban, 376.
Hélion, 266.
Henri (le village), comm. de Barrais-Bussoles, 19.
Hérauds (les), comm. de Boucé, 378, 382.
Herdaillons (les), comm. de Bost, 192.
Herford (Angleterre), 456.
Herment (Puy-de-Dôme), 341.
Hérisson, 327, 408, 487, 489, 491, 534.
Hôpital (l'), comm. de Rongères, 306, 307.
Hôpital le Mercier (l'), en Saône-et-Loire, 583, 588, 589, 597.
Huillaux, comm. du Donjon, 34, 481, 510, 535, 536, 545, 567, 590. — Voir Tour d'Huillaux.
Huismes, près Chinon (Indre-et-Loire), 80.
Huvers, comm. de Liernolles, 500, 511, 512.

Ile-de-France (province d'), 209, 457.
Ile de France ou île Maurice, 565.
Indes françaises (les), 162.
Ile (maison de l'), comm. de Saint-Didier en Donjon, 551, 554.
Isseroure, comm. de la Chapelle, 120.
Isserpent, 90, 114, 193, 200, 207, 211, 213, 215, 264, 268, 301, 329, 361, 430.
Issertieux, 18.
Issoire (Puy-de-Dôme), 151.
Issoudun, 480.
Italie (royaume d'), 577.
Ivry-la-Bataille, 504.

Jacquets (les), comm. de Trezelles, 430.
Jacquots (les), comm. de Neuilly en Donjon. — Voir la Folie.
Jalliots (les), comm. de Monétay-sur-Loire, 547.
Jais (les Grands, les Petits et les Beaux), comm. de Sorbiers, 475.
Jaligny, 45, 205, 248, 261, 293, 367, 373, 387, 394, 395, 398, 401, 407, 408, 416, 420, 425, 426, 427, 438, 439, 444, 449, 451, 452, 453, 454, 455, 456, 457, 458, 469, 473, 474, 475, 479, 481, 483, 485, 487, 491, 498, 599.
Janzat, 154, 164, 278, 445.
Jappe-Renard, comm. de Cindré, 411, 412.
Jarnac (bataille de), 504.
Jarousse (la), comm. de Montaigu-le-Blain, 247, 277, 278, 279, 280, 281, 295, 398.
Jarrie (la), comm. de la Ferté-Hauterive, 302.
Jarrie (la), comm. de Servilly, 266.
Jarrie (la), comm. de Treteau, 410.
Jarrie (la Petite), comm. de Saint-Gerand le Puy, 254, 302, 329.
Jarrots (les), comm. de Saint-Yorre, 134.
Jarrots (les prés), comm. de la Palisse, 238.
Jarry (château fort de), comm. de Sanssat, 302, 328, 329, 349. — Voir en outre Saint-Allyre de Valence.
Jas, près Feurs (Loire), 294.

INDEX ALPHABÉTIQUE DES NOMS DE LIEUX. 613

Jaunay, comm. de Saint-Didier en Rollat, 13, 352.
Jaunet (le), comm. de Serbannes, 554.
Jayards (les), comm. d'Arronnes, 117.
Jayots (les), comm. de Barrais-Bussoles, 33, 34.
Jeanrais (les), comm. de Saint-Prix, 247.
Jérusalem, 453, 464.
Jeu (le), comm. de Varennes-sur-Tèche, 469.
Jeursat ou Jorsat, comm. de Langy, 315, 320.
Jô (la pierre de), sur le Montoncelle, 108, 477.
Joberts (les), 62.
Jolan (ruisseau de), 85, 115, 152, 156, 163.
Jolis (les), comm. de Neuilly en Donjon, 564, 566, 568.
Jollards (les), comm. de Neuilly en Donjon, 473, 481, 563.
Jollets (les Grands), comm. de Liernolles, 511.
Jonchères (les), comm. de la Chapelle, 116.
Jonzy (Saône-et-Loire), 519.
Joux, comm. de Bert. — Voir la Motte-de-Joux.
Joze (Puy-de-Dôme), 34, 329.
Juillet, comm. d'Andelaroche, 25.
Justices (les), comm. de Cusset, 140, 169.

Lac (le), près Marcigny (Saône-et-Loire), 587.
Lachaux (Puy-de-Dôme), 104, 132.
Lafonts (les), comm. de Luneau, 585, 586, 587.
Laire, près Vertaîron (Puy-de-Dôme), 278.
Laly, 473.
Lancié (Rhône), 558.
Lanciers (les), comm. de Trezelles, 438.
Landes (les), comm. de Rongères, 306.
Landonnières, comm. de Gipcy, 187.
Langres, 526.
Languedoc (le), 121, 286, 461, 598.
Langy, 289, 305, 314, 316, 317, 318, 319, 320, 326.
Laon, 454.
Larras, comm. de Langy, 317, 318.
Lassé, comm. de Boucé, 381, 382.
Laurents (les), comm. de la Prugne, 87.
Laurents (les), comm. de Bert, 482.
Lauzet (le), 180. — Voir Creuzier-le-Vieux.
Laveine, comm. de Crevant (Puy-de-Dôme), 66.
Lavoine, 95, 107.
Layat (le), comm. de Cindré, 62, 439, 504.
Lenax, 43, 46, 47, 483, 484, 487, 569, 570, 586, 589, 590.
Lépaud, comm. de Saint-Menoux, 174.
Léry, comm. de Vesse, 109, 519.
Lestrat, comm. de Montaigu-le-Blain, 281, 398.
Lestre, 241.
Liban (montagne du), 53.
Liège, 127, 128.
Liencourt, comm. de Boucé, 381.

Lière (la), comm. de Saint-Martin d'Estreaux (Loire), 5, 16, 25, 26, 28, 56, 205, 481, 483, 484.
Liernolles, 469, 483, 484, 502, 504, 506, 509, 510, 511, 512, 523.
Lignier (le), comm. de Ferrières, 470.
Lignières, comm. de Boucé, 378.
Ligue (chemin de la), 82, 93.
Limagne (la), 134, 369.
Limoges, 383, 438.
Limons (Puy-de-Dôme), 133.
Limousin (le), 35, 206, 342, 437.
Linars (ruisseau et seigneurie disparue de), comm. de la Prugne, 79, 80.
Lion (le), comm. de Nizerolles, 89.
Lionne, comm. de Sorbiers, 266, 473.
Lipidiacus, 464. — Voir Lubier.
Lisants (les), comm. de Coulanges, 549.
Lizards (les), comm. de Monteombroux, 520.
Lodde (ruisseau de la), 43, 540, 541, 545.
Loddes, 24, 43, 45, 46, 586.
Loge-Montremblay (la), comm. de Loddes, 45.
Loges (les), 214, 592.
Loing (rivière du), 570.
Loire (fleuve de), 2, 7, 40, 43, 82, 114, 208, 216, 219, 227, 256, 271, 286, 359, 482, 491, 524, 549, 568, 570, 574, 575, 579, 580, 581, 588, 592, 593, 594, 595, 597.
Londres, 293.
Lonzat (le), comm. de Marcenat, 288, 353.
Lonzat (le), comm. de Chaveroche, 246, 265, 329, 449, 450, 451, 479, 480, 499.
Lormont, comm. de Mercy, 523.
Lorraine (la), 84.
Louhans (Saône-et-Loire), 286.
Loutauds (les), comm. de Varennes-sur-Allier, 362.
Loyards (les), comm. de Mariol, 140.
Lubier, comm. de la Palisse, 19, 228, 233, 240, 241, 243, 249, 250, 251, 263, 319, 354, 402, 459.
Lubillat, comm. de Varennes-sur-Tèche, 462.
Lucenay (Nièvre), 417.
Luneau, 507, 525, 527, 563, 584, 588.
Lurcy-sur-Loire, comm. de Luneau, 46, 322, 570, 583, 585, 586, 587, 588.
Lustières, comm. de Loddes, 46.
Luxembourg (le), 14.
Luzet, comm. de Varennes-sur-Tèche, 460, 461, 464.
Luzy (Nièvre), 401, 454, 588.
Lyon, 1, 15, 16, 19, 24, 44, 60, 143, 174, 187, 190, 202, 218, 221, 249, 259, 261, 270, 276, 291, 295, 297, 306, 311, 335, 359, 365, 370, 377, 420, 421, 440, 463, 490, 493, 496, 499, 534, 551, 577.
Lyonnais (le), 185, 286, 359, 365, 534, 577.
Lyonne, comm. de Cognat-Lyonne, 419.

Mâcon, 6, 29, 48, 55, 143, 308, 442, 467, 472, 487.

Madeleine (chapelle et bois de la), à l'est de la Prugne, 53, 80, 82.
Madeleine (chapelle de la), comm. de Rongères, 307.
Madeleine (chapelle de la), comm. de Cusset, 170, 178.
Madrid, 8.
Magnant, comm. du Breuil, 224.
Magnet, 196, 254, 257, 335, 337, 338, 343.
Maguelonne (Hérault), 461.
Mahitons (les), comm. de Boucé, 380.
Maillards (les), comm. de Cindré, 423.
Maindré, 454.
Maisonfort, 390.
Maisonneuve (la), comm. de Saint-Clément, 75.
Maisonneuve (la), comm. d'Arrones, 117.
Maisonneuve (la), comm. de Cindré, 279.
Maisonneuve (la), comm. de Sanssat, 330.
Maladière (la), près la Pacaudière, 359.
Malgarnis (les), comm. du Donjon, 537.
Maltière, comm. de Molles, 117.
Mans (le), 61, 537.
Mansarde (la), à Montaigu-le-Blain, 423.
Manson, comm. de Cindré, 423, 424.
Marand (le), comm. de Busset, 132.
Marcellanges, comm. de Saint-Léon, 137, 399, 490, 494, 495, 496, 497, 498, 499, 512, 515, 548.
Marcellanges, comm. d'Iseure, 333, 399.
Marcenat, 353.
Marcenat, comm. de Creuzier-le-Vieux, 183, 340.
Marche (province de la), 185, 445.
Marche (commanderie de la), 297.
Marcigny les Nonnains (Saône-et-Loire), 40, 57, 83, 85, 155, 243, 259, 286, 387, 460, 510, 535, 536, 567, 568, 577, 578, 581, 582, 584, 586, 589, 593.
Mardeaugne, comm. de Vigny (Saône-et-Loire), 557.
Mardot, comm. de Boucé, 378.
Marguilliers (les), comm. de Luneau, 583.
Marignan (bataille de), 148, 237.
Marin (moulin), comm. de la Palisse, 239.
Maringues (Puy-de-Dôme), 300, 319.
Mariol, 110, 134, 135, 136, 137, 138, 139, 140, 154, 179, 496.
Marly-le-Châtel, 370.
Marly-sur-Arroux, 549.
Marmain, comm. du Pin ou de Saint-Léger des Bruyères, 551, 552, 553.
Marne (rivière de), 189, 439.
Maron (la), comm. de Saint-Christophe, 205.
Mars (bois et motte de), comm. de Saint-Gerand le Puy, 301, 330.
Marseigne, comm. de Jaligny, 425, 458.
Mart, comm. de Boucé, 382, 383, 384.
Marteaux (les), 352.
Martels (les), comm. d'Arfeuilles, 62, 98, 196, 297.

Martillière, comm. de Marcenat, 265, 283, 336.
Martilly, comm. de Bayet, 312, 324.
Martin (village), comm. de Saint-Clément, 75.
Martin-Rivière (village de), comm. de Saint-Clément, 75.
Martinants (les), 467.
Martinges, comm. de Biozat, 358.
Martinières, comm. de la Palisse, 26.
Martray (le), comm. de Baugy (Saône-et-Loire), 33.
Martres de Veyre (les), dans le Puy-de-Dôme, 502.
Mas du Treuil (le), comm. de Billy, 356.
Masléon, dans le diocèse de Limoges, 438.
Masoncle (Saône-et-Loire), 527.
Masilles (lieux dits), en Bourgogne et en Bourbonnais, 557.
Massat, comm. de Saint-Léon, 450.
Matherats (les), comm. de Jaligny, 451.
Mauchamp (bois), comm. de Ferrières, 107.
Maunigny, comm. de Verneuil (Nièvre), 519.
Maumont (Puy-de-Dôme), 139.
Maupertuis, comm. de Dompierre, 502.
Maure, en Bretagne, 148.
Maures (le chemin des), 112.
Mauvernet, comm. d'Urbize (Loire), 6.
Mauvernet (étang, col et fief de), comm. de Saint-Pierre Laval, 1, 2, 5, 6, 7, 11, 57, 418, 460, 466, 467.
Mauzac, près Riom (Puy-de-Dôme), 16, 17, 188, 209, 210, 229, 248, 381, 465, 466, 492, 493, 500.
Mauzun (Puy-de-Dôme), 147.
Mayet de Montagne (le), 75, 85, 86, 87, 88, 95, 101, 103, 104, 118, 215, 340, 410.
Mayet d'Ecole (le), 297, 356.
Mazerier, 396.
Méage (le), comm. de Rongères, 106, 307, 308, 309, 310, 311, 312, 318, 320, 345, 376, 377.
Meignée (la), comm. de la Palisse, 19, 31, 233, 243, 244, 245, 435, 436.
Meilheurats (les), comm. du Donjon, 481, 530.
Meilheurats (les), comm. de Bert, 481.
Melleray, comm. du Donjon, 33, 513, 521, 529, 530, 531.
Menoux (Nièvre), 393.
Mercy, 385.
Merdançon (ruisseau du), 314, 315.
Mérin (chez), comm. de Chatel Montagne, 68.
Merlin (chez), comm. de la Palisse, 241.
Mesples, comm. de Saint-Martin d'Estreaux (Loire), 44.
Metz, 60, 231, 366.
Meuble (le), comm. de Beaulon, 489.
Mignance (la), comm. de Molinet, 240, 546, 557.
Mildfort-Haven (Angleterre), 456.
Millets (les), comm. de Saint-Didier en Donjon, 437, 542, 546, 548, 549, 550, 553, 555, 557, 584, 588.

INDEX ALPHABÉTIQUE DES NOMS DE LIEUX. 615

Millières (les), comm. de Vichy, 172, 173, 469.
Milly en Gâtinais (Seine-et-Oise), 370.
Minden (bataille de), 50.
Mine (la), comm. de Montcombroux, 517.
Minères (les), comm. de Saint-Prix, 19.
Miniers (les), comm. de Saint-Pierre Laval, 7, 8, 9, 10, 13, 477, 569.
Minorque (expédition de), 14.
Mire (ancienne ville de), dans l'Asie Mineure, 83.
Mitiers (les), comm. de Liernolles, 487, 511, 514.
Mits (les), comm. de Nizerolles, 89.
Moine (le), comm. de Varennes-sur-Tèche, 435.
Moirans en Dauphiné, 506.
Moladier (forêt de), 363, 412.
Molanchards (motte des), 597.
Molinet, 550.
Molles, 11, 72, 89, 115, 120, 121, 122, 123, 142, 143, 169, 188, 207, 292.
Molles (les), comm. de Saint-Didier en Donjon, 495, 547, 548.
Monaco (principauté de), 527.
Monceau (le), comm. de Creuzier-le-Vieux, 156.
Monestier, 141.
Monétay-sur-Loire, 14, 222, 469, 480, 550.
Monnaye (la), comm. de Saint-Didier en Rollat, 320, 332, 469.
Monnaye (la), 11, 469.
Monnets (les), comm. de Treteau, 211, 404, 405.
Monnets (les), comm. de Trezelles, 405, 435.
Monnots (les), comm. du Breuil, 217.
Mons en Puelle (bataille de), 136.
Mont (le), comm. de Liernolles, 495, 512, 513.
Mont (le), comm. de Vitry-sur-Loire (Saône-et-Loire), 34.
Montagnes du Soir (les), 53.
Montaigu en Combrailles (Puy-de-Dôme), 255.
Montaigu-le-Blain, 205, 232, 240, 266, 268, 270, 271, 272, 273, 274, 275, 276, 277, 278, 281, 282, 287, 288, 289, 292, 307, 310, 312, 358, 364, 368, 372, 381, 383, 384, 398, 404, 405, 407, 420, 422, 436, 474, 484.
Montaiguet en Forez, 35, 39, 43, 47, 48, 49, 50, 284, 513, 530, 565.
Montarbois, 122.
Montaret, comm. de Souvigny, 460.
Montbazon (Indre-et-Loire), 274, 275.
Montbrison (Loire), 55, 60, 286, 366, 595.
Montcenis (Saône-et-Loire), 249, 590.
Montcombroux, 17, 23, 35, 179, 183, 329, 347, 412, 458, 476, 480, 502, 513, 514, 515, 516, 517, 518, 519, 520, 521, 522, 523, 538, 548, 564.
Montcoquier, comm. de Monétay-sur-Loire, 364.

Montcorbier, comm. du Bouchaud, 389, 573, 574.
Montel de Gelat (le), dans le Puy-de-Dôme, 456, 484.
Montelley, 450.
Montermas, comm. de Perreux (Loire), 50.
Montes (les), comm. de Saint-Nizier-sous-Charlieu (Loire), 573.
Montet (le), comm. de Serbannes, 103.
Montet (le), comm. de Palinges (Saône-et-Loire), 534.
Montet (le Grand), comm. de Cindré, 279, 281, 398, 422.
Montet aux Moines (le), 363.
Mont-Dore (le), 111.
Montfan, comm. de Louchy-Montfan, 324.
Montferrand (Puy-de-Dôme), 159, 170, 174, 185.
Montgilbert, comm. de Ferrières, 64, 86, 87, 93, 95, 99, 100, 101, 102, 103, 104, 105, 106, 108, 115, 116, 117, 118, 213, 218, 294, 356, 464, 526.
Montifaud, comm. de Trezelles, 35, 429, 432, 434, 487.
Montifaud, comm. de Sorbiers, 389, 429, 432, 434, 468, 469, 470, 471, 580.
Montilles, 416, 417.
Montjournal, comm. de Saulcet, 41.
Montjournal, comm. de Barrais-Bussoles, 36, 38, 40, 41, 42, 43, 440, 470, 477, 531.
Montlaur, dans l'Hérault, 461.
Montluçon, 60, 89, 291, 324, 349.
Montmarault, 155.
Montmartin, 370, 373.
Montmérand, comm. de Varennes-sur-Tèche, 432, 462, 468, 469, 470, 472, 474.
Montmorillon (Vienne), 64.
Montmorillon, comm. d'Arfeuilles, 54, 57, 58, 60, 61, 62, 63, 71, 74, 83, 89, 104, 204, 344, 576.
Montod, près de Charolles, 19.
Montoldre, 368, 369, 371, 372, 373, 374, 394, 427.
Montolin, comm. de Treteau, 410.
Montoncelle (le), 63, 71, 90, 108, 112.
Montourmentier, comm. de Monétay-sur-Loire, 5, 561.
Montpalein, comm. de la Palisse, 6, 242, 459, 462.
Montpansin, comm. de Louchy-Montfan, 403.
Montpellier, 346, 433, 461, 508.
Montperroux, comm. de Seuillet, 262.
Montperroux, en Bourgogne, 122, 461, 462.
Montperroux, comm. de Molles, 118, 120, 121, 122, 142, 143, 170.
Montpeyroux, comm. de Saint-Léon, 381, 487, 500, 501, 512, 513, 518.
Montrenard, comm. de Pouilly-sous-Charlieu (Loire), 18, 109.
Montrond (Loire), 185.
Montrond, comm. de Sanssat, 331, 332.

Montrond, comm. de Saint-Didier en Rollat, 332.
Montremblay, comm. de Loddes, 30, 45, 477. — *Voir* la Loge Montremblay.
Mont-Saint-Vincent (le), 597.
Mont-Vendent (le), 383.
Montvernet, comm. de Saint-Gerand, 302.
Morats (les), comm. de Cusset, 174, 175.
Moreaux (les), comm. de Saint-Didier en Donjon, 547, 548.
Morets (les), comm. de Montaigu-le-Blain, 281, 295.
Morillons (les), comm. du Pin, 301, 554, 555.
Morinets (les), comm. de Neuilly en Donjon, 565.
Morinot (le), comm. de Saint-Didier en Donjon, 534, 545, 561, 567.
Morizes (les), comm. de Céron (Loire), 513, 573.
Morlot, comm. du Breuil, 224.
Morlot, comm. de Saint-Pierre Laval, 11, 47, 262.
Mornay (Saône-et-Loire), 590.
Mortagne, 275.
Mortes (les), comm. de Ferrières, 112.
Mortillon, comm. de Coulanges, 5, 289, 546, 561, 566.
Morvan (le), 70.
Motte (la), comm. de Saint-Pierre Laval, 11.
Motte (la), comm. de Thiel, 457.
Motte (la), en Forez, 294.
Motte (la), comm. de Saint-Jean d'Heurs, 140.
Motte des Abbés (la), comm. de Neuilly en Donjon, 562.
Motte de Bar (la), comm. de Barrais-Bussoles, 29, 30, 31.
Motte-Baudéduit (la), comm. de Gouise, 482.
Motte-Béraud (la), en Nivernais, 389, 390.
Motte-Bonvin (la), comm. de Cusset, 167, 168, 198.
Motte-Chamaron (la), comm. de Saint-Menoux, 422.
Motte de Chapeau (la), 503.
Motte aux Fourniers (la), comm. de Saint-Didier en Donjon, 546, 554, 555, 567.
Motte des Granges (la), comm. de Périgny, 258.
Motte de Jai (la), 475.
Motte-Jolivette (la), 389, 390.
Motte de Joux (la), 477, 482.
Motte aux Morts (la), comm. de Saint-Prix, 238, 247.
Motte-Monin (la), comm. de Neuilly en Donjon, 562.
Motte-Mourgon (la), comm. de Magnet, 77, 164, 197, 224, 260, 261, 312, 343, 344, 345, 346, 347, 348, 389, 440, 505, 506.
Motte des Noix (la), comm. de Cressanges, 239.
Motte des Noyers (la), comm. de la Palisse, 19, 227, 228, 239, 243, 245, 313, 474.
Motte-Pariset (la), comm. de Vaumas, 439.

Motte-Pralon (la), comm. de Cusset, 165, 166.
Motte de Sail (la), 23.
Motte Saint-Jean (la), en Saône-et-Loire, 596, 597.
Motte aux Singes (la), comm. de Luneau, 582.
Motte-Valière (la), comm. de Varennes-sur-Têche, 418, 460, 462, 466, 467.
Motte-Vaulieux (la), comm. de Seuillet, 185, 262, 349, 350.
Motte-Vesset (la), comm. de Treteau, 38, 47, 96, 180, 240, 349, 398, 402, 404, 405, 406, 407, 411, 422, 434, 436, 437, 468, 494.
Moulin-Neuf (le), comm. de Châtel-Deneuvre, 363, 364.
Moulin du Saule (le), comm. de Montaigu-le-Blain, 312, 423.
Moulins-sur-Allier, 14, 32, 33, 36, 38, 41, 50, 62, 64, 74, 108, 113, 128, 136, 140, 141, 155, 157, 174, 183, 186, 187, 211, 219, 224, 232, 244, 250, 251, 256, 262, 265, 273, 276, 278, 279, 297, 303, 305, 307, 308, 311, 312, 317, 319, 320, 321, 322, 327, 332, 348, 357, 361, 362, 366, 367, 370, 375, 383, 384, 388, 392, 398, 399, 400, 402, 406, 408, 414, 418, 419, 424, 429, 432, 440, 442, 443, 445, 448, 476, 479, 490, 499, 504, 509, 513, 523, 524, 538, 543, 552, 554, 565, 568, 569, 572, 578.
Moulois (étang des), comm. du Donjon, 530.
Mourgon (ruisseau de), 186, 194, 196, 200, 202, 248, 257, 259, 260, 338, 344, 346, 348.
Mousseau (le), comm. de Trezelles, 274, 411, 412.
Moussière (la), comm. de Ferrières, 104.
Moutade (la), dans le Puy-de-Dôme, 257.
Moutier (le), comm. de Jaligny, 263, 373, 388, 392, 394, 395, 396, 397, 452.
Moutier (le), comm. de Trezelles, 440.
Mouy en Brie, 189.
Mozac. — *Voir* Mauzac.
Munez, près Moulins, 471.
Murat (Allier), 491.
Murat le Quayre (Puy-de-Dôme), 77.
Murles (Hérault), 433.
Murs (les), comm. de Chatelperron, 491.
Murs du Temple (les), comm. de Mariol, 125, 133, 139.

Nancy, 155.
Nanteuil, 276.
Nantillières, 573.
Naples, 171.
Narbonne, 101, 220.
Nautes (les), comm. de Magnet, 258.
Nazariers (les), comm. de Barrais-Bussoles, 33, 34.
Néglot (chez), comm. du Breuil, 217.
Néoux (Creuse), 353.
Nérards (les), comm. de Droiturier, 15.

INDEX ALPHABÉTIQUE DES NOMS DE LIEUX. 617

Neuilly en Donjon, 498, 515, 525, 527, 541, 562.
Neuilly le Réal, 247, 479.
Neuville, près Billom (Puy-de-Dôme), 119.
Neuville, comm. de Saint-Christophe, 297.
Neuvy les Moulins, 34.
Nicolas (les), comm. de Coulanges, 34.
Niherne (Indre), 88.
Nimègue (traité de), 537.
Nivernais et Nevers, 158, 159, 221, 320, 378, 416, 426, 458, 465, 476, 484, 515, 525, 546, 561.
Nizerolles, 61, 65, 85, 88, 89, 118.
Noailly, comm. de Magnet, 68, 142, 155, 183, 199, 217, 260, 261, 262, 337, 338, 340, 341, 342, 343, 347.
Noailly, comm. de Pouilly-les-Feurs (Loire), 20, 364.
Nouvellon (le), comm. de Saint-Gerand le Puy, 290.
Noyers (les), comm. de Saint-Christophe en Brionnais, 229, 233.
Nozerolles, 142.
Nozières, près Chaveroche, 448, 449.

Oblignies, près Tournay (Belgique), 463.
Obus (les), comm. de Périgny, 249.
Odins (les), comm. de Mariol, 139
Oléron (l'île d'), 585.
Olhère (l'), comm. de Ferrières, 93.
Olliergues (Puy-de-Dôme), 146, 147, 339, 369.
Onay (Nièvre), 417.
Orange, 38.
Origny, comm. de Neuvy-les-Moulins, 203.
Orléans, 155, 230, 393, 573.
Ormais (les), comm. de Sorbiers, 46, 318, 408, 460, 468, 471, 472, 473, 475, 487, 563.
Orme Bergougnon (l'), comm. de Busset, 122.
Ouessant, 157.
Ouche du Saint (l'), comm. de Varennes-sur-Tèche, 464.
Ouges, près Dijon, 257.
Outrailles, 44.
Ouzance (rivière d'), 43, 564.
Oyé (Saône-et-Loire), 243, 366.

Pacaudière (la), département de la Loire, 13, 15, 286, 421, 535.
Pagats (les), comm. de Montaigu-le-Blain, 278.
Pailloux (les), comm. de Jaligny, 449.
Palanquins (les), comm. de Montoldre, 373.
Palbost (les), comm. de Servilly, 269, 471.
Palières, comm. de Bost, 185, 195.
Paslières (Puy-de-Dôme), 198.
Palissards (les), comm. de la Chapelle, 118, 119.
Palisse (la), près la Rochelle, 227.
Palisse (la), 11, 13, 15, 16, 18, 19, 21, 29, 30, 31, 33, 39, 40, 45, 61, 74, 92, 96, 112, 136, 155, 164, 185, 205, 211, 220, 222, 227, 240, 241, 242, 243, 244, 245, 246, 247, 248, 250, 251, 254, 257, 258, 259, 260, 261, 262, 264, 265, 272, 278, 300, 330, 339, 344, 348, 349, 358, 370, 380, 381, 402, 406, 409, 413, 419, 421, 425, 428, 435, 449, 457, 458, 467, 477, 478, 480, 481, 484, 485, 494, 510, 530, 567.
Pallis (les), comm. de Langy, 314, 315.
Palluau (Indre), 280, 437.
Palluet, comm. de Saint-Pourçain sur Sioule, 372, 403.
Panloup, comm. d'Iseure, 74, 140.
Pannetières, 317.
Papillon, comm. de Thionne, 386.
Paputs (les), comm. d'Arrones, 117.
Paray-le-Fraisil, 498.
Paray-le-Monial (Saône-et-Loire), 7, 34, 35, 47, 156, 203, 225, 508, 516, 522, 527, 538, 547, 548, 561, 575, 582, 586, 593.
Paris, 1, 14, 15, 16, 19, 60, 61, 65, 94, 102, 135, 144, 147, 151, 155, 156, 162, 167, 172, 187, 205, 228, 232, 249, 265, 306, 324, 342, 349, 356, 360, 366, 367, 371, 392, 393, 400, 419, 446, 457, 462, 473, 476, 478, 485, 490, 504, 506, 554, 555, 570, 578, 581.
Passac, comm. de Saint-Victor, 229.
Pastural (le), comm. de Chaveroche, 447, 448, 449, 468.
Pavillon (le), comm. de Molles, 122, 123, 143.
Pavillon (le), comm. de Luneau, 589.
Pavillon (le), comm. de Tréteau, 404.
Pavie (bataille de), 60, 230, 352.
Peage (le), comm. de Thiel, 388, 389, 550.
Pelletiers (les), comm. du Bouchaud, 572.
Pennard, comm. de Saint-Clément, 72.
Pérards (les), comm. de Servilly, 266.
Pératons (les), comm. de Saint-Gerand le Puy, 268, 400.
Péret (le), comm. de Chapeau, 518.
Pérignat (Puy-de-Dôme), 44.
Périgny, 164, 210, 228, 248, 249, 250, 251, 254, 255, 256, 257, 268, 291, 292, 301, 302, 319, 419.
Péronne, 469.
Péroux (le), comm. de Rongères, 307, 308, 312, 315, 381, 487.
Perpignan, 174, 200.
Perrots (les), comm. de Périgny, 251.
Pérusse, comm. de Champroi (Creuse), 437.
Pesmes, en Franche-Comté, 273.
Pessonets (les), comm. de Tréteau, 403, 411.
Petiots (les), comm. de Montcombroux, 513, 514, 519, 520, 521.
Peu (le), comm. de Créchy, 351.
Phalsbourg, 122, 145.
Piat (moulin), 90, 105.
Pible (le), comm. de Seuillet, 350.
Picardie (province de), 525.
Pierre-Charbonnière (la), 71.
Pierre-à-Chatel (la), comm. de Saint-Nicolas des Biefs, 82.

Pierre-Encise (la), près Ferrières, 90.
Pierrefitte-sur-Loire, 5, 36, 431, 524, 558, 561, 586.
Pierrefitte, comm. de Saint-Haon le Vieux, 209, 245, 329, 571, 573, 580.
Pierres (les), comm. de Cusset, 169.
Piffonds (Yonne), 450.
Pignerol en Italie, 532.
Piliers (turail des), comm. de Liernolles, 510.
Pin (le), 120, 541, 553, 555, 556, 557, 558, 559, 560, 575.
Pin (ruisseau du), 551.
Pin (abbaye du), de l'Ordre de Citeaux, au diocèse de Poitiers, 460.
Pinatelle (la), comm. de Montaiguet, 48.
Pingus (le), comm. d'Arfeuilles, 53, 55.
Pinot, comm. du Bouchaud, 569.
Pions (village des), comm. de Lavoine, 107.
Pionsat (Puy-de-Dôme), 246, 297.
Pirouer, comm. de Bressolcs, 256, 303.
Places (les), comm. de Bert, 477.
Places (les), comm. de Montcombroux, 515, 529.
Places (les), comm. de Magnet, 300.
Places (les), comm. de Trézelles, 244, 436.
Plaisance, comm. de Bert, 477.
Plaisants (les), comm. de Sorbiers, 490.
Plaix (le), comm. d'Igrande, 567.
Plan-Château (le), comm. de Molles, 123.
Planche-Berland (la), sur le ruisseau de Mart, 383.
Planche-Furetain (quartier et tannerie de la), à la Palisse, 435.
Planfois (les), comm. du Donjon, 482.
Plantais (les), comm. du Donjon, 47, 421, 464, 529, 530, 531, 532, 533, 534, 535, 545, 567.
Plassards (les), comm. de Magnet, 343, 344.
Plessier-le-Roy (le), dans l'Oise, 199.
Plessis-Belleville (le), 353.
Pleydit (le), comm. de Ferrières, 113.
Poifou. — *Voir* Puyfol.
Poilvilain, en Berry, 290.
Poissible, comm. de Saint-Prix, 247.
Poisson (Saône-et-Loire), 546, 565.
Poitiers, 221, 455, 575.
Poitou (province de), 14, 35, 46.
Poivrière (la), comm. de Saint-Priest Bramefant (Puy-de-Dôme), 114, 134, 150.
Pologne (royaume de), 142, 348.
Pommerie (la), comm. de Ferrières, 102.
Ponsu (le), comm. de Billezois, 262.
Ponsu (le), comm. de Sanssat, 326, 327.
Pontamailly, comm. de Varennes-Reuillon (Saône-et-Loire), 594, 595.
Pontbillard, comm. de Rongères, 98, 307.
Pontcenat, comm. de Montaigu-le-Blain, 17, 18, 276, 283, 284, 285, 286, 287, 288, 289, 304, 307.
Pontcharraud, comm. d'Ainay-le-Châtel, 316, 321, 325, 489.

Pontclavel, comm. du Breuil, 217.
Pont-de-Veyle (Ain), 579.
Pont-d'Hery (Jura), 417.
Pontères (les), comm. du Bouchaud, 14, 46, 224, 500, 569, 570, 571, 572, 573.
Pontlevoy, en Blaisois, 454.
Pontgibaud (Puy-de-Dôme), 157.
Pont-Mouzaia (le), comm. de Montaigu-le Blain, 307.
Ponts-de-Cée (les), 594.
Populle (moulin), à Roanne, 596.
Porte (la), 294.
Pouant, comm. de Creuzier-le-Neuf, 187.
Pouge (la), comm. de Chaveroche, 433, 434, 442, 443, 444.
Pouilly-sous-Charlieu (Loire), 18.
Poulaillerie (la), comm. de Boucé, 378.
Poulards (les), comm. de Chaveroche, 481.
Poulle (Rhône), 98.
Pourrats (les), comm. de Liernolles, 511.
Poussilières, comm. de Saint-Christophe, 119, 202, 207.
Pouthiers (les), comm. de la Chapelle, 118.
Pralon. — *Voir* la Motte-Pralon.
Prats (les), comm. de Coulanges, 336, 539.
Précord, comm. de Varennes-sur-Têche, 6, 40, 99, 219, 241, 242, 244, 304, 418, 432, 433, 434, 440, 458, 459, 460, 461, 462, 463, 464, 465, 466, 467, 472, 474, 570.
Prénat (le), comm. de Saint-Christophe, 200, 202.
Prénat (le), comm. de Rongères, 28, 308, 309, 312, 361.
Prénenf, comm. de la Chapelle, 118.
Préréal, comm. de Vaumas, 486, 499.
Presle (la), comm. de Bellenaves, 521.
Presle (la), comm. de Boucé, 380, 381.
Presle (la), comm. de la Chabanne, 74, 78, 79.
Presle (la), comm. de Cusset, 171, 172, 175.
Presle (autres lieux dits la), 43, 390.
Pressigny en Gâtinais (Loiret), 370.
Preugnons (les), comm. de Langy, 315.
Prison (ruisseau de), 98, 99.
Provence (la), 14, 30, 46, 103, 168, 526, 527.
Prugne (la), 41, 71, 78, 79, 81, 82, 90, 114, 470.
Prugne (la), comm. de Périgny, 203, 254, 255, 256, 258, 268, 289, 290.
Prugne (la), comm. de Servilly, 266, 268, 269, 270, 529.
Prureaux (les), comm. de Montcombroux, 508, 514, 520, 521, 565.
Putay, comm. de Diou, 218, 503, 504, 537.
Puy (maison du), comm. de la Palisse, 242, 243.
Puy en Velay (le), 208, 263, 296, 390, 396.
Puyagu, comm. de Busset, 132, 133, 134.
Puy-Charnay (le), comm. de la Palisse, 38, 240.
Puy-d'Eau en Limousin, 330.

Puydigon, comm. de Montaigu-le-Blain, 244, 281, 282, 283, 287, 308, 472.
Puyfol, comm. de Cindré, 44, 194, 266, 298, 406, 416, 419, 420, 421, 422, 437, 455, 483.
Puyguillon, comm. de Vernusse, 329, 330, 442.
Puygrimaud, comm. de Ris (Puy-de-Dôme), 133.
Puy-Némin, comm. de Saint-Gerand le Puy, 281.
Puyravel, comm. de Ferrières, 99.
Puyrambaud, comm. de Montaigu-le-Blain, 281, 289, 290.
Puy Saint-Ambroise ou Puy Saint-Léon (le), 1, 381, 398, 482, 491, 492, 493, 494, 501, 513.
Pyramont, comm. de Ferrières, 102, 105, 106, 107, 248, 292.

Quatraïgues, comm. du Donjon, 529.
Quercy (le), 209.
Queuille (la), dans le Puy-de-Dôme, 342.
Quillets (les), comm. de Trézelles, 241, 243, 244, 251, 266, 320, 426, 434, 435, 436, 437, 458, 462, 467, 496.
Quimperlé, 538.
Quinssat, comm. d'Abret, 122, 144, 145, 148, 167, 185, 492.
Quirielle, comm. de Barrais-Bussoles, 34, 35, 36, 268, 429, 444.
Quirielle, comm. de Chaveroche, 433.
Quirielle, comm. de Loddes, 35, 513.

Rabanaux (les), comm. de Vesse, 343.
Rabanon, comm. de Saint-Gerand le Puy, 300.
Racherie (la), comm. de Contigny, 253, 297, 305, 412, 437, 511.
Racquetières, comm. de Monétay-sur-Loire, 32, 34, 537, 545, 561.
Racquets (les), comm. de Monétay-sur-Loire, 547.
Ramas (la), comm. de Vesse, 109, 197, 258.
Rambauds (les), comm. de Sorbiers, 470.
Rambert, comm. de Cindré, 411, 412.
Ramillards (les), comm. de la Chabanne, 79.
Randan (Puy-de-Dôme), 149, 168.
Rangoux, comm. de Toulon, 519.
Ravel, près de Lezoux (Puy-de-Dôme), 456.
Rays (les), comm. de Loddes, 46.
Rays (les), comm. de Sanssat, 330, 490.
Rays de Coulanges (les). — Voir Petit-Chambord.
Rax, comm. de Saint-Félix, 255, 332, 333, 334, 335, 336, 442, 451.
Rebourgeons (les), comm. de Bert, 476.
Recot (chez), comm. de Ferrières, 112, 114.
Redan (ruisseau du), 248, 257, 259, 299, 300, 305, 316, 326, 332.
Redan, comm. de Saint-Gerand le Puy, 252, 253.

Régnauds (les), comm. de Vaumas, 487.
Relandin (les bois de), 438.
Rémondins de Chasles (les), comm. de Trézelles, 429.
Renaison (Loire), 110.
Renard (le), comm. de Sanssat, 330.
Reposeau (roc et domaine du), 169.
Réray (le), comm. d'Aubigny, 490.
Ressye, comm. de Chassenard, 554, 591, 592, 593.
Reugni, comm. de Boucé, 382, 383.
Reures (les), comm. de Saint-Prix, 244.
Revirauds (les), comm. de Saint-Christophe, 200.
Rez Binon (le), 112.
Rez Biron (le), 54.
Rez des Cars (le), 217.
Rez de Châtelus (le), 158.
Rez de Courtine (le), 85.
Rez Muré (le), 77.
Rez de Pradines (le), 158.
Rez de Sol (le), 89, 104.
Rezet, comm. de Tréteau, 410.
Rezols, comm. de Saint-Léon, 246, 494.
Rhône (fleuve du), 63.
Riage (le), comm. de Montaigu-le-Blain, 278, 279, 383.
Riau (le), comm. d'Aurouer, 64, 325, 390, 392.
Rif-Péchallan (ruisseau du), 257, 258, 260.
Rigole (la), comm. de Saint-Gerand le Puy, 302.
Riom, 8, 114, 117, 141, 168, 172, 183, 210, 359, 211, 255, 265, 324, 336, 342, 399, 535, 599.
Ris, comm. de Besson, 389, 499 (?).
Ris (Puy-de-Dôme), 113, 120, 131, 140, 173, 216, 429, 470.
Rives, comm. de Langy, 315.
Rivoire, dans la Bresse, 341.
Roanne, 1, 7, 18, 24, 57, 60, 63, 74, 77, 85, 107, 178, 197, 200, 240, 254, 256, 358, 359, 376, 393, 398, 543, 566, 573, 575, 595, 596.
Robins (les), comm. de Saint-Clément, 74.
Roc de Chiers (le), 112.
Roche (la), comm. de Cindré, 438.
Roche (la), comm. de Tréteau, 402, 403, 406, 441.
Roche (la), comm. de Mayet-de-Montagne, 23, 87.
Rochebaron (Haute-Loire), 96.
Roche-Chaffault (la), 5, 25, 27, 28, 218, 543, 563.
Rochefort, comm. de Saint-Bonnet de Rochefort, 74, 445.
Roche-Molière (la) (Loire), 76.
Rochelle (la), comm. de Varennes-sur-Allier, 362.
Roche-Marnat (la), comm de Seuillet, 262, 349, 350.

Roches (les), comm. de la Prugne, 81.
Roches (les), comm. de Busset, 126, 132.
Rochette (la), comm. de la Ferté-Hauterive, 137, 496.
Roc-Saint-Vincent (le), comm. de Ferrières, 95, 105, 106, 107, 200.
Rocs (les), comm. d'Isserpent, 202, 213, 214.
Rois (les), comm. de Barrais-Bussoles, 33, 34, 462.
Rollins (les), comm. d'Avrilly, 548, 568, 581, 582, 585, 598.
Rome, 239, 312, 313.
Ronde (la), comm. de Varennes-sur-Allier, 359, 368.
Rondepierre, comm. de Loddes, 46.
Rondet (le), 305.
Ronfaux (les), comm. de la Palisse, 244.
Rongères, 43, 299, 302, 305, 306, 307, 311, 315, 318, 332, 412, 474.
Rongières, comm. de Saint-Priest en Murat, 335, 451.
Ronze (la), comm. de Cusset, 178.
Ronze (la), comm. de Bost, 195.
Ronzière (la), comm. de Luneau, 280, 584, 585, 586, 587.
Roque (la), comm. de Servilly, 267, 268, 380.
Roques, 321.
Rosay (le), comm. de Montaigu-le-Blain, 312, 362, 363, 382.
Rosier (le), comm. de Treteau, 402, 406, 441, 480.
Rosier (moulin), comm. de Saint-Christophe, 204.
Rosières, comm. de la Palisse, 38, 222, 240, 241, 244, 250, 251, 402, 406.
Rosières, comm. de Périgny, 249, 250, 251.
Roudon (ruisseau de), 502, 511.
Roudon, comm. de Montcombroux, 297, 438, 514, 515, 517.
Rouen, 101, 186, 220.
Rouhères, comm. de Busset, 292.
Roussanges (les places), comm. de Montaigu-le-Blain, 285, 288, 312, 375, 376.
Roussiers (les), comm. de Servilly, 268.
Rouzet (le), comm. de Giac (Puy-de-Dôme), 312.
Rouzière (la), 296, 297, 515.
Royat (Puy-de-Dôme), 20.
Royer, comm. de Saint-Gerand de Vaux, 372.
Roye, en Picardie, 534.
Ruets (les), comm. de Trezelles et Servilly, 277, 500.
Rue-Château (la), comm. de Treteau, 404.
Rue-Neuve (la), comm. du Bouchaud, 567, 573.

Saint-Allyre de Valence, comm. de Sanssat, 196, 258, 280, 290, 299, 302, 322, 323, 325, 328, 329, 330, 331, 336, 519.
Saint-Allyre (monastère de), à Clermont-Ferrand, 331, 336.
Saint-André d'Apchon (Loire), 79, 364, 534.
Saint-André le Désert (Saône-et-Loire), 418.
Saint-Antoine (commanderie), à Cusset, 162.
Saint-Aubin-sur-Loire (Saône-et-Loire), 14, 272, 505.
Saint-Aupre (Isère), 457.
Saint-Blaise de Tessonnières (prieuré), comm. de Servilly, 266, 269, 270.
Saint-Blaise (chapelle et gué), comm. de Saint-Didier en Donjon, 547, 583, 589.
Saint-Bonnet (fontaine), comm. de Saint-Léon, 501.
Saint-Bonnet, en Forez, 13, 294, 532 (?).
Saint-Bonnet des Cars (Loire), 7, 13, 57, 217, 514.
Saint-Bris, en Bourgogne, 221, 454, 523.
Saint-Christophe, 89, 114, 199, 204, 207.
Saint-Christophe en Brionnais (Saône-et-Loire), 34, 561.
Saint-Cirgues (Puy-de-Dôme), 126.
Saint-Clément, 62, 70, 71, 72, 73, 74, 75, 98, 118.
Saint-Didier en Brionnais (Saône-et-Loire), 243.
Saint-Didier en Donjon, 25, 469, 507, 541, 542, 543, 544, 546, 550, 551, 552, 554, 555, 556.
Saint-Didier en Rollat, 13.
Saint-Étienne de Vic, 113, 140, 157, 195, 196, 207, 476.
Saint-Étienne du Bas, comm. de Saint-Gerand le Puy, 104, 195, 281, 289, 290, 300, 302, 303, 304, 312, 328, 463.
Saint-Fargeau, en Gâtinais, 189.
Saint-Félix, 89, 228, 254, 305, 306, 322, 325, 327, 331, 332, 333, 336, 337, 338, 344, 351, 410.
Saint-Fiacre de Fol, comm. de Neuilly en Donjon, 563, 564, 589.
Saint-Flour (Cantal), 83.
Saint-Forgeux (Rhône), 205, 348, 364.
Saint-Forgeux l'Espinasse (Loire), 47.
Saint-Galmier (Loire), 585.
Saint-Genest-Lerpt (forêt de), dans la Loire, 76.
Saint-Gengoux le Royal (Saône-et-Soire), 286.
Saint-Georges, près Saint-Pourçain-sur-Sioules, 146, 147.
Saint-Georges (prieuré de), dans l'île d'Oléron, 528.
Saint-Georges (étang de), comm. de Servilly, 267.
Saint-Georges de Lyon, 595.
Saint-Gerand le Puy, 13, 64, 120, 131, 150, 193, 206, 215, 240, 248, 249, 250, 252, 253, 254, 256, 258, 259, 268, 278, 281, 287, 290, 291, 292, 293, 294, 295, 298, 301, 302, 308, 328, 335, 343, 347, 348, 382, 398, 400, 409, 412, 432, 433, 463, 596.
Saint-Gerand de Vaux, 162, 325, 357, 364, 428, 460, 510.

Saint-Germain en Crespin (justice de), comm. de Creuzier-le-Neuf, 182.
Saint-Germain des Fossés, 17, 78, 109, 186, 192, 214, 254, 299, 335, 339, 340, 348, 350, 353, 357.
Saint-Germain-Laval (Loire), 189.
Saint-Germain l'Espinasse (Loire), 47, 103, 421.
Saint-Gilbert, comm. de Saint-Didier en Rollat, 250, 251, 426.
Saint-Gilles du Gard, 454.
Saint-Haon le Chastel (Loire), 326, 501.
Saint-Hilaire (chapelle), comm. du Donjon, 529.
Saint-Honoré les Bains (Nièvre), 515.
Saint-Ilpize (Haute-Loire), 454, 455, 456.
Saint-Jacques, 241.
Saint-Jacques des Biefs, comm. d'Arfeuilles, 57.
Saint-Jean d'Acre (siège de), 259.
Saint-Jean les Varennes (église de), 360.
Saint-Jean de Montfort, au diocèse de Saint-Malo, 38.
Saint-Julien de Jonzy ou de Cray (Saône-et-Loire), 333.
Saint-Julien, en Berry, 294.
Saint-Just en Chevalet (Loire), 80.
Saint-Just en Combrailles, 372.
Saint-Léger des Bruyères, 541, 544, 552, 554, 556, 557, 558, 559, 560, 589.
Saint-Léger la Bussière (Saône-et-Loire), 558.
Saint-Léger (le plan), à Arrones, 116.
Saint-Léon, 35, 180, 390, 483, 487, 492, 493, 500, 511, 513, 565.
Saint-Lô, 211.
Saint-Loup, 364, 460, 578.
Saint-Lyens, 300, 301.
Saint-Marcel en Urfé (Loire), 249.
Saint-Marcellin (Isère), 561.
Sainte-Marie-Madeleine (chapelle), comm. de Luneau, 589.
Saint-Martin (chapelle), à Billy, 353.
Saint-Martin (chapelle), comm. de Luneau, 583.
Saint-Martin d'Estreaux (Loire), 1, 11, 12, 15, 16, 25, 53, 218, 227, 451, 570.
Saint-Martin la Vallée, près Semur en Brionnais (Saône-et-Loire), 585.
Saint-Martin des Lais, 363.
Saint-Martin (Grand et Petit), comm. de Saint-Gerand le Puy, 135, 299, 300, 301.
Saint-Martin la Sauveté (Loire), 367.
Saint-Mayard, comm. de Billy, 356.
Saint-Michel (chapelle), comm. du Breuil, 219.
Saint-Michel en Piémont (abbaye de), 368.
Saint-Nicolas des Biefs, 53, 57, 71, 82, 83, 84, 85.
Saint-Nizier-sous-Charlieu (Loire), 254.
Saint-Ours (prieuré de), près Pontgibaud (Puy-le-Dôme), 210.
Saint-Pardoux (Puy-de-Dôme), 555.

Saint-Parize en Viry (Nièvre), 483.
Saint-Parize le Chastel (Nièvre), 588.
Saint-Pierre, comm. d'Andelaroche, 24.
Saint-Pierre (chapelle), comm. de Périgny, 249, 307.
Saint-Pierre (fontaine), comm. de Chatelperron, 487.
Saint-Pierre de Bezelle, en Albigeois, 20.
Saint-Pierre-Laval, 4, 5, 8, 11, 12, 13, 15, 24, 39, 57, 72, 114, 121, 256, 307.
Saint-Pierre le Moutier (Nièvre), 55, 159, 274, 353.
Saint-Polgues (Loire), 24, 75, 76, 77, 85, 344, 345.
Saint-Pourçain de Malchère, comm. de Lusigny, 448.
Saint-Pourçain-sur-Bèbre, 487.
Saint-Pourçain-sur-Sioule, 146, 324, 325, 376.
Saint-Priest (Loire), 76.
Saint-Priest en Murat, 255
Saint-Priest la Prugne, ou Saint-Priest le Chenu (Loire), 70, 79, 80, 82, 93.
Saint-Priest, ou Saint-Prix, 11, 61, 207, 229, 244, 245, 246, 247, 265, 381, 451.
Saint-Quentin (bataille de), 129.
Saint-Remy en Rollat, 262.
Saint-Rigaud, comm. de Ligny (Saône-et-Loire), 30, 33, 460, 576.
Saint-Roch (chapelle), comm. de Thionne, 386, 388.
Saint-Romain la Motte (Loire), 77, 514.
Saint-Symphorien de Lay (Loire), 201.
Saint-Symphorien les Charolles (Saône-et-Loire), 528.
Saint-Sornin, 308.
Saint-Valentin, 422.
Saint-Vincent, ou Champvincent, Chivicin, etc., comm. de Saint-Didier en Donjon, 543, 551, 552, 556.
Saint-Voir, 387, 390, 398.
Saint-Yorre, 134, 139, 154, 305.

Sablons (les), comm. de Saint-Christophe, 205.
Saboulots (les), comm. de Saint-Léger des Bruyères, 557, 558.
Sagonne (Cher), 174.
Sail-les-Bains (Loire), 50, 221, 345, 599.
Saligny, 461, 462, 465, 503, 564, 565, 588.
Salle (château de la), comm. de la Pacaudière (Loire), 586, 596.
Salles (les) (département de la Loire), 286.
Sallones, comm. de Gouise, 13, 74.
Salmins (les), comm. de Liernolles, 509.
Salornay-sur-Guye (Saône-et-Loire), 418.
Sampigny (Meuse), 506, 508.
Sancerre (Cher), 198.
Sancoins (Cher), 438.
Sans-Chagrin, comm. de Saint-Prix, 19.
Sanssat, 289, 293, 299, 303, 305, 306, 307, 320, 322, 323, 324, 325, 326, 327, 328, 329, 331, 332, 412.

Sapinières, comm. de Saint-Félix, 334, 335, 336.
Sappey (ruisseau de), 79.
Sarlat (Dordogne), 442.
Sarrazan, comm. de Sanssat, 330.
Sarrazin, comm. de Trézelles, 251, 435.
Sarre, comm. de Blomard, 568.
Sarrebourg, 122, 145.
Sarrye (Saône-et-Loire), 243.
Sartinant, comm. de Saint-Christophe, 207.
Saulcet, 41.
Saulzat (la), comm. de Saint-Étienne de Vic, 62, 177.
Saulzet, 442.
Saulzet (le), comm. de Creuzier-le-Neuf, 186.
Savoie (duché de), 93, 297, 503, 515.
Scey-sur-Saône, 221.
Séez (Calvados), 396.
Semur en Brionnais (Saône-et-Loire), 574, 584, 585, 588.
Semur en Auxois (Côte-d'Or), 550.
Seguier (moulin), comm. de Boucé, 382.
Ségur (commanderie de Saint-Jean de), près Montferrand (Puy-de-Dôme), 20.
Septfons (abbaye de), près Dompierre-sur-Besbre, 422, 560.
Seu (le), comm. de Saint-Léon, 494.
Serre (la), comm. de Liernolles, 513, 519, 522, 523, 530, 536, 538, 546.
Servé, comm. de Saint-Voir, 23, 472, 518, 563.
Servilly, 179, 203, 228, 250, 263, 265, 266, 267, 268, 269, 300, 339, 411, 416, 426, 444, 465, 470, 476.
Seuillet, 89, 186, 260, 262, 292, 302, 325, 338, 348, 349, 360, 364, 407.
Sichon (rivière de), 90, 115, 116, 121, 124, 152, 158, 172.
Sicile (royaume de), 274.
Sioule (rivière de), 363.
Soldats (chemin des), 68.
Sologne bourbonnaise (la), 384.
Sôné, comm. de Boucé, 374, 381, 382.
Sorbiers, 30, 457, 458, 465, 469, 472, 474, 475, 481, 520, 548, 599.
Souchet (le), comm. d'Isserpent, 211, 215.
Soule, comm. de la Chaux (Puy-de-Dôme), 102, 104.
Soupaize, comm. de Chemilly, 389, 390.
Sousternon (Loire), 189, 353.
Souvigny, 208, 229, 261, 380.
Suède (royaume de), 594.
Sully, près Autun (Saône-et-Loire), 526, 527.
Sury-le-Comtal (Loire), 334.

Taconay (motte de), 259, 260, 347.
Taillefer (motte de), comm. de Magnet, 343, 344.
Talon, comm. d'Isserpent, 211.
Tarare (Rhône), 185.
Tard, comm. d'Onlay (Nièvre), 515.

Taron, comm. de Saint-Haon le Châtel, 318, 501.
Tartas (Landes), 126.
Taureaux (les), comm. de Loddes, 46.
Tèche (rivière de), 430, 459, 466, 476, 494.
Tèche-de-Bussoles (la), 21, 36, 40, 430.
Tèches (maison des). — Voir la Grange-Chastenois.
Teillat (le), comm. de Sanssat, 44, 254, 283, 307, 327, 336, 357.
Teillot (le), comm. de Cusset, 169, 170.
Ternat, comm. de Diou, 514, 520.
Terrasson (ruisseau de), 108, 112, 115.
Terre-Noire, comm. de Servilly, 266.
Terre-Rouge (la), comm. d'Isserpent, 216.
Terre-Sainte (la), 394, 453.
Terron (le), 35.
Tessonne (rivière de), 48.
Tessonnières. — Voir Saint-Blaise de Tessonnières.
Thénins (les), comm. de Loddes, 45.
Thiel, 387, 433.
Thiers, 108, 111, 114, 142.
Thil-Châtel (Côte-d'Or), 486.
Thiolets (les), comm. de Sorbiers, 472, 473.
Thionne, 384, 385, 394, 398, 404.
Thonin (le), comm. de Gennetines, 521.
Tilly, comm. de Chaveroche, 469.
Thorigny, 275.
Tixiers (les), comm. de Périgny, 39, 252, 299, 458.
Togues, comm. de Langy, 239, 297, 309, 313, 314, 319, 362.
Tomesc en Arcadie, 389.
Tonnerre, 426.
Toquins (les), comm. de Saint-Prix, 245, 246.
Torrenches (les), comm. de Ris (Puy-de-Dôme), 132, 133.
Toscane (la), 527.
Toul, 366.
Toulle (la), comm. de Créchy, 297, 313, 321, 358.
Toulon, 357, 370.
Toulouse, 455.
Tour (la), comm. de Digoin, 586.
Touraine (province de), 65.
Tour-Chalabran (la), comm. de Châtelus, 11, 12, 13, 14, 15, 26, 39, 121, 505, 569.
Tour-d'Huillaux (la), comm. du Donjon, 536, 537, 567.
Tournay, en Belgique, 463.
Tournoel, près Riom (Puy-de-Dôme), 96, 148, 184, 599.
Tournus (Saône-et-Loire), 401, 425, 454.
Tournus (les), comm. de Saint-Léger des Bruyères, 560.
Tour-Pourçain (la), comm. de Barrais-Bussoles, 31, 32, 33, 530, 531, 567.
Tours, 365.
Tours, comm. d'Anzy-le-Duc (Saône-et-Loire), 243, 578.

INDEX ALPHABÉTIQUE DES NOMS DE LIEUX.

Toury-sur-Besbre, comm. de Saint-Pourçain sur Besbre, 383.
Tourzy, près la Pacaudière (Loire), 13.
Tourzel, comm. de Ronzières (Puy-de-Dôme), 126.
Trablaines, comm. de Saint-Didier en Donjon, 547, 548, 561, 582, 589.
Trafés (les), comm. de Montoldre, 458.
Treigny en Puisaye (Nièvre), 499.
Treillards (les), comm. de la Pacaudière (Loire), 359.
Treille, comm. d'Arfeuilles, 62, 98.
Tremblay (le), comm. de Saint-Félix, 334, 336, 337.
Tremblay (le domaine de), comm. d'Andelaroche, 25.
Trémolins en Forez, 80.
Trêteau, 197, 218, 271, 281, 343, 349, 373, 381, 384, 398, 400, 401, 404, 405, 406, 412, 432, 434, 446, 454, 455, 456, 457, 479, 480, 485, 487.
Treuil (le mas de), près Billy, 356.
Trévol, 532, 597.
Treyon (le rocher de), 16, 21.
Trézelles, 29, 35, 254, 280, 304, 411, 421, 425, 426, 427, 428, 429, 430, 433, 434, 438, 439, 444, 465, 471, 476, 489, 500, 519, 523.
Trézettes, comm. de Saint-Jean la Gresle (Loire), 418.
Trézuble, comm. de Trézelles, 22, 430, 431, 432, 433, 439, 469, 519.
Trianon de Versailles (le), 172.
Trois-Rigoles (les), comm. de Périgny, 259.
Troussières (les), comm. de Liernolles, 504, 506.
Tuilerie (la), comm. de Barrais-Bussoles, 36.
Tuilerie (la), comm. de Langy, 314, 315.
Turin, 221.

Urbize (Loire), 6, 578.
Urfé (les cornes d'), département de la Loire, 294.
Usseau, comm. de Creuzier-le-Vieux, 167, 181, 182, 185.
Ussel, 101, 141, 172, 362.
Usson (Puy-de-Dôme), 165, 192.

Valenciennes, 421.
Valençon, comm. de Montoldre, 288, 372.
Valençon (ruisseau et plaine du), 140, 270, 359, 361, 368, 369, 372, 382, 398.
Vallée (la), comm. de Luneau, 47, 564, 567, 589, 590.
Vallée (viaduc et vieux pont de la), comm. de Droiturier, 19.
Valleton, comm. de Billy, 333.
Valorges, 370.
Valromey (baronnie du), 5.
Valtan, comm. de Liernolles, 501, 502, 512, 513.

Varenne (la), comm. de Saligny, 408, 410, 474, 498, 500, 530.
Varennes-sur-Allier, 1, 18, 162, 179, 195, 240, 249, 270, 276, 290, 298, 299, 310, 311, 315, 322, 350, 356, 358, 359, 360, 361, 362, 363, 364, 368, 369, 371, 372, 380, 382, 398, 427, 480, 504.
Varennes-sur-Tèche, 30, 408, 433, 434, 458, 460, 466, 468, 469, 472, 477.
Varoux (la), comm. de Saint-Plaisir, 50, 422.
Vaubresson, comm. de Saint-Léger des Bruyères, 519, 550, 557, 558, 595.
Vaumas, 142, 387, 426, 444, 450, 483, 487, 499, 509, 567.
Vauvre (ancien fief et forêt de la), comm. de Busset, 126, 132.
Vauvre (ruisseau de), 382, 384.
Vauvilliers (Haute-Saône), 84.
Veauce, 400.
Veillons (les), comm. de Varennes-sur-Tèche, 464.
Velay (province du), 345.
Vénaré en Auxois (Côte-d'Or), 527.
Vendat, 146, 154, 190, 342.
Venise, 5, 444.
Venize, comm. de Cusset, 174, 176.
Venoux, comm. de Bessay-le-Fromental (Cher), 247.
Verdun (Meuse), 366.
Verdun-sur-le-Doubs (Saône-et-Loire), 259, 365.
Verger (le), comm. de Saint-Voir, 375, 406, 440.
Verger (le), comm. d'Arfeuilles, 5, 26, 56.
Verger (le), comm. de Neuilly-le-Réal, 290.
Verger (le), comm. de Chaveroche, 77, 166, 194, 345, 389, 418, 440, 441, 442, 447, 460.
Verger (le), 23.
Vergy le Châtel (Saône-et-Loire), 527.
Vernanssal, comm. de Varennes-sur-Tèche, 462.
Vernay (motte de), 344.
Verne (le), comm. de Luneau, 583.
Vernelle (la), comm. de Neuilly en Donjon, 521, 565, 566, 568.
Vernet (le), 117, 140, 145, 149, 150, 151, 152, 172, 175, 196, 292.
Vernet (tour de), comm. de Sanssat, 302, 344.
Verneuil en Nivernais, 509.
Vernillet, comm. de Rongères, 285, 296, 312.
Vernin (locaterie), comm. du Donjon, 530.
Veroux (Cher), 527.
Verrerie (la), comm. de Saint-Nicolas des Biez, 83, 84, 85.
Verrerie des Fougis (la), comm. de Thionne, 499.
Verrerie de la Varenne (la), comm. de Saint-Léon, 84, 451, 499, 500.
Verrière Neuve (la), près de Charmoies (Vosges), 84.

Verrières, 364.
Verseilles, comm. de Saint-Étienne de Vic, 73, 168, 180, 186, 197, 200, 366.
Vessets (les), comm. de Varennes-sur-Tèche, 405, 432, 433, 434, 462.
Vesvre (la), en Bourgogne, 295.
Vesvres, comm. de Coulanges, 289, 535, 561.
Vesvres (les), comm. de Bourbon l'Archambault, 174.
Vetillède, 41.
Veyles (les), comm. d'Isserpent, 210, 257.
Vicaires (les), comm. de Périgny, 257, 258, 259, 260, 262.
Vichis (les), comm. du Donjon, 9, 478, 523, 536.
Vichy, 17, 37, 82, 110, 115, 117, 120, 126, 131, 134, 138, 140, 144, 148, 149, 152, 158, 161, 171, 172, 173, 182, 190, 196, 197, 252, 258, 286, 335, 341, 359, 373, 403, 421, 423, 481, 567.
Vielvoisin, comm. de Blomard, 568.
Vienne, en Dauphiné, 462.
Viermeux, comm. de Cusset, 117, 140, 175.
Vierzon, 143.
Vigirières, comm. d'Isserpent, 89.
Vignaud (dom°), comm. de Saint-Christophe, 202, 207.
Vignaux (les), comm. de la Chapelle, 114.
Vignaux (les), comm. de Saint-Prix, 413.
Vignes (les), comm. de Molles, 39, 120.
Vignolles, comm. de Cusset, 173, 177.
Villaines. — *Voir* Marcenat.
Villandières (terroir de), 547.
Villards (les Grands), comm. de Périgny, 255, 258.
Villars, comm. de Trezelles, 280, 297, 418, 434, 435, 436, 437, 438, 473, 515, 550.
Villars, comm. de Villeneuve-sur-Allier, 438.
Villars, comm. de Sanssat, 325.
Villefort, comm. de Châtel-Montagne, 68.
Villefranche d'Ande (la), comm. d'Andelaroche, 24.
Villemontée, comm. de Bromont-la-Motte (Puy-de-Dôme), 428.
Villeneuve (motte de la), comm. de Trezelles, 438.
Villeneuve-sur-Allier, 438.

Villers, comm. de Villeneuve-sur-Allier, 532.
Villers-sur-Mer, 507.
Villette (la). — *Voir* la Bêche.
Villette (la), comm. de Billezois, 260.
Villette (maison de), comm. de Barrais-Bussoles, 33, 34, 539.
Villette, comm. de Monétay-sur-Loire, 34.
Villersexel (Haute-Saône), 532.
Villevieille, dans le canton de Sommières (Gard), 595.
Vincents (les), comm. de Saint-Didier en Donjon, 543.
Vindecy (Saône-et-Loire), 578, 581.
Vinzelles, comm. de Lenax, 46, 203 (?).
Virots (les), comm. de Sorbiers, 469, 473.
Viry (Saône-et-Loire), 503.
Vissac (Haute-Loire), 119.
Vitry-sur-Loire (Saône-et-Loire), 527.
Vivant, comm. de Chassenard, 596.
Vivarais (pays de), 286, 332, 376.
Vivère (la), comm. de Rocles, 490.
Viviers (Ardèche), 94.
Vogispe, comm. de Varennes-sur-Allier, 362.
Voire (moulin de), comm. de la Chabanne, 75.
Voisins (les), comm. de Montaigu-le-Blain, 407.
Volvic (Puy-de-Dôme), 210.
Voudelle (val et forêt de), 368, 370.
Voulte-sur-Rhône (la), 5.
Vougy (Loire), 7.
Vouroux, comm. de Varennes-sur-Allier, 282, 305, 358, 360, 361, 364, 368, 575.
Vouzance (rivière de), 547, 557, 565, 566, 574, 582.
Vraincourt (Haute-Marne), 189.
Vry (domaine), comm. de Montaigu-le-Blain, 281.
Vrys (les), comm. d'Andelaroche, 28.

Worcester (le comté de), 456.

Ypres, dans la Flandre occidentale (Belgique), 297.

Zéros (les), comm. de Boucé. — *Voir* les Hérauds.

INDEX ALPHABÉTIQUE

DES NOMS DE PERSONNES ET DE FAMILLES.

Aages (des), 364.
Acbert (d'), 183, 340.
Adanson (madame), 194.
Adrets (le baron des), 208.
Alabargot, 145, 254.
Alarius (Guillelmus), bourgeois de Saint-Gerand le Puy, 278.
Albert (Jean), 37.
Albon (d'), 20, 24, 78, 202, 205, 246, 337, 348, 349, 350, 364, 365, 366, 367.
Albon Saint-André (d'), 78, 109, 145, 148, 182, 184, 185, 188, 214, 364.
Albost (d'), 157, 224, 266, 421, 437.
Albret (d'), 129.
Alcocque-Noailly (fam.), 19.
Alençon (le duc d'), 155, 426.
Alestavre, sergent de Montaiguet, 48.
Alègre (d'), 126, 148.
Alègre (Charles-Yves, marquis d'), 461.
Alexandre III, pape, 188.
Alezon, 32.
Aligier, de Langy, 268, 318, 319.
Aligre (d'), 14.
Allemand, de Cusset, 67, 136, 145, 167, 173, 174, 177, 356.
Amable (saint), patron de la ville de Riom, 8.
Amanzé (d'), 131, 261, 389, 418, 553.
Ambly (Françoise d'), 208, 264.
Amboise (de Bussy d'), 40, 221, 324, 373, 456.
Ameil, 185, 186, 352.
Amelot, de Billy, 356.
Anchald (baronne d'), née de Chazelles, 169.
Anché (Claudine), 259.
Andelot (d'), 189, 353.
Anglars (d'), 297.
Angoulême (d'). — Voir Valois-Angoulême.
Anjou (Foulques le Réchin et Foulques V, comtes d'), 452, 453.
Anlezy (d'), 294, 418, 504.
Apchon (d'), 18, 79, 109, 145, 148, 182, 185, 188, 189, 195, 214, 287, 350, 454, 483, 534.
Apvrillon (d'), 13, 254, 294, 413.
Aragonnés d'Orcet, 193, 209.
Arces (Jeanne d'), 16.
Archambaud (fam.), 112.
Arfeuilles (Yves Mourins, comte d'), 288, 353, 445.
Arcouges (M. d'), intendant du Bourbonnais, 5, 27, 132, 246, 360, 387, 467, 475, 570.
Arlay des Gaudières (d'), 295.
Arnaud (fam.), d'Artonne, 339.
Arnefot, 244.
Arnoux de Saint-Simon, 96.
Arpajon (d'), 174.
Artaud, de Varennes, 363, 382.
Aste (d'), 437, 542, 549, 550, 557.
Athiaud, de Saint-Germain l'Espinasse, 421.
Aubépierre (de l'), 566.
Aubépierre ou de Vaumas (Préveraud de l'). — Voir Préveraud de l'Aubépierre.
Aubert, 141, 282, 362.
Aubert du Chaussin, 122, 141, 216.
Aubert d'Ussel, 141.
Aubert du Montel de Gelat, 148, 456, 484.
Aubery, 195, 487, 513.
Aubière (d'), 188.
Aubigni (d'), 164, 278.
Aubrinay (d'), 141.
Audier, 276.
Audigier, de Tréteau, 404.
Audricourt de Mortillon (d'), 546, 566.
Augerolles de Saint-Polgues (d'), 75, 76, 77, 165, 205, 344, 532, 534.
Augibaud (d'), 142.
Aupetit-Durand, 167.
Aurelle (d') de Paladine, des Coraais, de Montmorin Saint-Hérem, etc., 207, 213, 214, 216, 361.
Aussy (d'), 247.
Autriche (Maison d'), 587.

AUVERGNE (les comtes et vicomtes D'), 292, 316, 516, 521, 522.
AVAIZE (D'), 576.
AVAL (D'), 550.
AVERTON (D'), 365, 370.
AYCELIN DE MONTAIGU-LISTENOIS, 64, 101, 106, 218, 220, 221, 272, 294, 525.
AYMERIC, abbé de Mauzac, 248, 492.
AYNARD, 289, 295, 312. — *Voir* aussi DE CINCÉ.

BABUTE, 379, 509.
BACHELIER, 113, 133, 168.
BADIER DE VERSEILLES (DE), 114, 168, 172, 182, 185, 186, 198, 199, 202, 366, 367.
BADOIT (DE), 198.
BAILLARD DES COMBEAUX, seigneurs de Chervil, comtes de Troussebois, 77, 197, 261, 345, 346, 347, 389, 441.
BAILLOD (M.), de Pierrefitte, 36.
BAILLY, 539, 548, 568, 582.
BAIN, de Châtelperron, 487.
BALEYDIER, 7.
BALLORE DE MONTESSUS (DE), 519, 590, 591.
BALME (DE), 345.
BALMON, de Trézelles, 430, 431, 432, 461, 469.
BALORRE (DE). — *Voir* IMBERT DE BALLORE.
BALOTTIER (DE), 418.
BALZAC D'ENTRAIGUES (DE), 54, 58, 60, 71, 74, 396, 576.
BAR (DE), 476.
BARBAN (M. André), 1, 6, 57.
BARBÉZIEUX (marquis DE), 126.
BARD (DE), originaire d'Auvergne, 119, 121, 139, 202.
BARDET, de la Palisse, 238.
BARDET DE SAINT-JULIEN, 35, 50, 561.
BARDON DU MÉAGE, 157, 162, 166, 173, 308, 311, 312, 320, 345.
BARDONNET DE GONDAILLY, de la Toulle, etc., 62, 67, 70, 85, 207, 259, 297, 313, 321, 358, 362, 402.
BARGE (DE LA), 164, 165, 344, 365, 366.
BARGHON (DE) des Breulés, des Grangeons, etc., 133, 138, 139.
BARGHON DE FORT-RION (baron DE), 90, 135.
BARGOIN, 102.
BARNAULT (DE), 188.
BARNIER ou BARNYER, 362.
BARON (Marie), 303.
BARRAL (DE), 358, 378, 401, 457, 458.
BARREAU, de Trézelles, 426.
BARRES (Pierre DES), 360.
BARRET, d'Arfeuilles, 54, 55.
BARREYS (DE), 30, 31, 48, 271, 431, 465, 474.
BARRIÈRE (DE LA), 275.
BARROIS, de Pierrefitte, 431, 539, 589.
BARROIS DES BARRES, 30.
BARTELAT (DE) ou DE BERTHELAS, 107, 108, 110, 207, 209, 363, 377.
BARTHOMIVAT, 114.

BASERNE (DE), 364, 552, 556, 559.
BASSINET (DU), 70.
BASSOT, 444, 511.
BATAILLE DE FRANCE (Marie), 94.
BATISSE (DE LA), de Saint-Félix, 332, 337.
BATISSE (DE LA), de Puy-Guillaume, 142.
BATISSIER (M.), 107, 446, 505.
BAUDINOT DE LA SALLE (DE), 38, 586, 596.
BAUDET DE RANCOUX, 519.
BAUDOT, 508, 592, 595, 596.
BAUGY DE ROCHEFORT (DE), 74, 119, 375.
BAUME-MONTREVEL (DE LA) et DE LA BAUME SAINT-AMOUR, 102, 103, 221, 222, 273, 526.
BAYARD (DE), prieur du Moutier, 396, 397.
BAYLE (DE), de Pontcenat, 276, 287.
BAYON DE BEAULON, 47, 499.
BAYS DE DICOINE (DU), 529, 530, 534.
BEAUCAIRE DE PUYGUILLON (DE), 442.
BEAUCHAMPS (fam.), 333, 494, 519.
BEAUCOUSIN (Christophe DE), 498, 499.
BEAUDESSON, 173.
BEAUFFREMONT (DE), 221.
BEAUFORT-CANILLAC (DE) et DE BEAUFORT-MONT-BOISSIER, 92, 93.
BEAUJEU (comtes DE), 64, 79, 194, 208, 221, 588.
BEAUJEU (Anne DE), fille du roi Louis XI, duchesse de Bourbon, 27, 64, 128, 130, 202, 205, 476, 488, 489, 518.
BEAULIEU DE BOSIDINET, 189.
BEAUMONT (DE), 596.
BEAUSSERON (DE), 221.
BEAUSSON (DE), 276, 287.
BEAUVERGER-MONTGON (DE), 366.
BÈCHE (fam. DE LA), de Varennes-sur-Allier, 362, 479, 480.
BÉCHINERS (Thomas), seigneur de Rondon, 514, 515.
BECOUX (Jacques) d'Arfeuilles, 62.
BEDIN (madame Dulignier, née), 254.
BEGNY (Charlotte DE), 515.
BÈGUE (LE), 376.
BELESTAT (Jeanne DE), 297.
BELIN (Suzanne), ép. Devaux, 262.
BELLAIGUE (fam.), 478.
BELLEJAMBE (Baptiste), religieux de l'Ordre de Saint-Jean de Dieu, 371.
BELLENAVES (DE), 353, 377, 383.
BENOÎT (DE), de Maringues, 258, 294, 319.
BÉRARD DE CHAZELLES, 169, 170.
BERAUD (fam.), de Billezois, 262.
BERAUD, de Venoux, près Bessay-le-Fromental, 247.
BERAUD, notaire à Moulin, 332.
BERGER ou BERGIER, de la Palisse et environs, 39, 241, 427.
BERGER DE RESSYE et BERGER DE NOMAZY, 289, 542, 554, 592.
BERGERON, 111, 115, 250, 268, 289, 422, 423.
BERGIRON (Étiennette), 518.

DES NOMS DE PERSONNES ET DE FAMILLES.

BERLAND (Antoine), 381.
BERMONDET (DE), 130.
BERNARD (saint), 48.
BERNARD (fam.), de Chassignoles près Cusset, 8, 174, 175, 200, 201, 339, 469.
BERNARD DES CAMPS, 303, 463.
BERNARDET, de l'Hopital-le-Mercier, 588.
BERNAY DU COUDRAY (DE), 77.
BERNUÇON (fam.), 82, 88, 307, 308, 315, 317.
BERRY ET D'AUVERGNE (Jean, duc DE), 126, 134, 146, 154, 316.
BERTHELOT, d'Isserpent, 207.
BERTHET DU TEILLAT (DE), 44, 98, 113, 166, 254, 276, 283, 287, 305, 308, 312, 320, 327, 336, 357.
BERTHIER DE BIZY, 385, 392, 394.
BERTHOMIER, de Créchy, 318.
BERTHOUD, prieur du Moutier, 396, 397.
BERTHY (DE), 450.
BERTRAND (M. A.), de Moulins, 123, 360, 368, 373.
BERTRAND, moine de Mauzac, 210.
BERTUCAT, 111, 114, 115, 207, 262, 289, 422, 423.
BÉRULLE (Anne DE), 377.
BESONT DE LA VILLE-ARNOUL, 416, 417.
BESSE-BURELLE, 340.
BESSON (M.), des Pératons, 400.
BÉTHENCOURT (DOM), 45, 96, 136, 164, 187, 229, 292, 315, 348, 356, 378, 381, 394, 404, 440, 543.
BÉTHUNE (Armand DE), 507.
BICHARD (M.), de Gondailly, 297.
BIDON (fam.), de Cusset, 172, 175.
BIENAIMÉ (M.), de Saint-Haon le Chastel, 326.
BIETRIX, de Lyon, 24.
BIGNON (Catherine), de Paris, 232.
BIGNON (fam.), 260.
BIGNY (DE), 198, 246, 250, 292, 293.
BIGOT (DE), 84, 85.
BIGUE (DE), 490.
BILHAUD DES ROBERTS, de Droiturier, 19, 39, 62, 357, 436, 458.
BILLARD, 307, 308, 309, 356, 361, 362, 380.
BILLARD DE COURGENAY (le poète), 380.
BILLY (DE), 417.
BINVILLE (Michel DE), 279.
BIOT (fam.), 61, 213.
BIOZAT (DE), 296, 297, 437.
BISSON (fam.), 408.
BLAIN ou BLANC, seigneurs des Miniers et de Barrais, 7, 16, 29, 45, 242, 474, 477.
BLAIN DE MONTAIGU, 271, 272, 273, 274, 277, 363, 364, 383, 411, 483, 522, 523, 546.
BLANC (Artaud), vicomte de Mâcon, 48.
BLANCHARD (Catherine), 278.
BLANCHARDON, 267, 268, 269, 281.
BLANCHEFORT (Suzanne DE), dame de Boislamy, 138.
BLANCHET DE LA CHAMBRE, 32, 80, 399.
BLANCHOT (madame), 206.

BLANZAT (DE), 150.
BLETTERIE (fam.), 11, 39, 107, 120, 121, 123, 207, 246.
BLETTERIE (l'abbé), curé de la Prugne, 75, 80, 82, 90.
BLETTERIE (M. A.), de Bellefaye, 194, 204, 215.
BLICH DE VEAUCE (DE), 185.
BLYER (LE) ou LE BLAYER, 430, 431, 432.
BLOIS (Thibault, comte DE), 454.
BLONDEAU (Marthe DE), 450.
BOCHARD DE SARRON (Mgr), évêque de Clermont, 176.
BODINAT DE LA MOTTE, 295.
BOEUF (LE), des arquebusiers de Grassin, 463.
BOFFETY, de Ferrières, 98.
BOIENS (les), 574.
BOIROT DES TIXIERS ou BOIROT DU PRÉAU, 39, 252, 259, 458.
BOIS (Hugues DU), seigneur de Butavant, 27.
BOIS (Jean DU), secrétaire de la duchesse Anne, et sa fille Suzanne, dame des Gouttes, 388, 389.
BOIS-MARMAIN (DE), 551.
BOISSET, 320, 322.
BOLACHE, 366.
BOLONE (DE LA), 394.
BOMPARE, 132.
BONANT (DE), 378, 576, 580, 582, 583, 584.
BONAPARTE (Napoléon), 114, 295, 350.
BONGARS (DE), 519.
BONNARD (M.), de Vichy, 149.
BONNAY DU BESSAY (DE), 141, 142, 450, 493, 509, 577.
BONNEAU DU MARTRAY (madame), 340.
BONNEBAUD (DE), 11.
BONNEBAULT (DE), de la Marche, — sans doute les mêmes que les précédents, 11, 58.
BONNET (saint), évêque de Clermont, 501.
BONVIN, notaire à Cusset, 168.
BORD (Pierre DE), gentilhomme de l'Angoumois, 408.
BORDAT, de Pierrefitte, 558.
BORDERIE (DE LA), de Cusset, 121.
BORGIA, duc de Valentinois, 129, 183.
BORNAT (DE). — Voir DE BOURNAT.
BORNE (DE), 271.
BORNIQUET (DE), chef huguenot, 155.
BOSBOUDRY (Vincent DE), 417.
BOSC (DE ou DU), familles sans doute distinctes, 48, 356, 358, 553.
BOSON, roi de Provence, 30.
BOSREDON (DE), 137, 138, 330.
BOST (DU), seigneur de Trémolin en Forez, 80.
BOTTIN, du Donjon, 529.
BOUCAUD (Justine), comtesse de Rouault, 545, 555.
BOUCAUMONT, 362.
BOUCÉ (DE), 17, 18, 109, 145, 214, 285, 287, 303, 311, 349, 370, 373, 376, 377, 378, 379, 383, 403, 522. — Voir en outre le capitaine PONTGENAT.

Bouchard (M. Ernest), 442.
Bouchardet, 329.
Bouchaud (du), 565, 580.
Bouchat (du) de Grosloup, 338, 408, 412, 500, 511.
Boucher (Claude), 392.
Bouchet, 317, 318.
Bouchet de Sourches (du), 126.
Bouer, 403.
Bouillet, 225.
Boulaise (de la), 277.
Bouletières (de), 35, 211, 212, 214, 268.
Boullay (Jean de), bourgeois de Barrais, 427.
Boulogne (Jeanne de), comtesse de Clermont et d'Aumale, 91, 92, 96.
Bouquet des Chaulx, Bouquet de la Grye, de Chazeuil, d'Espagny, de la Genèvre, des Pins, etc.. 33, 34, 201, 202, 225, 278, 318, 366, 367, 469, 544.
Bourachot, 47.
Bourasset (Jean), 380
Bourbe (de la), 46.
Bourbes (des), 240, 381.
Bourbon (les sires de), 290, 291, 351, 352, 445.
Bourbon (Archambaud V, dit le Pieux, sire de), 242.
Bourbon (Archambaud VI, sire de), 88, 106, 158, 261.
Bourbon (Archambaud X, sire de), 208, 351, 388.
Bourbon (Archambaud XI, sire de), 248.
Bourbon (Aymon Vaire-Vache, sire de), 452.
Bourbon (Agnès de), 106, 517, 524.
Bourbon (Guy de Dampierre, sire de), 292, 316.
Bourbon (Béatrix de), fille d'Agnès, 444.
Bourbon (Robert de France, comte de Clermont, premier duc de), 334, 444, 476.
Bourbon (Louis Ier, duc de), 30, 408, 471, 571.
Bourbon (Pierre Ier, duc de), 116, 126, 132, 383.
Bourbon (Louis II, duc de), 4, 20, 21, 126, 154, 205, 213, 250, 293, 316, 359, 408, 420, 455.
Bourbon (Jean Ier, duc de), 134, 230, 445, 488.
Bourbon (Charles Ier, duc de), 101, 102, 121, 127, 273, 445, 575.
Bourbon (Jean II, duc de), 359, 488, 549.
Bourbon (Pierre II, duc de), 128, 154, 157.
Bourbon (Charles II, duc de Bourbon-Montpensier, dit le connétable de), 20, 23, 260, 313, 370, 488, 489.
Bourbon (Charles, archevêque de Lyon, dit le cardinal de), 218, 420.
Bourbon (Jeanne de France, duchesse de), fille du roi Charles VII, femme du duc Jean II, 355, 454, 488.
Bourbon (Isabelle de Valois, duchesse de), femme du duc Pierre Ier, 282, 445.

Bourbon (Isabelle de), fille du cardinal de Bourbon, 218.
Bourbon (Suzanne de), fille de Pierre II et d'Anne de Beaujeu, épouse du connétable, 128, 488.
Bourbon (Ermengade de), fille d'Archambaud le Fort, dame de Jaligny, 452.
Bourbon (Philippe de), époux de Jeanne de Chauvigny, 109, 122, 188, 214.
Bourbon (Jacques de), comte de la Marche, tige de la maison royale de France, 445.
Bourbon (Guillaume de), 492.
Bourbon-Carency (branche de), 148, 342.
Bourbon-Clacy (branche de), 221.
Bourbon-Montpeyroux (branche de), 122.
Bourbon-Vendome (branche de), 130.
Bourbon (Pierre, dit le bâtard de), 352.
Bourbon (Hector de), bâtard du duc Louis II, 445.
Bourbon (Louis de), évêque de Liège, fils du duc Charles Ier et tige des Bourbon-Busset, 129.
Bourbon-Busset (fam. de), 98, 103, 104, 109, 116, 123, 127, 128, 129, 130, 132, 134, 180, 182, 183, 201, 311, 377, 519.
Bourdelier (Marie), 429.
Boureys (Charles de la), 408.
Bourg (du), marquis de Rosas, 75, 77.
Bourgeois de Boynes, 130.
Bourgogne (Agnès de), 127.
Bourgogne (Philippe le Bon, duc de), 273, 549. — Pour Philippe le Hardi, Voir Philippe.
Bourgogne (Isabelle de Portugal, duchesse de), 273.
Bourgogne (Marie de), la fille du Téméraire, 596.
Bourgogne (Jean de), 517, 524.
Bourguignon (fam.), de Périgny, 251, 486, 499.
Bourmont (L.-A.-G. de), comte de Ghaisnes, 152.
Bournat (de), 203, 422, 556, 560, 561.
Boutaric, auteur d'une histoire du Parlement, 292.
Bouteiller (Charlotte le), 365.
Boutet, 329.
Bouteville (le comte de), 275.
Boutiguergues du Theil (de), 288.
Boutier (Antoine), 32.
Boyaux (des), 238, 572.
Boyer (fam.), 46, 569, 570, 585.
Boyetet (fam.), d'Orléans, 393.
Boys de la Roquette (du), seigneurs du Donjon, 527, 528.
Boys (du), seigneur de Saint-Gerand-le-Puy, 293.
Brachet (fam. de), marquis de Floressac, 279, 280, 437.
Bracon de Rochefort, 113, 254.
Branchet (du), 43.
Brague (de), 376.

DES NOMS DE PERSONNES ET DE FAMILLES. 629

Bréchard (de), 181, 318, 450.
Bresche (de), 19, 417.
Bresle (de la), 256.
Bressolles (de), 58, 204, 261, 564.
Breuil (du), 159, 220, 352.
Breules (Jean des), 420.
Breuvant (M. de), de Dijon, 257.
Briaudet (fam.), de Saint-Forgeux l'Espinasse, 47.
Brie (Louis de), 19, 352.
Brirot de Crachet et Brirot de Tilly, 446, 448, 451, 469.
Brissac (Justine de), 93.
Brisson (Barnabé), président au parlement de Paris, 578.
Brisson, 411.
Brocart (du), maréchal de camp, 463.
Brocart de Guiamy (de), comte de Rispe, 527.
Broces (des), aux environs de Saint-Gerand-le-Puy, 258, 271, 329, 358, 442.
Brosse (Anne de), du Dauphiné, 174.
Brosse (fam. de la), 254, 339.
Brosses (Antoine des), seigneur de la Faige, 10.
Brué, notaire à Paris, 581.
Brun de Gaudinière (le), 19, 20, 42, 478.
Brun (fam. le), de la Palisse, Seuillet, Treteau, etc., 241, 243, 244, 349, 382, 407, 478.
Brun (le), seigneur de Cornassat, 302.
Bruneau, de Saint-Félix, 335.
Brunet (fam.), de Clermond-Ferrand, 212.
Brunet de Privesac, 330.
Brunet la Tour, 88.
Brunet d'Evry, 18, 30, 54, 61, 62, 65, 66, 70, 71, 73, 74, 78, 174, 175, 232, 259.
Brunon (marquis de). — Voir Paris de Montmartel.
Bruyère (de la), 32, 33.
Buffevent (de), 142, 429, 503, 532.
Buisson (du), seigneurs de la Chaise, Beauregard, les Hayes, etc., comtes de Douzon, 14, 249, 254, 276, 283, 287, 288, 307, 329, 335, 353, 376, 377, 383, 390.
Bulot, 349.
Bunel, 178.
Bure (Albert de), 36, 478, 520.
Burelle de Barutet, 298, 299.
Burelle (fam.), de Varennes-sur-Allier et environs, 276, 280, 298, 310, 328, 336, 350, 362, 363, 366, 371, 473, 596.
Burgensis (fam.), de Blois, 8.
Burin de la Clayette, 356.
Burnolle, 80, 120.
Busillet (Jean-Louis), 462.
Busseuil (de), 595.
Bussière (de la), 577, 580.
Bussy. — Voir d'Amboise.
Buvin, chanoine de Clermont, 463.

Cadel de Cadelières, 428.
Cadier de Veauce et Cadier de Beauvais, 400, 505.
Caillot (Guy), 403.
Calixte d'Affry (de), 316, 320, 321, 322, 325.
Calliard (Claude de), 142, 460.
Camard de la Corne, 165.
Campionnet (madame), née de Riberolles, 34.
Cannac (François de), 450.
Canque, 140.
Capelin, 596.
Capponi (de), 39.
Caquet (fam.), du Breuil, 219.
Cardos (Rose), 174.
Carlier (du), 131.
Carmélites (les religieuses), 446, 473, 476.
Carnot, notaire au Châtelet, 366.
Carnot (Lazare), 539.
Caron ou de Caron (fam. incertaine), 318.
Carouge (Anne de), 257.
Carré (François), seigneur du Crozet, 281.
Cars (duchesse des), 126.
Cartailler (Marie), 102, 116.
Cartherat (de), 279.
Cartier (fam.), 84, 595.
Casimir (Jean), électeur palatin, 155, 342.
Cassini, le géographe, 99, 117, 163, 174, 179, 195, 219, 248, 267, 300, 302, 307, 323, 328, 335, 374, 381, 383, 386, 404, 444, 546, 551, 557, 567, 579, 580, 592.
Castellier (Dalmas de), 208.
Cathelin, 80, 117, 123.
Cathol du Deffand, 336.
Catriot, 422.
Caumont (M. le comte de), 414.
Caylus (duc de). — Voir Lignerac.
Centarben (fam. de) ou de Sancto-Albino, 62, 285, 378, 522.
Chabannes (fam. de), branches de la Palisse, Dammartin, Curton, Pionsat, Vandenesse, Blanchefort, etc., 18, 30, 38, 60, 136, 137, 164, 182, 185, 186, 195, 208, 209, 230, 231, 232, 233, 234, 236, 237, 244, 254, 259, 263, 264, 266, 272, 273, 274, 275, 277, 278, 280, 287, 296, 344, 350, 373, 381, 383, 396, 445, 446, 457, 460, 476, 479, 484, 492, 493, 496, 528, 576.
Chabannes (comtesse Alfred de), 136, 228, 272.
Chabannes (comte Henri de), 136, 228, 381.
Chabannes (bâtards de), 208, 209, 263, 264, 361.
Chabot (de), 526.
Chabot de l'Allier (G.-A.), 349, 350.
Chabre (marquis de la), 286.
Chabrol-Tournoel (de), 130, 162.
Chacaton (de), 255, 335, 340, 356, 431.
Chaise (de la), 157, 167, 172, 173, 182, 322, 335.
Chalençon de Rochebaron, 92, 93, 96.
Challier de Pérignat, 44.
Chalmain, 435.
Chalmoux ou Challemoux, 396, 397.
Chalon-sur-Saone (comtes de), 557.
Chalon-Landreville (de), 546, 557.

INDEX ALPHABÉTIQUE

CHALUZ (Robert DE), 272, 277.
CHALUS (DE), de Billy, 356.
CHAMBEL, 457, 458.
CHAMBERLAIN (fam.), de Chassenard, 596.
CHAMBON (Marie-Reine), 325.
CHAMBON (DE), 183, 358.
CHAMBONNIÈRE (fam.), de la Chabanne, 75, 79.
CHAMBORAN DE LA CLAVIÈRE (Anne DE), 94.
CHAMBOYT, de Ferrières, 113, 114, 115, 509.
CHAMPAGNAT (DE), de Cusset, 166.
CHAMPAGNY (M. DE), duc de Cadore, 573.
CHAMPBLANC (Claude DE), 254, 347.
CHAMPFEU (DE), 278, 305, 312, 326, 363.
CHAMPODON (DE), 544, 545, 546.
CHAMPROND (DE), en Charollais, 154.
CHAMPROFIN DE CHAMBOND (DE), 11, 35, 42, 205, 402, 408, 410, 411, 412, 430, 441, 449, 474, 500, 503.
CHANCIAULX (DE), 532.
CHANDIEU (DE), 17, 98, 417.
CHANGY (DE), 304, 542.
CHANTELOT (fam., duc DE), 10, 23, 24, 26, 35, 42, 70, 87, 88, 213, 215, 218, 219, 224, 225, 333, 345, 352, 408, 410, 434, 444, 521, 544, 590, 596.
CHANTEMERLE (DE), seigneurs de la Clayette, dits aussi de Moles, 6, 28, 55, 214, 296, 467.
CHANTEMERLE (Jacquelot DE). — Voir JACQUELOT.
CHANTRE DE MILLY ou DE MILLÉ, 135.
CHAPEAU (Jean DE), 387.
CHAPELLE (DE LA), 254.
CHAPELLE-COUD (Pons DE LA), 465.
CHAPELLE DE JUMILHAC (DE LA), 393.
CHAPOT, de Sorbiers, 474.
CHAPPES (Eustache DE), 96, 406.
CHAPPUY, de la Prugne, 41.
CHAPPUIS (DE), probablement même famille que la précédente, 80, 470, 471.
CHAPUS DU BOST, 173, 177.
CHAREGNY (Guy DE), 271, 405.
CHARETTE DE LA CONTRIE, 130.
CHARGÈRES-ROUDON (comtes DE), 336, 438, 514, 515, 516.
CHARGUERAUDS (communauté DES), 68.
CHARLES VI, 147, 455.
CHARLES VII, 159, 163, 195, 229, 274.
CHARLES VIII, 60, 102, 171, 387, 582, 587.
CHARLES LE GROS, 159.
(Pour les ducs de Bourbon, voir BOURBON.)
CHARLES LE TÉMÉRAIRE, duc de Bourgogne, 127, 557, 575, 587.
CHARLES LE MAUVAIS, roi de Navarre, 408.
CHARLES-QUINT, 313, 353.
CHARLES (fam.), branches de la Côte, de Bardonnières, etc., 32, 191, 252, 265, 267, 339, 340, 350.
CHARLOT, de Semur en Bourgogne, 550.
CHARLOTTIER (Michelle DE), 209, 215.
CHARME (DU), 468.

CHARNAN, 406, 432.
CHARNAND (les sires DE), 70.
CHARNAY (Girard), curé du Donjon, 481.
CHAROLLES (les comtes DE), 583, 588.
CHARPIN (fam.), de Vindecy, 581.
CHARRY DES GOUTTES (DE), 389, 390, 392, 394, 396, 457, 485, 486, 492.
CHARTIER, 473, 475, 480.
CHARVET, 481.
CHASEUT (Guillaume DE), probablement de Chazeuil, 351.
CHASLUT (DE), ou DE CHATELUS, probablement d'origine auvergnate, 113, 139, 142, 325.
CHASSAGNE (DE LA), 83.
CHASSENAY, 482, 501, 507, 535, 548, 560.
CHASTAGNAT (DE), 437, 438.
CHASTEIGNIER (DE), 408.
CHASTEL (DE) ou DE CHATEL, 182, 471, 522.
CHASTEL EN BOUCÉ (DE), 63, 378, 522.
CHASTRES (DE), 119.
CHATEAUBRIANT, 53.
CHATEAUMORAND (Diane DE), 3, 385. (Pour les autres Chateaumorand, voir CHATELUS-CHATEAUMORAND.)
CHATEAUNEUF-RANDON (comte DE), 419.
CHATEAUVILAIN (DE), 401, 454, 588.
CHATELIER (fam.), de la Palisse, 237, 238, 240, 247, 257, 419.
CHATEL-MONTAGNE (DE), 58, 63, 82, 88, 344, 522, 530.
CHATELPERRON (DE), 63, 271, 420, 455, 483, 484, 492, 522, 588.
CHATELPERRON (Collas DE). — Voir COLLAS DE CHATELPERRON.
CHATELUS (DE), branches de Trézelles et de Mauvernet, 3, 4, 5, 6, 7, 8, 24, 25, 28, 55, 56, 182, 426, 460, 561.
CHATELUS (DE), branche de Chateaumorand, 3, 4, 6, 22, 261, 271, 272, 364, 442, 466, 467.
CHATELUS (fam. DE), de Roanne, 508.
CHATENOIS (DE), 266, 429, 430, 432, 448, 489.
CHATILLON EN BAZOIS (DE), 13, 92, 95, 229, 230, 406, 454, 455, 525.
CHATILLON-SUR-MARNE (DE), 92, 452.
CHATILLON (Gaucher DE), seigneur de Ferrières en 1249, 91, 92.
CHATILLON (Hugues DE), 248, 261, 483.
CHATRE (DE LA), comte de Nancey, 65.
CHAUD (DE LA), 432.
CHAUDERON, sire de Dornes, 359.
CHAUGY (DE), 13, 25, 27, 56, 205, 294, 329, 450, 530.
CHAUMONT-SUR-LOIRE (DE), 452, 453, 454.
CHAUSSIN (DU). — Voir AUBERT DU CHAUSSIN.
CHAUVIGNY DE BLOT (DE), 11, 58, 64, 78, 109, 122, 176, 188, 204, 214, 280, 294, 311, 326, 327, 330, 331, 344, 347, 361, 364, 372, 403.
CHAUVIN, 317.
CHAUX (DE LA) ou DE LA CHAL, en latin de Calce. — Voir DE CHOL.

DES NOMS DE PERSONNES ET DE FAMILLES.

CHAVAGNAC (DE), 39, 40, 367, 380, 381, 423, 464.
CHAZAUD, archiviste de l'Allier, 27, 146, 291, 358, 525.
CHAZERAT (DE), 297, 298, 421.
CHAZERON (DE), 221, 324, 526.
CHAZEUIL (DE), 363.
CHEISSAT, 528.
CHESNE (Gilbert DU), 362, 382.
CHESET, 307, 308, 374.
CHERMARTIN (DE), 257, 266, 419.
CHERVIERS (DE), seigneurs de Fort-Rion, 67, 133, 168.
CHEVALIER, 274.
CHEVRIER, 274.
CHEVRIÈRES DE SAINT-CHAMOND (Anne DE), 76.
CHEZEAUX (DES), 117.
CHÈZES (DES), seigneurs des Chezeaux, 438, 473, 482.
CHILDEBRAND, personnage probablement purement légendaire, 575.
CHITAIN (DE), peut-être branche des Isserpent (voir ce mot), 10, 195, 203, 204, 208, 256, 289, 290, 303, 357.
CHOCUEPRAT (fam.), de Gannat, 251, 252, 339.
CHOISY, de Vichy, 134.
CHOL (DE) ou DE CHOUL, 35, 240, 243, 402, 410, 412, 413, 432, 448, 449.
CHOMEIL DE MONTJOU, 212.
CHOSSANT ou DE CHASSANT, 250, 251.
CHOUET DE SAINT-AUBIN, avocat au Parlement, 276.
CHOUSSY, 315.
CHOUVIGNY DE BLOT. — Voir CHAUVIGNY DE BLOT.
CHRESTIEN, 312, 345.
CHRISTINE, reine de Suède, 594.
CIMETIÈRE DE LA BAZOLLE (fam.), 62, 212, 213, 218, 224, 225, 367, 501, 521, 542, 543, 544, 545, 546, 547, 561, 569, 587.
CINCÉ (DE), probablement des Aynard de la Croix (de Cruce), 285, 288, 289, 296, 375. — Voir AYNARD.
CIRCAUD, 366, 511.
CLAPISSON DU LIN, 377, 378.
CLAUDE (saint), 501.
CLAUSTRE (DE), 187.
CLAYEUX (fam.), 393, 448, 499, 513.
CLÉMENT VII, pape, 313.
CLÉMENT, 366.
CLÉRAMBAULT (René de Gillet, marquis DE), 353.
CLERC (Jean), sergent du Bourbonnais, 544.
CLERC (Pierre LE), lieutenant du comte d'Auvergne, 521, 522.
CLERC (Marie LE), femme de P. Larchier, 31, 265, 457.
CLERC (LE) DE LA FORÊT, 265.
CLÉRET DE TOCQUEVILLE, 393.
CLERMONT (Robert DE). — Voir BOURBON.
CLERMONT (Anne DE), épouse d'Escars de la Vauguyon, 148.

CLERMONT (Humbert DE), seigneur de Chattes, en Dauphiné, 189.
CLERMONT (les évêques de), 378, 394, 405, 476.
CLERMONT-MONT-SAINT-JEAN (Jacques, marquis DE), 190.
CLERMONT-TONNERRE (DE), 130.
CLÉROY (DU), 278, 279, 335.
CLESLE-LAFONT, 55.
CLUYS (DE), 136.
CODIÈRES (François-Gaspard DE), 109.
CODRE DE MONTPANSIN (DE LA), 98, 403.
COEFFIER (DE), seigneur de Demoret, 156.
COEFFIER-DEMORET (M.), historien bourbonnais, 31, 236, 239, 452, 524.
COCNET (fam.), 90, 113.
COICHON DE LA FONT, 161, 162, 186.
COLBERT DE VILLECERF (DE), 527.
COLIGNY (Anne DE), 577, 580.
COLIGNY ET D'ANDELOT (Joachim, marquis DE), 143.
COLIGNY-SALIGNY (DE), 205, 345, 461, 462, 465.
COLIN, l'envoyé du connétable de Bourbon, 23, 370.
COLIN ou COLLIN DE BELLEROCHE, 113, 114, 123, 140, 198, 200, 201, 224, 247, 335, 339.
COLLAS DE CHATELPERRON, 193, 486, 487, 499, 515.
COLOMBI (Colombier?), 351.
COLOMBIER (DU), 239, 364.
COLUMIÈRES (J. DE), 73.
COMBES (M. James), 178.
COMBES (DE), 169, 170.
COMÈRES (Alice DE), 337.
COMMIÈRES (DE). — Voir D'AUGEROLLES.
CONCHON (fam.), de Saint-Félix, 336.
CONDÉ (les princes DE), 78, 457, 473, 507, 586.
CONDÉ ou COUDÉ (Jean DE), gentilhomme verrier, 387.
CONNY DE VALVRON, CONNY DE LA FAYE, etc., 32, 36, 313, 358, 474, 475, 482, 494, 511, 540, 545, 548, 560, 565.
CONNY DE LA FAYE (le vicomte DE), 32, 358, 493.
CONSTANCIN, de Cusset, 187.
CONSUL (fam.), de Riom, 212.
CONTENSON (DE). — Voir GENEST DU BESSEY DE CONTENSON.
CONTI (le prince DE), 156.
COPPIN (Madeleine), 366.
CORATTE, du Breuil, 74, 224.
CORBINEAU DE LUPPÉ, 332.
CORDIER, 308, 429.
CORMIÈRES (DE) ou DE CORMIERS, 218, 245.
CORNAT (Françoise), 349.
CORNET DES ARPAYATS, 178, 268, 332, 333, 337.
CORNIL, d'Arronnes, Verseilles, Gerbes, etc., 117, 168, 198.

Cornil (M. Victor), 252.
Cornillier, 186.
Cornilion, 187.
Cornu de la Balivière, 444.
Cornyer (du), 543, 568, 577, 580.
Corre (fam.), 300.
Corrier, de Cusset, 162, 318.
Cossé-Brissac (duchesse de), 156, 596.
Cossonnier (fam. Large, dite), 24, 50.
Costa de Beauregard, 411.
Coste (de la), 521.
Coticnon (Catherine de), 287.
Coubladoux (de), 189, 385, 390, 392.
Couderc (Joseph), seigneur de Baratte, 165.
Coudonnyer (fam.), 428, 519, 523.
Coudrien (Roch), 566.
Couldray (Jocerand du). — Voir du Vernet.
Coulon (Hugues de), 498, 566.
Coulonges (de), 73, 78.
Cour (de la), dits Montcorbiers, 11, 500, 571, 572, 573.
Courten (de), 258.
Courtenay (Pierre de), 426.
Courtépée, historien bourguignon, 375, 588, 594, 595.
Courtois, 366.
Coustard (de), 326.
Couture (la) (fam.), 513.
Couturier, 260.
Crachet (de), 447, 448. — Voir à Brirot pour les Brirot de Crachet.
Cray (de), 582, 585, 587.
Créchy (de), 352, 357, 492.
Créquy (de), 93.
Crespat (de), 151.
Crevant (Louis de), marquis d'Humières, 65, 66, 251.
Crillon (duc de), 532.
Croc (fam. Bedoc du), 24, 77, 119, 345. — Voir aussi d'Augerolles.
Croisier (fam.), branches des Croisier de la Douaire et des Croisier-Beaufort, 448, 471, 473, 487, 490, 500, 501, 502, 506, 511, 513, 561.
Croîsmes (M. de), 458.
Crots d'Estrée (des), 546, 548, 550, 551, 555.
Crouzier, du Donjon, 529, 537.
Crozat (Antoine), marquis de Mouy et de Saint-Fargeau, 189, 190.
Cucherat (M. l'abbé), ancien curé de Paray-le-Monial, 30, 558, 575.
Cugnac-Dampierre (de), 65.
Culant (fam. de), originaire du pays de Combrailles ou des environs de Montluçon, 290, 294, 413, 443, 530.
Culant (maison de), du Berry, 92, 229, 456.
Cusin, 424.
Cussegny (de), 417.

Dachard, 262.
Daillon du Lude (de), 136, 275.
Dalbost. — Voir d'Albost.
Damas (de), 25, 33, 359, 393, 509, 531, 532, 534, 542, 543, 552, 577.
Dampierre (Guy de), sire de Bourbon. — Voir Bourbon.
Danès (Jacques), évêque de Toulon, 357, 370.
Dapchier (fam.), de Busset, 132.
Darfoglia (Hugues), 54.
Daron, 349.
Daumont (fam.), de Chassenard, 590.
Dauphins d'Auvergne (les), sires de Combronde, Jaligny, Saint-Ilpize, 395, 420, 454, 455, 456, 483, 484.
Dauvergne (Anatole), 316, 414.
David, de la Palisse, 244.
Debort (M.), de Montaignet, 50.
Decazes, 71.
Deffand (Marie de Vichy-Champrond, marquise du), 154.
Degan (?), 335.
Degeorges, 98, 246, 440.
Deguet (fam.), 39, 492, 496, 499, 511, 513, 520, 523, 524, 529, 548, 578.
Delacour (M.), du Mayet-de-Montagne, 88.
Delaire (fam.), branches du Riage, d'Espagny, de la Boulaise, etc., 276, 277, 278, 279, 280, 303, 358, 472, 478.
Delaire de Cambacérès (M. le capitaine Maurice), 277, 289, 381.
Delamarche (M.), 393.
Delaunay, 319.
Delesvaux, 362.
Delongchamps, 589, 592.
Demissier, de Cusset, 119, 375.
Demoriat (peut-être de Marilhat), 408, 412.
Dereure, 241, 244, 472.
Desbouz ou Desbots, 468, 470, 471, 474.
Desbrets (fam.), de Vichy et Cusset, 116, 178, 197, 206, 414.
Deschamps de Faïettière, 11, 117, 570.
Desclotures (Léonard), 156.
Descombes (fam.), de la Prugne, 80.
Desessarts, 498, 537.
Desfemmes, 262.
Deshaires, de Paray-le-Monial, 508.
Deshommes, de Saint-Clément, 72.
Desmaroux de Gaulmin, 322, 330.
Desmercières, 440.
Desperiers, 482.
Desplaces, 224, 554.
Desplats (Gilbert), chambrier de Mauzac, 17.
Després, 443.
Desprez de Montpezat, 526.
Dessert, 15, 24, 33, 47.
Desvernois, de la Palisse, 243.
Devaulx. — Voir de Vaulx.
Devaulx de Chambord, 367, 380, 381, 383, 408, 409, 411, 423, 464.
Devaux, seigneurs du Ponsut, de Tison, des Aragons, etc. (il est possible que ces Devaux

FAURE (Marguerite), fille d'un président à la Cour des Aides de Montferrand, 174.
FAUVRE (fam.), sortie, croyons-nous, de Châtel-Montagne ; branches de Floret, de Montpalein, etc., 224, 242, 320, 424, 436, 440, 458, 462.
FAVEROT, 186.
FAVIER, de Puydigon et des Ormais, 202, 268, 271, 282, 358, 408, 472, 478, 487, 514.
FAVE (DE LA), de la Chapelle, 119.
FAVE (DE LA), d'Auvergne, 560, 561.
FAVET, 108.
FAYETTE, du Donjon, 547.
FAYETTE (DE LA), 46.
FAYETTE (Motier DE LA). — Voir MOTIER.
FAYN DE ROCHEPIERRE (DE), 94.
FAYS (DU), dame du Bost, 553.
FEBVRE (LE) (fam.), 251, 429, 432, 461, 469, 472, 519.
FEINÉON (DE), intendant du Bourbonnais, 499.
FÉJARD, 19, 278, 383.
FERRIÈRES (DE), 279.
FEUGÈRES (Adrienne DE), 76.
FEUILLOUSE (Jean DE LA), bâtard du marquis de Saint-Priest, 77.
FEUILLOUSE (le commandeur DE LA), 364.
FEYDEAU, 137, 496.
FILIASTRE, 305.
FIN (DE LA), de la Nocle, Beauvoir, etc., 142, 341, 408, 434, 460, 504, 509, 542, 546.
FIN (Pierre DE LA), abbé de la Bénisson-Dieu, 49.
FINANCE DE CLAIRBOIS (fam. DE), 47, 84, 85, 246, 387, 424, 448, 449, 451, 469, 499.
FLACHARD (M. l'abbé), 28, 60, 74, 528, 575, 577, 580.
FLANDRE (les comtes DE), 136, 378.
FLÉARD (DE), baron de Pressins, 93, 98.
FLÉCHIER, 140.
FLOQUET (DU), seigneur de Doyat, 119, 165, 171, 175.
FOISON (DE), 572.
FOLLEINS (DE), seigneurs de la Nocle, 542.
FOMBERT (DE), 329, 330, 408, 432, 519, 523.
FONT (DE LA), de Cusset, 175.
FONT (DE LA), de Montaiguet, 50.
FONTANÈS (DE), 364. — Voir à PHILIBERT pour les PHILIBERT DE FONTANÈS.
FONTBELLE (Jacques DE), 81.
FONTGARNAND, 513, 540, 595.
FORCE (maréchal DE LA), 598.
FORESTIER (fam.), 166, 251, 268, 295, 299, 301, 308.
FORESTIER, le Conventionnel, 161, 162, 203, 204.
FORET (DE LA), 17, 503.
FONEZ (les comtes DE), 48, 54, 79, 296, 426.
FORGES (Jean DES), 552, 556, 559.
FORISSIER, 113, 120, 131.
FORON, 257, 262.
FOUCAUD DE LA TERRASSE (Tachon), 28.

FOUCHÉ, duc d'Otrante, 479, 482.
FOUCHIER (Marie), 442.
FOUDRAS (fam. DE), 165, 189, 353, 550, 580, 595, 596.
FOUET, de Vichy, 252.
FOUGEROLLES (DE), 67, 80, 113, 114, 117, 321.
FOUQUIER-TINVILLE, l'accusateur public, 400.
FOURNEL (Jeanne DE), 582.
FOURNIER, curé de Sorbiers, 472.
FOURNIER, notaire à Paris, 581.
FOURNIER (M.), de Gâtelières, 570.
FOURNIER (fam.), de Saint-Didier en Donjon, 546.
FOURNIER DES ESCURES, 289, 320, 326, 490.
FRADEL (Durand), écuyer du duc de Bourbon, 325.
FRADEL (DE), 44, 62, 98, 193, 196, 197, 202, 207, 209, 215, 246, 254, 255, 265, 302, 312, 325, 328, 329, 333, 335, 336, 357, 361, 430, 449, 450, 451, 480, 499, 535.
FRAGNY (Jean DE), 493.
FRAISVALLON (Jean), 519.
FRANC DE BRUMPRÉ (LE), 94.
FRANCE (Robert DE). — Voir BOURBON.
FRANCE (Anne DE). — Voir BEAUJEU.
FRANCE (fam. DE), de Cusset, 178.
FRANÇOIS Iᵉʳ, 8, 16, 129, 221, 352, 480.
FRÉQUY, 501, 506.
FRETTÉ (DE), 213.

GABARD, 166, 186, 374, 375, 376, 411.
GACON (fam.), de Molles, 14, 23, 24, 88, 183, 200.
GACON (fam.), de Lenax et du Bouchaud, semble différente de la précédente, 47, 567.
GADAGNE (DE), 365, 366.
GADIN et GADIN DE SAINT-LYENS, 120, 162, 189, 254, 266, 267, 268, 300, 301, 343, 412, 470.
GAILLARD, 215.
GAILLARDON DE GREZOLES, 367.
GALBREUX (Pierre), 213.
GALIEN, 267, 268, 328, 380.
GALLARD DE BÉARN-BRASSAC (DE), 393.
GALLES (Owen, prince DE), 456.
GALLAY, 523, 592.
GALLOIS DE LA TOUR (DES), 5, 13, 14, 15, 21, 24, 26, 28, 38, 39, 40, 46, 224, 475, 505.
GANNE (le sieur), des arquebusiers de Grassin, 463.
GARAND DE CAMINADE (DE), 126.
GARDE (DE LA), 17, 64, 303, 479. — Voir DE PARAY.
GARDIN, 110, 173.
GARET DE MAISONNEUVE, 114.
GARIN, 439.
GARMIN (DE), 319, 471.
GASSION (DE), 543.
GATIER (Jeanne), 23, 50.
GAUDÉ, 190.
GAUDON DE FOULLET, 287.
GAULMIN, seigneur de Laly, 151, 473.

DES NOMS DE PERSONNES ET DE FAMILLES.   635

GAULMIN (le vicomte DE), 23.
GAUTHIER LA BERTHIÈRE, 89, 118.
GAVINET DE LA ROCHASSIÈRE, 528, 591, 592.
GAY, 111, 477, 528, 547, 594, 595.
GAYETS (DES), 55.
GAYOT, des Revirauds, 200.
GÉMOIS, 438, 473, 547.
GENAY (DE) ou DE GENACH, 163, 164.
GENDRE (LE), 14, 505.
GENESTE, 192.
GENESTE (DE LA), 39, 255, 259, 262, 276, 278, 294, 298, 299, 300, 305, 322, 335, 380, 382, 458.
GENESTOUX (DE), 200, 256, 305.
GENET DU BESSEY DE CONTENSON, 595, 596.
GENNETINES (DE), 8.
GENTES (DE). — *Voir* DE JANTES.
GERBES (DE), 23, 518.
GIAC (DE), 342.
GIBES (DE), 520.
GILBERTON (fam.), de Langy, 318.
GIMBRE (LE), gentilhomme verrier, 499.
GIRARD DES ESCURES. — *Voir* DES ÉCURES.
GIRARD DE GIRARDIÈRES, 188, 337, 338, 340, 341.
GIRARD DE SAINT-GERAND, 258, 295.
GIRAUD, de Cusset, 172.
GIRAUD DE LA GARDE, 435, 467.
GIRAUD DES ÉCHEROLLES, 327.
GIRIN (Gabriel), 501.
GIRONDE (DE), comtes de Buron, 209.
GIROUD (mademoiselle), épouse Seuillet, 567.
GIVOIS, procureur syndic à Cusset, 117, 151, 172, 203, 204, 399, 482.
GLÉNÉ (fam. DE), 22, 23, 24, 32, 432, 518, 550.
GLÉNÉ (fam. DE), des environs de la Palisse et sans doute distincte de la précédente, 250, 325.
GLOUTIER, 102.
GOBERT, de Trézelles, 426.
GOBERTIÈRES (DE), 326.
GODELET, de Saint-Félix, 254.
GODIN, de Poisson, 44, 563.
GONDRAS (DE), probablement branche des Isserpent, 594, 595.
GOMARD (Toussaint), 45.
GONNARD DES ÉCHAUX, 139.
GONDEAU, 513.
GONTAUD-BIRON (DE), 130, 393.
GONTIER et GONTIER DES DUREAUX, 120, 301, 357, 458, 546, 553, 554, 555, 556, 560, 589, 591, 592.
GORRY DES CHAULX, 490.
GOUFFIER (Marie-Anne), comtesse de Bourbon-Busset, 130, 132, 201.
GOUTTE (DE LA), 493, 522, 523, 530.
GOUTTE NOIRE, 566.
GOUTTES (DES), 387.
GOUTTES (Raquin DES). — *Voir* RAQUIN.
GOUTTY, 80.

GOUVENAIN (DE), 585.
GOVARD, 205, 481.
GOYET DE LIVRON, 312, 318, 376.
GOYN, 321.
GOYON DE MARCÉ, 343.
GRAIN DE SAINT-MARCEAU (DE), 294.
GRAMMONT DE GUICHE (DE), 532.
GRAMMONT (DE), de Franche-Comté, 532.
GRAND, de Créchy, 278, 358.
GRANGE (Gaufrède DE LA), de Montaiguet, 48.
GRANGE (DE LA), 255, 268, 335.
GRANGE-CHASTENOIS (DE LA). — *Voir* CHATENOIS et LE BLIER.
GRANGE EN BOUGÉ (DE LA), 380.
GRANSON (DE), seigneur de Pesmes, 221, 273.
GRANVILLE (Éléonore DE), 256.
GRAS, 281, 295, 472, 480.
GRASSIN (fam. DE), 300, 303, 462, 463, 470, 472.
GRASSIN (Simon-Claude DE), le célèbre chef de cavalerie légère, 463.
GRAVE (Marc DE LA), 296.
GRAVIER DU MONTCEAU, 34, 156.
GRAVIÈRE (DE LA), 281.
GRAVIÈRES (DE), 361.
GRÉE (DE LA), 484.
GREGAYNE ou GREGANI, du Brionnais, 577.
GRÉGOIRE DE TOURS (saint), 426, 464.
GRELLET-DUMAZEAU, 283, 289.
GRENIER, 503.
GRENIER (DU), de Saint-Prix, 244, 245.
GRESLE (Jacques LA), 585.
GRÉZOLLES (DE), 68, 217, 340.
GRIBERT DE LA RONZIÈRE, 584.
GRIFFET (fam.), branches de la Baume et de Trezelles, 47, 187, 259, 322, 356, 428, 429, 433, 469.
GRIMALDI (DE), des princes de Monaco, 527.
GRIMAUD DE PAULOUP, 140, 345, 472, 473, 481, 563.
GROING DE LA ROMAGÈRE (LE), 139, 150.
GROSLOUP (DE), 429, 433, 434, 500.
GROSYEUX DE LA GUÉRENNE, 490.
GRUNEL DE MONTGALAND, 201.
GRUTEL, 518, 522.
GRYE (DE LA), 32, 80, 463.
GUÉ (DU). — *Voir* DUGUÉ.
GUÉMIER, chevaucheur du Roy, 237, 435.
GUÉNÉGAUD (DE), 240, 309, 353, 445.
GUÉRAUD, 547.
GUÉRIN DE CHAMPAGNAT et DE CHERMONT, 167, 168, 172, 186, 187.
GUESDON, 298.
GUICHARD, 560, 581.
GUICHE SAINT-GERAND (DE LA), 18, 25, 30, 31, 46, 56, 159, 205, 206, 231, 232, 237, 239, 240, 265, 275, 276, 327, 337, 343, 345, 388, 396, 397, 406, 408, 428, 436, 446, 457, 460, 462, 468, 484, 485, 486, 510, 534, 578, 584, 587.
GUICHE (Marie DE LA), duchesse de Ventadour,

25, 27, 57, 205, 206, 232, 236, 241, 247, etc. — *Voir* La Guiche.
Guichot, 404.
Guignes de Moreton de Chabrillan (de), 130, 534.
Guillard (de), 61, 74, 576, 581.
Guillaud de la Motte, 376, 378, 390, 401, 457, 485, 492.
Guillebon (de), 176.
Guillermin (de), 558.
Guillen (de), gentilhomme verrier, 387.
Guillon (fam.), 498, 537, 566, 567, 590.
Guillouet d'Orvilliers, 157, 376, 539.
Guiry (de), 306.
Guy, 304, 439.
Guynes (de), 8, 477.
Guyon de Frémont, 187.
Guyot (fam.), de Langy et Saint-Félix, 246, 318, 333.
Guyot-Berger, de la Palisse, 39, 349.
Guyonnet (fam.), 173, 175, 177, 518.

Habert (Charles), curé de Servilly, 267.
Halle (de la), 490.
Hardy, seigneurs des Loges, 214.
Harpignies, l'aquarelliste, 53.
Harville (d'), 462.
Hastier de la Jolivette, 490.
Haume (du), 158.
Hautier de Villémontée, 44, 280, 421, 428, 438, 566.
Hébert (André et Geneviève), tous deux de Paris, mais peut-être de familles différentes, 94, 345, 505.
Hennezel (d'), de Lorraine, 84, 499.
Henri II, 8, 86.
Henri III, 130, 142.
Henri IV, 86, 130, 410, 480, 526, 543.
Henri IV, roi d'Angleterre, 456.
Henry (Jean), conseiller au parlement de Paris, 102.
Hérault, 357.
Héron, 176, 443.
Héroys, 496.
Hervier, 196, 251, 259, 260, 262, 340.
Heudelot, 34.
Heuillard, 219.
Hoche (Jenny), la fille du général, 330.
Hospital (de l'), 419.
Hospital Saint-Mesmin (de l'), 123, 180.
Houdetot (de), de Normandie, 464.
Hozier (le généalogiste d'), 189, 363.
Hugo (Victor), 380.
Hugon de Givry et de la Rochette (d'), 137, 174, 496.
Hugues (saint), abbé de Cluny, 83, 209.
Hugues III, duc de Bourgogne, 259.
Huguet (fam.), 473, 487, 491.
Huillard-Bréholles, 57, 208, 291, 316, 356, 543.
Humbert ou Imbert, 431.

Humières (marquis d'). — *Voir* Crevant.
Hunolstein (comte d'), 126.

Ideville (d'). — *Voir* le Lorgne d'Ideville.
Ile (de l'), 312.
Imbert. — *Voir* Humbert.
Imbert de Balorre, 441, 554.
Innocent VI, pape, 456.
Isserpent (fam. d') ou des Serpents, branches de Chitain, de Gondras, etc., 25, 56, 159, 194, 203, 204, 205, 208, 211, 231, 266, 324, 337, 348, 360, 364, 474, 577, 578, 579, 580, 581, 584, 594, 595.
Isserpent de Gondras (Pierre d'), abbé de Mauzac, 209, 210.
Issertel, 521.

Jacob (fam.), de Saint-Léon, 35, 487, 494, 499, 513, 545, 564.
Jacobs (de), 84, 85.
Jacquelot de Chantemerle et de Vilette, 18, 32, 34, 47, 312, 336, 347, 376, 440, 538, 539, 540, 542, 567, 582, 586, 590.
Jacquinot de Panissières, 348.
Jaligny (de), 394, 397, 401, 408, 426, 452, 453, 454.
Jaligny (Claudin, sire de Dornes, batard de), 456.
James (de), 34, 35, 44, 183, 281, 429, 434, 519.
Jamin, seigneur de Vétilléde, 41.
Jantes (de) ou de Jennes, 429, 470, 552, 556, 559, 576.
Jardet, 433.
Jardin, 586.
Jaretz (Guillaume de), 274.
Jarnosse (de), 254.
Jarrie, 263, 406.
Jarrie (de la), 544, 545.
Jas (de), du Forez, 258, 259, 294, 295, 298, 319, 335.
Jean (le roi), 293.
Jean II, roi de Castille, 102.
(Pour les ducs de Bourbon, *voir* Bourbon.)
Jean Sans Peur, duc de Bourgogne, 503, 504.
Jeannette (fam.), 494, 498.
Jeannez (M. E.), de Roanne, 85.
Jeans (vicomte le), de Ferrières, 90, 91, 93.
Joffrey (Mathieu), 404.
Jolimont (M. de), 49, 232, 575.
Jolivette (de la). — *Voir* Hastier de la Jolivette.
Jollet, de Liernolles, 482, 511.
Joly du Bouchaud et de la Vernelle, 9, 44, 193, 422, 498, 514, 520, 521, 529, 564, 565, 566, 568, 569, 570.
Jonnard de Versien, 303.
Jorsaz (de), 315.
Josien (de), 11, 13, 131, 197, 198, 245, 402, 404, 446, 480.
Josse, 237, 243, 451, 478, 479, 480.

DES NOMS DE PERSONNES ET DE FAMILLES. 633

appartiennent à des familles différentes), 202, 203, 262, 305, 363, 380, 477.
Diannières, 28, 309, 322.
Dienne (comtesse de), 268.
Diesbach (de), 320.
Digoine du Palais (de), 528.
Dinet et Dinet de Saint-Romain, 265, 307, 308, 332, 375, 487.
Diot (M. l'abbé), 598.
Dode (M. le capitaine), 472.
Domain (saint), 575.
Donjon (du), 525.
Donniol, 11, 246, 570.
Doradour (fam.), 132.
Doronville, auteur de la Chronique du bon duc Loys, 4, 21, 64.
Dosche, 211, 215.
Douaire (de la), 494, 501, 513.
Douet, de Vichy et de Saint-Germain des Fossés, 94, 95, 134, 156, 180, 190, 191.
Douet ou de Dauvet (Anne de), 136.
Doultre de la Côte, 276, 339, 357.
Doyat (fam. de), 89, 141, 157, 164, 165, 170, 171, 197, 435.
Doyat (Jean de), bailli de Montferrand, 170, 171.
Dravert (fam.), de Langy, 316.
Driffort, 87, 116, 380.
Druy (de), du Nivernais, 515, 517.
Dubuisson de Douzon. — Voir du Buisson.
Ducelier, 578.
Duchen, de Châteldon, 113, 133.
Duchon, 44, 158, 175, 247, 280, 565.
Ducis (Étienne) ou du Cis, 249.
Ducléroir. — Voir du Cléroy.
Ducrot-Paschal, 436.
Ducroux, du Charollais, 546.
Duéville (de) ou de Deuxvilles, 394.
Dufort, 477.
Dugas ou du Gas, 421, 422.
Dugué ou Duguet, 191, 250, 304, 357, 435, 458, 467.
Duguesclin (le connétable Bertrand), 408.
Dulac ou du Lac, 67, 114.
Dulignier ou du Lignier, 41, 254, 429, 432, 469, 470, 471, 487.
Dumas (fam.), de Busset, 117.
Dumas (Alexandre), 236.
Dumesnil (François), 251.
Duvont, 88.
Dupaty (François), chevaucheur du Roy à la Palisse, 435.
Dupéron, 251, 289, 343, 434, 436.
Dupré, du Donjon, 524, 553, 590.
Dupré (fam.), de la Palisse, 16, 31, 222, 237, 241, 243, 244, 245, 266, 380, 434, 435, 467, 478.
Dupuy (fam.), de Busset, 131.
Dupuy, de Semur, de Châteauvert, de la Jarousse, 280, 579, 585, 586.
Durfort, ducs de Duras, 187, 206, 216.

Durand, du Donjon, 474, 508.
Durin (M.), de Vichy, 173.
Duryer ou du Ryer, 584, 585, 586, 587.
Dusaray. — Voir du Saray de Vignolles.
Dussieux (Marie), de Bordeaux, 166.
Duvergier, du Garet, des Martels, etc., tous originaires, sans doute, du Verger d'Arfeuilles, 32, 56, 62, 75, 98, 196, 265.
Duyno (de), 274.
Dyen (fam.), 573.
Dyo (de), 418. — Pour les Dyo-Montpeyroux, voir Palatin.

Ébrard, notaire à Billy, 335, 356.
Eccard (le comte), 575.
Écures (des), 98, 166, 289, 307, 316, 320, 321, 325, 326, 375, 390, 412, 418, 419, 474, 488, 489, 490, 496, 498, 513, 568.
Éduens (les), 524, 574.
Edwige, reine d'Angleterre, 126.
Effiat (le maréchal d'). — Voir Coeffier d'Effiat, et p. 122.
Egmond (d'), ducs de Gueldres, 127, 128.
Eissat-Duprat (fam. d'), 87, 98, 104, 106, 108, 110, 111, 115, 127, 130.
Elboeuf (le maréchal d'), 598.
Épaules (Suzanne aux), dame de la Guiche, 231, 345.
Épinac (Pierre d'), archevêque de Lyon, 187.
Épine (de l'), 130, 540.
Escars de la Vauguyon (d'), 126, 148, 342. — Voir aussi des Cars.
Esmonnot, 238, 267.
Escuilly (d') ou d'Esquilly, 6, 7, 418.
Espicier de Villars (de l'), 280, 437, 438, 545.
Espinasse (fam. de l'), 17, 30, 92, 131, 145, 229, 285, 337, 364, 370, 377, 383, 406, 456, 541.
Espinchal (d'), 126.
Estaing (Mgr d'), évêque de Clermont, 267.
Estienne (Jean-Baptiste), 432.
Étienne, de Molles, 120, 121.
Eumène, évêque de Nevers, 158, 159.
Eymoset, de Sury-le-Comtal, 334.

Fabri, 347.
Faige des Clayres (de la), 9, 10, 39, 50, 114, 254, 256, 258.
Falcon, 157, 259.
Falcos (Alexandre de), comte de la Blache en Dauphiné, 561.
Fallaix (fam.), 112, 251.
Fanjoux (fam.), 589.
Fanjoux, ancien archiviste de l'Allier, 452.
Farge (de la), seigneur de Péronne, 469.
Faucompré, 191.
Faulconnet, 381.
Faulquemont, 339.
Faure (fam.), de Châtel-Montagne, 39, 67, 70, 98, 238, 242, 435.

Faure (Marguerite), fille d'un président à la Cour des Aides de Montferrand, 174.
Fauvre (fam.), sortie, croyons-nous, de Châtel-Montagne ; branches de Floret, de Montpalein, etc., 224, 242, 320, 424, 436, 440, 458, 462.
Faverot, 186.
Favier, de Puydigon et des Ormais, 202, 268, 271, 282, 338, 408, 472, 473, 487, 514.
Fave (de la), de la Chapelle, 119.
Fave (de la), d'Auvergne, 560, 561.
Favet, 108.
Fayette, du Donjon, 547.
Fayette (de la), 46.
Fayette (Motier de la). — Voir Motier.
Fayn de Rochepierre (de), 94.
Fays (du), dame du Bost, 553.
Febvre (le) (fam.), 251, 429, 432, 461, 469, 472, 519.
Feinéon (de), intendant du Bourbonnais, 499.
Féjard, 19, 278, 383.
Ferrières (de), 279.
Feugères (Adrienne de), 76.
Feuillouse (Jean de la), bâtard du marquis de Saint-Priest, 77.
Feuillouse (le commandeur de la), 364.
Feydeau, 137, 496.
Filiastre, 305.
Fin (de la), de la Nocle, Beauvoir, etc., 142, 341, 408, 434, 460, 504, 509, 542, 546.
Fin (Pierre de la), abbé de la Bénisson-Dieu, 49.
Finance de Clairbois (fam. de), 47, 84, 85, 246, 387, 424, 448, 449, 451, 469, 499.
Flachard (M. l'abbé), 28, 60, 74, 528, 575, 577, 580.
Flandre (les comtes de), 136, 378.
Fléard (de), baron de Pressins, 93, 98.
Fléchier, 140.
Floquet (du), seigneur de Doyat, 119, 165, 171, 175.
Foison (de), 572.
Folleins (de), seigneurs de la Nocle, 542.
Fombert (de), 329, 330, 408, 432, 519, 523.
Font (de la), de Cusset, 175.
Font (de la), de Montaiguet, 50.
Fontanès (de), 364. — Voir à Philibert pour les Philibert de Fontanès.
Fontbelle (Jacques de), 81.
Fontgarnand, 513, 540, 595.
Force (maréchal de la), 598.
Forestier (fam.), 166, 251, 268, 295, 299, 301, 308.
Forestier, le Conventionnel, 161, 162, 203, 204.
Foret (de la), 17, 503.
Forez (les comtes de), 48, 54, 79, 296, 426.
Forges (Jean des), 552, 556, 559.
Forissier, 113, 120, 131.
Foron, 257, 262.
Foucaud de la Terrasse (Tachon), 28.

Fouché, duc d'Otrante, 479, 482.
Fouchier (Marie), 442.
Foudras (fam. de), 165, 189, 353, 550, 577, 580, 595, 596.
Fouet, de Vichy, 252.
Fougerolles (de), 67, 80, 113, 114, 117, 321.
Fouquier-Tinville, l'accusateur public, 400.
Fournel (Jeanne de), 582.
Fournier, curé de Sorbiers, 472.
Fournier, notaire à Paris, 581.
Fournier (M.), de Gâtelières, 570.
Fournier (fam.), de Saint-Didier en Donjon, 546.
Fournier des Escures, 289, 320, 326, 490.
Fradel (Durand), écuyer du duc de Bourbon, 325.
Fradel (de), 44, 62, 98, 193, 196, 197, 202, 207, 209, 215, 246, 254, 255, 265, 302, 312, 325, 328, 329, 333, 335, 336, 357, 361, 430, 449, 450, 451, 480, 499, 535.
Fragny (Jean de), 493.
Fraisvallon (Jean), 519.
Franc de Brumpré (le), 94.
France (Robert de). — Voir Bourbon.
France (Anne de). — Voir Beaujeu.
France (fam. de), de Cusset, 178.
François Ier, 8, 16, 129, 221, 352, 480.
Fréquy, 501, 506.
Fretté (de), 213.

Gabard, 166, 186, 374, 375, 376, 411.
Gacon (fam.), de Molles, 14, 23, 24, 88, 183, 200.
Gacon (fam.), de Lenax et du Bouchaud, semble différente de la précédente, 47, 567.
Gadagne (de), 365, 366.
Gadin et Gadin de Saint-Lyens, 120, 162, 189, 254, 266, 267, 268, 300, 301, 343, 412, 470.
Gaillard, 215.
Gaillardon de Grezolles, 367.
Gallereux (Pierre), 213.
Galien, 267, 268, 328, 380.
Gillard de Béarn-Brassac (de), 393.
Galles (Owen, prince de), 456.
Gallay, 523, 592.
Gallois de la Tour (des), 5, 13, 14, 15, 21, 24, 26, 28, 38, 39, 40, 46, 224, 475, 505.
Ganne (le sieur), des arquebusiers de Grassin, 463.
Garand de Caminade (de), 126.
Garde (de la), 17, 64, 303, 479. — Voir de Paray.
Gardin, 110, 173.
Garet de Maisonneuve, 114.
Garin, 439.
Garmin (de), 319, 471.
Gassion (de), 543.
Gatier (Jeanne), 23, 50.
Gaudé, 190.
Gaudon de Foullet, 287.
Gaulmin, seigneur de Laly, 151, 473.

DES NOMS DE PERSONNES ET DE FAMILLES. 637

Jordan ou Jourdan du Gas, 421.
Joulle, 367, 408, 409, 411, 412, 422, 432, 433.
Juillot, 463.
Junot, notaire à Autun, 462.

Laborde, 224.
Laboureur (le), auteur des Masures de l'Ile Barbe, 76, 103, 109, 364.
Lafont (fam.), 585.
Lallemand (madame), de Mariol, 139.
Lallemant, prieur du Moutier, 396.
Lallias, 78, 79.
Lally (Galahaut de), 272.
Lamy (madame), de Ferrières, 115.
Lamy (fam.), de Châteldon, 139.
Langheac (de), marquis de Coligny, 148, 462.
Langy (de), 271, 315, 316.
Larcher ou Larchier (J.-B.), 31, 265, 457, 485, 576, 578, 581, 582.
Lascombes (M.), 338
Lastic (de), 206, 342.
Latrasse, 29.
Laubespin (de), 418, 440.
Launay (de), 419, 420.
Laurent de Marnat (fam.), 185, 195, 262, 349, 350.
Laurent, évêque constitutionnel de l'Allier, 536.
Lauvergne (Pierre), 94.
Laval (de), du Forez, 326, 383.
Laval (de), de Riom, 255.
Laval (de), du Limousin, 383, 384.
Lavaud (de), 247.
Lavieu de la Roche Molière (de), 30.
Lavieu-Feugerolles (de), 30, 31, 273, 274.
Law, le financier, 61, 94, 156, 167, 505, 558.
Layat (de), 417, 439, 447, 448.
Laye (de), 378, 556, 558.
Lebaud, de Langy, 318.
Lebrun. — Voir Le Brun.
Lefebvre. — Voir Le Febvre.
Lefort, 539.
Legendre. — Voir Le Gendre.
Lentache (de), 490.
Lespicier de Villars (de). — Voir l'Espicier.
Lestranges (de), 136.
Lebreton, 84.
Letbold, comte de Semur, 575.
Levault (de), 195.
Lévis-Chateaumorand (de), 3, 4, 5, 7, 10, 23, 24, 26, 27, 57, 159, 222, 561.
Lévis-Couzan (de), 126.
Lévis-Charlus (de), 3, 4, 5, 205.
Lévis-Mirepoix (de), 5.
Lévis-Ventadour (de), 3, 206, 216, 232, 444, 578, 585.
Lévis (Brémond de), seigneur de la Voulte, 3.
Lezay (de), 585.
Lhéritier, 221.
Lhermite de Gayette, 369, 377, 379, 403.
Lucilier, géographe du Roy, 558.

Liandon, de Cusset, 343, 347, 348.
Lière (de la), même famille sans doute que les Vitry, 240.
Lignerac (marquis de), duc de Caylus, 222.
Linars (Thérèse et Diane de), 79, 80.
Lincendes (de), 23, 303, 419, 442, 443.
Lion (du), 89, 150, 151.
Lisants (des), 549, 584.
Listenois (sires de). — Voir Montaigu.
Loe (de la) ou de la Loue, 385, 564.
Loge (de la), 557.
Loir, 463.
Loisel, 173.
Loisy (de), 361.
Lombelon des Essarts, 348.
Lomet, 276.
Long de Chenillat (le), 4, 10, 41, 131, 142, 159, 384, 385, 386, 387, 390, 418, 469, 564, 568, 586.
Longaunay (Suzanne de), 231, 247.
Longevialle (de), 257.
Longnon (M.), 464, 574.
Lorain, 592.
Loras (Jean-Baptiste, bâtard de), 274.
Lorges (duc de), 126.
Lorgne d'Ideville (le), 44, 508.
Loriol (de), comtes de Digoine, 98.
Lorris (de) ou de Lorri, 27, 43, 44, 205, 307, 577.
Louhasse ou Louaise, 131.
Loucher, de Saint-Gerand-le-Puy, 400.
Louis VIII, dit le Jeune, 158.
Louis XI, 60, 80, 127, 128, 159, 160, 170, 195, 353, 359, 587.
Louis XII, 8.
Louis XIII, 115, 275, 526.
Louis XIV, 275, 422.
Louis XV, 330.
Louis XVI, 114, 162.
(Pour les ducs de Bourbon, voir Bourbon.)
Lubié (Johannin de), 239.
Lucas, 383, 490.
Lucinge-Faucigny (prince de), 187.
Lupicin (saint), 464.
Luppé (de), 392.
Lustrac (Jeanne de), 109.
Luzenne (de), 157.

Machuret, 431.
Magnaux (de), 85.
Maguin, 74.
Mahaut, 61.
Maillant du Chambet, 19, 262, 263, 458.
Maillebois (le maréchal de), 126.
Mailly, 120, 215, 216.
Mailly (de), 61.
Maise du Bourg (du), 18, 596.
Maisons (des), 350.
Maistre (comte Amédée de), 348.
Malain (de), 143.
Malard de Sermaize, 203.

MALBET (M. Georges), 278, 558.
MALEVAL (Philippe DE), 229.
MALLET, de Bransaat, 326.
MALLET, de Coulon, 499.
MALLET, de Saint-Christophe, 35, 202, 203.
MANDON, de Châteldon, 139.
MANDRIN, 16, 440.
MANGONNAUD, de Paray-le-Monial, 582.
MANISSY (DE), 62, 93, 94, 98, 115, 196, 197.
MARCELLANGES (DE), probablement de deux familles distinctes, 20, 142, 495.
MARCENAT (Chatard DE), 30, 183.
MARCHAND (Antoine), 203, 381.
MARCHAINE (Esther DE), 392.
MARCK (Robert DE LA), 93, 129.
MARCONNAY (DE), 460, 461.
MARÉCHAL, du Bois Droit, 116, 347, 348, 435.
MARÉCHAL, du Donjon, 239, 347, 518, 520, 521, 538, 564.
MARÉCHAL, de Bompré, 258, 347.
MARÉCHAL, de Champblanc, 176, 347, 348.
MARÉCHAL, de Cusset et Saint-Gerand-le-Puy, 136, 164, 191, 192, 197, 215, 254, 279, 280, 347, 350.
MARCIVAL (DE), 18.
MARIDET, 9, 265, 514.
MARIGNY (DE), 198.
MARILHAT (DE). — *Voir* DEMORIAT.
MARIOL (DE), 135, 136, 181, 184, 300.
MARION, du Donjon, 565.
MARION (DE), comtes de Druy, 527.
MARLOT (DE), 293.
MARMAIN ou MARMIN, 271, 552
MARMANDE (DE), 378, 457, 485.
MARNAT ou DE MARNAT, 349.
MARQUE, seigneurs de Tours, 33, 243, 578.
MARQUEZ (Étienne), 274.
MARS (DE), 38, 62, 192, 193, 194, 199, 202, 203, 208, 209, 211, 212, 213, 214, 215, 216, 240, 301, 308, 496, 513.
MARSAC (DE), 164, 165.
MARSIN (Geneviève), 366.
MART (DE) ou DE MARRE, 383.
MARTIN, de Martinges, 358.
MARTIN (Nicolas), curé de Droiturier, 18.
MARTIN (François), intendant des la Guiche, 300. — *Voir* aussi famille suivante.
MARTIN DU GARD, des Boudets, de Villefort, etc., 54, 89, 117, 118, 123, 167, 200, 206, 213, 241, 336, 337, 338, 349, 350, 358, 565.
MARTIN DE SAINT-MAYEUL, 33.
MARTINANT DE PRÉNEUF, 117, 118, 297.
MARTINET, 88, 113, 118, 224.
MARTINIÈRES (Pierre DE), bâtard de Chabannes, 208, 209, 264.
MASCRANY (DE), 190.
MASILLES (DE), 519, 550, 557, 558, 595.
MASONCLE (DE), 576, 584, 587.
MATHAREL (DE), 93, 94.
MATHERAT, 451.

MATHIEU (Emmanuel), d'Oyé, 243.
MATIGNON, comtes de Thorigny, 275.
MATTHIEU (DE), du Nivernais, 515, 517.
MATUSSIÈRES (abbé), curé de Limons, 133.
MAUBLANC, de Marcigny, 585.
MAUBRANCHES (Debriés DE), 287.
MAUCARS, 271.
MAUMIGNY (DE), 509.
MAURE (comte DE), en Bretagne, 148.
MAUREL (M.), de Trezelles, 428.
MAUVAGE (DE), 11, 500.
MAYAUD, 356.
MAYENNE (Claude de Lorraine, duc DE), 526.
MAYEUL, 308.
MAZELLIER, 102.
MÉAGE (DU) ou DU MAAGE, 271, 309, 310.
MÉALET, 132.
MEAULDRE DE SUGNY (M.), 393.
MÉDICIS (Catherine DE), 86, 155, 285.
MEIGNÉE (DE LA), 243.
MEIGNÉE (Papon DE LA). — *Voir* PAPON.
MEILHARD, de la Palisse, 241, 251, 258, 294, 502.
MEILHEURAT DES PRUREAUX, de Champouret, etc., 338, 469, 481, 487, 502, 508, 511, 513, 514, 519, 520, 521, 529, 530, 547, 558.
MEILHEURAT (M. Victor), 34, 45, 472, 502, 503, 528, 551.
MELLO DE SAINT-BRIS (DE), 221, 229, 261, 454, 525, 584.
MELUN (DE), 234, 484.
MENANT (DE), 326.
MENOUX (DE), 392, 393, 486.
MÉNESSIER (DE), 166, 375, 406.
MENU (Anne), 185, 186.
MENUDEL, 287, 288, 289, 399, 422, 566.
MENUE (DE LA), 519, 557.
MÉPLAIN, 50, 333, 477, 513, 520, 545, 546, 548.
MERCOEUR (Alix DE), 454.
MERLE, de Roanne, 24.
MERLE (fam.) de Fontaines, la Font, les Vignaux, etc., 237, 320, 321, 322, 412, 413, 414, 476.
MESCHAIN, de Moulins, 317.
MESCHIN dit BAUDEQUIN, 180, 406, 420, 494.
MESGRIGNY (DE), 370.
MEUBLE (DU), 489.
MEUNIER, 190.
MÉTAIRIE (DE LA), 592, 593.
MÉTAYER, 108.
MEVRIEU (le chevalier DE), 565.
MICAUD DE COURRETON, 507, 508.
MICHAUD DE MONBLIN, 348.
MICHEL (fam.), d'Isserpent, 211.
MICHEL (M), des Gondeaux, 487.
MIGNOT (fam.), de Joze, 339.
MILET ou MILLET, 549.
MILLON (M.), de Lyon, 15.
MILLY (Robert DE), seigneur de Verrières, 364.

DES NOMS DE PERSONNES ET DE FAMILLES.

Minard, de Saint Gerand-le-Puy, 409, 412, 432, 433, 463.
Miomandre (de), 555, 591.
Miramon de Beaufort (Cassagne de), 193, 209, 210.
Mits ou des Mits, 89, 203.
Mitier, de Liernolles, 511.
Mizon, 173.
Mognot de Montbéliard, 551.
Mogol (le Grand), empereur des Indes orientales, 222, 244.
Molette (Albert de la), abbé de la Chaise-Dieu, 210.
Molins (de), 224.
Molles de Trablaines (des), 494, 495, 496, 498, 512, 515, 548.
Monmignon (de), 570.
Moncelet, 371.
Monnet (de) ou de Monet, 404, 405.
Monsaye (le poète la), 230.
Mont, capitaine huguenot, 580.
Montagnat (de), 8, 9.
Montagny (de), 530.
Montaguet (de), 432.
Montaigu-Lisfenois (de). — Voir Aycelin.
Montaigu-le-Blain (de). — Voir Blain.
Montaigu (Claude de), seigneur de la Ferté Chauderon et de Châtelperron, 484.
Montchanin de la Garde (de), à Marcigny, 589.
Montchoisi (de) ou Montchori, 378.
Montcombroux (de), 517, 518.
Montconys (de), 534.
Montcoquier (de), 493.
Montcorbier (de), 10, 11, 12, 31, 32, 35, 41, 218, 224, 244, 245, 329, 361, 429, 434, 500, 571, 572, 573, 574, 580.
Montdousset (de), 240, 557.
Montégut (M. Émile), 140.
Monteynard (de), marquis de Montfrein, 77, 496.
Montfort (Bertrade de), comtesse d'Anjou, 452.
Montillet, 586.
Montilly (de), 496.
Montjournal (de), 6, 24, 37, 40, 77, 131, 288, 312, 345, 389, 418, 440, 441, 459, 460, 461, 464, 465, 467, 472, 474, 553, 554.
Montlaur (de), 433, 461.
Montmartin (M.), 551.
Montmorency (de), 93, 126, 275, 353, 442, 445, 598.
Montmorillon (de), 54, 58, 73, 123, 129, 180, 181, 198.
Montmorin (de), 278, 325, 365.
Montmorin Saint-Hérem (de), 206.
Montmoyen (de), 325.
Montpalein (de), 6, 242, 459.
Montperoux (de), 262.
Montrond (de), de Saint-Félix, 332.
Montsaulxin (de), 400, 527, 540.
Montsuin (de), 274.

Montvert (de), 64.
Morainville (de), 316, 318.
Morand, de Droiturier, 481.
Moreau, 361.
Morfau (M.), architecte, 498, 538.
Moreillon ou Morillon, 535.
Morel (fam.) de Varennes et Boucé, 186, 313, 362, 375, 376, 427.
Morel (fam.), de Trezelles, 304, 427, 428, 432, 434, 519, 523.
Morel (Guiot), seigneur en partie de Vichy, 154.
Morel (M. le chanoine), 575.
Morets (des), 281.
Morgon (de) ou de Mourcon, 344.
Morigny (de), 265, 458.
Morinot ou Marinet, 544.
Morinot de Tourzel, 126, 127.
Morlot ou Morelot, 11, 12.
Mortemart, 596.
Mortillon (de), 22.
Motier de la Fayette, 129, 136, 150, 188, 221.
Motte (de la), de Cusset, 168, 430 (?).
Motte (de la), seigneurs de Luzet, 464.
Motte (Charles de la), banquier de Paris, 94.
Motte du Vernet (de la), 102, 348 (?).
Motte-Butavant (de la), 27, 307.
Motte Saint-Saturnin (de la), 576.
Mourins d'Arfeuilles. — Voir d'Arfeuilles.
Mousse (de la), 8, 9, 339, 477, 571.
Mouton (fam.), de la Palisse, 238, 240, 241, 243, 406, 434, 435, 436, 437.
Moutonnet, 319.
Mulatier de la Trollière, 11.
Murat (de), 181, 196, 280, 297, 378, 434, 436, 437, 550.
Mure, de Chevalrigon, 105.
Mure (Bernardin de la), 55, 249.
Mure (de la), 375.
Murol (de), 188.
Mursain (Catherine), 257.
Myart (Jean), 221.

Naffours (de), 306.
Nanterre (Mathieu de), président au parlement, 40.
Napoléon Ier, 209. — Voir Bonaparte.
Naud, 121.
Nazarier de la Fayolle, 23, 50, 262.
Nédonchel (de), 130.
Nerry (de), 92, 93.
Neufville (Camille de), archevêque de Lyon, 534.
Nevers (fam.), 592.
Nevers (comtes de), 25, 63, 266, 378, 416, 426, 444, 465, 476, 484, 541.
Neveu, seigneurs de la Croix, 31, 265.
Nichault, 565.
Nicolaï (de), géographe du Roy, et sa fille Claudine, 15, 16, 24, 27, 31, 32, 37, 45,

54, 65, 86, 106, 122, 153, 155, 160, 161, 184, 192, 200, 246, 249, 250, 260, 269, 293, 297, 304, 308, 315, 316, 317, 318, 323, 328, 338, 367, 404, 410, 426, 430, 431, 444, 446, 447, 459, 467, 471, 473, 480, 482, 492, 524, 553, 559, 592.
Nicolas (saint), 83.
Nicolas, curé de Droiturier, 481.
Noailles (ducs de), 174, 506.
Noailly, 19, 307, 327, 435, 578, 579.
Noelas (le docteur), de Roanne, 53, 63, 82, 197, 198.
Nointet (de), 437.
Noir (le), 419, 432.
Nompère (de), 573.
Nordumnus (vicomte), au X° siècle, 158.
Nugues, 507.

Obeilu (d') ou Dobeilh, 18, 28, 37, 38, 40, 41, 44, 237, 240, 309, 335, 375, 379, 380, 406, 484.
Oblac (Hugues), 371.
Ogier, 145, 484.
Oliva (d'), prieur du Moutier, 396.
Orléans (Gaston d'), frère du roi Louis XIII, 26, 480, 481, 598, 599.
Orléans (ducs d'), 57, 578.
Ormes (des), 141.
Ornite, 372, 394.
Orvalet (d'), 37, 448.
Ossandon (d'), 165.
Ouluard, de Sail, 221.
Ourcux (d'), 490.
Osselier, 74.

Paillard (de), 515, 517, 518.
Pailloux, 35, 408, 449.
Palatin de Dyo-Montpeyroux, 461, 462.
Palice (de la), 58, 159, 184, 227, 228, 229, 239, 246, 271, 272, 348, 359, 360, 361, 363, 364, 367.
Palierne, 290.
Palladuc (de) ou de Paladuc, 182.
Pallebosc, 332.
Panderoux (Joseph), seigneur du Cros en Forez, 366.
Papon de Crozet, 1, 8, 11.
Papon de la Meignée, 243, 244, 320, 436, 462, 548.
Paput, 117.
Paray (de), en Brionnais, 522. — Voir en outre La Garde.
Parchot et Parchot de Villemouze, 246, 313, 314, 319, 321, 322, 436.
Parent, 262.
Paregny (de), 243.
Paris, de Montmartel et du Vernet, financiers du XVIII° siècle, 94, 506, 507, 508, 510, 528, 529, 545, 546, 553, 554, 555, 591, 592.
Parov de Lurcy (de), 322, 583, 585, 586, 587, 590.

Parrouche (de), 19.
Pasquier, 492, 509.
Passac (de) ou de Passat, 92, 229, 406.
Passinges (Hector), 85.
Patras (de), 572.
Patural (du), 468.
Pejoux, 434, 513.
Pélacot (de), 225.
Pélassy, 537.
Pénin Saint-André, de la Palisse, 112, 238.
Pépin (Catherine), dame de Farinvilliers, 371.
Pépin le Bref, 426.
Pératon, 246, 251, 268.
Péret du Coudray, 399.
Péron (Jean), 494.
Perot (M. Francis), de Moulins, 58.
Pérot (abbé), curé de Ferrières, 90.
Pérot (Marie), épouse de Chazerat, 297.
Perraud (cardinal), 593.
Perreaud, de Saint-Léger des Bruyères, 560.
Perret, de Saint-Martin d'Estréaux, 12, 47.
Perreul, notaire à la Palisse, 61, 238, 257.
Perrin (Marie-Anne), 596.
Perrot, receveur des aides à Gannat, 305.
Perrotin (J.-B.), avocat en Parlement, 578.
Perroy (fam.), de Saint-Germain l'Espinasse, 47.
Pérusse des Cars (de), 507.
Petiot (fam.), 513, 514.
Petit, seigneurs de Beaudéduit, etc., 432, 434.
Petit d'Albepierre, 178.
Petitjean de la Font, 187.
Petermann de Vallain, commandeur de Beugnet, 596.
Peturet (fam.), 113, 121, 197.
Philibert de Fontanès de Trocézard, 421, 535.
Philippe-Auguste, 159.
Philippe le Bel, 136, 220, 292.
Philippe le Bon, duc de Bourgogne, 273, 549.
Philippe le Hardi, duc de Bourgogne, 237.
Philippe (Antoine), seigneur de Lestre, 241.
Philippon (fam.), de Cusset, 290.
Picard (fam.), et branche des Picard du Chambon, 218, 219, 225, 480, 501, 502, 586.
Pie V, 388.
Pie VII, 295.
Pierres (de), 169.
Pierres d'Oursier (de), 165.
Pierre le Vénérable, abbé de Cluny, 209. (Pour les duc de Bourbon, voir Bourbon.)
Pierrefont (de), 131, 194, 421, 441, 571.
Pigenat, chanoine d'Autun, 581.
Pimprée (de la), 308, 381.
Pin (du), 556.
Pin (du), poète bourbonnais, 556.
Pincré de Farinvilliers (de), 371, 372, 373, 403.
Pinot des Chaulx, 114, 117, 123, 200, 201, 339.
Pioche, 412, 417, 418.

DES NOMS DE PERSONNES ET DE FAMILLES.

Pions (les), sur la commune de Lavoine, 107, 108, 110.
Piozet de la Houssaye, 62, 213.
Piron de la Ronde, 335.
Pitat, 430.
Pizdoue (Jean), grainetier de Moulins, 445.
Place (Catherine de la), 110, 117.
Planchettes (des), 8, 477.
Planque (de), 165.
Plantade de Rabanox, 206, 300.
Plantagenets (les), 452.
Platière (de la), 470, 498.
Plessien (du), en Picardie, 199.
Plessis (René du), gentilhomme poitevin, 166.
Plessis-Praslin (comtes du), 353.
Poilvilain (de), 256, 290, 303.
Poivre (Pierre), gouverneur des Indes françaises; autres Poivre, 162, 343.
Poix de Fréminville (de la), 238, 247, 256, 258, 259.
Pommereu (de), intendant du Bourbonnais, 38, 287, 550.
Ponart (Étienne), 552.
Poncet, 473, 475, 519, 523, 592.
Pont (André de), seigneur de Béchaize en Picardie, 554, 560.
Pont-Aubert (Étienne de), 312.
Pont de Pradines (du), 316, 318, 589.
Pontailler (de), 103.
Pontcenat (de), 271, 285, 288, 293, 349, 375, 376.
Pontcenat (François de Boucé, dit le capitaine), 17, 171, 214, 285, 286, 287, 378.
Ponthenier, 117, 118, 262, 305.
Pons du Grippet (de), 110, 167, 172, 182, 183, 198.
Pons (Mgr de), évêque de Moulins, 183. — Appartient à la famille précédente.
Postac (de), 129.
Popillon, 64, 198, 325.
Populle, de Roanne, 595, 596.
Portugal (Isabelle de). — *Voir* Bourgogne.
Posque, 339.
Potiniat, 45.
Pouillen, 162, 192, 208, 318.
Poulge (Dalmas de la), 442.
Pradox, 433.
Prat (du). — *Voir* d'Eissat du Prat.
Pré (du), seigneur de la Grange-Bléneau, 206, 216.
Pré de Saint-Maur (du), 130.
Prés (des), en Nivernais, 515, 517.
Presle ou Presles, 78, 79.
Préveraud de l'Aubépierre, 32, 34, 39, 547, 548, 561, 567, 586, 590.
Préveraud de la Boutresse, 32, 320, 336, 436, 464, 496, 529, 534, 535, 537, 538, 545.
Préveraud, de Vesvres, du Bessai, etc. (même famille que les deux précédentes), 47, 50, 115, 422, 423, 429.

Prévost, religieux du Moutier, 397.
Prévôt du Patural, 448. — *Voir aussi* du Patural.
Prie (la marquise de), 507.
Priolo, 444.
Privesac (de). — *Voir* Brunet de Privesac.
Prost, de la Palisse, 238, 243, 435.
Provers (de) ou de Prouvers, 38, 240, 250, 251, 402, 406, 441.
Prugne (Madeleine de la), 10, 256.
Putay (de) ou de Putey, 224, 503.
Puy (du). — *Voir* Dupuy.

Quarré ou Carré, 528.
Quatrebarbes de la Rongère (de), 457.
Quesson du Thérin, 115, 120, 206, 319, 347, 356, 434, 482, 506.
Queuille (de la), des marquis de Châteaugay, 104, 130, 206, 275, 276, 342, 343, 442.
Quillet, 434.
Quinssat (de), 145, 159, 492.
Quinterie (de la), 403, 411.
Quirielle (fam. de). — *Voir* Simon de Quirielle.
Quirielle (M. Roger de), 12, 35, 40, 48, 50, 110, 228, 481.

Rabe (de la) ou de la Rabia, 242.
Rabourg, de Ris, 140.
Rabutin (de), 462, 552, 559. — *Voir* Bussy et d'Amboise.
Raguier (Marie), 61.
Raguier (de), 418.
Ramas (de la), 109, 110, 111, 123, 183, 519.
Rambaud ou Rambost, 31, 265, 414, 458, 469, 470, 487.
Rambert (M.), du Chaussin, 144.
Rambourg (M.), de Boucé, 369, 378.
Rancé de Chavannes (de), 558.
Raquin des Gouttes, 345, 387, 388, 389, 394, 460.
Ratignier, 80, 117.
Ravateau, 502, 521.
Raveaud, curé de Monétay-sur-Loire, 14.
Rax (de), 334.
Ray de la Tour, capitaine du château de Montaigu-le-Blayn, 275.
Raybe, 64, 126, 246, 249, 250, 292, 293.
Rechain, 68, 340.
Reclesne (de) ou de Reclaisne, 110, 419, 534, 596.
Regnaldi. — *Voir* Regnaud.
Regnaud (fam.), de Cusset, du Breuil, de Monétay, etc., branches de Venize et de Boisrenaud, 21, 88, 110, 172, 174, 187, 200, 101, 215, 218, 222, 224, 241, 244, 245, 259, 469, 475, 480, 482, 547, 553, 554, 564, 570.
Regnaud ou Renaud de la Batice, à Puy-Guillaume, 89.
Renoux, 78.

RESDE. — *Voir* RAYBE.
RESMOND, 547.
RESSIE (M. le comte DE), 210.
RESTIF, 283, 338.
REURE (M. l'abbé), 2, 4, 6, 20, 25, 205, 231.
REVANGER (DE) ou DE REVANGIER, 88, 166, 176, 258, 348.
REVEL (Guillaume), 135.
RÉVERAY, 260, 513.
RÉVEREND DU MESNIL (M.), 63, 377, 378, 522.
REYNAULT (DE), 183.
RIAGE (DU), 268, 278.
RIBAINS (de Frévol d'Aubignac DE), 193.
RIBEROLLES (DE), 34.
RICHARD D'AUBIGNY, 207.
RICHARD DE SOULTRAIT, 209.
RICHARDIE DE BESSE (DE LA), 77, 145, 150, 151, 175, 192, 199.
RICHELIEU (le cardinal DE), 133, 532.
RIEUX (Pierre DES), maréchal de France, 456.
RIGAL (M.), de Montpellier, 346.
RIGOLLET, 218.
RINIÈRES (DE), 590.
RIPÈRE (DE), 542, 550.
RIQUIER (Jean), seigneur de la Forêt, 504, 508.
RIVAT (Jacqueline), 257.
RIVIÈRE, 12, 262, 547, 550.
RIVIÈRE (DE LA), 418.
ROBERT (saint), de la Chaise-Dieu, 126.
ROBERT DE FRANCE. — *Voir* BOURBON.
ROBERT LE DIABLE, 505.
ROBERT COURTE-HEUSE, duc de Normandie, 464.
ROBERT (Alexis), gentilhomme du duc d'Orléans, 345, 505, 506.
ROBERT (fam.), du Nivernais, 571.
ROBERT (fam.), de Charbonnières-les-Vieilles, 210, 257.
ROBERT (Anne-Louise), dame du Pré, 206, 216.
ROBERTET (fam.), 60, 61, 65, 576, 581.
ROBICHON, 84.
ROCH-GENESTE, 203.
ROCHE (DE LA), de la montagne bourbonnaise, 87, 114.
ROCHE (DE LA), seigneurs de Beaupoirier, etc., peut-être les mêmes que les précédents, 164, 165, 224, 260, 261, 333, 344.
ROCHE (DE LA), seigneur de la Porte, 294.
ROCHE (DE LA), de Giac en Auvergne, 312.
ROCHE-AYMON (DE LA), 77.
ROCHE-DUMAS (DE LA), 132.
ROCHE-TOURNOEL (DE LA), 96, 184, 185.
ROCHEBARON (DE), 96. — *Voir* CHALENÇON.
ROCHEBILLARD (DE ou DE LA), 446.
ROCHEDAGON ou ROCHEDRAGON (DE), 158.
ROCHEFORT (DE), prieur du Moutier, 395.
ROCHEFORT (DE), peut-être les mêmes que les BAUGY de ROCHEFORT, 441, 469.
ROCHEFOUCAULT (DE LA), 129, 231, 311, 373, 456, 457.
ROCHER (DU), 34.

ROCHETAILLÉE (baronne DE), 89.
ROCHETTE (M. DE LA), de Billy, 356, 357
RODDE (DE), 203, 256, 262.
RODEZ (Béatrix DE), 221.
ROGER DE LAYNIAC (DE), 558.
ROGIER, 486, 487, 499.
ROHAN (duc DE), chef calviniste, 461.
ROHAN (DE), 232, 276.
ROHÈRES (DE), 292.
ROLLAT, 98.
ROLLAT DE BRUGHEAS (DE), 41, 64, 369, 442, 473, 530.
ROLLAT (DE), seigneurs d'Isserpent, de Châtel, de Puyguillon; même famille que la précédente, 208, 264, 329, 330, 332.
ROLLET D'AVAUX, 252, 265, 266, 399, 400.
ROLLIN, 580, 582.
ROMME (le Conventionnel), 399, 400.
RONDE (Jamet DE LA), 271.
RONDEPIERRE, 586.
RONGÈRES (DE), d'Arrones, 116.
RONZIÈRE (DE LA), 39.
ROQUES DE SOULIGNY, 451.
ROQUEFEUIL (DE), 461, 465, 466.
ROSAY, de la Palisse, 247.
ROSE DE BEAUVAIS, 117.
ROUAULT (comte DE), 507, 508, 528, 545, 555.
ROUER ou ROUHER, 256, 290, 303, 328.
ROUGANE, de Belesbat, Chanteloup, etc., 162, 169, 170, 350.
ROUSSEAU (Jean-Jacques), 73.
ROUSSEAU (Noël), maçon du pays de Limosin, 519.
ROUSSET DE LA VARENNE (DU), 325, 408, 410, 411, 500.
ROUSSIN (fam.). — *Voir* DE SÔNE.
ROUSSY (comte DE), 373.
ROUX, prieur du Moutier, 396, 397.
ROUZIÈRE (DE LA), 296, 297, 515, 517, 518.
ROUZAT (DE), 175.
ROVERA (Lucrezia), 297.
ROY, de l'Écluse, de la Tour, de la Chaise, etc., 13, 74, 78, 516, 572.
ROYRONS (Claudine DE), 365.
ROYS (comtes DES), 330.
ROZAY, de Langy, 317.
RUBENS (le peintre), 566.
RUET DE LA MOTTE, 72, 138, 211.
RUPPELMONDE (comte DE), 126.

SAINT-AGNAN (DE), 461.
SAINT-ANDRÉ, 111, 112. — *Voir* PENAIN.
SAINT-ANDRÉ (maréchal DE). — *Voir* D'ALBON.
SAINT-AUBIN (DE), 185, 239, 498.
SAINT-CHAMOND (DE), 365.
SAINT-CYR (DE), 330.
SAINT-DÉSIRÉ (DE), 566.
SAINT-DIDIER (DE), 344.
SAINT-GEORGES (DE), 532.
SAINT-GERAND LE PUY (DE), 106, 246, 249, 253, 271, 291, 292, 293.

SAINT-GERAND (DE). — *Voir* GIRARD DE SAINT-GERAND.
SAINT-GERMAIN (DE), 159, 182, 188, 214.
SAINT-GILLES (DE), 297.
SAINT-IRIER (DE), 166, 374, 375, 504, 508.
SAINT-JEAN DE DIEU (religieux de l'Ordre de), 371, 372.
SAINT-JEAN DE JÉRUSALEM (Ordre de), 306, 511, 528, 582, 595, 596.
SAINT-JULIEN (DE), 164, 248, 301, 441, 568.
SAINT-LUBIN (DE), 492.
SAINT-MARTIN (DE), 131, 256, 299, 306.
SAINT-MAURICE (DE), 67.
SAINT-PARDOUX, de Gannat, 278.
SAINT-PAUL (DE), 185.
SAINT-PHAL (DE), seigneur de Cardot, 450.
SAINT-PRIEST (DE), du Forez, 76, 77, 165, 285.
SAINT-PULGENT (DE), seigneurs de la Goutte, 77.
SAINT-QUENTIN, d'Arrones, 113, 116, 117.
SAINT-ROMAIN (DE), seigneur de Vallorges, 370. Peut-être sont-ce des DINET. — *Voir* ce mot.
SAINT-SIMON (le duc DE), 231.
SAINT-SIMON (Antoinette-Arnoux DE), 96.

SACCONAY (DE), 114, 142.
SAIGNE SAINT-GEORGES (DE LA), 20, 149.
SAIX DE RIVOIRE (DU), 104, 142, 338, 341, 342.
SALIGNY (Blanche DE), de la famille de Châtel-Montagne, 220.
SALIGOT, notaire, 484.
SALLE (DE LA), de Marcigny, 243.
SALLE (DE LA), de Périgny, 257, 468.
SALONNIER DE CHALIGNY (DE), 219.
SALINS (DE), 542.
SAMPIGNY (de Réhez, comtes DE), 219, 508.
SANCERRE (Isabeau DE), 456.
SANSSAT (capitaine DE), 324, 325.
SAPIN (Étienne), seigneur de Rax, 271, 334.
SARAY DE VIGNOLLES (DU), 36, 117, 118, 161, 162, 169, 170, 173, 175, 177, 178, 192, 204, 358.
SARRAZIN, 67.
SARRE (DE), seigneurs de Vielvoisin, 490, 568.
SARRON (DE), 287, 389.
SARROT (M.), de Gannat, 315.
SARRYAT, 8, 477.
SAULNIER (fam.), de Neuilly-le-Réal, 247.
SAULNIER (fam.), seigneurs du Grand-Montet, Puyfol, etc., 402, 420, 422.
SAULNIER (DU), seigneurs du Vernet, 151.
SAULX-TAVANNES (DE), 87, 88, 98, 103, 104, 113, 116, 526, 527, 528.
SAURET, 98.
SAUVIN, 437.
SAUZAY (DU) ou DU SAULZAY, de Saint-Germain des Fossés, 38, 186, 187, 201, 254, 255, 311, 332, 335, 340, 356, 442.
SAULZET (Guillaume DU), seigneur de la Pouge, 442.
SAVOIE (famille ducale DE), 237, 297, 526.

SAVET, 200.
SAXE-WEIMAR (Bernard DE), 84.
SAZERIET (DE), 131.
SCHILLER, le classique allemand, 363.
SCHOMBERG (DE), 276, 598.
SCORAILLES (DE), 342.
SEGUIN, 45.
SEIGNE (DE LA), de Roanne, 60.
SEIGNELAY (DE), 231.
SEMUR (DE), 63, 83, 261, 317, 416, 417, 568, 571, 575, 576, 584.
SEMYN DE SAINT-SORNIN, 199, 308, 361, 434, 443, 444.
SENERET (DE), 114, 122, 141, 142, 341, 495.
SENNETAIRE (DE) ou DE SENNETERRE, 126, 185
SERPENTS (DES). — *Voir* ISSERPENT.
SERRE DU RIVAL (DU), 165, 166.
SERVAJAN (DE) ou SERVAJAN, 23, 43, 44, 50.
SERVAJAN DU BRETAIL, 508.
SEUILLET, de la Palisse, 222, 238, 241, 243, 244, 477.
SÈVE (Antoinette DE), 441, 550, 572.
SÉVERAC (comte DE), 330.
SÉVIGNÉ (la marquise DE), 152, 156, 158, 232, 559.
SICAUD DE LA MOTTE et SICAUD DE LA RAMAS, 98, 110, 138, 140, 157, 258.
SIMON DE LA FEUILLOUSE, 62, 511, 513, 520, 521, 537, 543, 544, 547, 573.
SIMON DE QUIRIELLE, 35, 36, 50.
SIMON, des Martels, des Morizes, etc. (même famille que les deux précédentes), 47, 62, 193, 209, 218.
SIRMOND (DE), 113, 114.
SOMMIÈRES (DE), 8.
SÔNE (DE), *alias* ROUSSIN, 374, 381.
SORBIERS (DE), 271, 303, 306, 474.
SOREAU (Anne), 457.
SOUCHE (DE LA), 20, 148, 149.
SOULTRAIT (DE). — *Voir* RICHARD DE SOULTRAIT.
SOULTRAIT (comte Georges DE), 58, 89, 99, 131, 309, 311, 340, 347, 380, 387, 388, 442, 491.
STUART SAINT-MESGRIN (DE), 148.
STURE (DE), 442.
SUGNY (DE), 20, 365.

TAILLANDIER (Ch.-Louis), 396.
TAIN, seigneurs de Beaurepaire, Vernillet, etc., 288, 312. — *Voir* aussi TAYS.
TAIN (M.), de Précord, 244.
TAIN (fam.), de Varennes-sur-Tèche, 469.
TALARU-CHALMAZEL (DE), 122, 143, 144, 145, 151, 184, 185, 199, 342, 364.
TAILLEUR (LE), 445, 521.
TALLEMANT DES RÉAULX, 231.
TALLIÈRES, 282, 380.
TANA (madame DE), 161, 162.
TAPONIÈRES (DE), 588.
TARARE (Thibaud DE), 364.
TARDE, 343.

TARDIF (Jean), conseiller au Châtelet, 578.
TARDIT (fam.), de Châtel-Montagne, 70.
TARON, 501.
TARTRE (DU), 418.
TASSIN, 274.
TAYLOR (le baron), 236.
TAYS (Audin), peut-être un TAIS, 360.
TÈCHE (DE). — *Voir* CHASTENOIS et DE TESCHE.
TELLIER, du Breuil, 224.
TEMPLIERS (Ordre des), 100, 125, 139, 179, 296, 306, 337, 476, 488, 492, 582.
TÉRAULE (DE), 182, 202.
TERNANT (DE), 229, 364.
TERRET, de la Palisse, 261.
TERRIÈRES (DE), 41, 96, 194, 329, 375, 450, 530.
TESCHE (DE), 430. — *Voir* CHASTENOIS.
TESSIER DE RAUSCHEMBERG (M.), 173, 328.
TEXIER (LE) (demoiselle), 94.
THAN, 261.
THAYES (M.), de Ris, 140.
TUÉLIS (DE), 142, 240, 504, 557.
THÉVENARD, 319.
THÉVENET, 75.
THIANGES (DE) ou DE TRYNENGES, 293, 541.
THIBAUD (fam.), de Saint-Gerand le Puy, 357, 362, 412, 596.
THIL (Huet DE), 584.
THIL-CHATEL (marquis DE), 481.
THIMBAUD (Anne), 116.
THIMONET DES GAUDIÈRES, 295.
THIOLLIÈRE (M. le comte), 211, 213.
THOMAS DE LA VAROUX, 50, 422.
THOMASSIN (DE), 311, 370, 373, 377, 379.
THONIER (M. Antoine), 412, 433, 438.
THUILLIER (DE), 492, 493.
TILLIER, notaire, 470.
TILLIER (LE), 70, 73.
TINTRY (DE), 239, 474.
TIXIER DE BOIS-ROBERT, 47, 67, 89, 114, 115, 565, 569.
TIZON, 262.
TOGUES (DE), 239, 313.
TONNEAU, de Vichy, 158.
TONNELIER DES ANGLES, 313, 316, 318, 319, 320, 321, 322, 357, 436.
TOQUIN, 245, 246, 250.
TORMENT. — *Voir* DE VEGÉ.
TOUCHARD-LAFOSSE, l'écrivain, 100, 575.
TOUCHE (DE LA), 568.
TOUGUET (Marie), 86, 275.
TOULON (DE) ou DE THOLON, 164, 165, 230, 364.
TOUR (Guillaume DE LA) (?), 13.
TOUR (Jacques DE LA), sur Seuillet, 184.
TOUR D'AUVERGNE (DE LA), 92, 93, 96, 221, 229, 247.
TOUR (DE LA), seigneurs d'Olliergues, de la famille précédente, 101, 146, 147, 369.
TOUR SAINT-VIDAL (DE LA), 148.
TOURCET, de Cusset, 175.

TOURNAY (DE), 543, 577, 581.
TOURNAIRE, 102.
TOURNEDISE (DE), 460, 464, 465.
TOURNELLES (DE), 408.
TOURNON (DE), 231, 275, 446, 457.
TOURZEL (les ducs DE), 126.
TRANCHELVON (Jean), 352.
TRÈCHE (DE), de Paray-le-Monial, 225, 554, 561.
TREILLE, de la Boulaise, de Bartassières, du Jaunay, etc., 13, 38, 277, 280, 283, 299, 300, 302, 308, 328, 329, 352, 380, 422.
TREMVE-MARIE (M.), 287.
TRÉZURLE (DE), 439.
TRINQUET (Michel), 350.
TROCÉZARD (DE). — *Voir* PHILIBERT.
TROCHEREAU (DE), 482, 499.
TROUSSEBOIS (DE). — *Voir* BAILLARD DES COMBEAUX.
TROUSSIÈRES (DE), 504.
TRUDAINE, 507, 508.
TRYNENGES (DE). — *Voir* THIANGES.
TUBOEUF, 98.
TUDOT (M.), dessinateur bourbonnais, 573.
TURENNE (le maréchal DE), 92, 93.
TURLIN (M.), de la Palisse, 241, 565.
TURPIN DE LAVAT, 375, 413, 428, 435, 439, 451, 504, 508.

UCHARD (Bernardin), 579.
UFFAIN ou UFFAN, 179, 180.
ULMES DE TORCY (DES), 320, 498.
URBAIN II, pape, 83.
URFÉ (D'), 3, 15, 64, 156, 249, 256, 294, 295, 364.
USSEL (ducs D'), en Belgique, 130.
USSEL (D'), 445.

VAILLANT, de Moulins, 569.
VAILLANT DU DOUET (LE), 437.
VALADOUX DE PERTHUS (DE), 58, 61, 62, 74, 576, 581.
VALENÇON (DE), 271, 372.
VALETTE (DE LA), 192.
VALLETAN (DE) ou DE VALTAN, 513.
VALLETON, 333.
VALLIÈRES (DE), 465, 466.
VALOIS (Marguerite DE), reine de France et de Navarre, 192.
VALOIS-ANGOULÊME (Charles DE), fils naturel du roi Charles IX, 86, 275.
VALOIS-ANGOULÊME (Louis-Emmanuel DE), fils du précédent, 275.
VALOIS-ANGOULÊME (Charles DE), deuxième fils de François Ier, 294.
VAREGNY (DE), 6, 188, 418, 419.
VARENNE (DE LA), à Luneau, 584, 587.
VARENNE DE SALIGNY (DE LA), 530.
VARENNES (DE) ou DE VERENNES, 30, 358, 359.
VASSART D'HOZIER (marquis DE), 277.
VASSERT (DE) ou LE VASSEUR, 187.

DES NOMS DE PERSONNES ET DE FAMILLES.

VAUBAN (le maréchal DE), 297.
VAULX (fam. DE), 276, 281, 295, 335, 369, 384, 409, 412, 429, 432, 433, 434, 467, 475.
VAURE (DE) ou plutôt DE VAUVRE, 132.
VAURIOS (DE), 468, 469, 470, 472.
VAUTHIER (fam. DE), 254, 305.
VAUVRE (DE LA), 245.
VAUVRILLE (DE), 150, 478.
VAUX (DE). — *Voir* DEVAUX.
VAYRAC (DE), 508.
VAYSSIÈRES (M.), archiviste de l'Allier, 106, 153, 253, 272, 324, 358, 394, 511, 596.
VEAU (fam.), de Roques, 321.
VEAUCE (DE), 146.
VECÉ (DE), de Vecez ou de Vesset, 271, 404, 405, 432.
VELCUE (Pierre DE), 271.
VELLARD (DE) ou DE VESLARD, 312, 325, 393.
VENTADOUR (ducs DE). — *Voir* LA GUICHE et LÉVIS-VENTADOUR.
VENDAT (les sires DE) ou DE VANDAT, branche des Vichy, 146, 147.
VER (Philippe LE), 378.
VERD, commis aux Gabelles, 45.
VERDIER DE NIHERNE (DU), 88.
VERGIER (DU), de Neuilly-le-Réal, sans doute différents de ceux de la montagne, 290.
VERGY (Yves DE), abbé de Cluny, 210.
VERNAY (Gabrielle), 297.
VERNAY (Romain DU), 577.
VERNEREY, conventionnel du Doubs, 367.
VERNET (DU), seigneurs dudit lieu, 150, 159.
VERNET (DU), seigneurs de Saint-Gerand-le-Puy, 73, 120, 249, 292, 295, 348. — Peut-être de la même famille que les précédents, famille à laquelle peuvent appartenir aussi les
VERNET (DU), seigneurs de la Tour du Vernet sur Sanssat et de Rongières, 302, 307, 382; et les
VERNET (DU), seigneurs de Verseilles, 198.
VERNEUIL (DE) ou DE VERNOILLE, 48, 271.
VERNOLLE (DE), 364.
VERNOY DE MONTJOURNAL et VERNOY DE SAINT-GEORGES, 41, 372, 382.
VERSEILLES (DE), 11, 13, 197.
VETNY D'ARBOUZE DE VILLEMONT (DE), 138.
VIALET (fam.), de Varennes-sur-Allier, 14, 325, 382, 387, 480, 485, 499, 504, 505, 510, 547.
VIANNE (M.), architecte, 193.
VIANOT, 496.
VIC (DE) ou DE VICQ, 196, 280.
VIC DE PONTGIBAUD (DE), 119, 157, 158, 196, 312, 375, 376.
VICHI ou DE VICHI, originaires d'Huillaux, 224, 244, 472, 478, 480, 481, 523, 530, 531, 536, 563, 569, 595.
VICHY (DE) et DE VICHY-CHAMPROND, 54, 116, 125, 126, 132, 134, 139, 144, 146, 153, 154, 155, 159, 197, 296, 523, 536, 579.
VIEL-CASTEL (M. DE), 144.
VIEL-CHATEL (René DE), 450.
VIENNE (DE), 87, 101, 102, 136, 221, 222, 525, 526.
VIGIER (fam.), de Cusset, 187.
VIGIER, de Jaligny, 416, 491.
VIGIER, de Saint-Pourçain, 332.
VILHARDIN DE BELLEAU et de MARCELLANGES, 265, 333, 399, 402, 403, 446.
VILHARDIN DE MONTIGNY, peut-être les mêmes que les précédents, 246, 448, 499, 570.
VILLAINES DE LA CONDEMINE (DE), 443, 521.
VILLAINES (DE), du Berry (?), 218, 399.
VILLAINES (DE), banquier à Roanne, 74.
VILLANDRADO (Rodrigue DE), comte de Ribadeo, 101, 102, 100.
VILLARS (DE), 263, 265, 266, 267, 271, 281, 296, 297, 304, 335, 350, 406, 408, 418, 419, 420, 434, 436, 437.
VILLARS (DE), baron de Pressigny, 370.
VILLE (D.), de l'Ordre de Saint-Jean de Dieu, 371.
VILLE (DE LA), 89, 198.
VILLEFORT (DE), 68, 340.
VILLENEUVE (DE), 11.
VILLERS (DE), 532.
VILLETTE (DE), à Billezois, 260.
VILLON (le poète), 573, 574.
VIMÈRE (DE), 353.
VINCENT FERRIER (saint), 105, 178.
VIOLLET-LE-DUC, 100, 447.
VIROTTE (fam.), 242, 268, 289, 368, 421, 462, 463, 468, 570.
VIRY (DE), famille roannaise, 32.
VIRY (comtes DE), 24, 36, 44, 45, 62, 166, 265, 352, 375, 421, 434, 439, 503, 504, 508, 512, 566.
VISTE (fam. LE), 60, 576.
VITAL, 183.
VITRY LA LIÈRE (DE), 16, 25, 26, 56, 131, 205, 408. — *Voir* DE LA LIÈRE.
VIVIER (DU), 23, 518.
VOISIN, de Montaigu-le-Blayn, actuellement Voisin de Gartempe, 407, 411.
VOISIN (fam.), de Coulon, probablement la même que la précédente et originaire de Jaligny, 498.
VOSCRIN (Pierre), bourgeois de Vichy, 335.
VOULDY (DE), 378.
VOUROUX (DE) ou DE VOROSC, 360.

WARIONIES (Françoise DE), dame de la Guiche, 231.

YOUNG (Arthur), voyageur et écrivain anglais, 392.

FIN DE L'INDEX ALPHABÉTIQUE DES NOMS DE PERSONNES ET DE FAMILLES.

TABLE DES MATIÈRES

CHAPITRE PREMIER
LES MARCHES DU FOREZ.

Saint-Pierre Laval et Chatelus...	1
Droiturier...	16
Andelaroche et Barrais-Bussoles...	21
Loddes, Le Nax et Montaiguet...	43

CHAPITRE DEUXIÈME
LA MONTAGNE ET LES BORDS DE L'ALLIER.

Arfeuilles et Châtel-Montagne...	54
Saint-Clément, la Chabanne, la Prugne et Saint-Nicolas des Biez...	70
Le Mayet de Montagne et Nizerolles...	85
Ferrières, l'Avoine et la Guillermie...	90
Arronces, la Chapelle et Molles...	115
Busset...	124
Saint-Yorre et Mariol...	134
Abrest et le Vernet...	140
Vichy et Cusset...	152
Les Creuziers et Saint-Germain des Fossés...	179
Bost, Saint-Étienne de Vicq et Saint-Christophe...	192
Isserpent et le Breuil...	207

CHAPITRE TROISIEME
LA PLAINE ET LA FORTE TERRE.

La Palisse et Saint-Prix...	227
Périgny et Billezois...	248
Servilly...	263
Montaigu-le-Blain...	270
Saint-Gerand le Puy...	290
Rongères et Langy...	305
Sanssat et Saint-Félix...	323
Magnet et Seuillet...	338
Billy, Créchy et Varennes-sur-Allier...	350

Montoldre et Boucé	368
Thionne	384
Cindré et Treteau	399

CHAPITRE QUATRIÈME
LES BORDS DE LA BÈBRE ET LES BASSES-MARCHES.

Trézelles, Chaveroche et Jaligny	425
Varennes-sur-Tèche et Sorbiers	458
Bert	475
Chatelperron et Saint-Léon	482
Liernolles et Montcombroux	502
Le Donjon	524
Saint-Didier en Donjon, le Pin et Saint-Léger des Bruyères	541
Neuilly en Donjon et le Bouchaud	562
Avrilly, Luneau et Chassenard	574

INDEX ALPHABÉTIQUE DES NOMS DE LIEUX	601
INDEX ALPHABÉTIQUE DES NOMS DE PERSONNES ET DE FAMILLES	625

PARIS. TYPOGRAPHIE DE E. PLON, NOURRIT ET Cie, RUE GARANCIÈRE, 8.

PARIS
TYPOGRAPHIE DE E. PLON, NOURRIT ET Cie
Rue Garancière, 8

www.ingramcontent.com/pod-product-compliance
Lightning Source LLC
Chambersburg PA
CBHW050326240426
43673CB00042B/1542